金融工作文献选编

（一九七八——二〇〇五）

中国人民银行
中共中央文献研究室 编

中国金融出版社

责任编辑：杜　华
责任校对：孙　蕊
责任印制：尹小平

图书在版编目（CIP）数据

金融工作文献选编（Jinrong Gongzuo Wenxian Xuanbian）：一九七八——
二〇〇五/中国人民银行，中共中央文献研究室编 .—北京：中国金融出版
社，2007.5

ISBN 978 - 7 - 5049 - 4365 - 1

Ⅰ.金…　Ⅱ.①中…②中…　Ⅲ.金融—文献—汇编—中国—1978～2005
Ⅳ.F832

中国版本图书馆 CIP 数据核字（2007）第 045242 号

出版 发行	**中国金融出版社**

社址　北京市广安门外小红庙南里 3 号
市场开发部　（010）63272190，66070804（传真）
网 上 书 店　http://www.chinafph.com
　　　　　　（010）63286832，63365686（传真）
读者服务部　（010）66070833，82672183
邮编　100055
经销　新华书店
印刷　北京盛通彩色印刷有限公司
尺寸　185 毫米×260 毫米
印张　48.5
字数　819 千
版次　2007 年 5 月第 1 版
印次　2007 年 5 月第 1 次印刷
印数　1—5000
定价　120.00 元
ISBN　978 - 7 - 5049 - 4365 - 1/F.3975
如出现印装错误本社负责调换　联系电话　（010）63263947

出 版 说 明

　　金融是现代经济的核心，也是调节宏观经济的重要杠杆。金融工作关系到经济发展、社会稳定和国家安全，关系到人民群众的切身利益。我们党和国家一贯重视金融工作。党的十一届三中全会以来，特别是党的十四大确立社会主义市场经济体制的改革目标以后，金融体制改革成为经济体制改革的重要组成部分。通过深化金融体制改革，我国初步建立了与社会主义市场经济体制相适应的金融组织体系、金融市场体系、金融调控和监管体系，促进了金融事业的健康发展。为了帮助广大干部特别是各级领导干部更好地学习、掌握党和国家有关金融工作的方针政策，中国人民银行与中共中央文献研究室合作编辑出版了《金融工作文献选编（一九七八——二〇〇五）》一书。本书在编辑过程中得到了中国银行业监督管理委员会、中国证券监督管理委员会和中国保险监督管理委员会的大力协助。

　　本书收入了从一九七八年十二月至二〇〇五年十一月这段时间里有关金融工作的重要文献一百四十三篇。其中，中共中央、全国人大、国务院的文件等八十五篇，党和国家领导人的讲话、报告等五十八篇。有些文稿是第一次公开发表。

中 国 人 民 银 行

中共中央文献研究室

二〇〇七年三月

目　　录

研究新情况，解决新问题[*]

（一九七八年十二月十三日）

邓 小 平

要向前看，就要及时地研究新情况和解决新问题，否则我们就不可能顺利前进。各方面的新情况都要研究，各方面的新问题都要解决，尤其要注意研究和解决管理方法、管理制度、经济政策这三方面的问题。

在管理方法上，当前要特别注意克服官僚主义。

官僚主义是小生产的产物，同社会化的大生产是根本不相容的。要搞四个现代化，把社会主义经济全面地转到大生产的技术基础上来，非克服官僚主义这个祸害不可。现在，我们的经济管理工作，机构臃肿，层次重叠，手续繁杂，效率极低。政治的空谈往往淹没一切。这并不是哪一些同志的责任，责任在于我们过去没有及时提出改革。但是如果现在再不实行改革，我们的现代化事业和社会主义事业就会被葬送。

我们要学会用经济方法管理经济。自己不懂就要向懂行的人学习，向外国的先进管理方法学习。不仅新引进的企业要按人家的先进方法去办，原有企业的改造也要采用先进的方法。在全国的统一方案没有拿出来以前，可以先从局部做起，从一个地区、一个行业做起，逐步推开。中央各部门要允许和鼓励它们进行这种试验。试验中间会出现各种矛盾，我们要及时发现和克服这些矛盾。这样我们才能进步得比较快。

今后，政治路线已经解决了，看一个经济部门的党委善不善于领导，领导得好不好，应该主要看这个经济部门实行了先进的管理方法没有，技术革新进行得怎么样，劳动生产率提高了多少，利润增长了多少，劳动者的个人收入和集体福

　＊　这是邓小平同志在中共中央工作会议闭幕会上的讲话《解放思想，实事求是，团结一致向前看》的一部分。

利增加了多少。各条战线的各级党委的领导，也都要用类似这样的标准来衡量。这就是今后主要的政治。离开这个主要的内容，政治就变成空头政治，就离开了党和人民的最大利益。

在管理制度上，当前要特别注意加强责任制。

现在，各地的企业事业单位中，党和国家的各级机关中，一个很大的问题就是无人负责。名曰集体负责，实际上等于无人负责。一项工作布置之后，落实了没有，无人过问，结果好坏，谁也不管。所以急需建立严格的责任制。列宁说过："借口集体领导而无人负责，是最危险的祸害"，"这种祸害无论如何要不顾一切地尽量迅速地予以根除"。

任何一项任务、一个建设项目，都要实行定任务、定人员、定数量、定质量、定时间等几定制度。例如，引进技术设备，引进什么项目，从哪里引进，引进到什么地方，什么人参加工作，都要具体定下来。引进项目要有几定，原有企业也要有几定。现在打屁股只能打计委、党委，这不解决问题，还必须打到具体人的身上才行。同样，奖励也必须奖到具体的集体和个人才行。我们在实行党委领导下的厂长负责制的时候，要切实做到职责分明。

要使责任制真正发挥作用，必须采取以下几方面的措施：

一要扩大管理人员的权限。责任到人就要权力到人。当厂长的、当工程师的、当技术员的、当会计出纳的，各有各的责任，也各有各的权力，别人不能侵犯。只交责任，不交权力，责任制非落空不可。

二要善于选用人员，量才授予职责。要发现专家，培养专家，重用专家，提高各种专家的政治地位和物质待遇。用人的政治标准是什么？为人民造福，为发展生产力、为社会主义事业作出积极贡献，这就是主要的政治标准。

三要严格考核，赏罚分明。所有的企业、学校、研究单位、机关，都要有对工作的评比和考核，要有学术职称、技术职称和荣誉称号。要根据工作成绩的大小、好坏，有赏有罚，有升有降。而且，这种赏罚、升降必须同物质利益联系起来。

总之，要通过加强责任制，通过赏罚严明，在各条战线上形成你追我赶、争当先进、奋发向上的风气。

在经济政策上，我认为要允许一部分地区、一部分企业、一部分工人农民，由于辛勤努力成绩大而收入先多一些，生活先好起来。一部分人生活先好起来，

2

就必然产生极大的示范力量，影响左邻右舍，带动其他地区、其他单位的人们向他们学习。这样，就会使整个国民经济不断地波浪式地向前发展，使全国各族人民都能比较快地富裕起来。

当然，在西北、西南和其他一些地区，那里的生产和群众生活还很困难，国家应当从各方面给以帮助，特别要从物质上给以有力的支持。

这是一个大政策，一个能够影响和带动整个国民经济的政策，建议同志们认真加以考虑和研究。

在实现四个现代化的进程中，必然会出现许多我们不熟悉的、预想不到的新情况和新问题。尤其是生产关系和上层建筑的改革，不会是一帆风顺的，它涉及的面很广，涉及一大批人的切身利益，一定会出现各种各样的复杂情况和问题，一定会遇到重重障碍。例如，企业的改组，就会发生人员的去留问题；国家机关的改革，相当一部分工作人员要转做别的工作，有些人就会有意见；等等。这些问题很快就要出现，对此我们必须有足够的思想准备。要教育党员和群众以大局为重，以党和国家的整体利益为重。我们应当充满信心。只要我们信任群众，走群众路线，把情况和问题向群众讲明白，任何问题都可以解决，任何障碍都可以排除。随着经济的发展，路子会越走越宽，人们会各得其所。这是毫无疑义的。

实现四个现代化是一场深刻的伟大的革命。在这场伟大的革命中，我们是在不断地解决新的矛盾中前进的。因此，全党同志一定要善于学习，善于重新学习。

全国胜利前夕，毛泽东同志号召全党重新学习。那一次我们学得不坏，进城以后，很快恢复了经济，成功地完成了社会主义改造。这些年来，应当承认学得不好。主要的精力放到政治运动上去了，建设的本领没有学好，建设没有上去，政治也发生了严重的曲折。现在要搞现代化建设，就更加不懂了。所以全党必须再重新进行一次学习。

学习什么？根本的是要学习马列主义、毛泽东思想，要努力把马克思主义的普遍原则同我国实现四个现代化的具体实践结合起来。当前大多数干部还要着重抓紧三个方面的学习：一个是学经济学，一个是学科学技术，一个是学管理。学习好，才可能领导好高速度、高水平的社会主义现代化建设。从实践中学，从书本上学，从自己和人家的经验教训中学。要克服保守主义和本本主义。几百个中央委员，几千个中央和地方的高级干部，要带头钻研现代化经济建设。

3

只要我们大家团结一致，同心同德，解放思想，开动脑筋，学会原来不懂的东西，我们就一定能够加快新长征的步伐。让我们在党中央和国务院的领导下，为改变我国的落后面貌，把我国建成现代化的社会主义强国而奋勇前进！

经济建设要脚踏实地[*]

（一九七九年九月十八日）

陈　云

一、经济的调整，即实行调整、改革、整顿、提高的方针，是必要的，并不是多此一举。计委这次提出明年的基建投资是二百五十亿元，财政部提出的是一百七十亿元。不管哪个数字，都比一九七八年的四百五十一亿元和一九七九年的三百六十亿元减少了。这就在实际上证实了一九七八年和一九七九年的投资超过了国家财力物力的可能。这种基建投资超过国家财力物力可能的状况，自一九七〇年以来或多或少就存在了。基本建设战线太长，这是一个老问题。

二、我们的基建投资，必须是没有赤字的。就是在财政平衡的基础上，看能够拨出多少钱用于基本建设投资，以这个数字来制定基本建设计划。所以，根据三十年来的经验，找出基本建设投资在财政支出中所占比重这一条杠杠，是必要的，这样才是实事求是。

三、不要用自由外汇兑换成为人民币来弥补基建投资的赤字。我们现在借到的四十四亿美元自由外汇，用于其他方面的已经有三十一亿美元，明年不可能再借到五十亿美元自由外汇换成人民币用作基建投资。可否发票子来弥补基建投资赤字？不可能，而且决不能这样做。因为这将无以为继。基建投资年年有赤字是不行的，因为年年用发票子来搞基建，到了一定的时候，就会"爆炸"。所以，如果明年不削减基建投资中的赤字，后两年必然要大削减，那时局面将会更坏。因此，我主张明年就必须去掉基建投资中的赤字，使我们的基建投资计划脚踏实地。

四、对于外债的分析。现在谁也不反对借外债，但对所借外债要加以分别。基本上说，只有两种外债：第一种是买方贷款，就是外国卖机器设备给我们，可

---

[*] 这是陈云同志在国务院财政经济委员会召开的汇报会上的讲话。

以几年或允许更长时间偿还。这种贷款实际上只卖给我们机器设备，不是借给我们自由外汇。第二种是自由外汇贷款，这一种贷款数量很少，现在只借到四十四亿美元。这一种自由外汇可以由人民银行兑换成人民币在国内使用。

就是第一种买方贷款，即设备贷款，我们每年能够使用多少，不决定于我们的主观愿望，而决定于我们使用它时，国内为它配套所需的投资数量。国内配套投资部分力量如果不大，那么，买方贷款就不可能用得多。如果国内没有投资力量，硬要进口设备，只能把机器存起来。现在有些同志说，外汇可以脱钩。在目前自由外汇不够的条件下，这样的事不可能办到。

利用外资来进行建设，我们的经验还很少，需要认真加以研究。

五、既然基建投资决定于当年的财政拨款有多少，明年基建规模就应该按照财政拨款多少来安排，超过这个限度就会有赤字，就要多发票子。这条路我们不应该走，也不可能年年走。如果大家认为这样看是对的，那么，基建的项目，应该由计委这样的权威机关来确定。哪个项目该上就必须上，哪个项目没有财力上就必须下。要核定该上该下的项目，不能推平头，不能来一个大家打七折，因为其结果将不能改变基建战线太长的现状。不下决心这样做，我们说要缩短基建战线就是一句空话。推平头，大家打七折，这种办法将使我们一事无成，害国害民。

六、现在借到的自由外汇，是一种数目不大的周转外汇的性质。在调整时期和今后建设中只能用于小项目，或迅速见效的项目，就是速借速还的项目。有些还要用来支付购买武器的开支。只有必要时临时挪用一部分作为大项目的还本付息外汇，但这是临时的，必须迅速归还给银行。

七、我们用于偿还大项目借款本息的可靠外汇来源，只能来自下列各项：甲、增加石油、煤炭出口的收汇；乙、旅游业的纯上缴外汇；丙、广东、福建特殊区增加上缴的外汇；丁、纺织品、轻工业品、重工业品和工艺美术品等出口收汇能增加上缴的部分。上述四种收汇中的前三种，估计要有十年时间才能每年有几十亿外汇上缴中央，这不是一二年轻易地就能做到的事。即使平果铝矿建成以后，除还债外，并能减少铝的进口，也不会少于十年。就是纺织品的出口，也要看到欧美日本等国有一个不让我多出口的所谓配额问题。因为那些国家要保护它们本国的纺织工业，不让本国人失业。这个问题在欧美日本已经碰到。

八、我们建设像宝钢、平果铝矿、三峡水电站（是否能建成还需收集各方面意见）等那样大的工程，在第六个和第七个五年计划时期，每个五年计划中能建成几个（我这里说的是建成几个，不是说上马几个)？每个大项目的建设周期，都需要十年左右。依我看来，每个五年计划期间，平均计算大体上只能建成一个。为什么？这些大建设项目，每个投资都在二百亿元人民币上下，五年平均，每年四十亿元上下，我们的财力物力是能够胜任的，是能够建设好的。但是，如果五年不是建成一个，而是要建成好几个，甚至于要求一年建成一个，这显然是办不到的。我们今年的全部财政基建拨款，照财政部计算，只有一百七十亿元。如果要一年建成一个宝钢这样的大项目，那就占了我们一年多的全部基建投资的金额；如果同时要建成两个三个，非但所要建的大项目建不成，而且把其他的必需资金全部都挤光了也还不够。即使我们能借到一些外国的买方信贷，但自己配套的那一部分投资也要占到接近一半。不错，每年的财政收入都会增加，基建拨款也会按比例增加，但是，非大项目的其他基建所需要的支出也会增加。例如：轻工、国防、交通、学校、城市建设等等也会要求按比例增加的。这一点，我觉得我们要有必要的思想准备。大家应该斟酌这件大事。

九、根据以上各点，我认为我们在实现四个现代化建设中，除了要上若干个大项目以外，着重点应该放在国内现有企业的挖潜、革新、改造上。我们国内现有企业的基础是不小的。要在这个基础上引进新技术（软件），或则填平补齐，或则成龙配套，用这些办法来扩大我们的生产能力。这是我们除了上若干大项目以外所必须注意的大事，也是重点所在。

十、用上述办法来进行基本建设，充分利用现有企业并对它们进行技术改造，这是脚踏实地的前进。表面上看来像慢，但实际上是快。照顾到各方面协调地前进，这个前进是可靠的，若干年后在工业交通内部和其他各方面都可以按比例地发展。要先生产，后基建；先挖潜、革新、改造，后新建。计委、经委提出的增产节约措施，有不少可以促进生产的上升，生产指标可以打得更积极一点。

目前人民向往四个现代化，要求经济有较快的发展。但他们又要求不要再折腾，在不再折腾的条件下有较快的发展速度。我们应该探索在这种条件下的发展速度。

十一、对于农业方面的投资，也要用得适当。农林牧副渔的投资，都要用在刀刃上。今年的农业增产，看来主要来之于农民的生产积极性。过去做了一些农业基本建设工作，加上气候条件比较好，也是重要的原因。农业投资的重点必须放得适当。像西北这样干旱低产地区，必须努力改变现在的状况，但是，这只能经过持久的努力才能达到，不可能一下赶上江南。

以上各点，是我对于这次讨论一九八〇年和一九八一年计划的意见，希望同志们充分发表不同的意见，使我们的计划更合乎实际，使我们求得一种共同的语言。

必须把银行真正办成银行[*]

（一九七九年十月四日）

邓 小 平

究竟我们现在是集中多了，还是分散多了？我看，集中也不够，分散也不够。中央现在手上直接掌握的收入只有那么一点，这算集中？财政体制，总的来说，我们是比较集中的。有些需要下放的，需要给地方上一些，使地方财权多一点，活动余地大一点，总的方针应该是这样。但是也有集中不够的。什么东西该更加集中，什么东西必须下放，具体意见我提不出来，请大家敞开议一下。我肯定，扩大企业自主权，这一条无论如何要坚持，这有利于发展生产。过去我们统得太死，很不利于发展经济。有些肯定是我们的制度卡得过死，特别是外贸。好多制度不利于发展对外贸易，对增加外汇收入不利。比如，武钢的产品可以出口，但是按照现在的国际价格，每一吨要亏损四十元。为什么国家不可以每吨补贴四十元出口呢？它能创汇嘛。好多国家都有出口补贴。这是上层建筑里面的问题，是制度、政策上的问题。我们应该鼓励能够出口的东西出口，能搞到外汇就了不起嘛。现在对财政、银行，有很多反映。有的好项目只花几十万元，就能立即见效，但是财政制度或者是银行制度不允许，一下子就卡死了。这样的事情恐怕是大量的，不是小量的。卡得死死的，动都动不了，怎么行呢？当然也有成千万元的项目，那就必须慎重一点了，但是成千万元的项目也有很快见效的，财政、银行应该支持，这样就活起来了。这不是个简单的财政集中分散的问题。必须把银行真正办成银行。现在每个省市都积压了许多不对路的产品，为什么？一个原因就是过去我们的制度是采取拨款的形式，而不是银行贷款的形式。这个制度必须改革。任何单位要取得物资，要从银行贷款，都要付利息。

＊ 这是邓小平同志在中共省、市、自治区委员会第一书记座谈会上的讲话《关于经济工作的几点意见》的一部分。

国务院批转中国人民银行
《关于维护人民币统一市场禁止外币
在国内市场流通的报告》

（一九八〇年一月五日）

各省、市、自治区人民政府（革命委员会），国务院各部委、各直属机构：

国务院同意中国人民银行《关于维护人民币统一市场禁止外币在国内市场流通的报告》，现转发给你们，望贯彻执行。

维护人民币的统一市场，禁止一切外币在国内市场计价流通，维护社会主义的金融秩序，这是关系到国家主权和实现四个现代化的重大问题，在筹集资金、引进外资工作中必须引起足够注意。决不能为了多得到一些外汇，而本末倒置，因小失大，破坏统一的人民币市场。各省、市、自治区如有流通外币的，要进行一次清理和整顿。极少数单位有必要直接收取外币的，应由各省、市、自治区人民政府（革命委员会）进行审查，并提出意见报国务院批准。要把收取外币的单位压缩到最小限度。本年内中国银行发行外汇兑换券后，应即停止直接收取外币。

国务院
一九八〇年一月五日

中国人民银行关于维护人民币统一市场禁止外币在国内市场流通的报告

(一九七九年十二月十九日)

今年初,外贸部报经国务院批准,在全国几个大城市办理外国烟、酒的寄售业务,直接以外币标价和计收外币。此后,使用外币的业务范围日益扩大,其中以广东省一些单位的情况最为突出,已经发生不少问题,值得引起注意,需要尽快研究解决。现将有关情况和我们的意见报告如下:

一、情况

目前仅广州市一地,经过国务院和有关部门批准,在业务经营中直接收取外币的有:广州外贸中心出售的商品和提供的各项服务;中国图片社广东办事处代销美国柯达摄影胶卷和自营的洗印业务;省外文书店代销的美国《时代周刊》等杂志;省土产、茶叶、食品进出口公司经营的寄售外国香烟、咖啡、酒和汽水;省航运局所属单位出售广州、江门至澳门的客轮票;广州铁路局客运段穗港线直通列车的餐车、小卖部等。经广东省革委会批准直接收取外币的有:广州市友谊公司经销的商品,广州市小汽车服务公司与香港羊城"的士"服务公司、新威汽车公司合作经营的汽车服务业务,广东省对外体育服务公司组织的多项体育表演,广州曙光无线电厂销售以留成外汇进口配件装成的三用录音机,广州市轻工进出口公司代售的天鹅牌电子计算机,省轻工进出口公司代销香港海燕唱片有限公司的录音带,东方宾馆餐厅对外营业等。最近,宝安、珠海、汕头、肇庆、佛山的友谊商店等单位,也都直接收取外币。

正在报批准备收取外币的单位还有:广州东方宾馆、流花宾馆,准备将利用外资进行改造的二百二十个房间对外出租收取外币;广州市广播设备器材厂和广东省、广州市的轻工进出口公司,准备用留成外汇或向银行贷款,进口零配件装

11

配电视机、电子计算机等，在市场上出售收取外币；广东省航运局要求在洲头嘴客运站设小卖部，办理行李搬运和国内外水陆联运业务等。另外，广州市有一些单位，未经批准也擅自收取外币。例如，解放北路有一间卫生院诊病收外币，光明大戏院和文化公园红星剧场售前座票收外币，有的三轮车载客人也收外币。

二、引起的问题

一是影响了人民币的统一市场，损害了国家的威信。全国解放后，我国禁止了一切外币在国内市场流通，发行了全国统一的人民币，建立了独立自主的、统一的人民币市场，这是国家的一项重要经济政策，也是我们党在政治上和经济工作上的一项重要成就。三十年来，我国人民币已成为世界上少有的稳定的货币。现在，一些单位在业务经营中直接收取外币，实际上就是允许外币在我国内市场流通，这在政治上、经济上都是对我不利的。

据了解，目前在世界各国，像我国在国内市场上这样大范围地使用外币的情况是很少见的。西方国家虽然在银行可以自由兑换外国货币，但市场上只准本国货币流通。大多数第三世界国家，只在机场和大旅馆设有免税商店，可以使用外币。苏联和东欧国家，也只是在少数特设的外币商店使用外币。现在，广东省一些单位在业务经营中不但用外币标价，直接收取外币，有的还贴出"持外币购票优先"、"凭外币坐车优先"的通告，引起了人民群众的不满。

一些华侨对这种做法也很有意见。一位日本华侨商人说，代销外国烟酒收外币还情有可原，但卖广州生产的雪糕也要港币，这不同香港差不多了吗？许多爱国人士认为，国内市场大量使用港币，港币假票就会乘机流入，现在连香港的银行职员对港币假钞都难以识别，何况国内的年轻售货员！有的人还说，广东每天有几千名港澳同胞入境，携入大量的港币，港英当局正无法解决的通货膨胀问题，你们帮助他们解决了。

不少外宾对这种做法也有反映。一位日本商人说，在中国买东西用人民币不行，非用外币不可，实在不可理解。一位华侨商人同一位日本朋友到交易会小吃部去喝茶，因只带人民币没有港币而未能喝成。那位日本朋友不满地说："这是在你们的祖国啊！"有些外国朋友担心中国也会出现像苏联和东欧国家那样到处向外国人乞讨外币的情况。

二是影响了人民币对外币的比价，造成了外币买卖黑市。开办直接收取外币业务，原来说是指定地点，范围很小，但由于持有外币可以买到廉价的、市场上买不到的东西，有的人就想方设法换取外币。由于有的单位希望得到外汇分成，乐意收取外币，这样，外币流通的范围也就愈来愈广，比价也愈来愈高。例如，现在港币的牌价是三十元五角人民币换一百元港币，但市场上有的人用四十至七十元人民币换取一百元港币，最近还发现有用一百元人民币换一百元港币的。有的地方已出现了外币的黑市买卖。

三是腐蚀了干部群众，败坏了社会风气。据计算，在广交会内用港币买一只国产手表，一转手就能赚取人民币几十元；用几元港币购买一盘卡式录音带，转手倒卖可得人民币八元。由于外币在市场上吃香，用外币购买商品可以牟取暴利，有的人就不择手段地套取或索换外币。人民银行东莞县支行一个营业所副主任，利用职权非法套取收兑入库的港币。拱北海关一关员和深圳铁路一民警，在执行任务中向旅客索兑港币；广州东方宾馆一个服务员，抢着为客人提行李，然后要求用人民币同客人兑换外币；有的人在广州外贸中心小卖部购买商品，开好票再去拦住客商索换外币。最近，广州市有些待业青年，在外币商场抢购商品进行倒卖，还有一些不法之徒，在路上、宾馆门口和银行外面阻拦外宾和侨胞，强行要求兑换外币。有的甚至以武力相要挟，对外造成了极坏的影响，香港报刊对此已有反映。

四是这种做法也给华侨、外宾带来了不方便。开办直接收取外币的业务，目的是方便华侨、外宾，增加外汇收入，但这样做实际上反而给华侨、外宾带来了不方便。日本北海道华侨总会会长曲学礼说，他们回国时把外币换成了人民币，使用起来很方便，现在不知道什么地方要用什么货币，必须随身携带人民币、日元、港元，太不方便了。一位日本商人说，他们从银行把日元换成了人民币，现在又要将人民币换成日元，实在麻烦。许多外宾反映，中国这样办，他们在香港购买中国的旅行支票和在深圳用外币兑换人民币，都是多此一举了。

我们认为，这样做实际上是使一部分原来由银行直接收兑的侨汇、其他非贸易外汇和外币，分散到各个收取外币的单位去，从国家整体上看，并不能增加多少外汇收入。据反映，由于外币可以在国内市场流通以及存在外币买卖黑市，从香港带进一台价值一百港元的计算器，出售收取外币再套成人民币，要比汇入一百港元多得一倍半到两倍的人民币。因此，套汇、逃汇和以物代汇的情况大量增加，有些侨区的侨汇大幅度下降。例如，今年四月至六月，广州市越秀区的一个侨汇点侨汇收入比去年同期减少了百分之七十一点八，中山县一个区侨汇收入比去年同期减少了百分之八十二点六。福建省的一些侨区也有类似的情况。

三、我们的意见

鉴于以上情况，我们的意见是：

（一）必须维护人民币的统一市场，不能允许外币在国内市场计价流通。这是关系到国家主权和四化建设的一个大问题，切不可因小失大。我们需要努力增加外汇收入，但不能置国家的主权于不顾，破坏统一的人民币市场。

（二）如果为了发展旅游业，有些地方非直接收取外币不可，也应尽量缩小范围，并且要经过国务院批准。现在对竞相收取外币的问题需要进行清理和整顿，除经国务院批准的专门接待外宾的宾馆和机场设立的外币商店外，其他地方一律不得以外币计价和收取外币。明年中国银行发行"外汇兑换券"以后，所有现在经过批准可以直接收取外币的单位，也不得以外币标价和计收外币，应改用人民币标价，收取外汇兑换券。

（三）中国银行应加强口岸的外币兑换工作，办好发行旅行支票和外汇兑换券的工作，以方便华侨、外宾。

（四）外币的黑市买卖，必须严格取缔。未经批准擅自用外币标价和在交易中直接收取外币的，应以扰乱金融论处。

以上报告如无不当，请批转各省、市、自治区贯彻执行。

国务院关于切实加强信贷管理
严格控制货币发行的决定

（一九八一年一月二十九日）

各省、市、自治区人民政府，国务院各部委、各直属机构：

当前，全国经济形势很好，但是潜伏着危险。财政连续发生赤字，银行增发大量货币，市场票子过多，物价上涨，对发展国民经济和安定人民生活极为不利。国务院认为，必须采取坚决措施，控制货币发行，稳定市场物价，保证经济调整的顺利进行，巩固和发展安定团结的政治局面。为此，特作如下决定：

一、严格信贷管理，坚持信贷收支平衡，切实保证货币发行权集中于中央。国家批准的信贷计划和货币发行计划，必须严格执行，不得突破。各地区、各部门、各专业银行要在核定的信贷计划范围内严格掌握，不得超过。各级政府都要把实现信贷平衡，控制货币投放，作为经济调整中的一件大事来抓。贷款发放要在国家计划指导下，由各级银行根据信贷政策和资金使用方向审查决定。任何人不得强令银行贷款，不得限制银行、信用社收回到期贷款，不得擅自宣布豁免贷款，不得挪用或挤占信用社资金。要加强现金计划管理，定出现金投放或回笼的指标，落实下去。全国的货币发行计划和信贷计划需要有所追加时，须报经国务院批准。

二、重申财政资金和信贷资金分口管理的原则，严格禁止把银行信贷资金移作财政性支出。任何单位和个人，不得挪用流动资金搞基本建设。所有企业不得用银行贷款弥补亏损。没有销货收入的企业，不得把银行贷款用于发放工资和奖金，用于缴纳利润，用于职工福利开支。任何单位不得拿银行贷款给社队，用于分配和弥补超支。新开办的企业，应由财政拨给流动资金。原有企业因生产经营扩大需要增加的流动资金，应主要通过加速资金周转、挖掘资金潜力的途径来解决。进行利改税试点的企业和集体所有制企业，必须从利润收入中拿出一部分来，补充自己最低需要的流动资金。不能一面把收入全部拿去搞基本建设，一面又要银行贷款。地方和单位的上年结余存款，必须按照国家规定，严加控制，不许随意动用。违反上述原则和规定的，银行有权拒绝付款和贷款。企业购买国库券，也不得使用流动资金和银行贷款。

三、管紧用好贷款，促进企业调整。凡是国家决定停建缓建的建设项目，生产有关设备的企业，要立即停止生产，银行要停止有关贷款。对那些产品消耗高、质量差、长期亏损的企业，和那些同先进厂争原料、燃料动力而消耗大、质量差的企业，银行要管紧贷款。主管部门和银行要尽量帮助他们提高经营管理水平，提高产品质量，或转产适应市场需要的产品。对于已经决定关停的企业，银行要停止贷款。关停企业清理财产的收入，除了用于解决人员工资和必要的维护费用以外，要首先用于偿还银行贷款。银行发放的中短期专项贷款，凡是属于基本建设性质的挖潜、革新、改造项目，必须纳入各级基建计划，严格按基建程序办事。没有计划部门的批准文件，没有经过综合平衡，没有按基建程序办理手续的，银行一律不予贷款。一九八〇年已经安排的中短期设备贷款，属于基建性质的，必须在当地政府的统一领导下，由有关部门进行审查，凡是盲目建设、重复建设的，要坚决停下来。经过审查，确定继续建设的项目，需按照规定重新上报批准。一九八一年国家计划安排的轻纺中短期设备贷款，要首先用于这些批准的续建项目和收尾工程，不得搞盲目建设和重复建厂。国家信贷计划中安排的一般中短期设备贷款，主要用于拾遗补缺、填平补齐和那些投资少、见效快、收益大的挖潜、革新、改造项目，充分发挥资金使用的效果。

四、压缩物资库存和商品库存，减少流动资金占用。要切实贯彻以销定产、以销定购的原则，企业生产和收购没有销路的产品和物资，银行不予贷款。物资部门和商业部门库存中超储积压的物资和商品，其所占用的贷款，要按规定加收利息，限期清理。企业有积压物资能够处理而不处理的，银行可以停止增加新贷款。国家规定压缩商品库存、回笼货币的计划，商业、供销、外贸、银行等部门必须抓紧落实，坚决保证其实现。

五、重申信用集中于银行的原则。一切信贷活动必须由银行统一办理，任何地方和单位不许自办金融机构，不许办理存款贷款业务，不许自行贷款搞基本建设。已经办了的，要进行清理整顿，除经中国人民银行总行审查同意，并经国务院批准者外，要一律停止。工商企业某些长期积压的物资和商品，经主管部门和银行同意，可以用赊销或分期付款的办法处理利用，可以委托代销、寄销和分期收款。对于一面实行赊销处理，一面又继续生产和收购这些产品的，银行不予贷款。

中国人民银行要认真执行中央银行的职责。中国人民银行总行要认真审核各专业银行的信贷计划。各级专业银行及其他金融机构，都要按月向当地人民银行报送信贷计划的执行情况和现金收支情况。各级人民银行对本地区的信贷收支计划和现金收支计划，要进行综合平衡，研究执行中出现的问题，及时向当地政府汇报，以利于采取必要措施，保证货币回笼任务的实现。

六、实行利率统一管理，区别对待的政策。必须重申，利率由中国人民银行统一管理，其他部门和单位不得自行规定存款和贷款利率。中国人民银行总行有权在国家规定利率的基础上，在上下不超过百分之二十的幅度内机动调整。农村信用社和其他金融机构的存款、贷款利率，可以略高或略低于国家银行的利率。信用社变更利率，委托中国农业银行审批；外汇贷款利率，委托中国银行拟订；其他信用机构变更利率，要报经中国人民银行批准。

七、加强现金管理，严格结算纪律。一切机关、团体、企业、事业、学校、部队等单位，必须认真贯彻执行现金管理的各项规定。超过库存限额的现金，要及时存入银行。各企业、各单位相互之间的经济往来，要通过银行实行转账结算，严禁超过规定携带现金外出采购。银行要定期或不定期地进行现金检查，压缩不合理的现金库存。要采取措施，防止用各种手段套取现金。劳动部门和企业主管部门要加强对工资和奖金的管理，银行要按照国务院的有关规定，监督工资和奖金的支付。财政、商业、银行要密切协作，控制社会集团购买力，以节省非生产性开支，减少现金的投放。各专业银行对有关开户单位，也要按照国家规定，严格现金管理。为了防止企业在关停并转过程中发生大量拖欠，银行要在结算上采取措施，严格结算纪律。

八、努力增加生产，搞活流通，切实抓好货币回笼。各地区、各部门都要重视这项工作。农业、轻工业部门要千方百计增加生产，增加商品货源。有条件的重工业和军工部门，要尽可能生产一些民用消费品，增加市场商品供应。商业部门要大力组织收购，扩大商品销售，增加商品的货币回笼。文化、艺术、服务、旅游等部门，要广开服务门路，努力增加非商品的货币回笼。银行要加强储蓄工作，增加网点，方便存取，增加信用回笼。

国务院要求，各级人民政府切实加强银行工作的领导，重视发挥银行的作用。要定期讨论货币投放和回笼情况，针对出现的问题，采取措施加以处理。要支持和鼓励银行人员，勇于维护财经纪律，同不利于经济调整的行为作坚决的斗争。各级中国人民银行和专业银行必须加强协作，深入调查研究，搞好经济分析，认真按政策制度办事，应该管紧的要坚决管紧，需要搞活的要努力搞活，并定期向当地人民政府报告工作。各级银行要紧密围绕着国民经济调整这个中心，充分运用信贷、结算等手段，协同企业搞活生产，搞活市场；并继续研究和进行金融工作的改革，努力提高自己的业务管理水平，充分发挥银行的经济杠杆作用。

国务院
一九八一年一月二十九日

让银行真正发挥作用*

（一九八一年八月十八日）

薄 一 波

调整时期最大的困难是财政赤字，资金短缺。我们不仅要消灭赤字，摆脱财政困难，而且必须积聚一定的资金投入建设，为争取今后经济的发展有个较理想的速度创造条件。全国上上下下，各行各业，都应当很好研究生财之道、聚财之道和用财之道。

怎样解决资金不足的问题？概括起来有四个办法：一是发展生产，搞活经济；二是紧缩开支，适当控制集团消费；三是利用好国内资金，把分散的、该集中的资金适当集中，同时把人民消费基金的一部分通过银行聚集起来，支援建设；四是适当利用一定数量的外资。

解决财政困难和资金不足，根本办法是要把经济搞上去，使城乡经济活跃起来。当前一方面财政很困难，另一方面经济上的潜力又很大。挖掘潜力，增加收入，要适应变化了的新情况，采取一些新办法，不能完全搬用老办法。现在第一位的问题是提高效益，增加财富；其次才是搞好分配，看国家拿多少，地方拿多少，集体拿多少，个人拿多少，实行三兼顾。

十一届三中全会以后，地方和企业的钱多了，工人、农民手中的钱也逐渐多起来，这同一九六二年那次调整有很大的不同，应该说回旋余地比那时大多了。我们的银行存款，过去每年增长从来没有超过一百亿元。这两年增加很快，一九七九年增加二百零五亿元，一九八〇年又增加三百一十八亿元。但这些钱比较分散，不可能都纳入到财政上来。在资金分散的情况下，国家搞必要的建设缺乏资金，而某些地方和企业有了钱就盲目扩大基本建设，或者乱花掉了。对这些分散的资金，不能简单地去收，应当采取经济办法，因势利导，集中起来。

---

* 这是薄一波同志在国务院会议上的讲话《关于经济工作的几个问题》的一部分。

筹集国内资金，可以采取储蓄、债券、保险、办信托吸收游资等办法。各种形式的储蓄，包括有奖储蓄，都要积极开展。同时，每年可以视情况发行一部分能源建设债券或重大建设项目的公债券，单位和个人都可以购买。这样，每年可以拿到几十亿元。长期储蓄的利息和放款的利息，可适当提高一点。有些建设项目需要贴息的（如公共工程、基础设施），财政上可酌情给予补贴。集中起来的资金，不纳入财政预算，主要通过银行去办，让银行真正发挥作用。

　　银行资金的筹集和贷款的发放，应当实行计划指导，纳入统一的财政计划和基本建设计划，进行综合平衡。贷款要有物资保证，做到有钱、有物。贷款的项目由计委安排，但需由银行进行核算，择优发放。我国现在没有一个部门和机构认真考核基本建设的投资效果，只考虑每年投资多少，搞什么项目，没有考虑投资后如何收回。计委管计划，建委管施工，银行管拨款，形成发钱的不管收钱，用钱的不负责还钱，这是我国基本建设工作上的最大弊病，造成的浪费不知有多大。今后要逐步进行改革，建设项目的拨款要转给银行管，投资的回收也要由银行负责。对建设项目要提出效益要求，不要花了投资，长期不收益。基本建设应当有个总体规划，特别是大的建设项目，要考虑从哪里搞起，是从头搞起，从尾巴搞起，还是从中部搞起，要认真进行核算，选择出最佳方案，做到逐步有收益，不能十年不收益。这样，对银行、对计划和基建部门都提出了新的要求。世界银行发放贷款的经验，有值得借鉴的地方。他们要求做到"精心挑选，细致核算，严密监督，系统分析"，每一个项目都要经历审选、准备、确认、谈判、执行和监督、最后评价六个阶段。确定一个项目一般要两年时间。他们选定的项目，大都是成功的，基本上按期收回了贷款。我们也要注意改进银行的工作，使它发挥应有的作用，把资金管好、用好。

20

中共中央、国务院关于严格制止外汇方面违法乱纪行为的决定

（一九八二年七月十七日）

我国实行对外开放政策以来，对外经济贸易关系迅速扩大，外汇收支额日益增加。为了适应新形势发展的需要，加强外汇管理工作，一九七九年三月成立了国家外汇管理总局，一九八〇年十二月国务院发布了《中华人民共和国外汇管理暂行条例》。这对于维护国家权益，促进对外经济贸易的发展，起了重要作用。

近年来的事实证明，在外汇收支活动中，不但同样存在着腐蚀与反腐蚀的斗争，而且斗争更为复杂、严重。主要是一些地方和部门，不断滋长资本主义经营思想，不顾整体利益，随意违反国家的外汇管理法令和规定，进行逃汇、套汇、截留和挪用国家外汇，滥用留成外汇，甚至从事倒卖外汇的活动。若干企业单位以至管理机关，有的不把收入的外汇及时交售给中国银行，而留作私用，或者私自卖给其他单位；有的高价倒卖外汇，从中牟利；有的擅自把外汇存放在国外或港澳地区，逃避国家的管理和监督；有的违反规定，在国内买卖商品以外汇计价结算，等等。问题的严重性在于，有些领导机关和领导干部对于上述种种违法行为，不但不予制止，反而予以支持，甚至带头违法。个别领导机关和担负外汇管理监督的部门，执法犯法，监守自盗，也从事或参与某些违法活动。所有这些违反国家外汇管理法令的行为，给经济犯罪分子大开方便之门，产生了恶劣的后果：扰乱市场，破坏金融，败坏党风，腐蚀干部，严重危害国家的社会主义建设事业，并且使社会主义祖国的声誉受到难以弥补的损害。为了煞住这股歪风，中共中央、国务院现作如下决定：

（一）在我国境内，严禁外币流通、使用，严禁以任何方式私自买卖和高价倒卖外汇，绝不允许私自进行借贷、质押、转让外汇。有的单位留成外汇有余，需要调剂给其他单位时，一律通过中国银行按有关规定办理。

（二）任何地方和部门，都不得以任何方式逃汇、套汇，或截留、挪用国家

的外汇；不得违反规定将外汇存放在国外或港澳地区，已经私自存放的要立即上报和调回，交售给中国银行。

（三）在国内买卖商品，除个别特殊情况由国家另作规定者以外，一律用人民币计价结算。按规定允许用外汇计价结算的，销货单位收入的外汇，应视同出口收汇，全部交售给中国银行。

（四）对违反国家外汇管理法令和规定的单位和个人，要严肃处理。凡近两年来买卖外汇超过国家规定价格的非法收入，一律没收，上交国库，具体办法由财政部规定；对从事违法活动的直接责任者，情节严重的应通报批评，情节恶劣的应给予纪律处分；对贪污受贿者必须追究法律责任。凡在本决定下达后仍从事违法活动的，除没收其外汇以外，一律加重处分，乃至追究法律责任。财政、金融和外汇管理部门，要忠于职守，严以律己，加强监督，坚决同违法乱纪活动作斗争。

中共中央和国务院要求：凡有外汇收支业务的部门和单位，都要根据本决定和国务院一九八二年三月二十五日通知的精神，对近两年来的外汇收支活动，认真进行一次检查清理，并将检查清理的结果于九月三十日前逐级上报财政部门和外汇管理部门，最后由财政部和中国人民银行审核汇总，联合报告中央和国务院。有违法活动的部门和单位，要如实报告违法的情节、过程、当事人和直接责任者，认真进行批评与自我批评，并提出处理意见。有违法活动而在限期内隐瞒不报者，一经查出，必须从严处理。

中共中央
国务院
一九八二年七月十七日

国务院关于对外借款
有关问题的通知

（一九八三年四月二日）

各省、市、自治区人民政府，国务院各部委、各直属机构：

为了积极有效地利用国外资金，更好地掌握国家对外负债情况，现就对外借款有关问题通知如下：

一、除政府间贷款和向世界银行、国际货币基金等国际金融组织借款以及国家另有规定者外，国内各单位向国外或港澳地区借款和以发行债券方式筹集资金，均应按《国务院批转国家计委、国家经委、对外经济贸易部关于对外经济贸易工作中分工意见的通知》规定的权限和程序报批，批件抄告同级中国银行。各借款单位应接受中国银行监督。

有侨资、外资参加的合资经营、合作经营、合作开发企业，需要向国外或港澳地区借款或发行债券，仍按国家颁布的法令或有关规定办理。

二、国内单位向国外银行借款，中国银行如认为条件合适，借款单位可向中国银行申请担保。未经中国银行同意，各单位不得自行在借款合同中写上由中国银行担保字样。

三、国内单位借入的外汇资金必须存入中国银行，借款单位必须在中国银行开户。如因工作需要，确需存在国外时，经中国银行同意，也可存入中国银行在国外的分行或指定的外国银行。

四、为了便于掌握对外负债的全面情况，所有对外借款单位应按《国务院批转国家计委、国家经委、对外经济贸易部关于对外经济贸易工作中分工意见的通知》规定，及时报送统计报表（包括债务报告），并同时抄报同级中国银行，中国银行应加强审查和监督。

国务院
一九八三年四月二日

中华人民共和国金银管理条例

（一九八三年六月十五日国务院发布）

第一章　总　　则

第一条　为加强对金银的管理，保证国家经济建设对金银的需要，取缔金银走私和投机倒把活动，特制定本条例。

第二条　本条例所称金银，包括：

（一）矿藏生产金银和冶炼副产金银；

（二）金银条、块、锭、粉；

（三）金银铸币；

（四）金银制品和金基、银基合金制品；

（五）化工产品中含的金银；

（六）金银边角余料及废渣、废液、废料中含的金银。

铂（即白金），按照国家有关规定管理。

属于金银质地的文物，按照《中华人民共和国文物法》的规定管理。

第三条　国家对金银实行统一管理、统购统配的政策。

中华人民共和国境内的机关、部队、团体、学校，国营企业、事业单位，城乡集体经济组织（以下统称境内机构）的一切金银的收入和支出，都纳入国家金银收支计划。

第四条　国家管理金银的主管机关为中国人民银行。

中国人民银行负责管理国家金银储备；负责金银的收购与配售；会同国家物价主管机关制定和管理金银收购与配售价格；会同国家有关主管机关审批经营（包括加工、销售）金银制品、含金银化工产品以及从含金银的废渣、废液、废料中回收金银的单位（以下统称经营单位），管理和检查金银市场；监督本条例的实施。

第五条　境内机构所持的金银，除经中国人民银行许可留用的原材料、设备、器皿、纪念品外，必须全部交售给中国人民银行，不得自行处理、占有。

第六条　国家保护个人持有合法所得的金银。

第七条　在中华人民共和国境内，一切单位和个人不得计价使用金银，禁止私相买卖和借贷抵押金银。

第二章　对金银收购的管理

第八条　金银的收购，统一由中国人民银行办理。除经中国人民银行许可、委托的以外，任何单位和个人不得收购金银。

第九条　从事金银生产（包括矿藏生产和冶炼副产）的厂矿企业、农村社队、部队和个人所采炼的金银，必须全部交售给中国人民银行，不得自行销售、交换和留用。

前款所列生产单位，对生产过程中的金银成品和半成品，必须按照有关规定加强管理，不得私自销售和处理。

第十条　国家鼓励经营单位和使用金银的单位，从伴生金银的矿种和含金银的废渣、废液、废料中回收金银。

前款所列单位必须将回收的金银交售给中国人民银行，不得自行销售、交换和留用。但是，经中国人民银行许可，使用金银的单位将回收的金银重新利用的除外。

第十一条　境内机构从国外进口的金银和矿产品中采炼的副产金银，除经中国人民银行允许留用的或者按照规定用于进料加工复出口的金银以外，一律交售给中国人民银行，不得自行销售、交换和留用。

第十二条　个人出售金银，必须卖给中国人民银行。

第十三条　一切出土无主金银，均为国家所有，任何单位和个人不得熔化、销毁或占有。

单位和个人发现的出土无主金银，经当地文化行政管理部门鉴定，除有历史文物价值的按照《中华人民共和国文物法》的规定办理外，必须交给中国人民银行收兑，价款上缴国库。

第十四条　公安、司法、海关、工商行政管理、税务等国家机关依法没收的金银，一律交售给中国人民银行，不得自行处理或者以其他实物顶替。没收的金银价款按照有关规定上缴国库。

第三章　对金银配售的管理

第十五条　凡需用金银的单位，必须按照规定程序向中国人民银行提出申请使用金银的计划，由中国人民银行审批、供应。

中国人民银行应当按照批准的计划供应，不得随意减售或拖延。

第十六条　中华人民共和国境内的外资企业、中外合资企业以及外商，订购金银制品或者加工其他含金银产品，要求在国内供应金银者，必须按照规定程序提出申请，由中国人民银行审批予以供应。

第十七条　使用金银的单位，必须建立使用制度，严格做到专项使用、结余交回。未经中国人民银行许可，不得把金银原料（包括半成品）转让或者移作他用。

第十八条　在本条例规定范围内，中国人民银行有权对使用金银的单位进行监督和检查。使用金银的单位应当向中国人民银行据实提供有关使用金银的情况和资料。

第四章　对经营单位和个体银匠的管理

第十九条　申请经营（包括加工、销售）金银制品、含金银化工产品以及从含金银的废渣、废液、废料中回收金银的单位，必须按照国家有关规定和审批程序，经中国人民银行和有关主管机关审查批准，在工商行政管理机关登记发给营业执照后，始得营业。

第二十条　经营单位必须按照批准的金银业务范围从事经营，不得擅自改变经营范围，不得在经营中克扣、挪用和套购金银。

第二十一条　金银质地纪念币的铸造、发行由中国人民银行办理，其他任何单位不得铸造、仿造和发行。

金银质地纪念章（牌）的出口经营，由中国人民银行和中华人民共和国对外经济贸易部分别办理。

第二十二条　委托、寄售商店，不得收购或者寄售金银制品、金银器材。珠宝商店可以收购供出口销售的带有金银镶嵌的珠宝饰品，但是不得收购、销售金银制品和金银器材。金银制品由中国人民银行收购并负责供应外贸出口。

第二十三条　边疆少数民族地区和沿海侨眷比较集中地区的个体银匠，经县或者县级以上中国人民银行以及工商行政管理机关批准，可以从事代客加工和修理金银制品的业务，但不得收购和销售金银制品。

第二十四条　国家允许个人邮寄金银饰品，具体管理办法由中国人民银行会同中华人民共和国邮电部制定。

第五章　对金银进出国境的管理

第二十五条　携带金银进入中华人民共和国国境，数量不受限制，但是必须向入境地中华人民共和国海关申报登记。

第二十六条　携带或者复带金银出境，中华人民共和国海关凭中国人民银行出具的证明或者原入境时的申报单登记的数量查验放行；不能提供证明的或者超过原入境时申报登记数量的，不许出境。

第二十七条　携带在中华人民共和国境内供应旅游者购买的金银饰品（包括镶嵌饰品、工艺品、器皿等）出境，中华人民共和国海关凭国内经营金银制品的单位开具的特种发货票查验放行。无凭据的，不许出境。

第二十八条　在中华人民共和国境内的中国人、外国侨民和无国籍人出境定居，每人携带金银的限额为：黄金饰品一市两（三十一点二五克），白银饰品十市两（三百一十二点五零克），银质器皿二十市两（六百二十五克）。经中华人民共和国海关查验符合规定限额的放行。

第二十九条　中华人民共和国境内的外资企业、中外合资企业，从国外进口金银作产品原料的，其数量不限；出口含金银量较高的产品，须经中国人民银行核准后放行。未经核准或者超过核准出口数量的，不许出境。

第六章　奖励与惩罚

第三十条　有下列事迹的单位或者个人，国家给予表彰或者适当的物质奖励：

（一）认真执行国家金银政策法令，在金银回收或者管理工作中做出显著成绩的；

（二）为保护国家金银与走私、投机倒把等违法犯罪行为坚决斗争，事迹突出的；

（三）发现出土无主金银及时上报或者上交，对国家有贡献的；

（四）将个人收藏的金银捐献给国家的。

第三十一条　违反本条例的下列行为，根据情节轻重，分别由中国人民银行、工商行政管理机关和海关按照各自的职责权限给予以下处罚：

（一）违反本条例第八、九、十、十一条规定，擅自收购、销售、交换和留用金银的，由中国人民银行或者工商行政管理机关予以强制收购或者贬值收购。情节严重的，工商行政管理机关可并处以罚款，或者单处以没收。

违反本条例第八、九、十、十一条规定的，工商行政管理机关可另处以吊销营业执照。

（二）违反本条例第十三条规定，私自熔化、销毁、占有出土无主金银的，由中国人民银行追回实物或者由工商行政管理机关处以罚款。

（三）违反本条例第十七条规定擅自改变使用用途或者转让金银原材料的，由中国人民银行予以警告，或者追回已配售的金银。情节严重的，处以罚款直至停止供应。

（四）违反本条例第十九、二十、二十一、二十二、二十三条规定，未经批准私自经营的，或者擅自改变经营范围的，或者套购、挪用、克扣金银的，由工商行政管理机关处以罚款或者没收。情节严重的，可并处以吊销营业执照、责令停业。

（五）违反本条例第七条规定，将金银计价使用、私相买卖、借贷抵押的，由中国人民银行或者工商行政管理机关予以强制收购或者贬值收购。情节严重的，由工商行政管理机关处以罚款或者没收。

（六）违反本条例第五章有关金银进出国境管理规定或者用各种方法偷运金银出境的，由海关依据本条例和国家海关法规处理。

（七）违反本条例第十四条规定的，由中国人民银行予以收兑。对直接责任人员由有关单位追究行政责任。

第三十二条　违反本条例规定，已构成犯罪行为的，由司法机关依法追究刑事责任。

第七章　附　则

第三十三条　本条例的施行细则，由中国人民银行会同国务院有关部门制定。

第三十四条　边疆少数民族地区的金银管理需要作某些变通规定的，由有关省、自治区人民政府会同中国人民银行根据本条例制定。

第三十五条　本条例自发布之日起施行。过去有关部门制定的金银管理办法即行废止。

国务院关于中国人民银行
专门行使中央银行职能的决定

（一九八三年九月十七日）

各省、市、自治区人民政府，国务院各部委、各直属机构：

近几年来，随着经济体制的逐步改革和对外开放、对内搞活经济政策的贯彻实施，经济发展了，社会资金多了，银行的作用日益重要。为了充分发挥银行的经济杠杆作用，集中社会资金，支持经济建设，改变目前资金管理多头、使用分散的状况，必须强化中央银行的职能。为此，国务院决定，中国人民银行专门行使中央银行职能，不再兼办工商信贷和储蓄业务，以加强信贷资金的集中管理和综合平衡，更好地为宏观经济决策服务。

一、中国人民银行是国务院领导和管理全国金融事业的国家机关，不对企业和个人办理信贷业务，集中力量研究和做好全国金融的宏观决策，加强信贷资金管理，保持货币稳定。其主要职责是：研究和拟订金融工作的方针、政策、法令、基本制度，经批准后组织执行；掌管货币发行，调节市场货币流通；统一管理人民币存贷利率和汇价；编制国家信贷计划，集中管理信贷资金；管理国家外汇、金银和国家外汇储备、黄金储备；代理国家财政金库；审批金融机构的设置或撤并；协调和稽核各金融机构的业务工作；管理金融市场；代表我国政府从事有关的国际金融活动。

二、中国人民银行成立有权威的理事会，作为决策机构。理事会由下列人员组成：人民银行行长、副行长和少数顾问、专家，财政部一位副部长，国家计委和国家经委各一位副主任，专业银行行长，保险公司总经理。理事长由人民银行行长担任，副理事长从理事中选任；理事会设秘书长，由理事兼任。理事会在意见不能取得一致时，理事长有权裁决，重大问题请示国务院决定。

中国人民银行的分支机构原则上按经济区划设置。其主要任务是，在人民银行总行的领导下，根据国家规定的金融方针政策和国家信贷计划，在本辖区调节信贷资金和货币流通，协调、指导、监督、检查专业银行和其他金融机构的业务活动，承办上级人民银行交办的其他事项。为了加强人民银行全面管理金融事业的力量，须从各专业银行、保险公司抽调一部分业务骨干。人民银行对其分支机构，在银行业务和干部管理上实行垂直领导、统一管理。地方各级政府要保证和监督人民银行贯彻执行国家的方针、政策，但不得干预银行的正常业务活动。

国家外汇管理局及其分局，在人民银行的领导下，统一管理国家外汇。中国银行统一经营国家外汇的职责不变。

成立中国工商银行，承担原来由人民银行办理的工商信贷和储蓄业务。

三、人民银行对专业银行和其他金融机构（包括保险公司），主要采取经济办法进行管理。各专业银行和其他金融机构，对人民银行或人民银行理事会作出的决定必须执行，否则人民银行有权给予行政或经济的制裁。国际信托投资公司的业务活动，也要接受人民银行的管理和监督。中国人民建设银行在财政业务方面仍受财政部领导，有关信贷方针、政策、计划，要服从人民银行或人民银行理事会的决定。要尽快制订银行法，建立健全各项规章制度，以便依法管理。

中国工商银行、中国农业银行、中国银行、中国人民建设银行、中国人民保险公司，作为国务院直属局级的经济实体，在国家规定的业务范围内，依照国家法律、法令、政策、计划，独立行使职权，充分发挥各自的作用。在基建、物资、劳动工资、财务、人事、外事、科技、文电等方面，在有关部门单独立户。专业银行和保险公司分支机构受专业银行总行、保险公司总公司垂直领导，但在业务上要接受人民银行分支机构的协调、指导、监督和检查。今后建设银行集中精力办理基本建设和结合基本建设进行的大型技术改造的拨款和贷款，原人民银行办理的基本建设贷款交由建设银行办理，建设银行办理的一般技术改造贷款交由工商银行办理。其他专业银行的业务分工，人民银行理事会成立后再研究调整。

四、为了加强信贷资金的集中管理，人民银行必须掌握百分之四十至五十的信贷资金，用于调节平衡国家信贷收支。财政金库存款和机关、团体等财政性存款，划为人民银行的信贷资金。专业银行吸收的存款，也要按一定比例存入人民银行，归人民银行支配使用。各专业银行存入的比例，由人民银行定期核定。在执行中，根据放松或收缩银根的需要，人民银行有权随时调整比例。专业银行的自有资金由人民银行重新核定。

专业银行的信贷收支，必须全部纳入国家信贷计划，按照人民银行总行核定的信贷计划执行。专业银行计划内所需的资金，首先用自有资金和吸收的存款（减去按规定存入人民银行的部分），不足部分，由人民银行分支机构按核定的计划贷给。在执行中超过计划的临时需要，可向所在地人民银行分支机构申请贷款，也可向其他专业银行拆借。

国内各金融机构办理的外汇贷款和外汇投资，人民银行也要加以控制。专业银行和国际信托投资公司，必须编制年度外汇信贷计划和外汇投资计划，报经人民银行统一平衡和批准后执行。

五、人民银行专门行使中央银行的职能，是银行体制的一项重要改革，涉及许多复杂问题，改革工作既要抓紧，又要做细做好，步子要稳妥。人民银行总行和工商银行总行要尽快分开。分行以下机构，要区别不同情况，分批进行。为了避免业务中断，影响社会经济活动，分行以下各级人民银行机构，在工商银行未分设前暂不变动，加挂工商银行牌子；各项业务工作，分别接受人民银行和工商银行两个总行的领导。在改革过程中，各个银行要从加强宏观控制，有利于经济全局的稳定和发展出发，顾全大局，团结一致，做好职工的思想政治工作，保持银行业务工作的正常进行。各地人民政府对人民银行分支机构的改革要加强领导，给予支持，并对群众做好宣传工作，确保人民银行的机构改革顺利进行。

国务院
一九八三年九月十七日

国务院批转中国农业银行
《关于改革信用合作社管理体制的
报告》的通知

（一九八四年八月六日）

各省、自治区、直辖市人民政府，国务院各部委、各直属机构：

国务院同意中国农业银行《关于改革信用合作社管理体制的报告》，现转发给你们，请贯彻执行。

为了适应当前农村经济发展的需要，促进商品生产的发展，信用合作社管理体制必须抓紧进行改革。要通过改革，恢复和加强信用合作社组织上的群众性、管理上的民主性、经营上的灵活性，在国家方针、政策指导下，实行独立经营、独立核算、自负盈亏，充分发挥民间借贷的作用。各级人民政府要加强对这项改革的领导，注意研究解决改革中出现的问题，把信用社真正办成群众性的合作金融组织。

信用合作社经营的是货币信贷业务，货币流通需要全国统一调节，信贷收支需要全国统一平衡。因此，信用社改革要十分谨慎，符合宏观经济的要求。农业银行要加强对信用社的领导，不宜改变信用社的隶属关系。任何单位和个人都不得平调信用社资金、财产，不得强令其发放贷款和投资，以维护信用社的经营自主权，保证农村信贷活动沿着正确的轨道发展。

国务院
一九八四年八月六日

中国农业银行关于改革
信用合作社管理体制的报告

（一九八四年六月二十六日）

　　我国农村信用合作社（以下简称信用社），自创建以来，在各个不同时期，均发挥了重要作用。现在，全国共有信用社五万五千九百个，信用分社三万一千九百个，脱产职工三十二万多人（含合同工三万九千人）；信用代办站二十八万一千五百个，不脱产代办员三十三万六千人。一九八三年底，全国信用社共有各项存款四百八十七亿元，其中储蓄存款三百二十亿元，占存款总数的百分之六十六；全年累计发放各项贷款三百一十七亿元，其中承包户、专业户（重点户）的贷款一百六十五亿元，占贷款总数的百分之五十二。

　　党的十一届三中全会以来，随着农村联产承包责任制的推行，生产和流通规模的扩大，给农村金融工作提出了许多新的要求。但是，多年来，由于信用社在人事、业务、财务等方面逐步向银行看齐，实际走上了"官办"道路，同农民的关系日渐疏远。为农业生产服务、为农民生活服务的观点日渐淡薄，逐渐失去了合作金融组织的优越性，不能适应农村商品经济发展的需要。一九八〇年八月国务院领导同志在讨论银行工作时指出："把信用社下放给公社办不对，搞成'官办'的也不对，这都不是把信用社办成真正集体的金融组织。信用社应该在银行的领导下，实行独立核算，自负盈亏。它要办得灵活一些，不一定受银行一套规定约束，要起民间借贷的作用。如果把农村信用社搞活了，供销社搞活了，农业责任制搞活了，三者一配套，社员的家庭副业也就搞活了，这将大大有利于农村经济的发展。"

　　农业银行根据上述指示精神，多次研究了信用社的管理体制改革问题。一九八三年在八千七百五十五个信用社中进行了改革试点，以恢复和加强信用社组织上的群众性、管理上的民主性和经营上的灵活性。经过改革，业务开始活了，存贷款多了，贷款回收也多了，资金周转加快，较好地发挥了民间借贷作用。为了进一步贯彻《中共中央关于一九八四年农村工作的通知》关于要把信用社"真正办成群众性的合作金融组织"的精神，根据前一段改革试点经验，拟从以下几个方面进行改革：

一、恢复信用社合作金融的性质。信用社要恢复和加强组织上的群众性、管理上的民主性，变"官办"为"民办"。要积极吸收农民入股，增强群众基础，壮大资金力量，把信用社和农民的经济利益紧密联系起来。农村个人和集体经济单位均可入股，但要贯彻自愿原则，有入股和退股自由。信用社实行保息分红制度，无论盈亏，都按一年定期储蓄存款利率付息；如有盈余，还可以照章分红。信用社办理业务，在同等条件下，对入股社员贷款可以优先，利率可以优惠。

信用社实行民主管理。对领导干部，由任命制改为选举制。理事、监事由社员代表大会选举产生；理事会正副主任（即信用社主任、副主任），监事会正副主任，分别由理事、监事民主推选，报县联社批准。理事会、监事会正副主任如落选，可在原信用社做具体工作，但不要"易地为官"。信用社的机构体制、业务计划、分配制度、人事制度、利率浮动等重大问题，都要经过理事会或社员代表大会民主讨论决定。

改革信用社劳动分配制度。一九八二年底以前参加工作的正式职工，政治、经济待遇原则上不变。对新增职工实行合同制，可进可出。在信用社内部，要实行责、权、利相结合的经营责任制，克服分配上的平均主义。可以固定工资和浮动工资相结合，也可以实行基本工资加奖励等办法，贯彻奖勤罚懒的原则。

二、加强信用社经营上的灵活性。信用社组织的资金，要优先用于农村。存款除按规定比例向农业银行交提存准备金外，其余资金信用社有权按照国家信贷政策充分运用，多存可以多贷。在信用社之间，可通过县联社调剂资金余缺，有余时可存入农业银行。农业银行和信用社要有合理分工，并允许有某些业务交叉。信用社发放贷款，要贯彻以承包户、专业户（重点户）为主，以农业生产为主和以流动资金为主的方针，在保证农业贷款需要的前提下，可以经营农村工商信贷业务。凡是国家法令、政策允许生产和经营的项目，能实现预期经济效益，保证按期归还贷款的，信用社都可以贷款支持。信用社要积极推行信贷合同制度，通过信贷活动，把国家计划与农户、经营单位的生产经营活动联系起来。信用社的机构设置、组织形式、工作方法等，都必须面向农村，方便群众，有利于生产和经营。

农业银行对信用社的业务活动，除依法管理外，主要是用经济方法进行管理。农业银行不给信用社下达指令性业务指标，除交提存准备金外，不规定转存款任务。信用社向农业银行存款或贷款，都是业务往来关系。要尽快制订《农村信用合作社管理条例》，以便依法管理。

三、信用社实行浮动利率。当前，统一按农业银行利率贷款的办法，已不适应农村商品经济发展的新形势，必须允许信用社实行浮动利率。放款利率可在银行规定的基准利率基础上，本着接近市场利率的原则，根据贷款项目的社会效益、利润大小、偿还能力、信用好坏等，上下进行浮动。

四、实行独立经营、独立核算、自负盈亏。要逐步取消农业银行对信用社的亏损补贴办法。凡经营性亏损，由信用社负责，农业银行不补贴。今后，农业银行对信用社只在下列两种情况下进行补贴：一是银行规定要信用社办的低利贷款或高利存款；二是对贫困地区的亏损信用社，在县联社调剂有困难时，可在一定年限内实行"亏损包干，减亏分成，定额拨补"的办法。

信用社必须积极发展存贷业务，增加收益，扭亏增盈，不能靠向银行借款来发放贷款赚取利息。要按照"勤俭办社"的要求，制定财务开支计划，经理事会或社员代表大会讨论，报县联社批准后执行。对节约开支有显著成绩的，应给予表扬和奖励。信用社设置机构，增加人员，既要根据农村经济发展的需要，又要符合经济核算的原则。不能用行政命令的办法，按行政区划设立机构，增加人员。

五、建立信用合作社的县联社。县联社是各个基层信用社组织起来的联合组织。建立县联社后，各个基层信用社仍然是独立经营、独立核算、自负盈亏的经济实体。县联社领导人，要召开全县信用社代表大会选举产生。县联社要在农业银行县支行领导下进行工作，日常具体工作由县支行信用合作股负责。其主要任务是：（一）在全县范围内调剂信用社的资金余缺；（二）从信用社利润中，提取一定数量的互助基金，用于调剂盈亏；（三）统筹解决职工退职退休经费；（四）组织经验交流和信息交流；（五）管理职工培训教育工作；（六）综合并考核信用社各项计划执行情况；（七）检查信用社执行方针、政策的情况。

六、农业银行要加强对信用社的领导。改革信用社的管理体制，不是要信用社和银行脱钩。农业银行对信用社要实行政策上领导、业务上指导，把信用社业务搞得更好。农业银行要在以下方面加强对信用社的政策领导和业务指导：（一）正确贯彻执行农村金融工作的方针、政策；（二）审核信用社的业务计划；

（三）核定信用社的基准利率和浮动幅度；（四）做好对信用社干部考察和思想政治工作。

信用社是经营货币信用业务的合作金融组织，不同于商业企业、基层供销社。货币流通和信贷资金运动应城乡贯通，需要全国统一调剂，统一平衡。存款和贷款要形成一定时期的债权、债务关系，既要维护贷款自主权，又要维护存款人的权益。这些特点决定了信用社必须在银行领导下实行独立经营、独立核算、自负盈亏，不宜归属于地方行政部门或其他经济组织。任何单位和个人都不得平调信用社的资金和财产，不得强令其贷款和投资。

以上报告，如无不当，请批转各地区、各有关部门执行。

国务院批转中国人民保险公司《关于加快发展我国保险事业的报告》的通知

（一九八四年十一月三日）

各省、自治区、直辖市人民政府，国务院各部委、各直属机构：

国务院同意中国人民保险公司《关于加快发展我国保险事业的报告》，现转发给你们，请遵照执行。

党的十一届三中全会以来，我国保险事业发展很快，对防灾补损、稳定企业经营、安定人民生活、聚集建设资金，发挥了积极作用。实践证明，保险是用经济手段管理经济的一个好办法，是支持和保障社会生产力发展的需要，在我国是大有可为的。目前我国的保险还是一项新兴事业，尚未引起普遍重视，作用还没有充分发挥出来。随着经济体制改革的深入进行和国民经济的不断发展，保险公司经营的国内外业务将越来越多，所承担的任务将越来越重。各级领导要关心和支持保险事业的发展，帮助解决工作中的实际困难。保险公司要根据经济体制改革的要求，进一步解放思想，改革管理体制，扩大服务领域，提高经济效益，为"四化"建设作出新的贡献。

国务院

一九八四年十一月三日

中国人民保险公司关于
加快发展我国保险事业的报告（摘要）

（一九八四年九月十日）

根据国务院第三十二次常务会议的决定，现就有关加快发展我国保险事业的几个问题报告如下：

一、我国保险事业的现状

一九八〇年，经国务院批准，我国恢复了中断二十年之久的国内保险业务。在人少任务重、机构不健全、办公设施不足的条件下，各级保险公司克服种种困难，努力恢复办理各项国内保险业务，积极发展国外保险业务。四年来，共收入保险费三十四亿元（其中包括国外业务的保险费四亿五千万美元，折合人民币九亿元）；处理各种赔款案件三十多万起，支付赔款十三亿元；除去费用开支三亿元，上交税利近四亿元，尚余十四亿元作为保险的各种准备金。通过保险，使三十万户受灾的企业和城乡居民及时恢复生产，重建家园，对稳定生产、安定人民生活起到了积极作用；对我国对外贸易中的经济损失给予补偿，节约和吸收了外汇资金。

但我国的保险事业目前刚刚起步，无论是经营规模还是在国民经济中的作用，既远远落后于我国经济迅速发展的需要，也远远落后于发达国家以至一些发展中国家。一九八二年全世界（不包括苏联和东欧国家）的保险费收入为四千六百六十亿美元，相当于这些国家和地区同一年国民总产值的百分之五点二六，人均交付保险费为一百四十六美元，其中保险费收入在一亿美元以上的有五十四个国家和地区。以我国同一年保险费收入折合五亿一千三百万美元计算，居世界第三十四位，仅占全世界保险费收入的百分之零点一三，占我国社会总产值的百分之零点一二，人均交付保险费仅为零点六美元。

我国保险事业之所以发展缓慢，除了主要由于我们长期实行吃"大锅饭"的办法以外，同我国经济不发达，生产力较低和人们没有保险习惯也有很大关系。目前，我国经济体制改革正向纵深发展，不论企业还是城乡居民，对保险都提出了新的要求。农村"两户一体"（专业户、重点户、经济联合体）发展后，为保证承包责任的兑现，普遍要求保险为其提供服务；城乡推广和应用新技术、新工艺，要求保险为其"壮胆"。特别是随着城市经济体制的改革，企业实行责、权、利相结合的责任制，独立核算，自负盈亏，更提出开办责任保险、保证保险的新要求。城镇集体企业也要求保险为它们分忧，把职工的退休养老工作社会化，以便集中力量抓好生产。由此可见，社会上对保险的需求日益增长，而且领域很广，发展保险的潜力很大，加快发展我国保险事业势在必行。

二、加速发展我国保险事业的意见

保险工作的指导思想是：遵照党和国家的方针、政策，进一步解放思想，改革管理体制，扩大服务领域，提高经济效益，加速资金积累，建立保险经济补偿制度，为"四化"建设服务。对于如何加速发展我国的保险事业，我们有以下意见：

（一）大力发展农村保险业务。为适应农民富裕起来以后对安全保障的需要，支持农民科学种田，促进农村商品生产，农村保险业务将成为发展我国保险事业的重点之一。除继续广泛开展乡镇企业、"两户一体"和农民家庭的财产保险以外，要在总结以往试办经验的基础上，逐步扩大办理养殖业保险。至于种植业保险，由于情况比较复杂，需要不断摸索经验，因地制宜地逐步扩大试办范围。在农村保险机构不够普遍和工作人员不足的情况下，有些地区出现了农民自办的农村保险合作社，这是自助性质的组织，国家保险公司应当在业务上积极给以支持、指导和监督。

（二）实施城镇集体企业职工的法定养老保险，使城镇集体企业职工的退休养老工作社会化。目前我们正同各有关部门进行调查研究，草拟办法，争取明年正式实行。对于城镇个体户和农村"两户一体"的养老保险，我们也正在制定办法，准备逐步办理。随着城乡人民生活水平的提高，各种人身保险，如带有长期储蓄性质的简易人身保险、一年为期的团体人身意外伤害保险等，也有很大发展潜力，应当积极地、有步骤地在全国城乡推广。

（三）实施机动车辆（包括拖拉机）第三者责任和船舶的法定保险，以保障交通事故中受害人的经济利益，同时也有助于解决车船肇事后的赔偿纠纷。许多国家对机动车船都实行第三者责任的法定保险，并把它作为一项社会公益措施。我国广东、山东、青海、宁夏等地经当地政府批准，先后办理了这种保险。《国务院关于农民个人或联户购置机动车船和拖拉机经营运输业的若干规定》，对农民个人或联户购置的机动车船和拖拉机，也作出了必须参加第三者责任保险的规定。为了便于执法和统一管理，有必要对公、私车船等交通工具（包括外国人的车辆）全面实行第三者责任法定保险。我们将抓紧草拟有关的法定保险条例，经批准后早日发布执行。

一九五九年停办国内保险时交由交通、铁道和民航等部门办理的各种旅客意外伤害保险，拟仍由保险公司接办。五十年代颁布的"旅客意外伤害强制保险条例"，应由保险公司会同各有关部门抓紧修订，重新报批实行。根据目前的情况，原规定每人一千五百元的赔偿金额应予提高，以切实保障旅客的经济利益。

（四）广泛开展水、陆、空货物运输保险业务。根据国际惯例，拟实行保险与负责运输相结合的补偿制度，即由于承运人责任所造成的损失，由承运人在限额以内按照实际损失负责赔偿；超过限额的部分和不属于承运人责任的损失，由保险公司按照实际损失在保险金额范围内给予补偿。这样，既能切实保障托运人的利益，又能减少运输过程中的赔偿纠纷。

（五）进一步办好国营企业的财产保险。长期以来，企业财产因为自然灾害和意外事故发生的损失，一般由财政核销，这种办法不利于及时恢复生产。鉴于城市经济体制的改革是朝着自负盈亏、独立核算的方向发展，而且《国营企业成本管理条例》已经明确规定保险费应当列入成本，我们认为，所有国营企业必须对国家财产的安全负责，都应当积极参加保险。那种依靠国家财政核销损失的办法，应作必要的修改。这样做，对于消除吃"大锅饭"的弊端，改善和提高企业的经营管理，稳定财政收支，都是大有裨益的。

（六）适应对外开放的需要，扩大国外保险业务。保险是我国对外贸易和对外经济技术合作中不可缺少的环节。保险公司经营的各项国外保险业务，近年来有了很大发展。随着对外开放政策的深入贯彻执行，特别是在加快经济特区的建设和进一步开放十四个沿海城市以后，各方面对国外保险的需要日益增加。我们建议，在经济特区和对外开放城市，应重申《中外合资经营企业法》的规定，

"合营企业的各项保险，应向中国的保险公司投保"，以维护我国的经济权益，并为中外客户提供充分的经济保障。希望各级外事和对外经贸部门负责指导并监督国外保险工作，允许保险公司参加重大项目的对外谈判等活动。

三、需要采取的几项措施

根据我们工作中的实践，要加快发展我国的保险事业，需要采取以下措施：

（一）大力宣传保险在经济体制改革中的作用。保险是商品经济的产物，商品生产越发展，对保险的需求就越迫切。过去我国的保险事业落后，人民群众对保险比较生疏。现在，随着我国经济建设的发展和城乡人民生活水平的提高，特别是当前我国经济体制正在进行改革，有必要把保险提到议事日程来抓。因此，各级政府、经济界和新闻界要在宣传上给以大力支持和帮助，使保险的重要作用为越来越多的人所了解。

（二）改革保险管理体制。保险是经济管理的一种好办法，但作为经营保险业务的保险公司，本身却存在着吃"大锅饭"的状况。目前全国保险系统仍然实行统收统支、统一核算，总公司统一交税，这不利于发挥各级地方政府和保险公司的积极性。因此，我们建议，保险系统原则上应当实行总公司和省、自治区、直辖市分公司两级核算，对外开放城市和有条件的地区可以实行三级核算，自负盈亏，分级管理。各分公司承保的业务，除自留一部分本身能够承担的责任外，其余的用分保的办法，将责任转给总公司。总公司、分公司收入的保险费，扣除赔款、赔款准备金、费用开支和各自应缴纳的税金后，余下的归他们自己运用（具体办法商有关部门另定）。如遇到特大自然灾害，总公司、分公司收入的保险费不足以应付赔款时，由各级财政给予支持。另外，要逐步改革那些束缚保险业务发展的规章、制度和办法，改变总公司集中过多、统得太死的做法。为了调动各分公司开展业务的积极性，保险公司的利润留成办法，应当根据经营保险的特点研究改进。

（三）合理减轻保险公司的税收负担。保险不同于其他行业，它的职能作用是积累保险准备金，建立国家的经济补偿制度，同时也担负着为国家积累建设资金的任务。因此，衡量保险公司的经营成果和经济效益，就不能以每年获得多少利润作为唯一标志，更应当看到通过保险的经济补偿作用，对于发展生产和安定人民生活所带来的社会效益。如遇到特大自然灾害和意外事故，不仅当年的保险费收入不足以应付赔款支出，而且要动用多年积累起来的保险准备金。因此，建议合理减轻保险公司的税收负担，以充实保险总准备金，用于应付较大自然灾害的赔款支出。

（四）充实保险业务人员。现在保险公司每年的业务量是五十年代的六倍多，而保险职工的总数还不到五十年代的二分之一（五十年代五万一千人，现在两万多人）。由于国内保险停办了二十年，现在保险职工青黄不接的问题十分严重，如不赶紧增加保险职工，将给今后保险事业的大发展带来极大困难。经与劳动人事部研究，明后两年给保险公司增加四万人的招工指标。希望教育部把保险专业作为亟需"抢救"的学科，在每个大区安排一至两所大专院校，开办保险专业，培训保险人才。

（五）给保险公司增加必要的开办费。今年保险公司从中国人民银行分设出来，是一个新建立的机构，办公用房和职工宿舍严重不足。特别是大力发展农村保险和全面开办机动车船第三者责任法定保险、法定养老保险以后，保险机构将要普设到县和大的市、镇，城市街道也要增设机构，用房不足的矛盾将更加突出。经征得财政部同意，从一九八五年到一九八八年，解决开办费两亿元。这笔费用不需要国家财政拨款，拟从保险利润中核销，由国家计委增加专项基建指标。随着城乡保险业务的发展，业务用车也必须相应增添，请国家物资局给以照顾，以适应防灾、检验和处理赔案的需要。

现在，保险已经成为我国国民经济活动中不可缺少的一个组成部分，受到各级党政部门的重视和关注。几年来，保险事业获得比预期快得多的发展，最关键的一条是中央、国务院和各级党政领导的重视和推动，以及各有关部门的支持和配合。我们希望各级政府进一步加强对保险工作的领导，以促进我国的保险事业向广度和深度发展。

以上报告如无不当，请批转各地区、各有关部门贯彻执行。

关于农村金融工作与农民
资金积累问题 *

（一九八四年十二月十四日）

万　里

　　农村产业结构的变革，涉及到各种生产要素的重新组合，而资金在这个过程中起着特别重要的"粘合剂"和"催化裂化"的作用。有了一定数额的资金，就能把其他各种生产要素带动起来，"粘合"起来，促进专业分工，形成实际的生产力。因此，实现农村产业结构的变革，发展商品经济，资金是个不可缺少的基本要素。今后，农村每年都要有大批劳动力从土地上转移出去，从事新的产业。装备这些劳动力和发展新产业，需要数额可观的资金。国家近年内不可能大幅度增加对农业的投资，主要得靠银行贷款和自筹资金。产业发展与借贷资金的紧密结合，是社会化大生产的基本条件之一。因此，必须充分认识金融工作在商品经济中的地位和作用。各级领导都要学会运用金融手段，注意抓好金融工作。农业银行和信用社是农村聚集资金的重要渠道。这几年做了大量有益的工作。但是，过去我们的银行带有分配资金的行政机构的色彩，处在附属于财政的地位，不善于广泛吸收和合理使用社会闲散资金，远远不能胜任当前的艰巨任务，必须加快体制改革，并在一定范围内，适当发展民间信用。现在农民手里开始有了点钱，虽不很多，加起来大约也有几百个亿。问题在于学会聚财之道、用财之道、生财之道。近年来，各地都很重视组织农民集资，有的县筹集的资金达三四千万元之多。群众集资目的明确，见效很快。一九八四年农村出现的群众集资热潮，和乡镇企业的迅猛发展是紧密联系在一起的。浙江省七个县一九八四年就集资二亿七千万元，一下子兴办起上万个新的乡镇企业。实践证明，群众集资不是一种单纯

---

* 这是万里同志在全国农村工作会议上的讲话《把农村改革引向深入》的一部分。

的金融活动，而往往是以聚集资金为中心，带动资源、人才、技术、劳力进行流动和重新组合的综合过程，因此能迅速地形成生产力，促进资金跨地区流动，带动人才和技术的扩散。群众集资的这些长处，弥补了银行、信用社目前还没有解决的体制上的限制，受到农民的热烈欢迎。银行、信用社的改革，应当从中得到启示。一些地方群众在筹集资金投放的方向上存在盲目性，有关部门应当加强指导。

沿海发达地区出现了一些地域性的农民经济联合体，他们在资金、人才、技术等各方面的实力都相当雄厚，除了在当地竞争，也开始向落后地区投资。这是开发落后地区的一个好办法。因为在输出资金的同时，还要组合相应的人才、技术一起过去，有利于把资金用好，取得经济效益。希望双方多多接触，建立和发展这种互助互利的关系。政府职能部门也应当为这种跨地区的经济开发和经济联营提供便利，制定税收等方面相应的优惠办法。

为了保证农民手里的钱更多地用到发展生产、发展小能源（小水电、沼气、小煤矿、利用风能、太阳能等）、发展公共事业上，必须坚决制止各种不合理摊派，减轻他们的负担。现在乡镇企业发达的地方，普遍有个事事向乡镇企业伸手的问题，以"民办公助"之名"吃大户"。据江苏常熟市徐市乡调查，非生产性的社会负担，占乡镇企业上交乡、村提留总数的百分之二十五点六。一九八四年中央一号文件对农民负担提出过"定项限额"的办法，许多地方没有认真贯彻，农民负担仍然有增无减。各省都要检查一下这方面的问题，认真加以解决，坚决制止不合理摊派。

对专业户的"红眼病"一定要继续认真纠正。否则其他农民就不敢富或不敢露富，这对发展农村商品经济、聚集资金极为不利。因此，对专业户和各种合作经济要注意保护，他们的合法权益应当受到法律的保障。各地应制定一些必要的法规和条例，条件成熟后再由中央搞统一的法律。但执法必严，否则法律就等于一纸空文。

钞票发行权和外汇储备问题*

（一九八五年二月十八日）

陈　云

这次省长会议开得是好的，使地方的同志了解了全局。现在我讲几点意见。

一、我赞成货币发行量必须适度这个提法。赵紫阳同志在省长会议上讲到这个问题时说："与其失之过宽，不如先紧一点，这样可以掌握主动，立于不败之地。"这句话下面又说："不宜笼统紧缩银根，该紧缩的，一定要紧缩；该支持的，一定要尽力支持。"我看下面这句话可以不要，上面那句话的意思已经够了。因为现在哪一种是应该支持的，哪一种是不应该支持的，我们还没有搞清楚。紧缩银根的手段，我看必要的时候可以运用。

从十二届三中全会到现在整整四个月。这四个月的变化是相当大的。在那次会上我敲了一下警钟，讲了"八菜一汤，独霸一方"的问题。这是个消极现象啊！现在消极现象相当多，比那个时候多得多。总之，现在有点乱。我主张有些东西要搞得死一点，叫先死后活，置之死地而后生。这是中国的一句老话，合乎辩证法，死是为了活。

赵紫阳同志讲国库券"允许到银行贴现"。贴现是金融商业方面的名词。我看国库券贴现现在不能搞。如果今年的允许贴现，去年的、前年的允许不允许贴现，如果都能贴现，等于把收回来的票子又放出去，增加货币流通量。

另外，旧社会银行有这一种业务：你今天到银行存入一百元，银行给你十张支票，你当天就可以开一张支票取出九十五元，银行里实际只有你五元，但你可以凭着这五元存款，随便开剩下的九张支票，开一千元、一万元都行，只要你能在到期之前把这笔钱交给银行。比如，你开的支票是二月二十日到期，人家提前拿着支票去银行兑现，银行不讲你没有钱，只说支票还没有到期，银行对你很守

* 这是陈云同志在中共中央政治局扩大会议上的讲话。

信用。等你二月十九日把钱存入银行，第二天人家去取，银行就全部兑现，说明你信用很好。这种玩艺，我们不能搞。

现在钞票发行失控。一年发多少钞票，要有人把关，而且必须由总理或者主持经济工作的副总理把关。五十年代我把关，发行计划由我向中央常委报告，如第四季度估计要用多少钞票，请中央批准发行权。执行结果，如果多了就不用；如果少了，需要追加发行，还要再请中央批准。总之，银行发多少钞票要有人把关，不能由银行行长决定。

二、外汇储备问题。我们应该储备多少外汇、多少黄金？这一点，过去我们许多同志并不是很清醒的。前一个时期，我们有一百二十亿美元外汇，还有几百吨黄金，有些同志就觉得手烫得不得了啦。我认为，我们有一百亿、一百五十亿、二百亿美元外汇，不算多。我们是个大国，储备一二百亿美元外汇，有风吹草动的时候可以应付。从长远来看，现在我们的外汇不是多了，而是紧了。去年七八月的时候，有人讲外汇多啦，没有地方用。先念同志和我谈过一次话，我说：有比没有好，多比少好。沙特阿拉伯在美国存款有三千五百亿美元，按现在的利率计算，利息一年就是三百五十亿美元。我们如果有一百五十亿美元外汇，利息一年就有十五亿美元。现在还没有哪一个资本主义国家，肯痛痛快快一年借给我们十五亿美元。

各单位赚了外汇，应该说对国家是一种贡献，必须存在中国银行。有一些经过特许存到外国银行是可以的，但有许多是不可以的。蒋、宋、孔、陈四大家族，他们把外汇存到美国。现在台湾有钱的人，把钱也存在外国，不愿意存在台湾，怕靠不住。我们各单位赚了外汇要存到中国银行，这是应有的责任，也是光荣的责任，不要私自把钱存到外国银行。

现在要组织好出口货源，一定要抓紧。原则是国内销售让出口。国内销售要压缩一部分，保证出口换汇。

总之，一方面要有点外汇控制，另一方面要组织好计划规定的二百七十亿美元的出口货源。要紧紧抓住这两个方面，否则搞不好的话，计划就要翻船。

三、党的宣传工作，我看现在也有点乱。主要是报纸、电台、电视台宣传有点乱。奖金不封顶这个问题要重新考虑。经济体制改革决定中提出的全面地系统地改革，这是就整个经济体制改革的任务讲的，不是说马上就要全面地系统地改革。但报纸上经常出现这种宣传，这样讲不合乎实际。今年物价改革，只动猪肉价格和短途运输价格，工资改革方案也还没有最后确定，怎么能说是全面地系统地改革？这些话不合时宜就是了。报纸、电台、电视台的事，中央宣传部要主动地管一下，要一个一个地管才好，不管不行。

借款合同条例

（一九八五年二月二十八日国务院发布）

第一章　总　　则

第一条　为了加强信贷资金的管理，提高资金的使用效益，保护借款合同当事人的合法权益，保证国家信贷计划的执行，根据《中华人民共和国经济合同法》的有关规定，特制定本条例。

第二条　本条例适用于实行独立经济核算的全民和集体所有制企业、事业等单位（以下简称借款方）同银行、信用合作社（以下简称贷款方）之间签订的借款合同。

城乡个人同银行、信用合作社之间签订的借款合同（契约），参照本条例执行。

第三条　借贷当事人双方必须遵守国家法律、按照国家政策、依据国家计划和有关规定，在平等协商的基础上，签订合同。

任何单位和个人不得强迫银行、信用合作社签订借款合同和发放贷款。

第四条　借款合同依法签订后，即具有法律约束力，当事人双方必须严格遵守合同条款，履行合同规定的义务。

第二章　借款合同的订立和履行

第五条　借款方借款必须提出申请，经贷款方审查认可后，即可签订借款合同。

借款合同必须采用书面形式。借款申请书、有关借款的凭证、协议书和当事人双方同意修改借款合同的有关书面材料，也是借款合同的组成部分。

借款合同必须由当事人双方的法定代表或者凭法定代表授权证明的经办人签

章，并加盖单位公章。

第六条　借款合同应具备下列条款：

一、贷款种类；

二、借款用途；

三、借款金额；

四、借款利率；

五、借款期限；

六、还款资金来源及还款方式；

七、保证条款；

八、违约责任；

九、当事人双方商定的其他条款。

第七条　借款方申请借款应具有中国人民银行规定的一定比例的自有资金，并有适销适用的物资和财产作贷款的保证。借款方无力偿还贷款时，贷款方有权要求依照法律程序处理借款方作为贷款保证的物资和财产。

借款方不完全具备本条第一款规定的申请借款条件，但有特殊情况需要借款时，可以提出申请，但需有符合法定条件的保证人，经贷款方同意，并报经贷款方上级批准后，方可借款。

第八条　按本条例第七条第二款需要保证人的，或者经当事人一方提出或双方协商需要保证人的，保证人必须具有足够代偿借款的财产。借款方不履行合同时，由保证人连带承担偿还本息的责任。保证人履行保证责任后，有向借款方追偿的权利。

第九条　借款方必须按照借款合同规定的用途使用借款，不得挪作他用，不得使用借款进行违法活动，必须按期还本付息。

第十条　贷款方有权检查、监督贷款的使用情况，了解借款方的计划执行，经营管理、财务活动、物资库存等情况。借款方应提供有关的计划、统计、财务会计报表及资料。

第三章　借款合同的变更和解除

第十一条　凡发生下列情况之一，允许变更或解除借款合同：

一、订立借款合同所依据的国家计划及有关的概算、预算经原计划下达机关批准修改或取消的;

二、工程项目经原批准机关决定撤销、停建或缓建的;

三、借款方经国家批准决定关闭、停产、合并、分立或转产确实无法履行借款合同的;

四、由于不可抗力或意外事故,致使借款合同无法履行的;

五、在借款合同履行中,确因决策不当,继续履行将造成损失浪费的。

第十二条 当事人一方要求变更或解除借款合同时,应及时通知对方。变更或解除借款合同的通知或协议,必须采用书面形式。协议未达成之前,原借款合同仍然有效。

第十三条 变更或解除借款合同以后,借款方已占用的借款和应付的利息,应按原借款合同的规定偿付。

第十四条 当事人一方发生合并、分立时,由变更后的当事人承担或分别承担履行借款合同的义务和享受应有的权利。

第四章 违约责任和违法处理

第十五条 借款方不按合同规定的用途使用借款,贷款方有权收回部分或全部贷款,对违约使用的部分,按银行规定的利率加收罚息。情节严重的,在一定时期内,银行可停止发放新贷款。

第十六条 借款方不按期偿还借款,贷款方有权限期追回贷款,并按银行规定加收罚息。借款方提前偿还贷款的,应按银行规定减收利息。

第十七条 因贷款方责任,未按期提供贷款,应按违约数额和延期天数,付给借款方违约金。违约金数额的计算与本条例第十六条罚息的计算相同。

第十八条 借款方使用借款造成损失浪费或利用借款合同进行违法活动的,贷款方应追回贷款本息,有关单位对直接责任人应追究行政责任和经济责任。情节严重的,由司法机关追究刑事责任。

第十九条 银行、信用合作社的工作人员,因失职行为造成贷款损失浪费或利用借款合同进行违法活动的,应追究行政责任和经济责任。情节严重的,由司法机关追究刑事责任。

第二十条　任何单位或个人违反本法第三条第二款，应追究其直接责任人的行政责任和经济责任。情节严重的，由司法机关追究刑事责任。

第二十一条　借款合同发生纠纷时，当事人双方应及时协商解决。协商不成时，任何一方均可向合同管理机关申请调解、仲裁，也可以直接向人民法院起诉。

第五章　附　　则

第二十二条　借款合同格式，由银行、信用合作社制定。

第二十三条　各省、自治区、直辖市和国务院有关部门可根据本条例制定实施办法。

第二十四条　本条例自一九八五年四月一日起施行。

国务院关于加强外汇管理的决定

（一九八五年三月十三日）

各省、自治区、直辖市人民政府，国务院各部委、各直属机构：

　　近几个月来，国家外汇结存急剧下降。由于外汇管理松弛，一些地方、部门大量超计划使用留成外汇；有些单位将留成外汇额度买成现汇转存银行随时提用；有些单位和地方非法倒卖外币、外汇券，严重扰乱金融秩序，损害人民币的信誉。这些情况不仅影响国家对外汇的管理和经济体制改革的进行，而且对党风、社会风气起了严重的破坏作用。针对当前外汇管理中存在的主要问题，特作如下决定：

　　一、一九八五年中央各部门和各省、自治区、直辖市留成外汇的使用（包括非贸易外汇的用汇在内），由国家下达用汇控制指标。各地区、各部门要严格执行国家批准的用汇指标，不得突破，各地外汇管理部门和中国银行要根据规定用途监督使用。

　　二、国家外汇必须坚持实行额度管理。各种外汇额度，未经国家外汇管理部门批准，不得调拨，不得买成现汇。凡违反外汇管理规定，已将外汇额度买成现汇的，要在三月底以前，按原汇价办理结汇，恢复外汇额度。到期不恢复外汇额度的，由国家外汇管理局通知中国银行冻结其外汇存款。

　　三、加强贸易外汇的管理。外汇管理部门要检查出口单位逾期未收回外汇的原因，如发现有应当调回而存放在境外的，要限期调回；对拒不调回的单位，扣其相应的外汇额度并处以罚款，直至通知发证单位停发出口许可证。对国家控制进口的商品，凡未经国务院主管部门批准发给许可证的，外汇管理部门和银行不得拨给外汇和办理结算。

　　四、各单位使用国家拨给的外汇额度购买外汇所需人民币资金，除国家有专门规定的以外，原则上要用自己的资金，确有困难的，可向银行申请一定比例的贷款。凡不符合规定用途的，银行拒绝贷款。

　　五、严禁非法倒卖外汇活动。机关、团体、企业单位议价买卖外汇和用外汇倒卖进口物资的，外汇管理部门要没收其全部非法收入，上缴国库，并课以罚款；情节严重的，要对有关单位领导人给予纪律制裁。非法倒卖外汇单位使用银行贷款的，银行要停止贷款，并收回已发放的贷款。如金融机构参与这种非法活动，要从严惩处。

六、严禁外币流通。在中华人民共和国境内，除国家批准收取外币的地区和宾馆、商店外，禁止任何外币在市场流通。要取缔炒买炒卖外币、外汇券的黑市。对于社会上从事倒卖外币的单位和团伙，工商行政管理、公安部门要按破坏金融秩序论处，坚决给以打击。要按其情节轻重，强制收兑外币、罚款、没收非法所得，直至依法惩处。

七、为了保证以上各项规定的执行，国务院责成中国人民银行及其所属国家外汇管理局认真行使管理外汇的职权，严格查处违反外汇管理的行为。对于违法的外汇资金和拒不交纳罚款的单位，外汇管理部门有权通知开户银行冻结其外汇资金和强制扣款。各省、自治区、直辖市人民政府要根据本决定的要求，加强对外汇管理工作的领导，监督和支持外汇管理部门行使外汇管理职权。

国务院
一九八五年三月十三日

发挥中央银行的职能作用，
加强对宏观经济的控制和调节[*]

（一九八五年四月二十七日）

陈 慕 华

一九八三年九月，国务院决定，中国人民银行专门行使中央银行的职能。目的是为了充分发挥银行的经济杠杆作用，集中社会资金，支持经济建设，改变目前资金管理多头、使用分散的状况。《政府工作报告》中指出，要加强中国人民银行对宏观经济的控制和调节职能。这就进一步明确了中国人民银行作为中央银行的职责。

中国人民银行职能的确定和具体职责的规定，是经济体制改革和对外开放、对内搞活的需要，是历史赋予我们的新的使命。因为是新的任务，就需要我们重新学习，努力提高自己的思想、业务水平，适应新的要求。目前阶段，首先应从以下几个方面入手。

（一）提高认识，开阔视野。

国务院作出加强中央银行职能的决定，至今已经一年半了，对照贯彻情况，我们认为有进一步学习和提高认识的必要。

有一个形象的说法，把金融工作比喻为国民经济的"寒暑表"。这说明，金融工作同经济工作密切相关。要做好金融工作，必须深入研究经济问题。过去相当长的时间里，国家的指令性计划一定，银行就是国家的大"出纳"，给各方贷款付钱就行了。现在经济方面指导性计划大大增加了，要靠金融、物价、税收等调节手段去实现。发挥好银行的经济杠杆作用。对搞活经济是十分重要的一环。银行的责任重大，我们需要开阔视野，跳出以往长期形成的习惯做法的圈子，站

---

[*] 这是陈慕华同志在全国银行工作会议上的讲话《充分发挥银行的职能作用，更好地为宏观经济决策服务》的一部分。

得高一点，看得广一点，想得深一点。

银行工作是为国民经济发展服务的，只有从经济入手，从经济到银行，又从银行到经济，才能开阔银行工作者的视野，扩大银行的服务领域，才能使银行工作的路子越走越宽。不研究经济，不了解经济，就不能干预经济和调节经济。要研究我国建立在社会主义公有制基础上的有计划商品经济的特点及其活动规律，才能对症下药，有的放矢。邓小平同志指出：银行应该抓经济，现在只是算账，当会计，没有真正起到银行的作用，并指出要把银行作为发展经济、革新技术的杠杆，必须把银行办成真正的银行。邓小平同志精辟地阐明了银行同经济的关系，指明了银行工作的发展方向。就银行谈银行，就信贷谈信贷，在单纯的业务圈子里面打转转，就不能正确而充分地发挥银行的作用。当前研究解决银行货币信贷上出现的问题，也必须从研究经济入手，从经济方面找原因，通过在信贷上采取措施，促进经济问题的解决，信贷的问题就会从根本上得到解决。这是符合经济决定信贷，信贷对经济发挥着积极的反作用的道理的。实际上银行也是有这个条件的。银行工作通过资金活动，深入到国民经济的各个领域和各个部门，深入到再生产的各个环节，同国民经济发生直接或间接的联系，能够了解和掌握国民经济发展的情况和问题，并通过银行拥有的经济杠杆，以及国家赋予的行政管理和监督手段，按照国家发展经济的决策，通过银根的松紧，贷与不贷，贷多与贷少，利率的高低，影响生产和流通，对经济进行调节。为此银行要加强对经济预测工作，并积极参与其他部门对经济预测。

（二）宏观控制，微观搞活。

控制和搞活是统一的，目的都是为了保证经济体制改革的顺利进行，保证国民经济的健康发展。随着经济的发展，信贷资金将不断增长，信贷规模不断扩大。但是，在一定的时期，信贷资金又是有限的，信贷的规模是受客观条件制约的。我们不可能做到有求必贷，更不应该以增发货币来满足信贷膨胀的需求。

《政府工作报告》中提到："今年的价格改革，是在去年货币发行偏多，部分商品价格上涨的情况下进行的。我们既要在改革价格体制中迈出重要的一步，又要坚决防止物价出现大的波动。为此，必须坚决控制货币发行量。"控制货币发行量的有利条件也是很多的。有中央和国务院的坚强领导，有正确的路线、方针和政策，有几年来改革取得的经验，有经济发展上的巨大潜力，等等。只要我们坚决贯彻执行中央的"坚定不移，慎重初战，务求必胜"的方针，兢兢业业，扎扎实实地努力工作，我们的控制工作是会搞好的。既要控制，又要使国民经济持续、稳定、协调地发展，难度较大，需要从实际出发，实事求是，不搞形式主义，不搞一刀切，一阵风。制定的控制措施要全面，切合实际，要过硬。执行中要坚决，要慎重从事，探索前进，才能立于不败之地，收到预期的效果。

应当看到，在经济体制改革和经济发展中，经济越搞活，商品生产越发展，就越是需要加强宏观控制。既要从实物方面进行控制，又要从价值量上进行控制。社会物资成千上万种，都可以从价值量上反映出来。因此，控制价值量，比较简便易行。银行作为社会资金活动的枢纽，作为社会资金的总账房，特别是在经济体制改革中，国民收入分配的渠道发生了变化，扩大了银行的业务范围，实行了"拨款改贷款"，用经济办法管理经济以后，由银行集中和分配的资金增多。在这种情况下，加强金融的控制就更为重要了。首先要搞好自身控制，控制货币总量，控制信贷总规模和贷款的构成，控制外汇收支和外汇储备。同时还要从社会的角度，加强金融监督，执行国家的财经纪律，抵制和纠正新的不正之风。

进行金融控制尤其要处理好局部与全局的关系。银行的信贷资金是全国集中统一安排使用的，是在全国范围内进行资金的调剂和融通的。货币的发行权是集中于中央的。要防止从本地区、本部门的利益出发，通过挤占信贷资金挖中央的钱，迫使国家增加货币发行。现在有一种片面认识，认为在速度方面，你快我不快；在基建规模上，你大我不大；在消费基金方面，你多我不多；在货币信贷上，你失控我不失控。因而，把信贷资金画地为牢，钱到地头死，或者千方百计扩大信贷，生怕吃了亏；有的地区甚至提出在贷款上要不讲条件，不限数额，不定期限，不按规定的自有资金比例等"四不"，有的地方还提出了更多的"不"。这是从本单位、本地区的小团体利益出发，是干扰中央的统一政策和部署的，有损于全国的大局。各个银行的各级行，都要站在国家的立场上，从全国大局出发，在货币信贷上，处理好国家、集体和个人之间的关系，把局部利益和整体利益、眼前利益和长远利益结合起来。当然，做到这一点是不容易的。但是，有各级党委和政府的领导和支持，是能够处理好的。

（三）改革体制，协同工作。

银行的体制要进一步改革。从这几年改革的情况看，人民银行的中央银行职能作用还没有完全发挥出来，专业银行变为真正的经济实体，也需要继续探索新路子。为此，在进一步改革银行管理体制中，要采取措施强化人民银行的中央银行职能，加强对专业银行的业务领导，协调、指导、监督、检查专业银行和其他金融机构的业务活动；采取措施，在国家规定的金融方针政策和国家信贷计划范围内，增强专业银行运用资金的自主性，把专业银行办成独立的经济实体。

过去几年中，我们银行进行了一系列改革，取得了很大成绩。总的看来，在搞活方面改革的多，在加强控制方面没有跟上，缺乏经验，这是在探索前进中不可避免的，当前银行在改革中应当着重考虑在搞活的同时，如何进一步采取措施加强控制，改变面临的信贷膨胀、货币偏多的问题，使搞活和控制这两个方面相互协调进行。

现在有一种说法，人民银行是搞宏观的，是进行控制的；专业银行是搞微观的，是搞活的。这是片面的。人民银行和专业银行的工作侧重面是有所不同。人民银行管金融的方针政策性工作较多，专业银行则是具体经营信贷业务多。但管金融的方针政策要为经营信贷业务服务，经营信贷业务要在金融方针政策的指导下进行。实际上宏观里有微观，微观里体现宏观，二者是相辅相成的，必须相互兼顾。专业银行只讲搞活，不管控制；人民银行只讲控制，不管搞活，都是不全面的，都不利于正确而全面地发挥银行的作用。因此，在银行改革中必须把搞活和控制统一起来。控制要控而不死，在大的方面管住管好；搞活要活而不乱，在小的方面放开放活。只有控制得住，才能活得开，活得好。要进一步强化人民银行分行的中央银行职能，实行对专业银行分行在业务上的领导。目前有的地方人民银行向专业银行要资料，往往受到阻碍，以强调专业银行的系统性，不经各自的总行批准不能提供为理由，这样是不对的。不提供材料，怎么进行协调、指导、检查和监督，怎么进行业务领导呢？今后，对于拒不提供资料者，要进行稽核和检查。当然，各级人民银行也要主动同专业银行协商办事。积极为专业银行服务。

在银行改革中还要解决好银行的服务与监督的关系，只服务不监督或只监督不服务都是不对的，这在历史上是有教训的。国务院赋予银行监督的职责，银行就应当负起责任。遇到监督的任务，强调客观原因，推来推去，不积极履行，这本身就是缺乏服务精神的表现。要在监督中进行服务，在服务中搞好监督。

（四）加强调研，搞好信息。

人民银行和专业银行都要研究经济，了解经济，必须深入经济，深入基层，开展调查研究工作。同时要加强国际经济和金融的调查研究。掌握国际经济发展趋势和金融动态，为我国经济和金融工作提供借鉴。调查研究工作在整个银行系统中是比较薄弱的。不调查研究，不了解各方面的经济情况，就无从进行宏观经济控制，也难以帮助企业搞活经济。各级领导要转变方法，从事务堆里走出来，带头深入实际，调查研究。总行和各分行、专业银行都要制定规划，既有长期的打算，又有短期的安排；既调查经济问题，又调查金融问题。通过调查，了解情况，提出解决问题的意见和办法，及时向有关领导部门反映，当好中央和各级政府的参谋，为经济和金融决策提供情况和依据。

要搞好银行的信息工作。中央领导同志要求银行的信息要灵，反应要迅速。我们目前控制货币发行和调节货币流通，主要靠分析货币收支情况，针对存在问题及时采取措施来进行的。这就需要随时掌握经济和金融动态，加强银行信息工作。为了切实搞好情况反映，及时向中央提供信息，提出措施和建议，当前必须抓好以下几方面：（1）各分行行长要亲自过问这项工作，要指定一位主管业务的副行长负责抓这项工作。每十天要研究一次实现上半年回笼计划的进度和问题。每月要全面综合分析，并对今后趋势作出预测，针对存在问题提出措施，要将研究分析的情况迅速报告总行。（2）人民银行总行已建立了分析货币信贷情况碰头会制度，定期召集各专业银行和总行内部各司局交流分析经济情况和金融情况。这种方式各分行可以参照。（3）各分行要继续执行综合报告制度，对当地政府和专业银行在经济和金融方面采取的重要措施，经济和金融上发生的重要情况和问题要随时报告。（4）要加速信息的收集、整理、储存和传递工作，逐步引进和采用先进设备，减少手工操作，加快信息和核算手段的现代化。

（五）培养人才，提高素质。

随着银行地位和作用的增强，银行担负的任务越来越重，我们的职工队伍状况很不适应。金融职工，往往是业务上各把一摊，对金融业务的全面情况了解不够；作为宏观控制的职能部门，金融职工对于国民经济的全面情况研究少，知识面比较狭窄，视野不够宽；对外国的经济和金融情况了解不多；凭经验办事，就事论事多，研究政策少。需要加强职工队伍的思想建设、组织建设和业务建设。要落实知识分子政策，充分发挥他们在银行业务工作中的骨干作用，在有条件的地方要招聘人才。要抓紧职工培训工作，采取正规学校教育和业余轮训、函授教育等多种方式提高干部的业务素质。各行在培训人才方面都要制订规划，从长计议。要在地方党委领导下搞好第二批整党工作，要按照干部"四化"要求抓好领导班子建设。要恢复银行的优良传统，发扬银行在社会上的良好信誉，进一步提高我们作为银行工作人员的责任感和荣誉感。

加快金融体制改革

（一九八六年十一月十日）

陈 慕 华

当前金融体制改革面临的新形势

党的十一届三中全会以来，金融体制进行了一些改革，取得了明显的成果。先后恢复和设立了中国农业银行、中国银行、中国工商银行、保险公司，成立了各种形式的信托投资公司，发展了城市信用合作社，恢复了农村信用社的群众性、民主性和灵活性，初步形成了以中央银行为领导、国家银行为主体的、多种金融机构并存和分工协作的社会主义金融体系。银行业务范围有所扩大。信贷业务从流动资金领域进入到固定资产贷款领域；大力开拓农村金融业务；保险业务从城市到农村、从集中到分散迅速发展；不断地调整信贷政策、利率政策和汇率政策；初步改革了统收统支、全国吃一锅"大锅饭"的信贷资金管理体制和外汇管理体制。发展了国际金融业务，扩大了我国对外金融业务往来。通过外资银行代表处和设立中外合资银行、侨资银行和外资银行分支机构，增加了对外金融联系渠道。通过在境外发行债券和同业借款，进入了国际筹资市场，发展了国际保险业务，积极为扩大进出口贸易和引进外资，引进先进技术、设备服务。加强了银行内部工作，发展了经济金融信息调查、传递和理论研究工作，实行了利润留成制度和奖金制度；改革了银行干部管理制度，实行银行干部管理"条块"结合，以条条为主的管理体制。通过这些改革，在经济发展、国民收入增加的基础上，使银行筹集和分配使用的信贷资金大幅度增加。到一九八五年底，信贷资金来源总额为五千六百多亿元，比一九七八年底增加三点四倍；信贷资金运用总额为六千六百多亿元，比一九七八年底增加三点五倍。整个金融事业呈现出更加活跃的局面。但是也必须看到，金融体制改革的步子还迈得不够大，同社会主义商

61

品经济发展和经济体制改革的要求还有很大的差距，银行在思想认识、机构体制、规章制度、技术手段和队伍素质几个方面都还很不适应新的形势，迫切需要加快金融体制改革的步伐。

近几年来，我国社会主义商品经济有了很大发展，对管得过多、统得过死的高度集中的经济体制进行了改革，适当缩小指令性计划的比重，扩大指导性计划和市场调节的范围，进一步发展社会主义的商品经济，逐步完善市场体系。这就不仅要有消费品市场、生产资料市场、技术市场和劳务市场，还要相应地有步骤地开拓和建立资金市场。资金市场形成以后，用钱单位通过资金市场去筹集资金，这就能够通过市场机制和经济办法对经济进行管理和调节。目前银行统一管理流动资金，而实际上用钱单位要银行一家包流动资金，造成流动资金供应上的紧张。由于信贷资金的管理是以各个专业银行的系统为主的纵向体制，形成"条条"分割，而以行政区划管理经济，又形成资金上的"画地为牢"，造成钱到地头死，这些都影响了资金的横向融通和资金市场的形成。只有改革这种资金管理体制，才有利于加快资金市场的形成。

现阶段的经济改革，十分重要的一条，就是要在坚持公有制为主体的前提下，发展多种所有制形式和多种经营方式，进一步增强企业的活力，使企业真正成为相对独立的经济实体，成为自主经营、自负盈亏的社会主义商品生产者和经营者，改变企业吃国家"大锅饭"的状况。为此，在资金使用上，不能单纯依靠财政渠道无偿调拨，必须更多地通过信贷渠道和资金市场筹集资金，实行资金的有偿使用制度。通过改革金融体制，使银行企业化，企业不能吃银行的"大锅饭"，各行之间、一个银行的上下级行之间的资金往来实行存款和贷款关系，也不再相互吃"大锅饭"。要根据经济的增长和物价水平，先定资金来源，再确定货币发行量和信贷规模。并要更好地发挥信贷、利率、汇率等各种经济杠杆的作用。

这几年我国对外贸易、利用外资和引进先进技术、设备的规模不断扩大，旅游业、国际空运、海运、保险、对外承包工程和劳务合作事业也迅速发展。这就要求我国国际金融业务有一个较大的发展。在国际经济来往中，都需要通过金融机构担保。在市场经济条件下，产业资本和金融资本结合紧密，甚至融为一体，资本和产业的投向需要金融资本的支持和引路。但由于我们的金融体制不配套，金融人才特别是国际金融方面的人才十分缺乏，给对外金融业务往来的发展带来很大的影响，需要借鉴国际经济、金融界的经验，改革国际金融业务，发展对外经济金融关系。

在我国四化建设事业中，资金不足将是一个长期存在的矛盾。随着商品经济的迅速发展和财政经济体制的改革，企业单位的财权扩大，城乡人民收入增加，社会资金会逐步增多。要把社会上这些零星的、分散的资金聚集起来，用于四化建设，不能搞无偿调拨，只能运用信用方式，通过有借有还、付给利息的办法。这几年，由于银行信贷资金来源不断增多，信贷资金运用总量扩大，银行集中和分配的资金已成为国家分配生产建设资金的一个主要渠道。现在，每年财政和银行的固定资产投资和流动资金安排中，银行已占60％以上。如何把社会闲散资金集中起来，管好用好，是银行工作的一个新的课题。目前银行自身的责权利结合问题还没有解决，不利于充分调动金融职工更多地筹集资金、有效地运用资金的积极性，需要通过对金融管理的改革加以解决。

党中央、国务院要求加快金融体制改革的步伐，以适应当前经济发展和经济体制改革的需要。在政企分开、下放权限、增强企业活力和财政分灶吃饭、流通放开搞活的情况下，迫切需要加强宏观经济的控制。金融是国家对经济管理由直接控制为主逐步过渡到间接控制为主的一个有效手段。为了完善金融的宏观控制手段，充分运用这个手段加强对宏观经济的控制与调节，也迫切需要加快金融体制改革的步伐。

金融体制改革的主要任务

金融体制改革的任务要根据经济体制改革的任务来确定，并为经济体制改革服务。"七五"期间金融体制改革的主要任务，大体有以下三个方面：

（一）强化中央银行职能，建立宏观控制有力的、灵活自如的金融控制和调节体系。银行加强宏观控制，首先要管好货币发行量。如果货币超经济发行，市场物价上涨，国民经济就难以持续、稳定、协调地发展。国家综合信贷计划要以中央银行信贷资金来源和运用为依据，并且要按照经济的合理增长率、物价计划上升率和货币流通速度的变化等因素，确定货币供应量的增长幅度，以此确定贷款总规模，以供给制约需求。还要根据长短期资金来源确定长短期资金运用，确保货币供给的合理增长。

银行宏观管理除了固定资产贷款实行指令性计划以外，要向控制广义货币供应量和贷款总规模两项目标转变。这两个目标应随经济增长的变化而灵活调整。中央银行要依据市场物价和银根松紧等情况，按季、按月进行监控。这样，既可以解决货币超经济发行的问题，又能有效地筹集和运用社会资金。

其次是强化中央银行的调控手段。一是建立存款准备金制度，作为保证存款提取和中央银行进行融通调节的资金来源，逐步做到按照存款的不同流动性和金融机构的不同性质，实行不同的上交存款比例。二是进一步改革中央银行贷款制度，坚持计划与资金分开，分别管理，改变过去有计划指标就必须供给资金，形成大家争计划指标的状况，促使专业银行自己组织资金。三是理顺利率体系，采取"调放结合，先调后放"的方针，逐步形成合理的资金价格。存款和贷款利率水平的确定，原则上追踪物价，并考虑银行吸收资金的成本、利息占企业成本的比重、国家发展经济政策和银根的松紧等因素进行调整。要实行行业差别利率，根据国家的产业政策，适当调整，及时向社会公布。要实行期限利率，贷款期限长，利率就高；期限短，利率就低。在中央银行统一调整存贷款利率的前提下，给各专业银行一定的浮动权。随着商品市场和资金市场的形成，利率要大部分放开，小部分管制，逐步向中央银行只管存款利率上限和贷款利率下限的管理体制过渡。四是加强外汇和外债管理。中央银行要编制国际收支计划，建立国家外汇储备基金和中央银行外汇信贷基金，作为应付紧急情况下的国际支付手段和支持专业银行开展外汇业务的周转基金，以及将来干预外汇市场的调节手段；改善外汇留成制度；调整地区外汇留成的比例；对外币存放款利率水平，原则上应接近国际监测市场的利率水平，并扩大利率档次；建立外债管理和统计金融系统，制定全国近期和中长期借款计划。

（二）专业银行和其他金融机构逐步实行企业化经营。银行是经营货币的特殊企业，专业银行和其他金融机构应该同其他经济组织一样逐步实现企业化经营。一方面，要使专业银行和其他金融机构在内部管理上，划分资金，上下级银行之间的资金往来变为存款、贷款关系，彻底打破"大锅饭"，实行分级经营，独立核算，自负盈亏，自主地组织资金、运用资金和融通资金。银行的自负盈亏是工商企业自负盈亏的必备条件，要创造条件在银行实行利改税，建立税后各项基金，建立信贷资金补充制度，完善各种责任制。银行企业化经营后，贷款的自主权才有保证，贷与不贷，贷多贷少，都由银行自主决定，以保证贷款使用的经济效益和承担贷款的风险。另一方面，要改革金融组织机构。一是实行政企分开，简政放权，扩大专业银行城市级机构的职能，把"实贷实存"资金的权力放到那里，为资金的横向融通创造条件。二是逐步改革农村信用社的管理体制，使之适应农村经济发展的需要，充分发挥它在农村金融中的作用。三是积极发展城市信用社，采取合股形式，实行自我发展，自由联合，建成规模大小不同的股份制的城市合作银行，为城市集体企业和个体经济服务。四是根据经济发展和经济体制改革的需要，逐步设置多种类型的其他金融机构。五是创造条件，建立清算中心，以加速信贷周转。同时，要创造条件，使各金融机构在统一政策的指导下开展竞争，改善服务态度，提高服务质量和工作效率，运用各种业务方式，更多地筹集资金和有效地运用资金。

（三）有步骤地开拓和建立资金市场。这是经济横向联合发展对银行工作提出的要求，也是银行进行资金的横向融通的需要。建立以银行信用为主体，多种渠道、多种方式、多种信用工具的信用体系，逐步形成以中心城市为依托、不同层次的金融中心和适合我国国情的资金市场，是当前面临的一项任务。有了资金市场，社会资金流通就有三个渠道，一个是财政分配，一个是银行融通，一个是市场筹措。这样做，有利于打破在资金管理上的垄断局面，有利于克服在资金上"等、靠、要"的弊端，也有利于改变目前实际上形成的由银行包供流动资金又包不了的局面。当前要根据可能，首先建立短期资金市场，如拆借市场、票据市场等，同时加强对股票、债券的管理。

上述改革的三项主要任务是不可分割的，是相互联系的有机整体。强化中央银行职能，建立宏观控制有力的、灵活自如的金融控制和调节体系，这是专业银行实现企业化经营和搞活，以及建立资金市场的前提条件。而实现专业银行企业化经营，则是加强宏观控制和建立资金市场的基础，建立资金市场是搞好宏观控制和专业银行企业化经营的一个手段。这三个方面的改革应当配套进行，不能片面地突出某一方面而忽视另一个方面。

需要解决的几个问题

为使金融体制改革顺利进行，需要解决以下几个方面的问题：

（一）统一认识，破除陈旧的思想观念。过去由于长时期受"左"的思想影响和封闭式经济的禁锢,我们一些同志的思想比较保守,甚至存在一些错误的认识。主要表现为:一是一切都按计划办事,计划一定就得给钱,不习惯根据客观情况的变化调剂资金,不能按照市场机制开展各种金融活动。二是"大锅饭"观念。把银行的钱视同财政的钱,考虑的是争计划,多借钱,很少考虑如何多还钱,快还钱。三是单纯依靠行政办法的观念。对经济和金融工作中出现的一些问题,习惯于从行政管理方面提出解决问题的办法,而不善于运用经济的、法律的手段来解决问题。四是缺乏资金融通的观念。对待信贷资金,固守自己的"势力"范围,在一个地区的往往只许进,不准出;在一个专业银行系统也搞先内后外,生怕"肥水"落到"外人"田,把信贷资金圈死了。所以,要推进金融改革,首先必须破除陈旧的思想观念。有了统一的认识,才能统一步调。

(二)金融体制改革必须同经济体制改革配套进行。由于金融活动牵涉到国民经济全局,金融体制改革的每一项措施,都会直接影响到国民经济各部门,因此,不能脱离计划体制、财政税收体制、价格体制、外贸体制、国内商业体制和劳动工资制度等方面的改革,孤立地进行金融体制的改革,而必须同这些方面的改革相互配套,同步进行。当然,金融体制改革也不是被动的,能够先行的就要主动改革,这样可以对其他方面的改革起促进作用。

(三)加强金融制度和法规的建设。目前金融制度和法规建设远远跟不上金融业务的发展,还不能做到依法管理。我们的一些同志,法制观念淡薄,经常发生一些有法不依甚至违法的情况,很不利于金融体制改革的顺利进行。建立健全金融法规同加快金融体制改革是相辅相成的,有了法规,就可以正确处理金融体制改革中出现的种种问题;金融体制改革,又能够为金融法规提供新的内容,使金融法规日臻完善。总之,在改革中,金融法规和银行规章制度没有的要制定和建立,不适应的要修订,行之有效的要严格执行。

(四)切实提高金融职工队伍的素质。我国现有一百三十多万人的金融职工队伍,总的看是一支好的队伍,这一点必须充分加以肯定。但是由于这几年金融事业发展快、新人进得多,又缺乏必要的培训,确实存在政治素质和业务素质不高的问题,特别是各种专门人才十分缺乏。因此,要搞好金融体制改革,提高银行工作水平,必须采取有效措施,从政治上、业务上培训金融职工,提高他们的素质,使他们成为适应新形势要求的优秀的队伍。

(五)实行银行操作技术的现代化。要建立为整个金融系统服务的具有现代化水平的金融电子核算中心。建立这个中心，要从我们国家金融机构点多、面广、任务重而财力又有限的情况出发，有重点地逐步进行。要克服官办思想，打破以各行"条条"为主搞小而全的做法，走联合统一经营管理的路子。

金融体制改革涉及面广，政策性强，是一个十分敏感、十分复杂的问题。在理论上，在设想方案时可以大胆一些，敞开一些；但在实施改革的具体方案时，则要采取稳妥、慎重的态度，务求每项改革措施收到预期的效果，以促进整个经济体制改革的顺利进行。

企业改革和金融改革*

（一九八六年十二月十九日）

邓 小 平

我们的改革到底要走几步？多长时间完成？请你们研究一下。

从长远看，粮食问题很重要，要通过改革解决农业发展后劲问题。企业改革，主要是解决搞活国营大中型企业的问题。

用多种形式把所有权和经营权分开，以调动企业积极性，这是改革的一个很重要的方面。这个问题在我们一些同志的思想上还没有解决，主要是受老框框的束缚。其实，许多经营形式，都属于发展社会生产力的手段、方法，既可为资本主义所用，也可为社会主义所用，谁用得好，就为谁服务。

企业下放，政企分开，是经济体制改革，也是政治体制改革。下放总会遇到障碍。现在机构臃肿，有的部委据说有上万人，必须精简。否则，这么多人，就要当"婆婆"，揽权。这些人在中央机关工作多年，多数都有一定知识，到基层竞选厂长、经理，显示自己的本领去嘛！

要搞企业联合。现在电子工业是否太分散了，为什么不可以左邻右舍挂钩，联合起来搞？太分散，各搞各的不行，那样质量上不去。汽车工业如何组织起来，也要研究一下。汽车出口我们应该是可以做到的。形成企业集团，就形成力量，信息也就比较灵通了。

金融改革的步子要迈大一些。要把银行真正办成银行。我们过去的银行是货币发行公司，是金库，不是真正的银行。对金融问题，我们知识不足，可以聘请外国专家做顾问嘛。

对借外债要作具体分析。有些国家借了很多外债，不能说都是失败的，有得

---

* 这是邓小平同志在听取几位中央负责同志汇报当前经济情况和明年改革设想时的谈话要点。

有失。他们由经济落后的国家很快达到了中等发达国家的水平。我们要借鉴两条，一是学习他们勇于借外债的精神，二是借外债要适度，不要借得太多。要注意这两方面的经验。借外债不可怕，但主要要用于发展生产，如果用于解决财政赤字，那就不好。

为了解决财政赤字问题，基建规模特别是非生产性建设规模不能过大，有些开支不能完全由中央承担。中央的收入少了，中央对开支也不能包那么多。要把地方上和社会上的钱，转一部分用于基础建设。我们只能走这条路。还要注意消费不要搞高了，要适度。

总之，今年的经济情况不错，比预料的还好。我们的改革是有希望的。

国务院关于加强
股票、债券管理的通知

（一九八七年三月二十八日）

各省、自治区、直辖市人民政府，国务院各部委、各直属机构：

随着我国经济体制改革的深入，近年来以股票、债券方式向社会筹集资金的经济活动有所发展。这对活跃金融市场，开辟多种融资渠道，解决建设资金不足和促进企业间横向经济联合，起了一定作用。但是，由于对股票、债券缺乏统一管理等原因，致使集资规模缺少宏观控制；投资重点没有放在国家急需的建设项目上；有些地方借发行股票、债券乱拉资金，盲目建设，重复建设，扩大了计划外固定资产投资规模；有的强行摊派，使企业和群众难以承受，并助长了不正之风，等等。

为更好地集中财力保证国家重点建设需要，使国民经济持续稳定增长，必须加强和完善对股票、债券的管理，使其健康发展。现将有关企业股票、债券的管理问题通知如下：

一、当前发行股票，应当在严格的监督和控制下，主要限于在少数经过批准的集体所有制企业中试行。各地要认真总结经验，加强管理。

二、全民所有制企业不得向社会发行股票。对少数已经批准试点的全民所有制大中型企业，由各地人民政府负责认真检查清理，对其中确需继续发行股票的，各地人民银行要从严审批。

三、为推动横向经济联合，以互相投资、合股、参股方式新建的企业，合作各方可以试行采用股票形式，但不得向社会发行股票。未经中国人民银行批准，其股票不得上市。

四、全民所有制企业可以发行债券。机关团体、事业单位、集体所有制企业以及公民个人不得发行债券，也不得委托其他部门代理发行债券。

金融机构发行债券，由中国人民银行统一下达计划，严格遵照执行。

五、全民所有制企业发行债券，应当按照《企业债券管理暂行条例》执行。中国人民银行会同国家计划、财政等部门拟定下达的年控制额度，各省、自治区、直辖市和计划单列省辖市要严格执行，不得突破。

六、发行债券必须优先保证用于国家计划内的重点建设项目，严禁用发行债券搞计划外的固定资产投资。

七、企业发行债券必须报经当地中国人民银行审批，未经批准，任何单位不得发行。

八、各地已经制定的有关股票、债券的管理办法，凡与本通知不符的，应当按本通知加以修改，并报中国人民银行备案。

国务院
一九八七年三月二十八日

加快金融体制改革的步伐[*]

——节自《国家体改委关于一九八八年 深化经济体制改革的总体方案》

（一九八八年二月二十三日）

19.加快金融体制改革的步伐。主要是，在适当收紧信贷、控制货币发行量、搞好社会资金综合平衡和有效宏观调控的前提下，进一步发展和完善金融市场，搞好资金融通，加速资金周转，调节资金结构，提高资金使用的效益。

积极发展同业融资业务，在有条件的城市，建立由人民银行领导的，跨系统、综合性、开放型的融资市场，打通银行系统间、地区间的融资渠道。

对同业资金的融通实行分类管理，按不同期限，把资金拆借与弥补年度资金缺口的资金借贷分开，消除短期资金用于长期投资的弊病。年度资金缺口，可通过发行同业债券、金融债券和扩大吸收存款来弥补。同时，大力推广商业票据，健全商业票据贴现和再贴现制度。

允许企业特别是一些重点建设项目和重点企业，经过人民银行批准，发行中长期债券，向社会筹集资金。计划和企业主管部门，可以用贴息、担保的方式，引导资金投向。

建立在人民银行领导下的证券公司、短资公司和企业资信评议组织等机构，积极发展有价证券的流通市场，增加企业直接融资比重。制定有关法规和条例，搞好证券市场管理。

改革利率体系，调整不合理的利率结构，逐步建立以中央银行贷款利率为基准的浮动利率体系，发挥利率杠杆对资金供求的调节作用。

积极推进专业银行企业化的改革，有计划地加强交通银行的力量，逐步改变专业银行对内吃"大锅饭"和对外垄断的局面。

---

[*]　标题为本书编者所加。

进一步强化中央银行的宏观管理职能[*]

——节自《国家体改委关于一九八八年
深化经济体制改革的总体方案》

（一九八八年二月二十三日）

20. 进一步强化中央银行的宏观管理职能。主要是：

严格控制货币发行量和信贷总规模。坚持货币供应量的增长幅度，低于经济增长与物价上升幅度之和；对固定资产投资贷款总规模，实行严格的指标控制。

财政赤字的弥补，逐步改为通过向社会包括各专业银行和其他金融机构，发行国债解决。对各种债券的发行，应严格按照规定履行审批手续，加强控制和管理。

完善存款准备金制度。对不同专业银行、不同种类以及不同期限的存款，逐步实行不同的上缴比例。

减少人民银行对专业银行的信用放款，增加中央银行再贴现、抵押贷款和通过票据、债券融通资金的比重。

加强中央银行对专业银行、集体金融组织和其他非银行金融机构的监督检查和资产与负债的管理，并促使其建立呆账准备金，保证金融机构的清偿能力。

加强银行对企业的监督。银行对开户企业的信用，要定期进行评价，对不同信用的企业逐步实行不同的贷款利率。对产品不符合社会需要和经营不好，经提出仍无改进的企业，银行可拒绝贷款。

加强对外债、外汇的统一管理。进一步明确归口管理部门的责任，严禁非国家批准的单位随意向外借款，并相应加强还债的责任制。进一步健全出口收汇的核销制度。

---

* 标题为本书编者所加。

强化银行的宏观经济调控作用[*]

强化银行的宏观经济调控作用 [*]

（一九八八年六月一日）

李　　鹏

我完全赞成姚依林同志的讲话，他讲得很好，对当前我们国家的经济形势，作了恰如其分的分析，对银行工作提出了具体意见，很多意见我们都商量过，希望大家回去以后认真贯彻执行。

我简单地讲以下几点：

一、整个金融系统，包括人民银行、各专业银行和保险公司的工作是有成绩的，对改革是支持的，对经济发展是作出了贡献的。去年我们一度经济形势比较紧，曾经预计票子发行超过三百亿元，最后由于同志们努力，控制到二百三十六亿元，虽然有些该发的票子没有发，转到今年来了，但毕竟对稳定去年的经济形势起了很大作用。刚才姚依林同志讲了，我们今年改革的步伐是比较大的，包括外贸体制改革，四种副食品价格出台，还包括物资体制、投资体制改革，这些都是与金融部门的支持、配合分不开的。

二、关于银行的作用。我们经济体制改革的模式，就是要从过去高度集中的社会主义传统的计划经济模式转到有计划的商品经济模式，转到国家调控市场，市场引导企业这样一种经济模式。在实现这种经济模式的转换过程中，乃至在以后的经济模式中，政府的宏观调控作用都是不可忽视的。如果没有强有力的宏观控制，市场经济的许多固有矛盾就会暴露出来。资本主义商品经济发达国家，现在已经建立起了比较完整的宏观调控体系，它时时对经济进行宏观干预。在宏观干预的诸多手段中，最重要的手段是银行。银行通过利率调整产业结构，引导资金流向，控制通货膨胀。当然除银行手段外，国家还有税收、发展公用事业、价格管理等手段。在这些手段中，银行起到了愈来愈重要的作用。

---

[*]　这是李鹏同志在人民银行全国分行行长会议上的讲话。

74

目前，我们仍面临着总需求与总供给不平衡的问题，消费基金和基建规模过大的问题。长期争论的一个问题，是靠计划手段控制基建规模，还是靠银行通过发放资金控制基建规模。恐怕逐渐要转向主要依靠银行这一经济手段控制基建规模。尽管我们的经济手段可能不像资本主义国家那么灵，但逐渐会发挥更大的作用。所以，随着改革开放的进一步深入和经济的进一步发展，银行工作应该强化，应该发挥愈来愈大的宏观经济调控作用。但是这些作用的发挥，要靠政府的支持，同时要靠银行工作同志们的努力。银行工作职能要扩大，银行工作比过去会更复杂，要更多地发挥经济杠杆作用。

三、银行做好工作是有不少困难的。这一点，党中央、国务院是理解的，特别是两种体制转换过程中，银行工作更为艰巨。从宏观控制的要求来讲，有时要求你们抽紧银根；从企业来讲，要发展生产，要增加更多的投入；从地方和部门来讲，需要更多的投资，这都给银行带来比较大的压力。我们体谅大家的工作困难。我们重申，中国人民银行是国务院的一个组成部分，党中央和国务院理解你们的困难，尽力支持你们的工作。

各级人民银行和各级专业银行的体制是垂直的体制，是独立系统，应该不受地方和部门的影响。银行应该按照整个宏观经济决策和自己的规章制度进行工作。在体制上如何进一步强化金融系统的领导，即如何健全银行体系、进一步发挥银行宏观调控作用，这是一个大题目，是包括在建立社会主义商品经济新秩序里的一个课题。大家提出的省（市）人民银行分行与地方政府的关系，以及监察系统的设置等问题，都是属于这个大题目的，都很需要认真研究。总的来讲，为了加强宏观控制，应该强化人民银行在整个金融体系中的地位和作用。请李贵鲜同志组织有关方面研究，广泛征求意见，提出方案，供国务院决策。但有几条，现在就可以办的：

第一，不允许地方政府和各部门强迫银行贷款。特别是那些不符合政策、不符合规章制度的，不是保证重点的，以及需要增加基本建设规模和消费基金的，更不允许强迫银行贷款。看用什么形式来重申一下，是国务院颁布条例，还是通过典型事例批评。这一点我们这次是讲清楚了，就怕你们腰杆子不硬，如果真有这样的事情，强迫你们贷款，你们可以向李贵鲜同志报告。我们一定会支持你们，保护你们。当然不光是典型事例处理，恐怕还得有一套规章制度，还要把道理给地方和部门的同志讲清楚，为什么不允许这样做。因为失控以后，对整个经济发展没有好处，地方和部门也会受到损失。

第二，信托投资公司已经办得够多的了，而且还有膨胀的趋势。对此，需要很好地总结经验。建立投资公司以后，可能对金融方面有些好处，对生产有些促进作用，但也可能有转移利润、转移财政收入的消极作用。所以，第一步要先总结经验，停止新建机构，并对现有的进行必要的清理。有些不合法的，没有必要的，可以撤销一部分。重申各级地方政府和各部门不准办银行。银行利润是国家财政收入的主要来源，国家拿到这点财政收入，要办军队，办教育，办外交，而且要支持地方发展。现在是中央财政赤字大，地方财政略有盈余。当然也不平衡，有的地方也很苦。有的地方虽然很苦，但楼堂馆所一样照盖，这恐怕与银行也有关系。银行作为管钱的部门，自己要正，对自己要严格要求，对自己的楼堂馆所要刹一刹。我们到各地去看，楼建得最高、最漂亮的，银行有一份。当然不能说都是银行的，但一般来说，银行建的不少。

第三，过去还有一个问题，就是财政、银行、计划三个部门互相挤资金，这种现象应该停止。财政、银行、计委是管经济的三个主要综合部门，要同舟共济，站在一个立场上说话。首先从中央做起，从国务院做起。不允许你挤我、我挤你，以邻为壑。所以我们今年做了一个决定，财政不向银行透支，因为透支的结果，银行多发了票子，转到市场，引起通货膨胀。银行接受债券任务以后，要全力以赴去完成。计划部门和财政部门现在有一条线，把投资基金转给计划部门，计划部门严格按照这个来执行，计划部门和银行要共同来控制基本建设，都不要只站在本部门的立场上。你们这三个部门是国家管理经济的最重要部门，要求你们同舟共济，希望你们努力合作，为下面作出榜样。

第四，希望在今年北戴河办公以前，把改革现金管理的办法拿出来，经过讨论批准后，作为条例执行。现金如果不加强管理，流弊甚多，投机倒把，贪污受贿，都钻这个空子。现在我们要征收个人所得税，但许多人收入是多少没有办法知道。物价上涨，反映比较强烈，有一个群众承受能力问题，还有分配上的极端不合理、不公正，群众也有气。解决的办法是：对个人收入要用所得税来调节；如果是非法的，那就采取法律制裁。如果没有票证、现金管理，所得税恐怕很难收，消费基金也很难控制。现在名堂多得很，四个半月的奖金以外不知道还有多少发奖金的名目。消费基金控制不住，很重要的一条是现金管理不力。在资本主义发达国家对现金也是控制的。这件事我们说了好几年，没有认真办。我希望你们要认真办。

国务院批转中国人民银行《关于控制货币、稳定金融几项措施的报告》的通知

(一九八八年八月十一日)

各省、自治区、直辖市人民政府，国务院各部委、各直属机构：

中国人民银行《关于控制货币、稳定金融几项措施的报告》，已经国务院常务会议讨论批准，现转发给你们，请遵照执行。

当前经济形势是好的，但上半年出现的货币投放过多、贷款增加较猛的情况，必须引起各地区、各部门高度重视。货币、信贷是整个国民经济活动的综合反映，货币投放是否适量，金融能否保持稳定，对于保证国民经济的稳定发展，促进经济体制改革，尤其是物价改革的顺利进行，巩固安定团结的政治局面，关系极大。各地政府、国务院各部门必须进一步统一思想，把控制货币、信贷作为稳定经济、深化改革的一件大事来抓。

为了促进国民经济健康发展，防止出现恶性通货膨胀，要进一步加强货币、信贷的集中管理，调整信贷结构。对农副产品生产和收购，企业正常生产所必需的流动资金和国家计划内的重点建设项目的合理资金需要，要予以保证。对产品质量差、经济效益低、与大企业争原材料的小纱厂、小烟厂、小炼油厂等企业，要坚决停止贷款。对国家计划外的建设项目，特别是非生产性项目，要下决心压缩。对社会集团购买力和消费基金，要坚决控制。各级政府、各有关部门要采取积极措施，增加生产，清理库存，扩大商品销售，增加货币回笼。

国务院重申，任何单位、个人都不得强迫银行发放贷款或阻挠银行收回到期、逾期贷款；未经中国人民银行总行批准，任何部门都不得以任何名义成立或变相成立金融机构，办理存款、贷款等业务。对各地已经成立的各种信托投资机构，责成中国人民银行会同有关部门进行清理整顿。今年的信贷计划和货币发行计划，各省、自治区、直辖市要严格掌握，不准突破，并实行行政首长负责制，

省长、自治区主席、市长要组织当地银行和有关部门共同研究落实。各地区的落实情况，请于九月底以前报告国务院。

国务院
一九八八年八月十一日

中国人民银行关于控制货币、稳定金融几项措施的报告

(一九八八年八月一日)

今年以来，经济形势是好的，但随着经济持续增长和物价不断上涨，金融方面出现一些值得注意的问题，主要是货币投放过多，贷款增加较猛，储蓄增长缓慢，资金供求矛盾十分突出。上半年银行各项贷款增加五百五十六亿元，增长百分之二十四，比去年同期多增四百三十六亿元，货币净投放八十八亿六千万元，去年同期净回笼八十三亿元，今年比去年实际多投放货币一百七十一亿六千万元。到七月底止，货币净投放一百九十一亿元，比去年同期多投放二百二十八亿元。市场货币流通量为一千六百四十五亿元，比去年同期增长百分之三十九，超过经济增长和物价上升水平。今年上半年货币投放过多，是在工农业生产保持较快增长速度，财政收入和外贸出口有较大增长的情况下出现的，既有农副产品收购，金银、外汇占款增加等正常因素，也有一些值得引起严重注意的问题。主要是工资、奖金等消费基金增长过快，各项贷款增加过猛，不少农产品收购价格过高，加上物价上涨引起市场波动，群众提取储蓄增多，信用回笼减少。

目前各地区、各部门向银行要钱的劲头仍然很足，有些地方、有些银行贷款管理偏松，控制货币、信贷的措施不力。如不采取有力措施，货币、信贷就有失控的危险。这就会给明年经济稳定增长和物价改革的顺利进行增加困难和风险，对于稳定市场，安定社会生活是极为不利的。因此，下半年必须进一步采取从紧的方针和必要的紧急措施，既要促进经济健康发展，又要防止出现恶性通货膨胀。

一、进一步调整信贷结构。对农副产品生产和收购，外贸出口商品收购、适销对路工业品生产，包括市场紧俏的高档耐用消费品生产，以及国家计划内的重点建设项目的合理资金需要，银行必须给以支持，特别是对粮、棉、油等重要农副产品生产和收购的合理资金需要，银行要优先保证。对产品质量差、经济效益低、与大企业争原材料的小纱厂、小烟厂、小炼油厂等企业，要坚决停止贷款；

对企业抢购、囤积原材料的，坚决停止贷款；对企业逾期贷款、呆滞贷款，要按规定加收罚息。对国家计划外的建设项目，特别是非生产性项目，一律不准发放贷款。对消费基金和集团购买力等现金支出，要按有关规定严格控制。

二、进一步加强信贷管理，控制货币、信贷总规模。

各专业银行和各地区的贷款规模，必须按照人民银行总行批准的计划执行，确需超过规模发放贷款的，要报人民银行总行批准。对违反规定发放贷款的，要追究有关领导人员的责任。

要进一步落实各地货币投放任务，确定各省、自治区、直辖市、计划单列市货币投放的控制指标，由各地政府负责，组织当地银行和有关部门共同采取措施，严格加以控制。未经人民银行总行批准，任何地区不得突破。各地银行对超过国务院规定多发物价补贴的，对各类公司、各企事业单位未按财税部门规定纳税而多发奖金的，要坚决停止支付现金。对跨地区的抬价抢购、超储抢购农副产品的，银行不给贷款，不支付现金，不办理转账结算。情节严重的，要扣收老贷款。同时，进一步改进收购农副产品结算方式，在坚持自愿的原则下，增加转账结算的比重，减少现金使用。

确定各地中央银行贷款的总笼子，总行不再追加贷款额度。人民银行提高存款准备金百分之一，集中用于调整信贷结构。

加强对信托机构的资金管理。信托机构必须按规定的数额和利率向人民银行缴存特种存款。同时，严禁各专业银行对金融机构发放贷款，严禁用银行贷款直接参与投资。

三、增加货币回笼，扩大资金来源。各地政府要组织有关部门，挖掘商品库存潜力，积极组织货源，扩大商品销售。各地金融部门要根据实际需要适当增设金融网点，扩大保险业务，改进服务态度和营业设施。并在有关部门协助下，开办紧俏高档商品奖售储蓄业务，由各地区、各有关部门拿出部分市场紧俏耐用消费品同银行储蓄挂钩，以增加储蓄，回笼货币。

四、努力挖掘资金潜力。按照一九八七年底企业流动资金占用水平和加速资金周转百分之三的要求，采取先扣后调的办法，由各专业银行扣回对企业的贷款；同时，人民银行收回对专业银行贷款，专户存储，分别归当地各专业银行调剂使用。各地专业银行要抓紧清理收回逾期贷款和呆滞贷款，人民银行要抓紧收回对金融机构的贷款。特别是上半年对非银行金融机构增加的贷款，九月三十日以前必须全部收回，以确保旺季收购资金的需要。

五、督促企业补充自有流动资金。凡由于调整物价引起企业原有库存升值，一律相应调增企业自有流动资金。各级银行要督促企业将库存升值部分做相应调整，对不按规定办理的企业，银行要坚决停止贷款。已经被地方或企业作为财政收入或企业收入的，必须在今年十月底以前收回，逾期不收的，按挪用流动资金贷款处罚。

六、各地银行对自筹固定资产投资项目，一律不准发放贷款，已经贷款的要坚决清理，逐步收回。同时，严禁变相用银行贷款搞自筹计划外项目。下半年要在全国组织开展对自筹项目贷款情况的检查，对查出来的问题，要严肃处理。

七、今年国家确定发行的基本建设债券、财政债券和国家建设债券，各地区、各金融机构必须按照规定的期限，如数完成。对不按规定期限完成基建债券和财政债券的，当地人民银行要从专业银行和其他金融机构的账户中扣收。

八、正确引导资金市场，搞活短期资金融通，保证资金市场的健康发展。各金融机构相互拆借，必须是短期资金拆借，严禁通过资金市场扩大固定资产投资。同时，要引导企业发行股票、债券，进一步开辟和扩大股票、债券流通市场，搞好有价证券的转让，并加强对资金市场的管理。

货币、信贷变化是国民经济的综合反映，控制货币、信贷，稳定金融，各方面必须统一思想，统一步调，采取有力措施，实行综合治理。要把稳定货币与发展经济统一起来，不断深化金融体制改革，及时解决工作中出现的矛盾和问题。要加强中央银行的宏观控制职能，加强中央银行对各专业银行和其他金融机构进行监察和稽核的工作。

以上报告如无不妥，请批转各地区、各部门执行。

现金管理暂行条例

（一九八八年九月八日国务院发布）

第一章 总 则

第一条　为改善现金管理，促进商品生产和流通，加强对社会经济活动的监督，制定本条例。

第二条　凡在银行和其他金融机构（以下简称开户银行）开立账户的机关、团体、部队、企业、事业单位和其他单位（以下简称开户单位），必须依照本条例的规定收支和使用现金，接受开户银行的监督。

国家鼓励开户单位和个人在经济活动中，采取转账方式进行结算，减少使用现金。

第三条　开户单位之间的经济往来，除按本条例规定的范围可以使用现金外，应当通过开户银行进行转账结算。

第四条　各级人民银行应当严格履行金融主管机关的职责，负责对开户银行的现金管理进行监督和稽核。

开户银行依照本条例和中国人民银行的规定，负责现金管理的具体实施，对开户单位收支、使用现金进行监督管理。

第二章 现金管理和监督

第五条　开户单位可以在下列范围内使用现金：

（一）职工工资、津贴；

（二）个人劳务报酬；

（三）根据国家规定颁发给个人的科学技术、文化艺术、体育等各种奖金；

（四）各种劳保、福利费用以及国家规定的对个人的其他支出；

（五）向个人收购农副产品和其他物资的价款；

（六）出差人员必须随身携带的差旅费；

（七）结算起点以下的零星支出；

（八）中国人民银行确定需要支付现金的其他支出。

前款结算起点定为一千元。结算起点的调整，由中国人民银行确定，报国务院备案。

第六条 除本条例第五条第（五）、（六）项外，开户单位支付给个人的款项，超过使用现金限额的部分，应当以支票或者银行本票支付；确需全额支付现金的，经开户银行审核后，予以支付现金。

前款使用现金限额，按本条例第五条第二款的规定执行。

第七条 转账结算凭证在经济往来中，具有同现金相同的支付能力。

开户单位在销售活动中，不得对现金结算给予比转账结算优惠待遇；不得拒收支票、银行汇票和银行本票。

第八条 机关、团体、部队、全民所有制和集体所有制企业事业单位购置国家规定的专项控制商品，必须采取转账结算方式，不得使用现金。

第九条 开户银行应当根据实际需要，核定开户单位三天至五天的日常零星开支所需的库存现金限额。

边远地区和交通不便地区的开户单位的库存现金限额，可以多于五天，但不得超过十五天的日常零星开支。

第十条 经核定的库存现金限额，开户单位必须严格遵守。需要增加或者减少库存现金限额的，应当向开户银行提出申请，由开户银行核定。

第十一条 开户单位现金收支应当依照下列规定办理：

（一）开户单位现金收入应当于当日送存开户银行。当日送存确有困难的，由开户银行确定送存时间；

（二）开户单位支付现金，可以从本单位库存现金限额中支付或者从开户银行提取，不得从本单位的现金收入中直接支付（即坐支）。因特殊情况需要坐支现金的，应当事先报经开户银行审查批准，由开户银行核定坐支范围和限额。坐支单位应当定期向开户银行报送坐支金额和使用情况；

（三）开户单位根据本条例第五条和第六条的规定，从开户银行提取现金，应当写明用途，由本单位财会部门负责人签字盖章，经开户银行审核后，予以支付现金；

（四）因采购地点不固定，交通不便，生产或者市场急需，抢险救灾以及其他特殊情况必须使用现金的，开户单位应当向开户银行提出申请，由本单位财会部门负责人签字盖章，经开户银行审核后，予以支付现金。

第十二条　开户单位应当建立健全现金账目，逐笔记载现金支付。账目应当日清月结，账款相符。

第十三条　对个体工商户、农村承包经营户发放的贷款，应当以转账方式支付。对确需在集市使用现金购买物资的，经开户银行审核后，可以在贷款金额内支付现金。

第十四条　在开户银行开户的个体工商户、农村承包经营户异地采购所需货款，应当通过银行汇兑方式支付。因采购地点不固定，交通不便必须携带现金的，由开户银行根据实际需要，予以支付现金。

未在开户银行开户的个体工商户、农村承包经营户异地采购所需货款，可以通过银行汇兑方式支付。凡加盖"现金"字样的结算凭证，汇入银行必须保证支付现金。

第十五条　具备条件的银行应当接受开户单位的委托，开展代发工资、转存储蓄业务。

第十六条　为保证开户单位的现金收入及时送存银行，开户银行必须按照规定做好现金收款工作，不得随意缩短收款时间。大中城市和商业比较集中的地区，应当建立非营业时间收款制度。

第十七条　开户银行应当加强柜台审查，定期和不定期地对开户单位现金收支情况进行检查，并按规定向当地人民银行报告现金管理情况。

第十八条　一个单位在几家银行开户的，由一家开户银行负责现金管理工作，核定开户单位库存现金限额。

各金融机构的现金管理分工，由中国人民银行确定。有关现金管理分工的争议，由当地人民银行协调、裁决。

第十九条　开户银行应当建立健全现金管理制度，配备专职人员，改进工作作风，改善服务设施。现金管理工作所需经费应当在开户银行业务费中解决。

第三章　法律责任

第二十条　开户单位有下列情形之一的，开户银行应当依照中国人民银行的规定，责令其停止违法活动，并可根据情节轻重处以罚款：

（一）超出规定范围、限额使用现金的；

（二）超出核定的库存现金限额留存现金的。

第二十一条　开户单位有下列情形之一的，开户银行应当依照中国人民银行的规定，予以警告或者罚款；情节严重的，可在一定期限内停止对该单位的贷款或者停止对该单位的现金支付：

（一）对现金结算给予比转账结算优惠待遇的；

（二）拒收支票、银行汇票和银行本票的；

（三）违反本条例第八条规定，不采取转账结算方式购置国家规定的专项控制商品的；

（四）用不符合财务会计制度规定的凭证顶替库存现金的；

（五）用转账凭证套换现金的；

（六）编造用途套取现金的；

（七）互相借用现金的；

（八）利用账户替其他单位和个人套取现金的；

（九）将单位的现金收入按个人储蓄方式存入银行的；

（十）保留账外公款的；

（十一）未经批准坐支或者未按开户银行核定的坐支范围和限额坐支现金的。

第二十二条　开户单位对开户银行作出的处罚决定不服的，必须首先按照处罚决定执行，然后可在十日内向开户银行的同级人民银行申请复议。同级人民银行应当在收到复议申请之日起三十日内作出复议决定。开户单位对复议决定不服的，可以在收到复议决定之日起三十日内向人民法院起诉。

第二十三条　银行工作人员违反本条例规定，徇私舞弊、贪污受贿、玩忽职守纵容违法行为的，应当根据情节轻重，给予行政处分和经济处罚；构成犯罪的，由司法机关依法追究刑事责任。

第四章 附 则

第二十四条 本条例由中国人民银行负责解释；施行细则由中国人民银行制定。

第二十五条 本条例自一九八八年十月一日起施行。一九七七年十一月二十八日发布的《国务院关于实行现金管理的决定》同时废止。

国务院关于加强借用国际商业
贷款管理的通知

（一九八九年一月十二日）

各省、自治区、直辖市人民政府，国务院各部委、各直属机构：

按照中央关于治理经济环境、整顿经济秩序、深化改革的要求，为切实加强借用国际商业贷款的管理，特做如下通知：

一、严格控制对外借款规模。各地区、各部门要严格执行国家利用外资计划。凡未列入国家利用外资计划，未经中国人民银行总行批准，任何部门和单位不得自行对外借用各种形式的国际商业贷款，不得向我国在境外的机构和银行借款。未经外汇管理部门批准，不得将借款存放在境外。如擅自签约借款，其合同不能生效，外汇管理部门不予办理外债登记，银行不得为其开立外汇账户，借款本息不准汇出。

二、对借用短期国际商业贷款实行余额管理，未经国家批准，不得超过核准的余额。已超过部分，自本通知发出之日起，必须在半年内调整到核准的限额内，否则，由当地外汇管理部门扣减相应的留成外汇或借用中长期国际商业贷款指标，强制用于还款。短期对外借款只能用于流动资金周转，不得用于固定资产投资项目。

三、在国外发行债券，必须在国家利用外资计划内，由中国人民银行批准发行债券的金融机构办理。发行债券的单位，必须严格按照中国人民银行公布的《关于中国境内机构在境外发行债券的管理规定》，在发债前报经中国人民银行批准。政府部门在国际市场上发行债券，须报经国务院批准。未经批准不得对外谈判。中国人民银行要做好国内发债机构进入国际市场发债的协调工作，认真审查在国外发债条件。

四、加强对外汇担保的管理。外汇担保不仅是对外信誉的保证，而且对外承担了偿还债务的责任，必须严格执行中国人民银行公布的《境内机构提供外汇担保的暂行管理办法》。企业对外担保必须具备足够的自有外汇作保证，担保总额不得超过其自有外汇资金；非银行金融机构提供的外汇担保总额与对外债务总额之和，最高不得超过人民银行规定的限额。境内机构未经国家外汇管理局批准，不得为境外机构提供外汇担保。政府部门和事业单位不得对外提供外汇担保。

五、严格审查借款项目。借用中长期国际商业贷款项目，借款单位在借款前，必须认真对项目的偿还能力和经济效益进行可行性研究，落实还款责任，并经金融机构严格评估。凡未经国家计划部门立项批准，配套人民币资金以及能源供应、交通条件等不落实的项目，不准借用国际商业贷款。国家计划外建设项目，不准借用国际商业贷款。国内单位的对外借款，一般不能用于外汇抵押人民币贷款，不能进入外汇调剂市场。如有特殊需要，须经国家外汇管理局审批。

六、收紧借用外债的窗口。除国家已确定的中国银行、交通银行、中国国际信托投资公司、中国投资银行，以及广东国际信托投资公司、福建投资企业公司、海南国际信托投资公司、上海市投资信托公司、天津市国际信托投资公司、大连国际信托投资公司十个窗口以外，今后不再批准对外借用外债的窗口。其他地区、部门、单位对外借用国际商业贷款，需逐笔或专项向中国人民银行申请。中国人民银行要对现有对外借款单位进行认真清理整顿。各对外借款窗口，以及经中国人民银行批准的借用国际商业贷款的单位，必须按中国人民银行的有关规定办理对外借款手续。

七、进一步完善外债登记和统计监测系统。不论是直接从境外筹借，还是国内转贷款，均要列入国家的外债统计监测系统，进行外债登记，以保证国家对外债规模、结构实行宏观监控。国家外汇管理局要尽快制定转贷款的登记和统计监测办法。对不办理或拖延办理登记手续的，必须严格按有关规定处罚。

八、合理安排对外债务结构。国家外汇管理局等部门要及时研究借款的币种、利率、期限、借款方式、国别、市场等，向国务院提出建议。中国人民银行应尽快制定《国际商业贷款管理办法》，加强审批和管理。

各级人民政府、各部门要严格执行本通知的各项规定，切实把本地区、本部门的外债管理工作纳入议事日程，认真抓好对外借款的使用效益，保证债务能够按期偿还，以维护国家对外信誉。各级外汇管理部门要加强对外借款的监督、检查、指导，及时反映情况。对于违反国家外债管理规定的，国务院授权外汇管理部门按有关规定从严处理，并追究当事人及领导人的责任。

本通知不适用于外商投资企业。

国务院
一九八九年一月十二日

国务院关于加强企业内部债券
管理的通知

（一九八九年三月五日）

各省、自治区、直辖市人民政府，国务院各部委、各直属机构：

为了认真贯彻中央关于治理经济环境、整顿经济秩序、全面深化改革的方针，防止盲目扩大投资和增加消费基金，必须对企业发行内部债券加强管理。现将有关问题通知如下：

一、企业发行内部债券，必须严格遵守国家有关规定，遵循自愿、互利、有偿的原则，不得超过规定擅自提高利率，不得强行摊派。

（一）机关、团体、事业单位和非生产性企业一律不准发行内部债券。未完成购买国家债券任务的生产性企业，也不得发行内部债券。

（二）企业发行内部债券，由中国人民银行统一管理、分级审批。中国人民银行应会同国家计划、财政等部门，根据经济发展的需要，拟定全国企业内部债券发行的年控制额度，报国务院批准后，下达执行。

（三）企业发行内部债券所筹集的资金，一般只能用作补充流动资金。凡用于固定资产投资的，其投资项目须经有关部门审查批准，纳入国家控制的固定资产投资规模，并相应核减银行固定资产投资贷款。

（四）企业内部债券的期限最长不得超过一年，利率最高不得超过银行同期限居民定期储蓄利率的百分之四十。

二、职工个人所得的债券利息收入，必须依法纳税。

（一）企业提取给职工的债券利息，要按照《中华人民共和国个人收入调节税暂行条例》的有关规定，先代扣代缴个人收入调节税后再行发放，将债券利息转为债券的，也要先行扣缴个人收入调节税。

（二）企业不得将生产发展基金、福利基金转为职工个人的内部债券。企业以内部债券形式发放工资（含奖金），应视同以现金形式发放工资（含奖金），按有关规定先行缴纳工资调节税或奖金税，并对分配到个人名下达到纳税标准的部分，依法扣缴个人收入调节税。

三、企业实行股份制，目前只能在小范围内进行试点。全民所有制企业，不准以试行股份制为名，擅自将国有资产折股分给经营者、职工个人和集体。集体所有制企业（包括乡镇企业），不得擅自把集体积累的财产折股分给经营者和职工个人。违者以侵吞国家、集体财产论处，依法追究责任。在本通知发布之前，已经私分国家、集体财产的，必须立即将私分部分全部退回。同时，有关部门应区别不同情况，对主要责任者进行处理。

本通知自发布之日起施行。在本通知发布之前擅自发行内部债券的企业或其他单位，自本通知发布之日起立即停止发行，并由中国人民银行会同有关部门及时进行清理，分别不同情况作出处理。

国务院
一九八九年三月五日

搞好治理整顿，为改革开放创造更好的条件[*]

（一九八九年八月九日）

李　鹏

治理整顿，深化改革是党中央的方针，是全国人民代表大会通过的方针。首先不要把这条方针同改革开放总的政策对立起来看。我们现在之所以搞治理整顿，目的还是为了更好地改革开放，为改革开放创造更好的条件。就是在治理整顿的过程中，使改革进一步深化，开放工作在有条件的地方还要搞得更好。银行在贯彻治理整顿的方针时，态度要坚决，要排除阻力，理直气壮地进行工作。

从一至七月份情况看，治理整顿在某些方面取得了比较显著的成绩，在某些方面成绩还不够理想。治理整顿，今年要达到三个目的：第一要稳定物价；第二要争取农业有一个比较好的收成；第三使总供给和总需求不平衡状态的趋势有所减弱。总需求与总供给的矛盾当然不是今年一年能解决的，但是要把这个势头降下来，同时要防止经济的滞胀，保持一个比较合理的速度，太快了没这个条件，太慢了当然也不是我们所希望的。在合理的速度下，希望在结构上有所改善。纵观一至七月份的情况，就是这样一个结论：有些方面我们取得了比较好的、比较明显的成绩，有些方面成绩还不够显著，阻力还比较大。比较好的是关于物价的控制，尽管物价同去年同期相比，还维持一个较高的水平，但有两点，一是今年新增加的因素比去年显著下降；二是城市基本生活物价指数不仅增长很小，有些地方还有下降。在稳定物价这个问题上，我们的着眼点是什么，这是很重要的。因为物价指数是概括了所有的商品零售价格，里面有各种各样的消费品，有高档的，有中档的，有低档的，有人民生活不可缺少的，也有很多，是钱多多买，钱

＊　这是李鹏同志在听取人民银行全国分行行长会议汇报时讲话的主要部分。

少少买的东西，把这些都计算在内，就产生一个总的物价指数。有些东西是要限制消费的，有时就要用价格来抑制这种消费。在物价方面应该是保证中等生活水平的职工生活水平不下降，或者说基本保持稳定，甚至略有上升。从一至七月份的情况看，基本生活资料的物价指数是比较稳定的，四十多种商品价格，约上升百分之二，如果加上七月份菜价下降，基本生活资料物价指数还有所下降。经过今年一年摸索以后，今后控制物价的一个重要方面，就是要在稳定占人口绝大多数的中等收入水平以下的这部分人的生活资料价格上下功夫。至于高档消费品价格，不在保证之列。

今年实行了"双紧"方针，"双紧"就是紧缩财政，紧缩金融。紧缩的目的，就是为了解决总供给和总需求不平衡的矛盾。银行在执行这个方针方面成绩是显著的，银根抽得比较紧，使生产过高的速度降下来。但在结构方面的调整不够理想，第一季度，希望降下来的那部分没有明显降，不希望下降的，骨干的短线的部分降了，全民所有制企业下降的幅度比较大，乡镇企业、集体企业不仅没有降下来，上升的幅度还比较大。到二季度以后，情况逐渐有了变化。比如全民所有制企业一至七月平均增长速度是百分之十一点六，集体所有制企业一至七月平均增长速度是百分之十五点九，还是偏高，但七月份下降到百分之十二。从结构上看也有所改变。

在基本建设方面压缩的难度比较大，上半年压百分之七，与要求的下降百分之二十差距很大。到七月份以后又有回升的趋势。我们看到一种矛盾现象，一方面大家都在喊银根吃紧，资金困难，收购农副产品出现打白条子，一方面基本建设还在上。另外一个比较突出的问题，就是消费基金仍然在上涨，而且消费基金上涨超过经济增长速度。上半年消费基金的增长速度百分之二十二点九，大大超过百分之十的经济增长速度。七月份有所下降，但仍然达到百分之十一点七。

紧缩银根、紧缩财政的方针对治理整顿起了重要的作用，但任务还远远没有完成，所以这个方针要继续坚持下去，不要有一丝一毫的动摇。由于银根的紧缩，给我们的经济生活带来一些问题，现在比较突出的是企业之间的拖欠问题。要完全解决拖欠，银根要完全放开，那就不能执行紧缩的方针，治理整顿也就不能搞下去了。所以拖欠是要解决一些的，但必须有重点地解决。国务院常务会议议论了这个问题，解决拖欠是为了解决我们经济生活中一些特殊不合理现象，支持一些行业，限制另一些行业。要采取重点解决的方法，比如在流动资金方面主要解决一些重点企业的拖欠问题，解决农副产品收购、外贸出口、重点基本建设大项目等方面的问题。这几个方面也不能都解决，只能有重点。没有重点就没有政策。没有重点，全部满足、全部放开，不合理的增长速度就会继续下去，基本建设就会进一步扩大。但是该解决的不解决，就会使不合理的结构更加不合理。我们的重点是要放在结构的调整上，首先是生产的结构，同时考虑到基本建设的结构。基本建设结构的调整今年要明显起作用是不可能的，今年主要是压缩问题（姚依林：重点建设也要压缩），这是我们治理整顿的一个重要内容。

在解决资金拖欠方面，天津市和大连市为我们提供了很好的经验，值得各地学习。这个经验我看基本上就是两条：一个是地方政府重视，由地方政府出面来进行协调，银行和政府有关部门如计经委、建委等参加，首先解决省市内部的拖欠。第二是要有一点启动资金，把内部拖欠解决了。这个经验很好。一元钱能解决三到四元钱的拖欠问题，生产结构不同，有的作用可能更大一些。筹集启动资金，不应该是把眼睛盯在中国人民银行总行，而是应该眼睛向下，从各方面挤。从内部挖潜力，从自有资金挤一点，专业银行挤一点，从财政挤一点，国家支持一点，各方面都挤一点。今后国务院、人民银行总行要重点帮助解决省市不能解决的跨省市、跨行业的拖欠问题，参照这两个市的经验，确实加以解决。目的是使应该保的部分在下半年保持一个应有的生产速度。

关于农副产品收购资金问题，这是个重要问题，国务院历来都很重视。因为这涉及工农联盟，涉及城乡关系，涉及农业发展。所以我们是不主张打白条子的，是主张农民卖粮能兑现的。这对鼓励农民的生产积极性很有好处。实践证明这个问题是很复杂的，主要是专款不能专用，挪用收购资金的情况比较严重。前一段大量的钱被挪用作发展乡镇企业，搞基本建设，搞楼堂馆所，搞一些其他不该搞的事情。

今年夏粮收购已经基本结束，夏季粮食取得了丰收。秋季作物到目前为止长势良好，大的自然灾害没有发生，局部灾害还是有的，但七条大江大河没有发生灾害。大汛再过几天就过去了，"七下八上"嘛。东北到八月底就过去了，当然还有个霜冻问题。总之是丰收在望。因此，各级政府和银行要组织好资金，解决好秋粮的收购问题。能够按照计划完成粮食收购，甚至多收购一些粮食的话，对于解决明年的外汇平衡，稳定明年的经济有很大好处。在收购资金问题上同样也不能眼睛只向着人民银行总行。因为眼睛向着总行，总行就要多发票子，多发票子对稳定经济没有好处。所以还是要千方百计调动各方面的资金，同时人民银行总行也要准备一部分资金，来支持完成收购任务。

我们治理整顿要达到一个什么目的，这是一个大题目。姚依林同志讲了，中央正在准备。一个是治理的期限要多长，一个是治理整顿要达到一个什么目的，或者说达到几条什么标准治理整顿就基本结束，以便动员全国广大群众来共同完成这一任务。但是我想其中有一条，就是在搞活经济的同时，要建立宏观的调控体系，这应该是治理整顿的一个重要目标。我们的基本体制，邓小平同志已作了结论，就是计划经济同市场调节相结合，就是要按照这样一个方针，建立我们的宏观调控体系。在这个宏观调控体系的诸多手段中，银行起着重要的作用。银行必须适应我们今后改革开放的形势。人民银行是国家的银行，行使政府的职能，而专业银行也应是国家的政策性银行。虽然从方法上采用了企业管理的形式，但它们的任务也是要执行国家的方针政策，就是说它不是以单纯的盈利为目的（姚依林：不可能成为纯粹的商业银行），当然至少也不能赔钱。要总结这些年来我们经济生活的规律，特别是农行要准备好两项资金，一个是粮食收购资金，一个是春耕生产贷款。

刚才有同志谈到，银行在国民经济中的作用与日俱增。在五十年代银行起了很大作用。但那时银行的业务单纯得多，现在的业务越来越复杂，但人才缺乏。我们有些专业人员是不是可以适当延长服务年限，这是个值得研究的问题。总的来讲，我赞成这个原则。为了保留一些专业骨干，同时培养年轻的、新的干部，要考虑这个问题。这个问题由人事部和组织部来组织研究。

关于整顿公司问题，不仅是治理经济环境的需要，同时也是反对腐败现象的需要。由于信托公司过多过滥，造成资金分散，使长线越长，短线越短，也是产生各种腐败现象的一个条件。当然不是说所有的信托公司都有腐败现象，这就如同我们的政府不都是腐败，政府官员大多数是廉洁的一样。但确实有许多信托公司机构成立不久，制度松弛、管理不严，容易产生腐败现象。按我国现在的经济发展水平，不需要那么多公司。银行首先态度要坚决，但步子要稳，要比整顿其他公司更稳一些，防止资金损失。关于清理整顿金融性公司，国务院要专门发一个文件。上次我们讨论，采取先并后撤的方针，但不管怎么样，这件事不能按兵不动，各级银行都必须坚决执行。中央作了决定，全国都在清理整顿，这是我们治理整顿的一项任务，也是廉政建设的一个重要方面，必须坚决执行。

这次会议是一次重要的会议，大家交流了经验，应该对工作有信心。但是也要看到治理整顿任务还很艰巨，对经济形势要有一个清醒的估计。因为这种不平衡不是去年一年的问题，只是去年表现得很突出。突出表现一个是财政赤字，一个是货币的过量发行。也有三年、五年以来总供给和总需求不平衡的问题，导致了消费基金的膨胀和基建规模的扩大。还有外债到了还债期，内债外债都开始进入还债期。要对我们的形势有足够的估计。再加上西方对我们进行所谓的"制裁"。当然这个形势在逐渐地变化。由于中国的战略地位，西方也不可能把中国关在世界之外。但是，我们也必须有清醒的认识，西方同我们不论进行技术上的交流，还是提供贷款，我认为都是互利的，没有白给的，不是经济上的要求，就是政治上的要求。这一点我们必须有清醒的头脑。我们是利用他们对我们市场的兴趣，来利用它们的技术和资金。但是也要看到，一有风吹草动，他们就在经济上"制裁"我们。所以自力更生的总方针是不能变的。西方"制裁"我们，可能会给我们经济上带来一些损失，但不能使我们的经济崩溃，我们现在能够做到这一点。我们要准备过几年紧日子，准备明年大量地压缩进口，特别是高档耐用消费品。西方的"制裁"，最突出的是从境外的中国银行提取存款，香港的中国银行发生大量挤兑，还有新加坡，但他们施加经济压力没把我们压垮，银行准备了足够的资金来应付这场风波。这给我们提供了一个教训：中国要在政治上独立，像一个真正的中国人那样生活，西方就会"制裁"你，你要软，它就会硬，你要硬，它顶不过你，最后它还得软下来。我们要感谢中国银行在这场风波中顶住了挤兑的压力，为捍卫国家尊严作出了贡献。借此机会，向中国银行的职工、特别是向第一线的如中国香港、新加坡等地的中国银行职工表示亲切的慰问，对他们的工作给以表扬和鼓励。

贯彻紧缩方针，搞好治理整顿*

（一九八九年八月九日）

姚 依 林

应该说，从去年到今年，我们在稳定物价上取得了很大成绩。今年物价稳定是使银行票子回笼的重要因素，否则是回笼不了的。老百姓心里惶惶不安，持币待购，在这种情况下当然就回笼不了。从去年年底开始到现在，我们保持物价的基本稳定，使群众感觉到货币可靠多了，因此，存款就慢慢恢复。但是还有很多问题，这些问题都使稳定物价很困难，如财政赤字，如果不采取措施消灭掉，或者基本上消灭掉，势必会成为影响货币发行的重要因素，增加货币发行量。今年财政发行了一百二十亿元的保值公债，这个保值公债是去年赤字造成的。去年全国赤字是八十多亿元，中央赤字一百二十亿元，所以财政发了一百二十亿元的保值公债。银行不透支给财政，财政就得发保值公债。通过发行保值公债把银行能运用的资金拿走了一部分。所以不管透支也好，不透支也好，财政出现赤字以后，最后都得靠银行发行货币来承担，只是透支更直接一点。基本建设重点建设债券、重点企业债券相当大部分应从财政上拿出来，财政拿不出来，所以就变成重点建设债券、重点企业债券。这两种债券数量多，难度大，如果不发，经济就要受到影响，如果发了，实际上又把银行资金占去了。这些问题不解决，经济就不能长期稳定。

还有一个因素要考虑，就是从明年开始，财政要还债。今年三十多亿，明年二百多亿，这只是内债，还不算外债，内外债加在一起，是个很大数目。为什么欠下这多债？主要是因为国民经济总供给和总需求是不平衡的，不平衡的结果就是发公债、发行国库券，越来越多的占用银行资金，恐怕银行相当数量的自有资金被占用。这些问题都得想法来解决，如果这些问题不能解决，我们的治理整

＊ 这是姚依林同志在听取中国人民银行全国分行行长会议汇报时讲话的一部分。

顿就不能收效。要解决这些问题，势必牵涉到整个企业体制、财政体制、外贸体制和银行体制的改革，这些都有关联，是一个"连环套"。在财政收入中，中央财政收入只占百分之四十左右，少了，应提高到百分之六十至七十，这是一个概念，大家都认为这是对的，都认为应该提高，但中央财政被地方包死了，包死了以后，这个提高只能采取间接的手段想办法挖一点，借一点，硬从地方拿一块过来，地方又出现赤字，地方又对企业包死了，只能从没有包死的地方挖一点钱。省的收入大头也包死了。中央财政是死的，地方财政基本上也是死的，县也不完全是活的。现在大家都为自己打算，局部观念、短期行为多得很，谁也不投资对国民经济起重要作用的国家重点建设项目，谁都愿意搞短、平、快项目，进口汽车零件，装配汽车，装配得差不多了，只剩下几大块一拼，就去赚钱。都去干这些东西、都去追求产值，搞这些短期行为。这一系列问题都是要考虑解决的问题。银行也是这样。中央银行的钱给地方，分配用于农副产品收购，很多人去挤，搞基建、搞楼堂馆所，挤占百分之十五至二十。你说不让他挤，不行，他有权，不敢惹他，挤到最后，本来计算好了不打白条，结果被迫打白条。地方要挖一块，部门要挤一块。粮食部门甚至挤一块用去买汽车，盖房子。银行的同志如果是清醒的，就少挤一点，如果不那么清醒，或者肩膀不那么硬，就挤得多一点，就打了白条子，他反过来又骂你，为什么打白条子。这个情况银行有责任，但又不完全是银行的责任。完全没有你的责任，说不过去，全是你的责任，也冤枉。有的银行也可能顶住了，不让挤或者挤得少，白条子就少；有的银行顶不住，因为党票在别人手里，钱是分给地方统一使用的，打了白条子，别人还骂你，你受委屈，有怨气，是不是这个，我讲的对不对？这些问题都需要在治理整顿中加以解决，需要有一个全党统一思想的过程。今年下半年，我们打算在五中全会把这个问题当作一个重要问题来讨论。现在全党思想不那么统一。有的说，没那么严重，还可以搞快点；有的说，情况相当严重，应该少搞点。所以，有的地方搞得多，有的地方搞得少。每个人都有道理，沿海的同志讲，我要发展沿海，要更加开放；内地的同志说，邓小平同志讲了，要抓抓重点建设项目，要增加重点建设投资。前时期，道理都在沿海，内地好像道理不太多，现在大家都有道理了，都可以吵。搞电的讲发展电很重要，搞铁路的说铁路很重要。需要有一个统一部署，否则，治理整顿是搞不好的。我们做银行工作的同志，就不能光从自己的圈子里面来考虑这些问题，当然在圈子里面考虑一些问题是对的，就这么大的圈子嘛。但应该跳出来想一想，问题究竟应如何解决，这是治理整顿的根本性的问题。

今年的国民经济没有滑坡，还能够保持百分之七以上的速度。如果能保持百分之七以上的速度，那我们就没有滑坡。有的说，我滑坡了，不能这样说，要看国民经济总的形势，不是讲哪个工厂。工厂有上有下，不能说工厂不能下都要上。有的报纸上讲哪些机械工业滑坡了，不能这么讲，甚至于一个地区滑坡了也不算，要看全国是否会滑坡。滑坡就是总的农业和工业能不能达到百分之六至七，这是我们的一个标准，如果达到了这个标准，那就没有滑坡。如果达不到甚至出现零增长或负增长，这叫滑坡，对经济滑坡也要有个定义。今年不会滑坡。但假如明年我们不在重点建设项目上下功夫，不投资于若干重点建设项目，明年就有可能滑到百分之六以下，甚至于有些地方出现零增长或负增长，这个可能性都存在。有的同志认为今年生产搞得快一点，搞到百分之十几、二十几便宜了，我看没便宜，最后造成的困难可能会更大。要看到对整个国民经济造成的损失或损害。因为现在整个国民经济中，那些长线产品，如彩电、洗衣机、冰箱、自行车、手表等，短线产品，如我们的能源、交通、电力等，电力短缺的严重性比较大，而交通、煤炭、石油的问题比电力问题还严重。如果不解决这个短线，是要滑坡的。而且明年就逃不过去。继续贯彻紧缩方针的重要性就在这个地方。不继续贯彻紧缩的方针，我们的长线就会更长，短线就会更短。贯彻紧缩方针之后，才能把短线逐步变长，把长线逐步缩短。从一定意义上讲，在调整过程中，某些困难的出现，是避免不了的。过去几年造成的这个长线，不仅有卖不出的困难，而且还有一个生产不出来的困难。因为我们外汇不够，进口不了那么多生产资料，板材、易拉罐、铝合金等，被迫要停产。即使大家对生产很有积极性，也得停产。什么缘故？因为从一九九二年起，我们要还债，每年要拿出八十至九十亿美元还外债。能不能赖债？我反复想过，赖不掉，赖账是要遭报复的。人家报复你一下，受不了。假如赖美国人的债，美国人把我们的出口商品进口税提高百分之二十，堵住我们商品出口不了，那么出口就大大下降。赖债是办不到的。我们能不能借钱来还债？借钱能借两种钱，一种是借低息贷款，这些项目都是项目贷款，都是增加基本建设，买外国设备，买了外国设备，国内还要加一块钱搞建设，这种钱是不能用于还债的。借高利息还债，使我们的外债越背越重，还债要吃很大的亏，是行不通的。最后只能压进口。出口多些，进口少些，每年压六七十亿元。过去搞的长线产品最后都得停工一部分，没有钱来搞这个。这些问题都是要考虑的。为什么要采取紧缩的方针，从整个生产布局上讲，需要这么做。从货币的角度讲，也需要这么做。这些问题并不是危言耸听，都是大家要面临的问题，请大家要很好地思考一下。

紧缩银根，稳定金融[*]

（一九九〇年一月十二日）

李 贵 鲜

党的十三届五中全会通过的《中共中央关于进一步治理整顿和深化改革的决定》（以下简称《决定》），深刻分析了当前的经济形势，明确提出了三年治理整顿和深化改革的目标。《决定》强调要坚持实行从紧的财政、信贷政策，紧缩社会总需求，并对如何实现信贷从紧提出了一系列政策和措施，对于做好治理整顿期间的金融工作具有十分重要的指导作用。

根据五中全会的精神和《决定》要求，治理整顿期间，金融工作的基本任务是：继续紧缩银根，稳定金融，控制住信贷总规模，积极组织资金，合理调整结构，努力提高资金使用效益，逐步消化市场过多的货币，促进国民经济持续、稳定、协调发展。实现这一基本任务，就要努力扭转货币超经济发行，逐步做到当年货币发行量与经济发展的合理需要相适应；大力优化信贷结构，积极支持重点需要，坚决压缩一般贷款，加速资金周转，使银行信贷基本符合国家产业政策的要求；切实整顿金融秩序，坚决制止和纠正在信贷、储蓄、结算等业务经营与竞争中的各种违法乱纪行为，恢复银行的良好信誉；继续深化金融体制改革，加强集中统一管理，进一步强化中央银行宏观调控职能，逐步建立各专业银行和其他金融机构自我约束、自主经营、自担风险的机制。

一九九〇年是治理整顿和深化改革的关键性一年。今年的根本任务是稳定政治形势和稳定经济形势，一切工作服从于稳定。稳定经济，稳定金融，上半年是关键，上半年能稳定，全年就可以稳定，就能给治理整顿、深化改革打下良好的基础。实现国民经济持续、稳定、协调发展，关键是在坚持压缩总需求的前提下，使经济结构有明显改善，经济效益有明显提高。从金融工作看，就要在控制

＊ 这是李贵鲜同志在全国银行分行行长会议上讲话的一部分。

货币信贷总量的前提下，合理调整信贷结构和努力提高资金使用效益。调整结构和提高效益比控制信贷总量要困难得多，复杂得多。对此，各家银行必须有足够的估计，要有过紧日子的思想准备。当前，金融面临的形势仍然十分严峻：一是各方面对信贷资金的需求量相当大，而今年银行信贷资金来源可能会减少，平衡信贷收支的难度很大。靠居民储蓄存款的单一方式筹集资金，既不稳定，资金成本又高，给企业增加了负担，也给银行经营增加了困难。二是当前企业的经济效益普遍低下，自我积累少，主要依靠银行贷款进行生产和扩大再生产，加重了银行信贷任务。三是企业资金占压多，周转慢，相互拖欠严重，同时银行贷款呆滞多，逾期多，资金周转不畅，调拨不灵，严重影响了资金使用效益。总之，摆在我们面前的任务相当繁重，工作十分艰巨。但是，我们也应当看到克服当前资金困难的有利条件。党的十三届五中全会精神日益深入人心，全党统一了思想认识，各地区、各部门正在落实中央《决定》提出的各项措施，各级政府都对金融工作非常关心、重视和支持，加强了对金融工作的领导，大气候十分有利于金融紧缩方针的贯彻。同时，经过一年多的治理整顿，金融工作积累了一些经验，为进一步治理整顿、深化改革打下了一定的基础。我们一定要充分利用有利条件、进一步增强信心，努力完成今年的金融工作任务。在贯彻从紧方针中，既要逐步研究解决多年来遗留下来的深层次的矛盾和问题，又要根据经济和金融的发展变化，不断研究新情况，解决新问题；既要切实控制总量，又要处理好紧缩银根与稳定大局的关系，自觉地进行适时调节，做到松紧适度，在总量控制的前提下，通过优化配置增量保重点，盘活存量压一般；还要处理好治理整顿和深化改革的关系，促进金融体制改革的深入发展。

根据中央关于进一步治理整顿和深化改革的决定，按照国家确定的国民经济和社会发展计划，我们制定了今年银行信贷规模和货币发行计划。为了实现计划目标，在货币信贷上要继续执行"控制总量，调整结构，保证重点，压缩一般，适时调节，提高效益"的方针，把工作重点放到调整信贷结构，加速资金周转和搞好适时调节上来。为此，必须采取以下政策措施：

第一，增强和改善信贷资金的宏观管理。继续实行贷款规模控制的责任制，进一步完善季度贷款监控办法，做到"全年亮底，按季监控，按月考核，适时调节"。人民银行给专业银行核批的全年贷款最高控制限额，仍实行专业银行"条条"管理，并由各地人民银行进行监控的办法。贷款规模的管理不宜过于分散，不要层层切到基层机构。专业银行总、分行要适时掌握各地资金变化情况，灵活调整贷款限额和调剂资金余缺。各专业银行要在人民银行确定的贷款限额内，安排好贷款进度。加强现金管理，严格控制和审查现金支出。搞好现金和外币的调度，以保证在任何情况下的支付需要，维护银行的信誉。同时，为更好地发挥中央银行贷款的调控作用，中央银行将适当集中一部分资金。在资金分配上，要发挥专业银行总行和人民银行分行两个积极性。今年上半年，中央银行贷款仍按收支两条线进行管理。对收回的贷款，由人民银行总行集中管理，原则上在资金使用旺季返还当地，使用时必须经总行批准。

第二，下大力气调整信贷资金结构。要按照国家产业政策和信贷政策掌握发放贷款，重点支持农业、能源、交通和原材料等国民经济基础行业发展，支持大中型骨干企业的生产，农副产品和外贸出口商品的收购，国家计划内的重点固定资产投资项目，以及群众生活必需品和市场短缺商品的生产。要积极支持和落实发展农业的资金需要，在农副产品产、供、销各个环节，都要注入一定的信贷资金。积极支持贫困地区脱贫致富。要认真总结推广农副产品收购资金专项管理的经验，督促财政和粮食、商业等部门的收购资金按时按量归位，以保证农副产品收购不因资金不足而给农民打"白条"。对擅自挪用、侵占农副产品收购资金的，一定要严肃查处。各地要充分发挥农村信用社在支援农业方面的作用。银行还要支持有关部门和企业收购、存储一部分商品，扩大销售，增加货币回笼。各家银行都要全面开展清理现有贷款的工作，进一步推广农业银行清理贷款的经验，力争用今、明两年时间基本完成清理工作。对清理出来的问题，银行能处理的要及时处理，不能处理的要搞清账目，做到心中有数。要协同有关部门，采取"先压后调"的办法，督促所有企业清仓挖潜，搞活现有资金存量，争取资金周转加速百分之三至四。为推广使用商业票据，要逐步减少信用放款，适当增加贴现和再贴现的比重。

第三，加强企业流动资金管理。所有国有企业都必须在留利中划出一定比例用于补充自有流动资金，因价格调整（包括中央、地方调价）引起原有库存升值而增加的收入，必须全部转作自有流动资金，使企业自有流动资金的比例逐步达到百分之三十。要加强对企业使用流动资金情况的监控，防止企业随意挤占、挪用流动资金搞固定资产投资和福利开支以及非生产性经营。对于不按规定补充自有流动资金的，银行可以扣收或停止贷款。会后，人民银行总行要会同各专业银行研究提出具体办法，报国务院审批。

第四，继续稳定和增加储蓄存款。各家银行都必须高度重视储蓄工作，通过改进管理，改善服务，增加储源，努力完成和超额完成今年的储蓄任务。所有办理储蓄业务的机构，都要认真执行"存款自愿，取款自由，存款有息，为储户保密"的原则，执行国家制定的统一利率和政策，严禁公款私存，严禁违反国家规定采取不正当方式竞争。要加强储蓄工作宣传，纠正不恰当的储蓄宣传。要继续办好保值储蓄；当保值贴补率出现负值时，要按基准利率支付利息。加强邮政储蓄管理，认真执行好缴存款改为转存款的办法。为调动农村信用社吸收储蓄的积极性，中央银行对信用社开办特种存款，适当提高特种存款的利率，并把这部分资金全额返还给农业银行，用于支持农业生产和农副产品收购。同时，要加强和健全对保险业务及机构的管理，大力发展保险事业，聚集更多的资金。

第五，进一步整顿金融秩序。一要认真按照国务院关于进一步清理整顿金融性公司的通知，抓好金融性公司和其他非银行金融机构的清理整顿工作。清理撤并金融性公司，态度要坚决，方法、步骤要稳妥。对已决定撤并的公司，要妥善落实好债权债务，减少损失。专业银行的信托公司原订的信托项目，可由专业银行继续执行（规模单独考核），妥善处理好现有合同项目的落实工作，并要抓紧收回旧贷款，不再签订新的投资合同，对专业银行开办信托业务和保留下来的金融性公司要制定具体管理办法，加强管理。同时对城市信用社等非银行金融机构也要进行清理整顿。取缔私人银行和钱庄。二要强化利率管理。各项存款利率，必须按照国家统一规定执行，坚决制止以随意提高（包括变相提高）储蓄存款利率来争夺存款的现象。同时将流动资金贷款利率上浮百分之三十的权限下调到百分之二十。对逾期贷款加息的幅度由百分之三十下调到百分之二十，对超储积压加息的幅度由百分之五十下调到百分之三十，对挤占挪用贷款的罚息由百分之百下调到百分之五十。加、罚的利息收入要专户管理，由各总行统一处理。坚决纠正目前一些地方的银行不按规定浮动利率，随意加息、罚息的问题。三要严肃结算纪律。今年上半年各行都要进行一次结算纪律大检查，着重对结算中压票退票、不执行结算制度和互相占用汇差及结算资金的问题进行清理整顿。各行对行际间的结算都要按规定准确、及时办理。当前特别要加强银行的清算资金管理，建立良好的结算和清算秩序，提高资金使用效益和社会效益。对原托收承付结算办法的改革，考虑到治理整顿期间一些大型企业的实际情况，现按照人民银行

《关于做好大型企业指令性计划销货的结算通知》办理。

第六，加强外汇、外债管理。各地方、各部门应下决心压缩进口用汇，要按国务院有关限制进口的规定，支付外汇，同时要千方百计支持扩大外贸出口，增加外汇收入。要进一步发展和完善外汇调剂市场，加强管理，严格按照国家产业政策，引导好调剂外汇投向。要严格控制外债规模，未经主管部门批准，未列入国家借用外资计划，任何地方、单位不得借用任何形式的境外借款。为维护对外信誉，各地方、各部门要统筹安排好偿还外债本息工作，对到期不还的，按国务院规定，经国家外汇管理局批准，可通过银行从偿还单位或其主管部门的外汇与人民币账户上直接扣付。要重视对国际金融市场的动态研究，加强风险管理工作，适时调整债务期限和币种结构。

第七，切实做好银行各项基础工作。一要不断加强金融法制建设，抓紧《银行法》的拟定工作，着手拟定票据管理法规，使金融法规制度不断完善和配套。同时，要严格执行现行金融法规，加强执法的监督检查，纠正有法不依、执法不严、违法不究的现象。二要深入开展稽核工作。今年要紧紧围绕控制货币信贷总量，调整信贷结构，整顿金融秩序，继续查处违反信贷政策、乱放贷款的问题，坚决纠正擅自提高存贷款利率的错误做法，有重点地开展现金管理条例和联行清算制度执行情况的稽核，对检查出来的问题一定要作出恰当处理。三要进一步加强金融统计工作，改进统计报表制度，根据需要适当增加和完善一些统计指标，对技改贷款、农业贷款和乡镇企业贷款等，要统计累收累放情况，以加强对资金周转情况的考核；强化中央银行对专业银行和其他金融机构统计工作的集中统一管理，提高统计报表的时效性和准确性。要重视政策研究和金融理论研究，加强对经济、金融活动的综合分析监测，及时掌握经济、金融动向和信息，不断研究新情况、新问题，为领导决策提供依据。四要重视发行、会计、出纳和国库工作，严密各项规章制度，提高工作质量。进一步加强财政存款的管理，加强国库会计核算，搞好国债的发行和兑付。要加强银行内部财务管理，控制银行系统的基建投资。五要加快银行电子化建设。今年要抓紧建成卫星通讯专用网，逐步实现计算机同城票据清算，建成全国异地资金电子化划拨系统。各家银行在计算机网络建设中要统一规划，统一标准，统一政策；不要重复建网，以减少浪费。

第八，继续坚持金融对外开放的方针。要在坚持独立自主的和平外交政策指导下，积极发展国际金融业务，加强国际金融合作与交往，坚持原则，多做工作，巩固和发展国际金融业务中已有的阵地，进一步发展多边和双边的友好合作关系。要加强国际经济金融的调研，稳步发展与国际货币基金组织、亚洲开发银行等国际金融机构的关系，进一步制订和健全涉外金融法规，加强在华外资金融机构的管理和监督。同时，要加强国际金融业务人才的培训工作，提高涉外业务人员的政治和业务素质，加强纪律性，严格遵守国家涉外的有关法规。

实现一九九〇年的金融工作任务，必须在治理整顿中继续深化金融体制改革。十年来，金融体制改革按照邓小平同志关于要把银行真正办成银行，发挥银行在发展经济、革新技术中的杠杆作用的指示逐步深入。实践证明，改革的方向是正确的。根据五中全会精神，今年金融改革的一切措施都必须有利于治理通货膨胀，有利于加强金融宏观管理，进一步强化中央银行宏观调控职能，严格控制货币发行和信贷总规模。一是根据中央关于"中央银行要对专业银行归口领导和管理"的指示，在领导、管理、协调、监督和稽核业务工作的同时，对机构设置、人员编制、金融教育、宣传、科技等方面，逐步实行归口领导和管理。二是逐步完善专业银行内部经营管理，严格执行国家的方针、政策，不能片面强调企业化经营。建议农业银行系统，改变层层承包的办法。储蓄等单项承包要完善考核指标，改变单纯用余额增长与奖金工资分配挂钩的做法。三是各专业银行仍要坚持"一业为主、适当交叉"的原则，坚决纠正不合理的业务交叉。交通银行、中信实业银行的业务范围目前仍按国务院和人民银行的有关规定执行。交通银行并要承担一部分政策性贷款任务。要清理企业在金融机构"多头开户"，加强账户管理，一家企业只能开立一个基本账户办理转账结算和现金收付。四是合理设置金融机构。五是稳步发展金融市场，继续开展短期融资，确保资金合理使用，搞好有价证券的发行与转让，办好外汇调剂市场，打击有价证券和外汇的非法交易。

国务院办公厅转发中国人民银行等部门《关于开展反伪造人民币斗争的报告》的通知

（一九九〇年六月二十七日）

各省、自治区、直辖市人民政府，国务院各部委、各直属机构：

中国人民银行、公安部、海关总署、国家工商行政管理局《关于开展反伪造人民币斗争的报告》已经国务院同意，现转发给你们，请认真贯彻执行。

国务院办公厅

一九九〇年六月二十七日

中国人民银行、公安部、海关总署、国家工商行政管理局关于开展反伪造人民币斗争的报告

(一九九〇年六月十三日)

自一九八七年新版人民币发行以来，伪造、贩卖、使用假币的犯罪活动十分猖獗，大面额假币流入市场的案件多有发生。从一九八八年到今年四月底，共收缴各种假币约六十六万张。这些假币案的特点：一是伪造技术较高，境外以机制为主，境内以复印、拓印等为主；二是一次投放数量大，一百元、五十元面额占多数；三是蔓延范围广、速度快，由中心城市和沿海地区向全国迅速扩散；四是作案手段狡猾，已形成伪造、藏匿、贩运、使用假币的据点。

大面额假币案发案率高的原因主要是：照相分色制版、印刷技术提高并普及；开放城市和边境贸易增加，海上交往频繁，拓宽了与境外直接联系的渠道，假币制作和扩散比以前容易。从目前国内外犯罪分子活动情况、假币发案情况和伪造动态分析，一定时期内，假币案仍将是持续上升的趋势。大量假币流入市场，既干扰了金融秩序，破坏人民币的信誉，也给政治、经济和人民生活的稳定造成十分不利的影响。为搞好反伪造（含变造，下同）人民币的斗争，特提出以下意见：

一、各级人民政府应将反伪造人民币斗争作为稳定社会、稳定经济的重要工作来抓。反伪造工作涉及面比较广，需要各有关部门通力合作。各级政府要根据本地区假币案发生的情况和特点，组织公安、司法、海关、工商行政管理和中国人民银行等部门研究落实侦破、收缴、防范等具体措施，并协调各部门统一行动。同时，要及时解决反伪造工作中出现的各种问题，保证这项工作顺利开展。

二、海关、公安、边防等部门要加强对来自境外假币的堵截工作。海关要加强入境检查，严格人民币出入境管理，不给犯罪分子以可乘之机。在边境贸易和人员交往频繁的边境地区，地方政府应采取措施限制人民币的使用流通范围。同时，要将假人民币偷运入境作为海上缉私的重要内容，由海关、公安、边防等部门共同组成堵塞境外假币入境的防线。

三、公安部门要加强对伪造人民币案件的侦破工作。各级公安机关要在依靠群众开展反伪造人民币斗争的基础上，大力加强专案侦破工作。对已发现的假币案件要抓住不放，迅速破案。凡发现机制假币，都要列为重大、特大案件，组织力量，专案专办。有关地区发现同一种假币，要组织联合办案，并案侦察。涉及境外的假币案件，要通过国际刑警组织的合作渠道，促使所在国、地区警方的合作。对制造、偷运、贩卖假人民币的首要分子，要依法从重从快惩处。

四、工商行政管理部门应对印刷、复印企业进行严格管理。特别要加强对具有黑白复印设备企业的管理，严格限定其经营范围，加强业务检查和法制教育。发现问题，及时追查。

五、各专业银行应采取措施，及时发现并收缴假币。针对假币主要为一百元、五十元券的情况，专业银行柜面收付现金时，对这两种面额的人民币应进行手工清点。同时，要加强对出纳人员识别假币基本功的培训，发现情况，及时向上级机关及有关部门报告。

六、各级人民银行要在各级党政部门的领导下，加强对反伪造人民币工作的组织。要及时掌握工作的全面情况，防止假人民币扩散，并根据发案特点及时通报有关部门。人民银行对现行一百元、五十元券人民币，要改进印制技术，增强防伪造性能。

七、统一宣传口径，防止造成不良影响。由于假币涉及群众切身利益，反伪造工作的新闻报道应十分慎重。对于假币案的新闻报道，要严格按照内紧外松的原则进行，以防止在群众中造成不必要的恐慌。对已侦破的危害大、情节严重的案件，审理结束后，经批准，可将审判结果公开报道，以震慑犯罪分子，但详细案情和制作假币的具体情节不要公布。凡未破获、处理的假币案，都不要公开宣传。

以上报告如无不妥，建议转发各地、各部门执行。

正确发挥银行作用，深化金融体制改革[*]

——节自《中共中央关于制定国民经济和社会发展
十年规划和"八五"计划的建议》

(中国共产党第十三届中央委员会第七次
全体会议一九九〇年十二月三十日通过)

（56）正确发挥银行作用，深化金融体制改革。进一步强化中央银行的宏观调控职能，控制货币发行和信贷总规模，按照国家的产业政策把握信贷资金投向，并有效地运用利率、准备金、再贷款、汇率等金融手段，促进国民经济的总量平衡和结构调整，防止通货膨胀。健全中央银行的垂直领导体制，加强中央银行对专业银行的领导与管理。专业银行主要是执行国家产业政策，承担经济调控职能，同时进行企业化管理，实行自担风险、自负盈亏。继续鼓励居民储蓄，开办住房储蓄和住房信贷。逐步扩大债券和股票的发行，并严格加强管理。发展金融市场，鼓励资金融通，在有条件的大城市建立和完善证券交易所，并形成规范的交易制度。

＊ 标题为本书编者所加。

金融是现代经济的核心[*]

（一九九一年一月二十八日—二月十八日）

邓 小 平

金融很重要，是现代经济的核心。金融搞好了，一着棋活，全盘皆活。上海过去是金融中心，是货币自由兑换的地方，今后也要这样搞。中国在金融方面取得国际地位，首先要靠上海。那要好多年以后，但现在就要做起。

改革开放还要讲，我们的党还要讲几十年。会有不同意见，但那也是出于好意，一是不习惯，二是怕，怕出问题。光我一个人说话还不够，我们党要说话，要说几十年。当然，太着急也不行，要用事实来证明。当时提出农村实行家庭联产承包，有许多人不同意，家庭承包还算社会主义吗？嘴里不说，心里想不通，行动上就拖，有的顶了两年，我们等待。

不要以为，一说计划经济就是社会主义，一说市场经济就是资本主义，不是那么回事，两者都是手段，市场也可以为社会主义服务。

闭关自守不行。"文化大革命"时有个"风庆轮事件"，我跟"四人帮"吵过架，才一万吨的船，吹什么牛！一九二〇年我到法国去留学时，坐的就是五万吨的外国邮船。现在我们开放了，十万、二十万吨的船也可以造出来了。如果不是开放，我们生产汽车还会像过去一样用锤子敲敲打打，现在大不相同了，这是质的变化。质的变化反映在各个领域，不只是汽车这个行业。开放不坚决不行，现在还有好多障碍阻挡着我们。说"三资"企业不是民族经济，害怕它的发展，这不好嘛。发展经济，不开放是很难搞起来的。世界各国的经济发展都要搞开放，西方国家在资金和技术上就是互相融合、交流的。

---

[*] 这是邓小平同志在上海进行视察的过程中，同上海市负责同志谈话的要点《视察上海时的谈话》的一部分。

中共中央办公厅、国务院办公厅
关于严格审批和整顿基金会的通知

（一九九一年三月三日）

各省、自治区、直辖市党委和人民政府，中央和国家机关各部委，军委总政治部，各人民团体：

近几年来，随着改革开放的深入和对外交往的增加，一些基金会组织相继成立，并有继续发展之势。其中，多数基金会组织对我国的文化教育、科学技术和社会福利等事业的繁荣和发展起了积极作用，但也有一些基金会存在不少问题，有的未经批准而擅自成立，有的以筹集基金为名搞变相摊派，有的从事营利活动，甚至从事与其宗旨不符的活动。这种现象如果任其发展下去，不仅会助长不正之风，影响社会秩序和经济秩序，而且会给四化建设和国家利益带来不利影响。为此，特作如下通知：

一、依照国务院发布的《基金会管理办法》和《社会团体登记管理条例》的规定，由中国人民银行对申请成立的基金会进行严格审批，其他任何部门和个人无权审批。经批准的基金会，必须到民政部门办理登记手续后方可开展业务活动。

二、由中国人民银行和民政部按照《基金会管理办法》和《社会团体登记管理条例》的规定，对基金会进行一次清理整顿和重新登记。对已办理登记手续但不符合条件的基金会要限期整顿，对整顿后仍不符合条件的以及严重违反有关规定的要坚决予以撤销；对未经审批擅自成立的基金会，符合条件的应敦促其按规定履行审批和登记手续，不符合条件的由民政部门责令其立即解散。

三、在清理整顿期间，对基金会原则上停止审批。因特殊情况确需成立的全国性基金会，由中国人民银行总行从严审批；地方性的基金会，由中国人民银行省、自治区、直辖市分行报中国人民银行总行原则同意后再行审批。经批准的基金会，应随即到民政部门办理登记手续。

各地区、各部门要认真执行本通知精神，并协同中国人民银行和民政部门做好基金会的清理整顿及管理工作。

中共中央办公厅

国 务 院 办 公 厅

一九九一年三月三日

国务院办公厅关于禁止发放使用
各种代币购物券的通知

（一九九一年五月一日）

各省、自治区、直辖市人民政府，国务院各部委、各直属机构：

最近，发现少数地区的一些单位向职工发放带有一定面值的"购物券"、"信用券"、"礼宾券"等代币票券，到指定的商店购买副食、日用百货等商品。这种行为不仅影响了市场的正常供应，扰乱了金融秩序，逃避了国家对工资和奖金的监督管理，扩大了消费基金支出，而且还助长了不正之风。遵照国务院的决定，特作如下通知：

一、任何单位不准发放、使用各种代币购物券。已发放尚未使用的购物券，一律停止使用，由发放单位立即收回销毁。凡与商业单位签订的购物券合同、协议一律无效。

二、各级人民政府要组织有关部门，对本地区发放、使用购物券的情况进行一次全面检查。对发放、使用购物券的单位要按财务、税收和金融管理的有关规定进行处理；对情节严重的，要依法追究有关人员的责任。

三、各地要对本通知的精神进行广泛宣传，加强监督检查，坚决禁止发放、使用各种代币购物券。对继续订立代币票券合同，发放、使用各种代币购物券的单位，要依法从严公开处理。

国务院办公厅

一九九一年五月一日

金融要支持改革开放、支持经济建设[*]

（一九九二年一月十四日）

李　鹏

　　去年，是我国执行"八五"计划和十年规划的第一年。我国政治稳定，社会安定，经济进一步向好的方向发展。国民生产总值上升百分之七左右；大灾之年，农业仍然获得了丰收，粮食产量达到八千七百亿斤，棉花产量达到一亿担；对外贸易持续增长，进出口额增长都在百分之十六以上；国家外汇储备大幅度增加。市场繁荣，物价稳定，商品供应丰富，这是有目共睹的。

　　这些成绩的取得，与金融部门全体职工的努力是分不开的。无论是中国人民银行，还是几家专业银行、交通银行和中国人民保险公司，全体职工都做了大量工作，保持了金融的基本稳定。去年几项金融指标基本完成了计划。货币投放五百三十三亿元，计划是五百五十亿元；新增贷款二千八百九十五亿元；存款大幅度增加，城乡居民储蓄余额达九千一百多亿元，新增近二千一百亿元，各项存款总计增加了三千六百多亿元。城乡居民储蓄增加，首先反映出人民在保证了吃、穿、用等消费支出后还有节余，说明城乡人民生活水平有了进一步改善和提高，另一方面也反映出国民收入向个人倾斜的问题。同时，居民储蓄的增长也说明金融政策是稳定的。我们现在执行的存款利率略高于物价上涨率的政策。原来计划去年的物价上涨率控制在百分之六，实际结果为百分之四，当然城市略高一点。存款利率平均在百分之七多一点，这对存款是有吸引力的。总的讲，金融政策是成功的，保持了金融的稳定。

　　当然，经济生活中还存在一些问题。去年我们召开了中央工作会议和党的十三届八中全会，讨论了搞好国营大中型企业的问题以及进一步发展农业的问题，这是两个十分关键的问题。在经济进一步向好的方向发展的过程中，经济结构调

＊　这是李鹏同志在与全国银行分行行长、保险分公司经理座谈时讲话的主要部分。

整进展缓慢，经济效益上不来，有的地方和企业还有继续滑坡的现象。效益不好与结构不合理有关系，同时也与国营大中型企业的经营机制和外部环境有关系。在中央工作会议上，制定了搞好国营大中型企业的二十条措施，目前正在贯彻落实之中。对搞好国营大中型企业，我们要从巩固社会主义经济基础的高度来认识。在改善国营大中型企业外部条件的措施中，有好几条都和银行有直接的关系。比如，增加技术改造贷款，适当调整利率等，都是给企业创造比较宽松的条件。在十三届八中全会上，我们总结了十一届三中全会以来农业发展的经验，肯定了家庭联产承包责任制适合我国农村绝大多数地区的生产力的发展水平，家庭联产承包责任制要进一步巩固。同时，要进一步完善统分结合的双层经营体制。无论是家庭经营，还是集体企业，这都是属于集体的范畴。我国的家庭联产承包不是私人经济，因为在我国土地是不允许买卖的，农民承包土地用于生产，只有使用权，而没有所有权，这就保证了我国土地不会向两级分化，保证了耕者有其田，所以说，这是一种集体经济的性质。其次，我们特别强调了加快农村社会化服务体系的建设。农业发展要求进一步提高农业产量，提高单位面积产量要靠科技投入。科技投入，靠一家一户很多事情是办不了的，这就必须要有服务体系，包括产前、产中、产后的服务，像供给良种、机械化服务、植保等。产前、产中、产后都需要服务，这是农村经济发展到一定水平后的一个新的需要，要大力发展。如果服务体系得不到发展，农业生产要再上一个台阶就不可能。只有发展服务体系，才能进一步提高农业的综合生产能力。其次，要壮大农村集体经济，主要是指乡镇企业。乡镇企业当然有私营的，也有个体的，但主要的是集体经济成份。八中全会是有历史意义的，稳定了农业政策，方向非常明确。

一九九二年，要在巩固和发展治理整顿成果和继续保持总量平衡的前提下，把经济工作的重点转移到调整结构、提高效益上来，适当加大改革份量，加快开放步伐。这是我国整个经济工作的主要任务，也毫无例外地是金融工作的主要任务。金融要支持改革开放，支持经济建设。金融机构担负着宏观调控职能，已经成为我国宏观调控的一个最重要手段。中国人民银行是国务院的职能部门，各专业银行、交通银行、保险公司都承担着政策性职能；同时，在经营管理上，采取企业化管理。事实证明，这些年来，在治理整顿中，金融起到了很好、很重要的作用。我相信，在执行"八五"计划和十年规划中，金融部门将会进一步发挥重要的作用。

下面，我想就银行工作提出几点意见。

一、要争取农业有一个好收成。中国不能说是一个农业国家，但农业人口占绝大多数。只有农村稳定了，全国才能稳定；只有农业发展了，国民经济才能发展。这些年来一条很深刻的体会是，物价的稳定要靠农产品的丰富和农业的稳定。希望银行进一步做好农业信贷工作。农业信贷包括支持春耕生产投放资金，适当地支持乡镇企业发展，夏、秋两季投放大量的收购资金。这些资金，一方面要靠农业银行筹措，一方面中央银行也要支持。农业银行现在工作上有些困难。刚才吉林的同志反映，吉林省农业比重较大，玉米生产全国第一，农业银行有些亏损。农业银行自己要加强管理，加强贷款的回收，清理收回各种被挤占挪用的农业贷款。中国人民银行在调整利率时，对农业银行要适当考虑，给些政策。

二、继续贯彻搞好国营大中型企业的二十条措施。要支持国营大中型企业扭转亏损，清理"三角债"和提高经济效益。这是一项长期的工作，但也要有紧迫感，今年要有所作为。要制止企业效益滑坡，减少亏损。专业银行要大力支持企业的技术改造，做好限产压库，"压贷挂钩"工作，除压缩库存、清理积压外，很重要的一条是促进销售。要把这三个方面结合起来，这也需要银行的支持。

李贵鲜同志在国务院办公会议上，提出一个很重要的问题，就是如何加快资金周转？我认为：一是，加快流动资金的周转。目前，流动资金贷款余额已达一万四千多亿元，现在周转一次要二百五十天。如果周转缩短一天，就可以减少占用三十亿元，银行要为此做出努力。当然，这项工作不能光靠银行来做，要靠各级政府的努力，靠企业本身的努力。同时，还有企业机制转换的问题。对这件事情，要做一些调查和具体分析，搞清楚一万四千多亿元流动资金贷款的构成。二是，对物资供应体制也要进行改革。比如，将一个工厂的储备改成整个公司的、集团的储备，就可以压缩原材料储备资金的占用。工业方面，也要搞社会化服务体系，工厂的原材料供应实行社会化，就可以减少工厂的流动资金占用。三是，对工资的发放也要改革，由发放现金逐步转为发放银行存款单，这就是一个很大的进步，也可以减少资金占用。今年国务院机关内部已开始这样做了。另外，对银行的卫星通讯网建设，实行电子化结算，国务院是大力支持的。采用现代化手段后，就会大大减少在途资金。总之，我们要千方百计压缩流动资金占用，并作为一件大事情来抓。对缩短流动资金占用天数，要确定一个奋斗目标，具体指标由各家银行确定。如果流动资金占用量减少了，资金周转速度加快了，银行就做出了很大贡献。

　　现在，银行固定资产贷款的规模也很大，超过三千亿元，但固定资产贷款的回收期在拖长。要加强对固定资产贷款回收，该收的要收回来，收回后再贷出去，这也可以缓解资金紧张的状况。

　　三、关于银行管理体制问题。我国金融是统一的，货币也是统一的。这是国家主权的体现，在这上面不能有丝毫的动摇。在我国，要协调好东部、中部和西部地区的经济，共同发展，还要搞好经济结构调整。所以，不能实行多存多贷的政策。在贷款上，还是要实行规模管理。在一些存款较多的地区，又符合产业政策的，可以予以适当照顾，考虑适当放宽贷款的笼子和集资的笼子。但是，在金融方面决不能"画地为牢"和把金融整体分割开来。我国实行计划经济与市场调节相结合，金融要始终处于国家的宏观调控之中，金融是总量平衡中最重要的、反应最灵敏的宏观调控手段，要始终由国家来掌握。

　　四、关于证券市场问题。总的来讲，证券市场在我国是要逐步发展的。运用证券可以集资，无论是发国家债券、企业债券，还是股票，都是集资的形式。目前，要注意两个倾向。一是，治理整顿刚刚结束，现在各地上项目的热情很高，对此要加以重视，注意防止出现新一轮的经济过热。适当增加一些基本建设是可以的，今年全社会固定资产投资是五千四百至五千七百亿元，如果超过了这个规模，就容易导致经济不稳定。不管用财政拨款，还是用银行贷款或发行债券，都是一样的，都会增加基本建设规模，所以都要控制在一定规模之内。二是，现在人民手里有钱，有九千多亿元的储蓄存款，再加上手持现金，已经超过了一万多亿元。但国家财政还有赤字。我们采取政策，适当利用居民储蓄来搞经济建设，这个政策是对的，发债券是筹集建设资金的一种形式。现在，国库券的利息高于银行存款利息，又可以上市转让，发行方式也从过去内部分配的办法改为公开出售，这都是较大的改革，促进了国库券的发行。去年原定发行国库券一百二十亿元，实际发行了近二百亿元。除国库券利息比较高这个主要原因以外，很重要的一条就是可以到市场上转让。但是，用这种证券方式筹集建设资金的成本较高，许多企业没有偿还能力，它的发展有一定的局限性。因此，大家想发行股票，目前看，用股票筹资成本还较低。当前股票发行数量很少，人们认为股票增值较多。事实上，也并不一定是这样。发行股票是一种集资形式，要确实下决心把试点办好，而且现在有条件办好。从居民储蓄存款那么多和人们的心理状态看，都是发行股票的有利条件。但首先要建立完善的规章制度，而且我国的股票市场和资本主义的股票市场要有所区别。资本主义股票市场中好的方面、有利于集资的方面要学习，但要除去它的弊端，资本主义股市的主要弊端就是投机性太大。社会主义企业不能搞投机。股票的正常转让、在买卖股票时赚一点钱是允许的。股价在一定幅度内有涨有落是正常的，不然就失去了股票的意义。但如果搞成一个行业，有一批人专门靠炒股票，形成一个富裕的阶层，就会带来新的社会分配不公，人民群众是不能接受的。所以，要避免大的投机性。其次，要防止股票向少数人集中。资本主义社会的股票表面上看是分散在许多人手里，什么人都可以买，但从统计数字看，百分之十左右的人掌握了百分之八十的股份，其他小股东很多，持有的股票很少，企业的决策权被少数人垄断和操纵。而我们恰恰应该相反，我们的股票应该以公有制为主体，转移一部分个人存款作为生产建设资金的补充。总之，要防止股票向少数人集中，形成一种操纵的力量。在我国，中国人民银行要加强对股票市场的管理。要总结经验，建立规章制度。只有具备了这些条件，才能逐步扩大股票的发行范围。以公有制为主体的股份化可以走得快一点，私人参股、私人买股票要适当限制。对不上市的内部股票可以放宽一点，上市股票控制要严格。现在一些地方看到股票可以集资，又有利可图，所以有很大的积极性，纷纷要求建立股票交易所。对这个问题，国务院要做认真研究，要吸取世界各国的经验。恐怕全国不能多搞，但是覆盖的范围可以广些。比如，将来可以考虑上海的股票交易所覆盖的范围不一定仅限于上海，也可以包括全国，或者若干省市。美国纽约的股票交易所，不仅覆盖全美国，而且许多国家都到纽约去进行股票交易。我们要确定这样一个指导思想，对股票集资采取既积极又慎重的态度。

五、关于金融队伍建设问题。金融系统去年开展的教育、清理、整顿队伍的活动很好。金融队伍总的说是好的，政治上是坚定的，也有一定的业务水平，现在有二百多万人。但无论从数量上，还是从业务水平上，还不能适应经济进一步发展的需要。今年是"八五"计划的第二年，在二十世纪的最后十年里，国民经济要翻一番。现在，我国人民币对美元汇率，是按出口换汇成本来确定的，并不代表两种货币的实际价值。从我们的实际工资水平看，人均每个月一二百元，折合二三十美元，这在美国是活不下去的。这说明人民币和美元之间，按购买力来讲，不是合理的比值。我们目前还是初级产品出口较多，进口的多是附加值较高的商品，不反映两种货币的实际购买力。在经济发展的形势下，金融要支持经济建设，起到宏观调控的作用，队伍要扩大，素质要提高，而且要吸收各种专业人才，银行的门要开得大一些。金融面对整个经济建设，要有冶金专家、电力专家、机械专家、航运专家、铁路专家、农业专家、电子计算机专家等各种各样的专业人才。当然，最核心的是金融人才。不仅要熟悉社会主义金融，建立完整的社会主义金融理论，同时也要熟悉国际金融市场。

在肯定这支队伍的同时，也要看到存在的问题。违法乱纪和以权谋私等行业不正之风，在金融系统还是比较严重的。我希望在新的一年里，继续开展教育、清理、整顿队伍的活动，在银行系统树立一种正气，要有严明的纪律，奉献的精神，严格的管理，这一点尤为重要。最近发现的一些大案，都与银行管理不严有关系。有的金融机构向一些信誉不好的公司提供贷款，变成了呆账收不回来，公司的负责人也跑了。银行贷款是否按规章制度来发放的呢？谁是担保人呢？很多教训值得吸取。对那些经济犯罪分子，该送法院的送法院，该开除的开除，公安等有关部门要给予支持。对一些不适合在要害岗位工作的人员，要进行调整。对不适合在银行工作的人员，有关部门要采取措施加以安置。

六、关于保险事业发展的问题。保险事业是大有可为的。随着改革的深入和经济的发展，我国的保险事业决不会停留在现在的水平上，而会越来越发展。保险在去年的抗洪救灾中，发挥了很好的作用，支付了二十三亿元的赔款。我国现在财产保险较多，但还有许多领域需要开展保险，如待业保险、养老保险、人寿保险，很重要的一项是农业生产保险。农民尚未认识到保险的好处，保险公司也不大愿意开展农业生产保险。刚才四川的同志介绍中国人民保险公司开展了农业保险，促进扶贫脱贫。如果广大农村都普遍开展了农业保险，对保持农业生产稳定，保持农村经济稳定，都有很重要的作用。农业保险的范围越大，把握就越大，因为从全国来看，丰收的地方还是主要的。保险公司要企业化经营，有的年份要赔一点，有的年份要以丰补歉。

现在保险业务有些交叉，主要在待业保险、养老保险等方面。目前，还要按已经决定的意见执行，暂时不作改动，需要再看一段时间。究竟政府部门要管些什么事情，今年要进行机构改革，要调查研究。总的来说，政府的职能要逐渐摆脱具体的经济事务，应该是政策性的管理。企业要转换经营机制，关停并转实行不了，社会就不能安定。保险公司的同志任重而道远。要从理论上建立起社会主

120

义保险理论。要研究国外保险业的经验，为我所用。我国的保险和国际保险市场的联系越来越紧密，但是中国有自己的实际情况，要有利于我国保险事业的发展。保险可以为国家积累一些资金，上缴利润，但这不是主要的。保险主要是保持社会稳定，支持改革和经济发展。关于保险业务是否允许中外合资，这是一个需要研究的问题。外国保险进入中国，不像其他引进外资那样带来投资。比如，搞中外合资企业，可以吸引外国资本，把技术和管理经验引进来。和外国人共同办一个保险公司，在技术上可能学到一点，但这可以通过聘请外国专家的方式来学习。所以，对这个问题，要进行研究。总的来讲，我们要依靠自己的力量发展中国的保险事业。

证券、股市这些东西要坚决地试 [*]

（一九九二年一月十八日—二月二十一日）

邓 小 平

计划多一点还是市场多一点，不是社会主义与资本主义的本质区别。计划经济不等于社会主义，资本主义也有计划；市场经济不等于资本主义，社会主义也有市场。计划和市场都是经济手段。社会主义的本质，是解放生产力，发展生产力，消灭剥削，消除两极分化，最终达到共同富裕。就是要对大家讲这个道理。证券、股市，这些东西究竟好不好，有没有危险，是不是资本主义独有的东西，社会主义能不能用？允许看，但要坚决地试。看对了，搞一两年对了，放开；错了，纠正，关了就是了。关，也可以快关，也可以慢关，也可以留一点尾巴。怕什么，坚持这种态度就不要紧，就不会犯大错误。总之，社会主义要赢得与资本主义相比较的优势，就必须大胆吸收和借鉴人类社会创造的一切文明成果，吸收和借鉴当今世界各国包括资本主义发达国家的一切反映现代社会化生产规律的先进经营方式、管理方法。

---

[*] 这是邓小平同志《在武昌、深圳、珠海、上海等地的谈话要点》的一部分。

发一点股票不会影响公有制的主体地位[*]

（一九九二年七月）

江 泽 民

现在，深圳、上海正在进行股票上市试点。股票是可以搞的，但要搞好管好并不那么简单。我们确立的是以社会主义公有制为主体、多种经济成分共同发展的所有制结构，发一点股票，不会影响公有制的主体地位。我们有几万亿元的国有固定资产，而群众手里的存款，就按一万亿元来计算，除去生活花销、婚丧嫁娶等费用，不可能都买股票。所以，股票占的百分比不可能太大。国务院正在研究这个问题，已发了个通知，就股票发行和加强对试点地区上市股票的管理，作了若干规定。将来还要制定股票法，要有法律保障。股票是西方国家早就使用的一种经济手段，但并不是只有资本主义才能用，我们也可以用。现在的问题是，要努力学会善于使用这种经济手段，善于把西方国家发行和管理股票的一些经验办法学过来，尽快制定和健全有关法律法规，使管理工作跟上去。如果这些工作跟不上去，股票的发行和管理还不规范，就匆匆忙忙发行起来，不考虑后果和社会影响，形成一股不正常的股票热，那就不好了，就会出问题。

---

* 这是江泽民同志在山东省考察工作时讲话的一部分。

搞好股票试点工作*

（一九九二年八月十二日）

李 贵 鲜

这次座谈会，主要是通报有关股票发行和交易的试点情况，交流经验，研究今后试点的政策措施，以保证这项改革试验既积极又稳妥地向前发展，使试点取得成功，为下一步改革打下基础。目前，全国各地学习、贯彻、落实邓小平同志视察南方谈话和中央政治局全体会议精神，经济建设和改革开放出现了令人鼓舞的大好形势。股份制和股票市场的工作发展也很快，取得了一些经验，同时出现了一些值得注意的问题。

一

在向大家通报我国股票市场情况之前，先向大家介绍一下国外股票市场的有关情况。

股票市场自产生以来，已有数百年的历史。它是资本主义经济发展到一定程度的产物。它是通过市场方式筹集资本的资本市场，是整个金融市场中的重要组成部分。资本主义的经济发展到一定地步，之所以出现股份制及股票市场，而且市场规模越来越大，那是因为它是符合商品经济发展内在规律的东西。譬如说，可以克服社会化大生产发展中资本积聚不足的矛盾，吸引更多的社会闲散资金发展生产；股份有限公司形成，使资本所有权与经营权分离，注重社会公众对企业经营的监督，有利于企业形成自我约束机制；通过发展股份制，可以扩大企业自身资金实力，减少企业筹资成本；另外还有一个很重要的意义，即通过发展股份制，企业扩充自有资金实力后，抵御风险和自我调整能力增强。如果企业资金多

* 这是李贵鲜同志在部分省、市股票试点工作座谈会上的讲话。

数来自于银行或企业之外其他部门，一旦遇上银行抽紧银根，企业往往无法生存，国民经济会出现大震荡。所以，在一个国家的企业财务结构中，一定的自有资本是经济稳定运行的必要条件之一。

当然，我们在看到发展股份制有利于社会化大生产和商品经济发展的同时，也应该看到股票市场可能带来的消极因素。第一，搞股票买卖，投机性大，容易产生"几家欢乐几家愁"的现象。因为有盈就有亏，弄得不好会出现倾家荡产跳楼自杀。这种现象在外国和旧中国上海等地是经常发生的。第二，由于市场投机性大，在管理上稍有疏忽，就会产生丑闻，对社会很不利，这在国外已有很多教训。第三，股票市场及其管理，是一项非常具体的技术性很强的工作。对它的管理及其法规的制订要很严、很细，要研究透，否则一有风吹草动就容易引起股市的大涨大跌，对经济发展和社会稳定产生不利影响。

我们发展社会主义商品经济，进行股票市场试点，一定要注意借鉴国外的经验，扬长避短，发挥它的积极作用，限制它的消极作用。有些国家已搞了几百年，经验多、管理严，法规体系比较健全，仍然接二连三地出事情。我们是社会主义国家，有很多优势和有利条件，但刚开始起步，缺乏经验和人才，法规还不健全，有些基础性工作还没跟上，不可能一下子全部推广。我们对有些问题还没完全清楚，把握还不大，特别是在社会主义国家搞股票市场更没有经验。所以国务院决定，发展股份制和股票市场，要先在一定的范围内搞试点，取得经验再推广。这个方针是正确的，有利于深化改革，扩大开放，有利于经济上新台阶。

（一）发展过程与概况。我国的股票发行如果从一九八四年算起，已有九个年头。其间，整个股票市场经历了从无到有、由不规范到趋于比较规范的发展历程。最初阶段，大家对股票市场的认识比较盲目。群众对股票不认识、不了解，向社会发行股票出现了动员党员干部带头买股票，甚至个别地方出现摊派的现象。随着股票发行量的逐步增加，股票交易活动也相应出现，但由于没有交易场所，出现了黑市交易。为了引导股票市场健康发展，一九九〇年到一九九一年，经国务院批准，先后在上海、深圳设立证券交易所，标志着我国的股票市场开始向规范化方向迈进。国务院及有关主管部门，对股票市场加强管理，制定和颁布了一系列规章制度和管理办法。邓小平同志视察南方重要谈话发表后，关于股份制是姓"资"还是姓"社"的问题，不再是禁锢思想和束缚手脚的框框了，人们可以大胆地进行探索和试验，使我国股票市场的发展出现了一个新的局面。

1. 股票发行和交易市场发展较快。截至一九九一年底，全国的股份制试点企业已发展到三千二百二十家，发行个人股总额达七十五亿元人民币。到目前为止，上海、深圳两个试点城市共有六十九家股份制企业向社会公开发行股票，股份总额八十四点零五亿元（其中上市三十点二亿元），分别比一九九〇年增长五点三倍和十六倍。上海、深圳上市的原始股三十点二亿元，现在市场总值约为六百五十亿元。今年一至六月股票成交总额达二百八十八亿元，比去年全年增加了七倍。并且，股票异地上市交易开始了试验。

2. 证券交易网络初步形成。为了有效地组织股票、债券市场，相应建立了证券营运机构。到目前为止，全国批准设立了六十七家证券公司，九百一十三家兼营证券业务的营业部和五千三百八十四个业务代办点。经国务院同意，一九九〇年十二月和一九九一年七月先后在上海和深圳设立了证券交易所，实行股票的集中交易。两地交易所还分别吸收了五十多家和三十多家外地会员入场交易。在北京设立了全国证券市场报价、交易、信息中心，该中心目前共有会员八十二个，已联结全国四十个大中城市。这些机构的建立，对于活跃证券市场，促进股票市场试点稳步发展，起到了积极作用。

3. 发行人民币特种股票（亦称 B 种股票）取得初步成功。一九九一年批准上海、深圳十二家企业溢价发行了面值三点八五亿元人民币特种股票，筹集外汇资金二点四亿美元（由于溢价上市，外汇收入高于原股票面值）。一九九二年又批准上海、深圳两地发行面值二亿美元的 B 种股票。到今年六月底，已有十三家企业发行了面值为九点五亿元人民币的 B 种股票，其中已有七家 B 种股票上市交易。发行人民币特种股票，开辟了利用外资的新渠道。

4. 加强了股份制与股票市场立法工作，法制建设有了一定基础。上海、深圳两地政府先后颁布了《上海市股份有限公司暂行办法》、《深圳市股份有限公司暂行办法》、《深圳市股票发行与交易管理暂行办法》、《上海市人民币特种股票管理暂行办法》和《深圳市人民币特种股票管理暂行办法》等。今年上半年，还先后颁布了规范企业股份制试点的一系列配套文件。还下发了《国务院办公厅关于向社会公开发行股票的股份制试点问题的通知》、《中国人民银行关于严格控制股票发行和转让的通知》、《国务院批转国家体改委、国务院生产办关于股份制企业试点工作座谈会情况报告的通知》、《关于印发〈股份制企业试点办法〉的通知》、《国务院办公厅转发人民银行关于加强金融宏观调控支持经济更好更快发展意见的通知》等文件。这些文件对于股份制企业和股票发行转让、异地上市交易的条件、审批程序、主管机关的职责、试点对象与范围、组织领导与会计、审计、评估等配套机构的建设、法规制度建设与政策界限等均做了明确规定和要求。今年中央的有关文件对股票市场的发展也做出了明确的规定，为保证股票市场健康发展起到了积极作用。

5. 不断健全股票市场管理体制，加强宏观管理。一九九一年建立股票市场办公会议制度，负责审定股份制及股票市场的一些重大方针政策。今年五月，为了进一步加强证券市场的统一管理，使全国证券市场健康发展，国务院决定在原股票办公会议的基础上，建立了国务院证券管理办公会议，代表国务院行使对证券工作的日常管理职权。同时，为建立健全证券工作的监管制度，保护投资者利益，决定成立中国证券监管委员会。

这几年的实践表明，我国股票市场的开放和发展，对于筹集和融通资金，搞好大中型企业，促进企业机制转换，吸引外资，深化经济和金融改革，促进社会主义经济建设等方面都起了积极作用。改革开放以来，国民收入的分配格局发生了较大的变化，个人收入所占比重逐步提高。通过发行股票，将个人的资金转化为生产建设资金；开放股票市场，可以改变原来单一依靠国家供给资金的体制，使企业可以通过发行股票自筹资金，自担风险；实现所有权和经营权的分离；促进企业之间兼并与联合，使企业资金合理流动和生产要素优化配置，调整产业结构；通过发行 B 种股票，可以扩大对外开放和开拓吸引外资的新渠道。

总之，在党中央、国务院的正确领导下，我国的证券市场发展状况，基本是好的。

（二）存在的主要问题。在肯定我国股票市场试点取得成绩的同时，还是要清楚地看到，在试点工作中暴露出来的问题，这些问题必须引起我们各级领导的充分重视。

1. 现在各地都在贯彻落实邓小平同志视察南方重要谈话和中央政治局全体会议精神，加快改革开放步伐，一些省市想通过发行股票、债券筹集资金，使经济尽快上新台阶，这种愿望是可以理解的。但是，解决生产建设资金，使经济上新台阶，不能把希望主要寄托在股票上，股票是筹集资金的一种形式，但不是唯一的形式。当前主要还是应该依靠大力发展储蓄来筹集资金，努力搞活现有资金存量，在加速资金周转，减少不合理的资金占压，提高资金的使用效益等方面多下功夫，这里面潜力很大。中央在文件中明确指出，"八五"期间要继续坚持和完善承包制，对企业的股份制改革要积极创造条件，经过试点，取得经验，再逐步扩大，向社会公开发行股票和股票上市要严格控制。搞股份制，溢价发行股票，对企业筹资大有好处；但是也要看到，如果股份制搞得不规范，企业经营效益上不去，暴涨暴跌，大多数投资者收益不高，会使投资者失去信心，使股票试点受到影响，特别是目前一些群众对证券常识较少，认为买股票就能赚大钱，盲目跟风，风险意识很差，对此，我们也要组织力量，多作宣传。证券市场尤其是股票市场十分复杂，风险很大，在社会主义商品经济体制下对股票发行和上市交易还有很多问题没有摸清楚，因此，根据党中央和国务院指示的精神，目前应下力气努力完善上海、深圳股票市场，其他地方可以选择一些大中型企业公开发行股票，到上海、深圳交易所上市试点，取得经验后，再逐步扩大。

当前出现的"股票热"也受到国内外各界人士的关注。一些研究中国经济的西方经济学家认为，中国"当前最重要的是，不要急于建立股票和债券交易所"。不少新加坡、香港的人士认为发展中国家建立股票市场"宜慢不宜快"，这方面，印度尼西亚、印度、中国台湾等国家和地区的教训应引起中国的重视。一些日本专家认为，筹集资金和转换企业经营机制，并非股份制一条路。日本企业在经济重建和高速增长期间，主要采取由银行吸收存款的间接筹资方式，以降低筹资成本、减少投资失误、增强企业竞争力以及保障居民金融资产的安全性。这在国际上也是公认的成功经验。这个经验也可以供中国参考与借鉴。

我们在全社会"股票热"的面前，既要看到试点工作中的成绩，也要看到不足之处，既要学习国外的先进经验，也要研究他们的教训，既要积极开拓，大胆试验，又要头脑冷静，统一思想，顾全大局。考虑周到一些，使试点只能成功，不能失败。

2. 发行股票存在一哄而起的倾向。据不完全统计，到目前除上海、深圳外，全国已有三十三个省市在没有发行规模的情况下自行批准二百四十七家企业发行股票五十六亿元，其中公开发行股票的企业三十八家，发行额为十二点一七亿元，内部发行股票的企业二百零九家，发行额为四十三点八五亿元。据调查了解，今年各地还准备发行股票的企业有八百六十五家，发行额为二百七十七亿元，其中要求公开发行股票的企业有二百一十二家，发行额为一百三十三点九亿元。要看到，通过股票筹资，大部分是用于固定资产投资，如果在计划外再发行二百七十七亿元股票，以溢价四倍计算，则达一千亿元以上，无形之中大大扩大了计划外固定资产投资规模，必然引起能源、原材料、交通的新一轮紧张，甚至会影响经济高速度、高效益的向前发展。另外，还有一些地方发行投资基金证券和股票认购证，造成群众排队抢购，给社会带来了不良影响。

3．一些股份制企业发行股票不规范。一是有些股份制试点企业的资产评估不准、财务审计质量不高。也有个别的会计师事务所虚报资产和财务盈亏的状况，不能保证上市公司的质量，使国家和投资者的利益受到损害。二是一些股份制试点的企业素质不高，很多是中小企业，而且产业结构不理想，效益也不好。三是一些企业实行股份制试点并没有真正转换企业的经营机制，而主要只是为了集资上项目。四是公开发行的不上市股票，由于不能上市，出现了黑市交易。五是企业发行的内部股票也出现了一些问题，不少地方发行的内部股票超过了内部职工范围，有的甚至搞内部私分，滋长了不正之风。六是信息公开制度不健全，投资公众不能准确及时获得有关信息，等等。这些问题都反映了在股票发行和交易中，公正、公开、公平原则得不到贯彻，影响了整个股份制和股票市场试点工作的质量。当前经济体制改革中应当集中精力搞好企业经营机制的转换，不能把主要精力放在股票、债券等发行和上市交易上，影响企业转换经营机制和改革进程。

4．股票市场价格处于高价位，股市不够成熟，风险较大。上海、深圳股市指数上涨很快，尤其是上海股票指数高达一千多点，孕育着风险。当前股价处于高价位与社会公众缺乏经验与风险意识，一些单位和机构入市炒买炒卖股票有一定的关系。股市高价位，风险很大，不利于股票市场健康发展，同时一旦股市价格有较大波动，可能引发不少社会问题，影响社会安定。

5．股票市场管理存在混乱现象。一些地方自行批准发行股票、建交易所，自行开设股票交易柜台；政府有关部门在股票市场管理上虽有分工，但还没有形成强有力的监管体制，在股票试点指导和管理上还有打乱仗的现象；股票法规还不完善，缺乏专门人才和公众的风险意识等等。这种状况，客观上极易滋生投机和腐败现象。

上述这些问题都应引起我们的高度重视，并认真研究加以解决。否则的话，将会对整个股份制、股票市场试点和社会安定产生不利影响。

二

最近，中央和国务院对当前的股份制和股票市场试点工作十分关心，明确了对试点工作中的一些重大方针政策。根据加快改革开放的要求和国务院的有关指示精神，本着既积极又稳妥的原则，提出如下意见。

（一）从我国实际情况出发，参照国际惯例，规范地进行企业股份制和股票市场试点，是决定股票市场试验能否取得成功的关键。从前一段试点情况看，搞公开发行（不上市）股票和发行企业内部股票的股份制试点，由于条件限制，法规不健全、管理手段跟不上，出现了一些问题，要进一步研究解决办法。今年应主要进行公开发行股票的股份制和企业法人持股的股份制试点。特别是对发行股票条件要严格。一是要优先选择一些大中型企业发行股票，到上海、深圳上市试点；二是要符合国家产业政策要求，优先考虑纳入国家计划立项需重点扶植的产业和企业；三是经济效益好，产品有销路，三年平均资本盈利率较高。真正把企业股份制试点转到转换企业经营机制，提高上市企业质量的轨道上来。

（二）在坚持宏观控制的前提下，有计划有步骤地扩大股票市场试点范围。目前各地对本地区能发多少股票比较关心，总想能多批几家企业，多筹集一点建设资金，心情是可以理解的，也有客观需要。向社会发行债券、股票，并不会增加社会资金总量，而是一种资金分流，如果对储蓄分流过多，就会使没有试点企业的资金供应产生困难。就是说，股票市场这一直接融资规模大了，从全社会信用活动规模看，就要缩小间接融资规模。我国目前还不具备调节直接与间接融资比例的市场机制。因此，在这个问题上我们要有清醒的认识。

1. 加强对股票发行的宏观调控，每年由国务院证券管理办公会议协调审定股票发行的总规模，并报经国务院同意后执行。各地不得自行批准企业公开向社会发行股票。近几年内国家只能批准上海、深圳两个交易所，让上海、深圳两地全面地、大胆地进行股票上市试验，其他各省、市可以选择一两户大中型企业做好准备，分期、分批地经过批准到上海、深圳证券交易所上市，在没有取得成功经验之前，不会再批第三个交易所。企业内部发行股票也要统一规范，目前不宜再扩大，同样要抓紧研究有关政策、法规，发行程序和监督检查办法，待条件成熟后，经国务院批准总额度，再继续试点。

2．进一步搞好上海和深圳两地的股票交易市场试点。在健全和完善两市股票市场管理的基础上，加快试点步伐，增加上市公司的数量，选择一些资金实力雄厚、经营管理较好的证券经营机构，作为上海、深圳证券交易所的新会员。争取在较短的时间内，把上海、深圳两地的股票市场培育发展成为既适合我国情况，又符合国际惯例的社会主义股票市场，使两地逐步发展成为区域性的股票交易中心。要积极创造条件，利用现有的卫星线路和通讯工具，加快全国金融市场报价、交易、信息系统的建设步伐，已经重复设置的，要做合理调整，债券、股票市场不能画地为牢，不能按行政区划建立若干个"块块市场"，互相不能融通，应当尽快促进全国统一的报价交易体系及全国统一大市场的形成。

与此同时，要积极搞好股票异地上市试点工作。今年应主要进行向社会公开发行股票并异地上市的试点。并从目前按地区试点转为以企业为基础，按照公开、公正、公平的原则和上市条件从各地择优选择一些大中型企业公开发行股票，并到上海、深圳证券交易所上市。

3．严明纪律，妥善处理自行批准发行的各类股票。前一阶段，有些地方为了急于取得资金，在本行政区划内发行一些股票、进行试点。对此，国务院已三令五申，请各省领导给予重视。但为了保障公众利益和社会稳定，还需要对上海、深圳两地以外自行批准发行的股票进行清理。

（三）加强股票发行与上市企业的审批工作，保证股票发行和上市公司质量。从国外经验和我国前一段的实践看，要做到这一点，必须把好七道关。一是企业本身要按照国家规定的条件把关，二是承销股票发行的证券公司要把关，三是资产评估机构要把关，四是会计师事务所要把关，五是审批企业股份制试点要把关，六是证券交易所要把关，七是证券监管部门和主管机关要把关。前面六道关是关键，只要前六道关把好了，股票发行和上市公司的质量就有基本保证，最后一道关就好办了。哪一道关出了问题是要追究责任的。有些国家从企业申报到最后批准，一般要二至三年时间。我们前几道关不严格，特别是资产评估和会计审计要大力加强。鉴于目前缺乏经验，可先请一些国际知名的会计师事务所、律师事务所参与咨询国内股票发行与上市企业的财务审计工作，这样有利于我们了解国内会计制度、审计制度、财产评估方式与国际惯例的差距，提高审计质量；同时应抓紧建立全国统一的信息公开、资产评估、财务审计制度，相应增设一些有权威及全国性的证券评审机构。此外，还应严格划分各类评审机构与会计师事务所的职责范围与法律责任，形成股票发行审查中的相互监督，公正评审制度。

（四）认真抓好中国证券监管委员会的筹建工作。当前应加强国务院证券管理办公会议制度的统一领导作用，并搞好中国证券监督管理委员会的筹建工作，请一些有经验的、熟悉证券管理和办事公正、本人及其直系亲属没有参与股票买卖的老同志和专家参加。我国证券市场的监管工作亟需加强，这个环节很薄弱，为此国务院决定成立中国证券监管委员会，根据国家有关法规和证券市场主管部门授权，对证券市场统一进行监管，以保障公众投资利益，维护证券市场正常秩序，促进证券市场健康发展。

（五）积极研究中国内地企业股票到香港上市问题。随着我国经济增长的迅速发展，尤其是广东珠江三角洲与香港经济的联系日益密切，以股权形式投资于中国已成为国际投资界、证券界的热门话题之一。在这个背景下，香港方面提出拿一部分内地企业股去香港上市的建议。这对我们利用外资，促进内地证券市场发展，维护香港的繁荣与稳定都是有积极意义的，但是由于香港方面与内地在法律制度、公司组织与监管、外汇制度、上市规则、会计标准和司法程序诸方面存在很大差别，因此需要先进行可行性研究。

（六）进一步制定与完善证券市场法规。我国股票市场是在上海、深圳先行试点的，因此，前一阶段的立法工作也以试点地区为主，两地先后颁布了有关股份公司、股票发行与交易、证券商及证券交易所管理的一系列制度。最近，国家体改委、国家计委、国务院经贸办公室，财政部和中国人民银行联合发布《股份制企业试点办法》和与此相配套的十几个制度；国务院有关部门、各地区是重视立法工作的，也取得了一些成绩。但应看到，随着股票市场试点范围的逐步扩大，缺少全国性法规，就显得不适应了。所以当前一是要抓紧全国性股份有限公司条例和证券法的起草工作，争取尽早出台；二是要进一步完善已经有的各项规章制度，不符合实际的，要进行修改；三是加强执法，对证券市场上的各种违法行为要依法严肃处理。

最后再强调一下，进行股票市场试点是一项涉及面广又比较复杂的事情。中国进行股票市场试点举世瞩目，我们一定要顾全大局，齐心协力地把这件事办好。前一阶段的试点取得了很大成绩，摸索和积累了经验，方向是正确的。我们要进一步解放思想，大胆试验。特别是上海、深圳两地，国家只确定总规模，其他的事由两地放手去干。搞股票市场对于企业来说，主要是为了筹集资金、转换机制；对于政府来说，主要是保护人民群众利益，也就是保护投资者利益。必须辩证地认识和正确处理二者的关系。因此，希望各地政府把注意力放到规范上市企业行为，提高上市质量，维护社会公众利益方面来，扎扎实实地把股票试点工作搞好，使我国的证券市场健康发展。

在部分省市股票市场试点工作
座谈会上的讲话

（一九九二年八月十三日）

朱 镕 基

邓小平同志视察南方发表重要讲话以后，全国改革开放事业出现了蓬勃发展的势头。邓小平同志指出："证券、股市，这些东西究竟好不好，有没有危险，是不是资本主义独有的东西，社会主义能不能用？允许看，但要坚决地试。"邓小平同志这个讲话解决了证券、股市姓"资"姓"社"的问题，消除了人们思想中的疑虑，我们可以大胆地进行探索和试验了。

股份制和股票市场在世界上已有几百年的历史，最初是为了扩大经济规模和分散投资风险而发展起来的。它对于经济的发展发挥了一定的积极作用。第一，为经济发展筹集低成本的资金，降低投资风险，加速经济增长；第二，通过投资大众的监督和市场的压力，促使企业改善经营管理；第三，有利于按照市场的需要，优化资源配置，调整产业结构。

但是，股份制和股票市场的积极作用，只有在一定的条件下才能得到发挥。从市场发展的一般规律看，资本市场总是在商品市场（包括消费品市场和投资品市场）发展到一定程度后才有可能建立和发育。现在，我国商品市场还不健全，还有相当一部分商品的价格受到控制而扭曲，企业的盈利在很大程度上受到国家政策的影响。在这种企业经营的外部环境很不确定的情况下，不能指望股份制和股票市场能很快地发展。股份制有利于实现政企分开，但是，另一方面股份制本身并不一定就能解决经营者的自我约束机制。要解决这一问题，必须借助于市场竞争和经理人才竞争机制的形成，以及各种法律法规和各种中介机构的建立和健全。当然，这都不是一朝一夕可以做到的。经济体制改革是一个庞大复杂的系统工程，任何单项改革都不能孤军深入，股份制这种在商品经济发展到比较高级的阶段才产生和发展起来的企业组织形成，也不能脱离其他方面改革的进程而先期获得成功。

其次，股票市场既有其积极的一面，还有消极的一面。如果脱离法律化、规范化的轨道，也会出现过度投机，损害公众利益，造成货币幻觉，形成"泡沫经济"，引起经济波动，诱发社会问题。

这次深圳发行股票认购证中发生的问题，香港报纸把它归纳成为一句话："究其原因，就是不成熟的市场经济所造成的"。这种看法不能不引起我们的注意。

对证券、股市的试验，邓小平同志是十分慎重的，他指出："看对了，搞一两年对了，放开；错了，纠正，关了就是了。关，也可以快关，也可以慢关，也可以留一点尾巴。怕什么，坚持这种态度就不要紧，就不会犯大错误。"我们要全面理解邓小平同志的重要指示。只要我们实事求是，坚决按邓小平同志的指示办，积极地创造条件，配套地进行改革，就可以使股份制和股票市场试点健康、稳妥地发展。

今年以来，股份制的试点和股票发行交易工作都有了很大的发展。党中央、国务院对这项改革十分关心，特别是江泽民同志、李鹏同志多次主持讨论，并且经常给以明确、具体的指示。国务院、各有关部门和各地政府也做了大量的工作，从总体上看，取得了一定的成绩。但是也要看到，股票市场的来势很猛，在一些地区出现了不同程度的问题。主要表现在以下几个方面：

第一，有关立法和专管机构还不健全，而一些地方违反国务院有关规定，不顾条件是否具备，擅自批准公开发行股票、开办交易所，造成一定程度的混乱。

国务院已通报批评了一些省、市擅自发行股票、债券的情况。据我所知，还有一些省、市实际上也已经发行了股票，我们还没有来得及查明。

第二，群众缺乏必要的金融风险意识，对股票存在种种模糊的认识，以为买股票就能发大财，盲目入市，使我国股票市盈率远远高于世界各国的平均水平。市盈率就是一张股票的市值去除以每股的税后利润。一般是十倍左右，在香港最多也就是几十倍。我们现在已经达到几百倍，有的甚至达到一千倍。这显然是不正常的。如果这种"股票热"任其升温，势必导致股市崩盘，引起震动。

第三，非法投机者也趁"热"蜂拥而起，甚至同我们干部中一些意志薄弱者勾结起来，搞人情股、关系股。一些机构，包括某些金融机构，很多的公司也违反规定趁机入市，甚至与不法分子联手作弊，操纵市场。这种丑恶现象不仅引起群众不满，在国外也造成不良影响。外国报纸说：中国民间游资充斥，为什么群众手里有这么多钱？同志们，不是群众手里有这么多钱，很多都是公家的钱，是银行的钱，或者企业、公司拿银行的钱去炒股。今年上半年，全国信贷规模超过计划一倍，其中有些流入了股市。

第四，一些证券中介机构素质不高。一些地方的会计师事务所和资产评估机构，不具备基本的业务素质，不但审查不严，甚至作伪证。我们的政府如果放过这种恶劣行为，不能保护公众利益，就是失职、渎职。

第五，没有掌握股票发行市场的一般规律，借鉴国外的成熟经验也不够。我觉得要按国际惯例试一试，第一，不限量供应认购证；第二，只收工本费；第三，核对身份证，一人买一份。我看这个办法不会引起那么大的混乱。香港的办法，是在领申请表的同时，把钱一起交上，中了签的，把股票给你，没中签的，把钱退给你。这种办法有的同志说会造成大量的资金流入深圳，但这是短期的，抽签完了，资金还会汇回。自己的办法不行，就不要轻易否定国际通行的办法。总之，在没有经过实践证明可行的办法以前，不能轻率地公开发行股票。再出事，国内外影响都不好。

第六，不少地方和企业急于通过发行股票，筹集资金上项目，扩大投资规模。这样会使已经十分紧张的能源、交通、原材料的供求矛盾更加突出。目前，间接融资的规模已经偏大，直接融资的增长势头也很猛，存在着诱发通货膨胀的危险。

当前出现的"股票热"，受到国内外的关注。不少新加坡、中国香港等海外的政界、经济学界人士和新闻媒体普遍认为发展中国家建立股票市场，"宜慢不宜快"。这方面，印度尼西亚、印度等国家都有过痛苦的教训。即使那些股票市场历史悠久的西方发达国家，也不时被突然而至的股市风暴所困扰。一些日本专家认为，筹集资金和转换企业经营机制，也并不必须偏重于股份制一途。日本企业在经济高速增长期间，主要采取由银行吸收存款的间接筹资方式，以降低筹资成本、减少投资失误、增强企业竞争力以及保障居民金融资产的安全性。这是国际公认的成功经验。我们应当认真地研究和借鉴这些经验。

这次会议上有人提出一个观点："为什么形成'股票热'？就是因为供求失衡，筹码不够。解决办法就是再多发股票。"这个观点只考虑一个方面，没有考虑另外一个方面。股票市场虽然也受供求规律的支配，但是它不同于一般的商品市场的供求规律，而是带有极大的投机性，对群众心理的影响特别大。另外，中国有自己的特殊情况，股民缺乏风险意识，现实就是股票赚大钱，这当然刺激他的需求，这种需求是满足不了的。

为了保证股份制和股票市场试点工作的健康发展，必须在国务院的统一领导下，有计划有步骤地开展这项工作。目前，要重申国务院和各有关部门的规定，坚持稳妥试点的原则，一方面总结经验，一方面健全法律法规和创造必要的条件。待条件具备后，再考虑逐步推开。

下面我根据党中央、国务院确定的方针，讲几点个人的意见：

一、进一步规范股份制和股票市场。

首先要加强股份制和股票市场的法规起草工作。前一段，国务院有关部委曾先后下发了《股份制企业试点办法》、《股份有限公司规范意见》、《有限责任公司规范意见》等近十个有关股份制规范的意见，这只是一系列股份制与证券市场法规配套文件的一部分。国家体改委要牵头抓紧起草《证券法》、《股票发行与交易管理规定》，报全国人大或国务院批准后，尽快颁布。法规和各种办法不可能在一开始就尽善尽美，这需要在实践过程中根据出现的情况和问题不断修改、不断完善。全国性的法规颁布后，各地地方性法规与之相矛盾的，要以全国性法规为准，不能各自为政，降低股份制和股票市场的规范标准，同时要力求与国际惯例接轨。

其次，要加强股票市场中介机构和证券交易所的建设。这包括证券公司、会计师事务所、律师事务所、资信评估机构等，保证股票发行与上市公司的质量，这样既维护了国家的利益，又保护了投资者的利益。我们股票市场的中介机构要向国际标准看齐。财政部要参照国外有关法规，抓紧制定对会计师事务所的管理办法，这会有利于保证股份制与股票市场试点工作的顺利进行。

另外，股份有限公司的组织和运作要规范化，各试点地区和单位要根据目前已颁布的法规，对股份公司进行规范，对一些不规范的行为要加以纠正。只有做好股份制企业的规范化工作，打好基础，才能保证上市公司的质量。

对这次会议以前一些地方擅自批准成立的股份制公司和发行的股票，也要认真做好善后处理工作，要区别不同情况，按照国务院有关部门的规定进行规范和清理。

二、加强股票市场的监管工作。

为了加强对股票市场试点的统一领导，国务院建立了证券管理办公会议制度，代表国务院行使对证券市场的管理职权。现在的证券市场在我国还仅仅是最近几年才出现的新事物，我们还没有监管的经验，要借鉴和吸收其他国家成熟的、行之有效的管理经验，结合我国的实践，建立符合我国国情的监管体系。

日前国务院已决定组建国务院证券委员会和中国证券监督管理委员会。国务院证券委员会是列入国务院序列的独立机构，负责统一协调股票、债券、国库券的有关政策，负责宏观管理和指导监督。中国证券监督管理委员会是准官方或半官半民的监督管理组织，不是政府部门，由有证券方面知识和经验的同志和有关专家组成，其职能就是根据国务院授权，对证券市场进行稽核、检查和监管。在这两个机构没有成立之前，各部门仍应各司其职，工作中的矛盾由国务院证券管理办公会议统一协调解决。同时，股票市场的运作，基本上是依法进行的微观经济活动，要更多地依靠从业机构的自律管理，政府部门主要是立法和依法监管。政府部门过多的介入和直接干预，不利于保持政府公正、超脱的地位，也容易把所有风险都推到政府身上。

为了保证试点工作的顺利进行，保证股票"公开、公平、公正"地发行和交易，促进股票试点工作的健康发展，要抑制投机行为，对人为操纵、内外勾结、利用内幕消息进行股市交易的不法分子要坚决打击。严禁党政机关各级干部和国营企业、事业单位以"机构"或"基金会"名义入市炒买炒卖股票，违者要给以纪律处分。一些股票发行试点城市要注意打击黑市交易和其他违法活动。

三、保证股票发行和上市公司的质量。

各地在进行企业股份制和股票市场试点中，一定要注重保证股票发行和上市公司的质量，严格按规范进行操作。如果股票发行和上市公司的质量得不到保证，国家的利益就很可能受到损害，投资者的合法权益也得不到保护。要保证股票发行和上市公司的质量，就要按照严格的程序进行工作，主要是要过三关。

第一关，就是要严格对发行股票企业的资产评估和财务审核。对于资产评估不实、伪造、漏报企业财务资料，以及会计师事务所与企业串通虚报资产和财务盈亏等违法行为，要严肃处理，违反法律的要追究相应的法律责任。要加强资产评估和注册会计师制度的建设，要抓紧制定股票发行过程中的资产评估和财务会计审核标准。为尽快提高评审质量，试点初期，可以聘请一些国际知名的会计师、律师就国内股票发行与上市的财务审计与稽核工作提供咨询意见，逐步使我们会计师事务所达到国际标准。

第二关，凡要求发行股票和上市的企业必须向证券交易所提出申请。证券交易所要建立和完善上市委员会。上市委员会由交易所会员代表、会计师、律师和企业的代表组成。当地政府要指定一位主要负责人归口管理这项工作，上市委员会是民间机构，但要加强领导，政府总有一定责任。上市委员会对上市公司的申请提出审批意见，报中国证券监督管理委员会备案。监管会在一定时间内有否决权。

第三关，是加强政府有关机构对股票发行的稽查监督。国务院证券委员会要管股票发行额度，进行宏观调控；中国证券监督管理委员会要监管股票发行和上市。今后，未经证券交易所上市委员会批准，并向监管会备案，任何企业不得擅自发行股票。马虎过关或徇私过关，要追究法律责任。监管会也要在公众监督下进行工作。

另外，当前在试点工作中较为突出的一个矛盾就是从事股份制与股票市场的专业人才缺乏，使我们的一些工作受到了影响。为此，要按照国际惯例，加强对专业人员的培养。这是一项基础工作，一定要加紧进行。人才培养在立足国内的同时，还可以采用招聘等方式从海外吸纳一批学有所成的专业人才回国工作。

四、全国统筹规划，分三个层次，积极而又稳妥地进行股票市场的试验。

第一个层次是在上海、深圳举办证券交易所，可以公开发行可上市股票。第二个层次就是允许广东、福建、海南三省以及广州、厦门两市公开发行不上市股票。这是今年一月的规定，但是后来发现，公开发行不上市的股票很难操作，既然公开发行，又不让它转让、上市，就必然要形成黑市交易，而且很难禁止。所以，现在考虑改为公开发行异地上市的股票，即在当地发行，在上海或深圳上市。三省两市在本地公开发行股票，也有一个采用什么办法的问题。发行后如何与上海、深圳联网、上市，也有一些技术性的问题需要研究。第三个层次是其他省市。可以挑选一两个符合条件的企业到上海或深圳去发行可上市股票。在公开发行股票还没有找到妥善办法以前，就在每一个省公开发行股票，风险相当大。现在改革开放要做的事情很多，股票发行试点放慢一步，反而可收水到渠成、事半功倍之效。还是分三个层次，积极而又慎重地试点为好。

由于目前各方面条件的限制，某些地区的"股票热"已引起一些混乱。李鹏同志已召开国务院总理办公会议，决定在最近一段时期内，全国暂缓批准公开发行股票。这段时间可长、可短。待立法加强，组织机构建立，以及发行办法完善以后，再行开始。暂缓绝对不是停顿。只是讲暂缓批准，批准以前的工作照做不误。各地可以积极创造条件，做好基础准备，而且工作要做得更好。如果工作进展顺利，可以早一点重新开始批准。我们总的意见是，对股份制和股票市场要坚决地探索和试验，并积极引导，想办法把这件事办好。还是要照邓小平同志的话做，坚决试、大胆地试、大胆地闯，现在适当放缓，是为了总结经验，积蓄力量，使股票市场能更健康地发展。

五、适当控制股份制企业的试点工作面。

股份制试点工作，要以探索转换企业经营机制为主要目的。在目前市场发育很不完全的条件下，股份制对于转换企业经营机制的作用不宜过分夸大。要按照《中共中央关于加快改革，扩大开放，力争经济更好更快地上一个新台阶的意见》和《全民所有制工业企业转换经营机制条例》的精神，"创造条件"逐步进行股份制的试点。各地要加强对试点企业的正确引导，在转换经营机制，改善内部管理上下功夫。同时要坚持试点取得经验后再逐步扩大的原则，着重抓好已试点企业的规范化工作，注意不断总结经验，不要急于在面上铺开。

还有一点，企业内部职工持股也包括法人相互持股，只能出具出资证明或股权证书，不要采用"股票"形式，严格限制转让范围，不要扩散到社会上去。股份制改革试点最好选择国营大中型企业，这样才能积累经验。当然大企业改组工作量更大，不能仓促行事。

今天到会的都是一些省、市和国务院有关部委的负责同志，希望大家要以改革开放和经济发展的大局为重，统一认识，从全局出发，认真执行国务院对股份制和股票市场试点工作的有关规定，坚决按照国务院有关股份制和股票市场试点工作的统一部署来办。今后，无论哪个地区或部门，如果不听招呼，令不行、禁不止，仍然擅自批准发行股票，就是违反纪律，就要追究有关人员的责任。只有这样，才是对国家负责任，对改革开放负责任。这要作为一条纪律，希望大家遵守。

通过这次会议，大家总结了经验，统一了认识，经过我们共同努力，一定会将股票市场试点工作提高到一个新的水平，保证我国经济体制改革的健康发展。

中共中央、国务院关于
加强对固定资产投资和信贷规模
进行宏观调控的通知

（一九九二年九月五日）

目前，各地区、各部门认真贯彻落实邓小平同志重要谈话和中央政治局全体会议精神，正在抓住有利时机，加快改革开放步伐，力争经济更好更快地上一个新台阶。党中央、国务院制定了一系列加快改革开放和经济发展的重大政策措施，极大地调动和鼓舞了广大干部群众的积极性，经济发展和改革开放的形势很好。但在发展过程中，也出现了一些值得重视的苗头和需要研究解决的问题，主要是固定资产投资增加较猛，投资结构不尽合理，交通运输和能源、部分原材料供应紧张，一些生产资料价格上涨过多；工业增长速度高而经济效益低下的状况没有得到根本改善。尤其值得注意的是，银行货币、信贷投放增长过快，超过了经济增长和物价上涨的幅度，且有进一步扩大的趋势。这种情况如不及时扭转，社会总需求与总供给的矛盾将进一步加大，农业和能源、交通等国家重点基础设施建设难以得到加强，对今后的经济发展也会造成不利的影响，并将对进一步深化改革、扩大开放带来困难。为了使经济能够持续稳定地以较高速度发展，现将有关问题通知如下：

一、加强对固定资产投资规模的调控。目前，固定资产投资规模增长过猛，工程建设超概算、建设资金不落实的情况比较普遍，单纯追求工业产值和低水平重复建设的趋势又有所抬头，有些地方不讲条件，盲目上开发区、铺新摊子，这种情况发展下去，势必影响经济的健康发展。因此，各地区和有关部门必须严格控制固定资产投资规模，正确引导资金投向，调整投资结构，保证重点建设。要按国家产业政策和计划要求严格控制固定资产贷款，严禁挪用流动资金贷款搞固定资产投资，对于自筹投资项目，任何单位和各级领导人都不得要求或强令银行用贷款垫补自筹投资缺口。为了进一步控制投资规模，各地区和有关部门要切实加强对社会集资的管理，各类证券要按国家计划发行，不得擅自超计划发行，也不得以乱发各种名目债券等方式搞计划外集资。

二、加强对信贷规模和货币发行的调控。今年经过调整的货币信贷计划，计划总量已有较大增加，是能够适应促进加快经济发展和改革开放步伐需要的。因此，各级党委和人民政府以及有关部门都必须坚决、认真地执行好这个计划，不得以任何方式迫使银行超计划发放贷款。为了确保全年货币信贷计划的实现，今年第三季度末银行贷款规模必须坚决控制在计划以内。哪家银行突破了，由哪家银行负责；哪个地区突破了，由哪个地区的党委和人民政府的主要领导同志负责。各家银行总行要加强对贷款规模的控制和对信贷计划执行情况的检查，搞好资金调度和融通。各地银行要严格按照国家计划和政策发放贷款，各级党委和人民政府要认真督促当地银行严格遵守贷款计划，监督和支持银行工作。党中央、国务院重申，金融是国家掌握的重要宏观调控手段，货币发行权、信用总量调控权和利率调整权等要由中央统一掌握，各地必须服从中央统一的金融政策。

三、进一步调整信贷结构，加速资金周转，支持经济加快发展的合理资金需要。现在银行贷款余额已达两万亿元，加速周转百分之一，就是二百亿元，资金潜力很大。只要采取切实措施，加速资金周转，就可以腾出大量资金支持经济建设。因此，各地加快经济发展主要应当依靠挖掘现有资金的潜力，不能把希望单纯寄托在银行新增贷款上。各级党委和人民政府要组织有关部门认真落实限产压库促销的措施，努力清理"三角债"，进一步搞活资金，减少资金占压，通过收回贷款再发放出去来调剂解决资金需要。当前银行资金运用的重点，一是保证居民储蓄存款支付，二是支持秋季农副产品收购，三是支持国家重点建设项目，四是支持效益好、质量高、外向型的经济发展。对于边生产、边积压和长期亏损又无弥补来源的企业或产品以及今年新增粮食财务挂账的企业，银行要停止贷款。

四、积极组织货币回笼，控制货币投放。各级党委和人民政府以及各有关部门要动员社会各方面力量，大力宣传和鼓励储蓄，进一步采取有力措施，改善服务，方便群众存款，更多地吸收居民储蓄，千方百计地稳定和增加银行资金来源。同时，要采取有效措施，严格控制个人消费基金和社会集团购买力的过快增长，积极组织生产适销对路商品，搞活商品流通，增加银行的货币回笼。

金融是国家筹集和分配生产建设资金的主要渠道，也是调控经济的一个重要杠杆。金融能否稳定发展，国家建设的宏观调控能否搞好，对于加快改革开放步伐，巩固与发展当前大好形势，保持经济较长时间的快速增长，至关重要。党中央、国务院要求各级党委和人民政府，要从全国改革开放的大局出发，按照上述精神和有关规定，切实解决当前经济工作中的问题，加快改革开放的步伐，使经济建设更好更快地上一个新台阶。

中共中央
国　务　院
一九九二年九月五日

国务院办公厅关于成立
国务院证券委员会的通知

（一九九二年十月十二日）

各省、自治区、直辖市人民政府，国务院各部委、各直属机构：

为了加强证券市场的宏观管理，统一协调股票、债券、国债等有关政策，保护人民群众利益，使我国证券市场健康发展，国务院决定成立国务院证券委员会（简称证券委），撤销原国务院证券管理办公会议。国务院证券委员会下设办公室，负责日常工作，由国务院办公厅代管。

国务院证券委员会组成人员名单如下：

主　任：朱镕基（兼）

副主任：刘鸿儒（兼）

　　　　周道炯（常务副主任）

委　员：陈　元（人民银行副行长）

　　　　洪　虎（体改委副主任）

　　　　王春正（国家计委副主任）

　　　　金人庆（财政部副部长）

　　　　俞晓松（经贸办副主任）

　　　　冯梯云（监察部副部长）

　　　　华联奎（高法院副院长）

　　　　张思卿（高检院副检察长）

　　　　刘山在（经贸部部长助理）

　　　　刘敏学（工商局局长）

　　　　金　鑫（税务局局长）

　　　　汤丙午（国有资产局局长）

　　　　殷介炎（外汇局局长）

为了建立健全证券监管工作制度，国务院决定成立中国证券监督管理委员会（简称证监会），受国务院证券委员会指导、监督检查和归口管理。刘鸿儒同志任中国证券监督管理委员会主席。

国务院办公厅
一九九二年十月十二日

国务院关于进一步加强
证券市场宏观管理的通知

（一九九二年十二月十七日）

各省、自治区、直辖市人民政府，国务院各部委、各直属机构：

证券市场的建立和发展，对于筹集资金，优化资源配置，调整产业结构，转换企业经营机制，促进社会主义市场经济发展具有积极的作用。我国的证券市场在改革开放中得到恢复并有了较快发展，今年以来，在邓小平同志视察南方时的重要谈话和中央政治局全体会议精神的指导下，又有了进一步发展。但由于我国有关证券市场的法律、法规和监督体系还不健全，证券市场的操作经验不足，投资者缺乏必要的风险意识，一些地方推行股份制改革和发展证券市场存在着一哄而上的倾向，加之证券市场管理政出多门、力量分散和管理薄弱，使证券市场出现了一些混乱现象。为了加强证券市场的宏观管理，统一协调有关政策，建立健全证券监管工作制度，保护广大投资者的利益，促进我国证券市场健康发展，国务院已决定成立国务院证券委员会（简称证券委）和中国证券监督管理委员会（简称证监会）。这是深化改革，完善证券管理体制的一项重要决策，对于保障证券市场健康发展有着重要意义。现就进一步加强证券市场宏观管理的有关问题通知如下：

一、理顺和完善证券市场管理体制。

（一）证券委是国家对全国证券市场进行统一宏观管理的主管机构，主要职责是：负责组织拟订有关证券市场的法律、法规草案；研究制定有关证券市场的方针政策和规章；制定证券市场发展规划和提出计划建议；指导、协调、监督和检查各地区、各有关部门与证券市场有关的各项工作；归口管理证监会。

（二）证监会是证券委的监管执行机构，由有证券专业知识和实践经验的专家组成，按事业单位管理，主要职责是：根据证券委的授权，拟订有关证券市场管理的规则；对证券经营机构从事证券业务，特别是股票自营业务进行监管；依法对有价证券的发行和交易以及对向社会公开发行股票的公司实施监管；对境内企业向境外发行股票实施监管；会同有关部门进行证券统计，研究分析证券市场形势并及时向证券委报告工作，提出建议。

（三）国务院有关部门和地方人民政府关于证券工作的职责分工是：国家计委根据证券委的计划建议进行综合平衡，编制证券计划；中国人民银行负责审批和归口管理证券机构，同时报证券委备案；财政部归口管理注册会计师和会计师事务所，对其从事与证券业有关的会计事务的资格由证监会审定；国家体改委负责拟订股份制试点的法规并组织协调有关试点工作；上海、深圳证券交易所由当地政府归口管理，由证监会实施监督，设立新的证券交易所必须由证券委审核，报国务院批准；现有企业的股份制试点，地方企业由省级或计划单列市人民政府授权的部门会同企业主管部门负责审批，中央企业由国家体改委会同企业主管部门负责审批。新建和在建项目的股份制试点审批办法另行下达。

（四）要充分发挥证券行业自律性组织的作用，逐步建立起有中国特色的，分层次的，各司其职、各负其责、协调配合的证券市场监督管理体系。

二、严格规范证券发行上市程序。

为了确保证券发行与上市的质量，体现"公开、公正、公平"的原则，对证券的发行程序作如下规范：

（一）股票发行、上市的程序是：经过批准的股份制试点企业，经证监会认可的资产评估机构和会计师事务所进行资产评估和财务审核后，向企业所在地的省级或计划单列市人民政府提出公开发行上市股票的申请，地方企业由省级或计划单列市人民政府在国家下达给该地的规模内审批；中央企业由其主管部门商企业所在地的省级或计划单列市人民政府在国家下达给该部门的规模内审批；被批准的发行申请送证监会进行资格复审后，由上海、深圳证券交易所发行上市委员会审核批准，报证监会备案（同时抄报证券委），十五日内无异议即可发行。何时上市，由证券交易所发行上市委员会确定。

股票发行要借鉴境外成功经验。目前，可试行在每一个公司股票发行之前，无限量发售只收工本费的一次性认购表，在公证机关监督下公开抽签，中签后再交款购买股票的办法，或者试用国际上通用的其他办法。

证券委及各有关部门要密切注意研究解决股票发行、上市中出现的问题，不断总结经验，逐步完善有关的管理办法，把试点工作做得更好。

（二）其他证券发行的管理职责分工如下：国债由财政部负责；金融机构债券、投资基金证券由中国人民银行负责审批；国家投资债券、国家投资公司债券由国家计委负责审批；中央企业债券由中国人民银行和国家计委负责审批；地方企业债券、地方投资公司债券由省级或计划单列市人民政府负责审批。

证券的发行必须按上述程序和职责分工，在国家下达的规模内，经过严格财务审核、信用评级，按照产业政策的要求从严掌握。任何地区和部门不得越权审批、突破规模。在遵守国家有关规定的前提下，发行主体和代理单位可自主签订合同，并承担相应的责任，各地区、各部门不得干预其正常业务活动。

三、关于一九九三年的证券发行问题。

一九九三年证券的发行规模，由证券委根据有关部门提出的计划，结合全国经济发展情况提出计划建议，经国家计委综合平衡后，报国务院审批。分地区、分部门的年度规模，由国家计委会同证券委下达。各省、自治区、直辖市及计划单列市和国务院有关部门可在国家下达的规模内，各选择一两个经过批准的股份制企业，进行公开发行股票的试点（广东、福建、海南三省经批准可以适当增加试点企业的数目）；对一九九二年未经国家批准擅自公开发行股票、信托受益证券和超出国家规定范围发行内部股权证的地区，必须进行清理整顿并写出报告，经证券委审查合格后，再下达规模。债券的利率政策应当统一，对少数部门和企业违反国家规定高利率发行企业债券的现象，必须坚决制止。

四、进一步开放证券市场。

为了更多更好地筹集资金，促进经济建设发展，我国的证券市场要逐步加快开放步伐，在加强统一管理的基础上，积极组织投资基金证券、可转换证券、信托受益证券等新品种的试点，丰富、活跃证券市场。要进一步放开搞活债券二级市场。要继续做好人民币特种股票（B股）的试点工作。目前，我国证券市场有关法规尚不完善，各有关部门在制定与证券市场有关的对外开放政策时，要事先与证券委研究。选择若干企业到海外公开发行股票和上市，必须在证券委统一安排下进行，并经证券委审批，各地方、各部门不得自行其是。

五、抓紧证券市场的法制建设。

健全法规是证券市场健康发展的法律保障。近期，证券委要组织有关方面抓紧完成《股票发行与交易暂行规定》（国家体改委和证监会牵头），《证券经营机构管理办法》、《投资基金管理办法》（中国人民银行牵头），《证券从业人员行为规范》（证监会和证券业协会牵头），《股票发行资格审查管理办法》（证监会牵头）等法规的起草修改工作；国家体改委要组织有关部门抓紧《证券法》的起草工作。上述法规，按规定程序批准后发布实施。

六、研究制订证券市场发展战略和规划，加强证券市场基础建设。

证券市场是社会主义市场经济体系的重要组成部分，我国的证券市场经过多年的发展，虽已初具规模，但与社会主义市场经济发展的要求还有很大距离。证券委要组织各有关方面，根据建立社会主义市场经济体制的要求和证券市场发展的规律，在充分调查研究的基础上，研究制订证券市场的发展战略和规划，不断加强和改善国家对证券市场的宏观调控，积极发挥证券市场对资金配置所具有的积极作用，努力克服并限制其自身的弱点和消极面，指导证券市场健康发展。要加强证券经营机构和证券交易所、证券业协会等机构以及全国证券交易系统的自身建设。要采取多种方式，大力培养证券专业人才。要建立证券市场的分析、预测和信息发布系统。积极开展对外交往与合作，学习借鉴境外的成功经验。

七、加强证券市场管理，保障证券市场健康发展。

证券市场的稳定与健康发展，影响到国家的金融秩序、人民群众的切身利益和社会的安定，各地区、各部门要严格执行国家关于证券市场的有关规定，对突破国家计划规模或违反规定擅自发行股票、债券的，要严肃处理。要坚持两手抓，加强廉政建设，坚决查处在股份制企业设立和股票、债券发行上市等工作中的腐败行为和证券从业人员及会计、律师等人员利用职权违法违纪、营私舞弊的行为。对证券市场上出现的经济犯罪分子要坚决予以打击。

为了防止出现管理工作的脱节，各地区、各部门要按照证券委的统一部署和上述分工，各司其职，切实加强证券市场管理。各省、自治区、直辖市和计划单列市人民政府要指定一名负责同志分管证券工作，并将名单报证券委，抄送证监会。

国务院
一九九二年十二月十七日

积极探索建立社会主义
市场经济体制的具体路子[*]

（一九九二年十二月十八日）

江 泽 民

党的十四大提出，我们改革的目标是建立社会主义市场经济体制。中国的社会主义市场经济体制，必须与我们的国情相结合，不可能与西方国家的完全一样，不能照搬照抄。社会主义市场经济体制既有一般市场经济的共性，又有我国的显著特征。不同国家、不同社会经济制度下的市场经济模式不同。对共性的东西，许多西方市场经济中符合规律的、行之有效的东西，而且不跟社会制度有联系的，都可以拿过来。但是，借鉴国外的经验，要从我国的实际情况出发。建立社会主义市场经济体制，我们要不断地探索、实践，要有紧迫感，进行多方面的配套改革，不能总停留在口头上，也不能去搞大呼隆。

究竟社会主义市场经济如何搞，这是一个大问题。我们要善于学习，努力在实践中摸索一套办法，包括一些法律法规。比如，在会计、律师、审计、税务等许多方面，我们还有很多的空白点。再比如，如何深化国有企业改革，也是一个需要积极探索的大问题。在西方市场经济条件下，一个私人企业已经亏本了，能不能还发奖金？它必须紧缩、裁员、破产，或者在工资上打折扣。我这里决不是说资本主义私人企业比我们社会主义全民所有制企业优越，只是反映这么一个现实，就是他们那里有约束机制。我们相信，有中国特色的社会主义事业必然胜利。我们有五千万党员的大党、十一亿多的人口、五千多年的文明，把社会主义经济建设搞上去，就会自立于世界民族之林，也就真正为社会主义发展立下了功绩。现在的问题是，要找出一个体现全民所有制企业优越性的具体形式。我们都

---

* 这是江泽民同志在全国计划会议上讲话的一部分。

150

要研究这个问题，不能当两年厂长，使企业亏损得一塌糊涂，又到别的地方当厂长。将来，人大要制定适应社会主义市场经济的一套法律。

建立社会主义市场经济体制，还要大力加强社会主义精神文明建设，制止和打击各种丑恶和腐败的现象。前几天开了一个全国政法会议，会上讲了不少大案要案，讲了不少丑恶现象。昨天，我还听说，有人在市场上卖空白发票。我听了很震惊，怎么连发票都卖起来了。我们搞社会主义市场经济决不能这样搞。搞改革开放，必须把窗户打开，这样肯定会有苍蝇飞进来，你要有苍蝇拍。你没有一定手段去打击它，丑恶的东西泛滥下去怎么得了！莎士比亚的《雅典的泰门》中有这么一段话："金子！黄黄的，发光的，宝贵的金子！只这一点点儿，就可以使黑的变成白的，丑的变成美的，错的变成对的，卑贱变成尊贵，老人变成少年，懦夫变成勇士。"因此，我们肩负着一项重要的任务，一方面要搞市场经济，要增加收入，要提高我们的综合国力，使人民的生活水平不断地得到提高；另一方面，也不能搞拜金主义，使我们的后代变成精神空虚、思想腐朽的人。不注意这一点，我们这个民族就不能在全世界成为一个旺盛的民族。我们民族有许多优秀的传统的道德观念，有许多好的东西。我们这代人的很大责任是要教育青年人，要抓好爱国主义、集体主义、社会主义教育。

深化改革，扩大开放，促进国民经济又快又好地发展，一方面要大力培育市场，另一方面一定要大力加强宏观调控。世界上没有百分之百的自由市场经济，日本、法国、德国等所有西方国家都用相当的计划手段来调控，包括金融、财政、税收各个方面的调控手段。在这方面，外国不比我们社会主义国家差。我看，有许多地方确实值得我们学习。在党的十四大报告里面，讲到建立社会主义市场经济体制时指出，"要使市场在社会主义国家宏观调控下对资源配置起基础性作用"。这里既讲了要发挥市场在资源配置中的基础性作用，又强调了市场是在国家宏观调控下发挥作用。所以，一定要处理好发挥市场作用和加强宏观调控的关系。目前，我国市场发育不成熟，必须用很大的注意力加快市场体系的培育，进一步扩大市场的作用。但是，要防止片面性，不能一提发挥市场作用，就是什么都没有遮拦，什么都不需要管，那怎么能行。比如说，像放水一样，总闸门不把它管好怎么行。货币发行的总闸门在银行那里，银行当然要把它管住。目前宏观调控的重点，是从严控制经济总量，特别是要把好金融、货币的总闸门。金融、货币的总闸门不管住不行，投资总规模不掌握住也不行。

国家计划是宏观调控的重要手段之一。建立社会主义市场经济体制，是要改革过去那种计划经济模式，但不是不要计划，就是西方市场经济国家也都很重视计划的作用。我们是社会主义国家，更有必要和可能正确运用必要的计划手段。所以，在进一步改革中要很好地发挥计划的功能和作用。当然，宏观调控不单单是计划手段，还有好多手段，包括金融、财政等。但是，大的恐怕就是计划、金融、财政这三个方面，财政里面包括税收。

总结清理三角债经验，防止产生新的拖欠，保证国民经济健康发展[*]

（一九九二年十二月二十三日）

朱　镕　基

从一九九一年下半年开始的全国性清理三角债工作已经取得很大成绩。到目前为止，一九九一年十二月底以前形成的三角债已基本清理完毕。因此，全国性的清理三角债的任务已经完成，经国务院批准，现在宣布结束。今天召开总结和表彰会议，主要是总结两年来清理三角债工作的成绩和经验，表彰在这项工作中涌现出来的先进集体，并重申防止新欠的措施。根据清理三角债领导小组讨论的意见，我讲四个问题。

一、清理三角债取得的成绩。

一九九一年六月一日，李鹏同志主持总理办公会议，研究清理三角债问题。当时，全国三角债累计达三千亿元左右，一九九一年六月底，在工商银行开户的四万户企业，三项资金占用达三千五百二十三亿元，其中产成品占用一千三百零六亿元，严重影响了国民经济的正常运行，许多企业转不动了，频频告急，要求尽快组织清欠。因此，国务院决定把清理三角债工作作为搞好国有大中型企业、提高经济效益的一个突破口来抓。

为了搞好清欠工作，国务院清理三角债领导小组作了认真的调查研究，分析了形成三角债的主要原因，一是由于建设项目超概算严重、当年投资计划安排不足和自筹资金不落实，造成严重的固定资产投资缺口，形成对生产部门货款和施工企业工程款大量拖欠；二是企业亏损严重，挤占了企业自有资金和银行贷款，加剧了相互拖欠；三是企业产品不适销对路或根本无销路，产成品资金上升，形

＊　这是朱镕基同志在全国清理三角债总结表彰会议上的讲话。

成投入——产出——积压——拖欠——再投入——再产出——再积压的恶性循环。此外，商品交易秩序紊乱，结算纪律松弛，信用观念淡薄，也加剧了三角债。

首先在东北三省四市进行了清欠试点，进一步确认了上述分析，明确了清欠工作的指导思想，立足于治本清源，从解决三角债源头入手，重点对固定资产投资项目拖欠这个源头进行清理，并狠抓了限产压库促销、调整产品结构和扭亏增盈。这两年全国共注入清欠资金五百五十五亿元（其中银行贷款五百二十亿元，地方和企业自筹三十五亿元），清理拖欠项目一万四千一百二十一个（基建五千四百二十个，技改八千七百零一个），连环清理了一千八百三十八亿元的拖欠。除少数不符合国家产业政策及贷款条件的项目外，全国基建、技改项目在一九九一年底以前形成的拖欠已基本清理完毕。

在连环清理债务链的过程中，与源头相关的机电、原材料以及配套工业等生产资料行业、建筑安装施工企业，相应清理了流动资金拖欠一千四百多亿元。为了解决与固定资产拖欠项目关联不大的行业的流动资金拖欠，一九九一年对拖欠煤炭、汽车、棉花的货款也进行了重点清理；一九九二年四月份又以宝钢为龙头进行流动资金清欠试点，在取得经验之后，又积极稳妥地在关系国计民生的煤炭、电力、林业和有色金属四个行业进行了重点企业流动资金清欠；为了缓解棉花收购资金紧张，在今年十二月份又清理了棉花拖欠款二十八亿元。以上共清理流动资金拖欠三百五十二亿元。

这样，两年共清理固定资产投资和流动资金拖欠款二千一百九十亿元（一九九一年清理一千三百六十亿元，一九九二年清理八百三十亿元），实现了注入一元资金清理四元拖欠的效果。通过清理三角债，明显地缓解了企业资金紧张的状况，加速了资金周转，提高了经济效益，使一大批能源、交通、原材料重点建设项目建成投产，使一大批原来亏损、微利企业转为盈利，增强了经营活力，对国民经济的健康发展起到了重要作用。

二、清理三角债的主要做法和经验。

李鹏同志在今年三月七日召开的总理办公会议上，对全国清理三角债工作取得的成绩给予了很高的评价。他说，这次清理三角债工作指导思想明确，工作方法科学得当，基本上遏制住了前清后欠的势头，取得了很大的成绩。这有利于搞好国有大中型企业，有利于企业转换经营机制，有利于国民经济的正常运行。

所以能取得这样的效果，主要是抓住了形成三角债的源头和清理的重点，采取了以下做法：

（一）立足于治本清源。从清理固定资产投资项目拖欠这个源头抓起，顺次解开债务链，同时在防止新欠上下功夫，抓住了主要矛盾。这个认识是通过调查研究并经过东北试点后取得的。实践证明，从固定资产投资拖欠项目入手进行清理的做法是成功的。两年来大部分清欠资金都回流到了机电、原材料等生产资料行业以及建筑安装行业的国有大中型企业。投入固定资产投资贷款，解开债务链后，收回了流动资金贷款，银行总的贷款规模并没有大的增加。

（二）治理流动资金拖欠采取釜底抽薪的办法，实行限产压库和"压贷双挂钩"的政策。流动资金的拖欠有三个源头。由于投资缺口产生的拖欠，通过注入固定资产投资贷款，相应得到清理。但是，由于企业亏损和产品积压造成的拖欠，就不能通过注入流动资金贷款来解决，那只能是增加企业亏损和积压占款。扬汤难以止沸，只有通过限产压库促销、清仓查库、扭亏增盈等工作促使企业改善经营状况，从而釜底抽薪，减少流动资金占压和企业间的拖欠。一九九一年全国完成限产压库二百二十九亿元，安排了七十亿元技改挂钩项目，由于一九九二年库存上升和信贷规模十分紧张的原因，从清欠贷款指标中拿出三十亿元兑现了部分技改挂钩项目，收到了好的效果。

（三）各级领导高度重视，各有关部门团结协作。国务院组织制定了清理三角债的方针、政策。各有关部门和各地政府主要负责同志加强领导，深入现场督促检查。各级计委、经委、银行、财政及清欠办等部门，通力合作，全国几十万人的清欠队伍统一行动，经过艰苦努力，辛勤劳动，认真操作，使注入的银行信贷资金及时到位，启动运转顺畅，各新闻单位加强宣传报道，保证了清欠工作的顺利进行。

（四）狠抓防欠措施的落实。为防止新欠继续产生，国务院有关部门制定了清理三角债、限产压库、扭亏增盈、防止新的粮食财务挂账等配套政策措施，各负其责。今年全国清理三角债工作会议以后，国家计委、人民银行、国务院经贸办、清理三角债领导小组分别发出《关于防止固定资产投资项目资金拖欠的通知》、《关于收回固定资产投资项目清欠贷款有关问题的通知》，并会同审计署两次发出通知，审计检查注入资金的项目是否又发生了新的拖欠。针对今年上半年粮食财务挂账和固定资产投资建设又出现拖欠的新情况，发出了《关于一九九二年上半年粮食财务挂账情况的通报》和《关于今年上半年固定资产投资新拖欠情况的通报》。国务院办公厅及时转发了这两个通报，推动了这项工作的顺利进行。

三、关于防止新欠的意见。

去年以前全国范围内出现的三角债，是我国新旧经济体制转换过程中，通过资金形式反映出来的多年积累的国民经济深层次矛盾。产业结构失调、企业效益不高，导致了企业间的信用和金融秩序问题。货款拖欠是企业之间的经济行为，本应由企业按照法律规范予以解决。由国家投入信贷资金进行清理，实际是将企业之间的债权债务关系转移到企业与银行之间，这只能是国家采取的一种非常措施。目前国家组织的清理三角债任务已基本完成，但企业之间的三角债问题还没有完全解决。今年以来，由于国民经济高速增长，银行货币投放、信贷规模增长很快，产成品积压和企业亏损额也在上升，有的地区又靠新的拖欠和施工企业垫资上项目，建设项目超概算和资金安排不落实的情况仍很严重。据建设银行对一九九一年在建的二百六十六个大中型基建项目概算执行情况的调查分析，这些项目实际需要投资超过计划安排达百分之五十以上；列入今年基建计划的四百零二个续建大中型项目，也有六十三项超过计划投资总额。因此，必须认真贯彻落实防止新欠的各项措施，以免再度出现全国范围的三角债。

第一，搞建设要量力而行，不留资金缺口。要认真按照中共中央、国务院《关于加强固定资产投资和信贷规模进行宏观调控的通知》和中共中央办公厅、国务院办公厅《关于确保农副产品收购和严格控制新开工项目的紧急通知》精神，制止单纯追求工业产值和低水平重复建设的倾向，严格控制固定资产投资规模，严禁挪用流动资金贷款搞固定资产投资。要加快投资管理体制的改革，做到项目投资决策、审批者的权力和责任相统一。国家计委、国务院经贸办等有关部门已作出规定，要求安排建设项目要综合考虑物价、利率、汇率、劳动工资、建设期贷款利息和铺底流动资金等因素，不得留缺口，不准形成新的拖欠，不准挪用流动资金贷款搞固定资产投资。从今年开始由于建设资金不落实再发生新欠的，要扣减有关省市和部门下一年度的基本建设、技术改造投资规模和银行贷款规模，并对拖欠严重的企业以及上级主管单位有关负责人予以通报和行政处分。

第二，落实好清欠贷款回收计划。要按照中国人民银行等部门《关于收回固定资产投资项目清欠贷款有关问题的通知》，抓好清欠贷款的回收，按贷款合同规定的还款计划认真执行。凡完不成年度还款计划的，不得安排新开工项目。银行有权根据清欠借款合同，于第二年从企业自有资金或项目投资中扣还。企业无力归还的，从有关省（区、市）和部门固定资产投资计划中扣收。

第三，认真落实好《全民所有制工业企业转换经营机制条例》。《条例》所规定的十四项企业经营权，解决了容易产生拖欠的许多问题。各级政府要尽快转变职能，防止由于政府行政指挥或计划失当造成的产品积压和拖欠。企业要适应社会主义市场经济需要，在经营活动中自觉按市场经济的要求，规范自身的行为，严格按经济合同的要求办事，自觉防欠。

第四，加快企业补充自有流动资金和压缩三项资金占用工作。一九九一年为了搞好国有大中型企业，国家选定了一千多户骨干企业，在"八五"期间每年按销售收入的百分之一提取补充流动资金，这项工作已经取得了一定的成效，要逐步扩大到有承受能力的大中型企业。要继续压缩不合理的产成品资金占用，加快资金周转，对三项资金占用超过合理水平的企业，银行应当停止增加贷款。

第五，采取有效措施解决粮食财务挂账问题。各地区要按照国务院《关于解决财政欠拨、欠补、欠退和企业财务挂账问题的通知》要求，对老的挂账要逐步消化，属地方财政应补未补或未补足而出现新的挂账的，银行一律不予挂账，并停止贷款，由上一级财政部门如数将应补未补款扣回后拨给粮食部门。

第六，进一步加强法制管理。要支持、鼓励企业增强自我保护意识，依法保护自己的合法权益，在执行经济合同中发生的经济纠纷，企业应向仲裁机关申请仲裁或向人民法院提出起诉，追究违约方的责任。各企业对经确认无法收回的应收账款，要按照财政部颁发的《企业财务通则》和《企业会计准则》的有关规定处理，避免长期挂账，消除潜在亏损。

第七，加强对固定资产投资项目的监督检查。今后凡是由国家拨款、国家银行贷款、各级政府承担债务（或担保）的各类国外贷款固定资产投资项目，在项目决策阶段或开工建设之前，均需由国家审计机关审计确认资金（特别是自筹资金）来源的合理性和可靠性。未经验资的项目，有关部门不予办理开工手续，施工企业不得施工。

第八，加快银行结算制度的改革，适应社会主义市场经济体制的要求。要引导商业信用，使企业之间的信用行为合同化、票据化。银行要按照国务院《关于严格商品交易秩序加强结算纪律的通知》精神，继续认真加强银行系统的结算纪律和对企业结算活动的监督。企业不得无理拒付应付货款，银行也不得袒护在本行开户企业的无理拒付行为，否则追究有关人员的责任。

四、关于总结经验和表彰先进问题。

历时一年半的全国性清理三角债工作取得了很大的成绩和丰富的经验。各地都要结合自己的情况，认真做好总结，并采取有力措施，防止产生新的拖欠；对清欠工作中涌现出来的先进集体和先进个人要进行表彰，他们以高度的责任心，认真负责，忘我工作，保证了清欠工作的顺利进行，在此，我代表国务院向他们表示衷心感谢和亲切慰问！国务院清理三角债领导小组这次只表彰了一些先进集体，因时间关系未来得及评选先进个人。希望各地在对这项工作进行总结时，要大力表彰清欠工作中涌现出来的先进集体和先进个人，并通过总结和表彰，推动今后各项工作的进行。

当前全党全国人民正在认真学习、贯彻党的十四大和邓小平同志视察南方重要谈话的精神，我们一定要狠抓落实，真抓实干，为使我国的国民经济更快更好地上一个新台阶而努力奋斗！

把好货币发行和信贷规模两道闸门*

（一九九三年四月一日）

李　鹏

　　金融形势总的讲也是好的，货币基本上是稳定的。既支持了加快发展经济和改革开放的合理资金需要，又加强了对信贷、货币的总量调控。去年银行贷款增加三千五百四十七亿元，增长百分之十九点七。考虑到去年经济增长速度和物价上涨的情况，这种增长幅度应该说基本上是合理的。但是，金融形势中也确实有令人担忧的一面。去年货币投放一千一百五十八亿元，比上年增长百分之三十六点五，增幅是比较大的。今年计划发行货币一千亿元，春节前就投放了一千零一十六亿元，比去年同期多投放三百六十六亿元，成为春节前大投放的历史最高水平。一般春节大投放之后，节后四十天左右就回笼了。今年截至昨天，三月三十一日，还有二百五十九亿元没有回笼，这是历史上所没有过的。从金融发展趋势来看，要把全年货币投放控制在一千亿元的计划目标之内，是很困难的，必须采取切实有效的措施。

　　货币回笼不够理想，主要原因是信用回笼不好。现在利率比较低，城乡居民储蓄虽然还是增加的，但增长速度减慢，有的地方甚至出现了负增长。国库券销售的情况也不好。群众手持现金，很多都用去购买其他高息债券，购买股票了。有些企业为了推销债券，竞相提高利率，提高到百分之十五、百分之二十甚至百分之二十五。从企业投资的回报率看，是没有能力支付这样高的利息的，有的就根本还不起。将来为了偿还这笔债务，势必要损害国有资产的利益。如果企业不能偿还，一旦出了事，群众还是要找政府，到头来包袱还得由政府来背，而且会影响社会安定。这种做法实际上也是变相的贷款扩张。集资的失控也是导致投资失控的重要原因。而且，由于社会高利集资势头很猛，直接影响了银行存款的增

　　＊　这是李鹏同志在经济情况通报会上讲话的一部分。

159

长，出现了较大面积的存款支付困难以及无力支持春耕生产和重点建设的问题。因此，中央财经领导小组在研究了目前金融形势后，作出决定，要把向群众集资控制在一个合理的规模内，采取强有力措施制止乱集资。主要有这么几条办法：第一，企业向社会集资，发行债券，必须严格执行规定，中央企业债券由中国人民银行和国家计委负责审批，地方企业债券、地方投资公司债券由省级或计划单列市政府负责审批，只有确实具有偿还能力的企业才能发债券；第二，企业债券的利率不能高于国库券利率；第三，在国库券没有售完之前，企业债券不得发行；第四，对各省、市、区下达企业债券的控制指标，不得突破；第五，严格禁止各银行搞"储蓄大战"，任意提高利率。这样做，既是向人民负责，也是为了使企业集资规范化，更好地建立金融市场。准备以党中央、国务院的名义发文下去，并且作一个正式规定，在报纸上公布。这是稳定金融和保证整个经济健康发展所需要的。同时，为了保证国库券的发行，打算采取由金融机构代销和各地分配指标组织群众认购相结合的方法。只有在当地指标完成后，才允许当地的企业债券出台。这要作为一条纪律，违者要给以处分。我在这里还要说明，以上这几条措施是临时性的，是不得已而为之，希望得到各地的支持。做到这些难度不小，光靠发个文件是不够的，还是要靠发挥我们的政治优势，统一思想认识，主要领导把关，才能取得预期效果。

关于目前利率偏低问题，党中央、国务院、中央财经领导小组正在慎重考虑。由于物价上涨，事实上现在已是负利率了，要保护存款者的利益，就要提高利率。但是，同时也要考虑企业的承受能力，因为提高利率会增加企业负担，一些企业就受不了。因此，对提高利率这件事还要权衡利弊，慎重作出决策。

去年信贷规模控制在三千六百亿元以内，应该说是好的。但这只是银行渠道的统计，在银行信贷渠道之外，还有非信贷的渠道，漏出去的数量相当不小。据了解，去年通过银行的资金拆借，以及通过各种计划外集资搞固定资产投资，数量相当于银行信贷总规模的三分之一，甚至还要多一点。这个问题要解决。不然，今年投资规模将被大大突破。要把住计划外集资或用拆借资金搞固定资产投资的口子，就需要严肃财经纪律，有严格的措施，杜绝这类现象的泛滥。还有一个问题，银行直接搞投资，这是不允许的。银行直接搞投资，除了容易出现以权谋私外，还增加了金融的风险，并使企业处于不公平竞争状态。即使是西方资本主义国家，为了减少风险，保持金融稳定，对于银行直接投资也有严格限制。例

160

如，银行直接投资就核减它的资本金。我国银行的信贷基金（即资本金）不到百分之六，还不到世界通常规定的百分之八的标准，即使在国外也没有直接投资的资格。而且我们的银行是国有银行，银行的风险实际上是由国家承担的，因此必须严禁银行利用各种手段和形式直接或变相参与投资。总之，对于通过银行资金拆借搞投资和银行的直接投资，要作出明确的规定，违者要严肃处理。有些规定不完善，人民银行要抓紧制定，用国务院名义下发。金融在宏观调控中的作用越来越重要，要加快金融体制改革和立法工作。

货币发行和信贷规模这两道"闸门"一定要把好。有些基层的同志说，现在其他都放了，就是金融还在统。说我们的金融体制还不完全适应社会主义市场经济的发展，需要进一步深化改革，这是对的。但金融事关国民经济全局，牵一发而动全身，必须十分慎重。像货币发行，是只能统而不能放的，世界上任何国家，只要是一个统一的国家，货币发行就只能集中在中央银行。市场经济是货币经济，货币信贷一旦失控，就必然会导致通货膨胀。去年我国物价指数不算太高，但三十五个大中城市居民生活费用指数达到两位数，特别是一些生产资料价格上涨幅度很大。更值得警惕的是，这种物价上扬的趋势现在还在继续发展。潜在的通货膨胀压力加大，我们切不可掉以轻心。

国务院办公厅转发国家体改委等部门《关于立即制止发行内部职工股不规范做法的意见》的紧急通知

(一九九三年四月三日)

各省、自治区、直辖市人民政府，国务院各部委、各直属机构：

国家体改委、国家经贸委、国务院证券委《关于立即制止发行内部职工股不规范做法的意见》已经国务院同意，现转发给你们，请立即采取有力措施，认真贯彻执行。

国务院办公厅
一九九三年四月三日

国家体改委、国家经贸委、国务院证券委
关于立即制止发行内部职工股
不规范做法的意见

（一九九三年三月三十日）

当前，我国企业股份制试点工作，从总体上看，发展是比较健康的。但在试点中，由于一些地方没有严格按规范化要求办事，也出现了一些问题。主要是一些企业在进行内部职工持股的定向募集股份有限公司试点中，超范围、超比例发行内部职工股，有的以法人名义购买股份后分发给个人，有的在报纸上公开发布招股说明书在全国范围内招股。一些地方还出现了内部职工股权证的非法交易，造成"内部股公众化，法人股个人化"。这些不规范的做法，对股份制试点产生了不良影响，造成了不少社会问题，妨碍了试点工作的健康发展。

党中央、国务院对股份制试点工作非常重视，多次强调要抓紧制定和落实有关法规，严格按规范化的要求进行试点，使之有秩序地健康发展。去年五月，国家体改委、国家计委、财政部、中国人民银行、国务院生产办联合发出《股份制企业试点办法》，明确规定"不向社会公开发行股票的股份制企业内部职工持有的股份，采用记名股权证形式，不印制股票"，"内部职工持有的股权证，要严格限定在本股份制企业内部"。国家体改委发布的《股份有限公司规范意见》也指出，"本公司内部职工持有的股权证要严格限定在本公司内部，不得向公司以外的任何个人发行和转让"，"公司内部职工的股份，在公司配售后三年内不得转让"。去年八月，在部分省、市股票试点工作座谈会上，国务院又再次明确，股份制试点要严格按规范化要求办，不能乱来。根据这些要求，为了进一步加强对定向募集股份有限公司的规范化管理，制止内部职工股权证的非法交易，进一步引导内部职工持股试点的健康发展，特提出以下意见：

一、内部职工持股的定向募集股份有限公司，要继续按规范要求进行试点。为了进一步搞好试点工作，国家体改委将尽快下发《定向募集股份有限公司职工持股管理规定》（以下简称《规定》），各省、自治区、直辖市人民政府和国务院

有关部门要按照《规定》的要求，对不规范的做法进行清理，在本地区和本部门清理工作结束以前，对新要求成立内部职工持股的定向募集股份有限公司要暂缓审批。

二、各地要严格执行《股份制企业试点办法》和《股份有限公司规范意见》的规定，定向募集股份有限公司内部职工持有的股份，采用记名股权证形式，不得印制股票。本公司内部职工持有的股权证要严格限定在本公司内部，不得向公司以外的任何个人发行和转让。公司内部职工的股份，在公司配售后三年内不得转让，三年后也只能在内部职工之间转让。定向募集股份有限公司经批准转为社会募集股份有限公司，原内部职工股份从配售之日起未满三年的，也不得上市交易。根据有关规定，未经国务院主管部门批准，定向募集股份有限公司不得擅自转为社会募集股份有限公司。

三、自本通知下发之日起，各地要立即采取措施，尽快将发放在个人手中的定向募集股份有限公司的内部职工股股权证，由公司委托国家认可的证券经营机构集中托管。未实行集中托管的定向募集股份有限公司，不得转为社会募集股份有限公司。

四、任何机关、团体、部队、企事业单位和个人不得利用职权索取和非法购买企业内部职工股，也不得以法人（含社团法人）名义购买法人股后分发给个人。

五、凡已经出现内部职工股权证非法交易的地方，当地人民政府要组织有关部门立即采取坚决而又稳妥的措施，加以制止和取缔。

六、对违反本通知和国家有关规定的定向募集股份有限公司，要进行严肃查处，今后一律不得转为社会募集股份有限公司。

以上意见如无不妥，请批转各地区、各部门贯彻执行。

国务院关于坚决制止乱集资和
加强债券发行管理的通知

（一九九三年四月十一日）

去年以来，许多地区、部门以及企事业单位违反国家有关规定，擅自利用发行债券等各种方式进行集资，其特点是利率高、涉及面广、发行量大，问题相当严重。目前，这种乱集资的状况还有进一步扩大的趋势，如不及时加以制止，不仅扰乱金融秩序，而且还容易引发严重的社会问题。为了制止乱集资，加强对证券市场，特别是债券发行市场的管理，维护正常的金融秩序，保持社会稳定，促进国民经济既快又好地健康发展，现就有关问题通知如下：

一、各级人民政府和各有关部门必须立即采取有力措施，坚决制止各种违反国家有关规定的集资。任何地区、部门、企事业单位和个人，一律不得在国务院有关规定之外，以各种名义乱集资；对已搞的高利集资，要分别不同情况，予以妥善处理。

二、加强债券发行管理，严格控制各项债券的年度发行规模。国家下达的债券发行计划指标为年度债券发行的最高限额，各地区和有关部门必须严格执行，未经国家计委和国务院证券委同意，不得擅自突破规模，也不得随意调整计划内的各项指标。今后，企业内部债券合并到地方企业债券中进行统一管理，不再单设券种，并按实际发行额控制在年度计划指标内。企业短期融资券暂不纳入国内证券发行计划，其发行规模和管理办法，仍按人民银行的有关规定执行，期限严格按三、六、九个月掌握，所筹资金只能用于弥补企业临时性、季节性流动资金不足，不得用于企业的长期周转和固定资产投资。凡期限超过九个月的企业短期融资券，一律纳入地方企业债券发行计划。对今年新开工的项目，原则上今年不安排发行地方企业债券。对已试点发行的地方投资公司债券、住宅建设债券，严格限定在原试点地区、企业发行，不得扩大。

三、各地区和有关部门对债券发行的审批工作，必须按《国务院关于进一步加强证券市场宏观管理的通知》和有关规定执行。

（一）各地应尽快明确负责本地区债券发行审批的管理部门，并报国家计委和国务院证券委备案。各地区和有关部门必须按国家计划确定的债券券种进行审批，不得另行设立新的券种。地方人民政府不得发行或变相发行地方政府债券。

（二）企业发行债券要公布章程或办法，明确企业的经营状况、发债券的目的、还本付息方式和风险责任等，同时向主管部门报送有关材料。企业发行债券的总额不得大于该企业的自有资产净值。

企业为固定资产投资发行债券，必须纳入固定资产投资规模，其发行总额不得超过自筹投资和国家预算内投资之和；用于单个技改项目的，发行总额不得超过其投资总额的百分之三十，用于基建项目的不得超过百分之二十。

（三）要加强债券的信用评级工作，只有确实具有偿还能力的企业才能发债券。申请发行债券的公司、企业，必须由经有关部门确认的有资格的信用评级机构进行评级。发行债券数额超过一亿元以上的企业，要由全国性的信用评级机构予以评定。

四、严格执行国家规定的有关利率政策。公司、企业债券及其他任何形式集资的利率都不得高于同期国库券的利率。

五、要优先保证国库券和用于国家重点建设债券的发行。今年，在国库券发行任务完成之前，未经国务院批准，一律不得发行企业债券、股票等其他证券和进行各种形式的集资。各级人民政府要采取有效措施，组织各方面力量，保证国库券发行任务的完成。

六、各有关部门要积极配合，加强对债券发行和集资活动的宏观控制。审计部门要协助做好债券发行和集资审批的审计工作，发现问题及时反映。统计部门应根据国内证券发行计划中的有关要求，认真做好证券发行统计工作。

七、对违反国家有关规定，擅自突破国家下达的债券发行计划、擅自设立或批准发行计划外券种、发行或变相发行地方政府债券和以高于国库券利率进行各种形式集资的，主管部门要予以通报批评；对情节严重者，要追究主要领导和直接责任者的责任，同时，核减该地方或部门当年或下一年度的证券发行规模。

各地区、各部门必须坚决贯彻执行以上通知，并将贯彻执行情况及时报告国务院。

国务院

一九九三年四月十一日

实现金融管理电子化[*]

（一九九三年六月一日）

江 泽 民

对于建立金融卫星通信网，首先有一个进一步统一认识的问题，因为目前人们对它的重要性、迫切性的认识还不尽一致。我看这同当前正处于新旧经济体制交替的时期有关。在这个过渡时期，有的事情发生一些延误，以及出现某些问题和管理上的某些混乱现象，是不足为怪的。因为原来老的一套办法逐渐不起作用了，而新的机制还没有全面建立起来。发生一些问题，及时总结经验就是了，根本的出路在于加快改革的步伐，坚持沿着社会主义市场经济的道路走下去。对此，我们必须坚定不移，不要遇到一些问题就摇摇摆摆。走回头路是没有出路的。集中必要的人力、物力、财力，办一些关系经济全局的大事情，这一点任何时候都不可少，当前尤为重要。要通过深化改革，把这方面的事情抓紧抓好。金融电子化，就是我们亟待解决的大事情之一。

发达资本主义国家早已用上了金融通信网，而且是强制性的。不管是美国、日本、德国，还是其他发达国家，都是如此。在这些国家，消费者大都要使用银行的信用卡，否则你寸步难行。你到哪里买东西，都要用信用卡。发工资你也拿不到现钞，因为工资已经进入你的信用卡。你要用现钞，只能用信用卡在自动柜员机上支取。总之，在发达资本主义国家，人们的衣、食、住、行都离不开信用卡，离不开金融通信网。如果我们上下各方都认识到了建立金融卫星通信网的必要性、重要性和紧迫性，我看经费是没有什么问题的。这个钱是用在刀刃上，经费再紧，也是应该花的。这件事从党中央、国务院到银行和各地区各部门的领导同志，大家要达成共识。只要上下齐心协力、共同支持、努力去做，实现起来并不太难，进度也可以加快。我就不相信，凭我们现在全国电子、通信和国防工业

---

[*] 这是江泽民同志在视察中国人民银行清算总中心时讲话的要点。

的力量，就不能把这个事搞好？

我相信，金融电子化真正实施以后，它的作用肯定会充分显示和发挥出来。

首先，大宗款项的往来，都在中央银行监控之下，出现什么情况，中央银行马上就知道了。因此，这种办法对一些搞歪门邪道的，或者从局部利益出发搞本位主义的，是一种有效的监督。该集中统一的必须集中统一。各地区各部门以及各行各业必须接受中央的统一领导，接受国家的宏观指导和调控。金融活动必须用纪律、法制来保证，整个经济活动也必须用纪律、法制来保证。当然，这些纪律、法制要反映和体现客观的经济规律、市场规律的要求。没有严密的纪律、法制，无论是经济还是社会的发展，都不可能有秩序地顺利运行。各单位首先是大单位的资金往来，都要通过金融通信网络，不通过是不允许的。一些想搞歪门邪道、想搞本位主义、想搞"小金库"的人，当然会不愿让别人知道他的秘密，这可能是我们实现金融电子化的最大障碍。这些障碍必须排除。对于不正当的行为，决不能姑息迁就。

其次，实行金融电子化，控制现金的流通量，有利于防止和减少因为现金管理不严而产生或加剧的腐败行为。实现金融电子化，现金供应的压力也就可以大大减少。世界上所有发达国家，没有像我们现在这样大量提取和使用现金的，人家每一次到银行提取现金都是有定额的，而且量都比较小；你要是取的更多，事先必须通知银行。这种监督是非常有效的。我们社会生活中已经发生的腐败现象，确实是个严重问题，切不可以掉以轻心、漠然视之。不搞金融通信网，现金管理不严，人们可以从银行提取大宗现金，如果他要搞邪门歪道，就可以用现金这里走门子、那里走门子，这里送"红包"、那里送"红包"。所以，这是不正之风和腐败行为可以利用的一个很大的"防空洞"。那些搞腐败的人，是不会欢迎搞金融通信网的。为了防止腐败，同腐败作斗争，我们就必须尽快把这种网络搞起来，越快越好。把这项大工程搞好，一些偷税逃税的问题也比较容易解决。你们现在已经把大账监控起来了，如果小账再监控起来，严格控制现金的流通量，对于遏制和克服腐败现象一定会起重要作用的。当然，建立金融通信网，一定要有保守账户往来秘密的技术措施，这是银行的法规规定的。

我们的金融管理也好，其他经济活动的管理也好，不能搞相互分割、相互封锁，不能"躲进小楼成一统"。我们应该搞现代化的矩阵式管理，一个矩阵由各个分支组成，你中有我，我中有你。我们在生产建设中为什么老是出现重复建设，无休止的"小而全""大而全"重复，严重影响经济效益呢？这实际上都同相互分割、相互封锁、自成体系、自成局面的想法和做法密切相关。只考虑自己这个部门、这个地方，而不去或很少去考虑别的部门、别的地方和整个全局。这同现代的科学管理要求是不相符的，是不利于深化改革、不利于发展社会主义市场经济的。我希望通过改革，在我们宏观管理上能真正起点革命性的变化，不能再这样下去了。无论如何要下决心把金融卫星通信网搞起来，这可以说是我们金融管理上的一次革命性变革。我们下定了决心，就能克服困难去争取胜利。我们应该把有关的科技力量充分动员和组织起来，尽可能地搞快一点。这不仅仅是个管理问题、技术问题，把金融通信网络搞好了，更重要的是有利于我们国家和社会的安定团结，有利于整个国民经济的健康顺利发展。总之，我们对银行加强对现金的管理和使用的监督，寄予很大希望。

搞电子化的矩阵式管理，一个部门搞是不行的，必须把电子工业部门和电信部门的力量都充分发挥出来，并且协同一致。因为这种管理是一个很大的网络，要有很多的设计人员、研究人员和技术人员，而且要把他们很好地严密地组织起来。在相当长的时间内，电子部和邮电部要把金融电子化作为一项很重要的紧迫任务，全力以赴地组织力量，抓紧实施。各部门、各行业必须积极支持和配合。总而言之，必须下定决心，齐心协力，坚持不懈，锲而不舍，把这项大工程搞好。

中共中央、国务院关于当前经济情况和加强宏观调控的意见

(一九九三年六月二十四日)

今年以来，我国经济总的形势是好的。在邓小平同志重要谈话和党的十四大精神鼓舞下，广大干部和群众解放思想，抓住机遇，加快发展的热情高涨。围绕建立社会主义市场经济体制的各项改革和对外开放不断取得新进展，市场机制的作用进一步扩大。整个经济继续保持蓬勃发展的势头，生产、建设、流通和对外经济技术交流全面发展。今年一季度，国民生产总值比去年同期增长百分之十五点一。农业生产虽然粮食播种面积有所减少，但夏粮总产量可望接近或略高于去年的水平。一至五月，全国乡及乡以上工业总产值比去年同期增长百分之二十三点八，企业经济效益有所提高；城乡市场繁荣活跃，社会商品零售总额增长百分之二十点二；对外贸易继续扩大，进出口总额增长百分之十七点二。人民生活继续改善，各项社会事业进一步发展。这些情况说明，今年以来我国改革开放和现代化建设取得的成绩是显著的。

我国经济在继续大步前进中，也出现了一些新的矛盾和问题，某些方面的情况还比较严峻。一是货币过量投放，金融秩序混乱。截止六月二十三日，全国货币净投放×××亿元，比去年同期多投放×××亿元。由于乱集资、乱拆借的影响，居民储蓄增长缓慢，大量资金体外循环，银行正常贷款不能完全保证，有些基层银行出现支付困难。一至五月城乡居民储蓄存款增加×××亿元，比去年同期少增加×××亿元。二是投资需求和消费需求都出现膨胀的趋势。一至五月国有单位固定资产投资比去年同期增长百分之××，银行工资性现金支出和对个人其他现金支出增长百分之××，行政企事业管理费现金支出增长百分之××，都大大超过经济增长的幅度。三是财政困难状况加剧。一至五月，国内财政收入比去年同期下降百分之×，而财政支出比去年同期增长百分之××，收支相抵仅结余××亿元，比去年同期少结余×××亿元。四是由于工业增长速度越来越快，

170

基础设施和基础工业的"瓶颈"制约进一步强化。交通运输特别是铁路运输十分紧张，一些干线限制口的通过能力仅能满足需求的百分之三十——百分之四十。电力、油品供需缺口越来越大，有的地方又出现"停三开四"现象。钢材、水泥、木材等建筑材料由于供需矛盾突出，价格上涨较猛。五是出口增长乏力，进口增长过快，国家外汇结存下降较多。据海关统计，一至五月出口总额比去年同期增长百分之×，进口总额增长百分之××。截止六月十日，国家外汇结存×××亿美元，比去年同期减少××亿美元。六是物价上涨越来越快，通货膨胀呈现加速之势。从去年十月开始，物价上涨幅度逐月加快，到今年一月上涨幅度达到百分之×，三月份开始突破两位数，一至五月平均为百分之××（其中五月份达到百分之××）。加上服务项目涨价较快，全国居民生活费用价格指数上涨幅度已达百分之××。五月份三十五个大中城市生活费用价格指数比去年同月上升百分之××。消费价格上涨已经使部分职工和离退休人员难以承受。一至五月，生产资料价格指数比去年同期上升百分之××，相当一部分企业生产成本上升，建设项目造价大幅度提高，效益下降。农业生产资料价格上涨百分之××，严重影响农民增加农业投入的积极性。

上述情况表明，当前的宏观经济环境已经绷得很紧，有些矛盾和问题还在继续发展，如果不抓住时机，进一步深化改革，抓紧实施宏观调控措施，势必导致社会供需总量严重失衡，通货膨胀进一步加剧，甚至会引起经济大的波动，影响社会安定。

为了保持经济发展的好势头，真正抓住机遇、珍惜机遇、用好机遇，现在必须下决心，解决经济中的突出问题。在解决问题时，需要注意把握以下三点：

一是统一思想认识。今年以来，各地区、各部门对党中央、国务院采取的一系列政策措施是努力贯彻执行的，做了不少工作。但是由于对工业速度是否过快、投资规模是否过大、票子和货币供应量是否过多、通货膨胀是否在加剧等问题的看法不完全一致，影响了宏观调控措施的贯彻落实。对这些问题，从局部观察是不容易看清楚的，需要从全局上、宏观经济形势上和未来发展的走势上作出正确判断。为了解决当前经济中的突出问题，首先必须进一步统一思想认识，特别是各级领导干部对当前经济形势要有正确的、清醒的认识。要按照中央四月一日经济情况通报会和最近江泽民同志在华东六省一市经济工作座谈会上的讲话的要求，积极、正确、全面地领会邓小平同志重要谈话和党的十四大精神，把解放思想和实事求是统一起来，切实贯彻"在经济工作中要抓住机遇，加快发展，同时要注意稳妥，避免损失，特别要避免大的损失"的重要指导思想，把加快发展的注意力集中到深化改革、转换机制、优化结构、提高效益上来。坚持从全局出发，从长远的持续发展出发，协调行动步伐，处理好局部与全局的关系。

二是着眼于加快改革步伐。当前经济中出现的矛盾和问题，从根本上讲在于原有体制的弊端没有消除，社会主义市场经济体制尚未形成，那种盲目扩张投资、竞相攀比速度、缺乏有效约束机制等问题没有得到根本解决。在这种情况下，解决当前的问题必须采用新思路、新办法，从加快新旧体制转换中找出路，把改进和加强宏观调控、解决经济中的突出问题，变成加快改革、建立社会主义市场经济体制的动力。在深化改革中，特别要加快金融体制、投资体制和财税体制的改革。

三是主要运用经济办法，也要采取必要的行政手段和组织措施。要强化间接调控，更多地采取经济手段、经济政策和经济立法。通过加强宏观调控，既能有效解决当前经济问题，又有利于继续增强微观经济活力和市场机制作用的充分发挥。对那些主要是由于行政行为导致经济秩序混乱的问题，也要采取必要的行政手段加以解决。特别是在当前经济运行机制不健全的情况下，行政手段更不可缺少。加强宏观调控要注意从实际出发，进行分类指导，不搞"一刀切"。但对防止严重通货膨胀和整顿金融秩序等问题，必须有较强的力度，同时采取必要的组织手段、纪律手段和法律手段，以保证中央政令的通行。

针对当前经济生活中存在的问题，党中央、国务院决定采取以下加强和改善宏观调控的措施：

一、严格控制货币发行，稳定金融形势。全年货币发行量要控制在××××亿元，这要作为今年宏观调控的首要目标。首先要把住基础货币投放这个闸门，严格控制社会需求的过快增长，认真整顿金融秩序，切实加强现金管理。各家银行和金融机构要严格执行现金管理规定，严肃结算纪律。各家银行的大额汇款一律通过电子联行和人民银行联行办理转汇，做到事先清算汇差资金，确保汇入款项的及时解付。

二、坚决纠正违章拆借资金。人民银行要停止对非银行金融机构发放贷款，已经发放的贷款要限期收回。中央银行的资金，用于支持农业生产和确保农副产品的收购，用于增加国家外汇储备和黄金储备，解决中央财政列入国家预算的临时借款，以及铁路等重点建设资金需要。银行之间的正常资金拆借，要严格按照人民银行规定的用途、期限、利率进行。今年内暂停银行对非银行金融机构的资金拆出，严禁非金融机构参与资金拆借。拆借资金只能按规定用于为解决银行正常支付和先支后收的临时头寸调剂，不得变相搞计划外的贷款和投资。各级各类银行要在规定限期内完成全面清理拆借的工作，限期收回不合理的拆借资金。对在今年八月十五日以前，未能收回的违反规定的拆出资金和以拆借名义用于其他方面的资金，要逐笔登记造册，说明原因，提出处理意见。要尽快建立全国统一的、有序的同业拆借市场，使资金拆借纳入规范化的轨道。

三、灵活运用利率杠杆，大力增加储蓄存款。五月十五日提高储蓄存款利率以来，已经收到一些积极效果，但力度还不够，七月上旬将再次提高银行存、贷款利率。同时，对三年、五年和八年期定期储蓄存款实行保值。要加强利率管理，严格执行人民银行公布的法定利率，不得在规定的利率水平和浮动的幅度之外收取手续费或变相提高利率。对违反利率规定的，要认真查处。

四、坚决制止各种乱集资。各地区、各部门对一九九二年以来进行的未经授权部门批准的各种形式集资，要进行一次全面清理，集资利率不得超过国家有关规定。为了规范集资行为，国务院将制定集资管理条例，明确正当集资与乱集资的界限、审批程序、批准权限、利率范围以及风险处理等有关问题。当前要严肃查处几个大的乱集资典型案例，并予公布，对全民进行法制教育和投资风险教育。

五、严格控制信贷总规模。强化中央银行对全社会信贷总规模的宏观控制，各家银行和非银行金融机构要严格按照人民银行总行下达的年度信贷计划执行，未经批准不得突破，并按季监控，按月考核。银行贷款首先要支持农业生产和农副产品收购；支持产品在国内外市场有销路、效益好的国有工业企业的流动资金需要，对于产品无销路、效益不好或挪用资金参与乱集资、炒房地产、炒股票的企业要减少以至停止贷款；积极支持外贸出口的贷款需要，对囤积外汇额度或不按规定及时结汇的外贸公司，要从严控制贷款发放；固定资产投资贷款要集中用于国家计划内的农业、交通通信、能源、重要原材料、水利等国家重点建设项目，特别是铁路建设和今年内可以竣工投产的建设项目。

六、专业银行要保证对储蓄存款的支付。各专业银行和商业银行要建立存款支付责任制，大力组织存款，压缩一般贷款，清理收回不合理贷款和拆借资金，以增强银行的支付能力。各专业银行总行要在全国范围内统一调度资金，任何地方、部门不准干扰专业银行为保证支付而进行的资金调度。由于不能保证存款支付而出现问题，由当地的专业银行行长和该总行行长负责。

七、加快金融改革步伐，强化中央银行的金融宏观调控能力。中国人民银行要通过深化改革，真正成为对全国信贷、货币进行宏观调控和统一管理各类金融机构的中央银行。贷款规模的调剂权集中到人民银行总行，取消人民银行省级分行百分之七的贷款规模调剂权。为了增强人民银行对信贷资金的间接调控能力，盘活信贷资金存量，调节资金分布，人民银行要切实抓好中央银行融资债券的发行工作。中央银行的再贷款，除用于农副产品收购的再贷款可下达给省级分行外，其余再贷款主要对专业银行总行发放。未经中国人民银行批准，擅自设立的金融机构要限期撤销或并入经批准的金融机构。坚决取缔钱庄、银号等非法设立的金融机构。人民银行、专业银行和商业银行兴办的非银行金融机构和其他经济实体要与银行彻底脱钩，首先在人事、财务和资金方面完全脱钩。人民银行要带头尽快脱钩。

八、投资体制改革要与金融体制改革相结合。从改革投资体制入手，尽快建立政策性银行，逐步实现政策性金融与商业性金融相分离。组建国家长期开发信用银行、出口信贷银行等政策性银行，专门承担政策性投融资和贷款任务。当前，各专业银行也可先采取过渡办法，在内部分设账户、分别管理，实行政策性和商业性业务分开。过渡期间的财务核算办法，实行单独记账，统负盈亏。

九、限期完成国库券发行任务。今年发行国库券的利率，随着银行再次提高利率而相应提高。各地区、各部门要认真执行《国务院办公厅关于确保完成今年国库券发行任务和做好兑付工作的通知》，必须在七月十五日以前完成国库券发行任务，这要作为一项政治任务。要广泛动员职工和个体劳动者购买，各专业银行、非银行金融机构也要积极代销，再用养老保险基金和待业保险基金结余购买一部分。要以省、自治区、直辖市及计划单列市为单位，把完成国库券发行任务与发行有价证券挂钩，只有在完成国库券发行任务后，才可以发行国家计划安排的其他有价证券。

十、进一步完善有价证券发行和规范市场管理。各地区、各部门必须严格执行国家下达的股票、债券等证券发行计划，不得擅自突破（包括股票发行的试点企业个数）。已经批准股票境外上市的上海石化总厂等九个大企业，要继续做好各项准备工作，保证顺利上市。各地区、各部门要严格执行《股票发行与交易管理暂行条例》，对不符合发行、上市条件的股票、债券不予审批。做好股票、债券异地交易的准备工作，保证交易的顺利进行。内部职工持股的定向募集股份有限公司，要继续按照规范要求进行试点，严格执行《国务院办公厅转发国家体改委等部门关于立即制止发行内部职工股不规范做法意见的紧急通知》，股权证要集中托管。要坚决取缔有价证券的黑市交易，维护合法、规范的市场交易活动。

十一、改进外汇管理办法，稳定外汇市场价格。在努力扩大外贸出口的同时，要加强对出口收汇的监督管理，完善和改进出口收汇核销制度，建立进口付汇核销办法，加强结汇纪律，防止出口不结汇、推迟结汇和境外截留外汇，提高出口结汇率。要完善外汇上缴办法，保证中央必要的外汇需要。要改进和完善外汇留成制度，对实行现汇留成的试点单位加强现汇账户管理。对留成的外汇额度和现汇，实行限期使用，防止囤积外汇。要采取多种措施控制进口规模，严格按国家规定控制进口减免税。严格对境外投资和其他外汇资本流出的审核监督。严格限制外币在国内市场的流通，取缔炒买炒卖外汇等投机活动。要严厉打击进口走私行为。同时，抓紧研究外汇管理体制改革。

十二、加强房地产市场的宏观管理，促进房地产业的健康发展。认真执行《国务院关于发展房地产业若干问题的通知》，由建设部牵头组织土地、工商、税务等部门对各类房地产开发经营机构进行一次全面检查，对注册资金虚假、没有开发能力以及偷税漏税的经营单位，要予以查处。抓紧制定房地产增值税和有关税收政策，坚决制止炒房地产获取暴利的行为。在土地增值税出台以前，要严格执行财政部《关于国有土地使用权有偿使用收入征收管理的暂行办法》，把流失的土地收入按规定清缴入库。所有房地产开发公司都要承担百分之二十以上的微利居民住宅建设任务。土地批租后，必须抓紧开发利用，购地后一年内投入的开发资金不足购地费百分之二十五的，要收回土地。金融机构和土地管理部门一律不得开办开发经营房地产的公司，已开办的要限期脱钩。房地产开发投资必须纳入固定资产投资计划，由人民银行和国家计委重新核定今年的房地产信贷规模，并下达到各专业银行。

十三、强化税收征管，堵住减免税漏洞。税务部门要依法治税，在继续做好国有经济单位税收征管的同时，加强对非国有经济单位各项税收和个人收入调节税、所得税的征管工作。各地方超越权限自行制定的减免能交基金、预算调节基金和其他各项减免税政策，一律先停止执行，再由上级税务部门逐项审核，作出处理。各地方如因擅自减免而未完成"两金"上缴任务的，中央财政要相应扣减地方"两金"分成收入。今年内，中央和地方都不再出台新的减免税政策，临时性、困难性的减免税一律暂停审批。对外商投资企业要加强税收征管，防止外商转移利润和逃税、避税。要清理关税和进口工商税的减免。改进出口退税办法，实行出口退税与出口结汇相挂钩，防止虚报冒领。要认真清理欠税，对拖欠税款的，由税务部门通知银行扣缴入库。地方财政预算收支，必须严格执行《国家预算管理条例》，不准打赤字。已经打赤字的地区，要立即重新调整地方预算，确保全年收支平衡。从八月份开始，由国务院组织全国财税大检查，重点检查偷漏税、越权减免税和"两金"等方面的问题。对检查出来应上缴国家的财政收入，银行要及时划解入库，不得占压应缴国库的财政收入。

十四、对在建项目进行审核排队，严格控制新开工项目。现在建设摊子普遍铺得太大，战线拉得过长，投资结构也不够合理，各地区、各部门必须对所有在建项目进行一次清理、审核排队。对不符合国家产业政策、资金来源不落实、建设条件不具备、市场前景不明的项目，特别是高档宾馆、写字楼、度假村等，要下决心停缓建，腾出资金保国家重点建设项目，保今年计划内项目。各级政府和财政、银行部门，要加强建设资金的调度，保证国家预算内建设资金和银行投资贷款按资金的正常需要比例到位。所有新开工项目，必须是有正当资金来源、产品有市场销路和经济效益好的项目。建设资金供应无保证、条件不具备的项目，都不得批准开工。新开工基本建设大中型项目，必须经国务院批准后方能开工。对于基本建设小型项目，除农业、水利、交通、能源、学校、医院、粮棉仓储设施、城市公用设施、职工住宅以及合同已经生效的利用外资项目外，其他项目今年内也要严格控制新开工，抓紧建立建设项目申报备案制度。各地区要认真贯彻《国务院关于严格审批和认真清理各类开发区的通知》。借用国外商业贷款，要严格按国家计划执行，不得任意突破，特别是不准用商业贷款倒换人民币来扩大建设规模。

十五、积极稳妥地推进物价改革，抑制物价总水平过快上涨。今年内，除按原计划再出台提高铁路货运价和整顿电价外，各地方都不要再出台新的调价项目（包括服务收费项目）。受国家调价影响较大的后续产品，价格调整也要从严掌握。对去年下半年以来一些地区和部门，未经国家批准越权决定出台的提价项目和行政性收费要进行清理，并严格按价格管理条例进行查处。对已经放开的重要商品价格要加强监测，通过立法规范企业价格行为。已经放开粮价的地区，要进一步发挥国有粮食部门稳定市场、稳定粮价的作用。严格执行农业生产资料最高限价。

十六、严格控制社会集团购买力的过快增长。要加强集团购买力的控购管理工作。下半年要严格控制和精简各种会议，各地区、各部门会议经费要在年初预算基础上压缩百分之二十。要严格控制过多过滥的出国活动，控制无实际效益的各种招商活动，停办各种无实际意义的办节活动。各行政事业单位要努力节约办公经费，购买办公设备必须严格按预算办事，不得以办公自动化为名要求追加预算。对非生产性的社会集团单位购买小汽车，下半年原则上暂停审批。对行政事业单位和亏损企业，以及拖欠税款和没有自有专用基金的企业，一般要暂停购买小汽车。

采取上述措施，从全局来说是非常必要的，是积极的。既可以保持经济持续快速发展，又可以为加快改革开放创造必要的宏观环境。当然，实行这些措施，下半年的经济增长速度将要减慢一些，有些生产企业可能减产甚至停产，企业的销售收入会相应减少，有些建设项目要停缓下来，相互拖欠资金会有所增加。但就全国来看，还可以保持较高的增长水平，全年经济增长率不会低于百分之十。基础工业和主要装备工业特别是国有大中型企业的生产经营不至于受太大的影响。如果不采取这些措施或这些措施不能得到有效贯彻，"瓶颈"部门制约将会进一步加剧，资金供求矛盾将更加尖锐，严重通货膨胀局面将难以避免。在这样的局面下，即使今年速度可以更高一些，但明后年将难以支撑，经济有可能发生大的起落。这是我们需要极力避免的。一定要注意瞻前顾后，不仅考虑今年，还要考虑到明后年以至整个九十年代的发展战略目标，保证国民经济持续、快速、健康地发展。

在实施上述措施过程中，必须继续高度重视农业问题，要切实落实党中央、国务院关于稳定和发展农业生产的各项政策措施。当前特别是，一要坚决做到不打"白条"，二要切实减轻农民负担，三要抓紧解决夏收购销、储运中暴露的问题，四要抓好大秋作物播种面积的落实和田间管理。这是关系经济社会全局稳定和经济走势的大事。同时，要大力开展增产节约、增收节支活动，反对铺张浪费；继续抓好《全民所有制工业企业转换经营机制条例》的落实，进一步强化企

177

业内部经营管理，推进企业的技术进步和扭亏增盈工作。贯彻上述措施，要坚持"两手抓"，抓住一些大案要案，坚决果断处理，推动纠正各种不正之风，反对贪污腐败，改变社会不良风气，使中央的宏观调控措施得到人民群众的拥护和支持。

各地区、各部门都要从大局出发，加强组织纪律性，做到令行禁止，坚决维护中央对全国宏观经济调控的统一性、权威性和有效性。自接到文件之日起，必须立即组织贯彻落实，制定出具体的办法和措施。党中央、国务院将组织调查组，深入各地进行督促检查。

中共中央
国 务 院
一九九三年六月二十四日

在全国金融工作
会议上的总结讲话

（一九九三年七月七日）

朱　镕　基

这次全国金融工作会议，是一次统一思想认识、端正思想作风的会议，是一次推进金融改革的会议，也是一次贯穿批评与自我批评精神的会议。会议的第一天，周正庆同志代表人民银行总行党组作了工作报告。会议期间，我参加了两个半天的分行行长座谈会，还同人民银行的一部分老行长进行了座谈，老同志们提出了很多很好的意见。这次会议达到了肯定成绩、检讨缺点、统一认识、团结奋进的目的，会议开得很好。

首先要肯定成绩。最近几年，人民银行在李贵鲜同志和人民银行党组的领导下，做了大量的工作，成绩是主要的，应该充分肯定。各专业银行行长、人民银行各分行的行长、全体金融战线上的职工同志们，在党中央、国务院和人民银行党组的领导下，做了大量的工作，我代表国务院向同志们表示衷心的感谢。你们两头受压，三方受气，任劳任怨，你们的处境我完全理解，我对你们表示亲切慰问。

其次，这次会议也检讨了缺点和失误，在会议发言中，很多同志都表现了自我批评的精神，这很好。我们的问题主要是没有严格按照党中央、国务院的指示和银行的规章制度办事，而是各行其是，发生了不少违章违纪的事情，甚至还有不少大案要案，也反映我们没有很好地抓队伍建设。正如江泽民同志所指出的，金融秩序混乱，纪律松弛，已经达到影响改革开放和经济发展的程度。有些地方的银行不能坚持原则，把"金库"的钥匙都交给了人家！你顶不住就要报告，你不报告就是失职，不能怕得罪人。

第三，统一了认识，坚定了信心。同志们说，如果不下决心扭转当前金融混乱局面，不制止住通货膨胀，经济就可能大起大落，我们就会失去大好的发展机遇。现在中央下了这么大的决心解决经济发展中出现的问题，我们就更有信心了。这次会议统一了这个认识，大家回去就要狠抓落实，要动真格的。

第四，会议提出了明确的要求，也有落实要求的许多具体措施，大家还提出了很多可行性很强的宝贵意见，这样就更好贯彻落实了。

当然，贯彻落实《中共中央、国务院关于当前经济情况和加强宏观调控的意见》（以下简称中央六号文件），光靠金融系统一家是不够的。只有全党、全国人民，特别是各地区、各部门的领导同志用中央六号文件统一思想、统一步调，大家一起努力，才能把中央对当前经济工作的重大决策真正落到实处。但是，金融是国民经济的命脉，在国民经济中处于重要的地位，我们承担了非常艰巨，也很光荣的任务，对贯彻好中央六号文件负有不可推卸的责任。如果我们的工作做得好，对扭转局势，加强宏观调控会起到重要的促进作用。因此，我们要把自己的问题看得重一些，对自己要求更严格一些，切实把中央六号文件贯彻好、落实好。

今天，我根据党组同志的意见和会议讨论的情况，讲三个问题。

一、以中央六号文件来统一金融系统的认识，是落实中央关于当前经济工作的重要决策，完成整顿金融秩序、改革金融体制的任务，扭转资金全面紧张局面的关键。

关于中央六号文件的形成过程和背景，我在会议开幕那天的讲话中已经讲了，由此大家不难看出，中央六号文件是在总结了一年多来经济高速发展的经验，研究了前进过程中发生的矛盾和问题，集中了各部门、各地区和许多老同志以及各民主党派、群众团体的智慧的基础上产生的一个重要文件。可以说这是一个集思广益的文件。同时，中央六号文件提出的十六条宏观调控措施，十三条是采用经济手段，不是"走老路"。我们是把解决当前经济工作中存在的问题，作为加速建设社会主义市场经济的动力，力求通过加快形成社会主义市场经济体制的办法，来解决当前经济发展中出现的问题。因此，这个文件又是一个充满改革精神的文件。

要贯彻落实好党中央、国务院关于加强宏观调控的重要决策，必须用中央六号文件来统一全党的认识。根据我学习中央六号文件的体会，我认为当前需要统一以下三个方面的认识。

第一，强化宏观调控，防止经济过热，是当前迫在眉睫的任务。

现在经济从总体上讲不过热，但局部地区、局部领域已经过热，现在再不强化宏观调控，有些问题就来不及纠正了。有些地方的领导同志不同意这个看法，有的说，你热我不热；有的认为，市场商品供应很丰富，物价涨了，补贴也多了，奖金发得也不少，不会出什么问题；有的说，只要你给我钱，我就可以抓住机遇，把经济搞上去；有的地方还说，我这里生产速度并不高，不但不热，而且还很冷，等等。我觉得，说经济热不热，不能只看速度高不高。如果生产速度是依靠挖掘现有企业潜力，调整结构，抓企业经营机制转换和质量品种，抓改善经营管理，生产出来的东西运得出去、卖得掉，效益好，这样的速度越快越好。但是，如果是基本建设大量投入，摊子铺得很大，又长期建不成，资金十分紧张，已经影响到企业的流动资金和重点建设项目资金的需要，票子又发得很多，这种状况下的速度可能一时会很高，但不会持久。现在商品供应确实比一九八八年时好多了，但一九八八年也不是商品供不应求。我当时在上海工作，那时仓库里商品并不少，把商品拿出来，降价卖，抢购风马上就平息了。问题是宏观环境绷得太紧以后，人们对通货膨胀的心理预期就会加大，发生社会动荡的可能性也会加大。江泽民同志讲，由于所处的地位不一样，对形势的分析可能不同。但要对形势有个正确的认识，就要从整体和全局来看问题。现在我们的宏观经济环境已经绷得很紧，再不控制住总量，就可能发生严重的通货膨胀。对这个问题不要再争论下去了，希望大家将认识统一在中央六号文件的精神上，强化宏观调控，防止经济过热。

第二，整顿金融秩序是强化宏观调控的重要方面。

江泽民同志对于金融秩序混乱、纪律松弛的问题有过两次重要批示。大家要正视金融系统存在的问题，如果不正视、不解决这些问题，全国大好形势不但不能发展，而且有可能逆转。

一是违章拆借。这是导致固定资产投资规模过大的一个重要原因。银行起到了推波助澜的作用。根据中国人民银行总行调查，去年以来，拆出资金余额在一千亿元以上，其中最多的主要是广东、北京等几个省市。

二是非法集资。这不都是银行的事情。这种集资有很大的危害，造成很多社会问题：（一）直接影响银行储蓄，使储蓄下降，重点贷款保证不了，"白条子"、"绿条子"难以避免。（二）投资者上当受骗，有的甚至连本金也难以收回，北京长城机电科技产业公司就是一个典型。对长城公司的问题我们发现太晚，我们有责任，让一些同志上了当，让老百姓吃了亏。但我们现在只能尽量把钱追回来，我们不能赔，也赔不起。群众在投资时，必须考虑投资风险，只是埋头想发财，结果可能会倾家荡产。政治局常委决定，要利用这件事，对全民进行一次法制和投资风险教育，要加强这方面的宣传。有的省大办钱庄、当铺，它们也搞储蓄，搞存贷款，农村里各种基金会、互助会都搞起来了，导致资金成本越来越高，风险越来越大，这种现象一定要制止。国务院办公厅通报了五个地区乱集资的问题，刹了一点风，但还远远不够。从报纸上看，现在有的部门还在搞，有的未经批准发外币债券。国务院已经明文规定，在国内外集资都必须经过批准，不经批准搞集资是不对的。乱集资制止不了，提高储蓄存款利率也起不了多大作用。

三是金融管理混乱，恶性案件不断发生。农业银行河北衡水支行擅自向国外开了一百亿美元的备用信用证，尽管现在农业银行总行已发表声明作废，但后果还难以预料。现在有的部门、企业，在国外用上亿美元购买企业，也不向国务院报告。衡水案件暴露后，又陆续暴露了许多诈骗案件。现在各种诈骗活动很多，我们一定要提高警惕。

四是滥设金融机构，擅自或变相提高利率，结算纪律松弛。企业反映，按法定利率很难借到贷款，资金几经倒手到企业后利率很高。这次提高利率后，必须坚决刹住这些违法行为。要坚决杜绝企业给银行送干股和银行参股拿回扣等不正当做法。现在银行之间相互占用汇差的问题很严重，企业对此很有意见。

当然，上述问题并不都是银行的责任，其他部门的问题也不少。现在财政也在搞信贷，把国家预算资金（变成预算外）拿来搞有偿使用，拿去放贷款，越搞越大。这种状况必须通过加强金融管理来解决。其他部门也要检查自身存在的问题，固定资产投资规模这样大，决不仅仅是财政和银行搞起来的。

第三，强化宏观调控，不是实行全面紧缩，而是进行结构调整，我们不会像外界传说的那样搞全面紧缩。

当前我国经济的高速发展从总体上讲是健康的，前进过程中发生的问题通过加快和深化改革就可以解决，没有必要实行全面紧缩，今后也不会采取全面紧缩的政策。今年的货币发行增加很多，资金投入也很多，资金紧张的根源在于固定资产投资规模搞得太大，致使重点企业、重点建设的资金没有保证。我们要进行结构调整，把不该搞的停下来，集中资金保证重点。要根据优化产业结构的原则，按照国家的产业政策调整资金投向，加强基础设施和基础产业。在这个过程中，会暴露不少矛盾和问题，难免要触及某些方面的利益，引起一定的震动。对此，要有足够的思想准备。在这次整顿金融秩序中，要贯彻"软着陆、点刹车"的方针，不能刹车过急。现在主要是进行结构调整，要优先保证农业、重点企业和重点建设的资金需要。当前农副产品议价收购部分的资金还没有全额到位，重点企业的流动资金还很困难，今年上半年重点建设的资金到位率不到计划的一半。因此，当务之急是调整资金的投向，保证重点需要。

二、银行系统的领导干部要严格执行党中央、国务院提出的"约法三章"。

人民银行党组要求银行的各级领导干部识大体，顾大局，严肃组织纪律，提出了"三要"和"十不准"的要求，这些都是完全正确的，我都赞成，大家要认真执行。为了在最短的时间内扭转局面，根据江泽民同志的意见，我在这里将"三要"和"十不准"具体化为"约法三章"。

第一，立即停止和认真清理一切违章拆借，已违章拆出的资金要限期收回。各银行要在今年八月十五日前，将违章拆给非金融机构的资金全部收回，拆给非银行金融机构的资金先收回百分之五十，其余违章拆借、违章参股、投资的资金要在八月十五日前提出收回计划和处理意见，并上报总行。

第二，任何金融机构不得擅自或变相提高存贷款利率。不准用提高存贷款利率的办法搞"储蓄大战"，不得向贷款对象收取回扣，或者将资金通过"关系户"放高利贷。

第三，立即停止向银行自己兴办的各种经济实体注入信贷资金，银行要与自己兴办的各种经济实体彻底脱钩。过去违反规定将信贷资金充当资本金注入企业的，要限期收回。

各级银行都要认真贯彻执行"约法三章"，否则，将严肃追究当事人和主要负责人的责任。

认真贯彻执行"约法三章"，把金融秩序切实整顿好，必须加强各级领导班子的思想和作风建设。要坚持"两手抓"，两手都要硬，要始终坚持党的基本路线不动摇，不懈地对职工进行思想政治教育。正人先正己，只要领导干部以身作则，认真执行"约法三章"，就一定能够带出一支坚强的金融队伍。

在整顿金融秩序时，要注意稳定队伍，稳定机构，稳定人心，保护大家的积极性。前一段时间金融系统出现的一些问题，是在特定的社会环境下发生的，有些是新旧体制转换过程中难以避免的。问题的责任主要在上面。对工作中发生的不触犯刑律的一般违章问题，只要明确责任，如实报告，认真纠正，改了就好。

三、进一步推进金融改革。

金融改革，既要从我国目前实际情况出发，又要遵循市场经济发展的一般规律，逐步向国际规则靠拢。

改革的重点是，强化中央银行职能，加快形成统一、有效的宏观调控机制，以适应社会主义市场经济的需要。

通过改革，必须建立一个在国务院领导下的独立执行货币政策的中央银行体系，调节社会总供给与总需求的平衡，保证币值的稳定；必须建立一个中央银行监管下的以国家政策性银行和国有商业银行为主体的、多种金融机构并存的金融组织体系；必须建立一个统一、高效、有序的金融市场体系。为此，这次会议后，要在以下方面抓紧进行改革。

第一，加强中央银行职能和基础建设。

1. 强化中央银行职能。中国人民银行作为我国的中央银行，其主要职能是，通过制定和实施货币政策，严格控制全社会的货币供应总量；加强对金融机构的监管；保证金融体系的安全。首要目标是保持货币的稳定以促进经济的合理增长。

2. 运用宏观调控方法。现阶段要由控制银行信贷规模和现金发行，逐步过渡到控制全社会货币供应总量。综合运用再贷款、存款准备金、利率、储备限额、汇率等经济手段实施货币政策。根据市场发育的条件，逐渐增加间接调控的比重，逐步向间接调控为主过渡。

3. 控制基准利率，实行灵活的利率政策，调节资金供求。在基准利率基础上，规定金融机构利率浮动范围和幅度，并以此影响货币市场和证券市场，逐步形成以中央银行基准利率为基础的利率体系。

第二，建立中央银行监管下的以国家政策性银行和国有商业银行为主体、多种金融机构并存的金融组织体系。

1. 组建政策性银行，实现银行政策性和商业性业务的分离，改变目前专业银行政企不分的体制。目前，要抓紧组建国家长期开发信用银行和进出口银行。政策性银行在国家产业政策和规划的指导下，在国家财政的支持下，不以盈利为目的，自主经营、自负盈亏、自担风险。

2. 分离后的商业银行要依法经营，保持资金使用安全性、流动性和盈利性统一的原则。

（1）有组织地做好金融资产清理工作，为其他改革打下基础。

（2）逐步实行自主经营、自负盈亏、自担风险、自我约束。

（3）由信贷规模管理逐步转向实行资产负债比例管理。按《巴塞尔协议》的要求，逐步提高资本充足率。鉴于非银行金融机构的资金占全社会资金的百分之三十，要加强风险管理。

对各类、各级银行实行监督和稽核的机构和机制问题应该尽快研究解决。可以借鉴市场经济国家这方面的经验，并且结合我们自己的特点，创造有效的形式。

第三，建立统一、开放、高效、有序的金融市场体系。

1. 建立全国统一有序的、规范化的同业拆借市场，使同业拆借市场变为真正的头寸市场。

2. 发展短期票据市场。规范债券的信用评级，促进债券市场的健康发展。完善股票市场。在企业股份制改造的基础上，规范股票的发行和上市，逐步扩大规模。完善证券交易所的管理。

3. 外汇市场要通过加快外汇管理体制改革，控制资本流出，有效利用外汇资金。逐步建立以市场汇率为基础的人民币汇率机制，最终达到汇率并轨。这项工作明年要起步。

推进金融改革，首先要进一步增强加快改革的自觉性和紧迫感。有些同志提出，过去金融系统的改革讲长远目标的多，讲近期如何改的少，这个问题提得好，请人民银行总行党组认真研究这个意见，尽快拿出切实可行的近期改革方案。这里我讲一下关于人民银行省分行、县支行机构设置的改革问题，我的意见是不能急，要慎重。从长远看，中央银行应按经济区设置分支机构，但目前省分行、县支行都不撤，要稳定机构，稳定队伍。分行、支行的职能要转变，在加强对金融机构的监督上多做工作。总的来讲，我们金融系统的同志特别是各级领导同志，要克服因循守旧的观念和单纯业务观点，要在深化改革中找到扭转金融紧张局面的出路。同时，要通过改革，建立起适合中国国情的和社会主义市场经济要求的金融体制。

全国金融工作会议今天就要结束了。大家回去后，要立即向地方党政领导汇报这次会议的精神，尽快制定具体贯彻落实意见，扎扎实实地把工作开展起来，切实完成党中央、国务院交给我们的任务。

国务院关于坚决制止期货
市场盲目发展的通知

（一九九三年十一月四日）

各省、自治区、直辖市人民政府，国务院各部委、各直属机构：

期货市场是市场发育的高级形态，其风险性和投机性很大，管理要求很高，根据我国现阶段的实际情况，除选择少数商品和地方进行试点探索外，必须严加控制，不能盲目发展。一九八八年以来，国务院有关部门在几个批发市场和交易所进行了部分引进期货交易机制的试点工作。近来，一些地方和部门竞相争办期货交易所或以发展期货交易为目标的批发市场，盲目成立期货经纪公司；一些执法部门也参与期货经纪活动；有些外资、中外合资或变相合资的期货经纪公司蓄意欺骗客户；一些境内外不法分子互相勾结搞期货经纪诈骗活动；一些单位和个人对期货市场缺乏基本了解，盲目参与境内外的期货交易，上当受骗，造成经济损失。这些问题虽然发生在少数地方，但涉及面广，影响很坏，隐患很大，严重干扰了期货市场试点工作的正常进行。为坚决制止期货市场的盲目发展，确保试点工作健康地进行，特作如下通知：

一、在期货市场试点工作中，必须坚持"规范起步，加强立法，一切经过试验和严格控制"的原则，加强宏观管理，实行统一指导和监管，不得各行其是。国务院决定，对期货市场试点工作的指导、规划和协调、监管工作由国务院证券委员会（简称证券委，下同）负责，具体工作由中国证券监督管理委员会（简称证监会，下同）执行。各有关部门要在证券委的统一指导下，与证监会密切配合，共同做好期货市场试点工作。未经证券委批准，不得设立期货交易所（中心）。

二、一律暂停审批注册新的期货交易和经纪机构。已经成立的各种期货交易机构，要按照国务院即将发布的期货交易法规重新履行审核批准手续，由证监会从严审核后报国务院批准，统一在国家工商行政管理局重新登记注册；重新审核后未予批准的，一律停止进行期货交易。期货交易法规发布前已经成立的各种期货经纪机构，要按照国家工商行政管理局发布的《期货经纪公司登记管理暂行办法》的规定，由证监会审核后，在国家工商行政管理局重新登记注册；外资、中外合资期货经纪公司，在有关涉外期货法规发布前，原则上暂不予重新登记注册，有关方面要切实做好善后工作。经重新审核不予登记注册的各种期货经纪机构，一律停止办理期货经纪业务。

三、取缔非法期货经纪活动。对那些以各种名义从事非法期货经纪业务的机构和个人，各级工商行政管理部门要会同有关部门严肃查处，坚决取缔。

四、对国有企、事业单位参与期货交易，要从严控制。执法部门及其所属单位不得参与期货经纪活动。严禁用银行贷款从事期货交易。未经中国人民银行和国家外汇管理部门批准，一律不得从事金融期货业务和进行外汇期货交易。期货交易和经纪机构要切实完善风险防避措施。新闻单位要注意加强有关期货风险方面的宣传，提高人们的风险意识。

军队系统所办期货经纪机构的重新审核工作，由中央军委办公厅根据本通知精神商证监会制定具体办法。

国务院
一九九三年十一月四日

转变政府职能，建立健全
宏观经济调控体系

——《中共中央关于建立社会主义市场经济
体制若干问题的决定》第四部分

（中国共产党第十四届中央委员会第三次
全体会议一九九三年十一月十四日通过）

（16）转变政府职能，改革政府机构，是建立社会主义市场经济体制的迫切要求。政府管理经济的职能，主要是制订和执行宏观调控政策，搞好基础设施建设，创造良好的经济发展环境。同时，要培育市场体系、监督市场运行和维护平等竞争，调节社会分配和组织社会保障，控制人口增长，保护自然资源和生态环境，管理国有资产和监督国有资产经营，实现国家的经济和社会发展目标。政府运用经济手段、法律手段和必要的行政手段管理国民经济，不直接干预企业的生产经营活动。

目前各级政府普遍存在机构臃肿，人浮于事，职能交叉，效率低下的问题，严重障碍企业经营机制的转换和新体制的建立进程，要按照政企分开，精简、统一、效能的原则，继续并尽早完成政府机构改革。政府经济管理部门要转变职能，专业经济部门要逐步减少，综合经济部门要做好综合协调工作，同时加强政府的社会管理职能，保证国民经济正常运行和良好的社会秩序。

（17）社会主义市场经济必须有健全的宏观调控体系。宏观调控的主要任务是：保持经济总量的基本平衡，促进经济结构的优化，引导国民经济持续、快速、健康发展，推动社会全面进步。宏观调控主要采取经济办法，近期要在财税、金融、投资和计划体制的改革方面迈出重大步伐，建立计划、金融、财政之间相互配合和制约的机制，加强对经济运行的综合协调。计划提出国民经济和社会发展的目标、任务，以及需要配套实施的经济政策；中央银行以稳定币值为首要目标，调节货币供应总量，并保持国际收支平衡；财政运用预算和税收手段，着重调节经济结构和社会分配。运用货币政策与财政政策，调节社会总需求与总供给的基本平衡，并与产业政策相配合，促进国民经济和社会的协调发展。

（18）积极推进财税体制改革。近期改革的重点，一是把现行地方财政包干制改为在合理划分中央与地方事权基础上的分税制，建立中央税收和地方税收体系。维护国家权益和实施宏观调控所必需的税种列为中央税；同经济发展直接相关的主要税种列为共享税；充实地方税税种，增加地方税收入。通过发展经济，提高效益，扩大财源，逐步提高财政收入在国民生产总值中的比重，合理确定中央财政收入和地方财政收入的比例。实行中央财政对地方的返还和转移支付的制度，以调节分配结构和地区结构，特别是扶持经济不发达地区的发展和老工业基地的改造。二是按照统一税法、公平税负、简化税制和合理分权的原则，改革和完善税收制度。推行以增值税为主体的流转税制度，对少数商品征收消费税，对大部分非商品经营继续征收营业税。在降低国有企业所得税税率，取消能源交通重点建设基金和预算调节基金的基础上，企业依法纳税，理顺国家和国有企业的利润分配关系。统一企业所得税和个人所得税，规范税率，扩大税基。开征和调整某些税种，清理税收减免，严格税收征管，堵塞税收流失。三是改进和规范复式预算制度。建立政府公共预算和国有资产经营预算，并可以根据需要建立社会保障预算和其他预算。要严格控制财政赤字。中央财政赤字不再向银行透支，而靠发行长短期国债解决。统一管理政府的国内外债务。

（19）加快金融体制改革。中国人民银行作为中央银行，在国务院领导下独立执行货币政策，从主要依靠信贷规模管理，转变为运用存款准备金率、中央银行贷款利率和公开市场业务等手段，调控货币供应量，保持币值稳定；监管各类金融机构，维护金融秩序，不再对非金融机构办理业务。银行业与证券业实行分业管理。组建货币政策委员会，及时调整货币和信贷政策。按照货币在全国范围流通和需要集中统一调节的要求，中国人民银行的分支机构为总行的派出机构，应积极创造条件跨行政区设置。

建立政策性银行，实行政策性业务与商业性业务分离。组建国家开发银行和进出口信贷银行，改组中国农业银行，承担严格界定的政策性业务。

发展商业性银行。现有的专业银行要逐步转变为商业银行，并根据需要有步骤地组建农村合作银行和城市合作银行。商业银行要实行资产负债比例管理和风险管理。规范与发展非银行金融机构。

中央银行按照资金供求状况及时调整基准利率，并允许商业银行存贷款利率在规定幅度内自由浮动。改革外汇管理体制，建立以市场为基础的有管理的浮动汇率制度和统一规范的外汇市场。逐步使人民币成为可兑换的货币。

实现银行系统计算机网络化，扩大商业汇票和支票等结算工具的使用面，严格结算纪律，提高结算效率，积极推行信用卡，减少现金流通量。

（20）深化投资体制改革。逐步建立法人投资和银行信贷的风险责任。竞争性项目投资由企业自主决策，自担风险，所需贷款由商业银行自主决定，自负盈亏。用项目登记备案制代替现行的行政审批制，把这方面的投融资活动推向市场，国家用产业政策予以引导。基础性项目建设要鼓励和吸引各方投资参与。地方政府负责地区性的基础设施建设。国家重大建设项目，按照统一规划，由国家开发银行等政策性银行，通过财政投融资和金融债券等渠道筹资，采取控股、参股和政策性优惠贷款等多种形式进行；企业法人对筹划、筹资、建设直至生产经营、归还贷款本息以及资产保值增值全过程负责。社会公益性项目建设，要广泛吸收社会各界资金，根据中央和地方事权划分，由政府通过财政统筹安排。

（21）加快计划体制改革，进一步转变计划管理职能。国家计划要以市场为基础，总体上应当是指导性的计划。计划工作的任务，是合理确定国民经济和社会发展的战略、宏观调控目标和产业政策，搞好经济预测，规划重大经济结构、生产力布局、国土整治和重点建设。计划工作要突出宏观性、战略性、政策性，把重点放到中长期计划上，综合协调宏观经济政策和经济杠杆的运用。建立新的国民经济核算体系，完善宏观经济监测预警系统。

（22）合理划分中央与地方经济管理权限，发挥中央和地方两个积极性。宏观经济调控权，包括货币的发行、基准利率的确定、汇率的调节和重要税种税率的调整等，必须集中在中央。这是保证经济总量平衡、经济结构优化和全国市场统一的需要。我国国家大，人口多，必须赋予省、自治区和直辖市必要的权力，使其能够按照国家法律、法规和宏观政策，制订地区性的法规、政策和规划；通过地方税收和预算，调节本地区的经济活动；充分运用地方资源，促进本地区的经济和社会发展。

国务院关于进一步改革
外汇管理体制的通知

(一九九三年十二月二十五日)

各省、自治区、直辖市人民政府，国务院各部委、各直属机构：

为促进社会主义市场经济体制的建立，进一步扩大对外开放，推动我国国民经济持续、快速、健康的发展，对现行外汇管理体制必须有步骤地进行改革。

我国外汇管理体制改革的长期目标是实现人民币可兑换，要达到这一目标，必须依据国情和国力循序渐进。现阶段先实现经常项目（主要包括贸易和非贸易项下的经营性支付）下人民币可兑换。国务院决定从一九九四年一月一日起，进一步改革我国的外汇管理体制。

一、现阶段外汇管理体制改革的总体要求。

实现汇率并轨，实行以市场供求为基础的、单一的、有管理的浮动汇率制，实行银行结汇和售汇制，取消外汇留成和上缴；建立银行间外汇交易市场，改进汇率形成机制；禁止外币在境内计价、结算和流通；改进和完善收、付汇核销管理；实现经常项目下人民币可兑换；取消外汇收支指令性计划，国家主要运用经济、法律手段实现对外汇和国际收支的宏观调控。

为保证上述体制改革的顺利进行，应采取一些过渡性措施，先实行经常项目下人民币有条件可兑换。

二、实行外汇收入结汇制，取消外汇分成。

境内所有企事业单位、机关和社会团体的各类外汇收入必须及时调回境内。属于下列范围内的外汇收入，均须按银行挂牌汇率，全部结售给外汇指定银行：

1. 出口或转口货物及其他交易行为取得的外汇；

2. 交通运输、邮电、旅游、保险业等提供服务和政府机构往来取得的外汇；

3. 按规定，银行经营外汇业务应上缴的外汇净收入，以及境外劳务承包和境外投资应调回境内的外汇利润；

4．外汇管理部门规定的其他应结售的外汇。

下列范围内的外汇收入，允许在指定银行开立现汇账户：

1．境外法人或自然人作为投资汇入的外汇；

2．境外借款和发行债券、股票取得的外汇；

3．劳务承包公司境外工程合同期内调入境内的工程往来款项；

4．经批准具有特定用途的捐赠收汇；

5．外国驻华使领馆、国际组织及其他境外法人驻华机构的外汇收入；

6．个人所有的外汇。

上述范围内用于支付境内费用的部分，均应向外汇指定银行兑换人民币办理支付。

取消现行的各类外汇留成、上缴和额度管理制度。对现有留成外汇额度余额和前述允许开立现汇账户范围以外的现汇存款，按以下原则处理：

留成外汇额度余额允许按一九九三年十二月三十一日国家外汇牌价继续使用。对汇率并轨前已办理结汇，尚未分配登记入账的留成外汇额度，应在一九九四年一月三十一日之前办完入账，并按上述原则使用。

前述允许开立现汇账户范围以外的现汇存款，实行结汇制后，可继续保留原有现汇账户，但只许支用，不许存入，用完为止。账户内余额允许用于经常项目支付、偿还外汇债务或向银行结售。

三、实行银行售汇制，实现经常项目下人民币有条件可兑换。

在实行结汇制的基础上，取消经常项目正常对外支付用汇的计划审批。境内企事业单位、机关和社会团体在此项下的对外支付用汇，持如下有效凭证，用人民币到外汇指定银行办理兑付：

1．实行配额、许可证或进口控制的货物进口，持有关部门颁发的配额、许可证或进口证明以及相应的进口合同；

2．实行自动登记制的货物进口，持登记证明和相应的进口合同；

3．除上述两项以外，其他符合国家进口管理规定的货物进口，持进口合同和境外金融机构的支付通知书；

4．非贸易项下的经营性支付，持支付协议或合同和境外金融、非金融机构的支付通知书。

非经营性支付购汇或购提现钞，按财务和外汇管理有关规定办理。对向境外投资、贷款、捐赠的汇出，继续实行审批制度。

大额及特殊币种的对外支付，用汇单位应在汇出日之前向外汇指定银行申报，以便银行能按时调配所需资金。

作为一项过渡措施，改革初期对出口企业按结汇额的百分之五十在外汇指定银行设立台账。出口企业为扩大出口所需用汇（包括进料加工、包装物料、出口基地、索理赔、运保费、售后服务及贸易从属费等），持上述有效凭证，由银行在其台账余额内办理兑付；超过台账余额的部分，仍可按照国家规定的办法，持有效凭证到外汇指定银行办理兑付。

四、建立银行间外汇市场，改进汇率形成机制，保持合理及相对稳定的人民币汇率。

实行银行结汇、售汇制后，建立全国统一的银行间外汇交易市场。外汇指定银行是外汇交易市场的主体。银行间外汇交易市场，由中国人民银行通过国家外汇管理局监督管理，主要职能是为各外汇指定银行相互调剂余缺，提供平仓、补仓及清算服务。

并轨后的人民币汇率，实行以市场供求为基础的、单一的、有管理的浮动制。由中国人民银行根据前一日银行间外汇交易市场形成的价格，每日公布人民币对美元交易的中间价，并参照国际外汇市场变化，同时公布人民币对其他主要货币的汇率；各外汇指定银行以此为依据，结合供求变化，在中国人民银行规定的浮动幅度范围内自行挂牌，对客户买卖外汇。在稳定境内通货的前提下，通过银行间外汇买卖和中国人民银行向外汇交易市场吞吐外汇，保持各银行挂牌汇率的基本一致和相对稳定。在市场出现不公正交易行为时，中国人民银行要通过限制汇率浮动幅度或其他措施进行干预。

五、外汇指定银行要依法经营并强化服务职能。

实行新体制后，外汇指定银行办理结汇所需人民币资金，原则上应由各银行用自有资金解决。新体制运转初期，对个别外汇结算业务量大而自有人民币资金有一定困难的银行，中国人民银行可提供一定数额的人民币再贷款，但这些银行应逐步用自有人民币资金顶替。

国家对外汇指定银行的结算周转外汇余额实行比例幅度管理。各银行结算周转外汇的比例幅度，由中国人民银行根据其资产和外汇结算工作量核定。各银行持有的结算周转外汇超过其高限比例的部分，必须结售给其他外汇指定银行或中国人民银行；持有结算周转外汇降到其低限比例以下时，应及时从其他外汇指定银行或中国人民银行购入补足。

为使有远期支付合同或偿债协议的用汇单位避免汇率风险，外汇指定银行可依据有效凭证为其办理人民币与外币的远期买卖及其他保值业务。

各外汇指定银行要保持合理的资产负债结构，按规定办理结汇、售汇和开户、存贷等业务，努力提高服务质量，降低服务费用，依法经营，公平竞争。

六、严格外债管理，建立偿债基金，确保国家对外信誉。

对境外资金的借用和偿还，国家继续实行计划管理、金融条件审批和外债登记制度。为境外法人（含中资控股的机构和企业）借款出具担保，必须严格按照国家外汇管理局《境内机构对外提供外汇担保管理办法》办理。

为确保国家的对外信誉，必须加强外债偿还的管理，继续实行"谁借谁还"的原则。债务人应加强对借用外债项目的管理，提高项目的经济效益和创汇能力。国家鼓励和支持各地区、有关部门和外债较多的企业按债务余额的一定比例建立偿债基金，在外汇指定银行开立现汇账户存储，国家批准的专项还贷出口收汇，可以直接进入该账户。专户资金只能用于对外支付本息，不得转移或用于其他支付。

债务人还本付息应从其偿债基金专户中支付；如发生困难，经外汇管理部门审查批准，可根据贷款协议，凭外债登记证和还本付息核准凭证，用人民币到外汇指定银行办理兑付。债务人要求在贷款协议规定到期日之前提前对外偿付的，须按规定经外汇管理部门批准。

未办理登记手续的外债和境内机构违反规定为境外法人借债提供担保引起的支付责任，各银行不得擅自为其办理对外支付。

已发放的境内金融机构自营外汇贷款，债务人可用创汇收入直接偿还，也可按贷款协议规定，用人民币向外汇指定银行购汇偿还。实行新体制后，境内金融机构借入境外贷款和吸收外币存款的贷放，仍采取贷外汇还外汇的方式，还款外汇按上述办法解决。

七、外商投资企业外汇管理体制的过渡。

外商投资企业的外汇管理仍先维持现行办法。在国家规定允许范围内的对外支付和偿还境内金融机构外汇贷款本息，可从其现汇账户余额中直接办理；超出现汇账户余额的生产、经营、还本付息和红利汇出用汇，由国家外汇管理部门根据国家授权部门批准的文件及合同审核批准，通知外汇指定银行兑付。

八、取消境内外币计价结算，禁止外币在境内流通。

自实行新体制之日起，取消任何形式的境内外币计价结算；禁止外币流通和指定金融机构以外的外汇买卖；停发外汇券，已发行流通的，由发行银行逐步兑回。经批准开设的境内外币商店和侨汇商店，限期转变经营，过渡办法另行拟订。

九、加强国际收支的宏观管理。

国家计委负责会同中国人民银行、国家经贸委、财政部、外经贸部、国家外汇管理局等有关部门，加强对外汇收支和国际收支平衡情况及变化趋势的定期预测、分析，及时提出改进宏观调控的措施建议，逐步完善我国国际收支的宏观调控体系。中国人民银行及国家外汇管理局应建立国际收支统计申报制度，加强对收、付汇和借还外债的核销、统计、监督和管理，堵塞漏洞，减少、杜绝外汇流失。各有关部门应密切配合，及时协调、解决工作中出现的问题，确保外汇管理体制改革的顺利实施。

国务院

一九九三年十二月二十五日

国务院关于金融体制改革的决定

(一九九三年十二月二十五日)

各省、自治区、直辖市人民政府,国务院各部委、各直属机构:

为了贯彻党的十四届三中全会决定,适应建立社会主义市场经济体制的需要,更好地发挥金融在国民经济中宏观调控和优化资源配置的作用,促进国民经济持续、快速、健康发展,国务院决定改革现行金融体制。

金融体制改革的目标是:建立在国务院领导下,独立执行货币政策的中央银行宏观调控体系;建立政策性金融与商业性金融分离,以国有商业银行为主体、多种金融机构并存的金融组织体系;建立统一开放、有序竞争、严格管理的金融市场体系。

一、确立强有力的中央银行宏观调控体系。

深化金融体制改革,首要的任务是把中国人民银行办成真正的中央银行。中国人民银行的主要职能是:制定和实施货币政策,保持货币的稳定;对金融机构实行严格的监管,保证金融体系安全、有效地运行。

(一)明确人民银行各级机构的职责,转换人民银行职能。

1.中国人民银行是国家领导、管理金融业的职能部门。总行掌握货币发行权、基础货币管理权、信用总量调控权和基准利率调节权,保证全国统一货币政策的贯彻执行。人民银行总行一般只对全国性商业银行总行(目前主要指专业银行总行)融通资金。

2.按照货币在全国范围流通的要求,需要对人民银行各级机构的业务实行集中统一管理。人民银行的分支机构作为总行的派出机构,应积极创造条件跨行政区设置,其基本职责是:金融监督管理、调查统计分析、横向头寸调剂、经理国库、发行基金调拨、外汇管理和联行清算。

(二)改革和完善货币政策体系。

1.人民银行货币政策的最终目标是保持货币的稳定,并以此促进经济增长;货币政策的中介目标和操作目标是货币供应量、信用总量、同业拆借利率和银行备付金率。

2. 实施货币政策的工具是：法定存款准备金率、中央银行贷款、再贴现利率、公开市场操作、中央银行外汇操作、贷款限额、中央银行存贷款利率。中国人民银行根据宏观经济形势，灵活地、有选择地运用上述政策工具，调控货币供应量。

3. 从一九九四年开始对商业性银行实施资产负债比例管理和资产风险管理。

4. 人民银行要建立完善的调查统计体系和货币政策预警系统，通过加强对宏观经济的分析和预测，为制定货币政策提供科学依据。

5. 建立货币政策委员会，增强货币政策制定的科学性。

（三）健全金融法规，强化金融监督管理。

1. 抓紧拟订《中华人民共和国银行法》、《中国人民银行法》、《票据法》、《保险法》等法律草案，提交全国人大审议。

2. 抓紧制定和完善对各类金融机构的管理条例和监管标准，并依法规范监管方式。监管的主要内容是：注册登记管理、法定代表人资格审查、业务范围界定、资本充足率、资产流动性和资产风险度等。

3. 对未经中国人民银行批准擅自设立金融机构和经营金融业务的，要依法查处。

4. 要进一步加强稽核监督。中国人民银行要对全国性金融机构进行严格稽核，必要时可对其分支机构实行稽核；人民银行分支机构要加强对辖区内金融机构的稽核。发现违规行为，要认真查处。

（四）改革人民银行财务制度。

取消人民银行各级分支机构的利润留成制度和缴税制度，人民银行总行和各级分支机构实行独立的财务预算管理制度。人民银行各级分支机构每年编制的财务收支计划，由总行批准后执行。各项收支相抵后，实现利润全部上缴中央财政，亏损由中央财政拨补。人民银行系统的财务决算报告要经财政部审核，并接受国家审计。人民银行分支机构工作人员（除工勤人员外）实行行员等级工资制。

二、建立政策性银行。

建立政策性银行的目的是，实现政策性金融和商业性金融分离，以解决国有专业银行身兼二任的问题；割断政策性贷款与基础货币的直接联系，确保人民银行调控基础货币的主动权。

政策性银行要加强经营管理，坚持自担风险、保本经营、不与商业性金融机构竞争的原则，其业务受中国人民银行监督。

（一）组建国家开发银行，管辖中国人民建设银行和国家投资机构。

1．国家开发银行办理政策性国家重点建设（包括基本建设和技术改造）贷款及贴息业务。国家开发银行只设总行，不设分支机构，信贷业务由中国人民建设银行代理。中国人民建设银行的政策性业务分离出去以后，转变为以从事中长期信贷业务为主的国有商业银行。国家开发银行投资机构，用国家核拨的资本金向国家重点建设项目进行股本投资。

2．国家开发银行的财务统一对财政部，经财政部批准，可以调剂各法人之间的资本金与利润。其管辖机构的负责人，由国家开发银行行长提名，报国务院任命。

3．国家开发银行根据筹资能力和项目风险情况，与国家计委和国家经贸委反复协商后，共同确定重点建设投资和贷款计划，并组织实施。

4．国家开发银行的资金来源主要是：（1）财政部拨付的资本金和重点建设基金；（2）国家开发银行对社会发行的国家担保债券和对金融机构发行的金融债券，其发债额度由国家计委和人民银行确定；（3）中国人民建设银行吸收存款的一部分。

5．调整中国人民建设银行的组织结构，将现在的中国投资银行并入中国人民建设银行国际业务部。

6．制订《国家开发银行条例》和《国家开发银行章程》。国家开发银行从一九九四年开始运作。

（二）组建中国农业发展银行，承担国家粮棉油储备和农副产品合同收购、农业开发等业务中的政策性贷款，代理财政支农资金的拨付及监督使用。

1．中国农业发展银行为独立法人，其资本金从现在的中国农业银行资本金中拨出一部分解决。中国农业发展银行接管现中国农业银行和中国工商银行的农业政策性贷款（债权），并接受相应的人民银行贷款（债务）。

2．中国农业发展银行可在若干农业比重大的省、自治区设派出机构（分行或办事处）和县级营业机构。

3．中国农业发展银行的资金来源主要是：（1）对金融机构发行的金融债券；

（2）财政支农资金；（3）使用农业政策性贷款企业的存款。

4．制订《中国农业发展银行条例》和《中国农业发展银行章程》，一九九四年夏收前完成组建工作。

中国农业发展银行成立后，中国农业银行转变为国有商业银行。

（三）组建中国进出口信贷银行。

1．中国进出口信贷银行为独立法人，其资本金由财政部核拨。

2．中国进出口信贷银行的业务是为大型机电成套设备进出口提供买方信贷和卖方信贷，为中国银行的成套机电产品出口信贷办理贴息及出口信用担保，不办理商业银行业务。中国进出口信贷银行的资金来源主要是财政专项资金和对金融机构发行的金融债券等。

3．中国进出口信贷银行只设总行，不设营业性分支机构，信贷业务由中国银行或其他商业银行代理。中国进出口信贷银行可在个别大城市设派出机构（办事处或代表处），负责调查统计，监督代理业务等事宜。

4．制订《中国进出口信贷银行条例》和《中国进出口信贷银行章程》。中国进出口信贷银行从一九九四年开始运作。

（四）政策性银行要设立监事会，监事会由财政部、中国人民银行、政府有关部门代表和其他人员组成。监事会受国务院委托，对政策性银行的经营方针及国有资本的保值增值情况进行监督检查；对政策性银行行长的经营业绩进行监督、评价和记录，提出任免、奖惩的建议。

三、把国家专业银行办成真正的国有商业银行。

（一）在政策性业务分离出去之后，现国家各专业银行（中国工商银行、中国农业银行、中国银行和中国人民建设银行）要尽快转变为国有商业银行，按现代商业银行经营机制运行。第一，贯彻执行自主经营、自担风险、自负盈亏、自我约束的经营原则；第二，国有商业银行总行要强化集中管理，提高统一调度资金的能力，全行统一核算，分行之间不允许有市场交易行为；第三，一般只允许总行从中央银行融资，总行对本行资产的流动性及支付能力负全部责任；第四，国有商业银行中的国有资产产权按国家国有资产管理的有关法规管理。

允许国有商业银行之间有业务交叉，开展竞争。国有商业银行的一切经营活动必须严格遵守国家有关金融的法律法规，并接受中央银行的监管。

国有商业银行总行设立监事会，监事会由中国人民银行、政府有关部门代表和其他人员组成。监事会受国务院委托，对国有商业银行的经营方针、重大决策及国有资产保值增值的情况进行监督检查，对国有商业银行行长的经营业绩进行考核，提出任免、奖惩的建议。

国有商业银行不得对非金融企业投资。国有商业银行对保险业、信托业和证券业的投资额，不得超过其资本金的一定比例，并要在计算资本充足率时从其资本额中扣除；在人、财、物等方面要与保险业、信托业和证券业脱钩，实行分业经营。国有商业银行的分行、支行没有投资权。

（二）我国商业银行体系包括：国有商业银行、交通银行以及中信实业银行、光大银行、华夏银行、招商银行、福建兴业银行、广东发展银行、深圳发展银行、上海浦东发展银行和农村合作银行、城市合作银行等。所有商业银行都要按国家有关金融的法律法规完善和发展。

（三）积极稳妥地发展合作银行体系。合作银行体系主要包括两部分：城市合作银行和农村合作银行，其主要任务是为中小企业、农业和发展地区经济服务。

1. 在城市信用社的基础上，试办城市合作银行。城市合作银行只设市行和基层行两级，均为独立法人。要制订《城市合作银行条例》，并按此组建和改建城市合作银行。试办城市合作银行，要分期分批进行，防止一哄而起。

2. 有步骤地组建农村合作银行。根据农村商品经济发展的需要，在农村信用合作社联社的基础上，有步骤地组建农村合作银行。要制订《农村合作银行条例》，并先将农村信用社联社从中国农业银行中独立出来，办成基层信用社的联合组织。农村合作银行目前只在县（含县）以下地区组建。国有商业银行可以按《农村合作银行条例》向农村合作银行参股，但不能改变农村合作银行的集体合作金融性质。

3. 农村合作基金会不属于金融机构，不得办理存、贷款业务，要真正办成社区内的资金互助组织。对目前已办理存、放款业务的农村合作基金会，经整顿验收合格后，可转变为农村信用合作社。

（四）根据对等互惠的原则，经中国人民银行批准，可有计划、有步骤地引进外资金融机构。外资金融机构要按照中国人民银行批准的业务范围开展经营活动。

（五）逐步统一中资金融机构之间以及中资金融机构与外资、合资金融机构的所得税税率。金融机构的所得税为中央财政固定收入。

（六）金融机构经营不善，允许破产，但债权债务要尽可能实现平稳转移。要建立存款保险基金，保障社会公众利益。

四、建立统一开放、有序竞争、严格管理的金融市场。

（一）完善货币市场。

1．严格管理货币市场，明确界定和规范进入市场的主体的资格及其行为，防止资金从货币市场流向证券市场、房地产市场。

2．所有金融机构均可在票据交换时相互拆借清算头寸资金。凡向人民银行借款的银行（包括所属分支机构），拆出资金的期限一般不得超过七天；商业银行、合作银行向证券公司、信托投资公司、财务公司、租赁公司拆出资金的期限一般不得超过七天。凡不向人民银行借款的银行拆出资金、非银行金融机构之间的资金拆借，不受上述限制，但要逐渐过渡到通过票据进行。

3．中国人民银行要制定存、贷款利率的上下限，进一步理顺存款利率、贷款利率和有价证券利率之间的关系；各类利率要反映期限、成本、风险的区别，保持合理利差；逐步形成以中央银行利率为基础的市场利率体系。

4．人民银行要严格监管金融机构之间的融资活动，对违反有关规定者要依法查处。

（二）完善证券市场。

1．完善国债市场，为人民银行开展公开市场业务创造条件。财政部停止向中国人民银行借款，财政预算先支后收的头寸短缺靠短期国债解决，财政赤字通过发行国债弥补。政策性银行可按照核定的数额，面向社会发行国家担保债券，用于经济结构的调整。邮政储蓄、社会保障基金节余和各金融机构的资金中，要保有一定比例的国债，全国性商业银行可以以此作为抵押向人民银行融通资金。

2．调整金融债券发行对象，金融债券停止向个人发行。人民银行只对全国性商业银行持有的金融债券办理抵押贷款业务。

3．完善股票市场。在企业股份制改造的基础上规范股票的发行和上市；完善对证券交易所和交易系统的管理；创造条件逐步统一法人股与个人股市场、A股与B股市场。

五、改革外汇管理体制，协调外汇政策与货币政策。

外汇管理是中央银行实施货币政策的重要组成部分。我国外汇管理体制改革的长期目标是实现人民币可兑换。根据我国目前的实际情况，并参照国际上的成功经验，近期实施的改革措施是：

（一）一九九四年实现汇率并轨，建立以市场汇率为基础的、单一的、有管理的人民币浮动汇率制度。

（二）取消外汇留成，实行结汇和售汇制。

（三）实现经常项目下人民币有条件可兑换。

（四）严格管理和审批资本项下的外汇流出和流入。

（五）建立全国统一的外汇交易市场，外汇指定银行为市场的交易主体。中国人民银行根据宏观经济调控的要求，适时吞吐外汇，平抑汇价。

（六）停止发行并逐步收回外汇兑换券。严格禁止外币标价、结算和流通。

（七）中国人民银行集中管理国家外汇储备，根据外汇储备的安全性、流动性和盈利性的原则，完善外汇储备的经营机制。

外汇管理体制改革的具体实施，按国务院有关规定执行。

六、正确引导非银行金融机构稳健发展。

要明确规定各类非银行金融机构的资本金数额、管理人员素质标准及业务范围，并严格审批，加强管理。要适当发展各类专业保险公司、信托投资公司、证券公司、金融租赁公司、企业集团财务公司等非银行金融机构，对保险业、证券业、信托业和银行业实行分业经营。

（一）保险体制改革要坚持社会保险与商业保险分开经营的原则，坚持政企分开。政策性保险和商业性保险要分别核算，把保险公司办成真正的保险企业，实现平等有序的竞争。保险业要逐步实行人身险和非人身险分别经营；发展一些全国性、区域性、专业性的保险公司；成立再保险公司；采取多种形式逐步发展农村保险事业。要适当扩大保险企业资金运用的范围和自主权，适当提高保险总准备金率，以增强保险企业的经济实力。要建立保险同业公会，加强行业自律管理。

（二）信托投资公司的资金来源，主要是接受长期的、大额的企业信托和委托存款，其业务是办理信托贷款和委托贷款、证券买卖、融资租赁、代理和咨询业务。

（三）企业集团财务公司主要通过发行商业票据为企业融通短期资金。

（四）证券公司不得从事证券投资之外的投资，进入一级市场和二级市场的

202

证券公司要加以区分，证券公司的自营业务与代理业务在内部要严格分离。

七、加强金融业的基础建设，建立现代化的金融管理体系。

（一）加快会计、结算制度改革。金融机构要按照国际通用的会计准则，改革记账基础、科目设置和会计核算体系，改革统计监测体系。要建设现代化支付系统，实现结算工具票据化，扩大信用卡、商业汇票、支票、银行本票等支付工具的使用对象和范围，增强票据使用的灵活性、流动性和安全性，减少现金使用。

（二）加快金融电子化建设。要加快人民银行卫星通讯网络的建设，推广计算机的运用和开发，实现联行清算、信贷储蓄、信息统计、业务处理和办公的自动化。金融电子化要统一规划，统一标准，分别实施。

（三）加强金融队伍建设。要更新从业人员的知识结构，加速培养现代化金融人才；要实行适合金融系统特点的干部人事制度和劳动工资制度，建立约束机制和激励机制。

国务院
一九九三年十二月二十五日

在全国金融工作会议闭幕会上的讲话

（一九九四年一月十五日）

朱镕基

一、对一九九三年金融工作的回顾。

一九九三年，是全国人民在邓小平同志建设有中国特色社会主义理论和党的十四大精神指引下，国民经济快速发展，多项改革迈出决定性一步的一年。全年国民生产总值突破三万亿元，比上年增长百分之十三，在全世界也是很高的速度；农业生产总体上避免了大的波动，粮食总产量创历史最高水平；国家重点建设项目贷款资金到位率接近百分之百，建设进度大大加快，铁路、电力等重点行业新增生产能力超额完成计划。

一九九三年上半年的经济形势相当严峻。有些问题我们在一九九二年就已经发现，去年上半年发展得越来越严重。到六月份已经看出，如果再不解决，我国经济将面临相当的危险。在这种形势下，党中央、国务院及时采取了加强宏观调控的措施，在不到两个月的时间里就扭转了局势。其中，汇率稳定得最快，中央六号文件刚下达，七月份汇率就自动往下降，七月九日有点反弹，七月十二日我们开始抛售外汇来平抑汇价，整个七月份共抛出七点四亿美元。当时，有的外国人警告我们，说你们有多少外汇可抛，汇价稳不住啊！但我们只抛了七点四亿美元，就把汇价给稳住了。八月份以后就不是抛了，而是收购了。因为不收购的话，汇价就要往下掉，掉了也不好嘛！掉了也是不稳定嘛！我们一直到现在还是按八点七零元左右人民币换一美元这个价格收购，才稳住了汇价。到现在共收购了五十四点七亿美元的外汇，现在每天还在收购一点儿。因为人心稳定了，黑市外汇价格比调剂市场上的价格还要低，外国人都觉得奇怪。对稳定汇价这件事，各方面都反映干得非常漂亮。

八月份以后，许多企业反映流动资金紧张。企业流动资金从来就是紧张的，八月份以后为什么更显得紧张呢？因为一九九二年膨胀起来的基本建设项目，在一九九三年投产的比较多，这些新投产的项目都没有安排流动资金贷款计划，也没有自有流动资金，而是挤占了现有企业的流动资金；加上投资过热受到抑制，市场情况发生了变化，有些行业、有些产品，如冶金行业和汽车、工程机械等，因市场有周期性，再加上大量进口的冲击，产销率明显下降，产品积压越来越严重，又占压了流动资金；另外，在计划里流动资金本来就没有打足，所以企业资金情况就显得更加紧张。当然，我们银行的工作也有一些问题。去年七月金融工作会议上我讲过要收违章拆借资金，七月七日以后收得回来的要收，已变成钢筋水泥收不回来的，要查清楚，提出解决的办法，逐步收回。去年七月七日至八月十五日，从银行系统以外收回了四百多亿元违章拆借资金。应该说，中央一声号令，银行做了大量的工作，认真清收违章拆借资金，做得很好，工作是有成绩的。但在清收的过程中，也收掉了一部分企业流动资金。因为拆借出去的钱，不但搞了基本建设，也有一部分用于流动资金。为了解决这个问题，我们及时提出了"堵邪门，开正门"。我在几次会议上都讲过：你们收拆借把人家的流动资金收回来，堵了邪门，那就得开正门，借钱给人家，而且要按规定利率，不能放高利贷！话是讲过了，但执行起来不那么容易，分不清拆出去的钱是搞流动资金还是搞基本建设、搞房地产，情况很复杂，一下子也搞不清楚。因此，在一些地方可能堵了邪门没有及时开正门，使得企业流动资金发生了困难。七月底我们就发现了这个问题。当时可以采取两种办法，一种办法是继续紧下去，这样可能更有利于抑制经济过热，抑制通货膨胀，使企业多生产一些有销路、有效益的产品，少增加一些库存，但这样做工业生产速度会很快掉下来，停工停产的企业会增多，可能造成社会的不稳定。另一种办法是适当放松一点银根，即使暂时增加一点库存，也要保一下国有大中型企业生产所需的流动资金，以保持社会的安定。我们反复地考虑了这个问题，决定采取第二种办法。为此，从八月初到十一月末的几个月时间里，我亲自主持召开了八次资金调度会，来研究怎样掌握宏观调控的力度和银根松紧的程度。与此同时，我和周正庆、戴相龙同志以及各专业银行的行长，带着工作班子跑了十几个省，一方面说服他们接受分税制；一方面研究经济宏观调控和金融调控的力度，做了大量的调查研究，与各地党政领导和各家银行分行的行长共同分析控制紧了还是松了，应该采取何种调控措施？在这几个月中，我们及时地让中国人民银行向各专业银行放了一部分再贷款，放松了一点银根。但绝不像外国报刊说的那样，什么银行顶不住各方面的压力，结束了宏观调控，放松了银根，掀起了新一轮基本建设高潮等等。

应该说，从八月到十一月这几个月里，我们是集中精力进行调查研究，密切注视经济生活的脉搏，一切从实际出发，使银根松紧的程度和经济生活脉搏基本合拍。不敢说丝丝入扣，至少说是基本合拍。这样做既避免了经济运行的大起大落，稳定了人心，同时又避免了多发票子，保持了国民经济持续、快速、健康地发展。如果不这样做的话，可以想象，十月份以后生产会一下子掉下来。从去年七月开始宏观调控，工业生产速度特别是国有工业企业生产速度节节下降，到十月份下降到百分之三点六，眼看着到十一月份就要变成零增长甚至是负增长，这对国有企业显然是很大的压力。由于我们及时地调度了一些流动资金，国有企业的生产速度在十一月份就回升到百分之五点五，十二月份继续回升。所以，我们宏观调控的政策目标没有变，具体做法完全是从实际出发，是"软着陆"。"硬着陆"是不行的，不能下得太快，企业承受不了。我们多放一些流动资金就是因为市场发生了变化，不少企业的产品没人要，货发出去钱回不来，又成了所谓"三角债"。我们放流动资金，实际上是调剂吞吐库存，现在看是必要的，让企业喘口气嘛！搞得太急容易出问题。

我们再看票子发了多少。刚才讲一九九一年是五百三十亿元，一九九二年是近一千二百亿元，一九九三年中央六号文件要求一千五百亿元，据年末金融快报的统计，全年发了一千六百零四亿元，但因为有一部分票子人民银行是在年末发给专业银行的，到专业银行后还没有投放到社会上，最后调整的货币投放数是一千五百二十九亿元。尽管比一九九二年的一千二百亿元还是增长了百分之二十五，但是比上半年预计投放两千亿元都打不住的情况要好得多。所以说，我们宏观调控搞得是相当成功的。

半年来，我深刻地体会到，我们银行这支队伍尽管存在这样或那样的缺点和错误，但确实是一支很好的队伍，一支值得信赖的队伍，一支能够战斗的队伍。

总之，去年的金融工作，上半年有一些缺点、失误，秩序有些混乱。下半年党中央、国务院一声号令，大家认真贯彻执行中央的方针政策，适时、稳妥地调整银根的松紧，发挥了对国民经济宏观调控作用，应该说工作是做得很漂亮的。我代表国务院，对同志们表示衷心的感谢！

二、一九九四年金融工作的方针和任务。

今年的形势怎么样，我们应该客观地分析。去年的宏观调控只是治了标，还没有治本。虽然抑制住了过热的趋势，但是没有从根本上解决问题，根本解决还是要靠改革。只有真正建立了社会主义市场经济体制，有了一个约束的机制，我们才能步入真正的良性循环。但是推进改革没那么容易，好多改革措施尽管我们在设计方案时绞尽脑汁，反复推敲，但不经过实践就不知道会发生什么问题。比如汇率并轨，去年十二月二十九日发布了公告，周正庆同志发表了一个谈话。公告和谈话我们反复推敲了好多天，开了多次会议，总怕有漏洞。公告发表以前，国务院又给各省（区、市）发了电报，要求做好准备。公告和谈话公布以后，外汇市场到现在还是稳定的，没出现别的问题，但出来个外汇券问题。这个问题谁也没想到。我们的公告尽管讲了外汇券停止发行后照常流通，一切不变，可就是没有明确讲五点八元外汇券还可以兑换一美元。就差这一句话，于是在北京一下子出现抢购金银首饰等贵重商品的情况。幸亏我们密切注视，发现得早，第二天赶快发表声明，只讲了一句话，还是五点八元外汇券兑换一美元，什么时候都可以兑换，问题就解决了。

第二件事，是税制改革，也是很复杂的事情。搞了个"消费税"，引起误会，老百姓以为所有消费品都要再加一道税，要普遍涨价，于是抢购了一阵子家电。实际上征消费税的商品里根本就没有家电。这个问题没说清楚，税名也没起好。后来又出了个"价外税"。"价外税"是个洋名词。中国和外国的价格不一样，外国通行的都是不含税的价格，我国现行价格都是包含税的。现在要改为价外税，有些人就理解为在现在价格上加百分之十七的增值税。本来商品价格一百元是含税的，再加上百分之十七的增值税变成一百一十七元，那不是涨了十七元。有些商店一月份真实行了。我们发现后赶快通知他们改过来，告诉他们理解错了。另外，我们也得到一个教训，就是有些事情静悄悄地改革就行了，不要在报纸上大肆宣传。我们银行改革就没怎么宣传，照样都做了。征收消费税的就十一种商品，比如烟、酒、汽车、化妆品等，你收税就行了，原来就有，也不是现在才加上去的，何必非要在报纸上讲呢！只要不是关系到国计民生的事情，就不要公开讲，在内部办培训班把它讲清楚就行了。如果公开讲，反倒引起群众一种错觉：改革就是涨价。这样就麻烦了，容易形成通货膨胀预期心理。

改革措施出台以后发生的这几件事情，给我们一个很大的教训，就是宣传改革要力求避免引起群众的恐慌，不要造成一种通货膨胀的心理预期。当然发生问题也是难以避免的，但只要我们及时掌握情况，很快地修正、调整、完善改革的办法，发现漏洞赶快补起来，就不致因小的疏漏而造成社会的动荡，改革就能顺利进行。这些工作我们已经指定专人在做。外汇改革由何椿霖同志担任领导小组组长，财税改革由刘仲藜同志担任领导小组组长。领导小组密切注视改革进展情况，发生问题及时解决。

改革要在比较宽松的环境下进行。只有绝大多数人都拥护改革，支持改革，愉快地接受改革，改革才能够成功。搞成一种绷得很紧的环境，说不定哪天要出事。去年十一月份粮价暴涨，我们谁都没有预料到。因为粮食库存很大，充足得很。粮价是怎样抬上去的呢？主要是因为某些沿海省市由于农业比较效益低，粮食播种面积大幅度下降，粮食紧缺。粮食市场放开后，进口粮食价格合适的时候吃进口粮，价格不合适就到内地抢购粮食。另外，据说还有一些炒股票、炒房地产的人也来炒粮食了。这样一抢、一炒，粮价一下子就上去了。粮价暴涨还有另一方面的原因，就是有些省市的粮食部门在粮食价格放开以后，没有明确自己担负着稳定粮价的任务，不但不去平抑粮价，反而参与一起抢，把粮食抢在手里，然后高进高出，把销价也提高。我们说的粮食提高收购价，要等到今年这个粮食年度夏收时才能够宣布，在此以前，销价不应该提高。因为现在销售的粮食是上一个粮食年度收购的，是低价的，提高就是在追求不应该有的利润。所以，无论沿海地区怎么抢粮食，只要粮食部门不跟着去抢，销价不上涨，粮食收购价格是炒不上去的。我这样讲不是批评粮食部门，因为在放开粮食市场的粮价后，对如何管好粮食市场，大家都没有经验，政府应采取什么方针也不十分明确。大家不要以为一个人一个月吃不了多少粮食，涨一点没关系，负担得起。粮食是万物之首，是最基础的商品。粮食一涨价，许多商品都要跟着一起涨价。如果粮食涨几角钱，物价上涨就不得了。党中央、国务院发现这个问题后，及时采取了平抑粮价的措施，毕竟粮食主渠道还是掌握在粮食部门手里。国有粮店带头挂牌降价，还是按过去收购价加上运输保管费用的价格卖粮食，粮价很快就降下来了。

香港有个经济学家说我们又用行政命令手段干预粮价，像这样搞下去，中国的改革是迷失了方向。我看他也没闹清楚。去年粮食没有歉收，还略有增产，库存很充足，为什么要涨价？供求关系没发生变化，粮价为什么会突然猛涨？就是心理预期的作用。党中央、国务院及时采取了敞开抛售国家储备粮以平抑粮价的措施，消除了人们的心理预期，粮价很快就掉下来了。这就说明我们采取的这些措施是完全符合经济规律、市场供求规律的，完全是宏观调控、经济手段，完全符合改革方向。光靠行政命令是没有那么大的作用的。

通过这次粮食涨价，我们明确了国有粮食系统今后的主要任务，就是把粮食收购到自己手里。在这个关系国计民生的粮食问题上，随便地、自由地、无限制地、没有管理地放开是不行的。如果粮食都在倒爷和炒家的手里，粮价就不知道是个什么情况了。只要把粮食收购、加工批发掌握在国有粮食部门手里，零售可以放开，菜市场、超级市场、粮店都可以卖粮食嘛！价格也不会涨上去的。这件事情给我们一个信号，就是由于这两年物价指数比较高，特别是三十五个大中城市生活费用指数连续两年都是百分之二十左右，因此老百姓对物价有点像惊弓之鸟。粮价波动幅度过大，就可能刺激人们对涨价的心理预期，引发通货膨胀。

我们一定要注意，要看到这么大的改革是在一个并不宽松的环境下进行的，改革任务相当艰巨。这就决定了我们要采取一个比较紧的货币政策。中央今年总的指导方针是五句话、二十个字，即："抓住机遇，深化改革，扩大开放，促进发展，保持稳定"。大家不要听信外国报纸关于中国又要掀起新一轮的发展高潮了，又要大干快上了等的宣传。中央不赞成这种说法。经济发展总得遵循经济规律，怎么能超越规律呢?！有那么一两个地方条件比较好，这是中央给了优惠政策嘛！这些地方可以搞得很快，成绩确实很大，但在报上宣传时，要注意掌握好分寸，因为中国的事情就怕一哄而起呀！最近要以党中央、国务院的名义发一个通知，内容是确保按时按量给职工发工资。这件事沿海的省市可能容易做到，但是确实有相当大比例的内地县（市）、乡不能按时发工资！这样搞下去怎么能行呢！各级政府机关包括事业单位都是国家机器，是国家政权的基础，是联系人民群众的纽带，不给他们发工资，他们怎么工作？国家机器怎么运转？现在有的公安局办案让"苦主"花钱，这怎么得了！国家应保证办案的经费，得保证他们的工资啊！教师特别是农村教师不发工资，教育能上去吗！中央认为按时按量发工资是各级党委和政府义不容辞的职责，也是考核政绩的基本依据。你说你那个地方经济发展速度很高，基本建设政绩很大，但就是发不出工资，这算什么政绩?！我们一切都是为了人民群众，一切依靠人民群众，这是共产党的基本宗旨。工资都不能发给大家，加上收入悬殊，国家机器还能有效地运转吗？所以，无论如何要按时按量发工资，宁可少上几个项目，少买几台汽车，也要先把工资发了。党中央、国务院发了通知后，应该认真地贯彻。首先要保证职工基本生活水平，有困难的要给予帮助。当然，国有企业要转换机制，但不管怎么样，地方财政要先把这个钱拿出来，这关系到社会的稳定。对学生也要区别不同情况，沿海来的学生给不给补贴都行，但内地和边远地区来的学生生活就比较困难，就靠这一点补助在吃饭。物价一涨，伙食办得不好，就容易发生很多问题。有些省市注意得比较早，给贫困地区来的学生、生活比较困难的学生发了一些补助，效果就比较好。

根据中央的总方针，国务院决定今年金融工作的方针是：继续整顿金融秩序，稳步推进金融改革，严格控制信用总量，切实加强金融监管。有的同志说，现在的气候是都在准备大干快上，都在讲发展是硬道理，你却讲金融还要严格控制，好像不合拍。同志们，今年金融工作的方针是根据中央的精神制定的，与中央的方针是完全合拍的，大家要坚决贯彻落实，不能动摇。

第一条方针是继续整顿金融秩序。要把金融秩序整顿好，不是一年两年的事，现在秩序还是相当的混乱。我昨天晚上看了一份内参，山西、河北联合破获了一起特大金融诈骗案，案件出在山西省忻州地区，牵扯到中国农业银行。中国银行去年出了几个大案，上亿美元都被诈骗分子汇到国外去，连图章都不查对，起码的规矩都没有，听起来令人不能容忍。哪个银行没有案件啊，这样搞下去怎么得了！不整顿怎么行呢？整顿工作一点也不能放松。同志们！我看需要对我们领导干部的政绩考核考核，促使大家兢兢业业，负起责任。做错了事情总得有点自我批评吧，不要等到撤职查办再算总账。去年整顿有成绩，但任务还没有完成，这项工作是金融系统长期、艰巨的任务，今年绝对不能放松，必须坚持不懈地抓下去。现在问题发现得比较多了，情况摸得更清楚了，下一步要认真总结教训，检查责任，切实整改，关键是领导干部。

第二条方针是稳步推进金融改革。为什么要稳步？就是别把老百姓吓坏了。金融改革去年已经进行了，把人民银行办成真正的中央银行，目标已经非常明确，已经起步了。今年要成立几个政策性银行，为把我们的专业银行变成商业银行进一步创造条件，这个问题基本上都打好了基础，马上都要出台了。我们要稳步推进金融改革，走一步看看发生了什么问题，及时加以补救。银行的改革应该说是走在前面的。如果不是这样，去年的宏观调控不会那么快取得成效。现在不可否认金融是宏观调控的一个最重要的手段，因此，要稳步地推进改革。

第三条方针是严格控制信用总量。就是说今年国家计划确定的指标一点也不能突破。我刚才讲了，今年的形势好还是不好，关键要看是不是能把基本建设规模控制住。基本建设规模控制住了，票子就控制住了，通货膨胀的压力就可以减轻，否则后果难以设想。基本建设规模靠什么控制呢？关键在银行贷款。没有钱，基建怎么能上得去？一九九二年、一九九三年的教训就是我们把金库敞开了，基本建设才上去的。你把金库钥匙死死地把住，它怎么能上得去呢！现在基本建设的摊子已经铺得够大了。同志们记得吧，一九九二年的固定资产投资总规模是八千亿元，去年是一万一千五百亿元，今年计划定了一万三千亿元。现在看来，去年也不止一万一千五百亿元，今年也绝对不止一万三千亿元，起码现在有两千亿元的缺口，弄不好建设规模很可能一下子就上去了。大家不要拿一万三千亿元跟两千亿元的缺口比，好像一万三千亿元计划，超过两千亿元不算什么。关键不在这里，问题在于在这一万三千亿元全社会固定资产投资中，有五千亿元是属于个人盖房子、集体搞建设，不是国家花钱。其余的八千七百五十亿元是国有单位的固定资产投资规模，在这八千七百五十亿元外，再超过两千亿元是不得了的。为什么说有两千亿元的缺口呢？第一，现在还没有列入国家计委计划本子里的项目，硬缺口起码还有五百亿元，留在那里等着要突破。第二，国家计委计划本子里安排的项目里面很大一部分自筹资金是没有着落的。自筹的比例很高，但到哪儿去自筹呢？过去是靠乱集资，靠银行乱拆借，现在把这个路子堵死了，到哪儿去借？到哪儿去拆呢？这起码又是五百亿元。第三，现在打到银行新增贷款总规模四千七百亿元里的固定资产投资贷款是一千五百八十亿元，占三分之一。这个比例历史上没有过，打得很高，也就是说流动资金比例打得太低，到时候非要增加流动资金不可，起码差五百亿元。这样算下来，再加上其他一些因素，缺口不是有两千亿元吗！在这种状况下，如果我们不严格控制信用总量，发票子就不是一千八百亿元，发二千五百亿元恐怕也不够啊！现在如果不把基本建设规模控制住，也就是说不把银行贷款控制住，将会出现难以预料的后果！因此，在李鹏同志主持召开的总理办公会议上，已经讨论了对三个五百亿元缺口的处理问题。第一个五百亿元，即把缺口留在刀刃上的、计划本子外的五百亿元，李鹏同志授权银行，不管什么硬缺口，绝对不能在计划外安排。如果这个缺口很硬，那就请到国家计委去纳入计划本子，把其他比较软的项目挤出来。要是挤不出来，那银行一个钱也不会贷。第二个五百亿元，即国家计委计划本子上有的项目，国家安排的那部分贷款，银行当然要照计划贷；但自筹的那一部分，地方要真正自筹，也就是地方财政要拿钱，集资不行，银行贷款没有。因此，你的自筹资金不到位，这个项目就不要开工，你的资金不落实下来，国家的资金也不能到位。以后不能再搞这些名堂，到国家计委批项目时，说我自筹呀，我有钱呀，口气大得很！回去以后就压银行给贷款。现在不行了，你压银行也没有用，你要自筹不了，这个项目你就不要搞。流动资金五百亿元，我原来也想把它挤到四千七百亿元信贷计划里边去，把一千五百八十亿元固定资产贷款减掉一点儿。但现在看来，一万三千亿元摊子已经铺下来了，把一千五百八十亿元固定资产投资贷款再压下去几百亿元，确实是难啊！大批的项目下马，又可能引起大起大落。考虑到中国的国情和现状，明明知道四千七百亿元、一千五百八十亿元的盘子是打不住的，也只好这样了。五百亿元的流动资金缺口，下半年看形势再定。如果上半年信贷计划控制得好，下半年有余力，我们就在现在的计划数上加一点儿流动资金；如果上半年控制得不好，还超过了计划，下半年想加流动资金只能考虑再砍一批项目。总之，要到下半年看情况再定。但前面讲的两个五百亿元，绝对不能超过。同志们，我就拜托大家严格地按照国家计委的计划本子、人民银行和各个专业银行总行下达的计划执行，一块钱也不能超过！如果没有这一条，今年的日子就不会好过，改革关就可能闯不过去！

什么叫做银行的独立性？银行不能独立于党中央，不能独立于国务院，但要独立于地方政府和国务院的各个部门。除党中央、国务院以外，对银行的工作谁也不能干预，可以提意见，但不能下命令，不能指定银行干这样，干那样。严格控制信用总量，这是国家的利益，是人民的利益，大家一定要严格地按计划执行。我现在不敢讲发行一千八百亿元票子一定能控制得住，因为国家计委的计算不一定是配套的，四千七百亿元的贷款和一千五百八十亿元的固定资产贷款不一定和货币发行一千八百亿元配套。我倾向于货币发行算少了这种分析。因为今年有很多因素要占用货币，如汇率并轨、税制改革都要多占用货币，这还没有加上通货膨胀的因素。虽然如此，我们还是要努力工作，力争货币发行控制在一千八百亿元。

第四条方针是切实加强金融监管。把银行贷款规模卡住后，扩大建设规模还有一条路，就是乱集资。这条路去年堵了一下，非常有效，特别是长城机电公司违法集资昭告天下以后，情况好得多了，但是现在又有复活的趋势。根据各地人民银行分行写的报告，有些地方已经开始出现这个苗头。对乱集资，无论如何要把它刹住，加强监管，绝对不能任其发展。把乱集资和超规模这两条路堵死，基本建设规模就难以扩大，这样物价就稳定了。改革有了宽松的环境，就会取得成功。

去年七月全国金融工作会议上提出的"约法三章"，今年要继续贯彻执行。第一，就是禁止乱拆借，这一条还得坚持，要继续收回违章拆借。现在最担心的是房地产热的复活。人民银行有一个清理拆借领导小组，戴相龙同志还要继续把这件事情抓下去，再做一次检查和清理，违章拆借还要继续收。当然，我不是要求你们不择手段地去收人家的流动资金。不能继续往里投，还要继续往回收，就是这个方针。第二，就是不能乱集资，这是整顿金融秩序必须要抓的事情。第三，就是要继续抓"脱钩"（金融机构与所办经济实体脱钩）。中国人民银行抓得比较好，各个专业银行进展不快，还要继续抓。已经有一个过渡的办法，叫收支两条线，现在就是把人和账分开，还有一个要脱开挂靠的关系。绝对不能够拿信贷资金去搞房地产。我刚才讲房地产为什么压不下去，就是因为房地产公司的好多后台可能就是在座的诸位。我也不知道你们现在都"脱钩"了没有，这件事情交给王岐山同志去处理，要统统"脱钩"，不能手软。

三、对金融系统广大干部职工的三条新要求。

第一，要严格控制今年的信贷规模总量。控制信用总量的关键是控制各级银行的固定资产投资贷款。从今年开始，基础设施、基础工业重点项目的贷款规模均已划归新成立的国家开发银行统筹安排，其他银行不得挤占其他项目，特别是流动资金的贷款规模来扩大基本建设。各级银行对于超过贷款规模总量的项目、未经批准开工的项目、化整为零的项目，一律不予贷款。一个项目也不许贷，一块钱也不能超过。谁用不正当的手段突破信用总量，就要追查谁的责任。为了避免信用扩张，严格控制规模，现在有条件稍微紧一点了。因为去年我们对专业银行投了两千八百亿元的基础货币，实际上实现了一半，还有一千四百亿元又通过准备金、备付金回到了人民银行，人民银行对专业银行净增加贷款一千四百多亿元，比前年多了好几百亿元。到去年底，专业银行平均备付金率超过了百分之十，因此，我们要收回一部分再贷款，春节以前准备收三百亿元，现在已把任务分配到各专业银行，请各专业银行认真执行。紧的时候要赶快松一点，松的时候要紧一点，及时调度，来呼应经济生活的脉搏，看来这是一条规律。银行就要做到这一点，要灵活反应。今年一季度全国银行贷款规模安排三百七十亿元，相当于全年计划的百分之七，高于往年的比例，各行要从紧掌握，合理使用。总之，上半年控制得紧些。各银行都要做好工作，给那些效益好的企业，快要投产的企业优先贷款；有困难的企业也要救一下。

第二，在政策性业务分离出去以后，专业银行在向商业银行过渡的征途中，今年要大胆探索，跨出开拓性的一步。我们不能照搬外国银行那一套办商业银行的办法，还得考虑中国的情况，还得一步步地来，要随着国有企业内部经营机制的转换，等企业实现了政企分开，产权明确，权责清晰，管理科学，真正办成现代企业时，才能实现商业银行的原则。不然，我们的大批国有企业就要关门，社会就要不安定。但是，也不能光等企业的机制转换，得给它一点压力。专业银行一定要跨出这一步，朝着商业银行的方向前进，逐渐地做到自主经营，自负盈亏，逐步提高自己的经营水平。当前，银行职工懂金融业务的多一点，但真正懂宏观经济、懂企业生产经营的不多，要吸收一点新生力量，外国的商业银行就有各方面的专家。去年四季度时，有些地方对"点贷"提出了不少非议。我对地方的同志说：我既没有创造"点贷"这个名词，也没有主张搞"点贷"。银行贷款怎么能这样放呢！一个省的工商银行要把钱贷给哪个企业都需要总行批准，那怎么行呢！没有这回事！其实是去年四季度，企业资金紧张的时候，有一些资金特别紧张的企业，往往是中央的直属企业，通过中央的主管部门向工商银行总行提出来，因此，工商银行总行给它注入了一些资金。但这并不等于每一个项目的贷款都得经过总行批准。为了避免误解，今后不要再用"点贷"这个词。每个银行都要根据当地的情况，进行深入的调查来决定贷款对象和规模。我建议各专业银行总行的领导要深入实际，多在国内跑跑，多了解各地情况，加强资金的调度。我刚才讲一块钱也不能超过，这是对各专业银行总行说的，我不能对每个省的工行、建行都这么要求，这要由各家专业银行总行自己来调度，来掌握。我们今年实行的方针是专业银行向商业银行跨进一步，要实行资产负债比例管理，但是不能没有限额，是贷款限额控制下的资产负债比例管理。两方面都要照顾到。因此，这就需要各专业银行总行发挥灵活的调度艺术，密切注视动向。另外，银行要和有关部门一起，配合《破产法》的实施，把今年增加提取的呆账准备金切实安排使用好。

最近，各地人民银行分行行长们做了大量的调查研究，很多报告写得很好，给我们的决策提供了很大的帮助，我非常感谢他们。希望各专业银行总行的行长今年也要求你们分行的行长下去调查研究，给你们写报告，然后把一些活的情况、实际的东西加以汇总，向我汇报。在这方面，各专业银行的工作要加强。

第三，各级人民银行分行要切实转变职能，在地区金融监管方面发挥主导作用。金融监管的职能主要在各级人民银行分行，你们是中央银行的派出机构，你们负有监督本地区一切金融活动的责任。信贷规模要靠专业银行来控制住，乱集资要靠各级人民银行分行来控制住。这两条控制住了，才能控制住固定资产投资规模，才能减轻通货膨胀的压力，今年就不会出问题。各级人民银行分行肩负很重要的责任，你们不要参与具体的贷款活动了，你们的任务就是金融监管，刹住乱集资。我担心乱集资又以新的形式发展。我担心一些企业没有从实质上掌握党的十四届三中全会的精神，不是把建立现代企业制度当作转换机制的手段，而是把它变成集资的手段，不经试点就全面铺开，大量发展股份公司，内部集资，职工入股、分红，把职工的银行存款拿出来扩大企业基本建设规模。我很担心会刮这股风，大家要及早地注意。

党的十四届三中全会通过的《决定》里提到办合作银行问题。这个事情绝对不能一哄而起，等中央拿出具体方案以后再试点。你们回去可以向省、区、市领导传达，各地都不许擅自进行城乡合作银行的试点，等中央制定方案后才可以有组织地进行。

还有一个农村合作基金会的问题。不论在中央农村工作会议的决议里，还是在党的十四届三中全会通过的《决定》里，都明确地讲了农村合作基金会不能办存贷业务。但实际上在办，甚至有的地方到了"法不治众"的地步。这个问题要引起我们的注意。还是要明令禁止，不能让它蔓延，想办法把它堵住。我也会在各种内部的、公开的场合里讲这个问题，希望农业部和各个地方的领导同志要明确这一点。

下面我再讲一下汇率并轨的问题。汇率并轨是有相当风险的，但必须出台。有些同志怀疑出台时机是否成熟，说什么搞汇率并轨是不是为了参加关贸总协定？我说不是这样的。去年进出口总额一千九百五十七亿美元，其中出口九百多亿美元，进口一千多亿美元，贸易逆差一百二十多亿美元。出口九百多亿美元中差不多一半是三资企业的来料加工等，国家拿不到多少外汇，还有易货贸易国家也没拿到多少外汇。但外汇的需求却很大，我们的外汇储备实际上在下降。如果今年再这样下去，外汇储备真的下降到一百亿或一百五十亿美元，我国在国际上的信誉就成问题了。因此，必须来一个强刺激，把出口搞上去。只有汇率并轨才能改变出口下降的局面，不这样搞不行。另一方面，汇率并轨后也限制了进口，利大于弊。但要是不注意弊，外汇收支不能平衡，那也很麻烦。因为我们不能让汇率上升很多，如果像去年六月份那样，一下子涨到一美元兑换十一元人民币以上，国际国内对我们都会没有信心，通货膨胀马上就会起来。抑制进口需求，不能单靠汇率来调节，还要靠其他配套措施。今年的汇率争取稳定在八点七元左右，太低了对出口不利；超过太多，人心就不稳定，又会出现炒外汇搞投机的了。要达到稳定汇率的目标，一是结汇制要搞好，不能让外汇流失了。二是企业买外汇时不要卡，只要符合规定，就卖给人家。不然，企业感到换外汇不方便，他就会千方百计逃汇，不结汇。所以，中国银行以及做外汇业务的其他银行一定要保证结汇制的完善和售汇制的方便，不要卡别人。一卡别人，不但卡不住进口需求，反倒切断了外汇来源。结汇、售汇办法要搞完善一点。一是保证结汇，防止逃汇、漏汇，避免外汇流失；二是保证方便企业购汇。这项工作要做的事情很多，中国银行以及其他银行任务很重，希望在座的有关领导同志对汇率并轨给予高度重视，一定要把这项工作搞好。

四、关于反腐败和学习《邓小平文选》第三卷问题。

各级领导都要把反腐败问题摆到议事日程上来，纪检、监察、政法部门要相互配合，谁有问题就查谁，绝不留情，有的银行不重视、不积极配合是错误的。但是希望政法部门的同志也要考虑到银行每天都要开门，任务很重，要依法办事，不要随便抓人。希望大家都要依法办事。

大家都要认真学习《邓小平文选》第三卷。《邓小平文选》第三卷出版是一件大事。大家要很好地学习、掌握小平同志关于建设有中国特色社会主义的理论，全面、系统、准确地领会和理解邓小平同志思想的实质。最近我学习《邓小平文选》第三卷，感到从一九九二年以来，有的同志没能准确、全面地理解邓小平同志的思想。比如讲经济过热，江泽民同志在一九九三年全国计划工作会议上讲要防止经济过热，这是政治局常委的一致意见，但后来却有人出来批判这个正确的意见。其实邓小平同志一九八九年三月二十三日在《保持艰苦奋斗的传统》这篇文章中就指出过："我们执行的路线、方针、政策是正确的。大错误没有犯，小错误没有断，因为我们没有经验，没有经验就要摔跟头，今后也难以避免。我们现在的问题是通货膨胀，物价上涨太快，给国家和人民都带来了困难。我们已经注意到这个问题，准备用两年或更多的时间来解决这个问题。我们的一条经验是，发展顺利时要看到出现的新问题，发展要适度，经济过热就容易出毛病。"同志们，邓小平同志五年前讲的话和我们现在遇到的问题多么相似。记住"发展是硬道理"这句话是对的，邓小平同志也讲过"发展要适度"、"经济过热就容易出毛病"。一九八六年十二月十九日邓小平同志在《企业改革和金融改革》这篇文章中说："金融改革的步子要迈大一些"。邓小平同志在这篇文章中还讲过："要把银行真正办成银行"。不要办成"货币发行公司"、"金库"。我看我们去年不但把银行变成"金库"，而且是没有上锁的金库，是把钥匙交出去的金库！这怎么得了！我们多么需要认真学习邓小平同志的教导啊。对金融问题我们知识不足，可以聘请外国专家作顾问。我们要学习，学习，再学习。我相信，而且有信心在以江泽民同志为核心的党中央领导下，克服改革过程中遇到的一切困难，保证国民经济持续、快速、健康地发展。

国务院批转中国人民银行等六部门《关于加强粮棉油政策性收购资金管理的意见》的通知

（一九九五年五月三十日）

各省、自治区、直辖市人民政府，国务院各部委、各直属机构：

一九九三年以来，在各地区、各部门的共同努力下，保证了农副产品收购资金的需要，基本杜绝了收购农副产品打"白条"的现象，这对调动广大农民的种田积极性，促进农业的发展起到了积极的作用。但是，在农副产品收购资金的使用和管理中也存在着一些不容忽视的问题，粮食财务挂账日趋增多，挤占挪用农副产品收购资金的问题十分严重。对这些问题如不采取有效措施，切实加以纠正，将对发展农业、抑制通货膨胀产生十分不利的影响。根据中央农村工作会议精神，国务院发出了《关于深化粮食棉花化肥购销体制改革的通知》（国发〔1995〕8号），各地区、各部门要认真贯彻落实，进一步坚持和完善省长（自治区主席、直辖市市长）负责制，做好粮棉油的收购工作，加强对农副产品收购资金的管理，做到既不打"白条"，又要防止收购资金的流失。

国务院同意中国人民银行、财政部、国内贸易部、中国农业银行、中国农业发展银行、国家粮食储备局《关于加强粮棉油政策性收购资金管理的意见》，现转发给你们，请认真组织落实。

国务院
一九九五年五月三十日

中国人民银行、财政部
国内贸易部、中国农业银行
中国农业发展银行、国家粮食储备局
关于加强粮棉油
政策性收购资金管理的意见

（一九九五年五月十八日）

近年来，国家采取一系列政策措施，保证了粮棉油收购资金的供应，对调动农民的种田积极性、发展农业生产起到了积极作用。但是，在粮棉油收购资金使用和管理中也存在着一些不容忽视的问题，粮食财务挂账有增无减，挤占挪用农副产品收购资金的现象十分严重，这对发展农业和抑制通货膨胀都极为不利。为了进一步贯彻落实中央经济工作会议、中央农村工作会议精神和国家关于粮棉油收购资金管理的各项政策措施，制止挤占挪用收购资金，防止收购资金流失，以保证收购不打"白条"，现提出以下意见：

一、粮棉油收购资金供应和管理要在当地政府的统一领导下，坚持实行分级、分部门责任制。各省、自治区、直辖市的粮棉油收购工作实行省长（自治区主席、直辖市市长）负责制。在各级政府统一领导下，收购部门、财政部门和银行要各负其责，保证本部门应筹措的收购资金及时足额到位，并切实防止被挤占挪用。银行要根据收购部门的粮棉油库存和收购数量负责安排收购贷款；中央财政负责拨补中央储备粮补贴；地方财政负责拨补地方储备粮补贴、粮食政策性补贴及定购粮价外补贴；收购部门负责调销回笼款及保证企业其他收购资金的到位。地方补贴款不到位或挤占挪用收购资金的，要由该地区政府领导负责；有关部门和银行的收购资金不到位或被挤占挪用收购资金的，由该部门或银行的领导负责。由此而造成收购打"白条"的，要严肃追究有关人员的责任。

二、认真清理收回被挤占挪用的收购资金。对一九九一年粮食年度末的粮食财务挂账，国务院已明确规定，政策性挂账由地方财政分五年消化解决，经营性挂账由企业消化解决，各地人民政府必须采取切实有效措施，落实分年消化的计划。根据《国务院批转财政部等部门关于粮食政策性财务挂账停息报告的通知》，对一九九一年粮食年度末的粮食政策性挂账实行停息必须坚持三个条件：一是当年不挂新账；二是在五年内按规定比例消化老挂账；三是粮食企业政策性业务要与经营性业务分开。达不到上述三个条件者，不予停息。对一九九二年以来新增的粮食财务挂账，由各地人民政府负责清理，在三年内消化解决。从今年起，各地人民政府和粮食部门要制定扭亏措施，不得以任何理由新增财务挂账。

各地人民政府要组织力量，对一九九四年粮棉油收购资金进行清理，对超出粮棉油库存数量的收购贷款，要核对账目、查清去向、明确责任、落实收回措施。定购粮价外补贴，应全部由地方财政拨补，不得由企业和银行承担。对一九九四年银行为地方财政垫付的定购粮价外补贴款和地方财政欠拨粮食政策性补贴款，由财政部牵头，会同国内贸易部、审计署、中国人民银行、中国农业银行、中国农业发展银行、国家粮食储备局联合进行清理，在八月底前将数字核实清楚，并要求地方限期归还；如地方财政不按期归还，由财政部从中央对该地区财政返还款中扣回，用于归还中国农业发展银行的贷款。收购企业挤占挪用的收购资金，由地方政府和有关收购企业制订还款计划，落实还款资金来源，在八月底以前归还中国农业发展银行的贷款。中国农业银行挤占挪用的收购资金，必须按照中国人民银行规定的时间归还中国农业发展银行。各地人民政府要于九月十日前将一九九二年以来新增粮食财务挂账和对一九九四年定购粮价外补贴以及其他挤占挪用收购资金的清理情况及处理结果报财政部、国内贸易部、中国人民银行、中国农业银行、中国农业发展银行、供销合作总社、国家粮食储备局审核。

三、财政拨补资金实行按省（自治区、直辖市）保证总量、专户管理的原则。各省（自治区、直辖市）人民政府及其财政部门要采取措施，负责落实本省（自治区、直辖市）内各级财政应拨补的粮棉油收购资金，保证总量，不得欠拨。为了保证财政拨补资金的及时到位，防止被截留和挤占挪用，各级财政安排的粮食拨补款，一律通过中国农业发展银行的财政拨补款专户下拨，具体办法由财政部会同有关部门制定。各地定购粮价外补贴，由地方财政负责拨补，地方财政确有困难的，可以从粮食风险基金中列支，在收购前必须预拨到位。地方财政欠拨的政策性补贴，一律不得用银行贷款、调销回笼款和中央财政政策性补贴款垫付，谁垫付追究谁的责任。从今年起，如果地方财政再发生新的欠拨款，要在次年一季度由财政部从中央对该省（自治区、直辖市）的返还款中扣回，用于归还银行贷款。

四、粮棉油收购部门要切实加强对本系统收购资金的管理。粮棉油收购主管部门要强化对收购企业资金使用情况的监督和检查，建立内部管理责任制。要加快粮棉油收购部门政策性业务与经营性业务的分离。今年收购部门粮棉油收购以外的经营性业务，包括加工（不含棉花初加工）、零售和附营业务要与收购业务分开，所需信贷资金向中国农业银行等商业银行申请，不得以任何形式占用收购资金；对已占用的收购资金要逐步清理收回。对承担国家收购任务，且其任务纳入国内贸易部统计的粮油商品库存的粮油加工企业，如其加工业务与收购业务无法分开经营，其加工等经营性业务也必须与政策性业务分账核算，所需信贷资金可向中国农业发展银行申请粮油加工贷款。收购企业不得以系统内往来等任何形式将收购资金用于经营性业务，对将收购资金用于经营性业务的，一律按挤占挪用收购资金处理，要追究企业负责人的责任，并对经营性业务占用的收购资金加息、罚息，限期收回。

五、中国农业银行和中国农业发展银行要相互配合，加强协作，共同承担粮棉油收购资金管理的责任，做好粮棉油收购资金的供应和管理工作。中国农业发展银行要及时测算收购资金需求，安排收购贷款规模，积极筹措和调度收购资金，及时收回收购企业的回笼资金，对代理行收购资金管理工作进行指导、督促、检查和稽核。中国农业银行要充分认识到加强粮棉油政策性收购资金管理的重要性，严格执行粮棉油收购资金供应和管理的各项规定，把代理中国农业发展银行业务和粮棉油收购资金管理工作当作主要任务来抓，并将其作为考核银行工作的主要内容。中国农业银行要按照《中国农业发展银行委托中国农业银行代理业务协议书》的规定，切实履行代理职责，层层落实责任，由中国农业银行各级分支行的行长负责，一名副行长具体分管，设置专门班子，负责中国农业发展银行收购资金的各项管理工作。中国农业银行与中国农业发展银行各级行都要按照中国人民银行《关于中国农业银行、中国农业发展银行清算资金及利息有关问题的通知》和中国人民银行《关于加强中国农业发展银行政策性资金管理的紧急通知》的规定，按时完成资金（含信贷基金）的划转等工作，拒不执行的，以违纪论处。

六、中国人民银行要加强对收购资金的监督和检查。中国人民银行主要领导要亲自抓收购资金监管工作，组织有关银行清理收购企业多头开户，加强收购资金专户管理，监督中国农业银行和中国农业发展银行搞好资金清算。清理收购企业多头开户工作，要按照中国人民银行《关于加强中国农业发展银行政策性资金管理的紧急通知》规定的时间完成，不得拖延。今后，中国人民银行各级分支行每年都要对收购企业开户情况进行检查，发现问题立即纠正。中国人民银行各级分支行要对中国农业发展银行专户资金收支及与中国农业银行资金清算的情况进行监督，对逃避专户管理、挪用专户资金和不及时清算资金的，要按规定予以处罚。

七、改进粮棉油收购贷款管理办法。中国农业发展银行和代理行要按照粮棉油库存增减的数量、国家规定的价格和合理的费用，每月调整贷款数量，对超库存占用的贷款必须立即收回。中国人民银行根据粮棉油库存的数量、价格和合理费用，安排农业发展银行粮棉油收购贷款限额。对收购企业因先支后收所需的资金，由银行发放临时调剂贷款予以解决。临时调剂贷款期限一般为一个月，最长不超过两个月，不得跨年度使用。特殊情况确需跨年度使用的，必须说明原因，并报中国农业发展银行总行批准。

八、要加强对粮棉油收购资金的专户管理。承担收购、调拨、储备等政策性业务的粮棉油企业，只能在中国农业发展银行一家开立账户，在其他银行的账户必须在本文到达之日起半个月内予以撤销。到期未予撤销的，由当地人民银行按有关规定予以处罚，并责令立即撤销。收购资金专户要全额反映银行贷款、企业调销回笼资金和财政拨补款的收支情况，专户资金只能用于收购及相关费用支出，不得逃避检查监督。粮棉油收购企业的货款结算，要严格按照中国人民银行《关于加强中国农业发展银行政策性资金管理的紧急通知》的规定执行，任何单位（包括收购部门的经营性业务）用粮用棉，必须钱货两清、现款结算。违反规定的，按挪用收购资金予以处罚。

九、尽快建立健全粮棉油收购资金管理台账及统计报告制度。由中国农业发展银行负责，层层建立与粮棉油购、销、调、存及收购贷款等有关资料统计台账。收购部门要按照银行的需要，定期提供有关数字和资料。中国农业银行省以下分支行要按照要求认真登记台账，及时汇总上报中国农业发展银行省（区、市）分行，由中国农业发展银行省（区、市）分行汇总上报其总行。

十、建立收购资金的定期稽核检查制度。中国人民银行、中国农业银行、中国农业发展银行、审计署和监察部要定期联合对财政部门、收购企业和有关银行的收购资金到位及使用情况进行稽核检查。对查出的问题，要按有关规定进行严肃处理。

全国人民代表大会常务委员会
关于惩治破坏金融秩序
犯罪的决定

（一九九五年六月三十日第八届全国人民代表大会
常务委员会第十四次会议通过）

为了惩治伪造货币和金融票据诈骗、信用证诈骗、非法集资诈骗等破坏金融秩序的犯罪，特作如下决定：

一、伪造货币的，处三年以上十年以下有期徒刑，并处五万元以上五十万元以下罚金。有下列情形之一的，处十年以上有期徒刑、无期徒刑或者死刑，并处没收财产：

（一）伪造货币集团的首要分子；

（二）伪造货币数额特别巨大的；

（三）有其他特别严重情节的。

二、出售、购买伪造的货币或者明知是伪造的货币而运输，数额较大的，处三年以下有期徒刑或者拘役，并处二万元以上二十万元以下罚金；数额巨大的，处三年以上十年以下有期徒刑，并处五万元以上五十万元以下罚金；数额特别巨大的，处十年以上有期徒刑或者无期徒刑，并处没收财产。

银行或者其他金融机构的工作人员购买伪造的货币或者利用职务上的便利，以伪造的货币换取货币的，处三年以上十年以下有期徒刑，并处二万元以上二十万元以下罚金；数额巨大或者有其他严重情节的，处十年以上有期徒刑或者无期徒刑，并处没收财产；情节较轻的，处三年以下有期徒刑或者拘役，并处或者单处一万元以上十万元以下罚金。

伪造货币并出售或者运输伪造的货币的，依照第一条的规定从重处罚。

三、走私伪造的货币的，依照全国人民代表大会常务委员会《关于惩治走私罪的补充规定》的有关规定处罚。

四、明知是伪造的货币而持有、使用，数额较大的，处三年以下有期徒刑或者拘役，并处一万元以上十万元以下罚金；数额巨大的，处三年以上十年以下有期徒刑，并处二万元以上二十万元以下罚金；数额特别巨大的，处十年以上有期徒刑，并处五万元以上五十万元以下罚金或者没收财产。

五、变造货币，数额较大的，处三年以下有期徒刑或者拘役，并处一万元以上十万元以下罚金；数额巨大的，处三年以上十年以下有期徒刑，并处二万元以上二十万元以下罚金。

六、未经中国人民银行批准，擅自设立商业银行或者其他金融机构的，处三年以下有期徒刑或者拘役，并处或者单处二万元以上二十万元以下罚金；情节严重的，处三年以上十年以下有期徒刑，并处五万元以上五十万元以下罚金。

伪造、变造、转让商业银行或者其他金融机构经营许可证的，依照前款的规定处罚。

单位犯前两款罪的，对单位判处罚金，并对直接负责的主管人员和其他直接责任人员，依照第一款的规定处罚。

七、非法吸收公众存款或者变相吸收公众存款，扰乱金融秩序的，处三年以下有期徒刑或者拘役，并处或者单处二万元以上二十万元以下罚金；数额巨大或者有其他严重情节的，处三年以上十年以下有期徒刑，并处五万元以上五十万元以下罚金。

单位犯前款罪的，对单位判处罚金，并对直接负责的主管人员和其他直接责任人员，依照前款的规定处罚。

八、以非法占有为目的，使用诈骗方法非法集资的，处三年以下有期徒刑或者拘役，并处二万元以上二十万元以下罚金；数额巨大或者有其他严重情节的，处三年以上十年以下有期徒刑，并处五万元以上五十万元以下罚金；数额特别巨大或者有其他特别严重情节的，处十年以上有期徒刑、无期徒刑或者死刑，并处没收财产。

单位犯前款罪的，对单位判处罚金，并对直接负责的主管人员和其他直接责任人员，依照前款的规定处罚。

九、银行或者其他金融机构的工作人员违反法律、行政法规规定，向关系人发放信用贷款或者发放担保贷款的条件优于其他借款人同类贷款的条件，造成较大损失的，处五年以下有期徒刑或者拘役，并处一万元以上十万元以下罚金；造成重大损失的，处五年以上有期徒刑，并处二万元以上二十万元以下罚金。

银行或者其他金融机构的工作人员违反法律、行政法规规定，玩忽职守或者滥用职权，向关系人以外的其他人发放贷款，造成重大损失的，处五年以下有期徒刑或者拘役，并处一万元以上十万元以下罚金；造成特别重大损失的，处五年以上有期徒刑，并处二万元以上二十万元以下罚金。

单位犯前两款罪的，对单位判处罚金，并对直接负责的主管人员和其他直接责任人员，依照前两款的规定处罚。

十、有下列情形之一，以非法占有为目的，诈骗银行或者其他金融机构的贷款，数额较大的，处五年以下有期徒刑或者拘役，并处二万元以上二十万元以下罚金；数额巨大或者有其他严重情节的，处五年以上十年以下有期徒刑，并处五万元以上五十万元以下罚金；数额特别巨大或者有其他特别严重情节的，处十年以上有期徒刑或者无期徒刑，并处没收财产：

（一）编造引进资金、项目等虚假理由的；

（二）使用虚假的经济合同的；

（三）使用虚假的证明文件的；

（四）使用虚假的产权证明作担保的；

（五）以其他方法诈骗贷款的。

十一、有下列情形之一，伪造、变造金融票证的，处五年以下有期徒刑或者拘役，并处二万元以上二十万元以下罚金；情节严重的，处五年以上十年以下有期徒刑，并处五万元以上五十万元以下罚金；情节特别严重的，处十年以上有期徒刑或者无期徒刑，并处没收财产：

（一）伪造、变造汇票、本票、支票的；

（二）伪造、变造委托收款凭证、汇款凭证、银行存单等其他银行结算凭证的；

（三）伪造、变造信用证或者附随的单据、文件的；

（四）伪造信用卡的。

单位犯前款罪的，对单位判处罚金，并对直接负责的主管人员和其他责任人员，依照前款的规定处罚。

十二、有下列情形之一，进行金融票据诈骗活动，数额较大的，处五年以下有期徒刑或者拘役，并处二万元以上二十万元以下罚金；数额巨大或者有其他严重情节的，处五年以上十年以下有期徒刑，并处五万元以上五十万元以下罚金；数额特别巨大或者有其他特别严重情节的，处十年以上有期徒刑、无期徒刑或者死刑，并处没收财产：

（一）明知是伪造、变造的汇票、本票、支票而使用的；

（二）明知是作废的汇票、本票、支票而使用的；

（三）冒用他人的汇票、本票、支票的；

（四）签发空头支票或者与其预留印鉴不符的支票，骗取财物的；

（五）汇票、本票的出票人签发无资金保证的汇票、本票或者在出票时作虚假记载，骗取财物的。

使用伪造、变造的委托收款凭证、汇款凭证、银行存单等其他银行结算凭证的，依照前款的规定处罚。

单位犯前两款罪的，对单位判处罚金，并对直接负责的主管人员和其他直接责任人员，依照第一款的规定处罚。

十三、有下列情形之一，进行信用证诈骗活动的，处五年以下有期徒刑或者拘役，并处二万元以上二十万元以下罚金；数额巨大或者有其他严重情节的，处五年以上十年以下有期徒刑，并处五万元以上五十万元以下罚金；数额特别巨大或者有其他特别严重情节的，处十年以上有期徒刑、无期徒刑或者死刑，并处没收财产：

（一）使用伪造、变造的信用证或者附随的单据、文件的；

（二）使用作废的信用证的；

（三）骗取信用证的；

（四）以其他方法进行信用证诈骗活动的。

单位犯前款罪的，对单位判处罚金，并对直接负责的主管人员和其他直接责任人员，依照前款的规定处罚。

十四、有下列情形之一，进行信用卡诈骗活动，数额较大的，处五年以下有期徒刑或者拘役，并处二万元以上二十万元以下罚金；数额巨大或者有其他严重情节的，处五年以上十年以下有期徒刑，并处五万元以上五十万元以下罚金；数额特别巨大或者有其他特别严重情节的，处十年以上有期徒刑或者无期徒刑，并处没收财产：

（一）使用伪造的信用卡的；

（二）使用作废的信用卡的；

（三）冒用他人信用卡的；

（四）恶意透支的。

盗窃信用卡并使用的，依照刑法关于盗窃罪的规定处罚。

十五、银行或者其他金融机构的工作人员违反规定为他人出具信用证或者其他保函、票据、资信证明，造成较大损失的，处五年以下有期徒刑或者拘役；造成重大损失的，处五年以上有期徒刑。

单位犯前款罪的，对单位判处罚金，并对直接负责的主管人员和其他直接负责人员，依照前款的规定处罚。

十六、有下列情形之一，进行保险诈骗活动，数额较大的，处五年以下有期徒刑或者拘役，并处一万元以上十万元以下罚金；数额巨大或者有其他严重情节的，处五年以上十年以下有期徒刑，并处二万元以上二十万元以下罚金；数额特别巨大或者有其他特别严重情节的，处十年以上有期徒刑，并处没收财产：

（一）投保人故意虚构保险标的，骗取保险金的；

（二）投保人、被保险人或者受益人对发生的保险事故编造虚假的原因或者夸大损失的程度，骗取保险金的；

（三）投保人、被保险人或者受益人编造未曾发生的保险事故，骗取保险金的；

（四）投保人、被保险人故意造成财产损失的保险事故，骗取保险金的；

（五）投保人、受益人故意造成被保险人死亡、伤残或者疾病，骗取保险金的。

有前款第（四）项、第（五）项所列行为，同时构成其他犯罪的，依照刑法数罪并罚的规定处罚。

保险事故的鉴定人、证明人、财产评估人故意提供虚假的证明文件，为他人诈骗提供条件的，以保险诈骗的共犯论处。

单位犯第一款罪的，对单位判处罚金，并对直接负责的主管人员和其他直接责任人员，依照第一款的规定处罚。

十七、保险公司的工作人员利用职务上的便利，故意编造未曾发生的保险事故进行虚假理赔，骗取保险金的，分别依照全国人民代表大会常务委员会《关于惩治贪污罪贿赂罪的补充规定》和《关于惩治违反公司法的犯罪的决定》的有关规定处罚。

十八、银行或者其他金融机构的工作人员在金融业务活动中索取、收受贿赂，或者违反国家规定收受各种名义的回扣、手续费的，分别依照全国人民代表大会常务委员会《关于惩治贪污罪贿赂罪的补充规定》和《关于惩治违反公司法的犯罪的决定》的有关规定处罚。

十九、银行或者其他金融机构的工作人员利用职务上的便利，挪用单位或者客户资金的，分别依照全国人民代表大会常务委员会《关于惩治贪污罪贿赂罪的补充规定》和《关于惩治违反公司法的犯罪的决定》的有关规定处罚。

二十、银行或者其他金融机构的工作人员，与本决定规定的进行金融诈骗活动的犯罪分子串通，为其诈骗活动提供帮助的，以共犯论处。

二十一、有本决定第二条、第四条、第五条、第十一条、第十二条、第十四条、第十六条规定的行为，情节轻微不构成犯罪的，可以由公安机关处十五日以下拘留、五千元以下罚款。

二十二、犯本决定规定之罪的违法所得应当予以追缴或者责令退赔被害人；供犯罪使用的财物一律没收。

伪造、变造的货币，伪造、变造、作废的票据、信用证、信用卡或者其他银行结算凭证一律收缴，上交中国人民银行统一销毁。

收缴伪造、变造的货币的具体办法由中国人民银行制定。

二十三、本决定所称的货币是指人民币和外币。

二十四、本决定自公布之日起施行。

国务院关于进一步加强借用
国际商业贷款宏观管理的通知

(一九九五年九月二十七日)

各省、自治区、直辖市人民政府，国务院各部委、各直属机构：

借用国际商业贷款是我国利用外资的一个重要资金来源，用好国际商业贷款，对保持国民经济的持续、快速、健康发展具有重要意义。为了更好地适应改革开放和经济建设的需要，进一步提高国际商业贷款的使用效益，防止外债失控，必须切实加强对借用国际商业贷款的管理。为此，特作如下通知：

一、严格控制借用国际商业贷款的总规模。

根据我国实际情况，把境内机构以商业性条件在国际金融市场筹措，并以外国货币承担契约性偿还义务的资金，统称为国际商业贷款。国际商业贷款包括：外国商业银行（机构）贷款、出口信贷，发行境外外币债券、可转股债券、大额可转让存单和中期票据等股票以外的有价证券，国际融资租赁、以现汇方式偿还的补偿贸易、项目融资、海外存款及其他形式的商业性筹融资。

（一）国家对中长期国际商业贷款实行总量控制计划管理。国家计委根据我国的外债结构、偿还能力、外资需求、配套条件以及国际金融市场情况，在征求地方和有关部门意见的基础上，负责制订中长期和年度利用外资计划，下达借用中长期国际商业贷款的总规模。各金融机构借用中长期国际商业贷款年度指标，由中国人民银行在国家计委下达的外债总规模内，根据各金融机构的资产负债状况，提出分配意见，与国家计委协商后下达。

国际商业贷款指标可跨年度使用，但不得超过下一年度三月底。

借用的国际商业贷款不得用于外汇抵押人民币贷款，不得结汇。

（二）国家对借用短期国际商业贷款实行余额管理。短期对外借款（偿还期一年以下）只能用于金融机构头寸周转或用于企业所需的短期流动资金，不得用于固定资产投资等国家规定不允许使用的范围。中国人民银行根据我国外债结构和实际需要，确定全国短期外债余额总量，核定下达各金融机构或企业的短期国际商业贷款余额指标。各金融机构和企业应将外债余额控制在核定的限额内。否则，将根据外汇管理有关规定取消其对外借款权并予以处罚。

二、严格按国家规定审批建设项目对外借款。

建设项目借用国际商业贷款，要按照国家规定的审批权限从严掌握。基本建设项目借用中长期国际商业贷款，其申请借款规模在国家规定限额以上的，由国家计委审批借款额度；技术改造项目借用中长期国际商业贷款，其申请借款规模在国家规定限额以上的，由国家经贸委会签国家计委审批借款额度。限额以下的，由地方政府或国务院有关部门在国家计委下达的国际商业贷款年度计划内审批。借用国际商业贷款的固定资产投资项目必须符合国家产业政策并纳入国家计划。凡未经审批部门批准立项，配套人民币资金不落实，能源、交通、原材料以及其他生产建设条件不具备，外资偿还能力差的项目，不得借用国际商业贷款。

根据国家计委下达的年度借用国际商业贷款计划，由国家外汇管理局负责审批对外借款的金融条件。任何地区、部门和单位擅自对外签约借款或筹资，外汇管理部门将对其进行严肃处理，不予办理外债登记，借款协议和担保合同一律无效，银行不得为其开立外汇账户，直至取消申请借款资格。

境外投资借用国际商业贷款要从严控制，由国家计委负责审批。

三、进一步加强对对外发债窗口单位的管理。

加强对对外发债窗口的管理，窗口单位数量要从严控制。国家计委、中国人民银行根据金融机构资产规模、资产负债比例、资本风险比率及经营业绩等状况，负责对发债窗口的定期审核，实行定期评审制。窗口单位名单报国务院批准后由国家计委、中国人民银行对外公布。

对外发债（包括境内建设项目以发债方式在境外从事的项目融资）必须有国家计委批准的借用国际商业贷款指标，由经中国人民银行批准的具有国际融资业务经营权且具有发债资格的金融机构办理。国家计委、中国人民银行要加强对发债窗口的审核检查，国家外汇管理局负责做好进入国际金融市场发债的协调和管理工作，保证发债工作的顺利进行。

财政部代表国家对外发债，须经国务院批准，并纳入国家借用国际商业贷款计划。

地方政府不得对外举债。

为了充分利用国际金融市场有利时机，提高国际商业贷款的使用效益，降低筹资成本，在不增加外债余额、不延长还款期限的前提下，经国家计委和中国人民银行批准，允许金融机构借低还高，调整债务结构。

境内机构借用的国际商业贷款资金，必须调入境内，并用于外资计划主管部门批准借用国际商业贷款的项目；未经国家外汇管理局批准，不得存放境外。

国家鼓励由金融机构牵头，为经批准借用国际商业贷款的国内建设项目组织国际银团贷款。

四、加强债务偿还的监督管理。

按期偿还债务是借用国际商业贷款单位必须承担的法律责任。为维护国家的信誉，各地区、各部门和有关单位不得以任何理由拖欠或拒付到期应付款项。国家计委和中国人民银行要加强对偿还国际商业贷款的监督管理，金融机构要做好到期债务的预报和催还工作。

五、完善外债统计监测。

不论是直接从境外借入，还是通过国内金融机构转贷的国际商业贷款，都必须列入国家外汇管理局外债统计监测系统进行外债登记或转贷款登记。

六、加强国际金融市场的动态分析。

国家外汇管理局要加强对借用国际商业贷款的币种、利率、期限、借款方式、国别、市场分布等情况的研究，及时向国务院报告并通报有关部门。

各地区、各部门必须严格执行本通知的各项规定，切实提高国际商业贷款的使用效益，保证对外债务按期偿还，以维护国家信誉。各级计划管理部门和外汇管理部门要加强对借用国际商业贷款的监督、检查和指导。对违反国家有关规定的，要严肃处理，并追究当事人和领导者的责任。

国务院
一九九五年九月二十七日

国务院批转国务院反假货币工作 联席会议《关于进一步加强反假货币 工作的意见》的通知

(一九九六年二月十五日)

各省、自治区、直辖市人民政府,国务院各部委、各直属机构:

国务院同意国务院反假货币工作联席会议《关于进一步加强反假货币工作的意见》,现转发给你们,请认真贯彻执行。

国务院
一九九六年二月十五日

国务院反假货币工作联席会议
关于进一步加强反假货币工作的意见

（一九九六年一月六日）

近几年，境内外制造、贩卖假人民币（以下简称假币）的犯罪活动十分猖獗。据不完全统计，一九九〇年发现假币四千二百七十二次，金额一千三百六十八万元，而一九九四年发现假币三十多万次，金额一亿三千万元，假币发案次数和发案金额均逐年大幅度上升。从查获的假币案件分析，绝大多数是境外制造、境内外犯罪分子相互勾结走私贩运入境的，但一九九五年也发现两起由国内犯罪分子制版、印刷的特大假币案件。为了加强反假币工作力度，一九九四年十一月国务院批准成立了由有关部门负责人参加的"国务院反假货币工作联席会议"，建立了联席会议制度，使反假币工作有了专门的组织领导机构。同时，一九九五年六月三十日《全国人民代表大会常务委员会关于惩治破坏金融秩序犯罪的决定》（以下简称《决定》），也使打击制造、贩卖、使用假币的犯罪活动有了明确的法律依据。为认真贯彻落实《决定》的有关规定，加大打击力度，现就下一步反假币工作提出如下意见：

一、统一思想认识，加强工作力度。各地区、各部门要高度重视反假币工作，充分认识假币的危害性和反假币工作的重要性，把反假币工作当作一件大事来抓。特别是东南沿海走私贩运假币活动猖獗的地区，各级人民政府和有关部门要把反假币工作列入重要议事日程，把打击走私活动和打击制造、贩卖假币活动结合起来，加强反假币工作力度。

二、健全组织体系，加强统一领导。各级人民政府要加强对反假币工作的领导，建立本地区的反假币工作联席会议制度并指定相应的办事机构（该办事机构挂靠在中国人民银行当地分支行），负责本地区反假币工作的组织领导，定期研究、解决反假币工作中出现的问题，协调有关部门统一行动，保证反假币工作的顺利进行。

三、加强部门协作，共同做好反假币工作。

（一）目前我国假币主要来自境外，各级海关要加强对进境旅客行李物品的检查，严格人民币出入境管理，防止假币入境。海关、边防等部门要在加强海上缉私的同时，注意查缉偷运假币入境的犯罪活动，并将其列入打击走私的重要内容。

（二）公安部门要把反假币工作作为一项重要任务，切实加强侦破工作，对发现的假币案件及时立案，组织力量开展侦破。对跨省（区、市）的案件，各地要积极配合，认真协查案件线索，及时反馈查证结果。同时要加强同国际刑警组织、外国警察机构和香港、澳门、台湾地区警方的合作，共同打击、防范国际和跨地区制造、贩卖假币的犯罪活动。

（三）工商行政管理和新闻出版部门要认真贯彻执行《中华人民共和国中国人民银行法》、《国务院办公厅关于禁止在宣传品、出版物及其他商品上滥用人民币和国家债券图样的通知》和中国人民银行、公安部等部门《关于禁止在宣传品出版物及有关商品上使用人民币、外币和国家债券图样的通知》的有关规定，对出版社、印刷企业和经营复印业务的企业严格管理，定期检查。对未经批准非法印制、复印、出版货币图样的单位，要按有关规定进行处罚，情节严重的，要追究有关领导人的责任。

（四）司法部门对贩卖、运输、投放假币者，应根据我国的有关法律规定及时进行审理，从重打击。对公开审理的假币案件，新闻媒介应有选择地进行公开报道，以威慑犯罪分子，教育广大群众。

（五）中国人民银行要加强对各类金融机构反假币工作的指导，做好反假币人员的技能培训。各金融机构要发挥柜台一线人员在反假币工作中的作用，采取切实有效的严密措施，及时发现、查缴假币，保证假币不从金融机构流出或流入。凡收付五十元以上大面额钞票时，所收钞票应经手工和仪器双重鉴别，发现假币一律严格按规定没收处理。

四、加强宣传教育，普及人民币知识。

（一）各有关部门要通过印发宣传材料、举办展览等形式，宣传人民币基本知识，把爱护人民币提高到爱国主义的高度来认识，在全社会中形成爱护人民币的良好风气。宣传工作要经常化、制度化，既要宣传人民币的基本知识，也要宣传识别假币的基本方法和发现可疑币、假币后的处理办法。

（二）加强法制宣传，特别要针对《中华人民共和国刑法》、《中华人民共和国中国人民银行法》、《决定》和《最高人民法院关于办理伪造国家货币、贩运伪造的国家货币、走私伪造的货币犯罪案件具体应用法律的若干问题的解释》中的有关规定，做好宣传工作。从一九九六年开始，国务院反假货币工作联席会议每年在全国范围内组织一次"反假币宣传周"，具体工作由各地反假币工作联席会议办事机构负责落实。

五、人民币反假鉴别仪器的生产由国家技术监督局会同中国人民银行归口管理。要对目前生产人民币反假鉴别仪器的厂家、产品进行技术鉴定，审查合格后发给生产许可证。各金融机构及收现金较多的单位均应配备获得生产许可证的反假鉴别仪器。

反假币工作所需经费，可在人民银行业务支出科目"货币发行费"中列支，用于开展爱护人民币和反假币宣传活动、培训业务骨干、购买反假币鉴别仪器以及反假币奖励等各项费用的开支，并在年终决算中专项说明。

以上意见如无不妥，请批转各地区、各部门执行。

国务院批转国务院证券委员会、中国证券监督管理委员会《关于进一步加强期货市场监管工作的请示》的通知

（一九九六年二月二十三日）

各省、自治区、直辖市人民政府，国务院各部委、各直属机构：

国务院同意国务院证券委员会、中国证券监督管理委员会《关于进一步加强期货市场监管工作的请示》，现转发给你们，请认真贯彻执行。

国务院
一九九六年二月二十三日

国务院证券委员会、
中国证券监督管理委员会关于进一步
加强期货市场监管工作的请示

（一九九六年一月三十一日）

按照国务院的部署，国务院证券委员会和中国证券监督管理委员会（以下简称证监会）加强了对期货市场的规范整顿工作。经过两年多的努力，我国期货市场盲目发展的势头得到了一定的遏制，市场行为逐步规范，监管能力进一步加强，试点工作步入正轨。但是，目前期货市场仍存在一些不容忽视的问题，最为突出的是少数大户凭借资金实力，联手操纵市场，牟取暴利；少数人挪用公款进行期货投机，损公肥私，或利用银行贷款、拆入资金以及变相集资进行炒作；个别客户在交易中蓄意违规，甚至进行金融犯罪活动。这些行为不仅干扰了企业从事套期保值等合法的经营活动，而且严重破坏了期货市场的正常秩序，妨碍了期货市场的健康发展。为进一步遏制过度投机活动，加强对期货市场的监管工作，现提出以下意见：

一、国有或者国有资产占控股地位的企业、事业单位（以下简称国有企事业单位）只能从事与其生产、经营有关商品期货品种的套期保值交易，不得进行投机交易，更不允许进行恶性炒作。国有企事业单位从事套期保值交易应当向期货交易所或期货经纪机构出具主管部门或者董事会的批准文件。对未能出示批准文件的，期货交易所不得接受其为会员，期货经纪机构不得接受其为客户。对违反上述规定的期货交易所和期货经纪机构，证监会将根据情节轻重对其作出责令改正、罚款、停业整顿、取消试点交易所资格或取消期货经纪业务资格的处罚，并追究主要负责人的责任。国有企事业单位未经主管部门或董事会批准，擅自进行期货交易或者因从事期货投机交易发生亏损的，要追究主要负责人的责任。

二、各类金融机构一律不得从事商品期货的自营和代理业务。凡从事商品期货自营业务的金融机构，从一九九六年三月四日起四十个交易日内，要将已持有头寸全部平仓；凡从事商品期货代理业务的金融机构，从一九九六年三月四日起，不得接受新客户，并在四十个交易日内通过平仓或者将客户头寸转移到其他期货经纪机构的方式了结所有代理业务。各期货交易所对已成为会员的金融机构，要监督其在规定的时间内了结所有期货自营和代理业务，并在清理债权债务后，取消其会员资格。期货经纪机构对于已成为客户的金融机构，要监督其在规定时间内平仓，并在清理债权债务后取消其客户账号。

任何金融机构不得出具期货交易资金保函。严禁用银行贷款或拆入资金进行期货交易。各级金融机构要加强监管，防止信贷资金流入期货市场。

三、期货经纪公司一律不得从事期货自营业务。凡从事自营业务的期货经纪公司，从一九九六年三月四日起四十个交易日内，要将已持有自营头寸全部平仓。对违反规定继续从事自营业务的期货经纪公司，证监会根据情节轻重对其作出责令改正、罚款、停业整顿、取消期货经纪资格的处罚，并追究主要负责人的责任。

四、为了加大对期货市场的监管力度，有效地防止和查处操纵市场行为，证监会可以按程序对期货交易所、期货经纪机构和客户在商业银行和其他金融机构开立的账户进行查询。

五、各期货交易所要结合各自的具体情况建立"市场禁止进入制度"。对于操纵市场或者进行期货欺诈造成严重后果的机构和个人，一经查实，要宣布其为"市场禁入者"，并报证监会，由证监会通报各交易所；除平仓指令外，各期货交易所和期货经纪机构要立即停止接受其新的交易指令；对触犯刑律的，移交司法机关追究刑事责任。对受到证监会通报的"市场禁入者"，各期货交易所和期货经纪机构三年内不得为其办理期货交易开户手续。对违反规定接受"市场禁入者"的期货交易所和期货经纪机构，证监会将对其作出责令改正、没收非法所得、罚款、停业整顿、取消试点交易所资格或取消期货经纪业务资格的处罚，并追究主要负责人的责任。

六、为了充分发挥期货市场套期保值和发现价格的功能，避免大量资金恶炒小品种，使期货市场摆脱品种越来越小、投机越来越盛的恶性循环，在适当时机选择一些在国际上比较成熟、最具套期保值功能的大宗商品品种，在少数规范化程度较高的期货交易所上市交易，在严格监管的条件下进行试点。

以上意见如无不妥，请批转各地区、各部门贯彻执行。

国务院关于
农村金融体制改革的决定

（一九九六年八月二十二日）

各省、自治区、直辖市人民政府，国务院各部委、各直属机构：

农村金融体制改革是整个金融体制改革的一个重要组成部分。完善农村金融服务体系，对于加强农业的基础地位，促进农村经济发展，实现国民经济和社会发展"九五"计划和二〇一〇年远景目标，都具有十分重要的意义。根据中共中央十四届五中全会精神和《国务院关于金融体制改革的决定》，现就农村金融体制改革作出如下决定：

一、农村金融体制改革的指导思想。

改革开放以来，以家庭联产承包责任制为基础的农村经济体制改革，极大地促进了农业和农村经济的发展，在广大农村形成了多层次贸、工、农综合经营的格局。农村经济发展的多层次，要求既要有以工商企业为主要服务对象的商业性金融机构，也要有主要为农户服务的合作金融机构，还要有支持整个农业开发和农业技术进步、保证国家农副产品收购的政策性金融机构，以形成一个能够为农业和农村经济发展提供及时、有效服务的金融体系。

目前，我国农村合作性、商业性和政策性金融机构都有不同程度的发展，在促进农业和农村经济发展中发挥了重要作用。但是，由于各类金融机构相互间的关系没有理顺，没有建立起合理的管理体制和良好的运行机制，农村金融体制还不适应农村经济发展的需要。相当多的农村信用合作社（以下简称农村信用社）失去了合作性质，背离了主要为农民服务的发展方向；现行中国农业银行领导管理农村信用社的体制，与其自身改革为商业银行在诸多关系上难以理顺；中国农业发展银行营业机构设置不适应业务发展需要，支持农村经济开发的能力较弱。因此，要进一步深化农村金融体制改革。

农村金融体制改革的指导思想是，根据农业和农村经济发展的客观需要，围绕"九五"计划和二〇一〇年农业发展远景目标，建立和完善以合作金融为基础，商业性金融、政策性金融分工协作的农村金融体系；进一步提高农村金融服务水平，增加对农业的投入，促进贸、工、农综合经营，促进城乡一体化发展，促进农业和农村经济的发展和对外开放。农村金融体制改革的重点是恢复农村信用社的合作性质，进一步增强政策性金融的服务功能，充分发挥国有商业银行的主导作用。农村金融体制改革是现有农村金融体制的自我完善，要坚持稳健过渡，分步实施，保持农村金融整体上的稳定性。在改革中，要不误农时地做好各项金融服务工作。

二、改革农村信用社管理体制。

农村信用社管理体制改革，是农村金融体制改革的重点。改革的核心是把农村信用社逐步改为由农民入股、由社员民主管理、主要为入股社员服务的合作性金融组织。改革的步骤是：农村信用社与中国农业银行脱离行政隶属关系，对其业务管理和金融监管分别由农村信用社县联社和中国人民银行承担，然后按合作制原则加以规范。为保证农村信用社与中国农业银行脱离行政隶属关系后在管理上的连续性，要首先充实加强县联社和中国人民银行县支行。

（一）加强农村信用社县联社的建设。

县联社是农村信用社的县级联合组织，要按中国人民银行重新发布的《农村信用合作社联合社管理规定》组织和管理。

县联社有两种类型，一类是由农村信用社交纳会费，行使管理协调职能；另一类由农村信用社投资入股，除行使管理协调职能外，还可以从事调剂农村信用社资金余缺，组织清算等信贷业务。各县联社具体采取何种类型，要根据当地农村信用社的实际情况，经基层农村信用社代表讨论决定后，由中国人民银行批准。

县联社主任由基层农村信用社代表选举产生，报中国人民银行县支行初审，经中国人民银行地（市）分行审查其任职资格后，由理事会聘任。

县联社要根据管理和服务的需要，设置相应的职能管理部门，并从基层信用社和中国农业银行选调业务骨干。

（二）强化中国人民银行对农村信用社的监管。

中国人民银行县支行要指定一名副行长专门负责对农村信用社的监管工作，中国人民银行总行和分支行要根据监管任务需要内设职能机构，并从中国农业银行信用合作管理部门调入业务骨干。中国人民银行要在机构设立、服务方向、利率管理、风险管理、有关人员任职资格等方面，切实加强对农村信用社的监督和管理。

（三）中国农业银行不再领导管理农村信用社。

中国农业银行不再领导管理农村信用社。农村信用社的业务管理，改由县联社负责；对农村信用社的金融监督管理，由中国人民银行直接承担。

农村信用社与中国农业银行脱离行政隶属关系的改革过程中，涉及到的人员、财产、资金关系等问题，应在中国人民银行领导下，会同有关部门协调解决。原缴存中国农业银行的存款准备金，改缴存中国人民银行；农村信用社转存中国农业银行款，按平等互利、充分协商的原则逐年消化。农村信用社与中国农业银行要在平等自愿的基础上，继续发展业务往来，共同支持农村经济发展。

（四）按合作制原则重新规范农村信用社。

在基本完成上述三项工作后，农村信用社改革的重点转向恢复农村信用社的合作制性质。要加强领导、集中力量，根据中国人民银行重新发布的《农村信用合作社管理规定》和财政部《金融保险企业财务制度》，对现有农村信用社的股权设置、民主管理、服务方向、财务管理等方面进行规范。

农村信用社主要由农户、农村集体经济组织和农村信用社职工入股组成。农村信用社要适当充实股本。农村信用社的最高权力机构是社员代表大会，实行"一人一票"制；农村信用社实行理事会领导下的主任负责制。农村信用社主任由社员代表大会选举产生，经县联社审核，报中国人民银行县支行审查其任职资格后，由理事会聘任。农村信用社必须坚持主要为社员服务的方针，优先安排对农村种养业的贷款，对本社社员的贷款要占全部贷款金额的百分之五十以上。农村信用社按规定交纳准备金，留足备付金，资金运用实行资产负债比例管理，多存多贷、少存少贷、瞻前顾后、合理调剂。

（五）县以上不再专设农村信用社的经营机构。建立农村信用社的行业自律性组织问题，要待上述改革完成后另行制定办法。

（六）农村信用社改革政策性强、难度大，为使农村信用合作事业稳定、健康地发展，改革中要注意维护农村信用社的合法权益，国家要给予适当的政策支持。中国人民银行要制定防范风险的对策和具体措施。

三、办好国有商业银行，建立农村合作银行。

长期以来，中国农业银行为支持农村经济发展作出了重大贡献。在农村信用社与农业银行脱离行政隶属关系、中国农业发展银行的业务主要实行自营以后，中国农业银行要适应新的变化，努力办成真正的国有商业银行，进一步发挥在农村金融中的主导作用，为农业和农村现代化建设作出新的贡献。中国农业银行要进一步加强内部管理，实行资产负债比例管理和风险管理，建立自主经营、自负盈亏、自我发展的机制。对中国农业银行在农村金融体制改革过程中遇到的困难，国家将给予适当的政策支持。随着农村金融体制改革的深入进行，其他国有商业银行要根据商业化经营的原则，适当调整县以下分支机构。

在城乡一体化程度较高的地区，已经商业化经营的农村信用社，经整顿后可合并组建成农村合作银行。农村合作银行的性质是股份制的商业银行，与城市合作银行一样，按《中华人民共和国商业银行法》的要求设立。成立农村合作银行最少要有五千万元实收资本金。农村合作银行主要为农业、农产品加工业及农村其他各类企业服务，其固定资产贷款不得超过贷款总额的百分之三十。

农村合作银行设在县及县级市，由所在县（市）财政、各类企业及居民个人依法投资入股组成，实行一级法人制度。农村信用社合并组建农村合作银行后，原农村信用社取消法人资格，作为农村合作银行的分支机构开展业务；该县（市）内的城市信用社也要依据同样原则并入农村合作银行。不加入农村合作银行的农村信用社，要严格按新的《农村信用合作社管理规定》办成真正的合作金融组织。

四、增设中国农业发展银行的分支机构，加强农产品收购资金管理。

按照精简、高效原则适当增设中国农业发展银行的分支机构，基本实现业务自营。在中国农业发展银行总行、省级分行设立营业部，在地（市）、县（市）设立分行、支行；地（市）、县（市）同在一地的，只设一个机构；业务量小的县（市）可不设分支机构，其业务由中国农业银行等金融机构代理。在中国农业发展银行设立分支机构的地方，人员从中国农业银行调入，不增加新的设备，不盖新的办公楼，要充分运用中国农业银行和其他金融机构的现有设施。

继续实行地方政府领导下的分级分部门筹措收购资金责任制，各级人民政府要采取有效措施，保证财政补贴农产品收购资金及时足额到位。企业不得挪用收购资金搞其他建设和经营项目。中国农业发展银行要坚持商品库存值和贷款挂钩的原则，切实改进和加强粮棉油政策性贷款管理。要创造条件运用商业票据进行收购资金的结算，保证收购资金的封闭运行，防止收购资金被挤占挪用。

五、逐步建立各类农业保险机构。

在总结试点经验的基础上，逐步在农业比重较大的县建立农村保险合作社，主要经营种养业保险。

在发展农村合作保险的基础上，创造条件成立国家和地方农业保险公司，主要为农村保险合作社办理分保和再保险业务。国家农业保险公司在中国人民保险（集团）公司原有农业保险机构的基础上组建。

为避免农业保险机构因承保种养业保险造成亏损，国家将在政策上给予适当的扶持。

六、清理整顿农村合作基金会。

农村合作基金会自试办以来，对于增加农业投入，缓解农民生产资金短缺发挥了一定的作用。《国务院关于金融体制改革的决定》明确规定：农村合作基金会不属于金融机构，不得办理存、贷款业务，要真正办成社区内的资金互助组织。但是，目前相当一部分农村合作基金会以招股名义高息吸收存款，入股人不参加基金会管理，不承担亏损；基金会将筹集资金用于发放贷款，违反金融法规经营金融业务，隐藏着很大的风险。因此，要按国家的有关规定对农村合作基金会进行清理整顿。凡农村合作基金会实际上已经营金融业务，存、贷款业务量比较大的，经整顿后可并入现有的农村信用社，也可另设农村信用社。不愿并入现有农村信用社或另设农村信用社的，必须立即停止以招股名义吸收存款，停止办理贷款业务。中国人民银行要会同农业部尽快制定《农村合作基金会管理规定》，报国务院审批。

农村合作基金会的债权债务关系，要在地方政府的领导下妥善处理，以保护农民的利益。

七、农村金融体制改革的组织领导。

农村金融体制改革涉及面广，情况复杂，要坚持稳健过渡、分步实施的原则，加强领导，统一规划，有序进行。要注意防范和消除改革过程中暴露出的风险，保持农村金融秩序和社会的稳定。为此，在国务院、省、地、县四级设立农村金融体制改革协调机构，并相应设立办公室。

国务院成立农村金融体制改革部际协调小组，由中国人民银行牵头，中国人民银行行长任组长，中央和国务院有关部门以及中国农业银行、中国农业发展银行的主管领导参加，办公室设在中国人民银行。

省、地、县三级成立农村金融体制改革领导小组，由地方人民政府牵头，省、地、县人民政府主管金融工作的负责同志任组长，中国人民银行分支行行长任副组长，省、地、县农口主管部门、中国农业银行分支行、中国农业发展银行分支行等单位各选派一名主管领导参加。办公室可参照国务院农村金融体制改革部际协调小组的办法设置。

农村信用社与中国农业银行脱离行政隶属关系，要在充实县联社的业务管理力量和中国人民银行县支行对农村信用社的监管力量后，以省为单位统一宣布。今年下半年全国基本完成上述工作，然后着手进行规范农村信用社的改革工作。今年下半年开始，各省（自治区、直辖市）可选择一二个经济较为发达的县（市），开展组建农村合作银行的试点工作，但必须经国务院农村金融体制改革部际协调小组审定后，由中国人民银行批准。今年秋收前，中国农业发展银行在地（市）及部分县（市）做好业务经营机构的设立工作，切实改进收购资金管理，明年夏收前完成所有应设机构的增设工作。农业保险体制改革，今年内由中国人民银行会同有关部门制定方案，报国务院审批后实行。清理整顿农村合作基金会的工作，今年下半年由中国人民银行会同农业部制定方案，经国务院农村金融体制改革部际协调小组批准后实施。在改革中，要加强组织纪律性，设立、合并、撤销金融机构，必须报经中国人民银行审批。

农村金融体制改革直接涉及到农村经济的发展和广大农民的切身利益，政策性强，影响面广，对增加农产品生产和供应，提高农民的收入，以及抑制通货膨胀都具有十分重要的意义。各级人民政府要从全面发展农村经济的大局出发，加强对农村金融体制改革工作的组织领导，使这项改革积极稳妥地进行。农村金融系统广大干部和职工要顾全大局，在深化改革中不误农时地做好各项金融服务，促进农村经济的全面发展。

国务院
一九九六年八月二十二日

国务院批转中国人民银行
《关于进一步整顿金融秩序
严格控制货币投放的报告》的
紧急通知

（一九九六年十一月十八日）

各省、自治区、直辖市人民政府，国务院各部委、各直属机构：

国务院同意中国人民银行《关于进一步整顿金融秩序，严格控制货币投放的报告》，现转发给你们，请认真贯彻执行。

当前宏观经济形势总的是好的，金融形势继续保持稳定。但是，经济运行中出现了一些新的问题，非法设立金融机构、高息吸收存款、各种形式的乱集资、金融机构账外经营，导致银行储蓄存款增幅下降、货币投放明显增多，通货膨胀压力增大。如不及时制止，势必搞乱金融秩序，影响当前的大好形势。因此，各地区、各部门要认真贯彻执行适度从紧的财政货币政策，高度重视经济运行中存在的风险，采取有效措施，整顿金融秩序，控制货币投放，保持国民经济持续、快速、健康发展。

国务院

一九九六年十一月十八日

中国人民银行关于
进一步整顿金融秩序
严格控制货币投放的报告

（一九九六年十一月四日）

当前经济、金融形势是好的，经过三年努力，宏观调控目标已基本实现，国民经济继续保持良好的发展势头。但是，金融运行中还存在一些新的问题和风险，通货膨胀压力依然很大。特别是近几个月来，以各种名目进行的乱集资、非法设立金融机构和非法提高利率等行为又有重新抬头之势，挤占、挪用银行贷款的现象屡禁不止，金融机构账外经营尚未杜绝；银行储蓄存款增加额逐月减少，不良贷款和应收未收利息大幅度增加，货币发行明显增多。这些问题如不及时解决，势必严重扰乱金融秩序，甚至可能引发局部性的金融风波。因此，迫切需要依照有关法律、行政法规和规章，进一步整顿金融秩序，严肃金融纪律，严格控制货币投放，以巩固和发展当前的大好形势。针对目前存在的问题，建议采取以下措施：

一、坚决整顿和制止用银行资金买卖股票的行为。

严禁银行买卖或参与买卖股票，银行也不得给企业和证券经营机构贷款买卖股票，如有发现，对经办银行负责人和有关人员将予以严肃处理。

各银行要根据《贷款通则》的规定，加强对企业贷款使用情况的审查，对借款人挪用贷款从事股票、期货等投机活动的，要立即收回贷款，除按有关规定进行处罚外，任何金融机构在一年内不得再给其贷款。商业银行要主动配合国家证券管理部门对有关事项的调查，涉及重大案件，中国证监会可对有关银行客户的账户进行查询。

依照《中华人民共和国商业银行法》，加强对同业拆借市场的管理。银行拆入的资金只能用于弥补票据结算、联行汇差头寸的不足和解决临时性周转资金的需要，不得用于固定资产贷款和其他投资，更不得以拆借方式给证券经营机构融资炒股票。所有金融机构的同业拆借活动（不含七天以内的头寸调剂），必须通过全国统一的拆借市场网络进行。

证券经营机构拆借资金的期限最长不得超过五天，每月的日平均拆入资金余额，不得超过其自有资本金的百分之八十。证券经营机构拆入的资金只能用于头寸调剂，不得挪用拆借资金从事股票交易。证券公司、信托投资公司等所属的非法人营业部门（网点）一律不得从事拆借活动。对违反上述规定的，人民银行各分行要责成有关机构立即清收拆借资金，并按规定予以处罚，情节严重的，取消其进入同业拆借市场的资格。

继续贯彻落实《国务院批转中国人民银行关于进一步做好证券回购债务清偿工作请示的通知》，非银行金融机构的国债回购债务在年底前必须偿还，未偿还前一律不得自营买卖股票。人民银行不予登记或暂缓登记的非银行金融机构，不得办理自营股票买卖业务。

金融机构从事国债回购业务时，融资方必须以百分之一百的国债券抵押，各证券交易所不得擅自降低抵押比例。代客户托管的国债，一律不得用于回购业务。记账式国债的分销和交易必须通过在交易所开具的一级账户进行，不得以代保管单的形式销售。新发行国债在未上市前不得用于回购抵押。各证券交易所要采取措施，确保国债回购资金的清算实行"T＋1"〔1〕结算。

二、严格禁止各种乱集资和非法设立金融机构。

认真贯彻《国务院关于清理有偿集资活动，坚决制止乱集资问题的通知》和《国务院关于坚决制止乱集资和加强债券发行管理的通知》，坚决制止各种形式的乱集资活动。人民银行各分支行要认真履行金融监管职责，对以群众团体、合作基金会、互助储金会等名义进行的各种形式乱集资行为，要坚决制止和查处。要明确划分投资入股和存款的界限，严禁各类企业用"保息分红"的方式进行集资。

今年企业债券发行要严格控制在年度计划之内，任何企业未经国家计委、人民银行批准，不得擅自发行债券。各银行不得承销企业债券，需要代销的，必须报经上级银行批准。

根据《中华人民共和国中国人民银行法》和《中华人民共和国商业银行法》规定，人民银行是审批金融机构的主管机关，任何地方政府、部门或个人均无权批准设立金融机构或金融机构筹备组织。凡未经人民银行批准设立的金融机构，均属非法机构，必须坚决予以取缔，并追究有关负责人的责任。

三、严禁金融机构擅自提高利率吸收存款。

各金融机构必须严格执行人民银行公布的法定利率，严禁擅自提高存款利率，也不得以手续费、协储代办费、吸储奖、有奖储蓄以及由贷款企业向存款人另付利息等名目变相提高利率。各金融机构对吸收的存款必须严格按照实际的期限计付相应档次的利息。任何违反法定利率的行为都不受法律保护。对于金融机构高息吸收的存款，一经发现，要将存款全部划存人民银行，不计利息，但存款银行仍要按法定利率向存款人付息；同时对经办银行负责人给予严肃处理。

各金融机构要通过切实改进服务来组织存款，不得将存款任务分解下达到个人，更不准将存款任务与职工的工资、奖金挂钩。人民银行各分支行要组织所在地金融机构，制定、公布严格执行法定存款利率的同业协定，共同遵照执行，并接受社会的监督。

四、控制货币投放，增加现金回笼，力争全年货币投放不超过一千亿元。

各地区要认真执行年初人民银行下达的货币投放（回笼）计划。各商业银行要切实改进服务，努力吸收居民储蓄存款；同时积极支持商业供销部门扩大销售，增加商品销售的现金回笼。

各开户银行要认真执行《现金管理暂行条例》，不得在企业基本账户外支付现金；对超过结算起点的支付，必须通过转账办理；需要提取大额现金的，必须按有关审批程序办理。各级人民银行要加强对商业银行执行基本账户规定的监督，严把工资支付关。对开户单位超过《工资基金管理手册》规定的工资性现金支取，开户银行要予以拒付。开户银行要进一步检查和核实开户单位库存现金限额，压缩不合理的库存现金。

目前，商业银行在向中央银行借款的同时，又大量持有或购买国债，实际上是把财政赤字扩大为货币发行。因此，商业银行要将持有的国债在年底前全部销售给居民个人、非银行金融机构、养老保险基金和其他投资人，以增加现金回笼。今后商业银行不得利用信贷资金以盈利为目的持有或炒买炒卖国债，违者要严加处罚。

要严格控制中央银行基础货币的投放。对商业银行今年原则上不再增加中央银行贷款。各商业银行要通过加强内部资金调度、增加存款和通过银行之间相互调剂解决资金需要。要适当控制外汇占款的增加，加强银行结、售汇管理，防止资本项目混入经常项目结汇，防止套汇和骗税行为。

五、严格执行国家信贷计划，切实加强信贷管理。

各银行不得突破人民银行下达的贷款规模，人民银行各分支行要加强对贷款规模执行情况的监测和检查。对一九九六年八月一日以后仍违反规定无证售汇、炒外汇期货、搞账外经营的金融机构负责人，必须给予严厉处分，直至开除公职。

流动资金贷款要用于支持产品有市场、有效益、不挤占挪用、能够还本付息的企业。对挪用流动资金贷款搞固定资产投资的企业，要停止发放新的贷款。

各银行要坚决贯彻落实《国务院关于固定资产投资项目试行资本金制度的通知》，对虽经过批准，但资本金不到位的固定资产投资项目，坚决不予贷款。

人民银行要认真检查《贷款通则》的贯彻执行情况，督促商业银行坚持贷款程序和条件，加强对企业资金使用的监督。对违反《贷款通则》发放贷款的金融机构，要坚决纠正，并依照有关规定给予处罚。

六、加强粮棉油收购资金管理，保证收购不打"白条"，切实防止挤占挪用。

继续贯彻执行《国务院批转中国人民银行等六部门关于加强粮棉油政策性收购资金管理意见的通知》，粮棉油收购资金供应和管理要在当地政府统一领导下，坚持实行分级、分部门责任制。收购部门、财政部门和银行要各负其责，按照已核定的任务，分别筹措收购资金，不给农民打"白条"。财政部门、企业应到位的资金，必须存入专户。地方财政欠拨的政策性补贴，不得用银行贷款、调销回笼款和中央财政政策性补贴款垫付。地方财政新发生的欠拨款，要按规定于次年一季度前扣回。对企业和财政因先支后收、筹措资金临时不到位而暂时需要由银行垫付资金的，要按银行规定签订垫付协议，地方政府和银行要督促有关单位按期归还。

继续实行收购贷款与库存值挂钩的管理办法。农业银行和农业发展银行要按月检查库存值与收购贷款的增减变化情况，结合收购进度掌握收购贷款的发放数量。到今年底库存值占收购贷款的比例必须比去年底有所提高，具体比例由农业发展银行核定。

农业发展银行各分支机构要加强对所在地区粮食企业财务状况、贷款使用及开户情况的监督。对已经发生亏损的企业，要督促其限期消化；继续增加亏损的，银行不得相应增加贷款弥补。尚未设立农业发展银行分支机构的地区，农业银行要按原有规定继续负责做好代理农副产品收购资金的工作。

粮棉油收购企业要积极采取措施，清理收回各种应收款，压缩不合理资金占用，减少亏损，及时归还银行贷款。粮食企业经营性亏损应由企业自补，不能在银行挂账。对挪用调销回笼款或多头开户转移收购资金的企业，要停止发放新的贷款；对明知企业挪用仍继续发放贷款的银行负责人，要严肃处理。

七、加强监督检查。

人民银行各分支行要加强对辖区内金融机构的监管，结合年检工作，对金融机构经营状况进行稽核。对辖区内严重违法违规问题放任不管或知情不报的，要追究人民银行当地分支行负责人的责任；对已经报告而当地政府和上级行不依法查处的，要追究当地政府和上级行领导人的责任。一九九六年年底以前，人民银行要对现金管理进行一次全面检查，重点检查各开户单位、金融机构超限额库存、白条抵库、透支和违规大额提现等问题。对为争拉客户存款而放松现金管理的金融机构，要严肃处理。

各金融机构要立即部署一次检查，重点检查本系统基层机构有无买卖股票、擅自提高利率吸收存款、账外经营以及突破货币发行（回笼）计划和信贷规模等情况。

注 释

[1] T＋1，证券业术语，即证券的买卖在第二天结算。

国务院关于调整金融保险业税收
政策有关问题的通知

（一九九七年二月十九日）

各省、自治区、直辖市人民政府，国务院各部委、各直属机构：

为了发挥税收的调控作用，进一步理顺国家与金融、保险企业之间的分配关系，促进金融、保险企业间平等竞争，保证国家财政收入，国务院决定，从一九九七年一月一日起，调整金融保险业的税收政策。现将有关问题通知如下：

一、规范金融、保险企业的所得税税率，对目前执行百分之五十五所得税税率的金融、保险企业，其所得税税率统一降为百分之三十三。金融、保险企业所得税的预算级次不变。

二、修订《中华人民共和国营业税暂行条例》中有关金融保险业营业税税率的规定，将金融保险业营业税税率由现行的百分之五提高到百分之八。提高营业税税率后，除各银行总行、保险总公司交纳的营业税仍全部归中央财政收入外，其余金融、保险企业交纳的营业税，按原百分之五税率征收的部分，归地方财政收入，按提高百分之三税率征收的部分，归中央财政收入。

三、对经济特区内（包括上海浦东新区和苏州工业园区，下同）设立的外商投资和外国金融企业，凡来源于特区内的营业收入，继续执行自注册登记之日起，五年内免征营业税的优惠政策，免税期满后，按百分之八的税率征收；对来源于经济特区外的营业收入部分，不再执行特区内的免税优惠政策，按特区外设立的外商投资和外国金融企业的有关税收政策执行。

四、对一九九六年十二月三十一日之前在特区外设立的外商投资和外国金融、保险企业，在一九九八年十二月三十一日前，营业税减按百分之五征收，仍作为地方财政收入；自一九九九年一月一日起，按百分之八征收。对一九九七年一月一日后特区外新设立的外商投资和外国金融、保险企业，一律执行百分之八的营业税税率。

五、提高金融保险业营业税税率后，对国家政策性银行减按百分之五的税率征收。政策性银行交纳的营业税仍作为国家资本金投资返还给政策性银行。政策性银行资本金达到国务院规定金额之日起，返还政策停止执行。

六、提高金融保险业营业税后，对农村信用社营业税，在一九九七年十二月三十一日前减按百分之五征收，仍作为地方财政收入；自一九九八年一月一日起恢复按百分之八的税率征收。

七、提高金融保险业营业税税率后，对随同营业税附征的城市维护建设税及教育费附加，仍按原税率百分之五计征，提高百分之三税率的部分予以免征。附征的收入仍归地方财政收入。

八、提高金融保险业营业税税率后，现由地方税务局所属征收机关负责征收的金融、保险企业营业税，改由国家税务局和地方税务局所属征收机构共同征收。其中按原百分之五税率计征的部分，由地方税务局所属征收机构负责征收，按提高百分之三税率计征的部分，由国家税务局所属征收机构负责征收。各银行总行、保险总公司交纳的营业税，继续由国家税务总局直属征收机构负责征收。随同营业税征收的城市维护建设税和教育费附加，由地方税务局所属征收机构负责征收。

调整金融保险业的税收政策，是国务院作出的一项重要决策，各地人民政府要高度重视，加强领导；各级国家税务局机关和地方税务局机关要密切合作，切实加强征管，堵塞"跑、冒、滴、漏"；各金融、保险企业要进一步强化纳税意识，按国家规定及时足额申报纳税，确保国家金融保险企业税收政策的贯彻执行。

国务院
一九九七年二月十九日

国务院批转国务院证券委、中国人民银行、国家经贸委《关于严禁国有企业和上市公司炒作股票的规定》的通知

（一九九七年五月二十一日）

各省、自治区、直辖市人民政府，国务院各部委、各直属机构：

　　国务院同意国务院证券委、中国人民银行、国家经贸委《关于严禁国有企业和上市公司炒作股票的规定》，现发给你们，请认真贯彻执行。

国务院
一九九七年五月二十一日

国务院证券委、中国人民银行、国家经贸委关于严禁国有企业和上市公司炒作股票的规定

(一九九七年五月二十一日)

我国证券市场尚处于发展初期，过度投机和违规现象比较严重。打击违规活动，抑制过度投机，对于促进社会主义市场经济健康发展和维护社会稳定关系重大，必须予以高度重视。最近一段时间以来，国有商业银行资金通过各种渠道，不断流入股市。有的国有企业和上市公司用银行信贷资金炒作股票；有的上市公司把募股用于生产经营的资金投入股市炒作股票；有的国有企业把用于自身发展的自有资金投入股市炒作股票。这种状况一方面助长了股市的投机，另一方面使国有资产处于高风险状态，严重危及国有资产的安全。为了发挥社会主义股票市场为经济建设筹集资金和促进企业转换经营机制的功能，维护正常的市场秩序，必须制止国有企业和上市公司在股票市场上的炒作行为。现作如下规定：

一、国有企业不得炒作股票，不得提供资金给其他机构炒作股票，也不得动用国家银行信贷资金买卖股票。

本规定所称炒作股票是指在国务院主管部门规定的期限内买入股票又卖出，或者卖出股票又买入的行为。

二、上市公司不得动用银行信贷资金买卖股票，不得用股票发行募集资金炒作股票，也不得提供资金给其他机构炒作股票。

三、国有企业和上市公司为长期投资而持有已上市流通股票（在国务院主管部门规定的期限以上），应向证券交易所报告。交易所应采取措施，加强管理，监督国有企业和上市公司遵守本规定的有关要求。

四、国有企业和上市公司只能在交易所开设一个股票账户（A 股），必须用本企业（法人）的名称。严禁国有企业和上市公司以个人名义开设股票账户或者为个人买卖股票提供资金。存在上述问题的单位，必须在本规定发布之日起一个月内纠正；拒不纠正的；将从严处罚并追究法定代表人和直接责任人的责任。

五、证券交易所、证券登记清算机构和证券经营机构，要对已开设的股票账户和资金账户进行检查，如发现国有企业和上市公司炒作股票，或者以个人名义开设股票账户以及为个人股票账户提供资金的，应要求其立即纠正并及时向中国证监会报告。

　　六、各省、自治区、直辖市人民政府，国务院各部门应立即组织对所属国有企业参与股票炒作的情况进行检查，各地方证券管理部门要组织对辖区内的上市公司参与股票炒作的情况进行检查，检查结果要向国务院证券委报告。对本规定发布后继续炒作股票的国有企业和上市公司，一经查实，其收入一律没收并处以罚款；对挪用银行信贷资金买卖股票的企业，银行要停止新增贷款，限期收回被挪用的贷款；对国有企业的主要负责人和直接责任人，由其主管部门给予撤职或开除的处分；对上市公司的主要负责人和直接责任人，由中国证监会认定并宣布为市场禁入者。

　　以上规定的实施细则，由国务院主管部门另行发布。

国务院关于进一步加强在境外发行
股票和上市管理的通知

（一九九七年六月二十日）

各省、自治区、直辖市人民政府，国务院各部委、各直属机构：

一九九二年以来，国务院和国务院证券主管部门在一系列法规和文件中，对在境外发行股票和上市的有关政策作了明确规定。但最近一个时期，一些机构和企业违反规定，未经批准，擅自将境内资产以各种形式转移到境外上市，造成了不良影响。在境外发行股票和上市是一项政策性很强的工作，必须依照国家有关规定有组织、有步骤地进行。针对目前境外上市中存在的问题，为进一步加强管理，保证境外发行股票和上市工作有序进行，现就有关问题通知如下：

一、在境外注册、中资控股（包括中资为最大股东，下同）的境外上市公司（以下称境外中资控股上市公司），进行分拆上市、增发股份等活动，受当地证券监管机构监管，但其中资控股股东的境内股权持有单位应当事后将有关情况报中国证监会备案，并加强对股权的监督管理。

二、在境外注册的中资非上市公司和中资控股的上市公司，以其拥有的境外资产和由其境外资产在境内投资形成并实际拥有三年以上的境内资产，在境外申请发行股票和上市，依照当地法律进行，但其境内股权持有单位应当按照隶属关系事先征得省级人民政府或者国务院有关主管部门同意；其不满三年的境内资产，不得在境外申请发行股票和上市，如有特殊需要的，报中国证监会审核后，由国务院证券委审批。上市活动结束后，境内股权持有单位应将有关情况报中国证监会备案。

三、凡将境内企业资产通过收购、换股、划转以及其他任何形式转移到境外中资非上市公司或者境外中资控股上市公司在境外上市，以及将境内资产通过先转移到境外中资非上市公司再注入境外中资控股上市公司在境外上市，境内企业或者中资控股股东的境内股权持有单位应按照隶属关系事先经省级人民政府或者国务院有关主管部门同意，并报中国证监会审核后，由国务院证券委按国家产业政策、国务院有关规定和年度总规模审批。

四、重申《国务院关于暂停收购境外企业和进一步加强境外投资管理的通知》规定的精神，禁止境内机构和企业通过购买境外上市公司控股股权的方式，进行买壳上市。

五、对违反上述规定的，以擅自发行股票论处。对负有责任的主管部门领导，由有关部门给予行政处分；对当事单位的主管人员和直接责任人员由该单位上级主管部门给予撤职直至开除的处分；对构成犯罪的，移交司法机关依法追究刑事责任；对当事单位和有关中介机构及责任人员由中国证监会按照《股票发行与交易管理暂行条例》等有关规定，给以处罚。

各地区、各部门要严格执行本通知的规定，采取切实有效措施，监督所属企业认真遵守国家有关法规和政策。境内企业到境外证券市场融资应主要采取直接上市的方式，国务院证券委要继续指导好这项工作，选择符合国家产业政策和境外上市条件的国有企业到境外直接上市。

本通知自发布之日起施行。

国务院
一九九七年六月二十日

领导干部要学一些金融基本知识[*]

(一九九七年十月六日)

江 泽 民

你们编写这个读本很好，对帮助领导干部学习金融知识很有益处。

邓小平同志在一九九一年视察上海时指出："金融很重要，是现代经济的核心，金融搞好了，一着棋活，全盘皆活。"深刻说明了金融业在现代经济生活中的重要地位。

改革开放以来，我国金融业得到了长足发展，掌握着巨大的经济资源，在支持经济发展、调整经济结构、维护社会稳定等方面，发挥着越来越重要的作用。

如何运用金融这个经济杠杆，是一门很大的学问。运用得好，就会对实现宏观经济调控目标，抑制通货膨胀，优化资源配置，起到积极作用，有效地促进经济和社会发展。如果运用不当，就可能产生金融风险和经济风险，甚至会危及经济全局。近几年国外连续出现的金融危机，我们应引以为戒。总之，我们对金融杠杆，要善于掌握，巧于运用。

我希望各级党政领导干部和广大企业领导干部，都要学一些金融基本知识。通过学习，加深对金融工作、金融法规和金融政策的了解，提高运用和驾驭金融手段的本领，增强维护金融秩序的自觉性和防范金融风险的能力。金融系统干部也要了解经济全局和掌握企业生产经营知识。我相信，懂得金融的领导干部和企业领导干部多了，我们对经济工作的领导水平就会有新的提高。

---

[*] 这是江泽民同志关于《领导干部金融知识读本》的批语。

深化金融改革，防范金融风险，开创金融工作新局面*

（一九九七年十一月十八日）

朱 镕 基

这次全国金融工作会议，是在全党全国人民学习、贯彻党的十五大精神的新形势下，由党中央、国务院召开的一次具有全局意义、非常重要的会议。会上讨论的《中共中央、国务院关于深化金融改革，整顿金融秩序，防范金融风险的通知》，充分体现了党的十五大精神，是一个很重要的文件。现在，我根据《通知》精神和会议讨论的情况，讲几点意见。

一、进一步深化金融改革和整顿金融秩序、防范和化解金融风险势在必行。

对于深化金融改革和防范金融风险问题，我在近几年特别是去年以来考虑很多。为什么？因为金融领域里的问题越来越严重，隐藏着极大的风险。

党的十五大后，党中央、国务院把深化金融改革和整顿金融秩序，防范和化解金融风险摆在突出位置，作为经济工作的一项重要任务，这是通观全局、审时度势作出的重大决策和战略举措。

党的十四大以来的几年，是建国以来最好的、关键性的时期。这个时期，我们认真贯彻邓小平理论，在江泽民同志为核心的党中央领导下，改革开放和现代化建设取得了很大成绩，社会生产力、综合国力和人民生活水平上了一个大的台阶。近几年经济形势一年比一年好。事实证明，中央所采取的深化改革、加强和改善宏观调控的决策与措施是成功的。主要是三个方面：一是坚持实行适度从紧的财政和货币政策，没有这一条，极有可能早就发生泰国现在的问题。二是对财政、税收、金融、外贸、外汇、价格体制等进行了重大改革。特别是税制改革使

＊ 这是朱镕基同志在全国金融工作会议上讲话的要点。

国家税收连续几年每年增收一千亿元以上。三是实行正确的农业政策。没有这一条，通货膨胀不会降得这么快。几年前，在经济的某些领域出现过热，导致严重通货膨胀以后，国民经济还能够连年保持百分之九至百分之十的速度，又能把通货膨胀很快降下来，这在世界上是罕见的。这些确实是来之不易的，是全党全国上下团结奋斗的结果。

巩固和发展当前好的经济形势，至关重要的是，必须保持清醒的头脑，正视而不是回避前进中的问题。当前经济生活中的突出问题，是金融隐患和金融风险不断地加大。对此，中央《通知》明确指出了以下五个方面：一是国有银行不良资产比例高，应收未收利息急剧增加，经营日趋困难。相当部分不良贷款和应收利息是呆账、坏账，无法收回。二是非银行金融机构问题更加严重。据最近对一百二十二家信托投资公司稽核，不良贷款比例大大超过国有银行。城乡信用社问题也很突出，部分省市已出现局部性支付危机。三是一些地方、部门、单位乱设金融机构、乱办金融业务和乱搞集资活动。近年来，由于乱设金融机构、乱办金融业务、乱集资活动导致的挤兑风波，在一些地方时有发生。四是股票、期货市场存在大量违法违规行为。部分上市公司质量不高。不少证券公司挪用客户保证金，内幕交易，违规透支。一些地方擅自设立股票（股权证）交易场所，隐藏着很大风险。一些国有企业和金融机构，没有经过批准违规进行境外期货交易，给国家造成巨额损失。五是不少金融机构和从业人员弄虚作假，违法经营。高息揽储、账外设账等屡禁不止，金融诈骗等犯罪活动日益猖獗，大案要案越来越多。

对于金融领域出现的问题和隐患，党中央、国务院早有察觉，并不断地采取措施，颁布了一系列政策、规定。主要是：第一，一九九三年下半年开始加强和改善宏观调控。首先从解决金融问题入手，实行适度从紧的货币政策，整顿金融秩序，清理乱拆借、乱集资，提出"约法三章"，刹住了这股"热"风。第二，改革金融体制。实行政策性银行和商业银行分开。进行外汇管理体制改革，加上其他宏观调控措施取得成效，国家外汇储备从一九九三年上半年的一百八十亿美元增加到现在的近一千四百亿美元。去年底实现经常项目下人民币可兑换。第三，运用利率杠杆进行宏观调控。这几年两次提高利率，抑制社会需求膨胀；三次降低利率，每年减轻国有企业利息负担七八百亿元。第四，加快金融立法步伐，加强对金融机构包括证券市场的监管。《中国人民银行法》、《商业银行法》等重要法律相继出台。清理、撤并信托投资公司。清理了账外账，明确提出谁再搞账外账，一律撤职，而且不能再在银行系统工作。第五，严肃查处违法违规案件。打击金融犯罪，处理了一批大案要案。例如，北京长城机电科技咨询公司沈太福、无锡邓斌非法集资案等。

以上情况充分说明，近几年中央所实行的金融工作方针、政策是正确的，采取的措施是得力的、有效的，金融工作成绩是显著的。如果这几年不这样做，我国就不会有今天这样好的经济、金融形势。但是应该看到，金融领域的深层次问题还没有触及，历史上多年积累的严重问题并没有解决。这次东南亚金融危机，促使我们下决心从根本上解决问题，再不能犹疑了。而要采取有针对性的措施，必须分析为什么会造成这样的问题。产生金融领域的问题有多方面原因，既有历史的包袱，也有体制上的原因；既有外部行政干预的因素，也有金融系统内部风险控制不严的问题。实际上，是国民经济深层次矛盾的综合反映。第一，金融体制不适应改革和发展迅速变化的新形势。政银不分、政企不分，对银行和其他金融机构的行政干预过多，使人民银行不能依法履行职能、职责，国有商业银行不能依法行使经营自主权。不进一步深化金融改革，银行和其他金融机构的问题就解决不了。第二，房地产、开发区过热中，造成了大量的不良信贷资产。这些问题主要是在一九九二、一九九三年发生的。相当一部分成为呆账、坏账。第三，国有企业资本金严重不足，高负债运营。从八十年代初开始，国家实行固定资产投资"拨改贷"，流动资金全额贷款。企业变成无本买卖，负担过重。国有企业不改革，银行就会被拖垮，但是如果银行体制不改革，国有企业也改不了，因为它可以靠不断地向银行借钱，随意拖欠贷款本息取得资金来源，国有企业机制不可能转变。第四，经济建设中盲目上项目、铺摊子，重复建设，经济结构不合理，投资效益很差。这是造成国有企业困难的最大原因。第五，挤占、挪用银行信贷资金相当严重，造成大量呆账、坏账。

"凡事预则立，不预则废"。应当清醒地看到，对于金融领域长期积聚的风险，如不切实加以防范和化解，任其发展下去，有朝一日爆发，就有可能发生影响全局的重大金融风波。这样，当前好的经济形势不但不能发展，而且还可能发生逆转，甚至会酿成大祸，动摇国本。党中央、国务院对防范金融风险工作极为重视。江泽民同志近年来多次提醒要注意防范金融风险问题，指出这是维护国家经济安全的重要方面。在党的十五大报告中又明确要求："依法加强对金融机构和金融市场包括证券市场的监管，规范和维护金融秩序，有效防范和化解金融风险。"在十五届一中全会上，他进一步强调："防范和化解金融风险是我国经济工作的一项重要和紧迫的任务。"中央其他领导同志也都十分关心金融风险的防范问题，作出了许多重要指示。我们一定要按照党中央、国务院的要求，从经济和社会发展全局的高度，从党和国家安危的高度，充分认识防范和化解金融风险的极端重要性和紧迫性，增强深化金融改革和整顿金融秩序的自觉性和使命感。

二、关于中国人民银行和国有银行管理体制改革问题。

这次《通知》中的一个重要内容，是进一步深化银行管理体制改革。主要包括：改变中国人民银行和国有商业银行分支机构按行政区划设置的状况，精简管理层次和分支机构；成立中共中央金融工作委员会、中央金融纪律检查工作委员会和金融机构系统党委，完善金融系统党的领导体制。这是我国银行管理体制和运行机制的根本性改革和创新，是建立和完善现代金融体系、把银行真正办成银行的关键步骤，是防范和化解金融风险的重大措施，也是建立社会主义市场经济条件下新型的政府与银行关系、银行与企业关系，使银行和其他金融机构彻底摆脱传统的计划经济体制羁绊的重大举措。

在会议讨论中，有些同志对改革银行管理体制存在一些担心和疑虑，这里有必要讲一讲。

有些同志担心，这样改革会不会搞得天下大乱。我的看法，这件事情难度很大，要付出一点代价，也可能出一点乱子，对此，我们要有思想准备。然而，应当看到，现在下决心消除金融风险隐患，正是为了避免以后可能发生大的社会震荡。如果现在不采取坚决措施，将来问题集中一起爆发出来，那就不得了啊！我们现在有很多有利条件，只要考虑周到，方法得当，工作做得好，可以避免出现大的乱子。这个问题早抓早主动，越拖越被动。

有些同志提出，现在进行银行体制改革，时机是否成熟，"一步跨十年"，能否行得通？我觉得，"一步跨十年"讲对了。这次改革就是要跨十年，因为是一次根本性的改革，意义非常重大，是国家的长治久安之计。我们是在过去已经进行各项改革的基础上迈了关键的一步。但是，这一步要跨多久呢？我估计最少需要三年。应该走出这一步，现在不走，将来要后悔。这次会议不是要求你们回去就马上动手，先要统一思想。思想统一了，就可以加快工作进度，思想不统一，又会刮风。中央《通知》是个指导性、方针性文件，是个整体思路，并不是具体实施方案。从现在到方案实施的这段时间，务必保持金融机构和队伍的稳定。各银行总行及其分支机构，要按照这次会议的部署认真做好金融监管和整顿工作，决不能有丝毫懈怠。银行机构改革，成立金融系统党委，不是对地方党委、政府信任不信任的问题，也不是说过去金融领域出现的问题责任都在地方。现在改革，中央和地方各有分工，只会加强地方对银行的监督。成立中共中央金融工作委员会、中央金融纪律检查工作委员会和金融机构系统党委，目的在于加强党对金融工作的集中统一领导，发挥党的思想政治优势，保证党中央的路线、方针、政策和国家金融法律法规更好地在金融系统贯彻落实。中国人民银行和国有商业银行实行跨行政区设置分支机构后，分支机构的管辖范围与行政区划不再一致，分支机构的党组织也不宜再由地方党委领导。这种做法，符合党章规定，符合我国国情，也是同改变人民银行和国有商业银行按行政区设置分支机构相配套的、必然需要采取的措施。今后，地方党委、政府和当地金融机构党组织应当在各自职责范围内相互支持。金融机构要加强与地方党委、政府的联系，认真听取他们对金融业发展和监管的意见和建议。地方党委和政府应继续帮助和支持金融机构的工作，例如参与查处金融案件，维护金融秩序等。

有的同志说，这次银行管理体制改革是照抄西方模式，西方模式不适用于中国。我说，我们的所有宏观调控措施都不是照抄西方模式，都是有中国特色的。我们不是照抄，而是借鉴，不借鉴怎么改革开放？实行社会主义市场经济不是照抄西方。不借鉴不行，西方毕竟搞了几百年市场经济。不借鉴何时能建成社会主义市场经济体制？有人可能会说，省长不管金融，怎么管经济？不是省长不能管，而是看怎么管。中央《通知》写得很清楚，这次在深化银行管理体制改革的同时，要加快地方性金融机构体系的建设。区域性的银行将来可以多发展分支机构，还要增加城市商业银行，县（市）商业银行也要开始试点，城市、县（市）的商业银行都是股份制的商业银行，还有合作制的城市信用社、农村信用社。这些都是地方性的金融机构，他们的党组织关系都在地方，这就够地方党政领导管的了。怎么管？我们要牢记邓小平同志说的话："要把银行真正办成银行"。地方党委、政府对地方的金融机构也不能乱加干预，要让他们自主经营，自负盈亏。中国人民银行也要加强对地方性金融机构的监管，监管的办法要学习、借鉴西方中央银行的经验。

有的同志担心，跨行政区设立银行分行会影响中西部地区经济发展。需要指出，中国人民银行跨行政区设立分支机构，是因为人民银行没有筹集资金的任务，是监管商业银行和其他金融机构的。谁来统筹银行资金？由国有商业银行总行来统筹，商业银行总行才是法人。现在已经没有按地区存贷挂钩的问题了，是各商业银行的总行在统一调度资金，按照信贷原则和国家产业政策、区域发展政策发放贷款，没有地区规模限制，不会影响中西部地区的发展。国有商业银行在地、市、县的分支机构适当收缩后，总行的资金调度会比过去更加灵敏。

有的同志还提出，国有企业改革没搞好，金融改革孤军深入，行吗？应该看到，深化金融体制改革、整顿金融秩序，是深化国有企业改革的必然要求，两者是相辅相成的。确实，国有企业不改革，银行单独改革不会成功；但是，没有银行改革的推动，国有企业改革也是搞不好的。国有企业现在为什么那么困难，我认为有三个主要原因：一是盲目上项目、重复建设，各地区经济结构趋同化。二是企业资本金不足，负债累累，再好的企业家也难以经营。三是人员过多，"一个人的饭三个人吃"，是普遍现象。所以，国有企业改革要"对症下药"。第一，不要再搞重复建设。对此必须"一刀切"。第二，要减轻企业债务。鼓励兼并，规范破产，增资减债，发展一些直接融资。第三，要实施再就业工程。现在社会上对就业问题反映强烈，主要原因是企业下岗职工的再就业没搞好。据统计，现在国有企业下岗职工大约一千万人，今后三年把这批人的安置和再就业搞好，就是一个重大任务。实行股份制、股份合作制，是搞活企业的一条有效途径。党的十五大报告从理论上阐明了这个问题。股份制是现代企业的一种资本组织形式。但是，不能认为"一股就灵，一股就化，一股就了"。搞股份制解决不了企业面临的所有困难和问题；也不是所有企业都能搞成股份制，更不是所有股份公司都能上市。股份制企业在资本主义国家也不是大多数，更多的还是独资和合伙制企业，上市的股份公司更是少数。因此，不要刮风。总之，不在"三改一加强"上下功夫，是不能解决国有企业的根本问题的。中央提出国有企业改革三年的目标，银行改革也需要三年，但稍微走前一点。走前一步，就是再不能让企业亏损在银行挂账，这会有效促使企业转换经营机制，实现三年改革目标。

三、关于完善金融体系和加强金融监管问题。

第一，建立和完善多层次、多类型金融机构体系问题。中央《通知》明确指出，完善金融机构体系的方向和目标是，建立健全在中央银行宏观调控和监管下，政策性金融与商业性金融分离，国有银行为主体，区域性商业银行、中心城市和县（市）商业银行（股份制银行）、城市和农村信用合作社、非银行金融机构和外资（中外合资）金融机构并存，分工合作、功能互补的金融机构体系。这样的金融机构体系，可以适应现阶段我国经济和社会发展的需要。改革开放以来，特别是近几年，我国多类型、多层次金融机构体系有了很大发展，今后的任务主要是在现有的基础上逐步加以完善和充实。对加快地方性金融机构的建设，要做好准备，积极稳步地进行，要严格按条件审批，并要与金融监管能力相适应，不要搞得太快。一下子设了很多金融机构，如果不符合条件，素质不佳，会给自己找麻烦。组建地方性金融机构，还要与国有商业银行精简分支机构和人员、整顿地市级信托投资公司和城乡信用社结合起来，充分利用现有金融机构的设施和人员。不要把整个风险都押在国有银行身上，这样受不了。这里要讲清楚，地方性金融机构的业务经营虽然中央银行要监管，但如果出现了资不抵债、不能支付到期债务等问题，地方是要负责的，中央银行不能拿钱保支付。在金融体系中还有外资银行。外资银行还会继续增加，但不会都集中在上海、江苏这些地方，将来也会到中西部地区去的。关键是要改善投资环境，规范和维护金融秩序。

第二，积极稳步地发展资本市场，适当扩大直接融资。经过总结经验，现在来看，必须把股票市场融资和改革国有企业结合起来，要有利于大中型国有企业摆脱困境。但是，亏损企业不能上市，没有业绩不能上市。现在有个好办法，就是支持优势企业上市，筹来的钱去兼并有发展潜力的亏损企业，结果很有成效。比如，邯钢的管理确实好，舞阳钢厂很困难，一年亏损几亿元。邯钢说兼并了它可以转亏为盈，那就同意邯钢上市，让它发行股票，有了资金把舞阳钢厂接过去，今后就可以扭亏了。这是使国有企业脱困的非常好的办法。股市集资，前途很大，去香港上市融资也是一个很重要的方面。但我们希望规范股市融资，要稳步前进，千万不能乱来。

《通知》要求，要彻底清理和纠正各类证券交易中心和报价系统非法进行的股票（股权证）、基金等上市活动；各地产权交易机构一律不得变相进行股票（股权证）上市交易。这个决定是完全必要的。必须指出，目前正在蔓延的非法证券发行和交易活动，如不坚决加以制止，后果不堪设想。这次会议上，国家证券监管部门提出了清理整顿现有非法股票（股权证）交易场所的三条措施，是经中央政治局常委会讨论同意的。中国只有上海、深圳两个股票市场，不能再多搞了，这两个市场的网络非常发达，任何地方都可以上网交易，完全可以满足证券市场发展的需要。这次会议后，有关省市要首先宣布一条，擅自设立的股票（股权证）交易场所不能再搞新的股票上市了，产权交易所变相搞股票交易是违反国务院规定的，是违法的。但是处理这个问题要非常慎重，要有步骤地处理，安定人心。然后，讲明这方面政策。第一，现在在非法股票交易所进行的股票交易，暂时还可以继续进行，比较好的企业股票经过有权的评估公司评估，可以在上海、深圳证券交易所继续上市。给它开一条路，只要企业好，还是可以上市。第二，没有资格去上海、深圳交易所上市的企业股票，公司要保证股金的分红，保障投资者的利益。第三，挂牌公司有能力自己赎回的，最好把股票赎回来。分别几种不同的方法来处理。

第三，深化农村金融体制改革。农村金融体制改革的方针，中央早已确定了，现在是抓紧贯彻落实的问题。一是农村信用社和农业银行脱钩，把农村信用社真正办成合作性质的、社员民主管理的、自负盈亏的金融机构。二是组建农村合作银行。要先试点，每省一个，最多两个，取得了经验，再逐步推开。三是进一步划分农业发展银行和农业银行的分工，农业发展银行要设下属机构，但收购任务较少的县和乡（镇）以下的业务，仍委托农业银行代办。四是清理农村合作基金会。农村合作基金会的问题很严重，隐患尚未充分暴露出来。任其发展下去，问题会越来越重。国务院一九九六年颁发的《关于农村金融体制改革的决定》就作了明确规定：一是从一九九六年起，各地一律不得再设农村合作基金会；二是现有农村合作基金会立即停止以任何形式吸收存款和办理贷款。我看这两条都没有执行。现在，首先要认真执行国务院的决定。并根据这次会议的精神，对农村合作基金会进行全面的清产核资，冲销呆账，符合条件的并入农村信用社；对资不抵债又不能支付到期债务的，要清盘、关闭。与有效资产相当的债务可由信用社来承担，但对资不抵债的债务不能承担。资不抵债、又不能清偿债务，只有破产。我们有好几个办法，一个是还本但不计息；一个是还本依法计息，高息部分不付。要注意维护农户的合法权益。总之，要根据不同情况，采取妥善措施，分类处置，逐步解决问题，不能出大的乱子。这方面的清理工作，有关部门还将进一步提出具体方案，加强指导，有计划、有步骤地进行。

第四，加强金融系统内部建设问题。这次《通知》强调，要依法加强对金融机构包括证券机构的监管。目前，金融、证券领域之所以存在大量违法违规行为，一个很重要的原因，就是监管制度不健全，监管工作软弱无力。管理学一个基本原则是：信任不能代替监督。任何方面的管理都必须坚持这个原则，金融包括证券业尤其不能例外。我们必须把健全现代金融监管体系、加强金融监管放在突出位置，建设好金融监管这个"闸门"。要加快建立健全由中国人民银行和中国证监会外部监管、各金融机构内部控制、金融行业自律和社会监督组成的，严密、有效的现代金融监管体系和监管制度。

一是大力整章建制，全面加强金融机构基础建设和内控制度建设。当务之急，是要按照国际通行的准则，改革和健全金融业财务、会计制度和存贷款内控制度。财务和会计制度是否健全，是金融机构存在的基础。没有健全的财务、会计制度，就不可能提高金融机构管理水平，更谈不上有效实施金融监管。我一再讲要办几个专门的国家会计学院，对现有的机关干部进行培训，到国有企业去当财会负责人，起码不造假账，国有企业资产才不会流失。银行也造假账，怎么得了。要重新树立和坚决维护银行"铁账本、铁算盘、铁规章"的"三铁"信誉。各金融机构要认真研究新问题，制定新办法。有了好的规章制度，还必须严格执行。否则，规章制度就形同虚设。要切实执行财务、会计内部控制责任制。严格执行会计工作"约法三章"，严禁设置账外账，不准乱用会计科目，不得编制和报送虚假会计信息。在金融系统全面实行财会人员资格审查认证制度，凡有造假账、报假数、开假票据、滥用会计科目等行为的，一律取消财会人员的专业技术资格，调离财务、会计岗位，并依法追究法律责任；对授意、指使、强令会计人员编造、篡改会计数据的单位领导人，要一律撤销职务，依法从严惩处。如果不这样严格要求，没有"三铁"的纪律，这次会议提出的改革和整顿措施都是空话。国有企业也要实行这套办法。我现在想请一些很懂行的同志，包括懂技术、懂业务、懂会计的同志，再吸收一些外国大会计公司的专家，共同来草拟一个如何考核国有企业的一套程序、标准和方法。把这套软件用到企业中去，只要问几个问题，查一查原始账，就可以知道是不是虚盈实亏，是真的还是假的。要加强对国有商业银行和国有企业的审计。造假账容易得很，不检查、不审计不行。

二是中国人民银行及其分支机构、证券监管部门及其派出机构，要真正把主要精力和工作重点放在对金融、证券业的监管上。尽快制定适合我国国情的金融资产质量评价和考核办法，进一步完善金融稽核、监管体系和制度。要充实中国人民银行和中国证监会的监管力量，充分运用法律武器，切实履行职责，敢于监管，善于监管。

三是加强金融机构领导班子建设，努力提高从业人员队伍素质。这次进行银行、证券、保险等管理体制改革后，银行、证券部门的权力、责任更加明确了，任务更重了，责任更大了，对银行、证券、保险系统各级领导干部和所有从业人员的要求也更高了。必须坚持权力和责任相统一，今后再出问题，造成重大损失，就完全是你们自己的责任了。因此，一定要切实加强金融机构各级领导班子建设，对问题突出的银行和其他金融机构，首先要对领导班子进行整顿和调整，不称职的一定要调离。要选择一批懂宏观经济、懂生产技术、懂财务会计的人才充实金融机构领导班子。要加强金融知识的学习和金融人才的培养。中国人民银行最近编写了《领导干部金融知识读本》，江泽民同志题写了书名，省长们可以看一看；对银行干部要考核，这些都不懂，不能当行长。同时，要大力培养人才，要选拔、使用真正的专家型人才。今后，由银行贷款的项目一律由银行审批，并由银行负责。因此，现在银行这批人就不够了，要结合政府机构改革，把计委、经贸委、财政部、税务总局和产业部门有知识的人才吸收一些到银行里来。对不适合在银行、证券机构从业的人员，要让他们下岗，进行培训或者转业。银行干部队伍的素质要提高，要能够独立地进行项目评估，当然也可以请咨询公司、评估公司来评估项目，但银行本身也要有这方面的人才，要集中大量懂生产技术、懂业务知识的人才。要大力加强思想政治工作，加强职业道德教育，全面提高金融包括证券、保险业人员的思想政治素质、业务素质和职业道德素质，做到铁面无私、执法如山、纪律严明、作风过硬。

四、把握时机，增强信心，把《通知》要求真正落到实处。

这次会议上，大家认为中央对当前经济形势和金融形势的分析是符合实际的。《通知》提出的总体要求、主要原则和各项措施，是正确的、可行的。但是，也有些同志担心，能不能做好这些工作。应当说，这种担心不是没有道理的，有些问题确实很复杂，解决起来难度很大。然而，我们既要看到困难，更要看到希望，当前是深化金融改革、解决金融领域问题的好时机，有着许多有利条件。

第一，当前宏观经济环境很好。国民经济持续快速增长，物价稳定在较低的水平。国家粮食、外汇等战略物资储备充足；财政、金融运行平稳；经济实力和回旋余地比较大，能够承受这种改革。

第二，各方面思想认识比较一致。党中央、国务院对深化金融改革、解决金融领域里问题的认识高度统一，决心很大。这次会上，大家的认识也比较一致，都感到不彻底解决问题不行了。现在，广大干部群众金融风险意识增强，对规范和维护金融秩序有强烈要求。这次《通知》的政策措施符合国家和人民群众的根本利益，一定会得到广大群众的拥护和支持。

第三，已积累了一些宝贵的经验。这几年，我们不仅有力地打击了严重破坏金融秩序的现象，而且对一些有严重问题的金融机构采取了不同措施，积累了解决各种不同类型问题的重要经验。例如：对中农信公司采取行政关闭、由建设银行托管的办法；对光大国际信托投资公司采取改组领导班子、债权转股权等综合措施；对中银信托投资公司，先由中国人民银行实行接管一年，然后由广东发展银行收购兼并；对福建、湖北等国际信托投资公司，由省政府组织地方财政注入资金和划拨优质资产救助。此外，最近对广东恩平农村信用社的信用危机，正采取先组建农村合作银行保支付，恢复金融机构在群众中的信誉，然后再逐步解决资不抵债的问题。以上这些，都是化解和防范金融风险的有益经验，应当很好地总结和运用。

第四，目前政治、社会条件很有利。党的十五大制定了正确的政治路线，并选举产生了以江泽民同志为核心的新的中央领导集体，这个领导集体是坚强有力的，有驾驭全局和解决复杂问题的能力。当前社会稳定，人民群众对我国社会经济的发展前景、对党和政府有足够的信心。这些是最根本的有利条件。

总之，我们应该坚定决心，充满信心。只要认真对待，就一定能够成功。当然，由于金融领域里问题比较复杂，解决这些问题不是轻而易举的，必须花很大的气力，付出必要的代价，要做缜密、细致、艰苦的工作。我们相信，在邓小平理论伟大旗帜和党的十五大精神指引下，在以江泽民同志为核心的党中央领导下，全国上下同心同德，振奋精神，锐意进取，扎实工作，一定能够完成《通知》提出的各项任务，建立起我国的现代金融体系和金融制度，开创金融改革和发展的新局面，实现改革开放和社会主义现代化建设跨世纪的宏伟目标。

深化金融改革，防范金融风险 [*]

（一九九七年十一月十九日）

江 泽 民

金融在现代经济中具有极其重要的地位和作用。邓小平同志曾精辟地指出："金融很重要，是现代经济的核心。金融搞好了，一着棋活，全盘皆活。"改革开放以来，随着我国社会主义市场经济不断发展，金融活动日益广泛地渗透到社会经济生活的各个方面，金融系统掌握着巨大的经济资源，金融在调节经济中发挥着越来越大的作用。进一步做好金融工作，保证金融安全、高效、稳健运行，是国民经济持续快速健康发展的基本条件。如果金融不稳定，势必影响经济社会稳定，妨碍整个改革和发展的进程。因此，我们要比以往任何时候都更加重视金融工作，把金融改革和发展搞得更好。

通观全局，进一步深化金融改革和整顿金融秩序、防范和化解金融风险，是当前和今后一个时期搞好改革、发展、稳定的关键。深化经济体制改革，离不开金融。我们要进一步调整和完善所有制结构，探索公有制多种有效实现形式，加快国有企业改革步伐，推动国民经济市场化进程，需要建立多类型、多层次的金融机构体系，培育和发展金融市场特别是资本市场。促进经济发展，也离不开金融。我们要从战略上调整和优化经济结构，提高经济整体素质和效益，保证国民经济既快又好地发展，必须深化金融改革，充分发挥金融融通资金、引导资金流向和中介服务的重要功能。在推进改革和发展中保持社会稳定，同样必须加强金融工作。金融涉及千家万户和方方面面，如果不能保证存款的支付或者发生严重通货膨胀，金融市场出现动荡，就会影响社会稳定。为此，需要整顿金融秩序，健全金融调控体系，强化金融监管，确保金融安全、高效、稳健运行。前几年，

＊ 这是江泽民同志在全国金融工作会议上的讲话《统一思想认识，切实加强领导，做好深化金融改革和防范金融风险工作》的主要部分。

有效治理通货膨胀是搞好改革、发展、稳定的关键。现在，物价涨幅已大幅度下降，而金融风险问题日益突出，正确解决金融领域的问题，就成为搞好改革、发展、稳定的关键。总之，在新的形势下，我们只有把金融工作做得更好，才能够使改革、发展、稳定相互促进、相互统一，顺利实现党的十五大提出的改革开放和现代化建设的各项任务。

中央作出进一步深化金融改革和整顿金融秩序、防范和化解金融风险的部署，是审时度势、见微知著、把握大局、因势利导的重要决策。当前，国民经济持续快速健康发展，宏观环境比较宽松。社会各个方面对加大改革力度、从根本上解决经济和金融领域的深层次矛盾都有迫切的愿望和要求。这些都是很有利的条件。我们必须坚定决心、增强信心、知难而进、勇于创新，充分利用当前的有利时机和条件，扎扎实实工作，努力如期完成《中共中央、国务院关于深化金融改革，整顿金融秩序，防范金融风险的通知》提出的各项重要任务。

（一）按照建立社会主义市场经济体制的要求，加快和深化金融改革，切实把银行办成真正的银行。党的十五大提出，要坚持社会主义市场经济的改革方向，使改革在一些重大方面取得新的突破。金融体制改革是经济体制改革的重要组成部分。深化金融体制改革的重要任务，是把银行办成真正的银行。改革开放以来，邓小平同志多次明确指出，要把银行真正办成银行。一九八六年，他强调："金融改革的步子要迈大一些。要把银行真正办成银行。我们过去的银行是货币发行公司，是金库，不是真正的银行。"经过多年来的努力特别是近几年的改革，我国的银行管理体制和运行机制已发生了很大变化，中国人民银行开始行使中央银行的职能，国家专业银行正逐步向商业银行转变。但是，总的看来，现在离把银行办成真正的银行的要求还有相当大的差距。在我国金融体系中，人民银行居于金融宏观调控和金融监管的地位，国有银行处于主体地位，发挥着主导作用。只有进一步深化改革，把银行办成真正的银行，我国的现代金融体系才能真正确立。

这次对银行、证券等金融机构管理体制的改革，对金融系统党的领导体制的完善，是我国金融体制的根本性改革和制度创新。这些改革的根本出发点和主要目的，在于使人民银行能够更好地依法履行中央银行的职能和职责，在于使国有商业银行健全统一法人制度，并加快商业化进程。归根到底，就是要把银行办成真正的银行。这种改革，借鉴了国外银行、证券等金融机构管理体制的经验，考虑了我国的现实国情，符合建立社会主义市场经济体制的要求。充分发挥中央和地方两个积极性，是我们党历来坚持的一条重要方针。这次深化金融改革，也必须贯彻这一重要方针。改革现有的银行、证券管理体制，建立新的金融体系，既反映了市场经济规律和金融运行的内在要求，又充分考虑了发挥中央和地方两个积极性。在健全国有银行、证券相对集中统一管理体制的同时，强调为地方经济发展和广大中小企业发展提供多方面的金融服务。要健全多类型、多层次的金融机构体系，加快地方性银行和其他金融机构建设，并要积极稳步地发展资本市场，适当扩大直接融资的渠道和比重。这样做，不仅有利于维护国家宏观调控权的集中，更好地贯彻实施全国性的金融方针政策，而且有利于促进地方经济和地方金融健康发展。

把银行办成真正的银行，核心问题是要正确认识和处理政府、企业和银行的关系。应该看到，现在金融风险因素加大，很大程度上是由行政干预和社会信用紊乱造成的。中国人民银行法明确规定，中国人民银行及其分支机构依法独立履行职能职责。地方各级党委、政府和各部门应该遵守这一法律规定。现在的突出问题是，有些地方政府把所在地人民银行分支机构当成自己的下属单位，下达筹集资金和批设金融机构的任务；要求分支行行长参加与中央银行职能职责无关的各种会议和活动，分散了他们加强金融监管的精力。这种现象要坚决改变。必须指出，在社会主义市场经济条件下，商业银行是经营货币这种特殊商品的独立法人企业，与政府的关系是政企关系，应该按照政企分开的原则处理政府和商业银行的关系。地方各级党委、政府和各部门要充分尊重银行的经营自主权。银行和企业之间是信用关系。各级党政干部和企业必须明白这样一个起码的常识和道理：银行资金来源主要是老百姓储蓄存款，是必须还本而且是要付息的。如果认为银行是国有的，就不考虑偿还，这是完全错误的，也是绝对不能允许的。要坚决纠正目前普遍存在的任意干涉国有银行正常经营活动的现象。要在法律上明确，所有企业都不能以任何形式悬空和逃废银行债务。总之，要通过深化改革，建立符合社会主义市场经济规律的新型的政府和银行关系、银行和企业关系。

（二）切实加强金融法制建设，依法规范和维护社会主义市场经济的金融秩序。依法治国，是发展社会主义市场经济的客观需要，也是实现国家长治久安的重要保障。依法治理金融，是贯彻依法治国基本方略的重要方面。健全金融法制，严肃金融法纪，是建立良好的金融秩序，保证金融安全、高效、稳健运行的根本要求。当前，金融秩序混乱、金融隐患和风险因素加大的重要原因，是金融法制不健全，有法不依、执法不严、违法不究的现象相当普遍地存在；金融包括证券，监管体系和内控机制不完善，管理混乱，纪律松弛，一些规章制度形同虚设。不依规矩，难成方圆。不强化金融法治，就难以建立符合社会主义市场经济要求的金融秩序。囿于局部的眼前的利益，容许甚至放纵乱设金融机构、乱办金融业务、乱集资，无异于埋下金融风险的祸根。因此，必须强化金融法治和金融监管，依法整顿和维护金融秩序，把一切金融活动纳入规范化、法治化的轨道。要切实加大执法力度，依法严厉打击各种金融违法犯罪活动。各地要抓紧审理一批典型案件，公开处理，对金融违法犯罪分子形成强大威慑，以严肃金融法纪。

目前，国际金融市场游资充斥，金融投机活动猖獗，金融危机迭出。我们既要继续积极稳步地扩大金融对外开放，又必须高度警惕和十分重视防范涉外金融风险，防止国际游资、金融投机活动和利率汇率波动对我国包括证券在内的金融市场造成冲击。

（三）积极推进两个根本性转变，为金融良性循环创造好的经济环境。经济决定金融，金融是经济的综合反映。近二十年来，经济体制的深刻变革，国民经济的持续快速增长，极大地推动了我国金融业的迅速发展。但是，政企不分、条块分割等原有计划经济体制的弊端没有根除；经济建设中仍然存在着不顾资金可能、不计投资效益，盲目上项目、铺摊子，经济结构不合理，经济效益低下的现象。这些矛盾和问题都严重阻碍着金融的良性循环。经济领域的许多问题逐渐向金融领域转移，是造成金融风险加大的重要原因。只有大力推进经济体制和经济增长方式的根本性转变，才能为彻底解决金融领域中的问题创造好的经济条件和环境。

为此，要继续实施适度从紧的财政货币政策，保持宏观经济环境的稳定。同时，要加快经济体制改革，特别要深化企业改革，增强企业的活力和效率；改革和建立政企分开的投资体制，积极稳妥地发展资本市场。要加大经济结构调整的力度，严格控制新建项目，坚决避免"大而全"、"小而全"和不合理重复建设现象，显著提高经济增长的质量和效益，防止产生泡沫经济。所有这些，要靠各地区各部门共同努力，扎扎实实做好各方面工作。

经济活动要为金融运行创造好的条件，金融也要更好地为经济发展服务。在深化金融改革和整顿金融秩序、防范和化解金融风险的工作中，银行和所有金融机构都要进一步端正经营思想，拓宽服务领域，提高服务质量。金融在加快自身改革、实现集约经营的同时，要大力支持农业和农村经济发展，支持国有企业改革和发展，支持地方经济发展，支持多种所有制经济发展，推动经济结构调整和优化，促进国民经济持续快速健康发展。

东南亚金融危机和我国金融工作[*]

（一九九七年十一月十九日）

李　鹏

首先谈谈这次东南亚金融危机。这次东南亚金融危机是从泰国开始的，很快发展到东南亚其他一些国家，然后波及到全球。金融危机对泰国、马来西亚这些国家产生了巨大影响，影响不会是一年半载，可能会延续三年五年，恢复起来不容易。这次危机也提高了我们的认识，认识到金融非常重要，一旦发生危机，危害极大。

外界非常关心东南亚金融危机对中国有没有冲击，有没有影响，特别关心人民币的走向，人民币汇率是不是下调。我国的金融当然存在不少问题，不良贷款是相当多的，金融秩序方面也有一些混乱现象，像高利率集资。前一段中国的证券市场上下波动也很厉害。国务院采取了两条过硬的措施，一条是金融机构不允许参与证券炒作，第二条是国有企业也不允许参与。这是在东南亚金融危机之前采取的措施，这以后，中国又下调了一个百分点的利率。中国现在汇率很稳定，美元与人民币的比价一直是一比八点三元左右，没有什么大的变化。我们的股市也很稳定，没有大跌，最近还有上升。中国的金融是稳定的。但是也必须看到，东南亚国家货币贬值会对中国的出口带来不利的影响。由于东南亚有的国家货币贬了百分之五十，有的贬了百分之三十，货币贬值以后，对他们的出口有利，中国出口的竞争力就相对降低了。这也是一个比较大的问题。影响究竟有多么大，如何去克服这个影响，是我们必须研究的一个重大课题。不过，从十月份的情况看，中国出口还是增长的，但是明年会有一些困难。

关于这次东南亚金融危机的原因，归纳起来是两个方面：一是本国经济有问题，泡沫经济。二是国际投机势力的冲击，一些国际投机性基金冲击东南亚金融

　＊　这是李鹏同志在全国金融工作会议上讲话的主要部分。

市场。两个原因，究竟哪一个是主要的，大多数经济学家认为，本国的经济出了问题是主要的，这样才使得外国投机家有机可乘。这也符合毛主席的矛盾论：内因是根据，外因是条件。也有人认为国际投机活动虽然主要是金融活动，但也不排除有政治目的。

这次金融危机，还有金融体制上的原因，就是实行固定汇率制度。实行这个制度究竟好不好，有争论，但现在大部分人认为固定汇率最终还是得放弃。有的国家或地区想守住汇率，比如开始台湾就想守，但没有守住，最后还是放弃了，韩国也没有守住。现在国际金融投机势力攻香港的，就是港币的联系汇率制，这个制度香港还是要坚决维护。这对保持香港经济的稳定是有好处的。

第二，我国金融工作是做得好的。大家认为这次金融会议开得非常及时，特别是在东南亚发生危机以后，更感觉到金融的重要性。邓小平同志很早就讲："金融很重要，是现代经济的核心"。也有人把金融比喻成人的血液循环系统，如果血液停止循环，人的生命就结束了。我看金融在经济中正是发挥这样的作用。可以说，在经济运行的各个环节中，金融无所不在。当然我国金融领域中还存在不少问题，国务院及时对这些问题进行了处理，朱镕基、罗干同志处理沈太福案件动了很大的脑筋，尽量减少群众的损失，最后处理完了，偿债率达到了百分之九十。原来认为这件事情处理了，这类事情就不会再有了。其实不然，高利率集资还有很多，没有暴露，到时候存户一挤提，问题就都暴露出来了。有这些问题存在，怎样评价我们的金融工作呢？我觉得还是应该有个全面的评价。总的来讲，我们的金融工作是做得好的，金融界的广大干部职工做了很大的努力。当前中国的金融形势是稳定的，货币是稳定的。我们实行了适度从紧的财政政策和金融政策，控制住货币发行量，控制住贷款规模，金融才稳定下来，才能实现高增长低通胀的局面。低通货膨胀同金融稳定是有密切关系的，如果多发票子，金融不稳定，就会导致通货膨胀，物价上涨。当然物价上涨也不都是因为货币太多，也有为了改革不合理价格体系进行的调整。金融支持了经济建设，支持了国有企业的改革和发展，也支持了人民生活水平的提高。对金融工作的成绩是应该充分肯定的。

第三，关于加强金融业的集中统一管理。这次党中央、国务院关于深化金融改革，整顿金融秩序，防范金融风险的通知中，一个核心问题就是金融要适当集中一点。大家拥护和支持这个决定，这是一个很大的进步，是全党全国值得庆幸的事情，有利于我们更好地向建立社会主义市场经济体制的目标前进。人民银行是中央银行，是国家进行金融宏观调控和对金融业进行监管的机构，必须实行高度集中管理，地方不得干预。地方政府可能觉得手中没有金融调控权，无法调控经济。实际上，全国必须是一个统一的市场，金融的调控权应该在中央，不应在地方。地方当然可以对金融进行监督，过去地方党委对银行有支持，也有监督，今后还要照常进行。办银行也要调动两个积极性。四大国有商业银行和政策性银行，是全国性银行，要实行统一管理，地方政府不能干预。为了调动地方的积极性，另外也开了一条路子，现在可以办地方性银行、城乡合作银行等等，这些银行都可以吸收居民存款，发放贷款。现在地方办银行有很多有利的条件，例如不像已有的国有银行包袱那么重。这些老的国有商业银行有那么多不良贷款，那么多工作人员，人浮于事，是很重的包袱。现在地方办银行，一开始就应该按社会主义市场经济的原则办，这是优势。但是我要特别强调一点，如果地方乱办银行、乱贷款、乱集资，形成不良贷款，自己要承担责任，经营不下去就要破产，破产以后广大储户受损失，必然要影响地方的稳定。国有银行出了问题，是国家兜底，最后是中央银行完全担起来。仅清理中农信的债务，中央银行拿了六十八亿元，实际上是白白丢掉了，是很心痛的。地方办的银行，出了问题，只能由地方政府来兜底，中央是不管兜底的。同时也要注意，商业银行是一个企业，应该按政企分开的原则，按照经济规律办事。即使是地方性银行，地方政府也不能干预银行的正常经营活动，不能强迫银行贷款。地方性银行作为金融企业必须接受中央银行的调控和监管，严格按照有关金融法规行事。

国有银行强化集中统一管理，实行全行统一核算、统一调度资金、分级管理的财务制度，实行一级法人制。总行是法人，设在北京。这有利于资金统一调度、集中使用，有利于适度向中西部倾斜，支持中西部地区开发资源，逐步缩小差距，走共同富裕道路。银行支持中西部地区发展，也要按市场经济原则办事。产品要有市场，项目要有一定的回报率，否则又成了不良贷款。这次金融改革有利于资金在全国调动，但是这并不等于各地可以乱用钱。要用两点论看问题，第一点这次改革是有利于中西部的，第二点钱也不能乱用。

第四，关于证券市场的问题。现在老百姓手里有不少钱，储蓄存款很多，国家希望把其中的一部分转为建设资金。其中一个办法是发行股票。买股票与买国债不同，国债是财政花、财政还的，股票就要自负盈亏、自担风险。股票市场要

278

有一点投机性，否则股民没有积极性买，但在社会主义市场经济条件下，投机性不能太大。发行股票有利于增加企业资本金，促进企业发展。同时，也有责任保护投资者利益，不能让不好的企业上市，否则企业破产会带来不安定因素。要使股票市场按照中国的特点良性地发展。要通过建立健全制度、培训人员等等，使股市成为筹集资金的重要渠道。老百姓手里这么多钱，把这些钱有效地利用起来，有利于国家的建设。

第五，金融保险业对外开放要十分慎重。世界经济联系越来越密切，这是个大的趋势，对外开放是不可阻挡的潮流。同时，我们也要注意防止世界经济波动对我们的冲击，特别是金融方面，对外联系也在不断增加，还得有些防范的措施。中国的金融还比较脆弱，虽然现在有近一千四百亿美元外汇储备，但是同时还有一千多亿美元的外债，外汇储备按人口平均更不算多。所以金融市场的开放、人民币的完全自由兑换要十分慎重。金融保险业要进一步开放，保险业是能盈利的，外商愿意进来。我们引进外资搞保险业主要不是因为缺钱，而是通过合资学习国外的先进管理经验，发展中国的保险事业。保险的钱都是人民的钱，我们保险业办的不好，主要是因为缺乏经验。中国的保险业会有很大的发展前途，人民要买房子，子女要上学，还有人寿保险、医疗保险等等，这些不可能都由国家负担，要提倡由人民自己来负担，最好的途径就是发展商业保险。要用现代化的办法来办保险，就要学习国外的先进经验。但是，金融保险业对外开放的步伐不能太快，我们有几道防线，不能轻易放弃，像金融市场的开放，人民币的完全自由兑换，都是必须十分慎重的。当然，中国的经济进一步强大了，金融的力量更强大了，管理手段跟上了，人才培养出来了，金融对外开放还是要扩大的，人民币最终还是要完全自由兑换的。这几次发展中国家的金融危机证明，由于金融力量和管理手段不如发达国家，发展中国家很难承受国际金融危机的冲击。所以，不要看我国现在有这么多外汇储备，还是承受不起国际金融危机冲击的。这方面的改革要持慎重态度。

最后一个问题，要搞好金融工作，必须有一支好的队伍。这支队伍，要精通业务，熟悉金融管理，同时要有好的政治品质，因为是管钱的呀！现在良莠不分，有时候一个老鼠坏一锅汤。现在作案手段很先进，是靠计算机，一个信息过去钱就调出去了。这次开会，得到大家的支持，上下一条心，会推动金融改革的步伐。同时银行界也要加强自身的队伍建设。要加强纪律，加强监管，完善内部规章制度，把金融工作搞好。我认为这次金融会议开的是成功的，大家取得了共识。经过大家的努力，这次金融工作会议必将对今后的经济发展产生重大的影响。

中共中央、国务院关于
深化金融改革，整顿金融秩序，
防范金融风险的通知

（一九九七年十二月六日）

各省、自治区、直辖市党委和人民政府，各大军区党委，中央和国家机关各部委，军委各总部、各军兵种党委，各人民团体：

金融是现代经济的核心，在我国国民经济中的作用日益显著。进一步深化金融改革，建立和完善现代金融体系，依法规范和维护金融秩序，有效防范和化解金融风险，对于全面推进改革开放和社会主义现代化建设事业，顺利实现党的十五大确定的跨世纪宏伟目标，有着极为重要的意义。为此，党中央、国务院特作如下通知：

几年来，我国国民经济保持良好的发展势头，在实现持续快速增长的同时，有效地抑制了通货膨胀。金融系统积极执行党中央、国务院一系列方针政策，深化金融改革，扩大金融开放，加强金融监管，改进金融服务，取得明显成效，对加强和改善宏观调控、治理通货膨胀、促进经济发展和维护社会稳定，发挥了十分重要的作用。总的看来，我国金融业在改革开放中稳步健康发展。

在当前好的经济形势下，也存在着不少矛盾和问题，特别是金融领域的风险因素加大。一是国有银行不良资产比重高，资本金不足，应收未收利息不断增加，经营日趋困难，抗御风险能力脆弱。二是非银行金融机构不良资产比重更高，有些不能支付到期债务，少数已资不抵债，濒临破产，国家为平息事端已付出重大代价。三是有些地方和部门擅自设立大量非法金融机构，一些单位和个人非法从事或变相从事金融业务，名目繁多的非法集资活动相当严重，潜伏着支付危机，挤兑风潮在有些地方时有发生。四是股票、期货市场违法违规行为大量存在，部分上市公司质量不高，一些地方擅自设立股票（股权证）交易场所，隐藏着很大风险。五是不少金融机构和从业人员弄虚作假，违法违规经营，账外活

281

动、不正当竞争屡禁不止，内外勾结，金融诈骗等犯罪活动猖獗，大案要案越来越多。

目前金融领域的问题是多年积聚起来的，是国民经济深层次矛盾的综合反映。主要原因是：（一）在计划经济向社会主义市场经济转变过程中，金融体制不适应改革和发展的要求，金融法制不健全，金融监管薄弱，管理混乱，纪律松弛，少数从业人员素质差。（二）经济建设中盲目上项目、铺摊子，经济结构不合理，经济效益低下，企业高负债运营，有些信贷资金用于财政性支出，加上前些年出现的房地产热、开发区热，造成大量不良信贷资产，其中大部分已成为呆账、坏账，无法收回。（三）企业、金融机构和社会各方面信用观念淡薄，缺乏金融风险意识。特别是一些地方、部门领导干部金融知识不足，不懂甚至无视金融法律法规，动辄干预金融机构的正常经营活动。

金融业是高风险行业。金融风险突发性强、波及面广、危害极大，一旦爆发重大问题，就会危及经济、社会甚至政治稳定，严重影响改革开放和现代化建设的进程。我们要巩固和发展当前政治、经济的好形势，必须高度重视并采取有力的措施，认真解决金融领域中的问题，避免出现严重的全局性金融风波。

防范和化解金融风险，保证金融安全、高效、稳健运行，是我国经济工作面临的一项重要和紧迫的任务。做好这项工作，必须以邓小平理论和党的十五大精神为指针，按照建立社会主义市场经济体制的方向，深化和加快金融改革，进一步整顿和规范金融秩序，切实加强金融法治和金融监管，大力运用现代化信息技术管理手段，建立健全符合我国国情的现代金融体系和金融制度，引导金融业健康发展。中央要求，力争用三年左右时间大体建立与社会主义市场经济发展相适应的金融机构体系、金融市场体系和金融调控监管体系，显著提高金融业经营管理水平，基本实现全国金融秩序明显好转，化解金融风险，增强防范和抗御金融风险能力，为进一步全面推进改革开放和现代化建设创造良好的条件。这项工作的指导原则是：

——深化改革，标本兼治。规范和维护金融秩序，防范和化解金融风险，关键在于推进改革。既要采取有力措施，尽快改变当前金融领域某些严重混乱的状况，又要着眼于从根本上解决金融体制、机制和制度方面的问题。坚持必要集中和适当分散相结合，充分发挥中央和地方两个积极性。建立规范的多层次、多类型的金融体系，培育和发展资本市场，增强经济发展的活力与效率。

——依法规范，强化监管。健全金融法制，把一切金融活动纳入规范化、法制化轨道。严格规范金融市场准入、经营和退出，加强金融机构内控制度建设，加大金融监管和执法力度。主要运用法律手段和经济手段，也要运用必要的行政、教育和组织手段，以保证国家法纪和政令的畅通和落实。

——积极稳妥，分步实施。解决问题决心要大，时间要抓紧，但工作要审慎，步骤要稳妥，措施要切实可行。要从实际出发，针对不同情况，区别轻重缓急，着力抓紧解决已经显露和涉及全局、危害严重的问题，分阶段地达到目标。既要真正解决问题，又要确保经济和社会稳定。

针对当前金融领域存在的问题，根据上述要求和原则，中央决定采取以下措施：

一、改革中国人民银行管理体制，强化金融监管职能。

根据党的十四届三中全会的《决定》，为了有效实施货币政策、切实加强对金融业的监督管理，要尽快改变中国人民银行分支机构按行政区划设置的状况。有计划、有步骤地撤销中国人民银行省级分行，在全国设立若干跨省、自治区、直辖市的一级分行，重点是加强对辖区内金融业监督管理。现有地、市分行基本保留，适当合并，将工作重点转到对金融业的监督管理。调整县（市）支行职能，重点加强对农村信用合作社的监管。交通方便的地方，可逐步将货币发行业务集中到上级行；业务量较少的地方，可逐步将经理国库、票据清算业务委托商业银行代理。

中国人民银行要认真履行对金融业监督管理的职能，依法检查、制止设立各种非法金融机构和非法金融业务活动。中国人民银行要支持各类金融机构依法经营，不得直接干预它们的正常经营活动。

二、成立中共中央金融工委和金融机构系统党委，完善金融系统党的领导体制。

中央决定，为了加强党对金融工作的集中统一领导，成立中共中央金融工作委员会。中央金融工委受党中央委托，主要负责贯彻落实党的路线、方针、政策，领导金融系统党的建设工作，不领导金融业务。同时，相应成立中央金融纪律检查工作委员会。将中国人民银行、中国证券监督管理委员会和各国有银行、交通银行、中国人民保险（集团）公司等金融机构的党组改为党委，对本系统党的工作和干部工作实行垂直领导，以使中国人民银行、中国证券监督管理委员会更好地依法履行职能、职责，健全国有银行和其他金融机构统一法人制度。地方性金融机构也可成立系统党委，受当地党委领导。

三、加快国有商业银行和中国人民保险（集团）公司商业化改革步伐，完善政策性金融体制。

必须把国有商业银行办成真正的商业银行。国有商业银行和中国人民保险（集团）公司要进一步深化改革，完善管理体制和经营机制，强化统一法人制度。为此：（1）按照经济、合理、精简、高效的原则，因地制宜，减少管理层次和分支机构，进一步改变国有商业银行和中国人民保险（集团）公司按行政区设立分支机构的状况。国有商业银行和中国人民保险（集团）公司的省级分行（分公司）都要与省会城市的分行（分公司）合并。除中国农业银行外，其他国有商业银行要适当撤并地、县级机构，主要在大中城市开展业务。农业银行要根据农村金融改革和农村经济发展新形势，加快和深化改革，合理调整和优化分支机构布局，继续发挥在农村金融中的主导作用。（2）要进一步落实国有商业银行和中国人民保险（集团）公司经营自主权。改进对国有商业银行贷款规模管理办法，实行资产负债比例管理和风险管理。（3）改革和完善符合金融业特点的干部人事制度、劳动用工制度和收入分配制度。国有商业银行和中国人民保险（集团）公司都要成立监事会。（4）国有商业银行总行和中国人民保险（集团）公司要强化集中统一管理，对其分支机构实行全行（全公司）统一核算、统一调度资金、分级管理的财务制度；分支机构不具有法人资格，只能在总行（总公司）授权范围内依法开展业务，除总行（总公司）书面授权外一律不得对外提供任何担保。总行要适当集中大额贷款审批权。（5）国有商业银行和保险公司也要实行下岗分流、减员增效和再就业工程，形成优胜劣汰的竞争机制，降低经营成本，提高经济效益。

继续办好政策性银行。抓紧制定政策性银行条例。政策性银行要严格按国务院规定，坚持办行宗旨。严格按照国家批准的经营范围发放贷款，禁止将政策性信贷资金挪作商业性贷款。继续完善政策性银行管理体制和经营机制，努力提高信贷资金使用效益。要充分尊重政策性银行经营自主权。组建统一的政策性出口信用保险经营机构。

四、健全多层次、多类型金融机构体系，加快地方性金融机构建设。

建立健全在中央银行宏观调控和监管下，政策性金融与商业性金融分离，国有银行为主体，区域性商业银行，市、县商业银行（股份制）、城乡信用合作社、非银行金融机构和外资（中外合资）金融机构并存，分工合作、功能互补的金融机构体系。

国有商业银行在重点支持国有大中型企业的同时，要积极支持有市场、有效益的其他企业。为了适应地方发展经济和广大中小企业对金融服务的需求，要增加城市商业银行的数量，并加快组建步伐；适当增加现有区域性商业银行在中心城市的分支机构；进一步办好现有城市信用合作社；在有条件的地方尽快进行县（市）商业银行的试点；加快农村信用合作社管理体制改革步伐，进一步规范和发展农村信用合作社；加快农业保险体制改革步伐，扩大农业保险业。组建市、县商业银行和改革农业保险体制，要与国有商业银行精简分支机构和人员、整顿地市级信托投资公司和城乡信用合作社结合起来，充分利用现有金融机构的设施和人员。

五、积极稳步地发展资本市场，适当扩大直接融资。

适应国民收入分配格局变化，以及探索公有制多种实现形式和发展多种所有制经济的要求，在坚持间接融资为主的前提下，逐步增加直接融资的渠道和比重。进一步规范并扩大企业债券发行，选择有条件的国有大中型企业进行可转换债券试点。合理确定股票发行规模。加快规范和发展投资基金。认真组织实施《证券投资基金管理暂行办法》，研究制定中外合作投资基金管理办法和产业投资基金管理办法，并积极稳妥地进行试点，培育和发展基金市场与机构投资者。

发展股票、债券等直接融资，要有利于调整和优化经济结构，大力支持国有企业的改革和发展，特别是支持国家确定的重点大中型企业和企业集团，以利于它们实现资产优化组合，扩充资本实力，增强市场竞争力。鼓励有优势、效益好的企业兼并有市场、有发展前景但目前还处于困境的企业，支持和帮助这些企业的股票上市，转换机制，筹集资金，实现以强带弱、优势互补、共同发展。审批上市股票，要注意向农业、基础设施、基础工业和支柱产业、高新技术产业倾斜。正确引导和支持企业股份制改造和股份合作制经济的发展。规范和发展投资银行业务，发挥它们在企业改制和购并中的中介作用。

六、彻底取缔一切非法金融机构，严禁任何非法金融活动。

未经中国人民银行、中国证券监督管理委员会批准，任何地方和部门擅自批准或设立的经营金融包括证券业务的机构都是非法金融机构，必须一律取缔。未经中国人民银行批准，任何单位和个人从事或变相从事吸收公众存款等金融业务，都是非法金融活动，必须一律禁止。各地区、各部门要对所辖各类基金会、互助会、储金会、股金服务部、结算中心、投资公司等机构的各种非法或变相金融活动进行全面清理、限期整顿和严肃处理。进一步清理整顿财政信用。按国家规定可以有偿使用的财政资金，必须委托金融机构发放和收回。严禁财政周转金直接或间接用于证券、期货、房地产等投资。各级财政部门一律要与所属的信托投资公司、证券公司等在人、财、物各方面彻底脱钩。在清理、清退非法金融机构和非法金融活动的债权债务时，严禁把债务和风险转嫁给国有银行。

任何地方、部门、企事业单位和个人，一律不得在国务院有关规定之外，以任何名义乱集资。非法集资不受法律保护。无论是企事业单位、金融机构、机关、团体还是个人，因参与非法集资所造成的一切损失，一律由自己承担，国家概不负责，并要依法严厉打击非法集资的组织者。对非法集资活动，银行一律不准开户、不准结算、不准垫付。各地区、各部门要抓紧对本地区、本系统各种形式的非法集资活动进行一次全面清理，并逐一彻底查处。要尽快完善企业内部集资管理办法，依法规范企业内部集资活动。

七、全面清理农村合作基金会。

农村合作基金会的产生和发展有其历史的客观原因，对发展农村经济也起到一定的作用。目前相当多的农村合作基金会实际上已从事或变相从事存贷款金融业务，改变了原来的性质和宗旨，而且内部管理混乱，人员素质低，潜伏着很大的金融风险。鉴于国务院已明确农村金融体制改革的方向和原则，在农村建立由中国农业发展银行、中国农业银行、县（市）商业银行、农村信用合作社分工合作、功能互补的农村金融体系，可以满足我国现阶段农村经济发展和农民对金融服务的需要，农村合作基金会不必再单设。农村集体资金和乡（镇）财政结余资金的营运，可以通过委托信用合作社、银行的途径解决。因此：（1）今后各地区一律不得再新设农村合作基金会。（2）现有农村合作基金会必须立即停止以任何名义吸收存款，停止办理贷款业务，同时要进行全面清产核资，冲销呆账，符合条件的并入农村信用合作社；对资不抵债又不能支付到期债务的，由当地政府组织机构批设者负责清盘、关闭。在处理农村合作基金会债权债务关系中，要注意保护农户的合法利益。（3）农村信用合作社要合理调整和增加农村基层网点，切实端正经营方向，更好地为农村经济发展和农民提供金融服务。

八、严格规范各类金融机构业务范围，坚决改变混业经营状况。

在我国现实情况下，必须严格执行银行、信托、证券、保险分业经营、分业管理的原则。所有银行不得再向非银行金融机构和非金融企业投资，不得直接经营信托、证券、保险业务。在一九九八年底前，中国人民银行和所有商业银行一律要与所属的信托、证券、保险公司和其他经济实体在人、财、物等方面彻底脱钩；债权债务多的公司，也必须先脱钩再整顿。

信托投资公司应真正办成受托理财的金融机构，一律不得办理法人委托存贷款以外的一般存贷款业务，不得经营期货业务，也不得进行房地产投资，对其现有的证券业务要严格实行分业管理。要按照调整业务范围、撤并精简机构、健全规章制度、严格监督管理的原则，进一步全面清理整顿信托投资公司。继续抓紧做好对中央和地方所有信托投资公司的全面审计稽核工作。抓紧制定《信托管理条例》，引导和规范信托业健康发展。

企业集团财务公司必须严格按规定范围经营，不得吸收个人存款和企业短期存款，不得办成商业银行。金融租赁公司必须严格照章经营，短期融资不得超过规定比例。近期不再增设金融租赁公司。要对所有企业集团财务公司、金融租赁公司进行全面稽核清理，对违规经营的必须限期纠正。

城乡信用合作社必须坚持"自愿入股、民主管理、主要为入股社员服务"的原则，真正办成合作金融组织。中国人民银行要进一步加强对城乡信用合作社的监管，切实纠正某些城市信用社被私人控制和向股东违规大额贷款等问题。凡是资不抵债的高风险信用社，都要限期整改。逐步建立城乡信用社存款保险制度。

整顿和规范保险市场秩序。严格控制审批成立新的保险机构。凡未经中国人民银行批准，擅自批设或非法设立的保险机构、保险中介机构，要一律予以取缔。严格界定商业保险、社会保险业务范围，各地区和各有关部门不得以社会保险的名义直接或变相办理商业保险业务，也不得以商业保险经营方式办理社会保险，已办理的必须立即停止和纠正。坚决制止保险公司以高手续费、高返还、低费率等方式进行的不正当竞争。切实加强对保险业的监管，在适当时机成立国家保险监管机构。

九、继续清理、查处金融机构账外活动和其他违法违规经营。

严禁金融机构任何形式的账外活动，是规范和维护金融秩序的重要内容。要加大查处力度，特别是在《国务院关于坚决打击骗取出口退税严厉惩治金融和财税领域违法乱纪行为的决定》下发以后发生的账外经营和各种违法违规行为，必须坚决按规定严肃查处，并从严惩罚。对已查出的账外业务，要登记台账，单独造册，分清责任，分类处理，监督收回，并严肃追究有关单位负责人和直接责任人的责任，构成犯罪的，依法追究刑事责任。对已转移的收入和形成的资产一律收缴入账。所有银行和其他金融机构都必须严格依法经营。严禁擅自扩大业务范围，严禁以任何形式违规高息吸收存款和发放贷款，严禁违章拆借、证券卖空、违规开具承兑汇票、信用证、担保证等。对已发生的问题，要认真纠正和查处。

十、健全现代金融监管体系，切实加强金融机构内控制度建设。

根据全面性、审慎性风险监管的要求，借鉴国际先进经验，健全现代金融监管体系和制度。中国人民银行和中国证券监督管理委员会要按照各自职权，完善对金融机构的稽核、检查、监管制度，并要加强对金融机构内控制度建设的指导和督促。要强化内部稽核、监管，建立由总行（总公司）垂直领导和相对独立的内部稽核、监管体系。所有银行和其他金融机构都必须根据自身性质和业务特点，制定科学、有效的内控制度，使各类决策权力、各项业务过程、各个操作环节和各个员工经营行为都处于缜密的内部制约与监控之下。加快银行、信托、证券、保险、信用社等行业自律制度建设，建立健全同业公会，制定同业公约，规范、协调同业经营行为。财政、审计、纪检、监察等部门要依照有关法律法规加强对金融机构的监督、检查。参照国际标准，抓紧制定国内银行和其他金融机构信用评级标准和办法，建立我国金融系统的社会监督和激励机制。

按照《中华人民共和国会计法》和国际通行的会计准则，改革金融业财务和会计制度。严格整顿财务会计秩序，严禁滥用和乱用会计科目，彻底改变会计信息失真的状况，建立统一、严格的财务会计、统计报表报告制度和信息披露制度。在新的形势下，要重新树立和坚决维护银行"铁账、铁款、铁制度"的"三铁"信誉。各金融机构都要认真研究新问题，制定新办法。尽快在金融系统全面实行财会人员资格审查认证制度。凡是未取得资格认证的，不得在金融机构从事财会工作。对造假账、开假票据等违法违规的财会人员，坚决取消其会计专业技术资格，并依法追究法律责任。对授意、指使、强迫财会人员造假账的单位负责人，要一律撤销职务，依法从严惩处。

加快金融电子化建设。建立健全电子信息管理系统，充分运用现代化信息技术手段，抓紧金融系统风险监测、预警体系的建设，提高金融统计、会计、稽核

288

和监管的水平。

十一、建立规范化的信贷资产质量风险管理制度，努力降低不良资产比例。

要参照国际惯例，结合我国实际情况，完善现行信贷资产质量分类和考核办法。对已发生的和新出现的不良资产，要分别计算、考核、处理。财政部要按照谨慎原则，抓紧修改金融机构呆坏账准备金提取和核销办法。要通过增加资本金和减少不良资产，把国有银行资本充足率提高到百分之八以上。中国人民保险（集团）公司的资本金也要尽快达到法定的水平。今后，国有银行都必须通过提高资产质量、降低成本、增加利润，增强补充资本的能力，建立正常的资本金补充机制，使资本充足率保持在合理水平。要把国家所有者权益保值增值作为考核、任免国有银行和中国人民保险（集团）公司主要领导人的重要指标。

各银行和其他金融机构都要建立健全信贷资产质量管理责任制，抓紧落实降低不良资产比例的任务。国有银行要力争在三年内使不良信贷资产比例平均每年下降二至三个百分点。要积极消化已形成的不良信贷资产，依法加大清欠、收回力度，大力提高收贷率和收息率。要努力提高新增贷款质量，严格执行《中华人民共和国商业银行法》和《贷款通则》，优化贷款结构，完善审贷分离制度，加强贷款证管理，规范和严格执行贷款担保制度。坚决杜绝发放人情贷款和不按程序个人决定发放贷款。

任何单位和个人不得强令银行和其他金融机构发放贷款、提供担保和办理其他金融业务。对随意干预金融业务造成不良后果的单位和个人，要坚决依法追究责任。严禁信贷资金用于财政性支出。在深化企业改革中，鼓励兼并，规范破产，严禁以任何形式悬空银行债权。进一步清理和规范账户管理，坚决推行基本存款账户制度，防止企业利用"多头开户"逃废债务。各级审计机关要加强账户审计，协助有关部门整顿和规范银行账户。银行要加强信贷资金保全监督。

为了保证投资项目和股票上市评估的公正性、科学性和真实性，尽快将目前隶属于各级政府职能部门的投资咨询、资产评估和会计师事务所、律师事务所等机构，改为独立的社会中介服务机构，并抓紧制定相应的管理办法，依法规范其行为。

十二、理顺和完善证券监管体系，进一步整顿和规范证券市场秩序。

中国证券监督管理委员会统一负责对全国证券、期货业的监管，包括证券、期货公司的审批和高级经营管理人员、从业人员的资格审查，以及上市公司质量和证券、期货市场监管等。

建立全国统一的证券、期货监管体系，理顺中央和地方监管部门的关系。充实证券业监管力量，在部分中心城市设立中国证券监督管理委员会派出机构。对地方证券监管部门，实行中央和地方双重领导、以中央为主的管理体制。

抓紧制定《证券法》，规范和引导证券业健康发展。证券市场发展必须认真贯彻法制、监管、自律、规范的方针，坚持公开、公平、公正的原则，切实保护投资者特别是中小投资者利益。未经中国证券监督管理委员会批准，任何单位和个人不得向社会公众发行股票（股权证）和证券投资基金。严禁证券经营机构挪用客户保证金，严禁信贷资金、财政资金、国有企业生产经营资金、机关事业单位资金进入股市，严禁操纵市场、内幕交易、透支交易，严禁泄露信息和编造、传播虚假信息，严禁任何机构盗用国家信用变相发行国债和买空卖空国债。

严格执行《中华人民共和国公司法》和国务院有关行政法规，切实把好上市公司质量关。企业发行股票要严格按程序报批、审核，符合条件的才能允许上市。改进企业股票发行、上市审批制度，逐步向符合国际惯例的制度过渡。加强对上市公司的持续监管，提高上市公司信息披露质量，严禁上市公司擅自改变募集资金用途和炒作本公司股票等。对违法违规的上市公司，要严肃查处；对三年连续亏损和有重大违法行为的上市公司，坚决依法停止上市资格。

继续认真办好上海、深圳证券交易所，其他地方不再设立新的证券交易所。证券交易所必须强化对会员、上市公司和日常证券交易活动的一线监管，并及时向中国证券监督管理委员会报告市场运行中重大违规和异常情况。改革证券交易保证金和结算制度，组建全国统一的证券市场结算系统。逐步建立证券市场风险基金。整顿和规范证券信息传播媒介的行为，提高证券市场信息传播质量。

彻底清理和纠正各类证券交易中心和报价系统非法进行的股票（股权证）、基金等上市交易活动。各地产权交易机构，一律不得变相进行股票（股权证）上市交易。对已经在上述机构上市进行交易的，所在地方政府要负责进行彻底清理，做好善后工作。证券经营机构不得从事或者为客户代理在上述机构非法进行股票（股权证）交易；已经参与的必须在一九九八年六月底以前退出，对不按此规定执行的，要取消其从事证券业务的资格。严禁以发起设立股份有限公司为名变相向社会公开发行股票。

继续整顿、撤并现有期货交易所和期货经纪机构，规范和统一期货市场的交易、结算、交割制度。严禁金融机构、事业单位和党政机关参与期货交易，严禁国有企业从事期货投机交易，严禁信贷资金、财政资金以任何形式流入期货市场。严禁违反规定从事境外商品和金融期货交易。对违反规定的，要依法严肃处理。

十三、高度警惕和重视防范涉外金融风险。

积极而又稳妥地扩大金融、保险业对外开放。对在我国设立的外资（中外合资）金融机构和保险机构，要依法严格加强监管，防止国际短期游资套利、投机活动和汇率、利率波动对我国金融、证券市场的冲击。严格区分经常项目与资本项目交易，依法审批和管理资本项下的外汇流入和流出。依法查处违规外汇交易。对外汇远期交易以及期权、汇率掉期等交易，要加强内部管理和外部监管。强化对银行离岸业务的监控。

加强对国际收支平衡和外债、外资的宏观管理。改进和规范境外融资管理。禁止信托投资公司等金融机构举借外债偿还国内债务。任何部门和地方政府一律不得为企业境外融资出具担保，内资金融机构一律不得为外商投资企业发行外债出具担保。全面清理和严格规范内资企业在境外投资活动。未经国务院批准，中资金融机构和国有企事业单位不得进入国际期货市场；已经进入的，要立即采取有效措施停止交易，造成损失的要依法追究责任。一九九八年上半年，要对进行境内外期货交易的机构和企业进行一次全面清理整顿，重新审查资格，进一步加强规范管理。严厉打击境内外不法分子相互勾结的各种涉外金融诈骗等犯罪活动。

十四、加大金融执法力度，严厉惩治金融犯罪和违法违规活动。

各银行和其他金融机构要在近期内对执行金融法律法规情况进行全面的自查自纠。一九九八年要组织有关部门联合开展一次全国范围内的金融执法大检查，重点检查非法设立金融机构、非金融机构非法或变相从事金融活动、金融机构违法违规账外活动、证券市场违法违规行为，以及行政干预金融业务造成重大损失的问题。对发现的问题要依法严肃处理。问题严重的金融机构，要停业或部分停业整顿，直至责令关闭。对包庇、袒护、纵容金融违法违规行为和干扰金融执法检查的，要依法从严处理。认真执行修订后的《中华人民共和国刑法》，严肃依法追究金融、证券业活动中违法犯罪者的刑事责任，依法严惩诈骗、抢劫、盗窃、贪污、收受贿赂和伪造凭证等各种金融犯罪行为。各级纪检监察、公安等部门和检察院、法院要集中力量抓紧审理一批典型案件，公开处理，对金融违法犯罪形成强大威慑。

十五、在全社会开展防范金融风险教育，建设高素质的金融从业人员队伍。

要采取多种形式，广泛、深入地开展金融包括证券业基本知识、法规政策的学习、宣传、教育活动，以增强全社会各方面的信用观念和金融、证券市场风险意识。无论是金融系统还是企事业单位、机关、团体，都要把学习和普及金融、证券市场基本知识和法律法规作为一项重要任务。所有金融从业人员都要学法、知法、守法。特别是各级领导干部更要带头学习金融知识、金融政策法规，牢固树立信用观念，提高金融风险意识，自觉按照经济规律和金融规律办事，正确认识和处理政府与银行的关系，支持银行履行职责和依法经营，坚决改变随意干预银行正常业务活动的做法。要加强对广大群众进行金融法律法规和金融风险宣传教育，自觉抵制各种非法金融和非法集资活动，避免遭受损失。

大力加强金融队伍建设，全面提高从业人员的政治思想素质、业务素质和职业道德素质，这是防范和化解金融风险的重要保证。切实加强金融系统党的建设和政治思想工作。加强各级金融机构领导班子建设，特别要抓紧对有问题的领导班子的整顿、调整工作。严格做好金融机构高级管理人员资格审查和法定代表人经营业绩档案管理工作。选择一批思想政治素质好、懂经济、懂技术的人才充实金融机构领导班子。认真实行干部交流特别是重要岗位人员交流和离任审计制度。强化职工岗位培训和职业道德教育。积极培养和广招精通现代金融知识而又熟悉我国国情的金融人才。金融系统要切实抓好廉洁自律，加大反腐倡廉力度，努力提供规范化的优质、文明服务。

以上各项措施，都必须认真贯彻落实。有关部门要抓紧制定具体实施方案和相关配套措施，涉及全局的重大改革和整顿实施方案须报中央批准后施行。

从根本上防范和化解金融风险，必须加快经济体制和经济增长方式的根本转变，继续实施适度从紧的财政政策和货币政策，保持宏观经济环境的稳定。特别是要加快企业改革，建立和完善符合社会主义市场经济规律的新型银企关系，改革和建立政企分开的投资体制，加大经济结构调整力度，严格控制新建项目，避免"大而全"、"小而全"和不合理重复建设，提高经济增长质量和效益，防止产生泡沫经济。所有这些，要靠各部门、各地方共同努力，扎扎实实地做好各方面工作。

防范金融风险是一项长期、艰巨的任务。我国正处在新旧经济体制转轨时期，金融对外开放还将不断扩大，金融业发展迅速。由于金融市场不完善，金融监管经验不足，违法违规行为容易发生，诱发金融风险的因素将会长期存在。同时，在经济、金融全球化趋势迅猛发展的情况下，由于国际金融市场瞬息万变，金融衍生产品日新月异，国际上的金融动荡也随时可能影响我国金融、证券市场的稳定。因此，我们对防范金融风险不仅要有紧迫感，而且要警钟长鸣，常抓不懈。

进一步深化金融改革，整顿金融秩序，防范和化解金融风险，是中央从全局和战略上考虑，保证我国改革开放和现代化建设顺利进行作出的重大决策。做好这项工作，必须统一思想认识，切实加强党的领导，充分发挥思想政治优势。各级党委、政府和各部门务必把思想和行动真正统一到中央的决策和部署上来。要树立全局观念，严格遵守和维护党的纪律，做到令行禁止，坚决维护党中央、国务院的权威，坚决维护国家金融法治和政策的权威，保证本通知各项措施的顺利贯彻落实。要建立防范和化解金融风险责任制。地方各级党委和政府要对解决本地区乱办金融问题切实负起责任。中央和国家机关有关部门要认真清理有关文件，负责纠正和查处本系统各种违法违规的金融活动。中国人民银行和中国证券监督管理委员会要切实依法履行监管职责。计划、财政、税务、审计、工商、纪检监察、公安等部门和检察院、法院，要各司其职，密切配合，共同担负起维护金融秩序、防范和化解金融风险的责任。

深化金融改革，整顿金融秩序，涉及面广，政策性强，敏感度高，务必精心组织，加强思想教育，缜密细致地工作。各地区、各部门要深入调查研究，全面摸清情况，抓紧作出具体部署。要认真分析可能遇到的突发情况，制定相应对策预案。特别要注意在调整撤并金融机构、禁止乱办金融业务、清理农村合作基金会、查处非法证券交易和非法集资活动中可能出现的各种问题，及时采取有效措施，避免诱发挤兑风波和影响社会稳定事端。新闻媒介要加强正面宣传，把握好舆论导向。

中央要求，一九九八年上半年，各地区、各部门要向党中央、国务院报告落实本通知的情况。中央将派出联合检查组赴各地区、各部门进行督促检查。

党中央、国务院和各有关部门过去下发的文件规定，凡与本通知不一致的，一律按本通知执行。军队系统贯彻本通知精神的工作，由中央军委根据实际情况作出具体部署。

中共中央

国　务　院

一九九七年十二月六日

做好经济工作，
增强承受和抵御风险的能力*

（一九九八年二月二十六日）

江 泽 民

去年七月以来，东南亚一些国家和韩国相继发生金融危机，日本也出现金融动荡，而且来势迅猛，波及面广，后果严重。面对这场危机，中央冷静分析形势，有针对性地采取了一些重要措施。我国经济社会发展的良好局面继续保持稳定，没有受到大的影响。这是很不容易的，也是一个很大的胜利。

这场金融危机，由于发生在同我国有着密切经济联系的一些周边国家，难免会对我们产生一些影响。我国的出口、利用外资等，都会不同程度地受到影响。我们宣布保持人民币汇率稳定，国际社会都很欢迎，但这是要付出艰苦努力和一定代价的。如何更好地发挥我们的各种优势，认真解决好我们面临的各种新问题，减少和抵消这场金融危机给我们带来的影响，继续推进改革开放和现代化建设，是摆在全党同志面前的一项紧迫任务，也是一次大的考验。

各级领导干部特别是高级干部，在分析和认识这场金融危机及其影响时，要坚持两点论，既要看到它对我国经济发展产生的不利影响，同时又要看到它可能给我国经济发展带来的某种机遇。不利和有利两个方面都看到了，才能采取正确的对策。中央认为，我们总的方针应该是：坚定信心，心中有数，未雨绸缪，沉着应付，埋头苦干，趋利避害。只要按照中央确定的这个方针去做，我们就可以从容应对这场金融危机的冲击。

党的十五大指出，在新世纪将要到来的时刻，我们面对着严峻的挑战，更面对着前所未有的有利条件和大好机遇。这个判断是完全正确的。尽管这场金融危

---

* 这是江泽民同志在中共十五届二中全会上讲话的一部分。

机给我们带来了一些不利因素，但我们拥有继续胜利前进的坚实的经济社会基础和各方面的良好条件。这一点，大家要十分明确，要有坚定的信心。

经过新中国成立以来特别是改革开放二十年的艰苦努力，我们已经具有了比较雄厚的物质技术基础，国民经济长期保持快速增长。我们已经形成了符合我国新时期实际的正确的理论和路线方针政策，走出了一条建设有中国特色社会主义的正确道路。党的十五大对我国跨世纪发展作出了全面战略部署，产生了能够驾驭各种复杂局势的新的中央领导集体。只要全党同志坚定不移地贯彻执行党的基本理论和基本路线，紧紧依靠人民群众，善于根据情况的变化及时调整和完善具体的政策措施，我们就一定能够不断夺取改革开放和现代化建设的新胜利。

亚洲一些国家的金融危机究竟如何发展，在本地区和世界范围内还会产生什么后果，需要继续密切观察。各级领导干部在思想上、工作上应该做好事态进一步严峻化的准备。有备才能无患。要充分估计各种可能遇到的困难和风险，对各种可能性都应该预作考虑、预为准备。不要以为风波起于国外，我们可以高枕无忧。当然，也不要因为受到这场风波的影响而惊慌失措。

亚洲一些国家的金融危机，向人们提供了深刻的启示和教训。我看至少有三个问题很值得深思。一是，一个国家特别是一个大国的经济发展，必须建立在坚实的物质技术基础和合理的经济结构之上，必须有自己强大的基础产业，否则经不起困难和风险的冲击。二是，现在国与国的经济联系日益紧密，相互影响越来越大，谁也不可能关起门来搞现代化建设，不可能回避经济全球化的趋势和激烈复杂的国际竞争。问题的关键在于，既要敢于又要善于参与这种经济全球化条件下的国际经济技术合作和竞争，既要充分利用其中可以利用的各种有利条件和机遇来发展自己，又要清醒认识和及时防范其中可能带来的各种不利影响和风险，稳步推进对外开放。这一点，对于像我们这样经济技术实力远不如西方发达国家的发展中国家来说尤为重要。如何趋利避害、掌握主动权，始终是摆在我们面前的大问题。三是，经济发展是社会全面进步的基础，但它不是孤立进行的。在集中力量发展经济的过程中，要高度重视民主法制建设和精神文明建设，不断加强反腐倡廉工作。这些方面的工作非常重要，同经济发展有着密切关系，如果做得不好，如果法制不健全、政治腐败、社会风气不良，就会直接影响经济发展的全局。应该说，在这三个问题上，亚洲一些国家发生的这场金融危机进一步向世人敲起了警钟。对这些问题，我们应该结合自己的实际，深入加以研究，并进一步作出工作部署。

应对这场金融危机，最根本的是要做好我们国内的经济工作，以增强我们承受和抵御风险的能力。今年的经济工作，最重要的是要抓紧落实三件事情。第一，在不断提高效益和优化结构的前提下，保持国民经济持续快速健康发展的良好势头。这样，就可以保持财政收支平衡，缓解就业压力，并进一步改善人民生活。为了保持这个良好势头，要努力扩大内需，发挥国内市场的巨大潜力，同时要加快转变经济体制和经济增长方式，加快调整经济结构。第二，千方百计扩大出口，适当增加进口。国家已采取扶持政策，鼓励进出口贸易和吸引外资。各地区各部门应该积极挖掘企业内部潜力，加强管理，加快实施市场多元化战略和以质取胜战略，努力保持和扩大已有的国外市场，并努力开拓新的国外市场。同时，要注重引进先进技术和设备，加快对企业进行技术改造。第三，保持人民币汇率稳定。这不仅关系人民群众的信心和经济社会的稳定，也是对香港金融稳定的有力支持，对亚洲和世界经济稳定也是一个重要贡献。我们外汇储备充足，国内市场广阔，有相当的工业基础，有科技和人才优势，劳动力成本比较低，特别是社会政治稳定，这些都是我们保持人民币汇率稳定的可靠条件。

为了实现上述三个目标，党中央、国务院已经作了部署，要求各地区各部门全面做好以下各项工作：进一步加强农业基础，争取今年农业再取得好收成；增加投入，加强农田水利和铁路、公路、通信、环保等基础设施建设；加快企业技术改造步伐，努力发展高新技术产业；加快城镇住房制度改革，加大普通居民住宅建设力度；促进乡镇企业持续健康发展，重视发挥中小企业的作用；稳定吸收外资规模，合理引导外资投向；保持国际收支平衡，加强外汇管理；搞好增收节支，控制财政赤字；加强金融监管，防范和化解金融风险；抓紧实施再就业工程，努力保持社会稳定。

这里，我想着重强调几点。第一，解决十二亿多人的吃饭问题，始终是我国的首要问题。稳定和加强农业基础，争取农业有好收成，对于保持国民经济持续快速健康发展具有特别重要的意义。如果农业出问题，不仅会影响整个经济发展，而且会影响社会稳定。在当前形势下，全党比任何时候都要更加自觉地重视农业。要稳定党在农村的基本政策，增加农业投入，加强农业科技应用推广，切实减轻农民负担，切实转变干部作风，进一步发展农村的好形势。第二，能否解决好下岗职工的生活和再就业问题，直接关系到国有企业改革的成败。各级党委和政府必须高度重视，满腔热情地关心和安排好下岗职工的生活，依靠各方面力量办好再就业工程，确保中央确定的国有企业改革目标顺利实现。我国人口众多，安排好劳动力就业是一项长期的繁重任务。尤其是在当前国有企业正在深化改革、下岗职工暂时增多的情况下，各级党委和政府更要把扩大就业门路、搞好再就业工作作为头等大事抓紧抓好，不可有丝毫疏忽大意。第三，要努力发展高新技术产业，加快形成我们自己的科技创新体系的步伐。这对于我国二十一世纪的发展至关重要。当今世界上的竞争，核心是知识创新和高新技术的产业化。这项工作如果不抓紧，就会直接影响我们经济发展的后劲和竞争力。因此，必须高度重视科技教育事业，重视人才培养。第四，要加快农村市场开发的步伐。我们有八亿多人口在农村，农村是个广阔的市场，拓展的潜力大得很。眼睛不能老盯在大中城市的市场上，有些产品城市市场饱和了，而农村市场还有很大需求。关键是要鼓励一批企业加紧生产那些农民群众所需要而又买得起的适销对路的产品。这要成为当前和今后相当长时期开拓国内市场的一个重要指导思想。第五，要加快中西部地区开发的步伐。此事方针早已明确，问题是要加快实施进度。要利用当前国有工业企业正在调整和优化结构的有利时机，在进一步提高东部地区发展水平的同时，加强中西部地区基础设施建设和资源开发，并加大引导外资投向中西部地区的力度。这样做，有利于扩大内需、进一步启动生产资料和消费资料市场。第六，在积极扩大出口的同时，要有领导有步骤地组织和支持一批有实力有优势的国有企业走出去，到国外主要是到非洲、中亚、中东、东欧、南美等地投资办厂。既要"引进来"，又要"走出去"，这是我们对外开放基本国策两个紧密联系、相互促进的方面，缺一不可。第七，全党同志首先是各级领导干部要带头坚持艰苦奋斗、勤俭建国的方针。各行各业都要精打细算，节约一切可以节省的开支，以集中更多资金投入国家建设、支持国有企业改革和发展。

同志们要清醒地认识到，国际上不可测的因素很多，发生可以预料和难以预料的种种风险不足为怪。关键在于我们自身是否具有足够的承受和抵御风险的能力。这次金融风波的冲击，我们顶住了。这证明改革开放二十年形成的基础使我们具有相当的承受和抵御风险的能力。但是，必须看到，我们还有许多弱点，这种能力还不够强。我们高举邓小平理论伟大旗帜越是坚定，经济越是持续发展，改革开放越是不断深化，民主法制建设、精神文明建设和反腐倡廉越是得力，这种能力就会越强。总之，坚持改革开放，继续开拓前进，不断增强承受和抵御风险的能力，我们就一定能够立于不败之地。

国务院办公厅转发中国证监会关于《清理整顿场外非法股票交易的方案》的通知

（一九九八年三月二十五日）

各省、自治区、直辖市人民政府，国务院各部委、各直属机构：

证监会《清理整顿场外非法股票交易的方案》已经国务院同意，现转发给你们，请认真遵照执行。

近年来，一些地区未经国务院批准，擅自设立产权交易所（中心）、证券交易中心和证券交易自动报价系统等机构，从事非上市公司股票、股权证等股权类证券（以下简称"股票"）的场外非法交易活动。这种行为严重违反了《中华人民共和国公司法》、《股票发行与交易管理暂行条例》和国务院的有关规定，扰乱了证券市场的正常秩序，隐藏着很大的金融风险，极易诱发影响社会稳定的事端。为整顿金融秩序，防范金融风险，保持社会安定，促进证券市场健康发展，党中央、国务院决定，彻底清理和纠正各类证券交易中心和报价系统非法进行的股票、基金等上市交易活动，严禁各地产权交易机构变相进行股票上市交易。为做好清理整顿和善后工作，现就有关问题通知如下：

一、清理整顿场外非法股票交易工作政策性强、敏感度高、涉及面广，事关维护正常的金融秩序和保持社会安定的大局。有关地方人民政府和国务院有关部门要予以高度重视，按照党中央、国务院的统一部署和方案要求，统一思想，加强领导，精心组织，审慎处理，内紧外松，分步实施，保持稳定，认真落实。国务院有关部门要积极配合证监会和有关地方人民政府进行清理整顿工作。

二、各省（自治区、直辖市）人民政府要由主要领导同志负责，指定专门机构，彻底清理整顿本地区场外非法股票交易活动，并做好有关善后工作。有关地区清理整顿工作要在证监会的统一组织、指导、协调、督促下，积极稳妥地进行。

298

三、证监会和国务院有关部门要密切配合，加强对清理整顿工作的领导、组织和协调，及时解决工作中出现的问题，遇到重大问题要及时报告国务院。清理整顿工作结束后，证监会要组织力量，对各地清理整顿工作进行检查和验收，并将整顿结果报告国务院。

四、有关地方人民政府和国务院有关部门要坚决执行党中央、国务院的决定，按期完成清理整顿场外非法股票交易任务。对在清理整顿工作中发现和暴露的违法违纪行为，要彻底清查，依法从严惩处，并追究有关负责人的责任。

国务院办公厅

一九九八年三月二十五日

中国证监会关于清理整顿场外
非法股票交易的方案

(一九九八年二月二十三日)

根据《中共中央、国务院关于深化金融改革、整顿金融秩序、防范金融风险的通知》(以下简称"《通知》")的决定,为了彻底清理和纠正各类产权交易所(中心)、证券交易中心和证券交易自动报价系统非法进行的股票(股权证)等交易活动,进一步整顿和规范证券市场秩序,防范和化解金融风险,现就清理整顿场外非法股票交易工作提出以下方案。

一、清理整顿的对象与范围。

本方案所称非法股票交易,是指未经国务院批准擅自设立的产权交易所(中心)、证券交易中心和证券交易自动报价系统等机构,所从事的非上市公司股票、股权证等股权类证券(以下简称"股票")的交易活动。在上述交易场所非法从事的投资基金交易活动的清理整顿方案,另行制定。

二、清理整顿工作的原则。

有关地方人民政府要按照党中央、国务院的统一部署和要求,负责彻底清理整顿非法股票交易活动,并做好善后工作。清理整顿非法股票交易工作是一项复杂而敏感的工作,有关地方人民政府要根据本方案提出的政策、措施、方法、步骤,按照既要彻底解决问题,又要确保社会稳定的方针,彻底清理纠正本地区的非法股票交易活动。在清理整顿过程中,要措施有力,分类指导,妥善处理;要区别不同地区、不同交易场所和不同挂牌企业,采取不同的办法,逐一清理整顿,做到成熟一个,解决一个。

三、清理整顿工作的政策措施。

国务院三令五申严禁擅自设立证券交易场所和从事非法股票交易活动,全国金融工作会议再次重申了这一规定。因此,对在全国金融工作会议以后擅自设立的证券交易场所要立即关闭,新挂牌的股票要立即停止交易,并追究有关负责人的责任。对全国金融工作会议以前擅自设立的证券交易场所及其挂牌企业,依照以下政策措施进行清理。

（一）有条件的挂牌企业，可按照市场价格赎回其流通股。

（二）在自愿的前提下，鼓励其他企业收购有发展前景的挂牌企业的流通股，作为长期战略投资。这部分股份不得再进入市场流通。

（三）允许行业相同或相近的上市公司或拟上市公司吸收合并资产质量较好、有发展前景的挂牌企业。此类挂牌企业的流通股，可在转换为上市公司的股份期满三年后上市流通。

（四）少数效益较好、偿债能力强、具备发行企业债券条件的挂牌企业，经国家发展计划委员会会同中国人民银行、中国证监会依法严格审批后，可将其流通股转换为企业债券。

（五）对少数业绩较好、规模较大、符合上市条件的挂牌企业，可依法推荐单独上市；对一些业绩较好、行业相同或相近但规模不大的挂牌企业，可经过资产重组后推荐上市。推荐挂牌企业上市，要列入所在省（自治区、直辖市）的新股发行上市计划，并按规定程序履行审批手续。

（六）对不具备上市、发行企业债券等条件的挂牌企业，要动员现有股东（特别是内部职工）继续持有股份，享受股东权益。有关地方人民政府要给予相应的优惠政策，支持、督促其做好分红派息工作。

（七）非法股票交易场所全部业务清理完毕之后，由所在地人民政府予以关闭。少数非法股票交易场所经整顿符合条件的，报中国证监会批准后，可组建证券营业部。

四、清理整顿的实施步骤。

清理整顿工作要按照先停止扩容，再清理业务，最后关闭场所的顺序进行。具体实施步骤是：

第一步，立即停止市场扩容。有关地方人民政府要坚决制止非法股票交易市场扩容，停止挂牌新的企业，停止接纳新的会员单位，停止开设新的账户，停止挂牌企业配、送股活动。

第二步，妥善处理挂牌股票。有关地方人民政府要对挂牌企业逐个认真研究，按照本方案的要求，针对企业的不同情况，采取相应的政策措施，妥善处理挂牌企业的流通股份。

第三步，取缔非法股票交易，关闭非法股票交易场所。各非法股票交易场所的证券经营机构等会员单位，要在本方案下发之日起六个月内，根据清理整顿的进度，停止非法股票交易业务。个别挂牌企业较多、情况比较复杂、清理任务较重的非法股票交易场所，确需适当延长清理期限的，要报请国务院批准。有关地方人民政府要在挂牌企业股票处理完毕后，立即取缔该交易场所的交易活动，关闭非法股票交易场所。

五、清理整顿的要求。

（一）有关省（自治区、直辖市）人民政府要由主要领导同志负责，指定专门机构，按照党中央、国务院的统一部署，积极稳妥地做好这项工作。

（二）有关地方人民政府要根据本方案，结合本地区的实际情况，制定具体的实施办法，于本方案下发之日起三十日内报中国证监会。在制定实施办法和具体实施过程中，有关地方人民政府要定期通报工作进度，加强上下沟通。遇有重大问题要及时向中国证监会通报。

（三）有关地方人民政府要督促辖区内非法股票交易场所采取必要的措施，防止交易大户借机操纵市场，干扰清理整顿工作。要密切注视市场动向和投资者的反应，做好化解矛盾和安全保卫工作，确保社会稳定。

（四）有关地方人民政府和国务院有关部门要以大局为重，坚决执行《通知》的决定，按照本方案的要求，按期完成清理整顿场外非法股票交易的各项任务。对不执行本方案的地区和部门，要严肃处理，并追究主要负责人的责任；中国证监会将暂停受理其所属企业的新股发行上市申请。对逾期不停止非法股票交易业务的证券经营机构，中国证监会将责令上海、深圳证券交易所取消其交易席位，直至吊销其经营证券业务许可证。

（五）中国证监会与国务院有关部门要密切配合，加强对清理整顿工作的领导、组织和协调。清理整顿工作结束后，中国证监会要组织力量，分赴各地对清理整顿工作进行检查、验收，并将验收情况书面报告国务院。

中共中央、国务院
关于进一步扩大对外开放，
提高利用外资水平的若干意见[1]

(一九九八年四月十四日)

党的十五大高举邓小平理论伟大旗帜，对我国改革开放和社会主义现代化建设跨世纪发展作出了全面部署。为贯彻落实十五大精神，进一步扩大对外开放，提高利用外资水平，推进建设有中国特色社会主义的伟大事业，党中央、国务院特提出如下意见。

一、利用外资的成就和面临的新形势。

(1) 利用外资为改革开放和社会主义现代化建设服务，是邓小平理论的重要组成部分，是对外开放基本国策的重要内容，是建设有中国特色社会主义经济的伟大实践之一。利用外资有利于发展社会主义社会的生产力，有利于增强社会主义国家的综合国力，有利于提高人民的生活水平。依法设立的外商投资企业作为中国企业的一部分，是混合所有制经济和非公有制经济的形式之一。这种所有制经济是社会主义市场经济的重要组成部分。我们高举邓小平理论的伟大旗帜，实行对外开放，就必须坚持利用外资不动摇。

(2) 近二十年来，我国对外开放、利用外资取得了举世瞩目的成就。通过吸收外商直接投资、借用国外贷款和证券融资等形式，利用外资规模不断扩大，水平逐步提高，促进了国民经济持续快速健康发展。利用外资，弥补了国内建设资金的不足，引进了大量先进、适用技术和管理经验，创造了更多的就业机会，培养了大批人才，增加了国家税收和外汇收入，加速了对外经济贸易发展，提高了我国经济的国际竞争力。利用外资，促进了思想解放和观念更新，推动了社会主义市场经济体制改革进程和法律体系的建设。利用外资，加强了内地与香港、澳门、台湾地区的经济联系，对香港的顺利回归、澳门政权的平稳过渡和祖国和平统一大业发挥着积极作用。历史已经并将继续证明，对外开放是实现国家现代化和民族振兴的必由之路。

（3）在利用外资的实践中，我们积累了不少重要经验。主要是：坚持抓住有利时机，采取多种形式大胆利用外资；坚持同国家经济发展战略有机结合，不断提高利用外资的质量和效益；坚持从国情出发，把握主动权，渐进开放，因地制宜，形成各具特色的利用外资格局；坚持以吸收外商直接投资为主，适度举借外债，审慎试行证券融资；坚持改善投资环境，不断完善利用外资的方针、政策和法律法规；坚持平等互利原则，保障外商投资企业各方的合法权益。

利用外资工作也存在着一些问题。外商投资结构不尽合理，一些项目技术含量不高，低水平重复引进和建设。有的部门和地方制定违反国家利用外资法规的政策，越权审批项目，对外商投资企业乱检查、乱收费、乱摊派、乱罚款，存在着重数量、轻质量，重引进、轻管理，重硬件投入、轻软件建设的倾向。有些外商投资企业违法违约经营，有的合资、合作企业的中方权益受到损害。一些利用国外贷款项目效益不好，还款能力差。对这些问题，要给予高度重视，认真加以解决。

（4）（略）

二、进一步利用外资的指导思想和基本要求。

（5）面向新的世纪，我们要以更加积极的姿态进一步扩大对外开放，提高利用外资水平。总的指导思想是：坚持以邓小平理论为指导，认真贯彻党的十五大精神，围绕推进经济体制和经济增长方式两个根本转变，提高国民经济素质和效益，增强综合国力和国际竞争力，进一步发展和完善全方位、多层次、宽领域的对外开放，充分利用国内国外两个市场、两种资源，更多更好地利用外资，促进国民经济持续快速健康发展和社会全面进步。

（6）积极合理有效地利用外资，是必须长期坚持的指导方针。积极，就是进一步解放思想，抓住机遇，完善政策和投资环境，努力促进利用外资稳定增长；合理，就是按照国民经济和社会发展的总体要求，引导外资投向，优化结构，扬长避短，趋利避害；有效，就是提高利用外资的质量和效益，有利于增强综合国力和国际竞争力。积极是前提，合理是关键，有效是目的，三者是相互联系的有机整体。总之，就是要以"三个有利于"为根本标准，在互利互惠的基础上，充分利用和善于利用外资，重优化结构、重质量、重效益，更好地为改革开放和现代化建设服务。

（7）根据上述指导思想和方针，进一步做好利用外资工作的基本要求是：适应经济持续增长的需要，保持利用外资的一定规模，使吸收外商直接投资继续处于发展中国家的前列。引导外资投向，调整引进外资结构，为提高国民经济素质和效益服务。坚持以市场换技术的方针，加大引进高新技术产业和先进适用技术的力度，推动产业升级。促进解决经济和社会发展的突出矛盾，创造更多的就业机会，弥补资源不足。坚持国际收支基本平衡，保持必要的外汇储备。正确处理扩大对外开放与独立自主、自力更生的关系，维护国家经济安全。

三、继续把吸收外商直接投资作为利用外资的重点。

（8）进一步优化外商投资的产业结构。重点鼓励外资投向农业、高新技术产业、基础工业、基础设施、环保产业和出口创汇型产业，提高这些领域利用外资的比重。积极引导外资投向传统产业和老工业基地的技术改造，走内涵式发展的路子。充分发挥比较优势，继续发展符合产业政策的劳动密集型项目。严格禁止危害国家安全或者损害社会公共利益、污染环境、破坏生态等项目。全面实施国务院最近批准修订的《外商投资产业指导目录》，国家将根据经济发展情况对其适时调整。认真执行《国务院关于调整进口设备税收政策的通知》，对国家鼓励和支持的外商投资项目进口的设备及技术，免征关税和进口环节增值税。对引进先进和适用的技术，免征关税和进口环节增值税。按照国际惯例和鼓励外商投资企业采购国产原材料、零配件扩大出口的原则，抓紧完善出口退税制度。

（9）继续扩大外商投资领域。进一步开放竞争性产业，扩大石油化工、建筑业等利用外资的规模。有区别、有重点地吸收外资开发利用矿产资源。有步骤地推进服务贸易的对外开放：积极进行旅游资源开发、水上运输等领域利用外资的试点；扩大国内商业、外贸、旅行社开放的试点范围；扩大会计、法律咨询服务业和航空运输、代理业务等领域的开放；有步骤、有控制地开放金融和通信等领域的试点，并建立健全有效的监管机制。

（10）努力完善外商投资的地区布局。继续发挥东部地区对外开放、利用外资的优势，支持东部地区积极发展资金、技术密集型产业和出口型产业。继续办好经济特区、上海浦东新区、苏州工业园区以及各类国家级经济和技术开发区。这些地区要在提高利用外资质量和水平上进行新的探索，以进一步起到示范、辐射、带动作用。

积极引导和鼓励外资投向中西部地区。第一，中西部的省、自治区、直辖市可选择确有优势的产业和项目，经国家批准后，享受《外商投资产业指导目录》中鼓励类项目政策。对限制类和限定外商股权比例项目的设立条件和市场开放程度，可比东部地区适当放宽。第二，国家要优先安排一批农业、水利、交通、能源、原材料和环保项目在中西部地区吸引外资，并加大对项目配套资金及相关措施的支持。鼓励三线军转民企业和国有大型企业利用外资进行技术改造。第三，鼓励东部地区的外商投资企业到中西部地区再投资，外商投资比例超过百分之二十五的项目，视同外商投资企业，享受相应待遇。第四，国家允许开展试点的开放领域和试点项目，原则上应在东中西部地区同时进行。经国家批准，省会城市可进行国内商业、外贸、旅行社的开放试点。中西部地区要从本地实际出发，进一步转变观念，改善投资环境，扩大吸收外资，发展特色经济。

（11）多渠道多方式吸收外商投资。实施利用外资多元化战略。继续吸收香港、澳门、台湾地区和东南亚国家的投资，在高新技术领域加强与香港地区的合作，继续实行对台商投资同等优先、适当放宽的原则。同时，要重点加大吸收北美、日本、欧盟等发达国家和地区投资的力度。积极采取国际通行的多种外商投资方式，继续进行外商投资股份有限公司、外商投资特许权项目以及利用项目运营权或收益权对外引资的试点，抓紧制定和完善相应的法规。继续积极发展加工贸易和补偿贸易，促进上档次、增效益。切实执行加工贸易进口料件银行保证金台账制度。鼓励国有大中型企业采取多种方式利用外资进行资产重组，盘活存量资产，改善经营机制，提高管理水平。采用招投标方式，鼓励外商投资企业使用国产设备。制定和完善有关法律、法规，允许国有小型企业和集体企业对外合资、合作、出售，允许私营企业吸收外资发展经济。制定有针对性的投资促进策略，利用现代电子信息技术，改进招商引资方式。

（12）大胆引进和积极引导跨国公司投资。继续实行以市场换技术的方针，进一步开放国内市场。通过与跨国公司的合作，引进先进适用的技术、资金、管理经验和营销方式，并进入其国际生产、销售和服务网络。有重点地推动国有大型企业开展与跨国公司的合作，促进新兴产业、支柱产业的发展；鼓励与跨国公司合作建立研究开发中心，增强技术消化和创新能力；推动国内企业与跨国公司的配套协作，带动相关企业和产业共同发展。国家要采取有力措施，扶持国有大型企业壮大实力，增强竞争力。与跨国公司的合作，要统筹协调，制订措施，趋利避害，保持国有经济对关系国民经济命脉的重要行业和关键领域的支配地位，有选择、有时限地保护国内幼稚产业，有效防范少数跨国公司垄断市场、非法转移利润、逃避税收等。

（13）认真办好现有外商投资企业。充分发挥现行利用外资法律和政策的作用，促进现有外商投资企业健康发展。这对于进一步吸引外商投资有很强的示范效应。积极帮助企业解决生产经营中遇到的困难，对于符合贷款原则的外商投资企业，可给予必要的信贷支持。通过国有资产存量重组、发行股票、债券和建立投资基金等多种方式，帮助合资中方有效利用资本市场筹措资金，解决好合资企业增资扩股中中方股权比重下降的问题。

（14）在改善投资环境上下大功夫。要进一步改善投资硬环境，加强能源、交通、通信、市政公用事业等基础设施的建设，更要着力改善投资软环境。当前，特别要抓好以下几个方面：一是坚决制止对外商投资企业一切形式的乱检查、乱收费、乱摊派、乱罚款。在全面清理现行各项收费的基础上，制定有关法规，明确合理的收费项目和收费标准，对依法收费的部门和单位实施规范化的申报监管。既保证依法收费，又保护企业依法拒付不合理收费。二是切实保障外商投资企业经营管理自主权，维护投资各方的合法权益不受侵犯，依法保护劳动者的正当权益。三是各级政府要提高办事效率，减少管理层次，做到制度公开，政策透明。提倡一个"窗口"对外，提供优质、规范、方便的服务。结合深化投融资体制改革，改进外资项目的审批方法，简化审批程序。要规范各类中介机构的行为，加强指导监管。四是加快建设统一开放、竞争有序的市场环境，打破地区封锁、部门垄断。严厉打击走私、伪冒等非法行为。加快和完善口岸管理体制改革。逐步对外商投资企业实行国民待遇。五是依法加强监督管理，认真做好各有关方面的资产评估工作，搞好外商投资企业合同履约和财务状况的检查，严格税收征管、环境监管和用地管理。完善对外商投资企业的联合年检工作。

（15）稳步地利用国际证券市场引进外资。按照国家产业政策和利用外资政策，选择质量好的国有大中型企业到国际证券市场上市。在进一步做好到香港上市的同时，稳妥地开辟其他国际证券市场。继续做好境内上市外资股企业的试点，改进和完善发行与交易。要提高上市企业质量，强化机制转换，依法规范运作，注重资金使用效益。积极探索可转换公司债券等融资形式。进一步加强国际间证券监管合作与交流。

（16）（略）

四、适度筹借和切实用好国外贷款。

（17）严格控制外债规模，保持合理结构。要根据经济发展需要、国际收支状况、配套和偿还能力，合理确定借用国外贷款的规模和结构，有效控制外债总量，将主要外债指标保持在安全线以内。继续借用国际金融组织和外国政府提供的优惠贷款。适用借用长期的国外出口信贷和发行境外债券。从严控制借用其他国外商业贷款和短期债务。规范和加强对外债总量和结构的统一监管，切实防范金融和外债风险。

（18）改进和规范对外借款管理。加强对借用国外贷款项目的统筹协调和管理，严格审查和清理对外借款窗口。国际金融组织和外国政府优惠贷款，由国家授权的部门对外筹借，指定机构转贷。要抓紧制定权责明确、规范的转贷办法。国外商业贷款，由有权对外融资的金融机构依据借债指标筹措，符合条件的大型企业经国家批准可直接到境外借款，外商投资企业依法自主对外借款。严禁地方和企业到境外非法融资和变相举债，对隐匿不报和隐性外债进行认真清理，对违规违法者要严肃查处。

（19）着力提高国外贷款的使用效益。中长期国外贷款应主要用于基础设施和开发型项目。国际金融组织和外国政府优惠贷款主要投向农业、水利、交通、能源、环保以及市政基础设施等领域，进一步提高用于中西部地区的比重。国外中长期商业贷款，重点用于基础工业、支柱产业、高新技术产业和能够扩大出口的项目，主要引进必需的技术、设备和原材料。国外短期商业贷款不得用于长期项目投资、固定资产贷款和其他不正当用途。改进使用国外贷款的管理，做好项目前期准备工作，加强对项目的评审，优化用款方案，注重效益和偿还能力，落实国内配套条件，实行项目法人责任制和资本金制度。

（20）建立责权利统一的借用还机制。各地区、部门和企业要牢固树立偿债意识，落实还款责任。承担偿债责任的单位应确保到期债务的支付。加快形成符合市场经济原则和法律规定的还款、担保机制。对外借款的金融机构要有足够的外汇准备金，务必保证债务的对外履约，维护我国对外信誉。国际金融组织和外国政府优惠贷款用于以社会效益为主的基础性、公益性项目，有关财政部门应承担相应的外债担保或偿还责任，并加强管理。地方政府要根据国家有关规定，尽快建立偿债准备基金。对已出现的债务拖欠问题，有关地方和部门要切实采取有效措施，加大清欠力度。使用国外贷款，务必做到借之有道、用之有效、还之有信。

五、加强和改善对利用外资工作的领导。

（21）提高思想认识，增强做好利用外资工作的自觉性。提高对外开放和利用外资水平，关键是各方面要把思想和行动真正统一到党的路线、方针、政策上来。要深刻认识我国社会主义初级阶段的基本国情，按照建设有中国特色社会主义经济的要求，从国家、民族的根本利益和长远利益出发，把利用外资工作提高到新水平。要坚持解放思想，实事求是，抓住机遇，开拓进取，注重实效。要把吸收外资同运用国内资金更好地结合起来，统筹纳入国民经济总体发展规划。各级领导干部要加强学习邓小平理论，学习现代科技知识、市场经济知识和利用外资知识，深入调查研究，提高思想理论和政策水平，增强利用外资工作的预见性、科学性，防止盲目性、片面性；提高驾驭现代化建设的能力。

（22）加强涉外经济法制建设。要把利用外资纳入法制化、规范化轨道。根据建立社会主义市场经济体制的要求，参照国际通行规则和有关协定，抓紧修订现行的基本法律法规，力争用三年左右时间健全利用外资的法律法规体系。加快制定《反垄断法》，完善《反不正当竞争法》。加大执法力度，今明两年要开展一次涉外经济法律行政执法大检查。认真做好保护知识产权的工作。

（23）大力培养人才。做好利用外资工作，需要有大批高素质的人才。要加快技术和管理人才的培养，加强职业教育和短期培训，提高劳动者的素质。要重视国外智力资源的引进，扩大国际交流与合作，吸引更多的优秀留学人员回国工作。进一步改革人事管理制度，引导人才合理流动。大力提高从事外资工作人员的政治素质、思想素质和业务素质，以适应扩大对外开放、提高利用外资水平的需要。

（24）坚持两个文明建设一起抓。两个文明都搞好，才是有中国特色社会主义。搞好精神文明建设与改善利用外资环境是一致的。各级党委和政府要坚持"两手抓，两手都要硬"的方针，加强社会主义精神文明建设，努力开创两个文明共同进步、协调发展的局面。坚决纠正任何以牺牲精神文明为代价吸引外资的错误观念，抵制各种腐朽思想文化的侵蚀，打击"黄、赌、毒"等丑恶现象，净化社会风气，加强社会治安综合治理，为进一步扩大对外开放、利用外资创造良好的社会环境。

（25）加强对利用外资工作的统一领导和协调。各地区、各部门要认真贯彻党中央、国务院有关利用外资的方针、政策，步调一致，依法行政，不得越权制定地区性和行业性政策，保证全国法律法规的统一和政令畅通。要进一步加强对外资工作的宏观指导和协调，理顺利用外资工作管理体制。加强利用外资统计和外债监管预警体系建设，为科学决策提供依据。有关部门要各司其职，各负其责，相互支持，通力合作，努力促进对外开放和利用外资事业的健康发展。

以上意见，各地区、各部门要认真贯彻执行。需要有具体实施办法的，国务院有关部门要抓紧制定，尽快付诸实施。

中共中央
国 务 院
一九九八年四月十四日

注 释

[1] 这个文件在收入本书时作了删略。

不断提高驾驭和正确运用
证券手段的本领[*]

（一九九八年五月二十八日）

江 泽 民

　　实行社会主义市场经济，必然会有证券市场。建立发展健康、秩序良好、运行安全的证券市场，对我国优化资源配置，调整经济结构，筹集更多的社会资金，促进国民经济的发展具有重要的作用。但是，对于证券市场存在的消极因素和可能遇到的风险，我们也必须有清醒的认识。这次东南亚发生金融风波，一个重要原因就是他们的资本市场开放过快，对金融、证券监管不力。我们应从中吸取教训，引为鉴戒，加强风险意识和防范工作，并努力把这次金融风波对我国的负面影响降到最低限度。

　　搞证券是现代经济中一门复杂的学问。各级党政领导干部、企业领导干部和证券工作者，务必勤学之、慎思之、明察之，务必在认真掌握其基本知识和有关法律法规的基础上，不断提高驾驭和正确运用证券手段的本领。希望大家继续按照巩固成绩、随时警惕、谨慎小心、及时调节的方针，进一步发展和完善我国的证券市场，使之更好地为当前国有企业的解困和发展服务，更好地为改革开放和现代化建设服务。

---

* 这是江泽民同志关于《证券知识读本》的批语。

国务院关于进一步整顿和规范
期货市场的通知

(一九九八年八月一日)

各省、自治区、直辖市人民政府，国务院各部委、各直属机构：

按照国务院的部署，中国证券监督管理委员会（以下简称"中国证监会"）加强了对期货市场的整顿和规范工作。经过几年的努力，我国期货市场盲目发展的势头得到了有效遏制，市场行为逐步规范，监管能力有所加强。但是，目前期货市场仍存在一些不容忽视的问题，最为突出的是期货交易所和期货经纪机构过多，运作不规范；少数机构和个人联手操纵市场，牟取暴利；非法从事境外期货、外汇按金交易行为依然存在；监管部门的监管力量薄弱，监管手段落后。为切实加强对期货市场的监管，防范和化解市场风险，保证期货市场试点工作的顺利进行，根据全国金融工作会议精神和党中央、国务院的统一部署，现就有关问题通知如下：

一、继续整顿、撤并期货交易所。

（一）按照"继续试点，加强监管，依法规范，防范风险"的原则，对现有十四家期货交易所进行整顿和撤并，只在上海、郑州和大连保留三家期货交易所。对保留的期货交易所实行集中统一管理，比照证券交易所管理体制，将期货交易所划归中国证监会直接管理。期货交易所的总经理和副总经理由中国证监会任命，理事长、副理事长由中国证监会提名，理事会选举产生。

（二）具体调整办法是：

1. 同城合并。按照"统一机构、统一财务、统一交易、统一结算、统一规则"的原则，在清产核资后，将上海金属交易所、上海商品交易所和上海粮油商品交易所三家交易所合并为上海期货交易所。

2. 异地联网。除保留上海期货交易所、郑州商品交易所、大连商品交易所外，其他期货交易所可改组为公司制地方交易厅或地方报价厅，与上述三家期货交易所进行联网交易。地方交易厅或地方报价厅为期货交易所会员提供异地交易席位和下单服务，不得上市期货品种，不得进行交易撮合，不得办理结算业务。地方交易厅或地方报价厅具有法人地位，独立承担原期货交易所的债权债务关系。

3. 为了实现平稳过渡，对未保留的期货交易所，也可采取多种方式进行改组：第一，改组为期货经纪公司；第二，具备条件的，可改组为证券经营机构。

二、取消部分商品期货交易品种，提高部分商品品种的期货交易保证金。

为了充分发挥期货市场发现价格和套期保值的功能，进一步遏制过度投机，将商品期货交易品种由三十五个压缩到十二个，取消二十三个品种。保留铜、铝、大豆、小麦、豆粕、绿豆、天然橡胶、胶合板、籼米、啤酒大麦、红小豆、花生仁十二个商品品种。

提高部分商品品种的交易保证金。对发挥套期保值功能较好、不易炒作的铜、铝、大豆三个商品品种的最低交易保证金比例仍维持现行的百分之五不变，其余九个商品品种的最低交易保证金比例提高到百分之十。上海期货交易所、郑州商品交易所、大连商品交易所要重新设计期货合约，经中国证监会审核批准后上市交易。今后，中国证监会可根据市场需要调整上市品种和规定其最低交易保证金比例。

三、取缔非法期货经纪活动，清理整顿期货经纪机构。

（一）取消所有非期货经纪公司会员的期货经纪资格，未经中国证监会批准，任何机构和个人一律不得从事期货经纪业务。对以各种名义从事非法期货经纪业务的机构和个人，工商行政管理部门要会同中国证监会严肃查处，坚决取缔。

（二）提高期货经纪公司最低注册资本金标准，促进期货经纪公司合并重组，实现规模经营。期货经纪公司最低注册资本金标准由中国证监会另行制定。

（三）期货经纪公司一律不得从事期货自营业务，代理业务要进一步清理整顿，规范各个交易环节，严格控制风险。

（四）完善年检制度，注销不符合规定的期货经纪公司，适当扶持运作规范、资信良好的大型经纪公司。

四、严格控制境外期货交易。

国务院再次重申，未经批准，任何机构和个人均不得擅自进行境外期货交易，各期货经纪公司均不得从事境外期货业务。对确需利用境外期货市场进行套期保值的少数进出口企业，由中国证监会会同国家经贸委、外经贸部等部门进行严格审核，报国务院批准后，颁发境外期货业务许可证。未取得境外期货业务许可证的企业一律不得以任何借口、任何方式从事境外期货交易。取得境外期货业务许可证的企业，在境外期货市场只允许进行套期保值，不得进行投机交易。国家经贸委、外经贸部等部门会同中国证监会根据这些企业的进出口商品种类和实际贸易量，确定其交易品种和最大期货交易量，由中国证监会指定其境外期货经纪机构和境外期货交易所。

未经批准，禁止境外中资机构在境外擅自从事期货交易，违者要追究有关人员的责任。国家经贸委、外经贸部等部门要对工业、外贸企业已从事境外期货交易的情况进行清理整顿，并将整顿结果报告国务院，同时抄送中国证监会。

中国证监会要会同有关部门加强对非法境外期货交易的监管。凡涉及证券经营机构、期货经纪机构违法经营境外期货的，由中国证监会会同有关部门查处；其他机构非法从事境外期货的，由国家工商行政管理局会同有关部门查处。对违反上述规定擅自进行境外期货交易的企业及境外中资机构要严加惩处，对企业负责人和直接责任人员由其上级主管部门给予撤职直至开除的处分，同时追究主管部门领导的责任；构成犯罪的，移交司法机关依法追究刑事责任。

五、加快法规建设，进一步加强对期货市场的监管。

期货市场风险性和投机性很强，要加快期货市场法制建设，做到依法监管。国务院法制办公室和中国证监会要抓紧起草期货交易管理条例，提交国务院审议。中国证监会要进一步加强对期货市场的监管，规范和统一期货市场的交易、结算、交割制度。严禁金融机构、事业单位和党政机关参与期货交易，严禁国有企业违规从事期货交易，严禁信贷资金、财政资金以任何形式流入期货市场，金融机构不得为期货交易提供融资或担保。未经批准任何机构不得从事金融期货交易。要依法查处境内金融机构的违规外汇交易，加强对从事外汇远期以及期权、汇率掉期等业务的金融机构的内部管理和外部监管。

自本通知下发之日起，各期货交易所要立即停止推出新合约，已上市合约可以交易到最后交易日。从一九九九年一月一日起正式按新的期货商品品种和交易保证金比例开始运作。中国证监会要进一步加强监督与管理，加大执法力度。各地区、各部门要认真贯彻本通知的精神，通力协作，积极配合中国证监会做好期货市场规范整顿工作，保持市场和社会稳定。

国务院

一九九八年八月一日

国务院批转证监会《证券监管机构体制改革方案》的通知

（一九九八年八月五日）

各省、自治区、直辖市人民政府，国务院各部委、各直属机构：

国务院同意中国证券监督管理委员会（以下简称证监会）《证券监管机构体制改革方案》，现转发给你们，请认真贯彻执行。

建立全国统一、高效的证券期货监管体系，是党中央、国务院的重大决策，对于深化金融改革，整顿金融秩序，防范和化解金融风险，逐步建立与社会主义市场经济相适应的现代金融监管体制，促进证券市场和国民经济的稳步发展，都具有十分重要的意义。为切实做好证券监管机构体制改革工作，现就有关问题通知如下：

一、证券监管机构体制改革工作敏感度高、涉及面广，事关证券市场的健康发展和社会安定的大局。各地区、各部门要予以高度重视，按照党中央、国务院的统一部署和方案要求，统一思想，精心组织，认真落实，保持稳定。

二、各省、自治区、直辖市人民政府和国务院有关部门要从大局出发，积极配合证监会共同做好改革方案的落实工作，确保改革过程中证券监管队伍的稳定和监管工作的连续性，防止出现监管真空，防范和化解市场风险，保持市场和社会稳定。

证券监管机构改革后，各地人民政府要继续积极支持证监会派出机构的工作。

三、证监会要按照国务院的统一部署，本着积极稳妥，分步实施的原则，加强组织领导，妥善解决改革过程中出现的问题，在一九九八年底以前完成证券监管机构体制改革工作。发现重大问题，要及时向国务院报告。

国务院
一九九八年八月五日

证监会证券监管机构体制改革方案

（一九九八年七月二十三日）

为理顺和完善证券监管体系，切实加强对证券、期货业的统一监管，防范和化解市场风险，促进证券市场稳步健康发展，根据党中央、国务院的部署，现就证券监管机构体制改革提出以下方案：

一、指导思想和基本原则。

证券监管机构体制改革的指导思想是：根据党中央、国务院有关规定，完善监管体系，实行垂直领导，加强对全国证券、期货业的集中统一监管，有效防范和化解风险，逐步建立与社会主义市场经济相适应的证券监管体制，促进证券市场稳步健康发展。

证券监管机构体制改革要坚持强化监管、机构精简、运转高效的原则，积极稳妥地分步实施。

二、理顺中央和地方监管部门的关系，对地方证券监管部门实行由证监会垂直领导的管理体制。

经党中央批准，证监会党组改为党委，垂直领导本系统（包括派出机构和证券交易所、期货交易所等）的党组织，垂直管理本系统的干部。证监会要进一步加强对证券市场的集中统一管理，完善监管体系，对地方证券监管机构实行垂直领导。

三、在部分中心城市设立证监会派出机构，进一步完善证券监管体系。

根据各地区证券、期货业发展的实际情况，在部分中心城市设立证监会派出机构。具体办法是：在监管对象比较集中、监管任务比较重的区域的中心城市，设立证券监管办公室，作为证监会的派出机构，并划定其所辖监管区域。在证券监管办公室的辖区内，可设立人员精干的证券监管特派员办事处，隶属于所在监管区域的证券监管办公室。特派员办事处不是一级监管机构，可根据市场发展需要进行调整。原则上证券监管办公室相当于正厅（局）级。鉴于目前各地证券监管机构行政级别差异较大，为保证监管工作的连续性，证券监管特派员办事处在过渡时期可暂维持现行行政级别。证监会派出机构先在天津市等九个中心城市设立，并在北京市设立直属证监会的证券监管特派员办事处（具体名单见附件）。

证券市场监管体系由证监会和派出机构——证券监管办公室组成。证监会为国务院直属事业单位，是全国证券、期货市场的主管机关，按照国务院授权履行行政管理职能，依照法律、法规对全国证券、期货业进行集中统一监管。证券监管办公室作为证监会派出机构，主要职责是：认真贯彻执行国家有关法律、法规和方针、政策，依据证监会的授权对辖区内的上市公司，证券、期货经营机构，证券、期货投资咨询机构和从事证券业务的律师事务所、会计师事务所、资产评估机构等中介机构的证券业务活动进行监督管理；依法查处辖区内前述监管范围的违法、违规案件，调解证券、期货业务纠纷和争议，以及证监会授予的其他职责。

四、方法和步骤。

按照党中央、国务院关于清理整顿证券、期货市场的统一部署，在证券体制改革过程中要妥善处理改革、整顿和监管的关系，切实防范和化解市场风险，确保当前证券业各项清理整顿任务的完成，防止因机构改革操作不当出现监管真空，从而产生新的市场风险。为此，证券监管机构体制改革采取"先接管、后改制"的办法，平稳过渡，并分两步进行：

第一步，由证监会接管现有地方证券监管机构，实行垂直领导。接收地方证券监管机构现有工作人员，实行聘任制，按编制从规定收费中拨付人员经费。对未聘人员先实行下岗分流，进行培训，经过培训可根据需要聘任上岗或商当地政府予以安排，也可自谋职业。各地证券监管机构实行垂直领导后，要集中力量完成证券、期货业清理整顿工作，强化对市场的监督管理，防范和化解风险，促进证券市场健康发展，保持社会安定。

第二步，选择适当时机进行机构和人员调整，在部分中心城市设立派出机构。

证券监管机构体制改革工作，在一九九八年年底前全部完成。

附：证监会派出机构名单[1]

注　释

[1] 此名单在收入本书时从略。

国务院办公厅转发中国人民银行《整顿乱集资乱批设金融机构和乱办金融业务的实施方案》的通知

（一九九八年八月十一日）

各省、自治区、直辖市人民政府，国务院各部委、各直属机构：

中国人民银行《整顿乱集资乱批设金融机构和乱办金融业务的实施方案》已经国务院同意，现转发给你们，请认真遵照执行。

近年来，一些地方、部门、企事业单位和个人乱集资、乱批设金融机构和乱办金融业务（以下简称金融"三乱"）的问题相当严重，严重违反了《中华人民共和国中国人民银行法》、《中华人民共和国商业银行法》和国务院有关规定，扰乱了金融秩序，损害群众利益，影响社会安定。为整顿金融秩序，防范金融风险，保持金融市场和社会稳定，党中央、国务院决定，彻底整顿金融"三乱"。现就有关问题通知如下：

一、整顿金融"三乱"工作敏感度高，涉及面广，政策性强，情况复杂，事关金融市场的健康发展和社会安定的大局，各地区、各部门要予以高度重视。要在摸清情况的基础上，按照党中央、国务院的统一部署，统一思想，加强领导，精心组织，审慎处理，内紧外松，分步实施。

二、中国人民银行要切实履行监管职责，加强对整顿金融"三乱"工作的领导、组织和协调。中国人民银行各省（自治区、直辖市）分行要积极支持和配合当地人民政府开展工作，加强业务指导和督促。遇有重大问题，要及时报告国务院。整顿工作结束后，中国人民银行要组织力量进行检查验收，并将整顿结果报告国务院。

三、各地区、各部门要坚决执行党中央、国务院的决定，按期完成本地区、本部门的任务。各省（自治区、直辖市）人民政府要由主要领导同志负责，指定专门机构，组织整顿金融"三乱"工作。国务院有关部门要加强对本系统整顿工作的领导、组织和协调，并及时处理工作中出现的问题。各地人民政府和各有关部门要积极采取有效措施，妥善解决群众个人到期债务的清偿问题，确保社会安定。对在整顿工作中发现和暴露的违法违纪行为，要彻底清查，依法从严惩处，并追究有关负责人和责任人的责任。

各地区、各部门要将清理整顿结果于一九九九年六月底前报国务院，同时抄送中国人民银行。

国务院办公厅
一九九八年八月十一日

中国人民银行
整顿乱集资乱批设金融机构和
乱办金融业务的实施方案

（一九九八年七月二十九日）

近年来，乱集资、乱批设金融机构和乱办金融业务（以下简称金融"三乱"）等非法金融活动屡禁不止，严重扰乱了正常的金融秩序，给国民经济发展和社会安定造成了极大危害，必须坚决制止和纠正。根据全国金融工作会议精神和党中央、国务院的统一部署，为进一步整顿金融秩序，防范和化解金融风险，现就整顿金融"三乱"工作提出以下方案。

一、整顿金融"三乱"的范围。

（一）整顿乱集资。凡未经依法批准，以任何名义向社会不特定对象进行的集资活动，均为乱集资。主要打击以非法占有为目的、使用诈骗方法从事的非法集资活动；整顿未经批准，擅自从事以还本付息或者以支付股息、红利等形式向出资人（单位和个人）进行的有偿集资活动；整顿以发起设立股份公司为名，变相募集股份的集资活动。

（二）整顿乱批设金融机构。凡未经中国人民银行批准，擅自设立从事或者主要从事吸收存款、发放贷款、办理结算、票据贴现、资金拆借、信托投资、金融租赁、融资担保、外汇买卖等金融业务活动的机构，均属非法金融机构，包括冠以银行、信用社、信托投资公司、财务公司、融资租赁公司、典当行等名称的机构，也包括虽未冠以上述名称，但实际是从事或变相从事金融业务的机构。非法成立的金融机构筹备组织也视为非法金融机构。

（三）整顿乱办金融业务。凡未经中国人民银行批准，从事或者变相从事非法吸收公众存款、发放贷款、办理结算、票据贴现、资金拆借、信托投资、金融租赁、融资担保、外汇买卖等金融业务活动的行为，均属乱办金融业务。

未经国家证券、保险监管部门批准，擅自设立从事或主要从事证券买卖、投资基金管理、商业保险等金融业务活动的机构和超越原机构业务范围从事或变相从事证券买卖、投资基金管理、商业保险等金融业务活动的行为，属金融"三乱"的范围，其具体整顿方案另行制定。

财政中介机构（国债服务部等）和农村合作基金会清理整顿办法另行制定。

二、整顿金融"三乱"工作的原则。

各省、自治区、直辖市人民政府和国务院有关部门，要按照党中央、国务院的统一部署和本方案提出的政策、措施、方法、步骤，负责清理整顿本地区、本系统金融"三乱"活动，并做好善后工作。清理整顿金融"三乱"工作，要按照国务院发布的《非法金融机构和非法金融业务活动取缔办法》依法进行。对本地区、本部门存在的金融"三乱"问题，要按照"谁主管，谁整顿；谁批准，谁负责；谁用钱，谁还债；谁担保，谁负相应责任"的原则进行处理。要加强领导，精心组织，分步实施，审慎处理，既要彻底解决问题，又要确保社会稳定。特别要处理好个人到期债务的清偿问题，维护正常的金融秩序，及时化解金融风险。对从事金融"三乱"活动直接负责的主管人员和其他直接责任人员，要严肃处理，一律撤销所担任的各项职务；构成犯罪的，要移交司法机关依法追究刑事责任。

三、整顿金融"三乱"工作的政策措施。

（一）整顿乱集资工作的政策措施。

1. 严厉打击任何以非法占有为目的，使用诈骗方法从事的非法集资活动。对此类活动的组织者，构成犯罪的，移交司法机关追究刑事责任；尚不构成犯罪的，依照《非法金融机构和非法金融业务活动取缔办法》第二十二条的规定，给予行政处罚。

2. 禁止任何地区、部门和单位从事以还本付息或者以支付股息、红利等形式向出资人（单位和个人）进行的有偿集资活动。对已经发生的，要逐一进行清理，落实债权债务。本方案发布后继续组织非法集资活动的，一律从严惩处。因参与乱集资受到的损失，由参与者自行负责。

3. 严格企业债券的发行管理。企业发行债券，必须经过国务院主管部门批准，并由具备企业债券承销资格的证券经营机构承销。未经批准，不得擅自突破发行计划，不得擅自设立或批准发行计划外券种。对违反规定的，要依照《企业债券管理条例》的规定，追究法律责任。已经发行债券的企业，要按期归还债券本息；对不能按期归还的，不再批准发行新的企业债券。

4．地方各级人民政府不得发行或变相发行地方政府债券，也不得对外提供担保。对已经发行地方政府债券的，要立即予以纠正，认真清理有关债权债务，做好债务清偿工作。地方各级人民政府为企业境外融资出具的担保或变相担保，要立即予以撤销。对违反规定并造成损失的，要追究有关负责人的责任。

5．任何单位和个人以发起设立股份有限公司为名，从事或变相从事的集资活动，均为乱集资，一经发现，要严肃处理。

6．企业通过公开发行股票、企业债券等形式进行有偿集资，必须依照有关法律、行政法规的规定，经国务院主管部门批准。在国务院对企业内部集资明确作出规定前，禁止企业进行内部有偿集资，更不得以企业内部集资为名，搞职工福利。

（二）整顿乱批设金融机构工作的政策措施。

1．凡未经中国人民银行批准，擅自设立的从事或者主要从事吸收存款、发放贷款、办理结算、票据贴现、资金拆借、信托投资、金融租赁、融资担保、外汇买卖等金融业务活动的机构，一律予以取缔，并由中国人民银行发布取缔公告。对已经办理业务的，要先取缔，后清理债权债务，并作出相应的处理。尚在筹备之中的，责令其立即解散筹备组，停止一切筹备活动。对以非法定金融机构名称命名但实质上从事或变相从事金融业务的非法金融机构，也要一律取缔。对上述行为直接负责的主管人员和其他直接责任人员一律撤销职务；构成犯罪的，依法追究刑事责任。

2．禁止任何人开办私人钱庄，一经发现，立即予以取缔，并移交司法机关依法追究刑事责任。

3．未经中国人民银行批准，任何单位和个人均不得擅自批准或设立典当行。对未经中国人民银行批准设立的典当行，立即予以取缔，并追究有关责任人的责任。严禁拍卖行、寄卖行等机构变相从事典当业务，一经发现，要严肃查处。

（三）整顿乱办金融业务工作的政策措施。

1．各地人民政府、各有关部门要对本地区、本部门各类基金会、互助会、储金会、资金服务部、股金服务部、结算中心、投资公司等机构的业务活动限期进行清理和整顿。对上述机构超越国家政策范围，从事或变相从事非法吸收公众存款、发放贷款、办理结算、票据贴现、资金拆借、信托投资、金融租赁、融资担保、外汇买卖等金融业务活动的，要按本方案规定的政策和期限（即一九九年六月底前）坚决制止和查处，并将有关情况汇总后逐级上报中国人民银行。超过本方案规定期限继续从事非法金融业务活动的，要依照《非法金融机构和非法金融业务活动取缔办法》的规定予以取缔；情节严重、构成犯罪的，要依法追究刑事责任。

2．供销合作社作为合作制经济组织，不得办理存款，也不得以吸收股金为名变相办理存款。对通过股金服务部等形式，办理或变相办理存贷款业务的，要进行清理整顿。从本方案下发之日起，供销合作社对新吸收的社员股金，不再实行"保息分红"；对过去以保息分红方式吸收的老股金，要用三年时间平稳过渡，按照合作制原则进行规范管理。具体办法由全国供销合作总社制定。

3．民政部门倡导的农村救灾扶贫互助储金会，是不以盈利为目的的群众互助组织，所筹资金只能解决会员的应急需要。救灾扶贫互助储金会一律不得办理或变相办理存贷款业务，已经办理的，要在一九九九年底前完成清收贷款、投资和支付存款等工作。救灾扶贫互助储金会只能在村民委员会或村民小组范围内由村民自愿发起设立，乡及乡以上已经设立的，由民政部门负责在一九九八年底前撤销。地方各级人民政府要加强对救灾扶贫互助储金会的指导和管理。

4．有关部门和企事业单位不得以行政隶属关系强行要求所属企业通过本系统财务结算中心办理存款、贷款、结算等金融业务，已经办理的，要在一九九八年内全部清收债权，清偿债务。在清理过程中，银行不得贷款给财务结算中心。各商业银行不得与其他部门和企事业单位联办财务结算中心，已经联办的，一律于一九九八年底前在人、财、物方面彻底分离。

5．投资公司是利用自有资本进行项目投资的专门经营机构，不得对外吸收存款，或以投资名义对外发放贷款或拆借资金。对已经办理的，由主管部门负责在一九九八年底前将债权债务清理完毕。在清理过程中，各商业银行不得为其安排贷款。

6．基金会是对国内外社会团体和其他组织以及个人自愿捐赠资金进行管理的民间非营利性社会团体组织，其资金主要用于无偿资助符合其宗旨的活动。设立基金会必须经中国人民银行批准，并由民政部门注册登记。任何单位和个人不得擅自批准和设立基金会，已经设立的，要一律撤销，并追究有关负责人的责任。基金会不得办理存款、贷款、拆借等金融业务，已经办理的，要立即停办，并在一九九八年底前完成清收债权、清偿债务工作。

7. 已从事或变相从事金融业务的非金融机构，凡是地方人民政府或有关部门批准办理金融业务的，其债务由该地方人民政府或有关部门负责清偿；凡单位或个人擅自办理金融业务的，由该单位或个人负责清偿。因不能支付到期债务，可能发生挤提而影响社会安定的单位，由该单位的主管机关会同人民银行、工商行政管理等有关部门研究提出停业整顿方案，报经县以上地方人民政府批准后组织实施。在宣布停业整顿的同时，要发安民告示，宣布清偿债务优先保护城乡居民债权人的合法利益。停业整顿期间，停止吸收存款，暂停支付债务，集中力量清理债权债务，制定债务清偿方案。

8. 民政部、全国供销合作总社等中央有关部门，要对本部门的规章、制度和办法中涉及金融业务的内容进行清理；凡是与本方案不符的，一律废止。工商行政管理机关要依据国家法律、法规，严格核定上述部门所属企业的经营范围，对没有取得中国人民银行《经营金融业务许可证》擅自从事金融业务的企业，要责令其限期办理变更登记或注销登记；逾期不办的，坚决予以取缔。

四、整顿金融"三乱"工作的实施步骤。

整顿工作从一九九八年下半年开始，大体分三个阶段进行。

（一）第一阶段，自查自纠。各地人民政府和国务院各部门要组织对本地区、本系统制定的涉及金融业务的法规、规章进行清理，并对金融"三乱"活动进行清理整顿，组织自查自纠。此项工作要在一九九八年底前完成。

（二）第二阶段，清偿债务。凡涉及金融"三乱"的机构，要尽快制定债务偿还和资产处理的方案，报地方人民政府或上级主管部门批准后实施。此项工作争取在一九九九年三月底前完成。

（三）第三阶段，总结验收。各省（自治区、直辖市）人民政府和国务院有关部门要在一九九九年六月底前向国务院报告清理整顿工作情况。整顿工作结束后，中国人民银行要组织力量，赴各地进行检查验收，并将验收情况报告国务院。

全部整顿工作于二〇〇〇年底以前完成。

各地区、各有关部门可以根据本地区、本部门金融"三乱"的实际状况和债务清偿的难易程度，确定第一、二阶段的时间安排。

五、清理整顿的工作要求。

整顿"三乱"工作，是一项难度较大、敏感度高、涉及面广的工作，一定要积极稳妥，认真规划，谨慎操作。

（一）集中领导，统一部署。清理整顿工作要在县以上地方各级人民政府统一领导下进行。各地人民政府和国务院有关部门要结合本地区、本部门的实际情况，统一部署，组织实施。按照分类指导、区别对待、先易后难、逐步推进的原则，积极稳妥地做好工作。

（二）对清理整顿中出现的问题，要及时审慎地加以解决，保证清理整顿工作平稳进行，避免引起大的波动。对可能影响社会安定的重大问题，地方各级人民政府要组织有关部门抓紧研究处理，采取有效措施化解矛盾，并及时报告上级人民政府。

（三）中国人民银行与国务院有关部门要密切配合，加强对整顿工作的领导、组织和协调。

国务院关于加强外汇外债管理
开展外汇外债检查的通知

（一九九八年九月十四日）

各省、自治区、直辖市人民政府，国务院各部委、各直属机构：

随着经济改革不断深入和对外开放日益扩大，近年来我国进出口贸易和利用外资持续快速发展，国际收支状况良好，人民币汇率稳定，外债规模得到较好控制，国家外汇储备有了较大幅度的增长，有力地促进了国民经济持续、快速、健康发展。但是，最近一个时期以来，以多种手段非法逃套国家外汇的案件增多，一些地方和单位未经批准擅自到境外发债和对外提供担保，或以保证外方固定回报等形式变相对外举债。为了保持我国国际收支平衡和人民币汇率的稳定，有效防范涉外金融风险，确保经济增长目标的实现，国务院决定，进一步加强外汇外债管理，并开展全国外汇外债检查。现就有关问题通知如下：

一、严厉打击逃套汇行为和外汇黑市，加强反骗汇工作。

（一）加强对金融机构外汇业务的监管，防止骗汇行为发生。人民银行、外汇局要加强对外汇指定银行和其他金融机构经营外汇业务的监管。外汇指定银行要严格执行国家有关结汇、售汇、付汇和开户等管理规定，认真审查购汇单据的真实性，对大额、高频等异常购汇、付汇和二次核对发现假单证的，要及时向外汇局报告，并由外汇局根据有关规定进行处理；严禁无单证或单证不符、单证不齐售汇以及超过规定比例和金额售汇；总行不得对分支机构结售汇业务下达数量考核指标。对严重违反规定的外汇指定银行，由人民银行停止其结汇、售汇业务；并对其主要负责人和直接责任人给予纪律处分直至撤职，情节严重，构成犯罪的，移送司法机关依法追究刑事责任。

（二）规范外贸代理业务，严格加工贸易管理，加强出口收汇工作。外经贸部门要加强对外贸公司代理业务的规范管理。代理进口业务，必须由代理单位签订进口合同，办理制单、购汇、付汇及报关手续，并对所办单证的真实性负责。

严禁外贸公司"四自三不见"（即自带客户、自带货源、自带汇票、自行报关；不见进口产品、不见供货货主、不见外商）的代理进口和外商投资企业违规的代理进口。对无证购汇或者以假单证向外汇指定银行骗购外汇等非法套汇行为，由外汇局依照国家有关规定予以处罚；有进出口经营权的企事业单位从事、参与违规购汇，累计金额超过一百万美元的，由外经贸主管部门撤销其对外贸易经营许可，并追究直接责任人和有关负责人的责任；情节严重，构成犯罪的，移送司法机关依法追究刑事责任。外经贸部门要将出口与收汇结合起来考核企业的经营业绩，敦促和监督企业按时足额收汇，纠正重出口、轻收汇的倾向，防止外汇流失和将外汇滞留境外。

（三）加快计算机联网，加强对报关单和进出口核销工作的管理。海关总署和国家外汇管理局要密切配合，在今年内，建立海关与外汇局之间的双向快速反应数据通信网络，做到及时传送收、付汇核销单签发和核销数据，以及进出口报关单收、付汇核销证明数据，并以此作为双方审核进出口企业申报单证真实性的依据。海关要加强对报关行和报关人员的管理，加强对进出口货物的查验和估价工作，打击进出口货物中的伪报、瞒骗等违法活动。在海关与外汇局建立数据通讯网络之前，要加强对报关单的二次核对工作，对已验明的假报关单，要立即反馈给送验单位，并抄报海关总署和国家外汇管理局。

（四）清理"三无"企业，严防逃套外汇行为。工商行政管理部门要加强对公司登记注册的审核管理，对"三无"企业（即无资金、无场地、无机构的企业），无正当理由超过六个月未开业或开业后自行停业六个月以上的企业，要依法吊销其营业执照。杜绝不法分子利用临时成立的"空壳"公司从事逃套外汇等非法活动。

（五）严肃查处制假行为，打击犯罪活动。公安部门对海关、外汇局和外汇指定银行在查处骗汇案件中发现的制造假单证等犯罪线索，要及时依法予以立案侦查。

（六）坚决取缔外汇黑市，从严惩治违法犯罪活动。由外汇局牵头，公安、工商行政管理、海关、银行等部门紧密配合，对专门从事外汇黑市交易的不法分子从严查处。近期要在少数外汇黑市活动比较猖獗的沿海城市，组织一次专项斗争，严惩从事非法外汇交易活动的贩汇团伙。

二、从严控制外债规模，加强资本项目外汇管理。

（一）严格控制外债规模，加强外债统一管理。国家对全国外债总量和结构实行统一监管，保持外债的合理规模和结构。国家发展计划委员会要根据经济发展需要和国际收支状况，按照外债借、用、还和责、权、利相统一的原则，合理确定借用国外贷款的规模，并将主要外债指标控制在安全线以内。中国人民银行和国家外汇管理局要严格控制短期外债的规模，使短期外债在外债总量中保持合理比重。对国有商业银行实行中长期外债余额管理，合理安排外债投向，提高外债使用效益，改善商业银行的资产负债结构，具体管理办法由国家发展计划委员会会同中国人民银行等部门另行制定。外汇局要加强和完善外债统计监测，提供及时、全面、准确的外债信息。有关政府部门应充分认识外债统计工作的重要性，及时、准确地报送本部门管理的外债数据，以提高我国外债分析、预测的时效性和准确性，为领导决策提供科学依据。任何单位以任何形式对外借款都必须到外汇局进行外债登记，对隐匿不报的，由外汇局依照国家有关规定给予处罚。

（二）强化对外借款的管理，严禁非法对外融资。国家对各种形式的对外借款实行全口径管理，除国务院授权的政府部门有权筹借国际金融组织和外国政府优惠贷款外，其他政府部门对外借款必须经国务院批准；国内中资金融机构对外借款，必须有中国人民银行批准的对外借款业务许可；符合条件的国内大型企业集团，按照规定经国家主管部门批准后方可直接对外借款。以上单位对外借款，必须纳入国家借用国外贷款规模，其中短期外债必须严格按照国家外汇管理局核定的余额对外筹措。外商投资企业可依法自主对外借款，但所筹借的中长期外债数额，不得超过合同或章程规定的投资总额与注册资本之间的差额。对于超出部分的借款，属于投资所需要的，外商投资企业各方须修改合同或章程，报经原审批部门批准后，向外汇局办理外债登记手续。其他任何单位无权直接对外借款。

严格规范境外融资担保。政府机关和事业单位不得对外提供担保或变相担保，其他机构对外担保必须经外汇局批准或登记备案。任何地方、部门和单位违反规定擅自对外举债或对外担保，其借款或担保协议（合同）一律无效，银行不得为其开立外汇账户，外债本息不得擅自汇出，由此造成的损失由债权人自行负责。对非法对外融资和违规对外担保的有关责任人和领导者给予行政或者纪律处分，直至撤职或开除公职；情节严重，构成渎职罪的，移送司法机关依法追究刑事责任。

加强对远期信用证开证的审查力度。对超过三个月（含三个月）的远期信用证纳入外债统计监测范围；对超过一年（含一年）的远期信用证实行逐笔报批制度，未经批准，任何机构不得对外开具。禁止对外开具无贸易背景的远期信用证。金融机构要尽快建立健全统一授信等管理制度，防范和化解金融风险。

（三）认真清理对外借款机构，切实保证偿还外债。人民银行要严格审查和清理现有对外借款机构，对不合格的金融机构要取消其对外借款资格，对新的对外借款机构要从严审查。国家发展计划委员会和中国人民银行对境外发债窗口，要根据其资产负债比例、债务质量、经营业绩等进行重新审核，从严控制发债窗口的数量。人民银行要严格管理信托投资公司对外借款和债务，禁止举借外债偿还国内债务。各信托投资公司要在地方政府的直接领导下，认真清理现有外债，制定具体方案，切实保证偿还外债。对外借款单位要严格贯彻谁借谁还的原则，承担偿债责任，不得以任何理由拖欠或拒付到期债务；要认真清理本单位的外债，制定有效的还款措施，落实还款资金，确保偿还对外债务。各地区、各部门要高度重视外债管理，明确对外借款偿还责任，建立相应的偿债准备基金，积极防范外债风险。

（四）要加强对提前偿还外债的管理。当前要严格控制提前偿还外债，坚决禁止用人民币购汇提前偿还外债。同时，加强本外币政策的协调，商业银行要注意资金投向，不得为提前偿还外债发放人民币贷款。

（五）严格规范吸收外资行为，坚决纠正和防止变相对外举债，包括违反风险共担原则保证外商投资企业外方固定回报的做法。吸收外商投资，要贯彻中外投资者共担风险、共享收益、共负亏损的原则。中方不顾投资项目的经营效益和市场承受能力，承诺其产品的价格或收费水平，或以项目以外的收入等保证外方固定投资收益，其实质都是变相举债，要坚决防止和纠正。国家发展计划委员会要会同国家外汇管理局、对外贸易经济合作部等有关部门，对变相举债情况进行一次清理，并分别不同情况提出处理意见，于一九九八年年底之前报国务院审批。对此项清理工作，地方政府要积极配合。

今后，任何单位不得违反国家规定保证外方投资固定回报。在审批外商投资项目及合同时，有关部门要严格把关。对保证外方投资固定回报的错误做法，一经发现要坚决予以纠正，物价管理部门不得批准其产品价格和收费标准，外汇局不得批准有关购汇申请。对有关责任人要严肃查处，并追究领导人的责任。

（六）严格执行资本项目结汇备案登记和审批制度，及时把握资本项目结汇走势。凡需要结汇的利用外资项目，必须按规定报外汇局备案，未备案登记的项目，外汇局不予批准结汇。项目审批机关在审批项目可行性研究报告时，要将项目需结汇的金额抄送外汇局。

（七）加强对上市公司的外汇管理。中国证券监督管理委员会要将批准境外上市外资股的有关文件抄送国家外汇管理局，由国家外汇管理局对上市公司所筹外汇资金进行监控，并限期调回境内。中国证券监督管理委员会在审批境内机构发行外资股时，要优先选择有直接用汇需求的企业。

（八）加强对境外债权投资管理，控制外汇流出。外汇局要对境内机构境外债权进行一次清查，有境外债权的机构要在一九九八年年底之前向外汇局如实报送有关数据和情况，对隐匿不报或虚报瞒报的，一经发现，要追究有关责任人和领导者的责任。各主管部门应加强对境外债权的管理，按规定及时将应调回的资金调回境内，外贸公司要及时催收出口货款。

三、开展外汇外债检查，纠正各类违规违法行为。

（一）开展自查，及时纠正。各地区、各部门首先要在本地区、本系统内开展外汇外债的全面自查工作，地方政府自查的重点是本地区的变相举债情况，要及时纠正发现的问题，并于十月三十日前将自查及纠正情况报告国务院。

中国人民银行、国家外汇管理局、对外贸易经济合作部、海关总署、国家工商行政管理局、公安部等部门要重点检查去年六部委联合发布的《关于加强反骗汇工作的通知》执行情况，尤其是基层和沿海地区的落实情况，核实已发现的问题，评估改进措施的效果。

（二）联合检查，严肃处理。在各地区、各部门自查的基础上，由国家发展计划委员会和中国人民银行分别牵头，会同有关部门组成联合检查组，在今年十月上旬开始对重点地区和重点问题进行检查，并将检查情况报告国务院。

1. 中国人民银行会同国家外汇管理局、对外贸易经济合作部、海关总署、公安部、国家工商行政管理局组成联合检查组，重点打击逃套汇和外汇黑市。主要检查结售汇出现逆差和结售汇顺差大幅下降的地区。检查的内容主要有：（1）企业通过银行的异常购付汇情况；（2）外贸公司在代理进口中严禁"四自三不见"的执行情况，以及外经贸部门对外贸公司代理业务的规范管理情况；（3）海关对送验报关单的鉴定情况；（4）工商行政管理部门清理"三无"企业情况；

（5）公安部门对海关、外汇局、外汇指定银行移交的制假骗汇案件的调查处理情况；（6）外汇局打击外汇黑市的情况和对骗汇案件的处罚情况。

2．国家发展计划委员会会同中国人民银行、对外贸易经济合作部组成联合检查组，重点检查和清理的内容是：（1）企业和地方政府违规进行对外借款和对外担保情况；（2）吸收外商投资中保证外方投资固定回报情况；（3）信托投资公司的对外债务。

各地区、各部门要认真贯彻落实党中央、国务院关于加强外汇管理、从严控制外债规模、规范吸收外商投资的各项政策措施，依法打击逃套汇和外汇黑市以及非法对外融资和变相举债等活动，积极防范涉外金融风险，维护国际收支平衡和人民币汇率稳定，促进国民经济持续、快速、健康发展。

国务院
一九九八年九月十四日

国务院办公厅关于印发 《中国证券监督管理委员会 职能配置、内设机构和人员 编制规定》的通知

（一九九八年九月二十八日）

各省、自治区、直辖市人民政府，国务院各部委、各直属机构：

《中国证券监督管理委员会职能配置、内设机构和人员编制规定》经国务院批准，现予印发。

国务院办公厅

一九九八年九月二十八日

中国证券监督管理委员会
职能配置、内设机构和人员编制规定

根据《中共中央、国务院关于深化金融改革，整顿金融秩序，防范金融风险的通知》和《国务院关于机构设置的通知》，设置中国证券监督管理委员会。中国证券监督管理委员会为国务院直属事业单位，是全国证券期货市场的主管部门。

一、职能调整。

（一）强化的职能。

1. 建立统一的证券期货监管体系，按规定对证券期货监管机构实行垂直管理。

2. 加强对证券期货业的监管，强化对证券期货交易所、上市公司、证券期货经营机构、证券投资基金管理公司、证券期货投资咨询机构和从事证券期货中介业务的其他机构的监管，提高信息披露质量。

3. 加强对证券期货市场金融风险的防范和化解工作。

（二）划入的职能。

1. 原国务院证券委员会的职能。

2. 中国人民银行履行的证券业监管职能。

二、主要职责。

根据以上职能调整，中国证券监督管理委员会的主要职责是：

（一）研究和拟定证券期货市场的方针政策、发展规划；起草证券期货市场的有关法律、法规；制定证券期货市场的有关规章。

（二）统一管理证券期货市场，按规定对证券期货监管机构实行垂直领导。

（三）监管股票、可转换债券、证券投资基金的发行、交易、托管和清算；批准企业债券的上市；监管上市国债和企业债券的交易活动。

（四）监管境内期货合约的上市、交易和清算；按规定监督境内机构从事境外期货业务。

（五）监管上市公司及其有信息披露义务股东的证券市场行为。

（六）管理证券期货交易所；按规定管理证券期货交易所的高级管理人员；归口管理证券业协会。

（七）监管证券期货经营机构、证券投资基金管理公司、证券登记清算公司、期货清算机构、证券期货投资咨询机构；与中国人民银行共同审批基金托管机构的资格并监管其基金托管业务；制定上述机构高级管理人员任职资格的管理办法并组织实施；负责证券期货从业人员的资格管理。

（八）监管境内企业直接或间接到境外发行股票、上市；监管境内机构到境外设立证券机构；监管境外机构到境内设立证券机构、从事证券业务。

（九）监管证券期货信息传播活动，负责证券期货市场的统计与信息资源管理。

（十）会同有关部门审批律师事务所、会计师事务所、资产评估机构及其成员从事证券期货中介业务的资格并监管其相关的业务活动。

（十一）依法对证券期货违法违规行为进行调查、处罚。

（十二）归口管理证券期货行业的对外交往和国际合作事务。

（十三）国务院交办的其他事项。

三、内设机构。

根据上述职责，中国证券监督管理委员会设十三个职能部门：

（一）办公厅。

草拟机关内部办公的规章制度；协助会领导组织机关的日常办公；组织会内有关重要文件的草拟、修改；负责机关的新闻宣传工作，编辑中国证券监督管理委员会公告、信息刊物及其他资料；管理机关的财务、资产、档案；组织办理全国人大、全国政协会议的议案、提案。

办公厅内设咨询顾问委员会办公室，为中国证券监督管理委员会聘请的国际国内顾问提供服务，承担咨询顾问委员会交办的工作。

（二）发行监管部。

草拟境内企业在境内外发行证券的规则、实施细则；审核境内企业直接或间接在境内外发行股票、可转换债券的申报材料并监管其发行活动；审核企业债券的上市申报材料；按规定监管境外上市中资企业的有关活动。

（三）市场监管部。

草拟监管证券（不上市流通的国债及企业债券除外，下同）的交易、清算、登记、托管的规则、实施细则；审核证券交易、清算、登记、托管机构的设立并监管其业务活动；审核证券交易所的章程、业务规则、上市品种；分析境内外证券交易行情；监管境内证券期货市场信息的传播活动。

（四）机构监管部。

草拟监管证券经营机构、投资咨询机构的规则、实施细则；审核各类证券经营机构、投资咨询机构的设立及从事证券业务的资格并监管其业务活动；审核证券经营机构、投资咨询机构高级管理人员的任职资格并监管其业务活动；审核境内机构在境外设立从事证券业务的机构；审核境外机构在境内设立从事证券业务的机构并监管其业务活动。

（五）上市公司监管部。

草拟监管上市公司的规则、实施细则；审核并监督检查境内上市公司实施配股、合并分立、主营业务发生变更等事项；监管境内上市公司的收购兼并、主要股东发生变更等事项；监管境内上市公司的信息披露；监督境内上市公司及其董事、监事、高级管理人员、主要股东履行证券法规规定的义务。

（六）基金监管部。

草拟监管证券投资基金的规则、实施细则；审核证券投资基金、证券投资基金管理公司的设立，监管证券投资基金管理公司的业务活动；按规定与有关部门共同审核证券投资基金托管机构的基金托管业务资格，监管其基金托管业务；按规定监管中外合资的证券投资基金、证券投资基金管理公司。

（七）期货监管部。

草拟监管期货市场的规则、实施细则；审核期货交易所的设立、章程、业务规则、上市期货合约并监管其业务活动；审核期货经营机构、期货清算机构、期货投资咨询机构的设立及从事期货业务的资格并监管其业务活动；审核期货经营机构、期货清算机构、期货投资咨询机构高级管理人员的任职资格并监管其业务活动；分析境内期货交易行情，研究境内外期货市场；审核境内机构从事境外期货业务的资格并监督其境外期货业务活动。

（八）稽查局（首席稽查办公室）。

草拟稽查证券期货违法违规案件的规则、实施细则；组织调查证券期货违法违规案件并提出处理意见，执行中国证券监督管理委员会对违法违规案件的处理决定；处理有关证券期货业务的来信来访。

（九）法律部（首席律师办公室）。

草拟证券期货市场的法律、法规、规章及其实施细则，审核会内各部门草拟的规章；对监管中遇到的法律问题提供咨询，在授权范围内对有关法律、法规、规章进行解释；监督、协调有关法律、法规、规章的执行；负责有关法律、法规、规章的宣传教育；组织办理涉及中国证券监督管理委员会的行政复议案件、行政诉讼案件、国家赔偿案件和其他诉讼案件；审核律师及其事务所从事证券期货中介业务的资格并监管其业务活动。

（十）会计部（首席会计师办公室）。

按国家统一规定的会计、财务制度，拟定证券期货业及上市公司的会计财务实施管理办法，报财政部审定后执行；审核会内各部门草拟的有关证券期货会计财务的规章；对监管中遇到的会计、财务、资产评估问题提供咨询；审核会计师、资产评估师及其事务所从事证券期货中介业务的资格并监管其相关业务活动；按规定监管证券期货机构执行国家的会计、财务规定并实施财务和离任审计；统一协调证券期货市场的收费、税收政策；草拟有关监管经费的收费标准、规章制度并经国务院收费主管部门审定后执行；审核机关、派出机构、交易所的财务预算决算及收支活动。

（十一）政策研究室。

草拟我国证券期货市场的发展规划；研究证券期货市场的监管方针、政策；研究分析境内外证券期货市场及金融市场；草拟、修改会内有关重要文件。

（十二）国际合作部。

草拟证券期货系统对外交流合作的规章制度；组织境内与境外有关机构的交流合作活动，管理境外援助项目；联系有关国际组织，负责中国证券监督管理委员会与境外监管机构建立监管合作关系的有关事宜；按规定安排机关人员出访和接待境外人员来访；协助会内有关部门履行其境外证券期货监管职责；协助会内人事教育部门对机关、派出机构的监管工作人员进行出国（境）的培训教育；按规定归口管理证券期货系统的涉外事务。

（十三）人事教育部。

草拟机关、派出机构人事教育、机构编制管理的规章制度；承办机关的人事管理工作；负责机关、派出机构的机构编制管理；按规定对派出机构、交易所及有关机构的高级管理人员进行管理；组织机关、派出机构工作人员的境内外培训教育；指导证券期货交易所及有关机构的人事教育、机构编制管理工作。

机关党委。负责机关及在京直属单位的党群工作。

四、人员编制。

中国证券监督管理委员会机关事业编制为二百四十八名。其中：主席一名，副主席四名；局级领导职数五十二名（含正副秘书长三名，首席律师、首席会计师、首席稽查各一名和机关党委专职副书记）。

中国证券监督管理委员会派出机构及编制另行核定。

离退休干部工作机构、后勤服务机构及编制，按有关规定另行核定。

国务院办公厅转发
证监会《清理整顿证券交易
中心的方案》的通知

（一九九八年九月三十日）

各省、自治区、直辖市人民政府，国务院各部委、各直属机构：

证监会《清理整顿证券交易中心的方案》已经国务院批准，现转发给你们，请认真遵照执行。

清理整顿证券交易中心工作敏感度高，涉及面广，事关证券市场的健康发展和社会安定的大局。各地区、各部门要予以高度重视，按照党中央、国务院的统一部署和方案要求，统一思想，精心组织，认真落实，保持稳定，积极配合证监会做好清理整顿工作。

国务院办公厅

一九九八年九月三十日

证监会清理整顿证券交易中心的方案

（一九九八年九月十日）

根据全国金融工作会议精神和党中央、国务院的统一部署，为了进一步整顿和规范证券市场，防范和化解金融风险，现就清理整顿证券交易中心提出以下方案。

一、清理整顿的对象和范围。

这次清理整顿工作的对象和范围包括：所有未经人民银行或证监会批准，擅自设立的从事上海证券交易所、深圳证券交易所（以下简称：证券交易所）联网交易业务以及非上市公司股票、股权证和基金挂牌交易的证券交易中心，及其所属的证券登记公司（具体名单见附件）。

天津证券交易中心、武汉证券交易中心和"联办STAQ系统"（全国证券自动报价系统）的清理整顿工作，待其国债回购债务清理完毕后，由当地人民政府或有关部门负责，比照本《方案》进行。

二、清理整顿工作的指导思想。

清理整顿证券交易中心要按照彻底整顿、妥善处理的原则，有计划、有组织地进行。通过清理整顿，撤销证券交易中心，强化证券交易所的一线监管，建立全国统一的证券市场交易、结算系统，促进证券市场的健康发展。

三、清理整顿工作的步骤和内容。

清理整顿工作要按照先清查资产，后分流业务，再撤销机构的步骤进行。

（一）清查资产。

1.有关地方人民政府要组织清查本地区证券交易中心资产负债状况，并委托具有证券业从业资格的会计师事务所进行审计并出具审计报告。

2.各证券交易中心占用会员的席位费应退还，也可以根据自愿的原则，作为原会员对重组后新机构的入股或长期投资。

（二）分流业务。

1.登记开户业务。证券交易中心重组后，经证券交易所审查，其原有的登记开户业务可以移交给重组或接收单位；清盘关闭的证券交易中心，其登记开户业务一律交由证券交易所负责处理。

2．联网交易。在证券交易中心撤销之前，有关联网交易系统的技术维护和会员席位的管理工作，由该中心继续负责；撤销之后，要及时妥善移交证券交易所。证券交易所要按照有关规定对联网席位进行统一管理，也可以委托其重组或接收单位负责联网系统的技术维护。

3．清理非法交易品种、基金业务和非法会员。这些工作按照《国务院办公厅转发证监会关于清理整顿场外非法股票交易方案的通知》、《国务院办公厅转发证监会清理整顿证券经营机构方案的通知》和清理整顿投资基金的有关规定进行。

（三）撤销证券交易中心。

在做好清产核资、业务分流工作的基础上，撤销证券交易中心。经证监会批准，证券交易中心可选择以下几种方案进行重组：

1．由具备条件的证券公司收购证券交易中心，作为其证券交易营业部；

2．具备条件的证券交易中心，可以改组为证券经纪公司；

3．若干证券交易中心可在联合收购一家证券公司的基础上，重组为一家新的证券经营机构。

本方案下发六个月之内，凡未确定改制或重组方案的证券交易中心，由当地人民政府负责组织清盘关闭，证券交易所负责处理其联网交易业务和登记开户业务。

清理整顿工作原则上要在一九九九年六月底以前完成。

四、清理整顿的工作要求。

（一）各地区、各部门要坚决执行党中央、国务院的决定，在证监会的统一组织、指导下，按期完成清理整顿任务。各地方人民政府要切实负起责任，采取有效措施，妥善处理机构撤并和债务的清偿问题，维护社会稳定。各地方人民政府要结合本地区的实际情况，制定具体实施办法，并于方案下发后一个月内报证监会备案。

（二）维护正常交易秩序。清理整顿期间，证券交易中心的人事关系一律冻结，工作人员要恪尽职守，坚守岗位，确保清算、登记、开户及股票托管等业务的正常运行，务求平稳过渡。证券交易中心要严格财务管理，严禁非法转移资产。各有关地方人民政府要妥善安置证券交易中心工作人员，充分利用证券交易中心现有的设备、技术和人才等资源。

（三）证券交易所要设立专门的工作小组，积极配合做好各地证券交易中心的清理工作，保持证券交易、结算等业务的正常开展。证券交易中心要按照证券交易所的要求，提交有关结算、股份托管、开户和交易记录等历史资料和原始凭证，做好联网席位交接工作。

（四）证监会要切实履行监管职责，加强对清理整顿工作的领导、组织和协调。各地人民政府要组织有关部门摸清情况，制定方案，按照分类指导，先易后难，逐步推进的原则，积极稳妥地组织实施，成熟一个，解决一个。要密切注视清理整顿过程中出现的问题，并及时审慎地加以解决，确保清理整顿工作的顺利进行。对在清理整顿过程中发现和暴露的违法违纪行为，要彻底清查，依法从严惩处，并追究有关负责人的责任。清理整顿工作结束后，证监会要组织力量进行检查验收，并将清理整顿结果报告国务院。

附：清理整顿证券交易中心名单[1]

注　释

[1] 此名单在收入本书时从略。

国务院关于成立中国保险监督
管理委员会的通知

(一九九八年十一月十四日)

各省、自治区、直辖市人民政府，国务院各部委、各直属机构：

为深化金融保险体制改革，切实加强保险业监管，防范和化解保险业风险，经党中央、国务院批准，决定成立中国保险监督管理委员会。

一、基本原则。

根据《中华人民共和国保险法》和党中央、国务院有关文件规定，实行银行与保险分业经营、分业监管，加大对保险业统一监管的力度，围绕保险业风险防范与控制，在结合中国国情、借鉴国外经验的基础上，建立与社会主义市场经济相适应的全国统一的保险监管体系。

组建中国保险监督管理委员会应坚持职能统一、机构精简、人员精干、运转高效的原则，即保险监管机构职能要高度统一，尽可能少设置内部机构，从严择优配备工作人员，确保机构高效运转。

二、性质和任务。

中国保险监督管理委员会，是全国商业保险的主管部门，为国务院直属事业单位，根据国务院授权履行行政管理职能，依照法律、法规统一监督管理保险市场。

主要任务是：拟定有关商业保险的政策法规和行业发展规划；依法对保险企业的经营活动进行监督管理和业务指导，维护保险市场秩序，依法查处保险企业违法违规行为，保护被保险人利益；培育和发展保险市场，推进保险业改革，完善保险市场体系，促进保险企业公平竞争；建立保险业风险的评价与预警系统，防范和化解保险业风险，促进保险企业稳健经营与业务的健康发展。

三、内设机构与人员编制。

中国保险监督管理委员会的主要职能、内设机构、人员编制应本着精简、统

一、效能的原则，由中央编制委员会办公室会同中国保险监督管理委员会（筹备组）提出意见，报国务院审批。

中国保险监督管理委员会成立后，根据保险业发展状况可设立少量的保险监督管理派出机构，由中国保险监督管理委员会垂直领导。

国务院
一九九八年十一月十四日

促进国际金融稳定发展，推动建立国际金融新秩序*

（一九九八年十一月十八日）

江　泽　民

在去年温哥华会议上，亚洲一些国家发生的金融危机引起亚太经合组织成员的广泛关注。时隔一年，危机的影响仍在加深，不仅给亚洲一些国家和地区造成严重的经济困难，而且波及整个世界经济。

这场金融危机是在经济全球化趋势加速发展的国际背景下发生的，给世人提供了重要的启示。

经济全球化趋势是当今世界经济和科技发展的产物，给世界各国带来发展的机遇，同时也带来严峻的挑战和风险，向各国特别是发展中国家提出了如何维护自己经济安全的新课题。

经济全球化趋势要求各国积极参与国际经济合作，但各国在扩大开放时应根据本国的具体条件，循序渐进，注重提高防范和抵御风险的能力。

经济全球化趋势使各国经济的相互依存、相互影响日益加深。一旦某些国家和地区发生经济危机，不仅发展中国家会深受其害，发达国家也难以置身其外。全球化的经济需要全球性的合作。国际社会的所有成员应本着责任与风险共担的精神，共同维护世界经济的稳定发展。

经济全球化趋势是在不公正不合理的国际经济旧秩序没有根本改变的情况下发生和发展的，因而势必继续加大穷国与富国的发展差距。根本的出路在于努力推动建立公正合理的国际经济新秩序，以有利于各国共同发展。

当前，国际社会普遍关心如何尽快克服这场金融危机的影响，防止世界经济

---

* 这是江泽民同志在亚太经合组织第六次领导人非正式会议上讲话的一部分。

衰退。为了促进国际金融稳定发展和推动建立国际金融新秩序，我愿提出三点主张。

一、加强国际合作，制止危机蔓延，为受这场危机冲击的国家和地区恢复经济增长创造有利的外部环境。发达国家应采取负责任的态度，通过财政、货币政策，刺激经济增长，扩大内需，增加进口，不搞贸易保护主义。同时，增加对受危机冲击国家的资金援助，并为减轻他们债务负担作出适当安排，帮助他们稳定金融，恢复经济。这既有利于这些国家渡过难关，也符合发达国家的自身利益。

二、改革和完善国际金融体制，确保国际金融市场安全有序运行。对国际金融具有影响的大国有责任采取有效措施，加强对国际金融资本流动的监管，遏制国际游资的过度投机，提高对金融风险的预测、防范和救助能力。应遵循平等互利原则，在国际社会广泛参与的基础上，通过发达国家和发展中国家的对话与协商，探讨建立符合各方利益的国际金融新秩序。我赞同由亚太经合组织财长会议对国际金融体制改革的有关问题进行研究并提出建议。

三、尊重有关国家和地区为克服这场危机自主作出的选择。发生金融危机和受其影响的国家和地区，经济发展水平和历史传统不同，危机引发的原因和造成的影响也不同。他们克服危机和恢复经济，没有也不可能有固定的模式和统一的药方，应支持他们根据自己的实际采取相应的措施。国际社会和国际组织应尊重有关国家的自主权，在平等协商的基础上，帮助他们尽快走出困境。发展中国家特别是发生金融危机和受其影响的国家和地区，应根据各自的情况对经济结构和经济政策进行必要调整，妥善处理经济发展中存在的突出问题，充分利用内部外部的有利条件增加经济发展活力。

这场金融危机给中国经济的发展也造成了不利影响和很大压力。中国政府采取了高度负责的态度。中国在国际货币基金组织安排的框架内，并通过双边渠道，向有关国家提供了援助。中国从保持经济持续增长和维护国际经济发展的大局出发，作出人民币不贬值的决策。为此，中国是付出了很大代价的。我们还战胜了今年夏天发生的特大洪涝灾害。我们正在深化改革，采取积极的财政政策，增加基础设施建设投入，扩大国内需求，努力实现今年经济社会发展的目标。

大力整顿金融秩序，
切实防范和化解金融风险[*]

（一九九八年十二月七日）

江　泽　民

　　保持币值稳定，支持经济发展，防范和化解金融风险，是金融工作的主要任务。明年要继续贯彻落实中央关于金融工作的各项决定和部署，实行适当的货币政策，保持对经济增长必要的支持力度。同时稳步推进金融改革，加快建立与社会主义市场经济相适应的金融体制。要大力整顿金融秩序，切实防范和化解金融风险。中央银行要依法加强金融监管和货币调控，维护金融业的安全稳健运行。推进国有商业银行的改革，真正实现企业化经营，努力做好金融服务工作，逐步降低不良资产比重。继续整顿信托投资公司等各类非银行金融机构，严格规范证券、保险市场运作。在加强进出口贸易和国际资本流动管理的基础上，保持国际收支基本平衡，保持人民币汇率稳定。加快制定金融管理的法律法规，建立和完善防范、化解金融风险的有效机制。依法严肃查处各种违规违纪行为和金融犯罪活动，坚决打击骗汇、逃汇和套汇。金融系统多年积累的不良资产数量很大，金融风险是我国经济发展中的重大隐患。各地党政主要负责同志一定要知晓利害，高度警觉，认真学习金融知识，积极支持金融改革，自觉维护金融秩序。

　　＊　这是江泽民同志在中央经济工作会议上讲话的节录。

全国人民代表大会常务委员会
关于惩治骗购外汇、逃汇和
非法买卖外汇犯罪的决定

（一九九八年十二月二十九日第九届全国人民代表大会
常务委员会第六次会议通过）

为了惩治骗购外汇、逃汇和非法买卖外汇的犯罪行为，维护国家外汇管理秩序，对刑法作如下补充修改：

一、有下列情形之一，骗购外汇，数额较大的，处五年以下有期徒刑或者拘役，并处骗购外汇数额百分之五以上百分之三十以下罚金；数额巨大或者有其他严重情节的，处五年以上十年以下有期徒刑，并处骗购外汇数额百分之五以上百分之三十以下罚金；数额特别巨大或者有其他特别严重情节的，处十年以上有期徒刑或者无期徒刑，并处骗购外汇数额百分之五以上百分之三十以下罚金或者没收财产：

（一）使用伪造、变造的海关签发的报关单、进口证明、外汇管理部门核准件等凭证和单据的；

（二）重复使用海关签发的报关单、进口证明、外汇管理部门核准件等凭证和单据的；

（三）以其他方式骗购外汇的。

伪造、变造海关签发的报关单、进口证明、外汇管理部门核准件等凭证和单据，并用于骗购外汇的，依照前款的规定从重处罚。

明知用于骗购外汇而提供人民币资金的，以共犯论处。

单位犯前三款罪的，对单位依照第一款的规定判处罚金，并对其直接负责的主管人员和其他直接责任人员，处五年以下有期徒刑或者拘役；数额巨大或者有其他严重情节的，处五年以上十年以下有期徒刑；数额特别巨大或者有其他特别严重情节的，处十年以上有期徒刑或者无期徒刑。

二、买卖伪造、变造的海关签发的报关单、进口证明、外汇管理部门核准件等凭证和单据或者国家机关的其他公文、证件、印章的，依照刑法第二百八十条的规定定罪处罚。

三、将刑法第一百九十条修改为：公司、企业或者其他单位，违反国家规定，擅自将外汇存放境外，或者将境内的外汇非法转移到境外，数额较大的，对单位判处逃汇数额百分之五以上百分之三十以下罚金，并对其直接负责的主管人员和其他直接责任人员处五年以下有期徒刑或者拘役；数额巨大或者有其他严重情节的，对单位判处逃汇数额百分之五以上百分之三十以下罚金，并对其直接负责的主管人员和其他直接责任人员处五年以上有期徒刑。

四、在国家规定的交易场所以外非法买卖外汇，扰乱市场秩序，情节严重的，依照刑法第二百二十五条的规定定罪处罚。

单位犯前款罪的，依照刑法第二百三十一条的规定处罚。

五、海关、外汇管理部门以及金融机构、从事对外贸易经营活动的公司、企业或者其他单位的工作人员与骗购外汇或者逃汇的行为人通谋，为其提供购买外汇的有关凭证或者其他便利的，或者明知是伪造、变造的凭证和单据而售汇、付汇的，以共犯论，依照本决定从重处罚。

六、海关、外汇管理部门的工作人员严重不负责任，造成大量外汇被骗购或者逃汇，致使国家利益遭受重大损失的，依照刑法第三百九十七条的规定定罪处罚。

七、金融机构、从事对外贸易经营活动的公司、企业的工作人员严重不负责任，造成大量外汇被骗购或者逃汇，致使国家利益遭受重大损失的，依照刑法第一百六十七条的规定定罪处罚。

八、犯本决定规定之罪的，依法被追缴、没收的财物和罚金，一律上缴国库。

九、本决定自公布之日起施行。

在省部级主要领导干部
金融研究班上的讲话

（一九九九年一月八日）

朱 镕 基

　　中央举办以金融为主题的研究班，各省区市和有关部委的主要领导同志参加，这在我们党的历史上是空前的。胡锦涛同志在研究班开始时讲了话，研究班结束时，江泽民同志还将作重要讲话。这次研究班将对我国金融工作乃至整个经济工作产生深远的影响。我今天主要是根据大家讨论中提出的问题，讲讲个人的意见，供同志们参考。

　　一、关于我国当前金融形势的基本估计。

　　对我国当前金融形势怎样估计，这是大家很关心的问题。前两天大家听了我国金融风险情况的讲课后，感到心里没有底。这里有必要明确回答这个问题。我认为，对我国当前金融的状况，可以概括为两句话：成绩很大，问题不少；风险要足够估计，信心切不可动摇。

　　不久前召开的中央经济工作会议，对我国去年的经济、金融形势已作出全面的估量和分析，充分肯定了来之不易的成绩。我这里简要地再说一下。从这两天最新统计出来的数据看，去年初中央确定的各项经济发展目标已基本实现。全年国民生产总值比上年增长百分之七点八，这个数字是统计局根据所搜集到的各种有关调查资料，经过认真审查和复核，挤掉了一些水分后得出的，与往年的统计数据是可比的。出口达到一千八百三十七点六亿美元，增长百分之零点五；吸收外商直接投资四百五十五点八亿美元，增长百分之零点六七；工商税收增长百分之十三点三，增加一千零三亿元，完成了增收的目标；国家外汇储备达到一千四百四十九亿美元，比去年底增加五十亿美元。这些都比原来预料的好。特别是在亚洲金融危机继续蔓延和世界金融市场剧烈动荡中，我国金融运行平稳，巍然不动。金融改革迈出关键性步伐，金融整顿和监管力度加大，金融在支持经济发展和保持社会稳定中发挥着重要作用。尽管不少金融机构暴露出了一些问题，但没有出什么大事。可以说，我国金融总体形势基本是好的。

我们既要充分肯定金融工作的成绩，又要清醒地看到问题相当大。正如讨论中有的同志所说，金融领域的风险是我国当前经济运行中的重大隐患，有些金融机构的风险已是一触即发。金融风险的一个重要表现，是国有商业银行不良贷款比例不断上升，数字惊人。什么叫不良贷款？现在我国的计算方法与国际上通行的标准有很大出入。我国银行不良贷款包括逾期贷款、呆滞贷款和呆账贷款，主要是以贷款期限来划分的，逾期贷款是指借款合同到期未归还的贷款，呆滞贷款是指逾期满一年及超过一年未归还的贷款（去年修订标准以前是指逾期满二年及超过二年未归还的贷款），呆账贷款即为损失贷款。而国际上通常是按贷款人的综合还贷能力来划分不良贷款，一般分为五级。如果按照国际上的标准计算，我国银行的不良贷款比例要比现在的数字高得多。由于不良贷款比例高，应收未收利息大量增加，银行收益风险加大，经营面临严重困难。有些政策性银行和城市商业银行的不良贷款比例也很高，而且都呈不断上升趋势。相当多的信托投资公司等非银行金融机构资不抵债，濒临破产；不少城乡信用社等中小金融机构支付出现危机，挤兑风波时有发生；股票期货市场违法违规行为严重，许多证券机构弄虚作假、挪用客户保证金；保险业的风险也不容忽视。金融领域大案要案不断增加。现在各地群体闹事最多的，就是金融风险事件。尽管我国目前的金融风险是局部性的，还不是系统性和全局性的，但大量的问题确实是触目惊心，需要引起我们高度警觉。

有的同志问，金融领域问题这么严重，为什么不及早采取措施？事实上，从一九九三年到现在，中央一直非常重视这个问题，并不断采取一系列措施，致力于防范和化解金融风险，维护金融安全。一九九三年六月，针对某些经济领域过热，造成金融管理失控、秩序严重混乱的问题，中央及时果断地采取深化改革、加强宏观调控的措施。在《中共中央、国务院关于当前经济情况和加强宏观调控的意见》中提出的十六条政策措施，有十二条是直接或间接与解决金融问题相关的。当时我们提出了"约法三章"，严厉整饬金融秩序，才迅速地刹住了许多地方刮起的房地产热、开发区热和炒股票热这股风。一九九四、一九九五年，中央进一步出台了多项金融改革举措，颁布了一系列重要的金融法律法规，并实行适度从紧的财政货币政策，运用利率杠杆等手段进行宏观调控，有效地治理了严重的通货膨胀。早在亚洲金融危机发生一年前，中央就明确提出，要认真汲取墨西哥等一些国家金融危机的教训，重视防范和化解我国金融风险。一九九六年八月，江泽民同志主持中央财经领导小组会议，专门听取国务院有关部门关于防范和化解金融风险的工作汇报，并作了重要指示。一九九七年二月，中央决定组织力量，深入调查研究和起草文件，抓紧召开全国金融工作会议，全面部署防范和化解金融风险工作。在作好充分准备的基础上，党中央、国务院于一九九七年十一月召开全国金融工作会议，会后下发的《中共中央、国务院关于深化金融改革，整顿金融秩序，防范金融风险的通知》，明确提出了解决金融领域问题的主要任务、基本原则和政策措施。在这以后的一年多来，进一步加大了金融改革、整顿的力度，防范和化解金融风险的工作有步骤地展开。依法处理了一些问题严重的金融机构，查处了一批金融大案要案，严厉惩治金融犯罪分子。近几年，金融系统查处了四万多人，其中开除公职的一万五千人，七十一个司局级干部被撤职。总之，为了解决金融领域的问题，我们坚持不懈地做了大量艰苦细致的工作，从而使我国得以避免亚洲一些发生金融危机的国家那样的命运。如果不是这样，不但金融系统，而且整个经济社会形势就不可能有今天这样好的局面。当然，金融领域的问题十分复杂，解决起来需要有一个过程，不可能一下子完全解决。

我国金融领域风险究竟是怎么造成的？其中原因很多，主要有以下四个方面。

首先是历史遗留的问题。从计划经济体制向社会主义市场经济体制过渡中，许多长期积累的深层次矛盾集中反映在金融领域。仅从房地产看，一九九二、一九九三年的房地产热，就造成银行不良贷款几千亿元。目前，全国闲置的商品房多达七千多万平方米，价值在四千亿元左右，光是海南省就闲置一千六百万平方米，占压银行资金四百六十亿元。原来占用的那些贷款，连本带息，现在要翻一番。同时，建起来的房子质量差、价格高，地理位置也不好，很难处理掉。这些绝大部分已成为银行的呆账、坏账。目前政策性银行的风险也很大。粮棉收购贷款长期被严重挤占挪用，大量的亏损在银行挂账。国家开发银行一个报告反映，煤炭建设项目所形成的不良贷款，不但使煤炭行业陷入困境，也对开发银行的生存和发展构成严重威胁。

二是重复建设。多年来盲目上项目，搞了大量的重复建设，又主要是靠银行贷款，许多企业借银行钱的时候就根本没有想到要还。前些年银行固定资产投资贷款利率在百分之十以上，什么项目有这么高的回报率？不少项目建成之日就是亏损之时。例如，九十年代初期，全国一下子上了十几套小乙烯项目（年产十一万五千吨）。小乙烯成本高，产品单一，没有销路。广州小乙烯投资花了八十多亿元，投产后一年就得亏损几亿元。重复建设不仅形成了巨额银行不良贷款，也造成大量的重复生产，而靠银行流动资金贷款生产出来的产品没有市场，积压在仓库里，企业亏损又都挂在银行账上。

三是行政干预。一些地方和部门的领导干部，缺乏金融知识，不懂金融法律法规，随意干预银行和其他金融机构的正常经营活动，把金融机构贷款当作财政的钱来花。前些年，许多地方搞"现场办公会"、"资金调度会"，往往都是指令银行或其他金融机构贷款。缺乏市场调查，缺乏科学决策，结果不少贷款都投向了没有市场、没有效益、没有还贷能力的项目，大都是有去无回；甚至还有相当部分资金被用于盖办公大楼、发奖金和政府行政开支，最后都形成了金融不良资产。广东省恩平市原领导班子肆意干预金融活动，造成八十多亿元的金融资产损失，就是一个很典型的事例。最近一个时期，一些地方刮起出售国有小企业之风，搞所谓"一卖了之"。名义上卖，实际上是半卖半送，甚至是明卖暗送，许多银行的贷款都被冲掉了。工商银行去年搞了一次检查，发现在企业"改制"中悬空和逃废该行债务有一千多亿元。

四是金融系统腐败现象严重。许多银行和其他金融机构严重违法违规经营，高息揽储，搞账外经营，牟取小团体甚至是个人私利，造成许多资金收不回来。一些金融从业人员素质不高，以权谋私，内外勾结，营私舞弊，腐化堕落，使大量金融资产流失。对金融系统中的腐败行为，我们虽然一直采取严厉的惩处措施，但这些年金融案件仍屡屡发生。

当前我国金融领域的问题确实比较严重，防范和化解金融风险的任务也十分艰巨，但信心决不可动摇。我们完全有条件、有办法、有能力解决所面临的问题。二十年来的改革和发展奠定了良好的基础，经济实力比较雄厚，当前宏观环境比较宽松，重要产品和外汇储备充足，党中央有驾驭复杂局势的能力，我们也积累了一些化解金融风险的经验。正确认识问题所在，也是解决问题的必要条件。充分运用这些有利条件，我们就能够抵御任何风险，战胜任何困难。因此，我们在看到问题和困难的时候，更要看到光明，鼓起勇气，增强信心。当然，从根本上解决金融领域的问题，决非轻而易举，需要全党、全国上下齐心协力，同舟共济。

二、关于防范和化解金融风险的主要原则与措施。

在讨论中，不少同志提出，这次研究班既要学习金融知识，还要进一步明确解决金融领域问题的办法。这个意见是好的。我们不仅对金融风险要有足够的估计，而且还要明确防范和化解金融风险的原则，措施也必须具体细致。根据中央的精神和部署，结合大家讨论的意见，解决金融领域问题的主要原则和措施，可以概括为以下几个方面。

（一）深化改革，标本兼治。全国金融工作会议和《中共中央、国务院关于深化金融改革，整顿金融秩序，防范金融风险的通知》下发以后，中央立即成立了十二个专门小组，分别负责研究制定解决有关金融问题的具体方案和措施。现已下发了十四个文件，包括中国人民银行省级机构改革实施方案、国有独资商业银行分支机构改革方案、整顿乱集资乱批设金融机构和乱办金融业务实施方案、整顿银行账外账和违规经营实施方案、清理整顿场外非法股票交易场所和证券交易中心的方案、清理整顿证券经营机构和期货市场的方案、整顿城市合作信用社、清理整顿农村基金会方案等。还有一些实施方案和措施正在制定，例如整顿信托投资公司、金融机构关闭办法等文件，也即将下发。这些文件都是针对当前金融领域存在的突出问题，经过大量调查和反复研究后制定的，充分体现了把深化改革与严格整顿结合起来、把治标和治本结合起来的原则，有关措施也比较具体。现在的关键是，各地区、各部门要认真学习，坚决贯彻，狠抓落实。中央还将根据新的情况和问题，研究制定一些新的办法。

（二）区别对待，分类处置。要按照市场准入条件和经营状况，依法清理整顿各类金融机构。坚持高标准，严要求，该保留的保留，该合并的合并，该解散的解散，该关闭或破产的要坚决依法关闭或破产。各地方要对存在的问题分类排队，突出重点，有针对性地采取措施。对那些问题十分严重、已经"病入膏肓"的金融机构，想保是保不了的，保的结果只会造成更大的损失，最终无法收拾。因此，必须下大的决心，果断处置。这几年我们有过深刻的教训。例如，处理海南省的金融风险问题，原来发现该省有三十四个城市信用社资不抵债，纷纷发生挤兑现象，本应及时采取关闭措施。但当时怕出事，心太软，就让海南发展银行去兼并这些信用社，后来发现，该银行自己的问题也很大，"泥菩萨过河，自身难保"。结果，海南发展银行兼并一部分信用社后，包袱更重，严重资不抵债，最后只好把这个银行也关闭了，损失更大。但由于后来措施得当，问题处理得还比较顺利。再如，不久前，中国人民银行对广东国际信托投资公司采取了关闭清算措施。当时也有人说，对这个公司应该抢救，关了会不得了，不主张关闭。问题是这样大的金融机构怎么救得了？管理极为混乱，好多东西根本就没有账；无力支付到期巨额境内外债务；亏损非常严重，可以说是一个"金融黑洞"！这种机构非关闭不可。关闭这种机构，是要付出巨大的代价，承担很大的信用损失。但决不能再拖下去，拖得越久，陷得越深，包袱越重。关闭这个公司是完全正确的。这个公司还将依法破产。我们要按照国际惯例和法律程序办事。关闭广东国际信托投资公司是一件好事。这件事引起的冲击，使许多非银行金融机构的问题都暴露出来了，使我们能够及时、主动地采取处置措施。对这件事的处理，外界舆论总的是好的，认为这反映了中国政府彻底解决金融领域问题的决心和魄力。

这几年，我们在防范和化解金融风险中，针对不同情况采取不同处置办法，取得了很好的效果，积累了一些成功经验。比如，关闭中国农业信托投资公司，采取在清产核资后，由建设银行托管保支付的办法，没有引起大的社会震动，善后处理比较好。问题是国家损失太大，财政补贴了六十八亿元，今后再这样保支付是保不了的。再如，光大银行国际信托投资公司连续严重亏损，本来要关闭或破产，由于它的主要债权人是国有大企业，所以，通过采取债权转股权和改组领导班子的办法，化解了支付危机。又如，福建省国际信托投资公司、湖北省国际信托投资公司严重亏损，出现偿债危机，分别由省政府出面组织，采取地方财政注资和划拨优质资产的办法进行救助，缓解了矛盾。对中国新技术创业投资公司等有严重问题的金融机构，则果断实施了行政关闭。总之，根据不同情况，分别采取了增资扩股、债权转股权、托管、收购兼并、合并、关闭、破产等多种办法，及时、坚决、稳妥地化解了一些金融机构风险。当然，这些办法还要进一步完善，特别是要依法规范金融机构的关闭和破产。同时，要借鉴国际经验，积极探索新的办法。例如，对四家国有独资商业银行，将采取分别建立金融资产管理公司，积极稳妥地剥离和处理不良资产的办法。先在建设银行试点，取得经验后，再在其他三家国有商业银行推行。

处理各类有严重问题的金融机构，决不能手软。但要做好充分准备，周密部署，精心组织，慎重从事，特别要依法妥善处理有关债权债务，注意保持社会稳定。

（三）各负其责，通力合作。对解决金融机构的问题，大家都赞成"谁的孩子谁抱走"的原则。中央、地方的金融机构发生的问题，分别由中央、地方负责解决。在讨论中有的同志说，有些金融机构到底是谁的孩子还说不清楚，需要进行"亲子鉴定"。我看搞"亲子鉴定"也没有用。首先，前几年金融秩序混乱，很多地方猛然增加了许多信托投资公司、证券公司、城市信用社等金融机构，人民银行审批不严是有责任的，但实事求是地说，很多金融机构也是在当地积极要求和干预下批设的。第二，一些机构批设时也许还是合格的，但后来它自己胡来，亏了很多钱，现在说你是我的父亲，你得给我还债，这也没有道理啊！第三，城市商业银行、地方信托投资公司和城乡信用社是地方的金融机构。这些机构成立时，在股本金构成、经营者任命和机构审批等方面可能有不同情况，涉及不同部门，现在也确实分不清是哪一个方面的责任。第四，对银行自己单独成立或注资入股、派人经营管理的一些金融机构，银行要负责清理、整顿、处置。国家早已明令银行与自己所办的信托公司、证券机构、保险公司和其他经济实体在人、财、物等方面彻底脱钩，这方面已做了大量工作，要坚决、彻底完成。对所涉及的债权债务问题，有关银行要认真负责处理。总之，既要各负其责，又要齐心协力，共同把防范和化解金融风险这件大事抓好。

（四）强化金融法治，健全信用制度。要保证金融安全运行和健康发展，从根本上说，必须靠法治。要进一步健全金融法制，依法加强金融监管，把一切金融活动纳入规范化、法治化轨道。当前，确实普遍存在有法不依、执法不严、对违法违规金融机构和人员查处不力的现象，而在这些现象的背后，往往隐藏着很大的金融风险。既要继续抓紧完善金融法律法规，更要坚决依法办事，加大执法力度。当前要突出抓好三个方面：一是依法借贷、依法清贷，坚决杜绝"人情贷款"和不按程序个人决定发放贷款，大力提高收贷率和收息率。二是在企业改革中，严禁以任何形式悬空和逃废银行债务。如果让所谓企业"改制"逃废银行债务之风蔓延下去，后果不堪设想。各银行都要严格把关。今后哪个企业出了这类问题，不仅要严肃追究企业的责任，还要坚决追查有关银行失职的责任。三是强化金融执法。根据人民银行最近的调查，工商银行和交通银行的两个分行告到法院里的案子，胜诉率为百分之九十至百分之九十九，但执行率仅为百分之三至五，很多案件判决了不执行，执行了也很少收到钱。这是一个很严重的问题。中央对此正准备采取有力措施。要结合整顿和规范经济秩序，建立健全金融信用制度。要通过经济的、法律的、行政的和宣传舆论等多种手段，增强全社会金融法制意识和信用观念。

三、关于改进和加强对金融工作的领导与监督。

中央举办这期金融研究班，目的在于要求我们的各级领导干部，首先是高级领导干部带头学习和掌握金融知识，自觉理解和支持金融改革、整顿，切实加强金融风险防范工作。我们要通过学习，总结经验教训，努力改进和加强对金融工作的领导，在这方面我认为以下三点至关重要。

第一，必须遵循经济规律和金融法则办事，绝对不能按主观意志搞行政干预。亚洲发生金融危机的一些国家的教训和我们自己前些年的教训很多，十分重要的是，千万不能搞"泡沫经济"，不能搞重复建设；金融机构的发展规模必须与金融监管能力相适应，不能乱办金融机构；金融市场的开放程度要从本国的实际情况出发，不能贸然行事。任何人无视和违背客观规律，肯定会碰得头破血流，造成不可挽回的损失。现在有些领导干部，特别是一些年轻干部，不懂得经济规律和金融法则，缺乏起码的宏观经济知识，一上台就是盲目搞项目，而又热衷于上工业项目，搞重复建设，根本不讲效益。这是十分错误的。我们要坚决摒弃一种旧的观念，即以为上项目就是政绩，项目上得越多政绩越大。实际上，盲目投资、搞重复建设，不但不是政绩，而且遗祸后人，要负历史责任。银行对制止重复建设也要切实负起责任。不管是谁干预，没有银行的同意，也不能拿到资金。因此，我多次讲，银行的同志要少长点脂肪，多长点骨头，要讲原则，要有骨气，不能请吃请喝之后，什么项目贷款都批。不能支持重复建设，不能对无市场、无效益、无还贷能力的项目贷款。否则，就是助纣为虐。通过这次学习，作为一个地方和部门的主要领导，要以身作则，切实按经济规律和金融法则办事，按中央的方针政策和国家的法律法规办事。做到了这些，就是一个很大的进步。

第二，必须按照发展社会主义市场经济的要求，正确处理政银关系和银企关系。改革开放以来，邓小平同志多次强调，要把银行办成真正的银行，银行不是金库。根据邓小平同志这一重要思想，我国金融体制改革的重要任务，是致力于把中国人民银行办成真正的中央银行，把国有专业银行办成真正的商业银行。这方面的改革取得了突破性进展。问题是，时至今日，不少人仍然政银不分，把银行的钱当作财政的钱来花。必须明白，在社会主义市场经济条件下，银行是经营货币这种特殊商品的独立企业法人，不能把它当作政府的"第二财政"。政府与商业银行的关系是政企关系，要按照政企分开的原则，处理好政府与银行之间的关系。各级政府和部门要充分尊重银行的经营自主权。同时，银行与各类企业的关系是信用关系，要建立新型的银企关系，绝对不能以为银行是国有的，就可以借钱不还。银行的钱主要是老百姓的钱，必须有借有还。政策性银行的贷款也必须有借有还。银行对信贷资金一定要把住关，绝对不允许敞开大门随便花钱。银行也要按照建立现代金融企业的要求，转换经营机制，加强内部管理，大力改进金融服务，拓宽服务领域，增加金融产品品种，提高服务质量，积极支持经济发展。

第三，必须明确中央与地方领导金融工作方面的职责和权限。各地方、各部门都必须坚决贯彻执行中央统一的金融工作方针和政策，遵守国家的金融法律法规。国家对银行、证券、保险业实行分业经营、分业管理，人民银行、证监会、保监会按规定分别对各类金融机构实施统一监管，并跨省设立分支机构，实行新的管理体制。中央金融工委和各全国性金融机构党委已成立。这些都是为了改进和加强对金融工作的领导，从我国现阶段国情出发所采取的重大措施。中央金融工委、各类金融监管机构和各全国性金融机构党委要切实履行责任。各地党委和政府要正确理解、自觉支持中央金融工委和各全国性金融机构党委的工作，积极支持银行、证券、保险等系统的体制改革和统一监管，主动帮助他们解决需要由地方解决的问题。虽然成立了中央金融工委，但地方党委和政府还是要对各类全国性金融机构的分支机构进行严格监督，发现问题可以直接向中央金融工委和中央银行、证监会、保监会反映。由于人在当地，熟悉情况，在有些问题上地方党委和政府的监督往往比金融工委和金融系统自身监督更有效。银行、证券、保险系统实行垂直领导和统一监管后，要主动加强与地方党委和政府的联系，及时向当地党政领导反馈监管及其他工作的情况和信息，为他们决策提供依据。人民银行也要依法加强对地方金融机构的监管。地方党委和政府要对地方的金融机构改革、整顿和化解风险，承担领导和管理责任，共同维护一方金融平安。

最后，有些同志提出，春节前金融机构要保支付，希望中央给予支持。保支付是应当的，任务也很艰巨，中央银行应该为社会稳定尽自己的责任，给予必要的支持。但是，主要还得靠各地方自己想办法。现在一些地方发生挤兑现象，往往是由于涉案机构非法集资、长期乱贷乱花、内部极端腐败造成的支付危机，只要当地党委和政府采取坚决措施惩治腐败，依法整改，对群众做过细的思想工作，安定人心，一般不至于发生大的挤兑风波，是能够做好保支付、保稳定工作的。

学习现代经济知识[*]

（一九九九年一月十一日）

江 泽 民

建立社会主义市场经济体制，这是前无古人的，没有先例可循，只有靠我们在实践中不断摸索和开拓。在社会主义制度下发展市场经济，实现经济体制和经济增长方式的根本性转变，实施科教兴国战略和可持续发展战略，保持国民经济持续快速健康发展，我们需要学习的东西和提高的方面很多。

现代经济知识，内容很多。我们应该结合自己的工作，有重点地进行学习。首先要学习和掌握好邓小平理论，认真总结我国社会主义现代化建设特别是改革开放的经验。还要学习关于社会主义市场经济和现代金融、现代管理等方面的知识，这是各级领导干部必须掌握的基本经济知识。

事非经过不知难。我们确立经济体制改革的目标为建立社会主义市场经济体制，是来之不易的。建国初期，我们对如何建设社会主义认识上不那么清楚，也没有经验。我们急需组织经济建设，迅速恢复受到长期战争破坏的经济。一开始，我们全盘学习了苏联的计划经济体制。在当时的条件下，我们运用这个体制促进了我国经济快速发展，全面建立了我国的工业基础。随着我国经济社会的发展，这种体制的弊端逐渐突出出来。党的十一届三中全会以后，我们不断进行探索，到党的十四大最后确定建立社会主义市场经济体制的改革目标。实现由计划经济体制向社会主义市场经济体制这个转变，很不容易。

一九八九年那场政治风波以后，国际局势开始急剧变化。东欧一些社会主义国家像多米诺骨牌一样地垮了，后来世界上第一个社会主义国家苏联也解体了。一九九〇年后，还发生了海湾战争。从一九八八年开始，我国国民经济进入治理经济环境和整顿经济秩序的时期。由于采取了一些治理措施，经济增长速度明显

＊ 这是江泽民同志在中共中央举办的省部级主要领导干部金融研究班上讲话的一部分。

回落，从一九八八年的百分之十一点三下降到一九八九年的百分之四点一和一九九〇年的百分之三点八。经济结构性矛盾依然十分突出，财政也困难。一九九一年，淮河发了大水。在这样的情况下，中央的工作精力主要集中在应对国际上出现的这种复杂局面、维护社会政治稳定和治理整顿经济上。我们面对上述国际背景，一九九〇年和一九九一年也召开了一系列专题座谈会，研究加快经济发展和改革开放的重大问题。

一九九二年春，邓小平同志视察南方发表重要谈话，从理论上深刻回答了长期困扰和束缚人们思想的许多重大认识问题，进一步指明了我国改革和发展的方向，明确了以"三个有利于"作为判断是非的根本标准，提出发展才是硬道理，要求全国上下坚持以经济建设为中心，看准了的，就大胆地试，大胆地闯。邓小平同志很善于抓住时机。他的这篇谈话，对振奋人心、调动各个方面的积极性起了很大推动作用。

邓小平同志发表重要谈话后，全国人民热情高涨，经济建设呈现出新气象。一九九二年，经济增长速度达到百分之十四点二，一些经济发展中的矛盾在实践中逐步得到缓解和解决。我们深化改革、扩大开放，促进了政治稳定、经济繁荣、综合国力增强的局面，有力地打破了一些西方国家对我们搞的所谓"制裁"，我国的国际地位得到新的提高。

一九九二年六月九日，党的十四大召开之前，我到中央党校作过一个报告，提出了建立社会主义市场经济体制的问题。六月十二日，我去向小平同志汇报。他听了以后说赞成这个提法，并说：我怕在这个关头引起争论，引起争论不合算。实际上我们是在这样做。我讲过深圳有个四分之一和四分之三的问题，四分之三就是社会主义的，深圳就是社会主义的市场经济。不搞市场经济，没有竞争，没有比较，连科学技术都发展不起来。产品总是落后，也影响到消费，影响到对外贸易和出口。我对小平同志说，提出建立社会主义市场经济体制，根据就是他关于社会主义也有市场、资本主义也有计划，计划多一点还是市场多一点，不是社会主义与资本主义的本质区别的思想。我在党校的讲话没有公开发表，正在征求各地的意见。小平同志说，可以先发内部文件，反映好的话，就可以讲。这样十四大也就有一个主题了。后来，各省区市都同意这个提法。党的十四大正式确定了我国经济体制改革的目标是建立社会主义市场经济体制。

在我们加快发展的过程中，一度出现了房地产热、开发区热以及乱集资、乱拆借、乱设金融机构等问题，投资规模过度扩大，物价上涨过快，影响了国民经济持续快速健康发展。一九九二年四月四日，我在去日本访问前夕，给中央政治局常委等同志写了一封信，提出要善于把干部和群众的积极性引导好、保护好、发挥好，在全面贯彻落实小平同志重要谈话精神的过程中，思想要解放，胆子要大，而步子要扎实，工作要过细；要抓紧有利时机，力争实现和保持比较高的发展速度，但务必结合各地区各部门的实际，区分不同情况，具体加以落实；要在深化改革上狠下功夫，避免只在扩大投资规模上做文章，以防出现新的重复建设和产品积压。一九九二年十二月，为了解决当时农业和农村工作中存在的一些突出问题，在武汉召开了会议。一九九三年四月，中央又召集省委书记、省长会议，讨论解决乱集资、乱拆借、房地产热和开发区热的问题。五月十九日，我给国务院有关领导同志写信，提出要抓紧时机解决当前经济工作中存在的一些问题，否则解决问题的重要时机会稍纵即逝；倘若问题积累，势必酿成大祸。五月、六月、八月、九月，我们分四片开了各省区市的工作会议，研究继续推进投资、财税、金融体制方面的改革，提出通过深化改革解决深层次经济问题。六月二十二日，我向小平同志汇报了当时的经济形势，建议加强宏观调控，突出抓金融工作。他非常支持，指出："什么时候政府都要管住金融。在资本主义国家，金融多半是私人的钱，损失不损失，别人不关心。社会主义国家不同，损失的是国家的。货币贬值，通货膨胀，人民受损失。辛辛苦苦攒几个钱，想提高一点生活水平，结果从金融这个口子里流出去了。西方世界也经常议论这个问题，但他们与我们体制不同。我们要警惕。钱，不要从金融这个口子里白白流走了。人民币不能贬值太多，市场物价要控制住。"六月二十四日，党中央、国务院颁布了关于当前经济情况和加强宏观调控的十六条措施，提出为了保持经济发展的好势头，真正抓住机遇、珍惜机遇、用好机遇，必须下决心解决经济中的突出问题。根据经济社会发展的实际情况，中央及时制定各项改革和发展的方针政策，正确处理改革发展稳定的关系，使经济建设和社会进步保持了稳定发展的局面。去年，我们能够在复杂的国际经济环境和不断加剧的亚洲金融危机中取得主动，保持国民经济发展的好势头，同邓小平同志南方谈话以来确立起来的一系列正确方针政策和实现的良好经济形势是密切相关的。

我回顾一下这段历史是要说明，邓小平同志确立的改革开放的新政策，他视察南方的重要谈话，我们要充分肯定，不能有丝毫动摇。前几年一些地方和部门经济建设中发生的一些问题，是由于没有全面、正确、积极地贯彻执行邓小平理论，在工作中出现了偏差。对出现的问题，要坚决把它们处理和解决好。我们三十一个省区市是一个整体，哪里出问题都是要影响大局的啊！中央和各地区各部门都要各就各位，政治上高度负责，正确处理整体与局部、长远与眼前、国家与个人的关系。发生什么问题，不要相互埋怨，也不要推诿自己应负的责任。应该在中央统一领导下，大家同心同德，群策群力，承前启后，继往开来，把我们的工作做得更好。

在刚刚过去的一年里，对我们发展经济影响最大的事情，一是爆发于亚洲一些国家并波及世界经济的严重金融危机；二是我国发生的严重洪涝灾害。通过观察和分析这两件事情，我们可以得出一些深刻认识。

金融是现代经济的核心。金融搞好了，一着棋活，全盘皆活。如果金融搞乱了，那就会一着棋死，全盘皆输。这次金融危机虽然发生在国外，但给我们上了关于现代金融最生动、最深刻的一课。东南亚一些国家发生金融危机的原因和教训，我们应该深刻地加以认识并引为鉴戒。

从全局上看，我国金融形势是可以保持稳定的。我国金融工作是有成绩的，金融在促进经济增长和调控国民经济运行中发挥着重要作用。一九九四年以后，中央每年听取一次金融工作的汇报。一九九六年以来，中央多次研究经济安全和防范金融风险的问题。一九九七年初，中央就部署深化金融改革，整顿金融秩序，防范和化解金融风险。十一月，中央召开了全国金融工作会议，继续推进金融体制改革。这些都为我们有效应对亚洲金融危机做了重要准备。亚洲金融危机发生后，中央又制定了正确的方针和措施。这些措施，保证了人民币币值稳定和外汇储备增长，促进了经济继续发展。目前，金融体制改革正在深入进行，但距离建立与社会主义市场经济体制相适应的新的金融体制目标，还有很大差距。金融领域存在的问题仍然不少，甚至潜伏着一些危险的隐患。金融违规、金融犯罪现象，严重干扰和危害市场经济的正常秩序和国家的经济安全。我们能够看到这些问题，说明我们是清醒的。中央早就指出了这些问题，并一直在采取措施加以解决。各个地区由于经济发展水平不同，在金融领域遇到的问题也不尽相同，应该有针对性地采取措施加以处理。只要大家统一认识、坚定信心，按照中央的要求加紧防范和化解金融风险的工作，努力深化金融体制改革，存在的问题都是能够得到解决的。

362

目前国际金融的发展趋势，要引起我们高度注意。突出的特点是：金融衍生产品层出不穷，交易形式不断翻新，国际游资急剧扩张，特别是现代信息技术的应用使国际金融市场资金流动加速度进行，加上现存国际金融体制又有许多不合理不健全的地方，从而使金融运行的风险性明显增大，金融危机的隐蔽性、突发性和扩散性更为突出。国际游资特别是一些对冲基金的过度投机，是可以对国际和各国金融运行发生重大影响的一个因素。一些国际金融投机商，专门利用一些国家经济体制和政策上的缺陷发动攻击，翻手为云，覆手为雨，给一些国家和地区的经济造成重大损害，甚至危及其主权和安全。对此，我们必须提高警惕。今年一月一日正式启动的欧元，对国际金融和我国的金融安全会产生什么影响，要深入加以研究。

对这样一个迅速发展变化、又交织着经济的政治的复杂因素的国际金融市场，我们了解得还不多，应对的办法也不多。即使是西方一些老练的金融家，也穷于应付。美国一些不可一世、到处兴风作浪的对冲基金，这次也都蒙受了惨重的损失。可以说，现代国际金融市场还有不少必然王国尚未被人们认识，所以运用起来还很不自由，还存在相当大的盲目性。世界各国都在继续探索之中。谁能够学得多一些、看得深一些，谁就能够尽早掌握驾驭现代金融的主动权。

建设有中国特色社会主义金融事业，是一个大课题。新中国成立以前，我们党一直主要在农村地区开展武装斗争，对城市中的金融活动，大部分干部是不熟悉的。全国解放以后，我国金融事业有很大发展，为社会主义建设作出了重要贡献。但是，在很长一段时期内，我们实行的是高度集中的计划经济体制，国家银行的主要职能是出纳和会计。今天，在发展社会主义市场经济的条件下，金融机构的种类和规模必然会日益增多和扩大，职能和作用也会发生深刻变化，旧的计划经济体制下管理金融的一套办法很多不管用了。我们进行金融改革的目标，就是要建立同发展社会主义市场经济相适应的新的金融体制，使金融更好地为经济社会发展服务。这方面，我们还是新手，经验不多。希望大家结合实际工作继续加强学习，共同促进有中国特色社会主义金融事业健康发展。

从跨世纪发展的战略高度看，全党必须进一步提高对水的问题的认识。我在全国政协新年茶话会上的讲话中已提出了这个问题。新年伊始，就讲这个问题，是希望引起全党同志特别是各级领导干部高度注意。水是人类生存的生命线，也是农业和整个经济建设的生命线。我们一直说两句话，一句是洪涝灾害历来是中华民族的心腹大患，一句是水资源短缺越来越成为我国农业和经济社会发展的制约因素。这已为历史和现实的事实所充分证明。实现我国的长远发展，必须下大气力解决水的问题。对于水患的问题，经过去年的抗洪斗争，全党全国上下的认识大大深化了。中央和各地都作出了部署，现在的关键是加紧落实。防范水患，是一项长期工作，要坚持不懈地抓下去。对于全国一些地区干旱缺水的问题，也必须引起我们高度重视。我国历史上，旱灾就十分频繁。现在，我国西北和北方一些地区缺水的问题已经非常严重，制约了这些地区的经济社会发展。如果不能尽快得到缓解，还会出现更严重的后果。缺水的危害性绝不亚于水患。没有水，人都不能生存，还谈什么开发和发展?! 解决我国一些地区水资源严重短缺的问题，要尽快提上议事日程。总的要求是开源节流并举，以节水为主。一要广泛采取节水措施，特别要大力发展节水农业；二要从长计议、全面考虑、科学选比、周密计划，适时进行重大水利工程建设。水的问题，又同整个生态环境的状况紧密联系着。防止环境恶化，也是摆在我们面前一个十分紧迫的问题。我们要坚持不懈地增强全党全民族的环境意识，实施可持续发展战略，加强对环境污染的治理，植树种草，搞好水土保持，防止荒漠化，改善生态环境，努力为中华民族的发展创造一个美好的环境。

搞现代化，离不开科学管理。我国社会主义市场经济体制正在建立当中，一些同志的思想观念还没有转变过来，还没有掌握适应发展市场经济要求的新的管理方法。盲目投资、疏于管理的现象还很严重，不少项目从投资之日起便注定了亏损的局面。这种现象至今不止，究其原因，就是自觉不自觉地还在沿袭计划经济时期分配资源的投资办法。虽然搞项目也推行了可行性研究制度，但往往流于形式，变成"可批性研究"。这种状况应该尽快加以改变。一些企业没有真正形成科学管理机制，经营管理粗放。这是这些企业经营不善、长期亏损的根本原因。最近，国务院对一些国有大中型企业进行稽查，揭露出来的问题触目惊心啊! 这类问题，很多就是管理不严、监督不严造成的。解决这些问题，根本的是要靠深化改革、完善制度、加强科学管理。企业的董事会、监事会、总经理、党组织和职工代表大会的关系，必须用严格的制度来规范，各有各的职能和作用，都要保证发挥好，谁都不能违反制度。各种项目的投资和建设，要实行严格的成本—效益分析和可行性论证，开工后要加强监管，保质保量。党政领导干部要懂得，办企业必须有一定比例的资本金，切不可只靠贷款。要了解我们从计划经济转变到社会主义市场经济的过程中，建设项目从拨改贷到贷改投的历史过程。要弄清楚股金和贷款两种不同的概念。党政领导干部也应该学一点会计知识，学会简单地分析资产负债表。一个企业生产经营的过程，集中反映在一张资产负债表上。通过对企业资产负债表的分析，可以找出企业经营管理中存在的问题，从而可以更好地提出改善经营管理的措施。总之，各方面的具体管理制度都是很要紧的，都必须健全规范、严格执行，万万不可疏忽。

还有一个现象也必须引起我们高度注意。现在，很多案子法院明明判了，但迟迟不能执行。有的跨地区跨部门的案子，司法部门根本就没有办法处理。很重要的一个原因就是地方保护主义、部门保护主义在作祟。这样怎么得了！国家没有统一的法制秩序，非乱不可。各级领导干部都要坚决贯彻依法治国的基本方略，坚决依法办事，坚决克服地方保护主义、部门保护主义。

实践说明，一个好的制度的建立和完善，是要通过相关的各种具体体制来实现和保证的。整体是由局部组成的，局部搞不好，整体怎么会好呢？各个方面都要尽快建立和实施一套科学严密的管理制度，再也不能搞大而化之的管理了。

国务院办公厅转发人民银行、财政部、证监会《关于组建中国信达资产管理公司的意见》的通知

（一九九九年四月四日）

各省、自治区、直辖市人民政府，国务院各部委、各直属机构：

人民银行、财政部、证监会《关于组建中国信达资产管理公司的意见》已经国务院同意，现转发给你们，请认真贯彻执行。

组建资产管理公司，是我国金融体制改革的一项重要举措，对于防范和化解金融风险，依法处置国有商业银行的不良资产，改善银行资产结构，加强对国有商业银行的考核，降低不良贷款比例，促进我国金融业的健康发展具有重要意义。各地区、各部门要积极支持，密切配合，确保这项改革顺利实施。

国务院办公厅

一九九九年四月四日

人民银行、财政部、证监会
关于组建中国信达资产管理公司的意见

（一九九九年四月二日）

为了防范和化解金融风险，依法处置国有商业银行的不良资产，加强对国有商业银行经营状况的考核，现就组建中国信达资产管理公司（以下简称"信达公司"）有关问题提出以下意见。

一、公司性质、任务和业务范围。

信达公司是具有独立法人资格的国有独资金融企业。主要任务是：收购、管理、处置建设银行剥离的不良资产，以最大限度保全资产、减少损失为主要经营目标。

信达公司业务范围包括：收购并经营建设银行的不良资产，债务追偿，资产置换、转让与销售，债务重组，企业重组，债权转股权及阶段性持股，发行债券，商业借款，向金融机构借款，向中央银行申请再贷款，投资咨询与顾问，资产及项目评估，财务及法律咨询与顾问，企业审计与破产清算，资产管理范围以内的推荐企业上市和债券股票的承销，直接投资，资产证券化等。

二、公司资本和经营管理机构。

信达公司实收资本金为人民币一百亿元，由财政部全额拨入。

信达公司总部设在北京，根据业务需要设置职能部门和分支机构。信达公司设立监事会，由财政部、人民银行、审计署、证监会、建设银行、外部专业人士及公司管理人员、员工代表组成。信达公司的人员主要从建设银行现有工作人员中选调，同时从社会上招聘若干专业技术人员，实行全员合同制。

三、公司的监督管理。

信达公司由人民银行负责监管，涉及人民银行监管范围以外的金融业务，由相关业务主管部门监管，财政部负责财务监管。党的关系归口中央金融工委管理。

四、不良资产的剥离和处置。

不良贷款的剥离范围是：按当前贷款分类方法剥离逾期、呆滞、呆账贷款，其中待核销呆账以及一九九六年以来新发放并已逾期的贷款不属此次剥离范围。剥离不良资产的具体办法，由人民银行会同财政部确定，建设银行组织实施。建设银行要组织有关专家和中介机构对剥离的不良贷款进行评估和审核，并按规定报财政部认定。

信达公司承接不良资产后，要统筹所属机构，综合运用出售、置换、资产重组、债转股、证券化等方法对贷款及其抵押品进行处置；对债务人提供管理咨询、收购兼并、分立重组、包装上市等方面的服务；对确属资不抵债、需要关闭破产的企业申请破产清算。按照国家有关规定，通过向境内外投资者出售债权、股权，最大限度回收资产、减少损失。

对已被信达公司收购的建设银行不良贷款，其所涉债务人由对建设银行的负债转为对信达公司的负债，由信达公司承继债权、行使债权主体的权利，并依法办理有关手续。信达公司在处置不良贷款过程中，有权依照有关法律法规和本文确定的经营范围和方式对承接的不良贷款实施重组。

五、有关财税政策。

信达公司免交工商登记注册手续费，免征公司收购、承接、处置不良资产过程中的一切税收。信达公司处置不良资产形成的最终损失，由财政部提出处理方案报国务院审批。

资产管理公司财务会计制度和资产管理公司资产处置考核办法由财政部制定。

国务院批转整顿保险业工作小组
《关于保险业整顿与改革的方案》的通知

（一九九九年七月二日）

各省、自治区、直辖市人民政府，国务院各部委、各直属机构：

　　国务院同意整顿保险业工作小组《关于保险业整顿与改革的方案》，现转发给你们，请认真遵照执行。

　　保险业的整顿和改革工作敏感度高、涉及面广，事关保险市场健康发展和社会安定的大局。各地区、各部门要按照党中央、国务院的统一部署和方案要求，从大局出发，积极配合整顿保险业工作小组（办事机构设在保监会），切实做好保险业整顿改革工作。保监会作为全国商业保险的主管部门，要加强对此项工作的指导、督促和检查，按照积极稳妥的原则，认真落实有关整改措施，妥善处理工作中出现的新问题，确保整顿改革工作的顺利进行。遇有重大问题，要及时报告国务院。整顿改革工作结束后，整顿保险业工作小组要组织力量进行检查验收，并将结果报告国务院。

国务院
一九九九年七月二日

整顿保险业工作小组
关于保险业整顿与改革的方案

（一九九九年五月二十五日）

根据全国金融工作会议精神和党中央、国务院的统一部署，为整顿和规范保险市场秩序，切实加强对保险业的监管，促进保险业公平竞争，保护被保险人利益，防范和化解保险业风险，实现保险业健康发展，现就保险业整顿与改革提出以下方案。

一、整顿改革工作的指导思想与基本目标。

保险业的整顿和改革，要按照建立社会主义市场经济体制的要求，依据《中华人民共和国保险法》（以下简称《保险法》），坚持整顿与改革、发展和稳定相结合的原则，以防范和化解风险为核心，以规范市场行为为重点，为保险业的健康发展创造条件。

通过整顿改革，力争用两年左右的时间，使我国保险公司的经营管理水平明显提高，保险监管能力明显增强，保险市场秩序基本好转，初步建立起与社会主义市场经济相适应的保险机构体系、保险市场体系和保险监管体系，实现保险业健康发展。

二、整顿改革工作的主要内容及政策措施。

（一）整顿市场秩序，规范市场行为。

1. 取缔非法保险机构。凡未经保险监管部门批准非法设立的保险公司及其分支机构和保险中介机构，一律予以取缔。

2. 规范保险市场行为。禁止保险公司以高手续费、高返还、低费率和扩大承保责任等手段进行不正当竞争；禁止保险公司跨地区、超范围经营业务以及使用未经批准的保险条款和费率承保业务；整顿保险中介市场，取缔非法从事的保险中介业务；查处境外保险公司、保险中介机构以及在华代表处违法从事保险和保险中介业务的行为。

停止广东、福建等地方人民政府委托中国人民保险公司为其代办的保险业务；已经办理的业务，由中国人民保险公司会同当地人民政府进行清理。禁止部门和单位以自保的名义办理本部门和单位以外的保险业务。

3.严格界定商业保险和社会保险业务范围。各地区、各部门不得以社会保险的名义经营或变相经营商业保险业务；商业保险公司也不得擅自办理社会保险业务。已经办理的必须立即停止和纠正。

整顿和规范企业补充养老保险。由行业统筹转为地方统筹的十一个部门和单位，其经办的企业补充养老保险，是在特殊情况下制定的过渡政策，纳入社会养老保险，由劳动和社会保障部管理；其他行业的企业补充养老保险属商业保险，要逐步向商业保险过渡。整顿和规范企业补充养老保险的具体办法，由劳动和社会保障部会同保监会另行制定。

整顿和规范农村养老保险。目前我国农村尚不具备普遍实行社会保险的条件。对民政系统原来开展的"农村社会养老保险"，要进行清理整顿，停止接受新业务，区别情况，妥善处理，有条件的可以逐步将其过渡为商业保险。整顿和规范农村养老保险的具体办法，由劳动和社会保障部、民政部会同保监会等有关部门另行制定。

整顿和规范互助合作保险。要停止批设新的互助合作保险机构，已设立的互助合作保险机构不得扩大业务范围，不得接受新的业务。全国总工会兴办的中国职工保险互助会及各级工会兴办的职工互助合作保险组织，由全国总工会会同有关部门制定整改方案。其他合作保险工作的整改方案，由民政部会同有关部门负责制定。

（二）强化监督管理，防范化解风险。

1.依法加强保险业监管。保监会作为全国商业保险的主管部门，要根据国家法律法规和国务院赋予的职责，加大对保险业统一监管力度。

完善保险法律体系。对现行的保险法规、规章进行全面清理；抓紧制订与《保险法》配套的各项法规、规章。加强宣传、教育工作，提高保险从业人员遵纪守法的自觉性。

保监会要抓紧制定保险违法、违规行为行政处罚条例。对有违规行为和财务状况异常的保险公司要进行重点检查，加大查处力度。

健全和落实保险保障基金制度。保险保障基金制度是《保险法》规定的保险业自救制度，是化解保险业风险的一项重要措施。各商业保险机构要严格按照法定比例提取保障基金。保监会要会同有关部门，尽快制定《保险保障基金管理办法》，对保险保障基金实行集中管理，统筹使用。

完善保险监管体系。保监会要改革和完善内部运行机制，加强自身队伍建设，实行办事公开制度，自觉接受社会监督，确保公正、公平地履行监管职能；根据"精简、精干、高效"的原则，抓紧设立垂直领导、统一管理的保险监管派出机构。

2. 建立健全保险公司的内控制度。各保险公司要建立健全自我约束机制，努力提高经营管理水平，保证保险资金的安全性、流动性和有效性。

完善公司治理结构。各保险公司都要认真落实统一法人制度，建立健全董事会、监事会制度，明确董事会、监事会与经营者的责、权范围，严格规范运作。

完善内部控制制度。严格实行核保、核赔制度，建立风险分摊机制；建立统一核算、统一调度资金和分级管理的财务制度，推行财务收支两条线管理，实行财务负责人的派驻、轮换制度；建立直属总公司独立的内部稽核机构，充实稽核人员，加强稽核审计工作。

严格控制固定资产购建规模。凡固定资产（包括在建工程）净值占净资产比例已超过财政部规定的保险机构，必须从严控制固定资产购建规模；确需购建时，必须报经保监会和财政部等有关部门批准。

努力化解寿险风险。各人寿保险公司要努力降低费用率，健全精算制度，严禁分支机构开发新险种，严格按照保监会的规定降低寿险保单预定利率，严禁出售新的高预定利率保单，努力化解已经形成的利差风险。

清收和盘活不良资产。进一步落实不良资产清收责任制，要指定专门机构和专职人员负责，采取有效措施，确保不良资产余额逐年有所下降；对呆账、坏账要按国家有关规定，经有关部门批准后予以核销；要严格按《保险法》和国务院的规定进行资金运用，防止发生新的不良资产。

3. 健全保险行业自律组织。创造条件，适时成立全国性的保险行业协会；按照精简、高效的原则，完善和发展地方性保险行业协会。

（三）深化体制改革，完善组织体系。

1. 深化国有保险公司体制改革。中国人民保险公司和中国人寿保险公司要按照"经济、合理、精简、高效"的原则，抓紧进行分支机构改革，将省级分公司与省会城市分公司合并，对设在同一城市的地级和县级公司进行合并，撤并和调整部分县级支公司及其所属营业网点，改变按行政区划设立分支机构的状况。

对省级分公司与省会城市分公司合并，要在试点的基础上有计划、有步骤地进行，保证业务平稳发展和职工队伍的稳定。要把机构改革与内部经营机制转换结合起来，加大经营机制转换力度，努力提高市场竞争能力。

2. 落实分业经营。根据《保险法》的规定，对没有实行按产险和寿险分业经营的保险公司进行分业经营。保监会要抓紧制定具体办法，经国务院批准后组织实施。

3. 适时成立政策性保险经营机构。改革出口信用保险体制，在中国人民保险公司和中国进出口银行出口信用保险部的基础上组建统一的政策性出口信用保险公司，其业务工作由保监会统一监管。此项工作由财政部牵头，会同保监会和外经贸部提出组建方案，报国务院批准后实施。

加快农业保险体制改革步伐，研究制订发展农业保险的政策措施。

4. 培育保险中介市场。适当发展保险中介机构，规范保险代理人、经纪人和公估人的经营行为，提高保险市场的运作效率。

（四）改进保险服务，发展商业保险。

各保险公司要挖掘内部潜力，完善经营机制，加强科学管理，增加保险品种，改进保险服务，提高经济效益。国家将逐步创造条件，在补充国有独资保险公司资本金、调减保险业税负和扩大保险资金运用范围等方面予以扶持。

三、保险业整顿改革工作要求。

（一）保险业整顿改革工作要按照党中央、国务院的统一部署，积极稳妥地组织实施。保险业整顿改革工作的具体组织实施分别由国家有关主管部门负责，整顿保险业工作小组负责实施过程中的指导、协调和督促检查，各级人民政府对整顿保险业工作要给予大力支持。各地区、各部门要密切注视整改过程中出现的问题，及时审慎地加以解决，遇有重大问题要及时报告国务院。

（二）保险业整顿与改革的各项措施要在一九九九年全面出台，重点是整顿和规范商业保险市场行为。一九九九年年底以前，要在保证质量的前提下，基本完成商业保险整改的主要工作。二〇〇〇年要全面完成保险业整顿和改革的各项任务，并对整改工作进行总结。

（三）对在整改工作中发现的违法违规行为，要彻底清查，依法从严惩处，并追究有关负责人的责任。整改工作结束后，整顿保险业工作小组要会同有关部门对重点地区和部门进行检查，并将全国保险业整改工作情况汇总报国务院。

继续改善金融服务[*]

——节自《国家发展计划委员会关于
当前经济形势和对策建议》

（一九九九年七月五日）

努力发挥货币政策的作用。既要防范金融风险，又要积极支持经济发展。（1）继续深化金融体制改革，健全金融监管机制，强化对各种金融机构的监管。商业银行要提高贷款质量，坚决制止对低水平重复建设项目的贷款，加强信贷监督，依法查处各种逃废债务行为。推进建立金融资产管理公司的试点工作。中国工商银行、中国农业银行、中国银行和中国建设银行分别成立金融资产管理公司，收购、管理、处置国有商业银行剥离的部分不良贷款。金融资产管理公司通过出售、重组、证券化和债权转股权等办法处置不良资产，最大限度保全资产，减少损失，化解金融风险。将国家开发银行的部分不良贷款，转为对企业的股权。（2）在总结经验的基础上，颁布《封闭贷款管理暂行办法》，进一步规范封闭贷款管理，重点帮助国有大中型企业扭亏增盈。（3）国有商业银行要进一步提高服务质量，完善中小企业信贷部门的职能，适当增加对中小企业的贷款和扩大贷款利率的浮动幅度。（4）对风险程度低和出口收汇率高的外贸企业，给予贷款利率适当下浮的优惠。对暂时亏损，但有订单、还款有保证的外贸企业，发放封闭贷款。（5）对外商投资企业开办外汇担保人民币贷款业务，包括保函、备用信用证和外汇质押人民币贷款。贷款资金除不得购汇之外，可用于流动资金和固定资产投资。（6）在适当时候适当降低银行存款准备金利率和商业银行营业税税率。

---

　　* 《国家发展计划委员会关于当前经济形势和对策建议》已经中共中央、国务院同意，并由中共中央于一九九九年七月十一日转发。

发挥证券市场的积极作用[*]

——节自《国家发展计划委员会关于
当前经济形势和对策建议》

（一九九九年七月五日）

认真贯彻执行《中华人民共和国证券法》，进一步完善对证券市场的监管，促进证券市场健康发展，提高直接融资的比重，支持扩大内需和国有企业改革。（1）完善股票发行、上市制度。积极支持经济效益好、符合条件的企业上市，采取向法人配售和向公众发行相结合的方式发行。允许国有及国有控股企业参与股票配售，持股时间不得低于一定期限。（2）在严格清理整顿证券经营机构和防范风险的基础上，经过批准，允许有条件的券商进入银行间拆借市场和债券回购市场；在保证商业银行资金安全性的前提下，证券公司可通过股票质押，向银行借款融资。经过批准，部分经营规范、偿还能力强的证券公司可通过发债融资。（3）允许效益好、有信誉的高新技术企业、乡镇企业和非国有企业发行 B 股，同时进行 B 股证券投资基金和 B 股、H 股公司回购股票的试点。（4）选择一些信誉好、发展潜力大的国家控股上市公司，在不影响国家控股的前提下，配售一部分国有股筹集资金。

---

* 《国家发展计划委员会关于当前经济形势和对策建议》已经中共中央、国务院同意，并由中共中央于一九九九年七月十一日转发。

国务院办公厅转发人民银行、财政部、证监会《关于组建中国华融资产管理公司、中国长城资产管理公司和中国东方资产管理公司的意见》的通知

(一九九九年七月二十一日)

各省、自治区、直辖市人民政府，国务院各部委、各直属机构：

人民银行、财政部、证监会《关于组建中国华融资产管理公司、中国长城资产管理公司和中国东方资产管理公司的意见》已经国务院同意，现转发给你们，请认真贯彻执行。

国务院办公厅
一九九九年七月二十一日

人民银行、财政部、证监会关于组建中国华融资产管理公司、中国长城资产管理公司和中国东方资产管理公司的意见

（一九九九年七月八日）

为了防范和化解金融风险，依法处置国有商业银行的不良资产，加强对国有商业银行经营情况的考核，根据党中央、国务院关于深化金融改革、整顿金融秩序、防范金融风险的统一部署，现就组建中国华融资产管理公司（以下简称华融公司）、中国长城资产管理公司（以下简称长城公司）和中国东方资产管理公司（以下简称东方公司）有关问题提出以下意见。

一、公司的性质、任务和业务范围。

华融公司、长城公司和东方公司（以下简称"三家公司"）是具有独立法人资格的国有独资金融企业。主要任务是：收购、管理、处置从中国工商银行、中国农业银行和中国银行剥离的不良资产，以最大限度保全资产、减少损失为主要经营目标。其中，华融公司主要收购并经营中国工商银行剥离的不良资产，长城公司主要收购并经营中国农业银行剥离的不良资产，东方公司主要收购并经营中国银行剥离的不良资产。

三家公司的业务范围包括：收购并经营相应银行的不良资产，债务追偿，资产置换、转让与销售，债务重组，企业重组，债权转股权及阶段性持股，发行债券，商业借款，向金融机构借款，向中央银行申请再贷款，投资咨询与顾问，资产及项目评估，财务及法律咨询与顾问，企业审计与破产清算，资产管理范围以内的推荐企业上市和股票、债券的承销，直接投资，资产证券化等。

二、公司资本和经营管理机构。

华融公司和长城公司实收资本金各人民币一百亿元，东方公司实收资本金本外币合计人民币一百亿元（其中，人民币六十亿元、外汇五亿美元），均由财政部全额拨入。

三家公司总部设在北京，根据业务需要设置职能部门和分支机构。三家公司

均设立监事会，由财政部、人民银行、审计署、证监会、相应的不良资产剥离银行以及外部专业人士和公司管理人员、员工代表组成。三家公司的人员主要从不良资产剥离银行现有工作人员中选调，同时从社会上招聘若干专业技术人员，实行全员合同制。

三、公司的监督管理。

三家公司由人民银行负责监管，涉及人民银行监管范围以外的金融业务，由相关业务主管部门监管，财政部负责财务监管。党的关系归口中央金融工委管理。

四、不良资产的剥离和处置。

不良贷款剥离范围是：按当前贷款分类办法剥离逾期、呆滞、呆账贷款，其中待核销呆账以及一九九六年以来新发放并已逾期的贷款不属此次剥离范围。剥离不良资产的具体办法，由人民银行会同财政部确定，相应的银行组织实施。剥离不良资产的银行要组织有关专家和中介机构对剥离的不良贷款进行评估和审核，并按规定报财政部认定。

三家公司承接不良资产后，要统筹所属机构，综合运用出售、置换、资产重组、债转股、证券化等方法对贷款及其抵押品进行处置；对债务人提供管理咨询、收购兼并、分立重组、包装上市等方面的服务；对确属资不抵债、需要关闭破产的企业申请破产清算。按照国家有关规定，通过向境内外投资者出售债权、股权，最大限度回收资产、减少损失。

对已被三家公司收购的银行不良贷款，其所涉债务人由对原银行的负债转为对相应资产管理公司的负债，由相应资产管理公司承继债权、行使债权主体的权利，并依法办理有关手续。三家公司在处置不良贷款过程中，有权按照有关法律法规和本文确定的经营范围和方式对承接的不良贷款实施重组。

五、有关财税政策。

三家公司免缴工商登记注册手续费，免征公司收购、承接、处置不良资产过程中的一切税收。三家公司处置不良资产形成的最终损失，由财政部提出处理方案报国务院审批。

资产管理公司财务会计制度和资产管理公司资产处置考核办法由财政部制定。

继续推进金融改革和整顿，突出抓好金融管理和监督[*]

（二〇〇〇年一月二十五日）

朱 镕 基

银行、证券、保险系统正在召开全国工作会议，总结去年工作，部署今年的任务。我现在讲以下几个问题。

一、正确认识我国金融形势。

去年我国经济总体形势是好的，有些方面比我们原来预想的还要好一些。金融形势也是好的。银行、证券和保险系统认真贯彻执行中央的方针政策，做了大量富有成效的工作，在推进金融改革、整顿、监管和发展方面取得明显成绩。金融形势好，集中表现在以下几个方面：

第一，金融持续平稳运行。两年多来，我们既成功地抵御了亚洲金融危机的冲击，又稳妥地化解了国内一些长期积累的金融风险，整个金融系统始终岿然不动，人民币汇率一直保持稳定。一九九九年底，国家外汇储备达到一千五百四十七亿美元，比一九九六年底增加四百九十七亿美元，这不仅增强了国家经济实力和抗风险能力，而且对稳定金融、稳定人心起到了重要作用。

第二，有力地支持了经济发展和改革。这两年，国家实施了扩大内需的方针和积极财政政策，同时努力发挥货币政策的作用。金融系统按照中央的要求，采取了一系列支持经济发展和改革的措施。一九九八年和一九九九年国家财政向商业银行发行二千一百亿元长期国债，带动银行贷款和自筹资金四千二百亿元，用于增加基础设施建设。这既是积极财政政策的重要组成部分，也是银行资金直接支持经济增长的重要举措。实行取消银行贷款规模控制、大幅度降低存款准备金

＊ 这是朱镕基同志在全国银行、证券、保险工作会议上的讲话。

率等措施，增加了货币供应量。在防范金融风险的同时，信贷总量仍然不断增加。一九九九年全部金融机构贷款余额比上年增加一万零八百亿元，贷款增长幅度与经济增长需要大体相适应。连续降低银行贷款利率，使国有企业利息负担大为减轻，为企业改革和脱困提供了有利条件。为了支持住房、教育改革和发展，促进消费，拉动需求，银行积极发展消费信贷。一九九九年底，国有商业银行发放居民购买住房贷款余额达一千二百六十亿元，比上年增加七百四十六亿元。证券、保险系统也为经济改革和发展提供了有力支持。资本市场不断发展，企业直接融资比重提高。去年，通过境内外证券市场筹集资金一千二百四十三亿元，比上年增长百分之三十；实现保费收入一千三百九十三亿元，增长百分之十。应当说，金融系统为促进改革和发展，维护社会稳定，做出了积极的重要贡献。

第三，现代金融体系和制度建设取得重要进展。按照发展社会主义市场经济的要求，借鉴国际经验，逐步建立了符合我国国情的现代金融组织体系、市场体系和监管体系。银行、证券、保险实行分业经营、分业监管，并相应建立各自的运行机制和监管体系，金融机构内控制度建设也得到加强。初步理顺了政府、银行、企业三者关系，银行经营自主权得到进一步落实。货币、证券、保险市场稳步发展。金融创新不断推进，金融电子化建设步伐加快。

我国金融领域取得好成绩，是中央对金融工作作出正确决策的结果。特别是一九九七年十一月中央召开的金融工作会议，对深化金融改革、整顿金融秩序、防范金融风险作出了历史性的重大部署。地方各级党委、政府和整个金融系统，按照中央的要求，统一思想，紧密配合，锐意进取，开创了金融工作的新局面，使金融改革、整顿、监管和法治建设都取得了重要进展。

在深化金融改革方面。改变了人民银行按行政区划设置分支机构的状况，在全国成立了九个跨省（自治区、直辖市）分行。证监会和保监会也在全国跨行政区划设立分支机构。完善了金融系统党的领导体制，成立了中央金融工委和各金融机构系统党委，加强了党对金融工作的集中统一领导。国有商业银行商业化改革步伐加快，合理调整和撤并了部分分支机构，强化一级法人管理，加强了总行的控制与监督。为了积极处置国有商业银行不良资产，促进国有企业改革和脱困，借鉴国际经验，先后成立了信达、华融、东方和长城四家金融资产管理公司。各银行、证券、保险机构内部改革也做了大量工作。

在整顿金融秩序方面。严厉打击非法设立金融机构、非法或变相从事金融业务、非法集资的各种金融"三乱"活动，取得显著成效。这两年，清理整顿并处置了一万一千个农村合作基金会，其中撤销了六千七百多个。清理银行账外账及违规经营，共处理有关责任人五千二百多人。依法撤并或关闭了一些有严重问题的金融机构，包括撤并城乡信用社一千六百多家；妥善处置了中国农村发展信托投资公司、海南发展银行和广东国际信托投资公司等金融机构的问题。清理整顿了证券公司，进一步规范了证券、保险市场秩序。全国四十一个非法股票交易市场已全部被清理关闭，清除了证券市场的一大风险隐患。整顿了期货市场，原有的十四个期货交易所经过整顿和撤并，只保留了三个；期货交易品种由三十五种压缩到十二种。整顿金融秩序的其他方面工作也都在有序地推进。

在强化金融监管和法治方面。银行、证券、保险系统加强了外部监管和内控制度建设。进一步加强了金融立法工作，《证券法》等重要金融法律法规相继颁布实施。加大了金融执法力度，一批大案要案得到查处。一九九九年立案查处各类违法违纪案件二千二百六十九件，处理违法违纪人员五千零四十五人，其中司处级以上干部二百一十五人。

实践充分证明，以江泽民同志为核心的党中央关于金融工作的方针和部署是完全正确的。金融系统广大干部、职工为金融改革、整顿和发展付出了艰辛的努力。金融战线所取得的成绩，也是与地方各级党委和政府的大力支持分不开的。

同时，必须清醒地看到，当前金融领域的问题还很多，金融风险和隐患仍然存在。主要表现在：一是国有商业银行不良资产比例相当高，这两年继续呈上升趋势。银行经营状况也令人堪忧。从账面上看，一九九九年，四家国有商业银行有三家盈利、一家亏损，盈亏相抵后，净亏损仍达一百一十多亿元。还要看到，即使账面上是盈利的银行也是虚盈实亏。这并不是说银行有意造假账，而是说按照现行的财务制度，很多潜在的亏损因素并没有被考虑进去。例如：应收未收利息的数额不小，逾期一年以内不良贷款的利息，虽然实际上没有收到，但仍计算为银行收益；应付未付利息的潜在亏空也很大；还有呆坏账准备金提取不足、银行部分债权悬空等。综合考虑这些因素，四家国有商业银行实际上的亏损程度是严重的。二是非银行金融机构和中小金融机构的问题还不少，特别是信托投资公司和城乡信用社遗留的大量问题仍有待解决，潜伏的风险还在一个接一个地暴露出来。三是银行系统高息吸储、贷款拿回扣、乱开信用证、向关联企业乱贷款等违法违规现象，依然不同程度地存在。证券、保险市场风险仍然不小。目前尚有五十五家证券公司挪用客户的保证金尚未清理。人寿险的利差亏损风险还很大。四是非法金融活动屡禁不止。以前的金融"三乱"问题还没有完全解决,最近许多地方又出现了民间高利贷、农村标会和境外股指期货炒作等非法金融活动。五是金融大案要案时有发生。一些违法犯罪案件情节之严重,危害之烈,损失之大,令人触目惊心。在有些地方的大案要案中,当地的一些主要金融机构都卷入了,金融机构主要领导干部带头违法犯罪。所有这些说明,对金融领域的问题必须高度重视,金融改革、整顿、监管和风险防范的任务仍然十分艰巨。

"患生于所忽,祸起于细微"。"事变常出于所不忧"。如果对金融领域存在的问题掉以轻心,一旦风吹草动,就有可能出现大的乱子,影响经济稳定,甚至危及政治和社会安定。我们必须有强烈的忧患意识,居安思危,防患于未然。现在,我国改革处于攻坚阶段,发展处于关键时期。随着我国加入世界贸易组织进程的加快,我国对外开放将进入一个新的阶段。在新的形势下,金融系统既有良好机遇,又面临严峻挑战。所有金融机构和金融从业人员,都必须增强紧迫感和责任感,继续按照中央的决策和部署,认真做好各项工作,确保金融安全、高效、稳健运行,为改革、发展和稳定做出更大贡献。

二、积极支持经济发展和改革。

今年,我国改革和发展的任务很繁重。要进一步扩大内需,调整经济结构,提高经济效益,保持经济较快增长,又要努力实现国有企业改革和脱困的三年目标。为此,在继续实施积极财政政策的同时,必须进一步发挥货币政策的作用。

金融系统要在坚持稳健经营的原则下,从多方面加大对经济发展和改革的支持力度,当前特别是要认真贯彻落实以下几项措施:一是国有银行要及时发放与国债投资项目相配套的固定资产投资贷款。国债投资的项目,已经国家计委等单位审核,银行就不要再从头到尾进行重复审查,主要是对金融风险作出评估,并要提高评估效率,使贷款及时到位。当然,国家计委等单位在审查项目时也应请有关银行提前介入。二是保证产品有市场、有效益、守信用企业的流动资金贷款和技术改造贷款的需要。但对那些搞重复建设、生产积压产品和需要压缩生产能力的企业,银行要坚决停止或压缩贷款。我曾多次说过,调整经济结构主要应靠经济手段,银行在这方面可以大有作为。银行对符合产业政策、有市场前景的生产建设,积极给予贷款支持,对供过于求的产品生产和需要淘汰落后生产能力的企业,不予贷款,这就是运用经济手段调整产业和产品结构,也是最直接和最有力的措施。三是积极增加对各种所有制中小企业特别是科技型企业的贷款。现在对中小企业贷款限制还是太严，应当进一步放宽。目前乡镇企业面临困难，农村信用社和有关银行对有效益的项目要有条件、有重点地给予积极支持。要基本解决好农民贷款难的问题。如何增加对农民的贷款，是一个很重要的课题。在目前农村信用社问题还比较多的情况下，农业银行应当发挥更大的作用。四是继续大力发展住房、助学和大件商品等消费信贷。这方面要改进办法，简化手续，提高审贷效率。要通过发展住房信贷，促进住房改革和发展，使住房建设真正成为重要的产业和新的经济增长点。五是人民银行要运用多种货币政策工具，及时调控货币供应总量，以适应经济发展和结构调整的需要。六是进一步规范和发展证券市场，提高企业直接融资比重。党的十五大和十五届四中全会都明确提出，要积极探索公有制的多种实现形式。国有大中型企业尤其是优势企业，宜于实行股份制的，要抓紧进行股份制改造，利用股票市场筹集资金，重要的企业由国家控股。证券市场要在推动国有企业股份制改造方面发挥更大的作用，积极支持国有大中型企业和高技术企业上市融资。努力发展保险事业，不断开发新险种，积极拓展保险业务。

为了进一步发挥货币政策的作用，首先必须统一思想，正确认识和处理支持经济发展与防范金融风险的关系，使两者更好地结合起来，而不能对立起来。经济决定金融，只有使经济保持较快发展，企业生产经营状况得到改善，国家财力不断增强，才能更好地化解和防范金融风险。如果对符合贷款条件的生产建设不积极给予贷款支持，经济就不能得到很好地发展，也不利于从根本上防范金融风险。金融系统要切实改进工作作风，增强服务意识，提高服务质量。银行各级领导干部和工作人员不能老是坐在办公楼里，而要经常深入企业、农村，深入实际，调查研究，解决问题。要根据社会需要，及时推动金融创新，增加金融业务品种。同时要努力改进信贷管理办法。各银行都要加强内部资金调度，合理划分贷款审批权限，集中解决好当前一些比较突出的问题。比如，对西部和贫困地区部分贷差行贷款资金有困难的，有关上级行要积极想办法调剂资金帮助解决。实施西部大开发战略，单靠西部地区自己的力量是不够的，各国有商业银行要研究如何加大对西部地区的支持力度。要采取多种措施，充分调动和保护好信贷人员的积极性。必须明确指出，进一步发挥货币政策的作用，加大金融对经济发展和改革的支持力度，决不是敞开口子发票子，不是违反商业原则和信贷制度乱贷款，而必须认真按照贷款的条件和程序办事，努力降低银行不良资产的比例。

有的同志问，为什么不提实行积极的货币政策？对此，需要给予明确回答。这两年，中央实行积极财政政策的一个很重要的方面，就是通过国家财政向国有商业银行发行长期国债，把一部分居民储蓄资金转化为生产建设资金，这实际上也是运用了货币手段。在其他方面，货币政策也发挥了重要作用。但不能采取所谓积极的货币政策。这是因为，长期以来我国生产建设资金主要靠银行贷款，目前企业负担和金融风险都已相当大，银行和企业自我约束能力都还比较差，信贷制度也不健全。在这种情况下，如果实行积极的货币政策，过分增加货币供应量，不但不能扩大有效需求，反而会产生新的重复建设，加剧经济结构的不合理，甚至有可能导致经济秩序混乱和金融失控，这是非常危险的。应当认识到，银行的资金主要是居民储蓄存款，是必须还本付息的。所以，对于发放贷款、增加货币发行，一定要非常谨慎。中央提出进一步发挥货币政策的作用，既考虑了推动经济发展和改革对货币政策的要求，又注意了避免盲目扩张货币供应，确保金融安全、稳健运行，这是十分正确的。

三、继续抓紧化解和防范金融风险。

我们对防范金融风险的极端重要性和长期性、艰巨性，务必保持十分清醒的认识。应当充分利用现在的好时机，积极做好以下一些工作：

（一）采取切实有力措施，减少国有商业银行不良资产，加快减亏增盈。国家将继续逐步补充国有商业银行资本金，制定符合国际通行做法的呆坏账准备金制度。更重要的是，银行自身要努力。一方面，要积极消化已经形成的不良资产，依法加大清欠、回收力度，大力提高收贷率和收息率。另一方面，要努力提高新增贷款质量。国有商业银行在剥离了不良贷款后，从今年起，必须使不良贷款比例不再上升，并做到逐年有所下降。对今年起发放的贷款，要参照国际标准和根据我国实际情况所确定的每类不良贷款控制比例，按季监测，按年考核。国有商业银行要千方百计改善经营，努力减亏增盈，提高经营效益。人民银行要抓紧研究全面考核商业银行的办法，制定一套科学的指标体系，对各个商业银行的经营状况作出正确评价，真正做到奖惩严明。

这里需要强调，国有商业银行无论如何不能发生挤兑。一旦发生挤兑，各级领导干部都要迅速赶赴现场，发布安民告示，做好工作。应该说，我们现在有足够的实力解决好这类问题。但千万不能因为思想麻痹和工作疏忽，而让挤兑事态扩大，酿成大祸。

（二）抓紧化解中小金融机构和非银行金融机构的风险。这方面的清理整顿工作决不可半途而废。对有严重问题的中小金融机构和非银行金融机构，特别是地方的信托投资公司，该撤并的要坚决撤并，该关闭的要坚决关闭。这两年，一些地方对于清理农村合作基金会、处理城市非法金融活动、化解有严重问题的金融机构的风险，已探索了一些好的做法，要认真总结经验。在处理非法的和有严重问题的金融机构过程中，一定要多方面紧密协调配合，做好过细的工作，及早防止偏差，保持社会稳定。这两年来，整顿地方中小金融机构工作取得了阶段性成果，但各地方进展不平衡，在整顿中存在失之于宽、处理偏轻等问题，有些难点还有待突破。国务院将对进一步清理整顿工作进行具体部署。

人民银行采取发放再贷款的办法，帮助地方解决金融机构的风险，是为解决历史遗留问题而采取的迫不得已的措施，一定要正确加以运用。一是必须专款专用，严禁挪用。例如，用于解决农村合作基金会问题的再贷款，决不能用在其他方面。如果发现挪用资金的情况，一定要严肃惩处。二是严格控制再贷款的使用范围，把握好时机，避免出现严重挤兑现象。在处理问题时，要根据情况，区别对待。对从事正常金融活动的，要尽可能使群众的合法利益不受损害；对参与非法金融活动的，群众也应依法承担风险损失。三是依法严惩违法犯罪分子。在清理整顿工作中，必须依法彻底查处违法犯罪分子，决不能让他们趁机"解套"溜掉。涉案人员不论跑到什么地方，都要缉拿归案、依法查办。同时要明确，借给地方的再贷款是要偿还的，期限虽然可以长一点，但要按季付息，按年还本。各地要毫不松懈地做好这方面清理整顿工作，不能有松劲情绪，更不能单纯依赖向人民银行申请再贷款。要抓好清产核资、催收清欠和组织后期兑付资金等工作。

股份制商业银行也要高度重视化解风险。坚决防止和纠正银行股东分光利润、"竭泽而渔"的错误行为，强化银行股东责权利的统一，及时补充银行资本金。人民银行要严格把好设立商业银行的审批关。

（三）努力办好金融资产管理公司，切实做好债转股工作。债转股工作既要帮助符合条件的国有重点企业减轻债务负担，促进企业转换经营机制，推动国有企业改革和脱困，又要减少银行不良资产，化解金融风险。有关方面要密切配合，严格执行国家的有关政策。实行债转股的，应该是那些减轻了利息负担就能转亏为盈的企业。这就要求企业产品是有销路的，设备、技术、工艺是先进的，领导班子是比较健全的。如果那个企业产品无市场，扭亏无望，就不能实行债转股。一定要防止形成新的"道德风险"和赖账机制。要完善金融资产管理公司的政策和制度，加强对金融资产管理公司的监管，建立健全资产回收和经营效益考核制度，争取尽可能多地回收金融资产。

（四）认真防范证券、保险市场风险和涉外金融风险。要进一步采取措施，彻底解决证券公司挪用客户保证金的问题。严厉查处虚假包装上市和其他"暗箱"操作等严重违法违规问题。进一步改进保险资金运用办法，逐步解决人寿险的利差亏损问题。允许符合条件的股份制保险公司增资扩股或上市。近几年一些地方出现很大的结售汇逆差，很大程度上是进口高报、出口低报和其他逃汇、套汇、骗汇等各种违法违规行为所造成的，这暴露了外汇管理方面存在的问题。要尽快完善外汇管理体制，加强各有关部门之间的合作，建立外汇管理协调机制。要健全规章制度，进一步加强海关与外汇管理部门以及银行之间的电子网络建设，加强对银行结售汇业务真实性的审核。加大对违规外债的查处力度。密切注视和防范国外游资和各种金融衍生产品对我国金融市场的冲击。

四、切实加强金融管理和监督。

要继续按照中央既定的部署，把各项金融改革推向前进。银行、证券、保险方面的重要改革措施都已出台，今年要狠抓落实并不断完善。为了把中央确定的各项方针政策和任务真正落到实处，各行各业和各个方面都要突出抓好管理。银行、证券、保险在国民经济中发挥着十分重要的作用，同时又是高风险行业，尤其应当强化管理和监督，一定要在这方面下大功夫、硬功夫、真功夫。关键是要"严"字当头，从严治行，从严治市，进一步整顿和规范金融秩序。既要从外部加强管理和监督，又要健全金融机构的内控机制。要按照建立现代金融制度、显著提高金融竞争力和抗风险能力的需要，坚持高标准，严要求，建立严格的制度，实施严格的管理，进行严格的监督，实行严格的奖惩，使整个金融系统的每一个机构和岗位、每一项工作和程序、每一道步骤和环节，都真正体现从严治理的精神，都符合金融法律法规、规章和纪律。当前，要突出抓好以下几项工作：

一是抓紧成立国有重点金融机构监事会，加强对国有重点金融机构的监管。监事会由国务院派驻，对国务院负责。监事会不代替人民银行、证监会和保监会的职能和作用，而是代表国家对金融机构的资产保值增值状况实施监督。监事会以财务监督为核心，对金融机构的财务活动及经营管理行为实施监督，确保国有资产及其权益不受侵犯。国务院已原则通过《国有重点金融机构监事会暂行条例》，有关方面要抓紧组织实施。

二是银行、证券、保险系统的所有机构，都要加强内控制度建设。特别是要加强和完善信贷、会计、结算、重要凭证和现金管理等方面内控制度和机制的建设，建立健全和严格执行复核制度，真正恢复"铁账本、铁算盘、铁规章"的"三铁"信誉。各金融机构要全面认真地查找管理漏洞和薄弱环节，制定和落实相应措施。人民银行、证监会和保监会都必须把金融监管的重点，放到更有效地指导、推动和监督金融机构加强内控制度建设上来，包括督促和指导金融机构建章立制、严格监督金融机构按照审慎原则和规章制度开展业务、加强和完善对金融机构内控制度落实情况的全面考核。对管理松懈、内控制度不健全或不落实的金融机构，要及时采取警告、限期整顿、停办有关业务和停止审批新的机构等处罚措施。要加强对上市公司和证券机构的有效监管，坚决查处各种扰乱证券、保险市场秩序的行为。进一步加强外汇市场监管，严厉打击各种逃汇、套汇、骗汇的行为。要重视和加强对境外中资金融机构的管理和监督。

三是人民银行、证监会和保监会系统首先要管好自己，实行严格的管理和监督责任制。要加强对金融监管人员的考核，奖惩分明。对责任心不强、缺乏监管能力、严重失察失职的监管人员，要离岗培训或及时撤换。今后金融机构出现问题，不但要依法查处该金融机构有关人员，而且要严肃追究有关监管人员的责任。财政、审计等部门要加强对国有金融企业的财务监督和审计。同时，要充分运用社会中介机构，加大对金融机构的外部监督力度。

四是大力整饬社会信用，严肃结算纪律。银行要依法催收到期贷款本息，依法维护金融债权。对各种逃废银行债务的行为，要坚决抵制和防范，并予以曝光。现在仍然有不少企业"多头开户"，逃废银行债务，逃避银行信贷监督，一定要进一步清理和规范账户管理。

加强金融管理和监督，最重要的是，要以对党和人民高度负责的精神，敢于坚持原则，动真格的，不怕得罪人。要坚决反对庸俗作风、"好人主义"，严肃查处各种违法违规案件和人员。要通过强化管理和监督，明显提高我国金融系统的整体素质和经营管理水平。

五、进一步加强金融队伍建设。

总的看来，我国银行、证券、保险系统的队伍是好的，涌现了许多优秀集体和个人。但也要看到，目前存在的问题还很多。主要是，金融队伍结构不合理，缺乏高水平人才。在现有金融从业人员中，懂得一般金融业务的人多，懂得现代金融业务的人少；懂得金融业务知识的人多，懂得其他相关知识，特别是懂得宏观经济、企业经营管理、科学技术和法律法规方面知识的人少。同时，有些人政治思想和业务素质低，甚至出现一些害群之马。我们要推进金融改革、整顿和发展，提高金融的现代化管理水平，必须切实加强金融队伍建设。

首先，要全面提高金融从业人员的政治思想素质和业务素质。金融业是一个重要而特殊的行业，更需要不断提高队伍的政治思想素质。要坚持"讲学习，讲政治，讲正气"。金融系统要形成学习马列主义、毛泽东思想和邓小平理论的浓厚气氛，用科学的理论武装头脑和指导实践，树立正确的世界观、人生观和价值观，在新的形势和复杂环境下，辨得清是非，抵得住诱惑，经得起考验。各金融机构都要认真总结"三讲"经验，落实整改措施，巩固"三讲"成果。同时，要认真学习和贯彻中央的方针和政策，努力学习现代金融知识、宏观经济知识、现代企业管理和科学技术，使广大的金融从业人员具有高度的政治思想觉悟、良好的职业道德和爱岗敬业精神，成为适应形势发展和时代要求的高素质人才。要进一步加强银行、证券、保险系统各级领导班子建设，选拔德才兼备的干部特别是年轻干部充实各级领导班子。坚持干部交流制度，加大金融系统各级领导干部跨部门、跨系统和跨地域的交流力度。

第二，深入开展党风廉政建设和反腐败斗争。要认真贯彻中央纪委第四次全体会议和江泽民同志的重要讲话精神。所有金融从业人员特别是各级领导干部，都要严格自律，廉洁自持，自觉遵守金融系统反腐倡廉"十个严禁"。在任何地方和任何情况下，都要做到两袖清风，一身正气，拒腐蚀，永不沾。要坚决查处大案要案。对重大金融案件，必须一查到底，依法从严处理，决不姑息。那些经常出现大案要案的金融机构，主要负责人要引咎辞职或及时撤换。要坚决纠正和防止行业不正之风，严禁各种形式的以权谋私和以贷谋私行为。严格执行领导干部任期、离任审计制度。要厉行勤俭节约，反对奢侈浪费。健全财务制度，严肃财务纪律，严格控制费用，坚决制止各种讲排场、摆阔气等现象。对滥发奖金和严重铺张浪费的单位，要严肃追究有关主要领导干部的责任。

第三，改进用人制度，加强培训工作，广揽人才。要借鉴国际经验，从我国国情出发，深化改革，建立和完善符合金融业特点的干部人事制度、劳动用工制

388

度和收入分配制度。建立健全严格考核、奖惩分明的机制，调动和保护广大干部职工的积极性，充分发挥他们的聪明才智。要加强和改进对金融机构高级管理人员任职资格的审查，建立金融业务人员培训考核和持证上岗制度。要采取一些特殊政策措施，广招天下人才，包括引进国外智力，充实银行、证券、保险队伍，特别是要引进熟悉国际金融业务和现代金融管理的高水平人才，以适应我国金融改革开放和发展的需要。

今年是世纪之交，做好今年的金融工作具有承前启后的重要意义。希望金融系统的广大干部和职工不辜负党和人民的期望，充分认识我国金融面临的新形势、新任务、新挑战，在以江泽民同志为核心的党中央领导下，高举邓小平理论伟大旗帜，振奋精神，扎实工作，以优异的成绩迎接新世纪的到来！

中华人民共和国人民币管理条例

（二○○○年二月三日国务院发布）

第一章 总　　则

第一条　为了加强对人民币的管理，维护人民币的信誉，稳定金融秩序，根据《中华人民共和国中国人民银行法》，制定本条例。

第二条　本条例所称人民币，是指中国人民银行依法发行的货币，包括纸币和硬币。

从事人民币的设计、印制、发行、流通和回收等活动，应当遵守本条例。

第三条　中华人民共和国的法定货币是人民币。以人民币支付中华人民共和国境内的一切公共的和私人的债务，任何单位和个人不得拒收。

第四条　人民币的单位为元，人民币辅币单位为角、分。一元等于十角，一角等于十分。

人民币依其面额支付。

第五条　中国人民银行是国家管理人民币的主管机关，负责本条例的组织实施。

第六条　任何单位和个人都应当爱护人民币。禁止损害人民币和妨碍人民币流通。

第二章　设计和印制

第七条　新版人民币由中国人民银行组织设计，报国务院批准。

第八条　人民币由中国人民银行指定的专门企业印制。

第九条　印制人民币的企业应当按照中国人民银行制定的人民币质量标准和印制计划印制人民币。

第十条　印制人民币的企业应当将合格的人民币产品全部解缴中国人民银行人民币发行库，将不合格的人民币产品按照中国人民银行的规定全部销毁。

第十一条　印制人民币的原版、原模使用完毕后，由中国人民银行封存。

第十二条　印制人民币的特殊材料、技术、工艺、专用设备等重要事项属于国家秘密。印制人民币的企业和有关人员应当保守国家秘密；未经中国人民银行批准，任何单位和个人不得对外提供。

第十三条　未经中国人民银行批准，任何单位和个人不得研制、仿制、引进、销售、购买和使用印制人民币所特有的防伪材料、防伪技术、防伪工艺和专用设备。

第十四条　人民币样币是检验人民币印制质量和鉴别人民币真伪的标准样本，由印制人民币的企业按照中国人民银行的规定印制。人民币样币上应当加印"样币"字样。

第三章　发行和回收

第十五条　人民币由中国人民银行统一发行。

第十六条　中国人民银行发行新版人民币，应当报国务院批准。

中国人民银行应当将新版人民币的发行时间、面额、图案、式样、规格、主色调、主要特征等予以公告。

中国人民银行不得在新版人民币发行公告发布前将新版人民币支付给金融机构。

第十七条　因防伪或者其他原因，需要改变人民币的印制材料、技术或者工艺的，由中国人民银行决定。

中国人民银行应当将改版后的人民币的发行时间、面额、主要特征等予以公告。

中国人民银行不得在改版人民币发行公告发布前将改版人民币支付给金融机构。

第十八条　中国人民银行可以根据需要发行纪念币。

纪念币是具有特定主题的限量发行的人民币，包括普通纪念币和贵金属纪念币。

第十九条　纪念币的主题、面额、图案、材质、式样、规格、发行数量、发行时间等由中国人民银行确定；但是，纪念币的主题涉及重大政治、历史题材的，应当报国务院批准。

中国人民银行应当将纪念币的主题、面额、图案、材质、式样、规格、发行数量、发行时间等予以公告。

中国人民银行不得在纪念币发行公告发布前将纪念币支付给金融机构。

第二十条　中国人民银行设立人民币发行库，在其分支机构设立分支库，负责保管人民币发行基金。各级人民币发行库主任由同级中国人民银行行长担任。

人民币发行基金是中国人民银行人民币发行库保存的未进入流通的人民币。

人民币发行基金的调拨，应当按照中国人民银行的规定办理。任何单位和个人不得违反规定动用人民币发行基金，不得干扰、阻碍人民币发行基金的调拨。

第二十一条　特定版别的人民币的停止流通，应当报国务院批准，并由中国人民银行公告。

办理人民币存取款业务的金融机构应当按照中国人民银行的规定，收兑停止流通的人民币，并将其交存当地中国人民银行。

中国人民银行不得将停止流通的人民币支付给金融机构，金融机构不得将停止流通的人民币对外支付。

第二十二条　办理人民币存取款业务的金融机构应当按照中国人民银行的规定，无偿为公众兑换残缺、污损的人民币，挑剔残缺、污损的人民币，并将其交存当地中国人民银行。

中国人民银行不得将残缺、污损的人民币支付给金融机构，金融机构不得将残缺、污损的人民币对外支付。

第二十三条　停止流通的人民币和残缺、污损的人民币，由中国人民银行负责回收、销毁。具体办法由中国人民银行制定。

第四章　流通和保护

第二十四条　办理人民币存取款业务的金融机构应当根据合理需要的原则，办理人民币券别调剂业务。

第二十五条　禁止非法买卖流通人民币。

纪念币的买卖，应当遵守中国人民银行的有关规定。

第二十六条　装帧流通人民币和经营流通人民币，应当经中国人民银行批准。

第二十七条　禁止下列损害人民币的行为：

（一）故意毁损人民币；

（二）制作、仿制、买卖人民币图样；

（三）未经中国人民银行批准，在宣传品、出版物或者其他商品上使用人民币图样；

（四）中国人民银行规定的其他损害人民币的行为。

前款人民币图样包括放大、缩小和同样大小的人民币图样。

第二十八条　人民币样币禁止流通。

人民币样币的管理办法，由中国人民银行制定。

第二十九条　任何单位和个人不得印制、发售代币票券，以代替人民币在市场上流通。

第三十条　中国公民出入境、外国人入出境携带人民币实行限额管理制度，具体限额由中国人民银行规定。

第三十一条　禁止伪造、变造人民币。禁止出售、购买伪造、变造的人民币。禁止走私、运输、持有、使用伪造、变造的人民币。

第三十二条　单位和个人持有伪造、变造的人民币的，应当及时上交中国人民银行、公安机关或者办理人民币存取款业务的金融机构；发现他人持有伪造、变造的人民币的，应当立即向公安机关报告。

第三十三条　中国人民银行、公安机关发现伪造、变造的人民币，应当予以没收，加盖"假币"字样的戳记，并登记造册；持有人对公安机关没收的人民币的真伪有异议的，可以向中国人民银行申请鉴定。

公安机关应当将没收的伪造、变造的人民币解缴当地中国人民银行。

第三十四条　办理人民币存取款业务的金融机构发现伪造、变造的人民币，数量较多、有新版的伪造人民币或者有其他制造贩卖伪造、变造的人民币线索的，应当立即报告公安机关；数量较少的，由该金融机构两名以上工作人员当面予以收缴，加盖"假币"字样的戳记，登记造册，向持有人出具中国人民银行统一印制的收缴凭证，并告知持有人可以向中国人民银行或者向中国人民银行授权的国有独资商业银行的业务机构申请鉴定。对伪造、变造的人民币收缴及鉴定的具体办法，由中国人民银行制定。

办理人民币存取款业务的金融机构应当将收缴的伪造、变造的人民币解缴当地中国人民银行。

第三十五条　中国人民银行和中国人民银行授权的国有独资商业银行的业务机构应当无偿提供鉴定人民币真伪的服务。

对盖有"假币"字样戳记的人民币，经鉴定为真币的，由中国人民银行或者中国人民银行授权的国有独资商业银行的业务机构按照面额予以兑换；经鉴定为假币的，由中国人民银行或者中国人民银行授权的国有独资商业银行的业务机构予以没收。

中国人民银行授权的国有独资商业银行的业务机构应当将没收的伪造、变造的人民币解缴当地中国人民银行。

第三十六条　办理人民币存取款业务的金融机构应当采取有效措施，防止以伪造、变造的人民币对外支付。

办理人民币存取款业务的金融机构应当在营业场所无偿提供鉴别人民币真伪的服务。

第三十七条　伪造、变造的人民币由中国人民银行统一销毁。

第三十八条　人民币反假鉴别仪应当按照国家规定标准生产。

人民币反假鉴别仪国家标准，由中国人民银行会同有关部门制定，并协助组织实施。

第三十九条　人民币有下列情形之一的，不得流通：

（一）不能兑换的残缺、污损的人民币；

（二）停止流通的人民币。

第五章　罚　　则

第四十条　印制人民币的企业和有关人员有下列情形之一的，由中国人民银行给予警告，没收违法所得，并处违法所得一倍以上三倍以下的罚款，没有违法所得的，处一万元以上十万元以下的罚款；对直接负责的主管人员和其他直接责任人员，依法给予纪律处分：

（一）未按照中国人民银行制定的人民币质量标准和印制计划印制人民币的；

（二）未将合格的人民币产品全部解缴中国人民银行人民币发行库的；

（三）未按照中国人民银行的规定将不合格的人民币产品全部销毁的；

（四）未经中国人民银行批准，擅自对外提供印制人民币的特殊材料、技术、工艺或者专用设备等国家秘密的。

第四十一条　违反本条例第十三条规定的，由工商行政管理机关和其他有关行政执法机关给予警告，没收违法所得和非法财物，并处违法所得一倍以上三倍以下的罚款；没有违法所得的，处二万元以上二十万元以下的罚款。

第四十二条　办理人民币存取款业务的金融机构违反本条例第二十一条第二款、第三款和第二十二条规定的，由中国人民银行给予警告，并处一千元以上五千元以下的罚款；对直接负责的主管人员和其他直接责任人员，依法给予纪律处分。

第四十三条　故意毁损人民币的，由公安机关给予警告，并处一万元以下的罚款。

第四十四条　违反本条例第二十五条、第二十六条、第二十七条第一款第二项和第四项规定的，由工商行政管理机关和其他有关行政执法机关给予警告，没收违法所得和非法财物，并处违法所得一倍以上三倍以下的罚款；没有违法所得的，处一千元以上五万元以下的罚款。

工商行政管理机关和其他有关行政执法机关应当销毁非法使用的人民币图样。

第四十五条　办理人民币存取款业务的金融机构、中国人民银行授权的国有独资商业银行的业务机构违反本条例第三十四条、第三十五条和第三十六条规定的，由中国人民银行给予警告，并处一千元以上五万元以下的罚款；对直接负责的主管人员和其他直接责任人员，依法给予纪律处分。

第四十六条　中国人民银行、公安机关、工商行政管理机关及其工作人员违反本条例有关规定的，对直接负责的主管人员和其他直接责任人员，依法给予行政处分。

第四十七条　违反本条例第二十条第三款、第二十七条第一款第三项、第二十九条和第三十一条规定的，依照《中华人民共和国中国人民银行法》的有关规定予以处罚；其中，违反本条例第三十一条规定，构成犯罪的，依法追究刑事责任。

第六章 附　则

第四十八条　本条例自二〇〇〇年五月一日起施行。

在金融改革整顿工作小组会议上的讲话

（二〇〇〇年二月十八日）

温 家 宝

一、深化金融改革、整顿金融秩序工作取得了阶段性成果。

按照中央的统一部署，金融整改的主要目标是要力争用三年左右的时间，大体建立与社会主义市场经济发展相适应的金融机构体系、金融市场体系和金融调控监管体系。两年来，在国务院领导下，各专题小组做了大量工作，形成了十九个整改方案并陆续组织实施，取得了阶段性成果。具体表现在以下四个方面：

（一）新的金融监管框架初步形成。

金融系统党的领导体制改革、人民银行管理体制改革、证券监管体制改革和保险监管体制改革等重大改革工作取得了实质性进展，加强了党对金融工作的集中统一领导，银行、证券、保险实行分业经营、分业监管，初步建立了与我国现阶段金融业发展水平相适应的运行机制和监管体系。

——各金融机构党的组织关系已实行垂直领导。党组改党委、建立纪律检查委员会等工作已经完成；中央各金融机构及绝大多数省地分支机构党委工作部门已经组建起来。

——人民银行跨区监管体系已经建立，金融监管得到加强。人民银行新的管理体制于一九九九年一月一日正式运行；分行、监管办和省会城市中心支行内设机构已经成立，新的工作秩序初步形成；金融监管外部条件有所改善，金融监管工作得到加强。

——新的证券监管体制运转良好。一九九九年七月一日，中国证监会派出机构正式挂牌，标志着证券期货业集中统一监管体制已经确定。

——保险监管职能从人民银行独立出来，成立了中国保险监督管理委员会。保监会派出机构设置方案已经中编委批准，目前正在抓紧落实。

（二）整顿金融秩序取得重要进展。

——金融机构的经营活动逐步规范，内控制度建设得到加强，违规高息吸收存款和发放贷款明显减少，大范围的账外经营得到遏制，存贷款利率、拆借、证券业务违规问题明显减少。

——二十九家证券交易中心已有二十六家清理完毕，进入改组阶段，期货交易所的撤并工作已经完成，交易所数量已由十四家减少到三家，期货交易品种由三十五个减少到十二个，保留品种的交易保证金比率已调整到位。

——保险业分业经营、分业管理已取得初步成效，以社会保险的名义经营或变相经营商业保险业务的问题基本得到了纠正，规范兼业代理和清理外资非法保险中介活动也取得了阶段性成果。

——据不完全统计，截止到一九九九年底，全国共取缔或撤销非法设立的金融机构七百九十七家，清理银行账外账及违规经营，共处理有关责任人五千二百多人，新发生和发现的乱集资案件基本上得到了查处和纠正，乱办金融业务的现象得到遏制。

——财政周转金已经取消，从一九九八年八月一日起只收不贷，目前各级财政部门正按要求积极清理回收，国债中介机构的转制和撤销工作目前均在实施。

（三）多年积累的金融风险开始逐步化解。

——城市信用社的整顿工作正在按计划开展。全国二千八百九十三家城市信用社的清产核资工作已基本完成。对二十一家严重资不抵债、不能支付到期债务、已经或即将引起挤兑风波的城市信用社实施了行政关闭；对发生区域性持续支付危机的有关金融机构进行停业整顿。

——证券经营机构规范整顿工作稳步推进。原来普遍存在风险的九十家证券公司，经过清理整顿，目前已有三十五家证券公司全部归还了客户交易结算资金。全国四十一个非法股票交易场所已全部关闭，股民情绪基本稳定，少数地区发生的股民集体上访和聚众闹事问题得到了妥善的处理，没有形成大规模的群体性事件。

——清理整顿农村合作基金会工作进展平稳。到一九九九年底，全国已处置农村合作基金会一万二千四百五十家，占总数的百分之四十四，其中撤销七千四百六十九家，并入农村信用社四千九百八十一家。在总结经验的基础上，推行重庆的做法，即地方政府统筹组织清理整顿，通过有资信的地方商业银行向中国人民银行借款，来保证群众的兑付，地方财政负责分期还款。这样就使清理整顿农村合作基金会工作逐步纳入规范化的轨道。到目前为止，已批准十八个省（区、市）借款二百九十一点三亿元。从已经完成首期兑付的地方看，首期兑付资金占应兑付资金总额的比例达到百分之四十以上，首期兑付的户数一般占应兑付户数的三分之二以上。总的看，农村合作基金会清理整顿工作取得初步成效，确保了农村经济和社会的稳定。

——此外，采取多种形式，积极探索化解金融风险的途径，如对海南发展银行依法实行关闭等。

（四）金融服务进一步改善。

各金融部门在整改过程中，始终注意把整改工作与促进经济发展紧密结合起来。近两年来，围绕贯彻落实中央确定的扩大内需，实行积极的财政政策，加强基础设施建设等举措，金融系统采取了一系列支持改革和经济发展的措施，努力发挥货币政策的作用，搞好金融服务工作。中央银行适当增加了货币供应量，取消了对商业银行贷款规模限额控制，改革和调整了存款准备金制度，降低了存贷款利率；商业银行加快对基础设施建设项目的贷款进度，在扩大贷款面，简化贷款手续，增加贷款透明度，提供综合性服务等方面有了进一步的改进和提高；证券机构充分利用资本市场，支持国有企业筹集资金，转变经营机制，实施结构调整，一九九九年，通过境内外证券市场筹集资金一千二百四十三亿元，比上年增长百分之三十；保险公司实现保费收入一千三百九十三亿元，增长百分之十。可以讲，金融系统为促进经济发展，维护社会稳定做出了重要贡献。

在整改过程中各专题小组总结和摸索了一些成功经验，概括起来主要有以下四条：

1. 统一认识，加强领导。主要负责同志亲自进行部署，统一思想认识，切实加强对整改工作的组织和领导。比如，证监会与各有关地方政府和部门的负责同志开联系会、协商会约八十次，为解决各种疑难问题开碰头会、面对面地指导约一百八十次，逐省逐项制定工作方案，研究政策措施，解决实际问题，共同组织落实。

2. 深入调研，制定方案。在整改工作展开前，各专题小组都组织人员对重点地区、重点机构进行了深入调查，并在调查研究的基础上进行反复论证，从实际出发，因地制宜制定整改方案和相关政策。研究制定方案和政策，既坚持中央确定的整改目标和原则，又注意区别对待、分类处理，使方案和政策具有较强的可操作性，为整改工作的顺利开展创造了条件。比如，清理整顿农村合作基金会，将责任交给省级政府，由省政府按照中央统一政策，结合当地实际情况，制定具体政策和方法步骤，两年的实践证明，中央确定的这一思路是正确的。

3．分类指导，稳步实施。在实施整改方案过程中，坚持统筹规划，区别情况，先易后难，逐步化解。这一条非常重要。现在积累的问题太多、太复杂，如果全面出击，顾此失彼，弄不好会发生问题。必须一个问题一个问题去解决。比如，在清理场外非法股票交易时，证监会分别不同情况，对广东、湖北、四川等地和 STAQ、NET 系统采取了先关闭交易场所、再清理挂牌企业的做法，而对山东则采取了先分期分批摘掉挂牌企业、再关闭交易场所的做法；各地在处理挂牌企业时，区别不同情况采取了持股分红、收购回购、重组上市、并入上市公司等多种做法，确保了整改工作的顺利进行和社会稳定。

4．密切配合，协同作战。有关部门和地方政府十分重视协调各方面的力量开展工作，各有关方面也都从大局出发，积极配合，有力地保障了金融整改工作的顺利进行。比如，证监会与人民银行互相配合做好证券经营机构特别是信托投资公司的整改工作；各有关地方政府清理整顿工作机构与公安部门、信访部门保持密切联系，及时防范和处理了一批债权人和股民聚众闹事、集体上访的问题，等等。

二、存在的主要问题。

虽然金融整改工作取得一定成果，但必须清楚地认识到，当前金融整改工作中仍然存在着许多突出的问题，主要是：

（一）进展不平衡。

各专题工作进展不平衡。有的小组整改方案出台较早，政策措施基本到位，整改工作基本完成；有的小组整改方案出台后，正在组织实施；有的小组整体方案已经初步制定，但各项具体方案仍在研究制定中；有的小组整改方案出台后，正在根据新情况，研究制定深化改革的政策措施。

工作小组内部各项工作进展不平衡。比如，整顿保险业工作，保险机构分业经营工作进展较快，而国有保险公司机构设置改革、企业补充养老保险、农村养老保险和互助合作保险的整顿和规范工作还在进行中，有些问题还要研究，专项整改方案尚未出台。

地区之间整顿工作进展不平衡。有的省对某项整改工作抓得紧，进展较快，有些省工作开展晚，进展慢些。

（二）措施不到位。

从各专题工作小组总结的情况看，整改工作还存在政策不完善，措施不到位的问题。

——人民银行监管体制需要进一步完善，省会城市中心支行对国有商业银行实施监管的权威性不够，县级支行管理体制亟待改革。

——信托投资公司的整改工作需进一步加大力度。信托业整改的目标、任务已经明确，政策措施也已出台，但是一些地区和部门还存在观望态度，整顿的决心不大，整改工作进展缓慢。

——整章建制的工作需要加快。为做好金融整改工作，中央出台了一系列方针政策，各地区、各部门在整改工作中也总结出许多好的经验。要尽快将这些好的办法进行总结，制定相应的法律法规，使整个金融业的整改工作纳入法制化、规范化的轨道，为依法经营、依法监管创造条件。

（三）边整边犯情况时有发生。

在整改工作中存在着失之于宽的问题，对一些违法违规案件的处理偏轻。少数经过整改已经基本纠正的问题又再度发生，还有一些违规活动变换形式和手法后仍在边整边犯。比如，金融机构违规经营方面出现了"三降三升"的新情况，即利率违规、拆借违规、证券回购业务违规大幅下降，而银行承兑汇票、信用证、对外担保的违规行为则呈上升之势。商业银行违规现象已由过去的表内业务开始向表外业务集中。一九九九年，审计署对工商银行和建设银行一九九八年度资产负债和损益情况进行了审计，共查出各种违规经营金额五百五十四亿元，其中已损失一百零九亿元。这些问题是我们开展整改工作之后发生的，应引起足够重视。

（四）难点有待突破。

目前相当一部分中小金融机构的金融风险仍未得到有效化解，处置风险过程中的支付问题尚未找到根本性解决办法。关闭、撤销金融机构的债务清偿问题，尚需进一步制定出规范统一的办法，法人债务的清偿原则、资金来源等问题也需要研究、明确。对这些难点问题，需要在下一步整改工作中集中力量加以解决。

（五）新问题需要探索。

在进一步深化金融改革，整顿金融秩序，防范金融风险工作中，总会遇到一些新情况、新问题，已经改革建立的新体制也还有不顺的地方，政策还需完善。这些都不断地给我们提出新的课题。比如，借鉴国际上通行的做法，去年国务院决定成立金融资产管理公司，剥离和处置银行不良资产，最大限度地挽回不良资产的损失。这是深化金融体制改革的一项重大举措，也是一项全新的工作，难度很大，完全照搬外国的做法不行，必须结合我国的实际，在实践中探索。要建立既有激励又有约束的机制和法律法规，特别要防范逃废债的道德风险，最大限度地保全资产，减少损失。又比如，随着我国加入世贸组织，金融业必然会在组织体系、市场体系、监管和调控体系、法律法规和人才等各方面面临许多新情况、提出新要求，也需要我们深入研究，制定应对措施。

三、今年清理整顿的主要工作任务。

今年金融整改工作的总体要求是：全面贯彻《中共中央、国务院关于深化金融改革，整顿金融秩序，防范金融风险的通知》文件精神，进一步落实已经出台的各项整改方案，及时研究整改工作中出现的新情况和新问题，继续深化改革，切实防范和化解金融风险，努力实现金融秩序的进一步好转。各专题小组要集中力量，重点做好抓落实、抓深化、抓立法工作。

（一）抓落实。

按照中央文件的要求，今年是开展金融整顿改革工作的第三年，也是最关键的一年。经过两年的努力，整改目标已经明确，方案基本出台，并取得了阶段性成果，下一步工作的重点是抓好落实。

一是各小组都要对照中央批准下达的整改方案，逐项进行检查。通过对照检查，找出尚未落实的方面，分析没有落实的原因，制定进一步落实的措施。

二是对重点地区、重点问题进行督促、检查、指导。比如，整顿农村合作基金会，要将四川等问题较多的十几个省（区、市）作为重点，组织人员进行检查，指导地方做好清产核资、清收欠款、案件处理和资金兑付工作，维护农村社会稳定。整顿"三乱"工作要将整顿供销合作社股金服务部作为重点，集中力量进行清理整顿。这项工作必须同供销社的改革结合起来。要按照国务院确定的方针和政策，加大信托投资公司整改力度，坚决撤销、合并一批出现严重支付风险、资不抵债的信托投资公司。态度要坚决，步骤要稳妥。

三是完善配套措施。保险业整顿与改革方案虽已出台，但各专项工作方案还在研究制定中，整顿保险小组要抓紧工作，尽快出台具体方案并组织实施。

关于抓落实工作，再强调一个具体问题。国务院三令五申，金融机构要与自办经济实体脱钩，但进展情况不够理想。究其原因，一是认识问题，一些单位不能从大局出发，存在观望和攀比思想；二是利益问题，自办经济实体，为银行转移收入、虚列支出、逃避财务控制等违纪违规行为大开方便之门，为职工提供不正当的奖金和福利。对此，金融工委和人民银行要高度重视，将其作为一项重要工作来抓，把脱钩工作真正落实。

（二）抓深化。

抓深化就是要在整改工作中突出重点，突破难点，研究新情况、解决新问题，在实践过程中不断深化完善各项改革。任何方案不可能十全十美，任何改革不可能一蹴而就。工作搞了两年，要回头看，检查一下有哪些缺陷和不足，又出现了哪些新情况、新问题，逐步加以改善和解决。

要深化人民银行管理体制改革。这项改革已经取得重大的进展，但要认真总结经验，着力研究省会中心支行如何提高权威，发挥作用，改进监管方式，强化监督管理，提高监管质量。

要深化国有商业银行改革，按照办成真正商业银行的要求，围绕减少不良贷款、扭亏增盈、提高效益、搞好服务这个中心，进一步建立健全约束和激励机制，完善内控制度，加强经营管理。一九九九年，四家国有商业银行三盈一亏，总体亏损一百一十四亿元。朱镕基同志对此非常重视，作了重要批示。有关金融机构要加强管理，向管理要效益，改变金融业整体形象。

要深化农村信用社改革。目前，我国农村信用社经营状况不好，据有关部门调查，到一九九九年末，全国百分之五十七点一的农村信用社经营亏损，不良贷款占百分之四十一点八，存在着很大的金融风险。同时，随着农村经济的发展，广大农民对金融服务的要求又非常迫切，农村信用社现有的服务水平远远满足不了需要。因此，必须采取措施改革农村信用社的经营方式和监管体制。国务院已经明确在农村信用社整顿工作小组负责下，由国务院体改办组织调研组，在深入系统调查研究基础上，提出深化农村信用社改革方案，各有关部门要积极支持工作小组的工作，抓紧制订方案报国务院。

要积极探索化解金融风险的机制和途径。当前为解决中小金融机构的支付问题，中央银行和财政采取了一系列应急措施，取得了较好的效果。但是，从根本上解决这一问题还必须建立化解和处置金融风险的机制和体系。比如，借鉴国际经验，是否可以建立存款保险、风险基金等制度，都需进一步研究。

朱镕基同志最近又强调，对有严重问题的中小金融机构和非银行金融机构，特别是地方的信托投资公司，该撤并的要坚决撤并，该关闭的要坚决关闭。各地区、各部门态度要坚决，步骤要稳妥，认真贯彻执行。人民银行采取发放再贷款的办法，帮助地方解决金融机构的风险，一定要严格控制使用范围，专款专用，严禁挪用。

要进一步完善金融资产管理公司的经营体制和运行机制。请人民银行牵头，金融工委、财政部、证监会、国有独资商业银行和国家金融资产管理公司等单位参加，成立专题工作小组，对处置金融机构不良资产问题进行全面、系统地研究，提出进一步深化改革、规范运作、强化管理、提高效益的办法。

要高度重视我国加入世贸组织后金融业面临的各种机遇和挑战。人民银行、证监会和保监会要分别成立专门小组，对加入世贸组织后金融业面临的问题进行全面细致地研究，分析现状，找出问题，制定有效的应对措施。

要进一步规范和发展证券市场，提高企业直接融资比重。证券市场要在推动国有企业股份制改造方面发挥更大的作用，积极支持国有大中型企业和高技术企业上市融资。要努力发展保险事业，不断开发新险种，积极拓展保险业务。

以上，我只是点了几个题目，没有点到的，不是说没有深化的任务。各小组都要进一步深入研究造成金融秩序混乱的体制和机制方面的原因，既要落实应急措施整顿混乱状况，又要通过深化改革，从制度上防止各种违法违规的现象发生。

（三）抓立法。

整改工作的成果，不仅体现在金融秩序的由乱到治，更重要是体现在金融监管走上法制化、规范化轨道。抓立法，不仅是保障和巩固金融整改工作成果的需要，也是金融工作长治久安的要求。因此，各部门和各单位要结合整改方案的落实，抓紧建章立制的工作。有条件立法的，要尽快确定立法题目，深入调研，加快立法速度；立法尚不具备条件的，可先出台行政法规、规章或规范性文件予以规范。总之，要把整改成果逐步上升为法律。

四、几点要求。

（一）正确处理改革、发展和稳定的关系。

今年全国改革和发展各项工作任务都很繁重，金融整改工作也很艰巨，各部门要进一步加强领导，统筹安排好各项工作。特别要注意处理好改革、发展和稳定的关系。金融领域中存在的许多问题，是多年来积累的，解决起来难度很大，特别是支付问题直接影响到广大人民群众的切身利益；建立现代金融体系又是一项长期任务，不是两三年就可以完成的。因此，既要搞好清理整顿，化解金融风险，又要搞好金融服务，促进经济发展，还要保持金融稳定，维护社会稳定。

（二）深入学习、加强调查研究。

金融业的改革和发展要求我们不断学习新知识。首先，要结合本小组的任务，重新组织学习中央有关文件和规定。通过学习，制定和完善今后的整改工作计划，指导整改工作。同时，要认真学习先进经营管理方式和经验，包括借鉴国外先进的经验。要利用加入世贸组织的机会，把压力转化为动力，积极研究制定好应对措施，推进银行、证券、保险等方面工作的全面改革，改善经营管理，发挥自己的优势，增强竞争能力。

两年的实践证明，深入实际调查研究，广泛听取各方面的意见，是做好金融整改工作的重要基础。各专题小组要继续发扬这种好的作风和方法，深入基层、深入群众，依靠地方各级党委政府的力量，推进整改工作。

（三）加强检查指导。

整改工作，有些需要部门负责协调，有些需要地方负责。各地区、各部门要分阶段对整改工作进行检查，及时反馈情况，确保工作质量。通过检查，巩固前一段工作的成果，防止出现边改边犯或改后又重犯的现象；通过检查，发现新情况、新问题，不断完善政策措施，深化改革。对今年金融整改工作的难度要有充分估计，防止出现松懈情绪。整改工作既要抓紧，又不能赶进度，不能降低质量。

各专题工作小组的任务不仅仅是制定方案，更重要的是指导和督促整改方案的实施，跟踪了解整改方案的落实情况，完善各项配套政策措施。所以，我再次强调，金融整改工作要作长期打算，专题小组的领导和成员要相对稳定。个别同志因工作调整，可以换人，但这个小组的组织不要散。这项工作不仅对搞好金融整顿和改革，而且对加强金融部门的党的建设和党风廉政建设，都会起重要的促进作用。我们要以对党和人民高度负责的精神，把这项工作善始善终地做好。

国有重点金融机构监事会暂行条例

(二〇〇〇年三月十五日国务院发布)

第一条 为了健全国有重点金融机构监督机制，加强对国有重点金融机构的监督，根据《中华人民共和国商业银行法》、《中华人民共和国保险法》等有关法律的规定，制定本条例。

第二条 本条例所称国有重点金融机构，是指国务院派出监事会的国有政策性银行、商业银行、金融资产管理公司、证券公司、保险公司等（以下简称国有金融机构）。

国务院派出监事会的国有金融机构名单，由国有金融机构监事会管理机构（以下简称监事会管理机构）提出建议，报国务院决定。

第三条 国有金融机构监事会（以下简称监事会）由国务院派出，对国务院负责，代表国家对国有金融机构的资产质量及国有资产保值增值状况实施监督。

第四条 监事会的日常管理工作由监事会管理机构负责。

第五条 监事会以财务监督为核心，根据有关法律、行政法规和财政部的有关规定，对国有金融机构的财务活动及董事、行长（经理）等主要负责人的经营管理行为进行监督，确保国有资产及其权益不受侵犯。

监事会与国有金融机构是监督与被监督的关系，不参与、不干预国有金融机构的经营决策和经营管理活动。

第六条 监事会履行下列职责：

（一）检查国有金融机构贯彻执行国家有关金融、经济的法律、行政法规和规章制度的情况；

（二）检查国有金融机构的财务，查阅其财务会计资料及与其经营管理活动有关的其他资料，验证其财务报告、资金营运报告的真实性、合法性；

（三）检查国有金融机构的经营效益、利润分配、国有资产保值增值、资金营运等情况；

（四）检查国有金融机构的董事、行长（经理）等主要负责人的经营行为，并对其经营管理业绩进行评价，提出奖惩、任免建议。

第七条　监事会一般每年对国有金融机构定期检查两次，并可以根据实际需要不定期地对国有金融机构进行专项检查。

第八条　监事会开展监督检查，可以采取下列方式：

（一）听取国有金融机构主要负责人有关财务、资金状况和经营管理情况的汇报，在国有金融机构召开有关监督检查事项的会议；

（二）查阅国有金融机构的财务报告、会计凭证、会计账簿等财务会计资料以及与经营管理活动有关的其他资料；

（三）核查国有金融机构的财务、资金状况，向职工了解情况、听取意见，必要时要求国有金融机构主要负责人作出说明；

（四）向财政、工商、税务、审计、金融监管等有关部门调查了解国有金融机构的财务状况和经营管理情况。

监事会主席根据监督检查的需要，可以列席或者委派监事会其他成员列席国有金融机构董事会会议和其他有关会议。

第九条　监事会指导国有金融机构的内部审计、稽核、监察等内部监督部门的工作，国有金融机构内部监督部门应当协助监事会履行监督检查职责。

第十条　监事会每次对国有金融机构进行检查后，应当及时作出检查报告。

检查报告的内容包括：财务、资金分析以及经营管理评价；主要负责人的经营管理业绩评价以及奖惩、任免建议；存在问题的处理建议；国务院要求报告或者监事会认为需要报告的其他事项。

监事会不得向国有金融机构透露前款所列检查报告内容。

第十一条　检查报告经监事会成员审核，并征求有关部门意见后，由监事会主席签署，经监事会管理机构报国务院。

监事会成员对检查报告有原则性不同意见的，应当在检查报告中说明。

第十二条　监事会在监督检查中发现国有金融机构的经营行为有可能危及金融安全、造成国有资产流失或者侵害国有资产所有者权益以及监事会认为应当立即报告的其他紧急情况，应当及时向监事会管理机构提出专项报告，也可以直接向国务院报告。

第十三条　国有金融机构应当定期、如实向监事会报送财务报告、资金营运报告，并及时报告重大业务经营活动情况，不得拒绝、隐匿、伪报。

第十四条　监事会根据对国有金融机构进行监督检查的情况，可以建议国务院责成审计署和财政部、中国人民银行、中国证券监督管理委员会、中国保险监督管理委员会依据各自的职权依法对国有金融机构进行审计或者检查。

监事会应当加强同财政部、中国人民银行、中国证券监督管理委员会、中国保险监督管理委员会的联系，相互通报有关情况。

第十五条　监事会由主席一人、监事若干人组成。

监事分为专职监事与兼职监事：从有关部门和单位选任的监事，为专职；监事会中财政部和中国人民银行、中国证券监督管理委员会、中国保险监督管理委员会等派出代表担任的监事，监事会管理机构聘请的经过资格认证的专业会计公司的专家和国有金融机构工作人员的代表担任的监事，为兼职。

监事会可以聘请必要的工作人员。

第十六条　监事会主席人选按照规定程序确定，由国务院任命。监事会主席由副部级国家工作人员担任，为专职，年龄一般在六十周岁以下。

专职监事由监事会管理机构任命。专职监事由司（局）、处级国家工作人员担任，年龄一般在五十五周岁以下。

监事会成员每届任期三年，其中监事会主席和专职监事、派出监事不得在同一国有金融机构监事会连任。

第十七条　监事会主席应当具有较高的政策水平，坚持原则，廉洁自持，熟悉金融工作或者经济工作。

监事会主席履行下列职责：

（一）召集、主持监事会会议；

（二）负责监事会的日常工作；

（三）审定、签署监事会的报告和其他主要文件；

（四）应当由监事会主席履行的其他职责。

第十八条　监事应当具备下列条件：

（一）熟悉并能贯彻执行国家有关金融、经济的法律、行政法规和规章制度；

（二）具有财务、金融、审计或者宏观经济等方面的专业知识，比较熟悉金融机构经营管理工作；

（三）坚持原则，廉洁自持，忠于职守；

（四）具有较强的综合分析和判断能力，并具备独立工作能力。

第十九条　监事会主席和专职监事、派出监事、专家监事实行回避原则，不得在其曾经工作过的或者其近亲属担任高级管理职务的国有金融机构的监事会中任职。

第二十条　监事会开展监督检查工作所需费用由国家财政拨付，由监事会管理机构统一列支。

第二十一条　监事会成员不得接受国有金融机构的任何馈赠，不得参加国有金融机构安排、组织或者支付费用的宴请、娱乐、旅游、出访等活动，不得在国有金融机构中为自己、亲友或者其他人谋取私利。

监事会主席和专职监事、派出监事、专家监事不得接受国有金融机构的任何报酬或者福利待遇，不得在国有金融机构报销任何费用。

第二十二条　监事会成员必须对检查报告内容保密，并不得泄露国有金融机构的商业秘密。

第二十三条　监事会成员在监督检查工作中成绩突出，为维护国家利益作出重要贡献的，给予奖励。

第二十四条　监事会成员有下列行为之一的，依法给予行政处分或者纪律处分；构成犯罪的，依法追究刑事责任：

（一）对国有金融机构的重大违法违纪问题隐匿不报或者严重失职的；

（二）与国有金融机构串通编造虚假报告的；

（三）有违反本条例第二十一条、第二十二条所列行为的。

第二十五条　国有金融机构有下列行为之一的，对直接负责的主管人员和其他直接责任人员依法给予纪律处分，直至撤销职务；构成犯罪的，依法追究刑事责任：

（一）拒绝、阻碍监事会依法履行职责的；

（二）拒绝、无故拖延向监事会提供财务状况和经营管理情况等有关资料的；

（三）隐匿、伪报有关资料的；

（四）有阻碍监事会监督检查的其他行为的。

第二十六条　国有金融机构发现监事会成员有违反本条例第二十一条、第二十二条所列行为时，有权向监事会管理机构报告，也可以直接向国务院报告。

第二十七条　本条例自发布之日起施行。一九九七年十月二十日国务院批准、一九九七年十一月十二日中国人民银行发布的《国有独资商业银行监事会暂行规定》同时废止。

个人存款账户实名制规定

（二〇〇〇年三月二十日国务院发布）

第一条　为了保证个人存款账户的真实性，维护存款人的合法权益，制定本规定。

第二条　中华人民共和国境内的金融机构和在金融机构开立个人存款账户的个人，应当遵守本规定。

第三条　本规定所称金融机构，是指在境内依法设立和经营个人存款业务的机构。

第四条　本规定所称个人存款账户，是指个人在金融机构开立的人民币、外币存款账户，包括活期存款账户、定期存款账户、定活两便存款账户、通知存款账户以及其他形式的个人存款账户。

第五条　本规定所称实名，是指符合法律、行政法规和国家有关规定的身份证件上使用的姓名。

下列身份证件为实名证件：

（一）居住在境内的中国公民，为居民身份证或者临时居民身份证；

（二）居住在境内的十六周岁以下的中国公民，为户口簿；

（三）中国人民解放军军人，为军人身份证件；中国人民武装警察，为武装警察身份证件；

（四）香港、澳门居民，为港澳居民往来内地通行证；台湾居民，为台湾居民来往大陆通行证或者其他有效旅行证件；

（五）外国公民，为护照。

前款未作规定的，依照有关法律、行政法规和国家有关规定执行。

第六条　个人在金融机构开立个人存款账户时，应当出示本人身份证件，使用实名。

代理他人在金融机构开立个人存款账户的，代理人应当出示被代理人和代理人的身份证件。

第七条　在金融机构开立个人存款账户的，金融机构应当要求其出示本人身份证件，进行核对，并登记其身份证件上的姓名和号码。代理他人在金融机构开立个人存款账户的，金融机构应当要求其出示被代理人和代理人的身份证件，进行核对，并登记被代理人和代理人的身份证件上的姓名和号码。

不出示本人身份证件或者不使用本人身份证件上的姓名的，金融机构不得为其开立个人存款账户。

第八条　金融机构及其工作人员负有为个人存款账户的情况保守秘密的责任。

金融机构不得向任何单位或者个人提供有关个人存款账户的情况，并有权拒绝任何单位或者个人查询、冻结、扣划个人在金融机构的款项；但是，法律另有规定的除外。

第九条　金融机构违反本规定第七条规定的，由中国人民银行给予警告，可以处一千元以上五千元以下的罚款；情节严重的，可以并处责令停业整顿，对直接负责的主管人员和其他直接责任人员依法给予纪律处分；构成犯罪的，依法追究刑事责任。

第十条　本规定施行前，已经在金融机构开立的个人存款账户，按照本规定施行前国家有关规定执行；本规定施行后，在原账户办理第一笔个人存款时，原账户没有使用实名的，应当依照本规定使用实名。

第十一条　本规定由中国人民银行组织实施。

第十二条　本规定自二〇〇〇年四月一日起施行。

大力普及保险知识，
提高全民保险意识[*]

（二〇〇〇年四月十日）

江 泽 民

金融是现代经济的核心。保险是金融体系的重要组成部分，它对促进改革、保障经济、稳定社会、造福人民具有重要的作用。保险事业在我国还刚刚起步，必须大力普及保险知识和提高全民的保险意识。希望各级领导干部带头学习保险的基本知识，努力研究和掌握保险工作的特点和规律，加强对保险事业的领导和管理，促进我国保险事业更好地为改革开放和社会主义现代化建设服务。

＊ 这是江泽民同志关于《领导干部保险知识读本》的批语。

关于经济全球化问题*

（二〇〇〇年九月—十二月）

江 泽 民

一

我想就经济全球化问题谈以下几点：

一、经济全球化是随同社会生产力发展而产生的一种客观趋势。现代科技的进步，先进的交通工具和通讯手段的产生，为经济全球化的发展创造了条件。特别是近十年来，信息技术的迅猛发展极大地推动了经济全球化的进程。经济全球化趋势正在给全球经济、政治和社会生活等诸多方面带来深刻影响，既有机遇，也有挑战。

二、早在两千多年前，中国古代哲人就曾提出过天下大同、安居乐业的美好理想。经济全球化使各国的经济联系更加紧密，也为各国的发展提供了机遇。但是，在经济全球化的进程中，各国的地位和处境是很不相同的。在发达国家尽享经济全球化"红利"的同时，广大发展中国家却仍饱受贫穷落后之苦。发展资金匮乏、债务负担沉重、贸易条件恶化、金融风险增加以及技术水平的落后，使发展中国家总体上处于更为不利的地位。有关统计资料表明，四十年前，全世界最富的人口和最穷的人口人均收入是三十比一，而现在已上升到七十四比一。目前联合国成员国中有四十八个最不发达国家，而二十年前仅二十有余。更令人担忧的是，当前发展中国家的经济安全和经济主权正面临着空前的压力和挑战。这不仅不利于全球经济的健康发展，也给一些国家的社会稳定、地区乃至世界的和平带来威胁。

---

* 这是江泽民同志四篇讲话的节录。

三、我们需要世界各国共赢的经济全球化，所有国家，无论南方还是北方，不管是大国还是小国，都应是经济全球化的受益者；我们需要世界各国平等的经济全球化，少数国家的富裕不应该也不能够建立在广大南方国家的贫困之上；我们需要世界各国公平的经济全球化，世界的贫富差距应逐步缩小，而不是不断扩大，否则人类将会为此付出沉重的代价；我们需要世界各国共存的经济全球化，只有相互尊重，相互促进，保持经济发展模式、文化和价值观念的多样性，世界文明才能生机盎然地发展。

四、如何在经济全球化进程中趋利避害、促进人类的共同发展？我认为，关键在于建立公正合理的国际经济新秩序。联合国在这方面理应发挥自己的作用，尽可能使各国都有权平等参与世界经济的决策和规则的制定，建立新的合理的国际金融和贸易体制，减少发展中国家在经济全球化中面临的风险。在科学技术飞速发展的今天，联合国还特别应致力于推动国际社会在人力资源开发和科技领域向发展中国家提供帮助，使其赶上新一轮技术进步的浪潮。人类只有携手努力，才能共同战胜发展过程中所面临的挑战，一个和平、繁荣、公正的新世界才能真正呈现在我们面前。

（二〇〇〇年九月七日在联合国千年首脑会议上
关于经济全球化问题的发言）

二

现在，国际局势总体上继续趋于缓和，和平与发展已成为时代的主题。世界多极化趋势在曲折中发展。经济全球化使各国间的经济联系日益密切。以信息科技和生命科技为核心的现代科学技术给人类社会的发展提供了新的强大动力。如何在新世纪里实现世界的健康、稳定和普遍发展，是摆在各国人民和政治家、企业家面前的紧迫课题。

必须看到，现在世界各国的发展仍是相当不平衡的，南北差距不断扩大。我们应该全面审视经济全球化的进程，并加强对这种进程的正确引导和管理。

——经济全球化，是社会生产力和科学技术发展的客观要求和必然结果，有利于促进资本、技术、知识等生产要素在全球范围内的优化配置，给各国各地区提供了新的发展机遇，同时也提出了新的挑战。

——经济全球化，带来众多的创业机会，但也伴随着更快的技术创新、更短的产品寿命周期、更快捷的资本流动和更激烈的人才竞争。这就要求国际社会应对资本的跨国流动加强有效监管和合理规范，并制定和实施适应市场迅速变化的新的经济技术国际规则，也要求人们掌握更多的知识和技术。

　　——经济全球化，由于发达国家的主导，使各国各地区在全球发展中的地位和水平进一步出现差异。广大发展中国家面临许多新的挑战，发展更趋艰难，南北贫富差距进一步扩大。这不仅不利于全球经济的健康发展，也不利于地区和世界的和平与稳定。

　　我们需要的是世界各国平等、互惠、共赢、共存的经济全球化。我相信，亚太经合组织作为一个重要的地区组织，在促使经济全球化进程朝着趋利避害、有利于南北国家共同发展的方向前进方面，应该也能够发挥重要的作用。

（二○○○年十一月十五日在亚太经济合作组织工商界
领导人峰会午餐会上演讲的节录）

三

　　经济全球化是社会生产力和科技发展的客观要求和必然结果，是大势所趋。各国各地区之间经济和贸易活动不断增加，知识和技术的迅速传播，有利于促进经济要素逐步实现在全球范围的优化配置，提高经济效益。国与国、地区与地区之间的经济技术联系日益密切，不仅给各国各地区的发展带来了新的机遇，而且对促进世界和平与稳定也是一个积极因素。

　　但是，经济全球化带来的负面影响也不容忽视。经济全球化，增大了各国经济运行的风险，尤其是处于弱势地位的发展中国家的经济主权和经济安全面临新的挑战。南北贫富差距进一步拉大。即使在发达国家里，由于采用高新技术形成的经济结构的调整变化，也使相当数量的劳工和民众的利益受到损失。形形色色的贸易保护主义有所抬头。少数国家还借经济全球化之机，向别国强行推行自己的价值观、经济体制和社会制度。如果这些问题得不到解决，经济全球化不可能健康发展，并将不利于人类和平与发展的共同事业。

　　我们主张，应通过国际社会的共同努力，在各国充分参与和民主协商的基础上制定行之有效的国际规则，使经济全球化的进程能够得到正确引导和管理，能

415

够朝着有利于缩小南北贫富差距，有利于实现各国的共同发展和繁荣，有利于国际社会所有成员特别是发展中国家都从中受益，有利于促进世界经济平衡、稳定和可持续发展的方向前进。应允许各国根据自己的国情选择发展道路，并确定开放的方式和速度；应促进各国在相互尊重的基础上加强不同文化的交流，为人类社会进步注入新的活力。应共同应对挑战和风险，以利实现世界各国的普遍发展和安全。国际社会要进一步开展以平等互利为原则的国际合作，特别要加强对发展中国家的支持和援助。彻底解决当今世界经济发展面临的种种问题，最终有赖于建立一个公正合理的国际经济新秩序。

（二〇〇〇年十一月十六日在亚太经济合作组织
第八次领导人非正式会议上讲话的节录）

四

　　经济全球化不断加快，在推动生产力发展的同时，也加剧了世界发展不平衡的矛盾。经济全球化是当今世界的一个基本经济特征。随着生产力的发展和科学技术的进步，技术创新、知识应用、贸易投资和金融活动日益国际化，各国经济的相互交流、相互依存日益加深。经济全球化，是社会生产力发展的客观要求和必然结果，有利于生产要素在全球范围内的优化配置，带来了新的发展机遇。当今世界是开放的世界，任何一个国家都不可能完全脱离世界经济而孤立地发展。如能加以正确引导和驾驭，经济全球化有利于各国各地区加强经济技术合作，也有利于世界经济的发展和国际社会的稳定。

　　同时也应看到，经济全球化是一把双刃剑。现在，经济全球化是西方发达国家主导的。他们经济科技实力雄厚，掌握着国际经贸组织以及国际经济规则的主导权，在经济全球化中获益最大，而广大发展中国家总体上处于不利的地位。西方发达国家，通过跨国公司和受他们控制的国际经济组织，加紧向发展中国家进行经济渗透和扩张，在全世界争夺资源和市场，同时极力推行他们的发展模式、政治制度和价值观念，企图通过经济全球化实现资本主义的一统天下，这使广大发展中国家的经济主权、国家安全面临着严峻挑战和威胁。目前的经济全球化进程，正在导致南北差距进一步拉大，一些经济技术条件比较差的发展中国家面临着进一步被边缘化的危险。国际金融市场不稳定因素很多，一旦出现金融震荡，

416

就会对世界各国特别是发展中国家造成强烈冲击。经济全球化不仅加剧着发达国家之间、发展中国家之间、发达国家与发展中国家之间在资金、技术、市场和资源方面的竞争，也加剧着一些国家内部的贫富矛盾，引发社会冲突。总之，一个发展很不平衡的世界，是不可能长期安宁的。

（二〇〇〇年十二月十一日在中央军委扩大会议上讲话的节录）

金融资产管理公司条例

(二○○○年十一月十日国务院发布)

第一章 总 则

第一条 为了规范金融资产管理公司的活动,依法处理国有银行不良贷款,促进国有银行和国有企业的改革和发展,制定本条例。

第二条 金融资产管理公司,是指经国务院决定设立的收购国有银行不良贷款,管理和处置因收购国有银行不良贷款形成的资产的国有独资非银行金融机构。

第三条 金融资产管理公司以最大限度保全资产、减少损失为主要经营目标,依法独立承担民事责任。

第四条 中国人民银行、财政部和中国证券监督管理委员会依据各自的法定职责对金融资产管理公司实施监督管理。

第二章 公司的设立和业务范围

第五条 金融资产管理公司的注册资本为人民币一百亿元,由财政部核拨。

第六条 金融资产管理公司由中国人民银行颁发《金融机构法人许可证》,并向工商行政管理部门依法办理登记。

第七条 金融资产管理公司设立分支机构,须经财政部同意,并报中国人民银行批准,由中国人民银行颁发《金融机构营业许可证》,并向工商行政管理部门依法办理登记。

第八条 金融资产管理公司设总裁一人、副总裁若干人。总裁、副总裁由国务院任命。总裁对外代表金融资产管理公司行使职权,负责金融资产管理公司的经营管理。

金融资产管理公司的高级管理人员须经中国人民银行审查任职资格。

第九条　金融资产管理公司监事会的组成、职责和工作程序，依照《国有重点金融机构监事会暂行条例》执行。

第十条　金融资产管理公司在其收购的国有银行不良贷款范围内，管理和处置因收购国有银行不良贷款形成的资产时，可以从事下列业务活动：

（一）追偿债务；

（二）对所收购的不良贷款形成的资产进行租赁或者以其他形式转让、重组；

（三）债权转股权，并对企业阶段性持股；

（四）资产管理范围内公司的上市推荐及债券、股票承销；

（五）发行金融债券，向金融机构借款；

（六）财务及法律咨询，资产及项目评估；

（七）中国人民银行、中国证券监督管理委员会批准的其他业务活动。

金融资产管理公司可以向中国人民银行申请再贷款。

第三章　收购不良贷款的范围、
额度及资金来源

第十一条　金融资产管理公司按照国务院确定的范围和额度收购国有银行不良贷款；超出确定的范围或者额度收购的，须经国务院专项审批。

第十二条　在国务院确定的额度内，金融资产管理公司按照账面价值收购有关贷款本金和相对应的计入损益的应收未收利息；对未计入损益的应收未收利息，实行无偿划转。

第十三条　金融资产管理公司收购不良贷款后，即取得原债权人对债务人的各项权利。原借款合同的债务人、担保人及有关当事人应当继续履行合同规定的义务。

第十四条　金融资产管理公司收购不良贷款的资金来源包括：

（一）划转中国人民银行发放给国有独资商业银行的部分再贷款；

（二）发行金融债券。

中国人民银行发放给国有独资商业银行的再贷款划转给金融资产管理公司，实行固定利率，年利率为百分之二点二五。

第十五条　金融资产管理公司发行金融债券，由中国人民银行会同财政部审批。

第四章　债权转股权

第十六条　金融资产管理公司可以将收购国有银行不良贷款取得的债权转为对借款企业的股权。

金融资产管理公司持有的股权，不受本公司净资产额或者注册资本的比例限制。

第十七条　实施债权转股权，应当贯彻国家产业政策，有利于优化经济结构，促进有关企业的技术进步和产品升级。

第十八条　实施债权转股权的企业，由国家经济贸易委员会向金融资产管理公司推荐。金融资产管理公司对被推荐的企业进行独立评审，制定企业债权转股权的方案并与企业签订债权转股权协议。债权转股权的方案和协议由国家经济贸易委员会会同财政部、中国人民银行审核，报国务院批准后实施。

第十九条　实施债权转股权的企业，应当按照现代企业制度的要求，转换经营机制，建立规范的公司法人治理结构，加强企业管理。有关地方人民政府应当帮助企业减员增效、下岗分流，分离企业办社会的职能。

第二十条　金融资产管理公司的债权转股权后，作为企业的股东，可以派员参加企业董事会、监事会，依法行使股东权利。

第二十一条　金融资产管理公司持有的企业股权，可以按照国家有关规定向境内外投资者转让，也可以由债权转股权企业依法回购。

第二十二条　企业实施债权转股权后，应当按照国家有关规定办理企业产权变更等有关登记。

第二十三条　国家经济贸易委员会负责组织、指导、协调企业债权转股权工作。

第五章　公司的经营和管理

第二十四条　金融资产管理公司实行经营目标责任制。

财政部根据不良贷款质量的情况，确定金融资产管理公司处置不良贷款的经营目标，并进行考核和监督。

第二十五条　金融资产管理公司应当根据不良贷款的特点，制定经营方针和有关措施，完善内部治理结构，建立内部约束机制和激励机制。

第二十六条　金融资产管理公司管理、处置因收购国有银行不良贷款形成的资产，应当按照公开、竞争、择优的原则运作。

金融资产管理公司转让资产，主要采取招标、拍卖等方式。

金融资产管理公司的债权因债务人破产等原因得不到清偿的，按照国务院的规定处理。

金融资产管理公司资产处置管理办法由财政部制定。

第二十七条　金融资产管理公司根据业务需要，可以聘请具有会计、资产评估和法律服务等资格的中介机构协助开展业务。

第二十八条　金融资产管理公司免交在收购国有银行不良贷款和承接、处置因收购国有银行不良贷款形成的资产的业务活动中的税收。具体办法由财政部会同国家税务总局制定。

金融资产管理公司免交工商登记注册费等行政性收费。

第二十九条　金融资产管理公司应当按照中国人民银行、财政部和中国证券监督管理委员会等有关部门的要求，报送财务、统计报表和其他有关材料。

第三十条　金融资产管理公司应当依法接受审计机关的审计监督。

金融资产管理公司应当聘请财政部认可的注册会计师对其财务状况进行年度审计，并将审计报告及时报送各有关监督管理部门。

第六章　公司的终止和清算

第三十一条　金融资产管理公司终止时，由财政部组织清算组，进行清算。

第三十二条　金融资产管理公司处置不良贷款形成的最终损失，由财政部提出解决方案，报国务院批准执行。

第七章 附　　则

　　第三十三条　金融资产管理公司违反金融法律、行政法规的，由中国人民银行依照有关法律和《金融违法行为处罚办法》给予处罚；违反其他有关法律、行政法规的，由有关部门依法给予处罚；构成犯罪的，依法追究刑事责任。

　　第三十四条　本条例自公布之日起施行。

在全国银行、证券、保险工作会议
座谈会上的讲话

（二〇〇一年一月十四日）

朱 镕 基

一九九七年十一月，中央召开了全国金融工作会议，并下发了《中共中央国务院关于深化金融改革，整顿金融秩序，防范金融风险的通知》。三年来的形势发展充分证明，这次会议和这个文件提出的金融工作方针、政策和部署是完全正确的，对于推进我国金融整顿和改革，防范和化解金融风险，成功抵御亚洲金融危机的冲击，起到了至关重要的作用。今天开个座谈会，目的是大家交流一下情况，研究贯彻党的十五届五中全会和中央经济工作会议精神，努力做好今年的金融工作。下面，我讲几点意见。

一、当前金融总体形势是好的，但对问题和风险切不可忽视。

去年我国经济形势是近几年最好的，出现了走向良性循环的重要转机。这集中表现在经济增长质量和效益明显提高，财政收入大幅度增长。投资、消费和出口需求全面回升，产业结构调整取得积极进展，国有企业三年改革和脱困目标基本实现。这些是全国上下认真贯彻中央正确决策和部署、共同奋斗的结果，金融战线广大干部职工也付出了很大的努力。

过去的一年，金融形势也是好的，整个金融保持平稳运行，人民币币值和汇率稳定。金融系统认真贯彻中央的金融方针和政策，做了大量很有成效的工作。一是积极支持经济改革和发展。去年，金融机构在居民储蓄存款增幅下降的情况下，贷款仍有较多增加。全部金融机构新增人民币贷款一万三千三百亿元，同比多增二千五百亿元。特别是配合国债项目建设积极增加贷款。近三年，中央财政发行特别国债三千六百亿元，银行配套贷款一万一千亿元，形成了一万五千亿元建设规模。同时，积极发展消费信贷业务，去年新增加个人住房、助学和消费贷款二千六百亿元，同比多增加一千七百亿元。为了支持国有企业改革和脱困，去年四家金融资产管理公司对五百六十九户国有企业实行债转股三千九百五十亿元，相应减少企业利息负担一百八十多亿元。二是证券、保险业进一步发展，直接融资比例明显提高。去年我国企业在境外证券市场筹资一千七百二十一亿元，在境内证券市场筹资一千五百二十八亿元，总计达三千二百四十九亿元，比上年增长一点三倍。目前我国直接融资比重已接近百分之三十，资本市场规模不断扩大。虽然近年来我国实际利用外商直接投资增幅有所下降，但通过境外证券市场筹资不断增加。保险业发展也较快，全年保费收入一千六百亿元，比上年增长百分之十四点五。三是金融整顿和改革取得较大进展，监管工作力度加大。为了加强对金融机构的外部监管，去年国务院向国有重点金融机构派驻了监事会。这是加强金融监管的一项重要举措。同时，中国人民银行、证监会和保监会建立联席会议制度，加强了对金融机构监管的相互协调和配合。严肃查处了一批金融大案要案，全年金融系统查处案件一千六百八十七起，处理违法违纪人员四千七百一十九人，依法严厉打击了金融违法犯罪分子。撤销、关闭了一些有严重问题的中小金融机构，稳妥地化解了支付风险。整顿农村合作基金会的工作基本完成。四是国家外汇储备继续增加，去年底已达一千六百五十六亿美元，比上年底增加一百零九亿美元，进一步增强了我国综合国力和抗风险能力。实践充分证明，中央关于金融工作的方针、政策和部署是完全正确的，金融系统的工作是有成绩的。

在充分肯定成绩的同时，我们对金融领域存在的问题也不能低估，对金融风险隐患决不能忽视。

（一）国有商业银行不良贷款比例还在上升。近三年国务院三令五申，一定要降低银行不良贷款比例。但实际上，按"一逾两呆"原有口径统计（含已剥离的不良贷款），四家国有商业银行合计不良贷款比例每年仍增加三个多百分点。在不良资产剥离后，目前银行仍有大量的不良资产。据人民银行报告，从去年九月起，四家国有商业银行总的不良贷款比例开始下降，这是一个好消息。我希望，今年能够下降二至三个百分点。但是要真的下降，绝对不能有水份，搞虚假数字。

（二）地方中小金融机构的问题仍相当突出。目前城乡信用社、城市商业银行的不良贷款比例都相当高。城市商业银行虽然成立不久，不良贷款比例却上升很快。不少中小金融机构支付缺口大，挤兑现象时有发生。这两年，为化解一些地方中小金融机构的支付风险，保持社会稳定，国家已付出了很大的代价。为了支持地方政府解决农村合作基金会和供销社股金服务部的问题，撤并部分城乡信用社和信托投资公司，人民银行已批准地方商业银行再贷款计划一千一百四十四亿元，实际借出七百七十亿元，现在一些地方政府还在继续要求增加。这些贷款实际上是财政性放款，如果不加以严格控制，必然会导致货币的过量发行。

（三）证券市场风险隐患也不少。这几年，我国证券市场发展很快，但很不规范。例如，一些上市公司质量不高，法人治理结构形同虚设，上市公司与母公司在人、财、物上没有分开，蓄意编造、披露虚假信息，随意挪用筹集资金，"圈钱"的多，资金使用效益却很差。一些证券公司、基金管理公司同样存在法人治理结构不完善、内部人控制问题，肆意违法违规经营，搞机构联手、内幕交易、操纵股价和欺诈客户等。市场信息披露制度不健全，炒作成风。有些地方竟然出现了"证券黑市"，一些非法证券期货交易机构违法进行股票交易，严重破坏证券市场秩序。还要看到，由于我国证券市场监管机制和法制不健全，一些长期有严重问题、连续多年亏损，早就应该退出证券市场的上市公司，仍然留在证券市场，甚至被操纵炒作。这两天，就有几家有严重问题的上市公司股票被疯狂炒作，股价暴涨暴跌，引起证券市场震荡。如果容许那些早就该摘牌的企业还在股市上长期混下去，这样的证券市场还算什么证券市场？证券市场一定要建立健全上市公司退出机制，不然就没有规范、健康的市场经济秩序。据了解，美国纳斯达克股票市场每年都有几百家新的企业进入，又有几百家企业被摘牌淘汰。我国证券市场已建立十多年了，现在境内上市公司已达一千零八十八家，至今还没有一家上市公司被摘牌淘汰。这既不符合上市公司的实际情况，也不符合市场经济规律。规范的证券市场应当是公平竞争，优胜劣汰。

这些情况说明，目前我国金融领域存在的问题仍相当严重，对潜伏的金融风险与隐患切不可掉以轻心。在我国加快推进经济结构战略性调整、进一步扩大对外开放的新形势下，我国金融业既有新的机遇，更面临严峻的挑战。金融系统的同志特别是各级领导干部，一定要有强烈的忧患意识和危机感，进一步增强责任心和紧迫感，努力做好各项工作，确保金融安全、高效、稳健运行。

二、切实加强金融监管，进一步深化金融改革，建立现代金融管理制度。

加强和改进金融监管，是今年金融工作的重点，也是解决当前金融领域问题、保证金融健康运行的关键。如果金融监管机制不健全、监管工作不真正到位，不但各项金融业务工作很难做好，而且现代金融制度也难以建立起来。因此，银行、证券、保险系统都要把主要精力放在加强和改进监管上，深化改革也要围绕加强金融监管制度建设和推进机制创新来进行。当前，必须着力抓好以下三个主要环节。

一是建立健全金融机构内部控制机制。各商业银行和政策性银行、证券机构、保险公司和其他金融机构，都要层层加强内控机制建设，狠抓内部管理。特别要加强对金融机构各级主要领导干部、重要业务人员和重要业务岗位的管理和监督。现在，人民银行、证监会、保监会都制定了加强各类金融机构内部控制的指导原则，关键是要落到实处。所有金融机构都要全面检查内控机制建设和执行情况，缺什么补什么，及时堵塞各种漏洞。人民银行、证监会和保监会系统先要管好自己，实行严格的金融监管责任制。要充分运用现代金融管理方法和先进科技手段，改进监管方式，提高监管水平。要把做好监管工作的责任心、发现问题的能力、查处问题的力度，作为考核监管部门和监管人员的重要依据。对责任心不强、监管不力、严重失职的人员，要坚决调离监管岗位。绝对不允许人民银行、证监会和保监会系统的工作人员以任何形式参与金融经营活动，更不得支持金融违法违规行为。一旦发现，要立即从严查处。

二是实行严格的经营管理考核制度和责任追究制度。不但要加强对各银行、证券机构、保险公司和其他金融机构的综合考核，而且要抓紧完善对各类金融机构高级管理人员的考核办法。中国人民银行已制定和实施《商业银行考核评价办法》，从资产质量、减亏及盈利能力、流动性和资本充足率四个方面，对国有银行进行评估和审查。对证券机构、保险公司和其他金融机构，有关金融监管部门也要抓紧制定相应的考核办法，并严格执行。这里要重申，成立金融资产管理公司剥离银行过去的不良资产，不仅在于尽可能地收回一些国有资产，更重要的是，要建立健全对各国有商业银行主要负责人的经营责任制，严格控制新增不良贷款。前面讲过，国有商业银行去年在剥离部分不良资产后，不良贷款还在继续增加。对此我已经发出警告。今年不论哪一家国有商业银行不良贷款比例还在上升，就要坚决调整那个银行的领导班子，有的人要调出银行系统。

三是完善和加强金融系统的外部监管。审计、财政、司法等部门和各级地方政府要与金融监管部门同心协力，密切配合。要加强对国有金融机构的财务监督，加大对问题严重的金融机构的审计力度。国务院派驻各重点金融机构的监事会要切实履行职责，认真检查所驻金融机构的财务活动、资产质量、经营效益、利润分配和国有资产保值增值等情况，检查该金融机构主要负责人的经营行为，并对其经营管理业绩进行客观、公正、准确的评价。所有的监事会和监事会成员都要敢于坚持原则，忠于职守，不怕得罪人，按规定对所驻金融机构进行严格检查，认真写出检查报告，并要深入实际，对发现的问题及时写出专项报告，充分发挥监督作用。

加强和改进金融监管，还要认真研究借鉴国外经验，紧密结合我国实际情况，进一步深化金融改革，加快建立现代金融管理制度。要深入研究发达国家的金融监管体系和监管制度。例如，美国的金融调控为什么比较有效？关键是他们有一套非常严密的金融监管体系。美国联邦储备局主要负责宏观调控，管理联邦基金利率和再贴现率。金融监管则由相当完备的监管组织体系来实施。这个监管体系构造严密，分工明确，互相补充，互相制约。在银行监管体系方面分为两个层次，一个是对在联邦注册的国民银行进行监管，另一个是对在州注册的银行进行监管。财政部货币监理署主要是监管国民银行和外资银行，对大银行采取派驻检查组的方式进行持续不断的监管，对中小银行则采取每年一次全面现场检查的方式进行监管。十二家美国联邦储备银行分行负责监管在州注册而且是联储成员的银行。联邦存款保险公司负责监管在州注册但不是联储成员的银行。联邦储贷机构监督局负责对储贷机构进行监管。联邦信用社管理局是负责监管信用社的机构。各州银行管理局负责对在本州注册的银行进行监管。当然，美国的银行监管体系也存在成本高、比较复杂等问题，但确实组织严密、有分工、有配合、有效率。我们要认真研究美国、欧洲和其他国家的金融监管体系和监管制度，在研究国外有益经验和总结我国经验教训的基础上，根据我国的现阶段国情，进一步改进和完善金融管理制度。

这里需要指出，现在有些做金融工作的同志不是把主要精力放在金融监管上，而是放在了一些今后才可能实施的改革措施上。这里有几个问题，应当统一认识。一是关于利率市场化问题。实行利率市场化一定要有健全、高效的金融监管机制作为基础。在市场经济条件下，市场在资源配置中起基础性作用，必然要求市场对利率的形成起主要作用。但我们现在还缺乏一套规范和健全的金融监管制度，无论是管理基础、干部素质，还是市场发育程度、宏观调控水平都还不适应，特别是"吃大锅饭"的机制还没有完全改变。在目前情况下，利率杠杆仍是

427

我国宏观调控的一个重要手段。有人说，可以由银行业协会来决定利率。对此我表示怀疑。银行业协会只是一个行业自律组织，主要是防止行业内恶性竞争，它不可能承担起金融调控的任务。因此，尽管利率市场化是改革方向，但目前谈这个问题还为时过早。即使是在西方国家，利率也不是完全放开的。例如在美国，美联储就是通过联邦基金利率和再贴现率经常对利率进行调控。二是关于汇率问题。这个问题很复杂。现在世界上有多种汇率制度，各国要根据自己的情况来选择。我国目前实行以市场为基础、有管理的浮动汇率制度。实践证明，这一制度是符合我国现阶段实际情况的、是有效的。目前扩大汇率浮动幅度的条件还不成熟。因此，不要分散精力，过多地去讨论汇率问题。三是关于金融机构混业经营问题。从国际上看，混业经营是发展趋势，但从分业经营走向混业经营有一个较长过程。美国分业经营也经历了很长时间。二十世纪三十年代初经济大危机以后，美国为稳定金融，立法限制混业经营，直到半个多世纪后，才于一九九九年取消对混业经营的限制。目前我国银行、证券、保险业实行分业经营，是符合我国实际情况的。当然，从当今国际金融业发展趋势看，金融机构混业经营是个方向，国务院也已部署在个别单位试点，但目前我们还不具备全面实行混业经营的条件。在上述这些问题上，我们不能简单地照搬国外的做法，而应当根据我国实际情况，择机稳步推进。而加强和改进金融监管，就是要为深化改革创造条件。总之，希望大家要把主要精力和工作重点真正放在加强监管上。无论是加强监管，还是深化改革，归根到底，都要进一步降低银行不良贷款比例，其他金融机构也要明显提高资产质量和经营效益。

三、继续整顿和规范金融秩序，严厉打击金融违法犯罪活动。

全面整顿和规范市场经济秩序，是今年经济工作的一项重要任务，继续整顿和规范金融市场秩序是其中的重要内容。尽管前阶段整顿金融秩序已取得初步成效，但目前非法从事金融活动、金融机构违法违规经营，以及恶意逃废银行债务和逃汇、骗汇、套汇等问题仍比较严重。今年，银行、证券和保险系统都要用很大力气抓好整顿和规范工作。要健全和强化金融法治，严格执法，严肃查处各种金融违法违规经营行为，严厉打击金融犯罪活动。对多次违法违规的金融机构，必须依法加大监管力度和严厉惩罚，该停业整顿的一定要责令其停业整顿，该撤销、关闭的一定要坚决撤销、关闭。继续认真贯彻"法制、监管、自律、规范"的方针，进一步整顿和规范证券市场。对那些亏损严重和有违法违规行为的上市公司，该处罚的要处罚，该摘牌的要摘牌，该退出市场的必须退出市场，绝不能姑息迁就。只有这样，才能实现上市公司的优胜劣汰，才能有利于投资者理性地选择投资对象，促进证券市场健康稳步发展，积极有效地防范证券市场风险。同时，要依法打击非法证券交易活动，严肃查处"证券黑市"、"基金黑幕"和"庄家操纵股价"的问题，坚决取缔各种非法证券期货交易机构，认真整顿有严重违法违规经营行为的证券公司、基金管理公司和证券中介机构，依法规范和维护证券市场秩序。现在外汇管理方面还有很多漏洞，必须加强和改进外汇管理工作，坚持不懈地打击各种骗汇、逃汇、套汇和非法买卖外汇的犯罪行为。对所有金融大案要案都要一查到底，依法严惩犯罪分子，特别要严惩金融系统中与社会上犯罪分子内外勾结、收受贿赂的腐败分子。大量事实证明，许多经济犯罪大案要案，都有金融机构内部的腐败分子参与其中。在厦门远华特大走私案中，走私犯罪分子就是拉拢腐蚀了一批金融系统干部，从金融内部打开缺口，骗走了巨额银行资金和外汇。因此，必须加大金融系统反腐败斗争的力度。

继续整顿和规范金融秩序，必须"严"字当头。我们要以对党和人民高度负责的精神，坚持按原则办事。现在令人忧虑的是，金融系统不少领导干部原则性不强，不愿得罪人，在处理人时总是大事化小，小事化了，这实际上是助长了歪风邪气，放纵了犯罪分子。如果我们对违规者不坚决给予相应的降级（职）、撤职、开除公职的行政处分，对违法犯罪者不依法严惩，是根本镇不住歪风邪气的。因此，对各种金融违法违规行为和金融犯罪分子，一定要毫不留情地予以坚决查处和严厉打击，绝不能心慈手软，养痈遗患。

四、坚持实行稳健的货币政策，积极支持经济发展和结构调整。

三年来，我们在实施积极财政政策的同时，坚持实行稳健的货币政策。实践证明，这是完全正确的。今年是实施"十五"计划的第一年，改革、发展和结构调整的任务很繁重，要继续实行稳健的货币政策。金融系统要全面落实支持经济发展和结构调整的各项措施，大力改进金融服务。对国债项目要积极增加配套贷款，对有效益、有市场、守信用企业生产所需的流动资金要予以保证。但对固定资产贷款要十分谨慎，注意防止加工业新的重复建设。要继续扩大消费信贷业务，当然，对消费贷款增长过猛等现象也要引起重视。要通过进一步规范和发展资本市场，继续提高企业直接融资比例，以促进国有企业改革和发展。要熟悉国际金融特别是证券市场运作规则，在我国企业境外上市和筹资过程中，自觉按市场经济规律办事，绝不能政策多变，随意干预上市公司的经营活动。当前，我国经济生活中存在着一些值得注意的问题。例如，银根相对宽松，一些基础性产品价格明显上升，货币增发压力加大等。同时，世界经济发展中也存在一些不确定的因素。因此，我们要在抑制通货紧缩趋势的情况下，警惕和防止可能出现的通货膨胀；要在继续扩大内需和支持经济结构调整的条件下，注意防止经济过热现象。中央银行要密切关注国民经济运行特别是物价总水平的变化，灵活运用多种货币政策工具，合理调节货币供应量，保持人民币币值稳定。

深化金融体制改革

——《中华人民共和国国民经济和社会发展第十个五年计划纲要》第五篇第四节

（二○○一年三月十五日第九届全国人民代表大会第四次会议批准）

　　建立和完善金融组织体系、市场体系、监管体系和调控体系。对国有独资商业银行进行综合改革，有条件的国有独资商业银行可以改组为国家控股的股份制商业银行，建立风险防范机制，提高竞争能力。在健全监管体系的基础上，规范发展中小金融机构。完善和发挥政策性银行的功能。推进保险市场主体多元化。完善金融机构内部治理结构，形成严格约束与有效激励相统一的经营机制，完善稳健的会计制度，提高金融资产质量。强化金融监管，防范和化解金融风险。完善金融分业监管构架，加强监管机构之间的协调配合。完善以间接调控为主的中央银行调控体系，积极稳妥地发展货币市场，扩大公开市场业务，稳步推进利率市场化改革。改进人民币汇率形成机制，完善以市场供求为基础的、有管理的浮动汇率制度。

国务院关于进一步加强和改进
外汇收支管理的通知

（二○○一年四月十八日）

各省、自治区、直辖市人民政府，国务院各部委、各直属机构：

一九九四年以来，我国外汇管理体制改革取得了重大成绩，国际收支平衡，国家外汇储备持续增加，人民币汇率稳定。为克服亚洲金融危机带来的困难和影响，近几年通过打击走私，打击逃骗汇，开展外汇外债大检查，扭转了一度出现的外贸顺差逆收局面，外汇收支继续保持了良好的发展态势，促进了国民经济的健康发展。但是，外汇收支管理中还潜在着许多问题，非法逃骗国家外汇的行为依然存在，服务贸易和资本项下结售汇逆差有扩大趋势，国际收支和外汇收支平衡存在隐忧；外汇管理工作体制和协调机制不完善，存在监管漏洞，有关部门之间的协调配合亟待加强。为规范外汇收支行为，保证外汇资金合理有序流动，维护国际收支和外汇收支长期动态平衡，促进对外经济贸易健康发展，必须进一步加强和改进外汇收支管理。现就有关问题通知如下：

一、进一步完善贸易外汇管理，防范和严厉打击逃骗汇行为。

（一）依法保证企业的合理用汇需求，加大对违规企业的处罚力度。企业在对外贸易活动中的合理用汇应予保证，企业及外汇指定银行必须严格按照规定办理结汇、售汇和付汇，不得利用伪造、变造、假挂失和重复使用进出口单证等非法手段进行逃骗汇和骗退税。外贸公司从事代理进出口业务，要对委托方的资信作深入了解，不得放任委托方自带客户、自带货源、自带汇票、自行报关，在不见产品、不见货主、不见外商的情况下做代理进出口业务。坚决取缔无资金、无场地、无机构的"三无"企业的经营资格，外贸公司不得为"三无"企业办理代理进出口业务。对有违规行为的企业要加大监管和处罚力度，将违规企业列入不良记录企业名录，由外汇局逐笔审核其购付汇真实性；情节严重的要依照有关规定给予行政处罚，直至取消其进出口经营权；触犯刑律的要移交司法机关，依法追究刑事责任。

（二）充分利用电子技术手段，加强对进出口贸易结售付汇真实性审核。海关、税务、外汇、外经贸等部门及外汇指定银行要通力合作，加快电子联网，实现信息共享，交叉核对，联合执法，形成对进出口监管的整体合力及对各监管部门的交叉监控。各有关方面要利用联网加强贸易真实性审核，严格把关，对手续不全的不得放行，在某一环节发现单证有问题要及时向其他环节通报。通过综合治理，严厉打击各种逃骗汇和骗退税行为。要坚持和完善出口收汇考核制度。建立信用证项下进口付汇核销考核制度，强化银行内部控制，切实防范信用证风险。

（三）加强进出口商品的价格监管。要按照《WTO 估价协议》的有关规则，进一步完善海关估价体系。进出口企业要按规定如实向海关申报进出口货物的成交价格。对于通过低报或高报进出口商品价格进行逃骗汇和逃骗税的行为，要依照有关法律规定从严处罚。

（四）完善加工贸易外汇管理规定，按不同方式对进料加工和来料加工的外汇收支进行管理。对口进料加工的收付汇经外汇局核准可以抵扣，其他进料加工一律实行全收全支，不得将料款在境外进行抵扣。来料加工企业应及时足额收回加工费，如实申报加工费，不得通过低报加工费进行逃汇。对信誉好的来料加工企业，外汇局可在合同执行完毕后，按合同规定的加工费和海关验放的实际出口产品数量，一次性办理外汇核销手续。

（五）加强对保税区、出口加工区等特殊监管区的外汇管理。对保税区实行以"二线"（保税区与境内其他区域之间）管理为主的外汇管理政策。保税区内企业之间、区内企业与境内其他区域企业之间原则上以外币计价结算。保税区内企业人民币注册资金、经海关等部门批准的出口加工产品内销及物流分拨企业内销所得人民币资金，经外汇局审核可以购汇，保税区内企业其他人民币资金不得购汇。要严格按照有关规定，加强出口加工区的外汇管理。未经国务院批准不得新设特殊监管区或擅自改变特殊监管区功能。有关部门要加强协调，统一特殊监管区的管理政策。海关总署要会同有关部门对保税区进行清理整顿，切实加强和改进保税区的外汇收支管理工作。

二、加强服务贸易外汇管理，改善服务贸易外汇收支逆差状况。

（一）建立健全服务贸易外汇收支监管机制。要建立和完善服务贸易外汇收支管理办法，完善售付汇管理，规范售付汇凭证。旅游、交通等行政主管部门要结合本部门的实际情况加强行业管理，要将收汇和结汇情况作为考核企业经营状况的重要指标。外汇指定银行要加强对服务贸易售付汇凭证的真实性审核，严禁不合理的外汇支付。企业要严格遵照规定，及时足额收汇，不得将外汇滞留境外和私自抵扣。

（二）完善旅游外汇管理。坚持大力发展入境旅游的方针，制定鼓励旅游企业创汇的政策措施，努力增加旅游外汇收入。境内居民自费出境旅游由旅行社统一购汇，所购外汇扣除团组费用后，剩余部分为个人零用费，旅行社不得另外购汇支付出境游团费。公民因私出国（境）按规定供汇，同时要严厉查处以因私出国（境）为名，套取国家外汇的行为。旅游行政管理部门和外汇管理部门要加强对旅行社经营行为和收汇、用汇、结汇的管理，将旅行社收汇数、结汇数与审批其出境旅游业务资格和组团规模挂钩。要整顿出国（境）旅游市场，有出国审批权的机关和企事业单位要加强对审批工作的管理，严禁变相组织或经营出国（境）旅游，对违反规定的，有关主管部门要暂停或收回其出国审批权，并追究有关责任人的责任。适时调整境内居民个人因私出境兑换外汇标准。加强对外币兑换点的管理，严禁外币兑换点不开具水单私自兑换外汇。

（三）加强国际海运企业外汇收支管理。交通部要会同有关部门加强对国际海运企业的监管，完善对方便旗船队的管理。要强化对运输费购付汇主体的管理，只准许有进出口经营权的企业购汇支付海运运输费；经外汇局批准，符合条件的货代、船代公司可以开立外汇账户，但只能代收代付运输费，不得购汇。国际海运企业要将外汇收入及时调回境内并按规定结汇。规范运输费售付汇凭证，外汇指定银行在办理运输费售付汇时要严格审核，税务部门要严格对专用发票的管理。

（四）完善无形资产售付汇管理。外经贸部、知识产权局、工商总局、信息产业部等部门要规范审核文件，对无形资产的合同金额和期限进行确认，要将交易金额及支付方式等列为售付汇审核的基本要素，防止企业采取高报价格、撤换或修改合同金额及支付条款等手段，非法转移外汇和骗购外汇。

三、加强外债项下外汇管理，防范对外支付风险。

（一）国家对外债实行全口径管理。要按照国际标准调整登记外债口径，将贸易信贷和境内外资金融机构对外借款等纳入外债统计监测范围，对各种类型的外汇债务（含外债、境外中资机构的债务）及对外或有债务进行统一监管，控制外债规模，优化债务结构，提高使用效益和对外偿债能力。国家计委要会同有关部门，根据国民经济发展需要和外债承受能力，合理确定全口径外债的总量和结构调控目标，保证各项外债指标控制在安全线以内。

（二）严禁非法对外融资。无论是对外借款还是对外担保（或其他各种形式的或有负债），都必须按照规定履行审批和登记手续。国际金融组织、外国政府贷款（含日本国际协力银行不附带条件贷款）和对外发行主权外债，由财政部按照国家借用国外贷款计划和国家预算统一筹措；国内中资金融机构对外借款，必须纳入国家借款计划；对境内外资金融机构对外借款要按照资产负债比例进行管理；符合条件的中资企业对外借款，须按规定经国家主管部门批准；外商投资企业可依法自主对外借款，其所筹措的中长期外债累计发生额与短期外债余额之和不得超过批准的项目投资总额与注册资本之间的差额。要进一步加强对外发债的审核，所有境内机构对外发债均须报经国务院批准。要严格规范对外融资担保，除经国务院批准为使用外国政府贷款或者国际金融组织贷款进行转贷外，国家机关和事业单位不得对外提供担保或变相担保，其他机构对外担保必须严格按《境内机构对外担保管理办法》的有关规定办理审批和登记手续

（三）健全责权利统一的外债借用还机制。各地区、各部门对国外贷款的使用要加强管理，切实提高贷款使用效益，增强还贷能力。要明确区分主权外债和非主权外债的界限。主权外债是中央政府统一对外筹措的债务，其他外债均为非主权外债。对主权外债，其国内借款人和担保人，必须切实承担偿债责任和担保责任。财政部要建立主权外债风险监测指标考核体系，完善转贷机制，规范担保行为，切实防范国家对外支付风险。对非主权外债，国家计委要加强宏观管理和监管，逐步建立科学的非主权外债发债主体资格审定和债信评级制度。非主权外债的借款人要按批准的用途使用，并自担风险、自行偿还。

（四）进一步完善国内外汇贷款管理办法。要统一中、外资银行国内外汇贷款的管理政策。引导银行国内外汇贷款尽可能投向出口创汇企业。国内外汇贷款均须按规定向外汇局办理登记手续，偿还外汇贷款要经外汇局核准。

四、加强利用外资和境外投资外汇管理，规范直接投资外汇收支行为。

（一）加强外商投资企业外汇收支管理，保证外商投资外汇资金依法汇入，合法汇出。要健全外资外汇登记制度，进一步加强对外商投资企业的联合年检工

作。有关部门必须严格按规定对外商投资企业中外方出资进行真实性与合规性审核，督促中外双方按期、足额履行出资义务，加大对未按期缴付出资的处罚力度。加强外商撤资过程中对企业资产和外方股权评估的管理，规范国有资产评估、验证确认制度。外商投资企业外方向中方转股过程中，涉及购汇或汇出外汇的，应向外汇局出具有关中介机构的资产评估文件或财务审计报告。财政部要会同有关部门完善会计师事务所等中介机构执业的有关规定，对出具虚假验资、评估报告的要予以行政处罚；情节严重的，要吊销营业执照、取消执业资格；触犯刑律的，要依法追究刑事责任。

（二）严禁新批保证外方固定回报项目。任何单位不得违反国家规定保证外方投资固定回报，中外合资、合作合同不得按投资额确定回报比率。对新批保证外方投资固定回报的，要坚决予以纠正，对有关责任人严肃查处并追究领导人的责任。对现有保证外方固定回报项目，由国家计委牵头，会同外经贸部、外汇局提出处理意见报国务院。

（三）进一步规范将境内资产和权益划拨境外的行为，加强对境外发行股票所筹外汇资金的管理。未经批准，不得擅自向境外划拨资产和权益。要严格执行国务院批准发布的《关于〈中外合资经营企业合营各方出资的若干规定〉的补充规定》等有关规定。要规范划拨资产价值的评估，加强对境内资产和权益划拨境外工作的管理，切实保证划拨资产对价及时足额调回境内并结汇。国家计委和外经贸部要会同有关部门，对境内资产和权益划拨境外情况进行一次全面调查，进一步完善相关管理办法。境内机构在境外发行股票所筹外汇资金要在规定的时限内，将扣除上市相关费用后的全部外汇资金调回境内，并撤销境外账户。有关部门要加强监督和检查，对逾期不调回的按逃汇论处，情节严重的，按逃汇罪追究刑事责任。

（四）规范企业境外投资行为。要保证国家对外战略性投资的用汇需求，积极支持境外加工贸易项目，对于其他境外投资项目，鼓励以自有外汇资金为主进行投资。国家计委要会同有关部门制定境外投资用汇规划，严格境外投资管理，所有境外投资都必须按规定办理审批手续。要强化境内投资者的监管责任。境外投资企业应自担风险，债务自借自还，不得将风险和偿债的责任转嫁国内。确需境内机构提供担保的，应由境内机构按规定办理有关审批手续。境外投资企业对外借款应统一纳入国家外债监管范围，由其境内投资主体按规定办理批准或登记手续。

五、改进外汇指定银行结售付汇业务监管，保障结售付汇的真实性和合规性。

（一）严格外汇指定银行结售汇授权准入和退出制度。统一对中、外资银行结售付汇的管理办法，对所有外汇指定银行的结售付汇业务均实行统一规则，分级管理。在建立银行外汇营运资金补充机制基础上，对银行结售汇周转头寸按照统一法人原则进行监管。

（二）严格区分外汇指定银行代客结售付汇业务与自身结售付汇业务。外汇指定银行办理对客户的结售付汇业务应根据国家外汇管理有关规定，认真审查凭证的真实性和合规性，严禁在无单证、单证不全、单证不符的情况下办理售付汇或与客户串谋以虚假凭证结售付汇。外汇指定银行代客结售汇头寸应按规定及时在银行间外汇市场平盘，不得虚报、瞒报和私自截留。外汇指定银行自身结售付汇应遵循收支两条线原则，严格区分经常项目和资本项目，分别按照国家有关规定办理。银行自身外汇利润应按有关规定及时结汇。

（三）加强对外汇账户的监管。外汇指定银行要严格按照外汇管理规定为客户办理外汇账户的开户和资金收付，及时向外汇管理部门报告外汇账户大额及异常资金收付情况，监督企业按照规定及时办理结汇。外汇管理部门要加快电子手段建设，加强对外汇账户资金流动的监管和检查，外汇指定银行要积极配合。

（四）加强对外币信用卡等非现金支付手段和工具的管理。建立外币信用卡等非现金支付手段和工具的统计监测制度，通过银行申报和对超限额外币信用卡项下收支的事后核查，切实防止利用外币信用卡等支付手段逃避外汇收支监管，防止外汇资金的非法流出、流入。

（五）加大对外汇非法交易的打击力度。严禁银行及银行工作人员参与外汇非法交易，不得为外汇非法交易提供任何便利，发现外汇非法交易活动应及时向公安部门和外汇管理部门举报。公安部门和外汇管理部门要加大对外汇非法交易的打击力度。

六、完善外汇管理法规，加大外汇执法力度。

（一）抓紧修改《外汇管理条例》。法制办、人民银行、外汇局要抓紧修改《外汇管理条例》，争取尽快出台。有关部门要对本部门涉及的外汇管理的有关政策法规进行清理和修改，提出加强外汇管理的政策措施，堵塞监管漏洞。

（二）严格执法。各部门要各负其责，密切配合，充分利用口岸电子执法系统，重点打击利用伪造、变造、假挂失和重复使用进出口单证、利用价格瞒骗等手段进行逃骗汇和骗退税的行为。严厉打击外汇非法交易、地下钱庄和外汇体外循环等各种不法行为。对各类违反国家外汇管理法规的案件，要加大对有关负责人和直接责任人的处罚力度，触犯刑律的要移交司法机关，追究其刑事责任。

七、提高认识，加强领导，共同维护国际收支长期动态平衡。

加强外汇收支管理，维护国际收支长期动态平衡，保持必要数量的国家外汇储备，关系到我国政治经济的稳定和改革开放的顺利进行。各地区、各部门要高度重视改进外汇收支管理工作的重要性，切实加强领导，健全组织，充实人员，确保各级改革顺利进行。要完善外汇管理协调机制，加强各部门在政策、法规、监管和统计等方面的协调，从机制上堵塞逃骗汇的漏洞。要进一步深化外汇管理体制改革，建立健全外汇管理机构体系和运行机制，调整和加强国家外汇管理局机关内设机构，加强干部力量和技术手段，加大对系统外汇业务的管理和监督的力度。各地区、各部门要按照本通知的要求，研究制定加强和改进外汇收支管理的具体措施，集中力量优先解决关系全局的重点、难点问题，积极防范和化解涉外经济风险，共同维护国际收支平衡和国家经济安全。

国务院
二〇〇一年四月十八日

中华人民共和国信托法

（二〇〇一年四月二十八日第九届全国人民代表大会
常务委员会第二十一次会议通过）

目　　录

第一章　总　　则

第一条　为了调整信托关系，规范信托行为，保护信托当事人的合法权益，促进信托事业的健康发展，制定本法。

第二条　本法所称信托，是指委托人基于对受托人的信任，将其财产权委托给受托人，由受托人按委托人的意愿以自己的名义，为受益人的利益或者特定目的，进行管理或者处分的行为。

第三条　委托人、受托人、受益人（以下统称信托当事人）在中华人民共和国境内进行民事、营业、公益信托活动，适用本法。

第四条　受托人采取信托机构形式从事信托活动，其组织和管理由国务院制定具体办法。

第五条　信托当事人进行信托活动，必须遵守法律、行政法规，遵循自愿、公平和诚实信用原则，不得损害国家利益和社会公共利益。

第二章　信托的设立

第六条　设立信托，必须有合法的信托目的。

第七条　设立信托，必须有确定的信托财产，并且该信托财产必须是委托人合法所有的财产。

本法所称财产包括合法的财产权利。

第八条　设立信托，应当采取书面形式。

书面形式包括信托合同、遗嘱或者法律、行政法规规定的其他书面文件等。

采取信托合同形式设立信托的，信托合同签订时，信托成立。采取其他书面形式设立信托的，受托人承诺信托时，信托成立。

第九条　设立信托，其书面文件应当载明下列事项：

（一）信托目的；

（二）委托人、受托人的姓名或者名称、住所；

（三）受益人或者受益人范围；

（四）信托财产的范围、种类及状况；

（五）受益人取得信托利益的形式、方法。

除前款所列事项外，可以载明信托期限、信托财产的管理方法、受托人的报酬、新受托人的选任方式、信托终止事由等事项。

第十条　设立信托，对于信托财产，有关法律、行政法规规定应当办理登记手续的，应当依法办理信托登记。

未依照前款规定办理信托登记的，应当补办登记手续；不补办的，该信托不产生效力。

第十一条　有下列情形之一的，信托无效：

（一）信托目的违反法律、行政法规或者损害社会公共利益；

（二）信托财产不能确定；

（三）委托人以非法财产或者本法规定不得设立信托的财产设立信托；

（四）专以诉讼或者讨债为目的设立信托；

（五）受益人或者受益人范围不能确定；

（六）法律、行政法规规定的其他情形。

第十二条　委托人设立信托损害其债权人利益的，债权人有权申请人民法院撤销该信托。

人民法院依照前款规定撤销信托的，不影响善意受益人已经取得的信托利益。

本条第一款规定的申请权，自债权人知道或者应当知道撤销原因之日起一年内不行使的，归于消灭。

第十三条　设立遗嘱信托，应当遵守继承法关于遗嘱的规定。

遗嘱指定的人拒绝或者无能力担任受托人的，由受益人另行选任受托人；受益人为无民事行为能力人或者限制民事行为能力人的，依法由其监护人代行选任。遗嘱对选任受托人另有规定的，从其规定。

第三章　信托财产

第十四条　受托人因承诺信托而取得的财产是信托财产。

受托人因信托财产的管理运用、处分或者其他情形而取得的财产，也归入信托财产。

法律、行政法规禁止流通的财产，不得作为信托财产。

法律、行政法规限制流通的财产，依法经有关主管部门批准后，可以作为信托财产。

第十五条　信托财产与委托人未设立信托的其他财产相区别。设立信托后，委托人死亡或者依法解散、被依法撤销、被宣告破产时，委托人是惟一受益人的，信托终止，信托财产作为其遗产或者清算财产；委托人不是惟一受益人的，信托存续，信托财产不作为其遗产或者清算财产；但作为共同受益人的委托人死亡或者依法解散、被依法撤销、被宣告破产时，其信托受益权作为其遗产或者清算财产。

第十六条　信托财产与属于受托人所有的财产（以下简称固有财产）相区别，不得归入受托人的固有财产或者成为固有财产的一部分。

受托人死亡或者依法解散、被依法撤销、被宣告破产而终止，信托财产不属于其遗产或者清算财产。

第十七条　除因下列情形之一外，对信托财产不得强制执行：

（一）设立信托前债权人已对该信托财产享有优先受偿的权利，并依法行使该权利的；

（二）受托人处理信托事务所产生债务，债权人要求清偿该债务的；

（三）信托财产本身应担负的税款；

（四）法律规定的其他情形。

对于违反前款规定而强制执行信托财产，委托人、受托人或者受益人有权向人民法院提出异议。

第十八条　受托人管理运用、处分信托财产所产生的债权，不得与其固有财产产生的债务相抵消。

受托人管理运用、处分不同委托人的信托财产所产生的债权债务，不得相互抵消。

第四章　信托当事人

第一节　委托人

第十九条　委托人应当是具有完全民事行为能力的自然人、法人或者依法成立的其他组织。

第二十条　委托人有权了解其信托财产的管理运用、处分及收支情况，并有权要求受托人作出说明。

委托人有权查阅、抄录或者复制与其信托财产有关的信托账目以及处理信托事务的其他文件。

第二十一条　因设立信托时未能预见的特别事由，致使信托财产的管理方法不利于实现信托目的或者不符合受益人的利益时，委托人有权要求受托人调整该信托财产的管理方法。

第二十二条　受托人违反信托目的处分信托财产或者因违背管理职责、处理信托事务不当致使信托财产受到损失的，委托人有权申请人民法院撤销该处分行为，并有权要求受托人恢复信托财产的原状或者予以赔偿；该信托财产的受让人明知是违反信托目的而接受该财产的，应当予以返还或者予以赔偿。

前款规定的申请权，自委托人知道或者应当知道撤销原因之日起一年内不行使的，归于消灭。

第二十三条　受托人违反信托目的处分信托财产或者管理运用、处分信托财产有重大过失的，委托人有权依照信托文件的规定解任受托人，或者申请人民法院解任受托人。

第二节　受托人

第二十四条　受托人应当是具有完全民事行为能力的自然人、法人。

法律、行政法规对受托人的条件另有规定的，从其规定。

第二十五条　受托人应当遵守信托文件的规定，为受益人的最大利益处理信托事务。

受托人管理信托财产，必须恪尽职守，履行诚实、信用、谨慎、有效管理的义务。

第二十六条　受托人除依照本法规定取得报酬外，不得利用信托财产为自己谋取利益。

受托人违反前款规定，利用信托财产为自己谋取利益的，所得利益归入信托财产。

第二十七条　受托人不得将信托财产转为其固有财产。受托人将信托财产转为其固有财产的，必须恢复该信托财产的原状；造成信托财产损失的，应当承担赔偿责任。

第二十八条　受托人不得将其固有财产与信托财产进行交易或者将不同委托人的信托财产进行相互交易，但信托文件另有规定或者经委托人或者受益人同意，并以公平的市场价格进行交易的除外。

受托人违反前款规定，造成信托财产损失的，应当承担赔偿责任。

第二十九条　受托人必须将信托财产与其固有财产分别管理、分别记账，并将不同委托人的信托财产分别管理、分别记账。

第三十条 受托人应当自己处理信托事务，但信托文件另有规定或者有不得已事由的，可以委托他人代为处理。

受托人依法将信托事务委托他人代理的，应当对他人处理信托事务的行为承担责任。

第三十一条 同一信托的受托人有两个以上的，为共同受托人。

共同受托人应当共同处理信托事务，但信托文件规定对某些具体事务由受托人分别处理的，从其规定。

共同受托人共同处理信托事务，意见不一致时，按信托文件规定处理；信托文件未规定的，由委托人、受益人或者其利害关系人决定。

第三十二条 共同委托人处理信托事务对第三人所负债务，应当承担连带清偿责任。第三人对共同受托人之一所作的意思表示，对其他受托人同样有效。

共同受托人之一违反信托目的处分信托财产或者因违背管理职责、处理信托事务不当致使信托财产受到损失时，其他受托人应当承担连带赔偿责任。

第三十三条 受托人必须保存处理信托事务的完整记录。

受托人应当每年定期将信托财产的管理运用、处分及收支情况，报告委托人和受益人。

受托人对委托人、受益人以及处理信托事务的情况和资料负有依法保密的义务。

第三十四条 受托人以信托财产为限向受益人承担支付信托利益的义务。

第三十五条 受托人有权依照信托文件的约定取得报酬。信托文件未作事先约定的，经信托当事人协商同意，可以作出补充约定；未作事先约定和补充约定的，不得收取报酬。

约定的报酬经信托当事人协商同意，可以增减其数额。

第三十六条 受托人违反信托目的处分信托财产或者因违背管理职责、处理信托事务不当致使信托财产受到损失的，在未恢复信托财产的原状或者未予赔偿前，不得请求给付报酬。

第三十七条 受托人因处理信托事务所支出的费用、对第三人所负债务，以信托财产承担。受托人以其固有财产先行支付的，对信托财产享有优先受偿的权利。

受托人违背管理职责或者处理信托事务不当对第三人所负债务或者自己所受

到的损失，以其固有财产承担。

第三十八条　设立信托后，经委托人和受益人同意，受托人可以辞任。本法对公益信托的受托人辞任另有规定的，从其规定。

受托人辞任的，在新受托人选出前仍应履行管理信托事务的职责。

第三十九条　受托人有下列情形之一的，其职责终止：

（一）死亡或者被依法宣告死亡；

（二）被依法宣告为无民事行为能力人或者限制民事行为能力人；

（三）被依法撤销或者被宣告破产；

（四）依法解散或者法定资格丧失；

（五）辞任或者被解任；

（六）法律、行政法规规定的其他情形。

受托人职责终止时，其继承人或者遗产管理人、监护人、清算人应当妥善保管信托财产，协助新受托人接管信托事务。

第四十条　受托人职责终止的，依照信托文件规定选任新受托人；信托文件未规定的，由委托人选任；委托人不指定或者无能力指定的，由受益人选任；受益人为无民事行为能力人或者限制民事行为能力人的，依法由其监护人代行选任。

原受托人处理信托事务的权利和义务，由新受托人承继。

第四十一条　受托人有本法第三十九条第一款第（三）项至第（六）项所列情形之一，职责终止的，应当作出处理信托事务的报告，并向新受托人办理信托财产和信托事务的移交手续。

前款报告经委托人或者受益人认可，原受托人就报告中所列事项解除责任。但原受托人有不正当行为的除外。

第四十二条　共同受托人之一职责终止的，信托财产由其他受托人管理和处分。

第三节　受益人

第四十三条　受益人是在信托中享有信托受益权的人。受益人可以是自然人、法人或者依法成立的其他组织。

委托人可以是受益人，也可以是同一信托的惟一受益人。

受托人可以是受益人，但不得是同一信托的惟一受益人。

第四十四条　受益人自信托生效之日起享有信托受益权。信托文件另有规定的，从其规定。

第四十五条　共同受益人按照信托文件的规定享受信托利益。信托文件对信托利益的分配比例或者分配方法未作规定的，各受益人按照均等的比例享受信托利益。

第四十六条　受益人可以放弃信托受益权。

全体受益人放弃信托受益权的，信托终止。

部分受益人放弃信托受益权的，被放弃的信托受益权按下列顺序确定归属：

（一）信托文件规定的人；

（二）其他受益人；

（三）委托人或者其继承人。

第四十七条　受益人不能清偿到期债务的，其信托受益权可以用于清偿债务，但法律、行政法规以及信托文件有限制性规定的除外。

第四十八条　受益人的信托受益权可以依法转让和继承，但信托文件有限制性规定的除外。

第四十九条　受益人可以行使本法第二十条至第二十三条规定的委托人享有的权利。受益人行使上述权利，与委托人意见不一致时，可以申请人民法院作出裁定。

受托人有本法第二十二条第一款所列行为，共同受益人之一申请人民法院撤销该处分行为的，人民法院所作出的撤销裁定，对全体共同受益人有效。

第五章　信托的变更与终止

第五十条　委托人是惟一受益人的，委托人或者其继承人可以解除信托。信托文件另有规定的，从其规定。

第五十一条　设立信托后，有下列情形之一的，委托人可以变更受益人或者处分受益人的信托受益权：

（一）受益人对委托人有重大侵权行为；

（二）受益人对其他共同受益人有重大侵权行为；

（三）经受益人同意；

（四）信托文件规定的其他情形。

有前款第（一）项、第（三）项、第（四）项所列情形之一的，委托人可以解除信托。

第五十二条　信托不因委托人或者受托人的死亡、丧失民事行为能力、依法解散、被依法撤销或者被宣告破产而终止，也不因受托人的辞任而终止。但本法或者信托文件另有规定的除外。

第五十三条　有下列情形之一的，信托终止：

（一）信托文件规定的终止事由发生；

（二）信托的存续违反信托目的；

（三）信托目的已经实现或者不能实现；

（四）信托当事人协商同意；

（五）信托被撤销；

（六）信托被解除。

第五十四条　信托终止的，信托财产归属于信托文件规定的人；信托文件未规定的，按下列顺序确定归属：

（一）受益人或者其继承人；

（二）委托人或者其继承人。

第五十五条　依照前条规定，信托财产的归属确定后，在该信托财产转移给权利归属人的过程中，信托视为存续，权利归属人视为受益人。

第五十六条　信托终止后，人民法院依据本法第十七条的规定对原信托财产进行强制执行的，以权利归属人为被执行人。

第五十七条　信托终止后，受托人依照本法规定行使请求给付报酬、从信托财产中获得补偿的权利时，可以留置信托财产或者对信托财产的权利归属人提出请求。

第五十八条　信托终止的，受托人应当作出处理信托事务的清算报告。受益人或者信托财产的权利归属人对清算报告无异议的，受托人就清算报告所列事项解除责任。但受托人有不正当行为的除外。

第六章　公益信托

第五十九条　公益信托适用本章规定。本章未规定的，适用本法及其他相关法律的规定。

第六十条　为了下列公共利益目的之一而设立的信托，属于公益信托：

（一）救济贫困；

（二）救助灾民；

（三）扶助残疾人；

（四）发展教育、科技、文化、艺术、体育事业；

（五）发展医疗卫生事业；

（六）发展环境保护事业，维护生态环境；

（七）发展其他社会公益事业。

第六十一条　国家鼓励发展公益信托。

第六十二条　公益信托的设立和确定其受托人，应当经有关公益事业的管理机构（以下简称公益事业管理机构）批准。

未经公益事业管理机构的批准，不得以公益信托的名义进行活动。

公益事业管理机构对于公益信托活动应当给予支持。

第六十三条　公益信托的信托财产及其收益，不得用于非公益目的。

第六十四条　公益信托应当设置信托监察人。

信托监察人由信托文件规定。信托文件未规定的，由公益事业管理机构指定。

第六十五条　信托监察人有权以自己的名义，为维护受益人的利益，提起诉讼或者实施其他法律行为。

第六十六条　公益信托的受托人未经公益事业管理机构批准，不得辞任。

第六十七条　公益事业管理机构应当检查受托人处理公益信托事务的情况及财产状况。

受托人应当至少每年一次作出信托事务处理情况及财产状况报告，经信托监察人认可后，报公益事业管理机构核准，并由受托人予以公告。

第六十八条　公益信托的受托人违反信托义务或者无能力履行其职责的，由公益事业管理机构变更受托人。

第六十九条　公益信托成立后，发生设立信托时不能预见的情形，公益事业管理机构可以根据信托目的，变更信托文件中的有关条款。

第七十条　公益信托终止的，受托人应当于终止事由发生之日起十五日内，将终止事由和终止日期报告公益事业管理机构。

第七十一条　公益信托终止的，受托人作出的处理信托事务的清算报告，应当经信托监察人认可后，报公益事业管理机构核准，并由受托人予以公告。

第七十二条　公益信托终止，没有信托财产权利归属人或者信托财产权利归属人是不特定的社会公众的，经公益事业管理机构批准，受托人应当将信托财产用于与原公益目的相近似的目的，或者将信托财产转移给具有近似目的的公益组织或者其他公益信托。

第七十三条　公益事业管理机构违反本法规定的，委托人、受托人或者受益人有权向人民法院起诉。

第七章　附　则

第七十四条　本法自二〇〇一年十月一日起施行。

国务院办公厅关于严厉打击
以证券期货投资为名进行
违法犯罪活动的通知

（二〇〇一年八月三十一日）

各省、自治区、直辖市人民政府，国务院各部委、各直属机构：

近两年来，以证券期货投资为名进行的违法犯罪活动屡有发生，个别地区甚至到了十分猖獗的地步，不但扰乱了国民经济的正常秩序，而且严重影响了社会稳定。今年重点打击的"兰州证券黑市"就是这类违法犯罪活动的典型。该类违法犯罪活动主要有以下三个特点：一是从事违法犯罪活动的机构未经主管部门批准，营业地点和公司名称频繁变更，隐蔽性很强；二是涉案机构并未与证券交易系统联网，而是打着"投资咨询"和"代客理财"等招牌，以高额回报为诱饵，采用在内部系统模拟证券交易等欺诈手法进行诈骗；三是部分入场参与者虽然对这些机构的非法性质有所了解，却仍因心存侥幸涉足其中。据不完全统计，从一九九九年至二〇〇〇年，全国共发生此类案件二百一十六起，对正常的经济秩序和社会稳定构成了极大的威胁，必须坚决予以打击。为落实《国务院关于整顿和规范市场经济秩序的决定》，经国务院同意，现就有关事项通知如下：

一、统一思想，周密部署，尽快遏制以证券期货投资为名进行的违法犯罪活动。

打击以证券期货投资为名进行的违法犯罪活动，难度大、敏感度高、涉及面广。各地区、各部门一定要统一思想，充分认识此类违法犯罪活动的严重性和危害性，并按照本通知的要求，立即部署打击以证券期货投资为名进行违法犯罪活动的有关工作。各地区要尽快成立由政府有关负责同志牵头，当地证券监管、工商行政管理部门和公安机关组成的领导小组，统筹安排、周密部署，根据《刑法》、《证券法》和《非法金融机构和非法金融业务活动取缔办法》等法律法规和规章的相关规定，对以证券期货投资为名进行的违法犯罪活动从重、从快地给予严厉打击，发现一起，查处一起，力争在年内使此类违法犯罪活动得到有效遏制。

二、明确职责分工，加强协作配合，形成打击合力。

各省、自治区、直辖市人民政府要结合本地实际，制定专项打击工作的具体步骤和方案。各地证券监管、工商行政管理部门和公安机关要树立大局观念，在当地政府的统一领导下，明确职责分工，互相配合，排除干扰，迅速开展查处、取缔工作。证券监管部门和工商行政管理部门要依照各自的职责，做好对非法证券期货经营者违法违规行为的初步调查工作，公安机关要视情况提前介入，对涉嫌犯罪的及时立案查处。证券监管、工商行政管理部门和公安机关的执法工作人员必须恪尽职守、秉公执法，凡因监管不力，执法不严，玩忽职守，徇私舞弊，贻误工作的，应追究责任，严肃处理；构成犯罪的，依法追究刑事责任。

三、正确适用法律，把握政策界限。

（一）对超出核准的经营范围，非法从事或变相非法从事证券期货交易活动，非法经营境外期货、外汇期货业务的，以涉嫌非法经营罪立案查处。

（二）对未经证券监管部门批准和工商行政管理部门登记注册，擅自设立证券期货机构的，以涉嫌擅自设立金融机构罪立案查处。

（三）对以"投资咨询"、"代客理财"等为招牌，以高额回报、赠送礼品、虚假融资、减免手续费、提供"免费午餐"等为诱饵吸纳客户资金，采用内部模拟证券期货交易等手法，非法侵占他人财产的，以涉嫌集资诈骗罪立案查处。

（四）非法证券期货经营者对受害人有暴力、威胁、非法拘禁等侵犯公民人身权利的行为，或以暴力、威胁手段阻碍国家机关工作人员依法执行公务，情节严重，构成犯罪的，依法追究刑事责任。

（五）对以证券期货投资为名进行违法犯罪活动的机构，由证券监管部门、工商行政管理部门依法取缔、吊销其营业执照。

四、加强法制宣传和对投资者的教育，把握新闻舆论导向，维护社会稳定。

各地区、各部门要根据整顿和规范市场经济秩序形势的需要，通过各种宣传手段，加强正面宣传和证券期货法律法规教育。要运用报刊、电台、电视等多种形式，公布本地区合法证券期货交易机构的名称、地址、电话，提醒投资者到合法的证券经营机构参与证券投资，防止上当受骗。要向社会重申《非法金融机构和非法金融业务活动取缔办法》第十八条有关"因参与非法金融业务活动受到的

451

损失，由参与者自行承担"的规定，各级政府、各有关部门不承担任何赔偿责任。要结合已查处的典型案例，不失时机地做好受骗群众的说服教育工作。各级新闻管理部门，要加强对相关新闻报道的管理和从业人员的职业道德教育，把握正确的舆论导向，防止少数别有用心的人为达到让政府赔偿的目的，恶意炒作，转嫁责任，制造事端，破坏安定团结的大好局面。

以上各项工作，各省、自治区、直辖市人民政府应于十月底以前向国务院报告落实情况，国务院将组织有关部门进行检查。各地区、各部门在执行本通知的过程中如发现重大问题，应及时向国务院报告；同时，要从中汲取经验教训，完善监管措施，进一步加大对以证券期货投资为名进行违法犯罪活动的打击力度，从根本上防止此类违法犯罪活动死灰复燃，坚决维护市场经济的正常秩序。

国务院办公厅
二〇〇一年八月三十一日

金融工作的指导方针和主要任务[*]

(二〇〇二年二月五日)

江 泽 民

从新世纪开始，我国进入了全面建设小康社会、加快推进社会主义现代化的新的发展阶段；加入世界贸易组织，我国将在更大范围、更深程度上参与经济全球化，对外开放进入新阶段。在新的历史条件下，金融的核心作用将愈益突出。必须从以下三个方面，进一步深化对金融地位和作用的认识。

第一，金融在市场配置资源中起着核心作用。在发展社会主义市场经济的条件下，使市场对资源配置起基础性作用，应该充分发挥金融的核心作用。首先，金融市场在我国社会主义市场体系中具有核心地位。市场体系包括商品市场和要素市场。金融市场作为要素市场的重要组成部分，是连接商品市场和其他各种要素市场的枢纽，也是贯通生产、流通、分配、消费各个环节的桥梁。金融市场通过多种渠道和方式，把大量社会资金筹集起来、又运用出去，实现资源配置，使整个经济能够运转起来。其次，资金配置的优化程度，直接影响整个经济的效率和发展速度。资金运用得好，一元钱当两元钱用；运用得不好，两元钱只能当一元钱用。这就是资金配置的效率，当然也就关系到资源配置的效率。资源配置的方式不同，效果也不同。计划经济是用指令性计划配置资源。实践证明，那种"计划点菜，财政买单，银行掏钱"的方式，难以使有限的资源得到有效利用。通过金融市场配置资源，在价值规律和价格杠杆的作用下，资金将会向效益好、有前景的产业和企业集中，可以实现资源的优化配置，加快社会生产力的发展。

第二，金融是调节宏观经济的重要杠杆。金融体系是资金运动的总枢纽、总闸门。宏观经济政策，要通过金融传导才能得以实施。国家可以根据经济发展的需要，运用利率、汇率等多种手段，适时调节货币供应量，调控国民经济运行。

---

* 这是江泽民同志在全国金融工作会议上讲话的一部分。

金融已成为一个国家国际竞争力的重要组成部分。随着国际贸易的扩大和国际资本流动的发展，各国特别是发展中国家，还需要通过增强金融业的竞争力来赢得有利的国际竞争地位。在国际经济活动中，融资、支付、保险等业务，对本国经济发展起着重要的支持保障作用。特别是在全球经济发展不顺利的时候，国际金融竞争会更加激烈。争夺国际金融资源、规避国际金融风险、抵御国际金融危机的冲击，关键取决于本国金融业是否具有坚实的基础，金融调控的手段是否灵活有效。金融已成为一个国家实现宏观经济稳定的重要工具和基础。改革开放以来特别是上个世纪九十年代以来，我国经济保持良好发展势头，是与充分发挥包括金融调控在内的宏观调控作用、保持金融业健康发展分不开的。从一九九三年开始，我们整顿金融秩序，加强和改善宏观调控，成功地治理了经济过热和通货膨胀，一九九六年顺利实现了经济的"软着陆"。一九九八年以来，根据扩大内需的方针，配合积极的财政政策，实行稳健的货币政策，既化解了一些金融风险的隐患、成功抵御了亚洲金融危机的冲击，又遏制了通货紧缩的趋势、促进了国民经济持续快速健康发展。

第三，金融安全是国家经济安全的核心。经济、金融全球化步伐加快，加入世界贸易组织，为我国经济、金融发展提供了机遇。但是，国际金融业的竞争更加激烈，金融市场的风险和不确定性增加，也给我国金融业发展和经济安全带来了严峻挑战。经济发展中最大的风险往往是金融危机。一个国家经济发展顺利时，往往是支柱产业在前台生机勃勃地发展，而金融业在后台起着不可忽视的支持作用。美国高技术产业的发展，前台是大量高新技术产业，后台有风险投资机制和全美证券交易商协会自动报价系统（"纳斯达克"）起推动作用。但是，在经济发展不顺利、出现风波时，金融风险往往就会显露到前台来，甚至发生金融危机。因此，要保证我国经济持续快速健康发展，必须保证金融业和金融市场健康稳定运行，避免发生大的风险和危机。这是极其重要的。

西方发达国家已把控制国际金融作为控制全球的战略手段。美国哈佛大学教授亨廷顿在《文明的冲突与世界秩序的重建》一书中引述了这样一种观点，列举了西方文明控制世界的十四个战略要点，其中第一条就是"拥有和操纵着国际金融系统"；第二条和第五条分别是"控制着所有的硬通货"和"主宰着国际资本市场"。这也从一个方面说明，在当今世界经济全球化趋势加快的情况下，金融的重要性越来越突出，并且已日益成为国际政治经济较量的工具，特别是在国际政治和经济形势复杂多变的情况下表现得更为明显。从一定意义上讲，没有金融安全，最终就没有经济安全和国家安全。美国之所以能成为超级大国，一个重要因素就是它在国际金融领域具有明显优势。美元在国际货币中占主导地位，百分之八十的国际贸易结算和金融交易是用美元进行的。美元的这种特殊地位，给美国带来了巨大利益。美元现钞的百分之六十在国外流通，这等于美国无形中从其他国家获得了铸币税。正因为美元是一种硬通货，美国通过发行货币和吸引外国直接投资、外国投资者购买美国的债券、股票等，保持国际收支平衡。美国在年贸易逆差超过三千亿美元的情况下，吸收的外国资本每年超过七千亿美元。为什么会有这么多资本流到美国？很重要的原因，就是美国在世界上已率先实现了新一轮的产业结构调整升级，信息产业、知识经济发展较快；科技发展居世界领先水平，并有一套较完善的、与技术创新相适应的风险投资机制，特别是有较强的创新能力和较高的劳动生产率，整个经济有活力。相反，一些经济结构和金融体系存在严重缺陷的国家和地区，容易受到国际金融风险的危害。一九九七年的亚洲金融危机，就是国际投机家针对经济、金融有问题的东南亚国家和地区，利用金融工具肆意攻击而造成的。另外，一九九四年的墨西哥、一九九八年的俄罗斯、一九九九年的巴西、二〇〇〇年的土耳其直到最近的阿根廷所发生的危机，都造成了很大损失。我们要引以为戒，认真吸取教训。

金融危机具有很大的隐蔽性和突发性，一旦发生，有极强的扩散性和破坏性。我们要从改革发展稳定的大局来看待金融问题，把金融工作放在更加突出的位置上。我国已加入世界贸易组织，服务领域的对外开放将进一步扩大。我们要增强紧迫感，努力防范和化解金融领域存在的风险隐患。为了确保金融不受制于人，维护国家金融、经济安全，我们要善于在国际金融市场上周旋，谨慎把握资本市场开放的时机和程度。

需要指出的是，在现代经济中，金融虽然具有举足轻重的地位，但从根本上讲，经济决定金融，金融服务于经济，金融不能脱离经济盲目无序发展。有了良好的国民经济素质和效益，才会有健康的金融；有了健康的金融，国民经济才能始终保持良好的发展势头。所以，搞好金融，归根到底是要把经济建设搞上去，提高经济增长的质量和效益。

新的发展时期，做好金融工作的指导方针是：坚持以邓小平理论为指导，认真贯彻"三个代表"要求，进一步加强金融监管，深化金融企业改革，改进金融服务，整顿金融秩序，防范和化解金融风险，维护国家金融安全，促进国民经济持续快速健康发展。

"十五"期间金融工作的主要任务是：进一步完善现代金融的机构体系、市场体系、监管体系和调控体系，努力实现金融监管和调控高效有力，金融企业经营机制健全、资产质量和经营效益显著改善，金融市场秩序根本好转，金融服务水平和金融队伍素质明显提高，我国金融业竞争力全面增强。

贯彻上述指导方针，完成"十五"期间金融工作的主要任务，全党要统一思想，始终把金融工作作为关系国民经济全局的大事来抓，确保金融安全、高效、稳健运行。适应形势发展的要求，必须把金融监管作为金融工作的重中之重，加强外部监管，强化内部控制；必须按照建立现代企业制度的要求，深化内部机制改革，把银行办成现代金融企业；必须在降低不良资产的基础上改进金融服务，积极支持经济发展；必须增强全社会的信用观念，大力加强社会信用制度建设，改善金融运行环境。

第一，必须把加强金融监管作为金融工作的重中之重。加强金融监管是由金融业的本质所决定的。金融业是经营货币及信用业务的特殊行业，包括银行、证券、保险等行业。高度集中的资金资源、错综复杂的信用关系、瞬息万变的交易信息，决定了金融业是风险最大、对安全要求最高的行业。只有对金融业实行严格、高效监管，才能保证金融健康发展。从历史上看，监管是伴随金融业务活动而产生和发展的。欧洲在近代出现银行后，行业自律和监管也随之产生。政府对金融的监管，可追溯到一七二〇年英国泡沫法案的颁布和实施，而现代金融监管，则以美国联邦储备体系的建立为标志。上个世纪九十年代以来，经济、金融全球化步伐加快，特别是亚洲金融危机的爆发，使加强金融监管、防范金融风险变得尤为重要，各国都在进一步改进和加强金融监管。即使是英国这样的老牌发达国家，近年也在根据新的情况，改革和完善金融监管体制。美国在去年出现经济衰退后，也加强了对股市的监管。事实证明，一个国家的金融安全，固然取决于综合国力、金融发展水平、抵御外部经济危机冲击的实力，以及防范国际金融风险转移的能力，但更取决于该国金融监管的整体能力和水平。金融越发展，安全越突出，监管越重要，在现代市场经济条件下更是如此。

当前，我国金融监管还跟不上形势的发展，监管薄弱的问题仍比较突出。面对改革开放和经济发展的新形势，我们要充分认识到加强监管的极端重要性和紧迫性，下更大决心，花更大力气，从多方面入手，进一步加强和改进金融监管，确保我国金融稳健运行。一是确立金融监管的目标。根据国外经验和我国实际，金融监管的目标，就是要依法维护金融市场公开、公平、有序竞争，有效防范系统性风险，保护存款人、投资者和被保险人的合法权益。要把这个目标体现在金融监管的各个环节，贯穿到金融工作的各个方面。二是健全金融监管的法律法规。有些金融、经济法律法规需要修订，有些需要根据法律制定相关法规和规章制度，完善监管细则，提高监管法律法规的可操作性和有效性，使金融监管做到有法可依、违法必究。三是强化外部监管和内部控制。银行、证券、保险的监管机构要完善监管体制，明确监管职责，转变监管观念，层层落实监管责任制，运用先进科技手段改进监管方式，加强监管队伍建设，全面提高监管水平。在加强外部监管的同时，更要注重强化金融企业内部控制。要通过深化金融企业内部改革，增强自我约束能力，强化一级法人管理，健全内部监管制度和稽核体系，完善授信授权制度和风险控制制度，建立权力制约和监督机制，加强对分支行第一把手的监督和约束。四是加强社会监督。进一步加强审计、财政等部门的监督。发挥金融行业自律组织的作用。提高金融运行的透明度，加大公众和社会舆论监督的力度。

应当看到，加强金融监管是今后一个时期一项十分重要的工作。要处理好监管和发展的关系，监管是为了更好地发展，也只有在发展的基础上才能搞好监管。加强金融监管的目的，是建立规范的金融市场秩序，保证金融安全运行。完全可以肯定，加强监管，不但不会影响而且必将促进金融业更好地发展。

第二，必须把银行办成现代金融企业。这次会议明确提出，国有独资商业银行是经营货币的企业；贯彻党的十五届四中全会关于国有企业改革和发展若干重大问题的决定的精神，对国有独资商业银行进行综合改革，是整个金融改革的重点；改革的目标是，按照建立产权清晰、权责明确、政企分开、管理科学的现代企业制度的要求，把国有独资商业银行改造成治理结构完善、运行机制健全、经营目标明确、财务状况良好、具有较强国际竞争力的现代金融企业。

国有独资商业银行是我国金融业的主体，截至二○○一年底，其包括本、外币的存、贷款余额分别占全部存、贷款总量的百分之六十二和百分之五十七。应该充分肯定，国有独资商业银行在经济发展和现代化建设中发挥了积极作用，但其不良资产比例高、经营效益和竞争力较低的问题也相当突出。国有商业银行的运行机制、管理水平和经营效益，直接关系整个金融体系的质量。能否按照现代企业制度的要求，把国有独资商业银行办成现代金融企业，决定着我国金融改革和发展的前途。

尽管我国在法律上已经明确商业银行是企业法人，但对于国有商业银行是不是企业这个问题，长期以来在思想认识和实际工作中并没有真正解决。不少人把银行当作行政机关或财政部门，以为银行贷款可以只借不还，这是产生行政干预金融、企业逃废债务、银行不良资产比例过高等问题的根源。既然商业银行是企业，就必须建立以利润目标为中心的综合考核体系，降低不良资产比例，保证国有资产保值增值。银行不能长期亏损，因为银行的钱大部分是老百姓的存款，不是财政拨款。银行所经营的商品是货币，有一定的特殊性，但这种特殊性并不影响和改变银行的企业属性。与工商企业一样，银行也必须通过向社会提供金融产品和服务，才能盈利，并进而实现经营效益最大化，在竞争中求得生存和发展。

把银行办成现代金融企业，核心在于按照现代企业制度的要求，建立现代银行制度。必须将这一要求贯穿到国有商业银行综合改革的全过程中，从根本上转变机制，使国有商业银行真正成为自主经营、自负盈亏、自我发展、自我约束的法人实体和市场主体。对国有商业银行进行股份制改造，是公有制有效实现形式的重要探索，将有利于健全银行法人治理结构，提高银行资产质量和经营效益，加强对银行的监督。在坚持国家控股和增强竞争力的原则下，具备条件的国有独资商业银行可改组为国家控股的股份制商业银行，条件成熟的可以上市。

要把改革目标与近期工作紧密结合起来。当前，要突出抓好四件事。一是改革内部机制，优化组织机构和管理模式，精简机构和人员，健全激励机制和约束机制。二是强化内部管理，加强内部控制，严格经营责任制，完善信贷管理，继续降低不良资产比例。现在，经济技术发展很快，不同行业都有自己的专门技术，所以信贷决策一定要慎重，要有熟悉业务的人，集思广益，作出科学的决策，不能一个人说了算。三是做好基础性工作，健全各项规章制度和业务操作规程，严格成本约束，提高盈利水平。四是加快信息化建设，为银行科学决策、强化内控和改进服务提供充分的技术支持。要大力推广使用信用卡，采用电子货币，努力实现金融网络跨银行、跨地区的互联互通。在银行改革中，我们要大胆、全面地借鉴和采用国外先进技术和成熟的管理经验。国外现代银行建立和发展，经历了几百年的历史，形成了比较完备的管理方式和较为先进的管理技术。

与它们相比，我们办商业银行的经验和技术还很不够，需要加强学习，博采众长，为我所用，尽快增强我国银行的竞争力。当然，学习国外先进的管理经验和技术，也要密切结合我国的实际情况，不能照抄照搬。

在加快国有商业银行改革的同时，其他金融企业，包括证券、保险等企业，也要按照建立现代企业制度的要求，深化内部机制改革，强化管理。证券市场在经济发展中的作用日益重要，规范和发展证券市场的方针不会改变。稳定是发展的基础。要通过加强监管、规范秩序，促进证券市场更好地发展。发展市场经济，必然会给企业、个人以及其他方面带来一些不确定因素，保险业可以为防范风险发挥积极作用。同时，保险业也是为经济社会发展聚集和运用资金的一条重要渠道，并且还能对客户起到一定的监督和约束作用。我国保险业还有很大发展潜力，要抓住有利时机，进一步加快保险业的改革和发展。

第三，必须在降低不良资产的基础上积极支持经济发展。降低不良资产与支持经济发展是相辅相成的。那种把两者对立起来的观点是站不住脚的。从宏观上看，一方面，有效防范和化解金融风险，是金融得以促进经济发展的前提。不防范风险，银行不良资产越积越多，包袱越来越重，必然危及银行的安全乃至生存，必将破坏金融稳定和经济安全。银行不能正常运行，哪还谈得上支持企业和经济发展呢？另一方面，只有充分发挥金融的作用，加大对企业和经济发展的支持力度，才能促进企业提高效益和增强还贷能力，为银行带来更多优质客户；才能实现经济持续增长，为防范金融风险提供根本保证；才能推进产业结构优化升级，为金融提供更广阔的发展空间。

从微观上看，银行作为企业，要在激烈的市场竞争中生存和发展，就必须追求经营效益最大化。而实现这一目标，银行既要"多生产和卖出产品"，即积极发放贷款，又要"追求利润最大化"，即尽量收回贷款本息。银行不贷款，就等于工厂不生产；乱贷款收不回本息，就等于商店白送货，都是行不通的。银行的企业属性，决定了降低不良贷款比例和支持经济发展两者在本质上是一致的。我国商业银行法的立法宗旨之一，就是要求银行提高信贷资产质量，促进社会主义市场经济的发展。银行法明确规定，商业银行根据国民经济和社会发展的需要，在国家产业政策指导下开展贷款业务。因此，银行完全应该做到依法经营，按市场规律办事，大力改进服务，根据结构调整和经济发展要求调整和优化信贷结构。要落实扩大内需的方针，积极运用信贷杠杆，促进投资和消费增长，继续为国债项目提供配套贷款和支持西部开发，加大对农业产业结构调整的支持力度，增加对企业技术改造项目、中小企业特别是民营科技企业的贷款，满足有效益企业的流动资金贷款需求，发展消费信贷业务。所有金融企业都要为经济社会发展提供及时、便利、优质的服务，并在这个过程中不断发展壮大自己。

第四，必须大力加强社会信用制度建设，改善金融运行环境。今天，我想要特别讲一下社会信用问题。当前，社会上逃废银行债务和企业贷款难两个问题同样突出。一方面，一些企业假借"改制重组"之名，逃废银行债务，特别是有的企业已经资不抵债，却想借机逃之夭夭。更为严重的是，有些地方的逃债风是在当地政府的默许甚至是支持、纵容下刮起来的，这怎么得了！另一方面，银行"一朝被蛇咬，十年怕井绳"，担心金融风险，因噎废食，出现了不敢贷款和"惜贷"现象。结果是，企业抱怨银行不贷款，银行指责企业不还钱。我看这两个问题不是孤立的，问题的要害就在于"信用"二字。归根结底，企业要按照现代企业制度的方向深化改革。

"信用"在中文的基本解释就是，遵守诺言，实践成约，取信于他人。信用既属于道德范畴，又属于经济范畴。资本主义社会信用制度在其发展过程中不断形成和改进，但至今仍有许多方面需要完善。最近，在美国安然公司破产案中，世界五大会计师事务所之一的安达信公司涉嫌为安然公司做假账，这说明像美国这样搞了二百多年市场经济的国家，信用制度上还有缺陷，监管上还存在薄弱环节。社会主义市场经济是信用经济、法制经济。良好的社会信用是建立规范的社会主义市场经济秩序的重要保证，是有效防范金融风险的重要条件，是现代经济、金融正常运行的重要根基。没有信用，银行不敢贷款、买卖无法进行，谁还敢来投资，市场经济还怎么搞？逃废银行债务，不仅危及金融安全，也损害当地企业的信誉和那里的投资环境，破坏了发展的基础。讲信用，企业和银行才能双赢；不讲信用，必然两败俱伤。全党全社会必须从改革发展稳定的大局出发，增强信用观念，建立和维护良好的社会信用。

建立和维护良好的社会信用，各级政府乃至各级司法、执法部门要共同努力。前几年，存在这样一种怪现象，那就是"起诉不受理，受理不开庭，开庭不宣判，宣判不执行"。如果司法公正都得不到保证，社会信用就无从谈起。现在，这种现象虽然有所改变，但还做得不够好，需要进一步改进。首先要强化经济、金融法治，健全有关信用的法律法规和规章制度，从法律制度上约束和规范人们的信用行为，依法加大对不讲信用、破坏信用行为的惩治力度，依法维护银行、投资者、存款人的合法权益。对逃废银行债务的单位和个人，要追究其法律责任；对包庇、纵容逃废银行债务的国家工作人员，应该给予纪律处分并依法追究其刑事责任。同时，要学习国外先进经验，加快社会信用制度建设，运用现代科技手段维护社会信用。要把这件事作为关系经济发展全局的一件大事来抓。当前，要抓紧建设全国企业和个人征信体系，使具有良好信誉的企业和个人充分享有守信的益处和便利，使有不良记录的企业和个人声誉扫地、付出代价。除制度和科技手段外，还要通过加强宣传教育和社会舆论监督等措施，增强全社会的信用观念，倡导诚信守约的道德规范。各级领导干部更要从全局出发，自觉增强法治观念和信用意识，旗帜鲜明地与逃废银行债务等失信违法行为作坚决斗争，并把它作为改进各地投资环境和经济运行环境的重要举措。

进一步开创我国金融改革和发展的新局面[*]

（二〇〇二年二月五日）

朱 镕 基

这次全国金融工作会议，是在我国开始实施现代化建设第三步战略部署和加入世界贸易组织的新形势下，由党中央、国务院召开的一次关系全局的重要会议。上午，江泽民同志作了重要讲话，深刻分析了当前国际国内经济金融形势，论述了金融在现代经济中的重要作用，指出了今后一个时期需要重点抓好的工作，大家要认真学习和贯彻落实。会上，还要学习讨论《中共中央、国务院关于进一步加强金融监管，深化金融企业改革，促进金融业健康发展的若干意见（讨论稿）》。这个文件明确提出了"十五"期间金融工作的指导方针、主要任务和政策措施。通过这次会议，全面总结近几年的金融工作，统一思想认识，明确今后任务，这对于为建立面向二十一世纪的现代金融制度奠定基础，进一步开创我国金融改革和发展新局面，将发挥重要的作用。下面，我讲几点意见。

一、充分肯定四年来金融工作成绩，增强搞好金融改革和发展的信心。

一九九七年十一月，在爆发亚洲金融危机的严峻形势下，党中央、国务院及时召开了全国金融工作会议，就深化金融改革、整顿金融秩序、防范金融风险作出一系列重大决策，对金融工作进行了全面部署。这是我国金融业发展进程中一次极为重要的会议。认真回顾和正确估计四年多来的金融工作，是制定"十五"时期金融工作指导方针和目标任务，进一步搞好金融改革和发展的重要依据。

四年来，国际经济金融形势动荡不定，重大事件接连不断。先是亚洲金融风暴席卷许多国家和地区，后有美国经济由持续繁荣转为明显减速，去年世界经济

＊ 这是朱镕基同志在全国金融工作会议上的讲话。

陷于低迷，有的国家甚至发生严重的经济金融危机。在这样严峻的外部经济环境下，我国既成功抵御了亚洲金融危机的冲击，又有效应对世界经济明显减速的新挑战，使国民经济保持了良好的发展势头。经济持续较快增长，结构调整取得积极进展，经济体制改革进一步深化，各项社会事业都有很大发展，城乡人民生活不断改善，社会政治保持稳定。这些成就的取得，是以江泽民同志为核心的党中央统揽全局，审时度势，及时采取并坚定不移地实行以扩大内需为主的一系列宏观经济政策的结果。各方面都做出了巨大的努力，金融工作也功不可没。这几年，我国金融系统不仅始终保持安全平稳运行，而且对加强和改善宏观调控，促进改革和发展，维护社会稳定，发挥了重要的作用。

几年来，在党中央、国务院的领导下，全国上下认真贯彻一九九七年全国金融工作会议的决策和部署，做了大量艰苦细致的工作。中央成立了十二个金融工作专题小组，就十九个方面的专题进行系统深入的调查研究，制定工作方案，精心组织实施；中央举办了省部级主要领导干部金融研究班，提高了认识，统一了思想。同时，根据形势的发展，中央又相继出台了一系列政策措施。各地区和中央有关部门也都组织了专门力量，结合自己的具体情况，狠抓落实。概括起来，四年来主要抓了以下几个方面工作。

第一，积极推进金融改革。中国人民银行进行了管理体制改革。建立了证券业、保险业集中统一的监管体系，基本形成银行、证券、保险分业经营、分业监管的格局。成立中央金融工委和各金融机构系统党委，加强了党对金融系统的集中统一领导。国有商业银行改革步伐加快，调整和撤并了部分分支机构，裁减了冗员。成立四家金融资产管理公司，接收和处置了国有商业银行部分不良资产。政策性银行的改革和管理也取得一定成效。证券业在加强监管和规范中得到发展。保险业改革迈出步伐，撤销中保集团，成立了四家国有保险公司，组建了出口信用保险公司。其他商业银行、城乡信用社等金融企业改革也取得进展。

第二，大力整顿金融秩序。严厉打击非法设立金融机构、非法或变相从事金融业务、非法集资等金融"三乱"活动。四年来，全面清理处置了二万八千家农村合作基金会，撤销八十多家信托投资公司，撤并一千七百多家城市信用社。依法关闭了广东国际信托投资公司、海南发展银行等一批有严重问题的金融企业。严肃查处了一批银行账外经营、高息揽储等违规问题。关闭四十一个非法股票交易市场，清除了证券市场的一大风险隐患。期货交易所由十四家撤并为三家，期货交易品种由三十五个压缩为十二个。保险业整顿工作也取得进展，清理规范了六万多家保险兼业代理机构。通过清理整顿，扭转了金融秩序一度严重混乱的局面。由于整顿工作指导方针正确，部署周密，措施得力，地方各级党委、政府和中央有关部门通力合作，保证了各方面整顿工作的顺利进行。清理整顿工作涉及面相当广、情况非常复杂，而且关系千千万万群众的切身利益，但没有引起大的社会波动。当然，国家也为此付出了不小的代价。一九九九年八月以来，仅支持化解农村合作基金会、城乡信用社、信托投资公司、供销社股金服务部、金融"三乱"等风险，已批准的地方专项借款限额达一千四百零五亿元，加上经批准由人民银行安排的其他资金合计约二千亿元。同时，地方财政也花了不少钱。

第三，不断加强金融监管和法治。银行、证券、保险系统都加强了外部监管和内控制度建设。加强了对金融领域的审计、检查、稽查。国务院向国有重点金融企业派出十七个监事会，发挥了积极作用。制定并实施了《证券法》、《金融违法行为处罚办法》等重要金融法律法规。加大金融监管和执法力度，查处了一批触目惊心的大案要案。据统计，一九九八年到二○○一年，金融系统各级纪检监察部门共立案查处各类违法违纪案件七千九百六十六件，处分违法违纪人员一万七千四百八十四人，其中刑事处理一千七百九十九人，开除公职四千七百零五人，撤职九百二十人。金融系统违法违纪案件的高发势头得到一定程度的遏制，这两年各类违法违纪案件呈下降趋势。

第四，有力支持经济发展和改革。这几年，国家实施扩大内需的方针和积极的财政政策，同时发挥稳健货币政策的作用。金融系统按照中央的要求，采取了一系列支持经济发展和改革的措施。一九九八年到二○○一年，国有商业银行增加贷款二万亿元，购买中央财政发行的长期建设国债四千四百四十八亿元；同时为国债项目发放了配套贷款，其中基本建设贷款和技术改造贷款六千零八十三亿元。一九九八年以来，连续四次降低银行贷款利率，使国有企业减轻利息负担共计一千多亿元。一九九七年到二○○一年，四大国有商业银行为支持国有企业改制重组、兼并破产，共核销呆坏账二千一百六十八亿元。这些都为实现国有企业改革和脱困三年目标创造了有利条件。同时，增加了对农业、科技、教育等方面的信贷支持，开办了居民住房、助学等消费信贷业务。证券、保险系统也为经济发展和改革提供了有力支持。一九九八年到二○○一年，企业在境内外证券市场共筹资五千零三十亿元，全国保费收入由一千二百四十七亿元增加到二千一百零九亿元。

第五，逐步提高金融发展和开放水平。银行业务品种和服务领域扩大。货币市场、证券市场、保险市场和外汇市场不断发展。金融电子化建设迈出步伐。金融业对外开放稳步扩大。尽管国际金融市场动荡起伏，但人民币汇率一直保持稳定。二〇〇一年底国家外汇储备达到二千一百二十二亿美元，比一九九七年底增加七百二十三亿美元。这不仅增强了国家的整体实力和抗风险能力，而且对稳定金融、稳定经济、稳定人心起到了重要作用，也进一步树立了我国在国际上的良好形象。

以上情况说明，我国金融工作取得很大进步。这些成绩确实来之不易。通过这几年的工作，还积累了推动金融改革和发展，防范和化解金融风险的宝贵经验，也增强了全社会的金融法制观念和风险意识。实践充分证明，中央关于深化金融改革、整顿金融秩序、防范金融风险等一系列方针政策和部署是完全正确的。对这几年金融工作取得的成绩，应当予以充分肯定。

同时，必须清醒地看到，当前金融领域还存在一些亟待解决的问题和较大的风险隐患。主要表现在：一是金融资产质量差。目前四大国有商业银行不良贷款比率仍较高，潜在亏损大，资本金不足。二是金融企业经营机制不健全，管理松懈。市场观念和竞争意识淡薄，缺乏经营活力、创新能力和抗风险能力，服务水平低下。三是金融秩序仍然存在不少混乱现象。金融"三乱"在一些地方有所抬头，一些金融企业和证券市场、保险市场的违法违规行为还相当普遍，特别是造假账、披露虚假信息和逃废债务等现象还很严重，恶性金融犯罪案件时有发生。四是金融监管仍很薄弱。监管体制、监管方法、监管手段不适应金融改革和发展的要求。有法不依、执法不严的问题比较严重。五是金融专业人才不足，金融队伍整体素质不高。对于这些问题，必须引起高度重视，并采取有力措施加以解决。

必须全面、正确地认识我国当前的金融形势。现在，国外有的媒体把中国金融系统说得一塌糊涂、毫无是处。这是不符合事实的。一方面说我国经济形势在当今世界是"一枝独秀"，另一方面又说我国金融系统问题如此严重，这不是自相矛盾吗？我们必须充分肯定金融工作取得的成绩，这样才能增强进一步搞好金融改革和发展的信心。同时，也必须如实看待金融领域存在的问题，进一步提高做好金融工作的自觉性。

金融是现代经济的核心，在经济和社会发展中具有极其重要的地位和作用。金融业也是高风险行业，金融风险突发性强，波及面广，危害性大，一旦出现重大问题，就会危及经济、社会稳定，甚至政治稳定，严重影响改革开放和现代化建设进程。我国现在还处于经济体制转变时期，金融市场不成熟，金融违法违规行为容易发生。同时，当前经济金融全球化步伐加快，国际金融市场瞬息万变，我国加入世界贸易组织后，金融领域对外开放不断扩大，竞争会更为激烈。在这种情况下，防范金融风险、维护金融安全尤为重要。稍有不慎，就会酿成大祸。"祸患常积于忽微"，"明者消祸于未萌"。我们必须居安思危，防患于未然，绝不可麻痹大意。一定要增强忧患意识和危机意识，进一步增强做好金融工作的紧迫感和使命感，切实按照这次会议的部署，把各项金融工作提高到新水平。

二、深化国有商业银行改革，加快建立现代金融企业制度。

这次会议的一个重要任务，就是要加快推进国有商业银行综合改革，把国有商业银行办成真正的商业银行。国有商业银行在我国经济和社会发展中居于举足轻重的地位，维系着国民经济命脉和经济安全。目前，四大国有商业银行资产占全部金融机构资产的百分之五十八，资产比重大，风险隐患也很大。无论是从充分发挥银行的重要作用，还是从根本上防范金融风险来说，都必须下大决心加快国有商业银行改革。不从体制上、机制上解决国有商业银行自身存在的问题，不强化基础性工作，外部监管和政策支持都难以真正有效发挥作用。

一九九三年特别是一九九七年全国金融工作会议以来，国有商业银行改革做了大量工作，也取得了一定成效。集中表现为，银行风险意识有所增强，信贷资产质量开始好转，盈利状况逐步改善。但必须看到，国有商业银行存在的问题还相当严重。突出的是：资产质量不高，潜在亏损较大，盈利能力差。造成这些问题的原因，既有历史遗留的矛盾，也有现实的客观因素，还有工作上的不足，但根本的是，银行体制陈旧，经营机制落后，内部管理松懈。

一是政企不分，国有商业银行还没有成为真正的金融企业。过去在计划经济时期，没有把银行当成商业银行，而是当作执行政策的工具，搞指令性贷款。银行的利润没有真实核算。目前，无论是国家对国有商业银行的管理方式，还是国有商业银行自身的组织机构、经营机制和运作模式，都还没有从根本上摆脱传统计划经济的羁绊，国有商业银行尚未成为真正的法人实体和市场竞争主体。

二是一级法人管理薄弱，总行控制力度不强。银行内部层次过多，总行与分支行之间管理脱节，总行对下级行的重大经营活动缺乏严格、有效的管理和监督，分支行行长权力过大，缺乏制约，管理失控。这是造成少数分支行行长目无法纪、胡作非为，银行资产大量损失的重要原因。

三是银行内部制度不健全，没有严格的问责制。财务会计、资产分类和信息披露等制度落后，漏洞很多，不能准确反映银行真实的资产质量和经营状况。有的规章制度形同虚设，有章不循。国外商业银行普遍实行严格的问责制，奖惩严明，而我们银行没有完全落实各个环节、各个层次、各个岗位的责任制，对失职、渎职和其他违规违纪的人和事查处不力，惩治不严。

四是劳动、人事、分配制度僵化，缺乏激励和约束机制。冗员过多，人员不能优胜劣汰。分配上还是吃"大锅饭"的平均主义，薪酬没有同责任、贡献挂钩，难以充分调动职工积极性，也难以留住、引进优秀人才。有些分支行裙带关系成风，近亲繁殖严重，人员素质低下。

加快国有商业银行改革势在必行。要借鉴国外银行先进经验，结合我国实际，围绕建立现代金融企业制度的目标，着眼于显著增强经济实力、市场竞争力和抗御风险能力，全面推进改革。改革的目标是，真正把国有商业银行办成法人治理结构完善，运行机制健全，经营目标明确，财务状况良好，具有较强国际竞争力的现代金融企业。

第一，明确国有商业银行的企业性质和经营目标。《商业银行法》规定，国有商业银行是依法设立的吸收公众存款、发放贷款、办理结算等业务的企业法人。要按照党的十五届四中全会通过的《关于国有企业改革和发展若干重大问题的决定》精神，真正把国有商业银行办成现代金融企业。国有商业银行要执行国家有关法律法规和政策，依法自主经营，在保证资产安全的前提下，努力增加盈利，支持国民经济发展。要建立以利润目标和资产质量为中心的综合考核体系，明确行长的责任，严格考核行长的经营业绩，保证国有资产保值增值。国有商业银行努力增加盈利，与支持经济发展并不矛盾。只有保持经济较快增长，才能为银行稳健、高效运行创造好的经济环境；也只有银行安全健康运行，才能更好地支持经济发展。

第二，强化总行的管理和控制。国有商业银行实行一级法人制，这是《商业银行法》明确规定的，要认真总结经验，更好地贯彻落实。必须增强总行和一级分行的管理、控制能力，减少内部管理层次。进一步改革按行政区划设立分支行的体制。要加强对各级行一把手的管理监督，实行任期责任制度、交流制度和审计制度。银行内部稽核部门，要真正实行总行垂直领导。积极运用计算机和网络技术，强化对分支行经营信息的集中处理和监控。

第三，完善财务制度。一是加强财务核算，国有商业银行要加强对资产、负债和资本的管理，严格控制开支，增加盈利和消化历史包袱的能力。二是从今年开始，全面推行贷款质量"五级分类"制度。遵循审慎会计原则，参照国际会计标准，根据国有商业银行承受能力，合理制定呆账准备金提取和核销制度。由人民银行会同财政部制定相应办法和细则，分别规定对各类不良贷款的呆账准备金提取比例与浮动幅度，银行根据各自实际情况提取呆账准备金，逐步核销坏账。三是认真执行财政部近期发布的《关于缩短金融企业应收利息核算期限的通知》，将应收未收利息计入表外处理的期限由六个月改为三个月。应付未付利息必须提足。对应付未付利息等部分按权责发生制要求进行计提的财务事项，应积极创造条件，由总行统一核算。四是按照市场原则和国家有关法规政策，完善核销呆账制度，实行银行自主核销呆账，并依法保留对债务人的追索权。财政部、人民银行、审计署要对银行核销呆账进行审计稽核。核销呆账由银行自主决定，这个原则是正确的，但在具体做法上，也要注意与现行的国有企业兼并破产等政策相衔接，由有关部门同债权银行协商决定。五是采取各种方式加大对不良资产处置力度。要制定债务重组法规，加强对重组的评审，规范债务重组。商业银行对到期债权要及时追索，对逃废债务的要及时揭露或起诉。六是国有商业银行要逐步补充资本金，使其达到资本充足率标准；同时建立和完善约束机制，防止不顾效益盲目扩张的行为。

第四，改革劳动用工、人事管理和收入分配制度。加快形成有效的激励机制和约束机制。大力推行竞争上岗和招聘任用制，真正做到人员能进能出，职务能上能下，收入能增能减。要在健全科学的考核体系、完善企业费用约束机制的基础上，逐步取消对银行工资总额的限制。银行内部要实行绩效挂钩、责任和风险相称的薪酬制度。在合理定编和严格竞争上岗的基础上，适当拉开个人收入分配差距，打破平均主义"大锅饭"。对高级管理人员既要实行合理薪酬，又要严格实行责任制，对不称职人员坚决调离岗位，对失职、渎职的要严肃查处。逐步推行收入分配规范化、货币化改革。严格实行回避制度，坚决打破裙带关系和近亲繁殖。继续裁减冗员，对银行分流人员的补偿要有大体统一的标准，不能互相攀

468

比。要按照国家有关法规和政策，深化养老、失业、医疗保险制度改革。

第五，切实加强内部管理。坚持从严治行，加强基础管理，完善内控机制。健全科学、有效的内控制度，使各类决策权力、各项业务过程、各个操作环节和各个员工的经营行为，都处于缜密的内部制约与监督之下。建立严格的岗位业务操作制度和职工行为操守规定。健全和规范业务流程制度，建立起前台、中台、后台业务职责分明、相互制约和监督机制。严格实行问责制和奖惩制，建立对每个层次、每个环节的后评价制度。严格实行审贷分离，从源头上把住贷款质量关。对大额贷款要按程序提交审贷委员会审批，行长有贷款否决权，但没有个人决定贷款权。严格各项费用管理制度，大力降低经营成本，逐步消化历史包袱和潜在亏损。要按照固定资产贷款审批权高度集中、流动资金贷款审批权适度下放的原则，调整和完善授权授信制度，同时加强审计。既要有贷款的风险约束措施，又要有开拓市场的激励办法。

第六，改进信息披露制度。商业银行真实、公开披露有关业务信息，有利于加强监管和舆论对银行的监督，有利于银行提高经营质量和效率，有利于保护存款人利益。中国银行已经在二〇〇一年披露二〇〇〇年主要经营信息。从二〇〇二年起，工商银行、建设银行和农业银行也要披露上一年的经营信息。人民银行要尽快制定信息披露的办法，明确信息披露的内容、标准、审核程序和信息披露的时间、方式。国有商业银行披露信息，要经具有金融业资质的会计师事务所进行审计。对披露虚假信息的，要负行政和刑事责任。

第七，健全人员培训制度。改进培训内容和方式，增强培训的针对性。着力进行思想政治教育、职业道德教育和依法经营教育，加强现代银行专业知识教育和业务技能教育。银行所有职员都要定期离岗培训，要讲究培训效果。

第八，加快银行信息化建设。要充分运用信息技术手段，人民银行与各商业银行都要建立健全电子信息管理系统和数据处理中心，并联网运行，所有业务流程实行计算机控制，有效预防违法违规活动。要运用信息技术和现代金融工程技术，评价和管理信用风险、流动性风险和市场风险等各类风险。要运用信息技术推进业务创新，发展网上银行、网上结算等业务。各银行间要信息联网，尽快完善"金卡工程"，实行"一卡通"，尽量减少现金流通量。通过这些措施，全面提高金融服务、统计、会计、稽核和监管的水平。

对国有独资商业银行进行股份制改造，是公有制多种实现形式的重要探索。

具备条件的国有独资商业银行可改组为国家控股的股份制商业银行，完善法人治理结构，条件成熟的可以上市。国有商业银行关系国家经济命脉，实行股份制改造要坚持国家绝对控股。四大国有商业银行情况不同，进行股份制改造，要从各自的实际情况出发，扎实做好各项基础工作，不可操之过急。

同时，为支持国有商业银行改革和发展，国家还要进一步采取配套改革和政策措施，扩大国有商业银行经营自主权，帮助解决历史遗留问题，为深化国有商业银行改革创造更好的外部环境和条件。

在加快国有商业银行改革的同时，稳步推进整个银行业的改革和发展。政策性银行要适应新形势的要求，进一步深化改革，不断提高经营管理和服务水平。要在加强监管、合理布局、适度竞争的原则下，办好其他商业银行和非银行金融企业。允许社会资金参与中小金融企业的重组改造。

要深化农村信用社改革。重点是明确产权关系和管理责任，完善法人治理结构，强化内部管理和自我约束机制。农村信用社要坚持为"三农"服务的方向，充分发挥它们支持农业和农村经济发展的金融主力军和联系农民的金融纽带作用。建立农户经济和信用档案。考虑到广大农村地区发展不平衡，农村信用社改革要因地制宜，分类指导，不搞"一刀切"。农村信用社的行业管理主要以县联社为单位进行，不在全国按行政区划层层建立农村信用社的行业管理组织。农村信用社历史包袱重，亏损大，国家给予一定的政策扶持也是必要的，但主要靠自己逐步消化。

三、加强银行监管，规范和发展证券、保险业。

加强和改进金融监管，是解决当前金融领域问题，维护国家金融安全的迫切要求，也是推进金融改革和发展，建立现代金融制度的重要保证。加强金融监管是金融工作的重中之重。银行、证券、保险系统都要把工作重点放在加强监管上。深化金融改革和规范金融发展，也都要着眼于健全金融监管制度，提高现代化监管水平。国有重点金融机构监事会要进一步加强对金融机构的监督。这次中央文件对金融监管目标、严格监管制度、强化监管手段、完善监管体制等，都提出了明确要求，要认真贯彻落实。

切实加强银行监管。加强银行监管，有必要逐步完善银行监管体制。中国人民银行要进一步转变职能，充实监管力量，明确监管重点，切实加强监管工作。一是健全银行监管法律法规，做到依法监管。当前银行监管法律法规不健全，很

470

多方面是空白，有些不具备操作性。要抓紧完善监管法律法规，确保监管部门的权力和金融机构的义务都有法可依。要增强法律法规的可操作性，使信贷管理、内部控制等所有业务和每个工作环节，都有具体监管规章和标准。二是突出监管重点，改进监管方式，强化监管手段。要监督各类商业银行建立法人治理结构，严格执行贷款质量五级分类制度，降低不良贷款比例，消化历史财务包袱，依法处置高风险金融机构和高风险地区的突出问题，做好一部分中小金融机构的撤销工作。在进一步做好合规监管的同时，重点强化风险监管，加强对内控制度和风险管理系统监管，加强对创新业务监管和非现场监管。明确银行的市场准入和退出标准。积极采用先进的监控和检查技术手段，对各种重大金融活动和交易行为实行严密监控。严禁银行信贷资金违规进入股市。三是提高监管人员素质，加强监管队伍建设。监管人员要精通业务，恪守职业道德，廉洁自律，执法如山。要加强对监管人员的培训，建立监管人员资格认证制度、持证上岗制度和责任追究制度。在人民银行加强监管的同时，还要充分发挥其他有关部门和社会公众的监督作用。

继续规范和发展证券市场。这几年证券市场发展较快，对拓宽投资渠道、推动国有企业改革、支持经济增长，起了重要作用。同时监管工作也得到逐步加强。特别是去年证监会做了大量的监管工作，制定了一系列监管法规、规章，依法查处了一些上市公司、证券公司的违法违规问题。要继续贯彻"法制、监管、自律、规范"的方针，促进证券市场的健康发展。稳定才能发展，质量重于数量。要把证券市场规范化建设作为一项重要任务，把保护投资者权益作为证券市场监管工作的中心环节。要从我国实际情况出发，借鉴国际经验，把治标和治本有机结合起来，切实抓好以下三个方面。一是大力提高市场主体的规范化水平，加快培育合格的市场主体。上市公司的质量是证券市场的基石。要大力提高上市公司质量，规范上市公司投资和分配行为。加强对上市公司的审计。财务信息准确、真实、透明，是上市公司质量的重要保证。即使在成熟的证券市场，如果上市公司做假账，迟早也会出问题。最近，美国第一大能源公司安然公司陷入破产的境地，就是因为长期做假账，发布虚假信息。目前，我国上市公司做假账和披露虚假信息的问题相当严重，必须采取严厉的手段加以解决。可以首先要求国内新上市的重点公司聘请国外知名的会计公司参与审计。证券公司、基金公司以及其他中介机构的质量和行为，也直接关系证券市场的发展，也必须完善法人治理结构和内控机制，严格依法经营。二是加强和改进证券市场监管。只有加强监管，才能保证证券市场健康发展，保护投资者权益。建设一个秩序良好的证券市场，才能使股民有持久的投资信心。要从法律上、组织上、执法手段上，加强证监会稽核审查的权力。完善证券监管部门与公安部门的协同机制。严格执行国有企业资金入市的有关规定。三是稳步推进市场体系建设。适应市场发展要求，在完善办法、加强监管的基础上，探索增加证券投资品种。规范发展期货市场。培育和发展机构投资者队伍。

加快保险业改革和发展。近年来，我国保险业发展很快，监管工作不断加强，国有保险公司作为保险市场的主体发挥了重要作用。但是，国有保险公司体制改革远没有到位，经营机制不活，内部管理松懈，资金运用渠道狭窄，寿险公司利差损潜在风险严重。如果不加快改革，就难以适应新形势的要求。现在，众多国外保险公司竞相进入中国保险市场。国外保险公司的进入，从总体上有利于我国保险业发展，既可以带来国外先进的产品、技术和管理经验，又可以推动国内保险业改革。要通过加快保险业改革和发展，把国内保险公司做大做强，增强自身实力和竞争力。一要加快国有保险公司改革步伐。在坚持国家控股的原则下，进行股份制改造。通过吸收外资和社会资金参股，实现股权结构多元化。积极创造条件，推动国有保险公司规范上市。二要加快保险业健康发展。拓宽资金运用渠道，推进保险市场主体多元化，积极培育再保险市场，规范发展保险中介市场。借鉴国际通行做法，将保险业务和资金运用业务严格分开，强化保险资金的集中统一管理，对资金运用要强化风险防范机制，提高运用效率。通过采取多种措施，抓紧解决寿险利差损问题。三要切实加强保险业监管。改进监管手段和方式，逐步向以偿付能力为核心的监管过渡。

四、深入规范和整顿金融秩序，防范和化解金融风险。

继续整顿和规范金融市场秩序，是完善社会主义市场经济体制的重要方面，也是建立现代金融制度、防范金融风险的迫切要求，必须继续下大气力抓紧抓好。

一是强化法治，严格执法。当前一些地方出现金融"三乱"死灰复燃的现象，包括利用典当行非法从事贷款业务，地下钱庄和各种民间高利贷泛滥，利用传销和变相传销形式等搞非法集资。对这些违法金融活动必须坚决予以打击。对违法违规经营的金融机构，要依法严厉惩治，该停业整顿的一定要责令其停业整顿。要严格依法打击非法证券及期货交易活动，严肃查处内幕交易和操纵市场等问题，坚决取缔各种非法证券期货的"黑市"和交易机构。要加强和改进外汇管理工作，坚持不懈地打击各种骗汇、逃汇、套汇和非法买卖外汇的违法犯罪行为。对各种金融大案要案都要一查到底，依法严惩犯罪分子，特别要严惩金融系统中与社会上犯罪分子内外勾结的腐败分子。大量事实证明，金融犯罪的大案要案，都有金融机构内部的腐败分子参与其中。因此，必须加大金融系统反腐败斗争的力度。要以对党和人民高度负责的精神，做好整顿金融秩序工作，坚持按原则办事。现在令人忧虑的是，不少领导干部原则性不强，不愿得罪人，在查处问题时大事化小，小事化了，这实际上助长了歪风邪气，放纵了犯罪分子。对违法犯罪者不依法严惩，就不可能从根本上改变金融秩序混乱的状况。

二是大力加强社会信用制度建设。要把健全社会信用制度，作为完善社会主义市场经济体制的基础性工程来对待。抓紧健全有关信用的法律法规和规章制度，依法加大对不讲信用、破坏信用行为的惩处力度。对赖账不还、逃废债务的单位和个人，对包庇、纵容逃废债务的人员，都要依法追究责任甚至刑事责任。企业信用和个人信用是社会信用的基础，要抓紧建立全国企业和个人信用档案，使有不良记录者对失信行为付出代价，直至名誉扫地，寸步难行。"人无信不立"。要逐步在全社会形成诚信为本、操守为重的良好风尚。

三是地方政府和有关部门要通力合作。现在，有的地方对非法金融活动、恶意逃废银行债务的企业，不严肃查处，甚至变相支持。这也是一些地方金融秩序混乱的重要原因。要坚决克服地方保护主义，严厉取缔非法金融机构和非法金融活动，制止各种逃废银行债务的行为。公安、法院等部门要积极配合整顿金融秩序的工作，切实解决当前金融案件受理难、判决难、执行难的问题。

四是充分运用信息技术，防范和打击金融犯罪。随着科技水平的提高，金融工具的不断创新，金融领域高技术、高智商犯罪越来越多。伪造信用卡、信用证，通过网络窃取储户存款、盗卖股票等金融犯罪活动屡屡发生。单纯靠传统的防范和查处手段，已经很难及时发现和对付这样的犯罪行为。对印制和伪造假证者，要像处理印制伪钞者那样依法严厉打击。这几年，海关由于实施了"金关"工程，从而有效地防范和打击了走私犯罪活动。金融系统要加快金融电子信息化建设和计算机联网，提高防范和打击违法违规活动的能力。

随着我国加入世贸组织，金融对外开放步伐加快。从长远看，加入世贸组织有利于我国金融改革和发展，有利于提高金融业的整体素质和水平。同时必须清醒看到，外资金融企业资本实力、技术、人才、管理经验等方面都具有明显优势，我们面临的是强大的竞争对手。必须要有强烈的紧迫感，着重围绕增强我国金融企业竞争力，抓紧做好各项应对工作，趋利避害，化压力为动力，变挑战为机遇。

一是抓紧研究国际经验，善于保护和发展自己。要深入研究发展中国家加入世贸组织后，金融开放的成功经验和失败教训，尤其要研究借鉴他们既遵守世贸规则、履行义务，又有效保护金融安全的做法。同时，要充分研究和利用世贸组织的各项条款，维护我们应有的权益。比如，对外资金融企业的市场准入、外资金融企业开办人民币业务等，都需要抓紧研究和采取应对措施。

二是继续清理和修订有关法律、法规和规章。现行的金融法律、法规和规章中，有些条文不适应世贸组织规则及我国的承诺。要适时修订《中国人民银行法》、《商业银行法》、《证券法》、《保险法》、《公司法》、《破产法》、《票据法》等法律和相关法规，以适应扩大对外开放新形势的需要。要尽快研究抗拒执行民事判决和国务院法规与刑法的衔接，以保证执法的权威。

三是认真研究应对国际短期资本冲击的办法。我国加入世界贸易组织，并没有承诺资本市场的对外开放。我们将谨慎把握人民币资本项下可兑换的时机和程度。绝不能忽视国际短期资本对我国外汇市场和证券市场的冲击。一些国家由于对国际短期资本流动监管不严而酿成了金融大祸，这些教训值得汲取。人民银行、外汇管理局和证监会等部门，一定要高度重视这个问题，严格把好这道关。

四是加快培养高素质的金融队伍。加入世贸组织后，金融业的人才竞争更加激烈。现在有的金融企业已经出现人才流失的问题，必须引起高度注意。银行、证券、保险系统务必要把培养适应加入世贸组织新形势要求的人才，作为一项十分重要而紧迫的任务。坚持按照革命化、年轻化、知识化、专业化的方针和德才兼备的原则，大胆选拔优秀金融人才。我国现有的金融人才是宝贵财富，一定要采取更加有力的措施，为他们安心工作、施展才华创造必要的工作环境和生活条件。同时，还要注意从海外引进高级金融管理人员，不拘一格用人才。

同志们，我国金融改革和发展的任务非常繁重。同时，做好金融工作的有利条件也很多。我们要紧密团结在以江泽民同志为核心的党中央周围，高举邓小平理论伟大旗帜，按照"三个代表"的要求，振奋精神，知难而进，扎实工作，努力开创金融改革和发展的新局面，为我国社会主义现代化建设作出更大贡献！

中共中央、国务院关于进一步加强金融监管，深化金融企业改革，促进金融业健康发展的若干意见

（二〇〇二年三月五日）

进入新世纪，我国开始实施"十五"计划，加入了世界贸易组织。为促进经济持续快速健康发展，不断完善社会主义市场经济体制，适应在更深层次上和更大范围对外开放的需要，中央认为，全面总结一九九七年全国金融工作会议以来的金融工作，明确今后一个时期金融工作的指导方针和任务，制定切实有效的政策措施，是十分必要的。为此，就若干重要问题提出以下意见。

一、充分肯定四年来金融工作所取得的成绩。

一九九七年下半年，面临亚洲金融危机爆发的严峻形势，针对国内存在的金融秩序混乱、金融风险因素加大等突出问题，党中央、国务院及时召开全国金融工作会议，下发了《中共中央、国务院关于深化金融改革，整顿金融秩序，防范金融风险的通知》，对金融工作作出了一系列重大决策，进行了全面部署。四年来，我国金融改革、整顿和发展取得了积极成果，保持了国内金融的稳定，有力地支持了经济发展。一是全国金融秩序明显好转。金融监管逐步加强。全面清理和整顿了部分金融机构、证券期货市场和保险市场。严肃查处了金融机构账外经营等违法违规行为。稳妥地化解了少数金融机构的风险。彻底清理撤并了农村合作基金会。依法查处社会乱办金融行为，严厉打击了各种金融违法犯罪活动。二是金融改革取得重要进展。改革了人民银行管理体制。建立了证券、保险业集中统一的监管体系。成立中央金融工委，加强了党对金融系统的集中统一领导。国有独资商业银行、政策性银行和保险公司深化内部改革，管理水平和经营效益有所提高。国务院向国有重点金融企业派出的监事会发挥了积极作用。成立金融资产管理公司，接收和处置了国有商业银行部分不良资产。三是金融业积极支持经济发展。落实扩大内需的方针，实行稳健的货币政策，适当增加货币供应量，取

消贷款规模限制，适时地多次降低利率，增加有效益的贷款，不断提高直接融资比例，促进了产业结构调整，支持了国有企业改革和技术改造。四是金融发展和开放水平不断提高。银行业务品种和服务领域扩大。金融市场特别是证券、保险市场快速发展。金融业对外开放不断扩大。国家外汇储备稳步增加，人民币汇率保持稳定。五是全社会金融法制观念和风险意识普遍增强。进一步健全金融法律法规，地方行政干预明显减少，金融运行环境不断改善。

实践证明，党中央、国务院关于金融工作的一系列重大决策是正确的。各地区、各部门特别是金融系统广大干部职工努力工作，取得了很大成绩。

但是，必须清醒地看到，金融领域还存在一些亟待解决的问题和较大的风险隐患，主要是：金融监管薄弱，监管体制和手段不适应金融发展要求；金融企业法人治理结构和经营机制不健全，不良资产比例较高；金融专业人才不足，金融服务水平和创新能力较低；信用观念淡薄，金融企业合法权益得不到有效保护；金融市场秩序混乱的状况在一些方面仍然存在。对这些问题，决不可掉以轻心，必须采取有效措施抓紧解决，巩固和发展当前好的金融形势。

二、"十五"期间金融工作的指导方针和任务。

当前，经济金融全球化步伐加快，金融运行的不确定性增加。我国加入世界贸易组织后，金融业竞争更加激烈，金融业发展的机遇和挑战并存。我国进入全面建设小康社会和加快现代化建设的新阶段，实施"十五"计划，推进经济结构战略性调整，为金融业发展提供了广阔空间，也对金融业提出了更高要求。

在新的发展时期，做好金融工作的指导方针是，坚持以邓小平理论和江泽民同志"三个代表"重要思想为指导，进一步加强金融监管，深化金融企业改革，改进金融服务，整顿金融秩序，防范和化解金融风险，维护国家金融安全，促进国民经济持续快速健康发展。

"十五"期间金融工作的主要任务是，进一步完善现代金融机构体系、市场体系、监管体系和调控体系，努力实现金融监管和调控高效有力，金融企业法人治理结构和经营机制健全、资产质量和经营效益显著改善，金融市场秩序根本好转，金融服务水平和金融队伍素质明显提高，全面增强我国金融业竞争力。

做好今后一个时期的金融工作，必须统一思想，深化对"金融是现代经济的核心"的认识，始终把金融工作作为关系国民经济全局的大事来抓，确保金融安全、高效、稳健运行；必须自觉按经济规律和金融法则办事，做到依法经营，依法监管，依法维护金融秩序，不得干预金融企业正常经营；必须继续推进金融改革开放，把银行、证券和保险公司办成现代金融企业，认真做好加入世界贸易组织的应对工作；必须正确处理防范金融风险和支持经济发展的关系，在防范金融风险的同时，积极支持经济发展和经济结构调整。

三、加强监管是金融工作的重中之重。

加强金融监管，防范金融风险，保持金融稳定，是顺利推进金融改革和发展的基础，是贯彻执行国家宏观调控政策的必要条件，是维护国家经济安全的重要保证。银行、证券、保险等监管机构要依法履行监管职责，充实监管力量，转变监管理念，切实把工作重心从审批事务转移到对金融企业和金融市场的监管上来。

金融监管的目标是依法维护金融市场公开、公平、有序竞争，有效防范系统性风险，保护存款人、投资者和被保险人的合法权益。

健全监管法规。金融立法工作要适应加入世界贸易组织的要求，为金融监管、改革和发展提供有力的法律保障。适时修改《中国人民银行法》、《商业银行法》、《证券法》、《保险法》、《公司法》、《破产法》、《担保法》等法律和相关行政法规。完善监管细则，分类规范金融企业和金融市场。

严格监管制度。提高金融企业经营管理的透明度，按国际惯例逐步建立和完善会计制度、金融业信息披露制度、外部审计和信用评级制度。建立对各类金融企业的监管指标体系、风险监测考评体系和金融系统风险预警指标体系。发挥金融业行业自律组织的作用，加强公众和社会舆论监督。逐步建立健全监管机构依法监管、金融企业内部控制、行业自律与社会监督有机结合的、多层次、全方位的监控体系。

改进监管方式。在做好合规性监管的基础上，重点加强对金融企业法人的风险监管。在不断完善对传统业务监管的同时，逐步加强对创新业务的监管。在重视对风险指标考核的同时，加强对金融企业内部控制制度和风险管理系统的监管。明确市场准入和退出规则，提高监管透明度。

强化监管手段。积极推广先进的监控和检查技术手段，对各种重大金融活动和交易行为实行严密监测，提高现场检查和非现场检查的效率。健全金融企业处罚制度和市场退出机制，依法取缔非法金融组织，严惩违法违规行为。建立金融监管机构与公安、司法部门的协调机制，授予金融监管机构所必需的执法权限，加大执法力度，提高监管机构的社会公信度。

完善监管体制。各金融监管机构要根据加强监管的需要，进一步完善金融监管体制，改善监管机构间的协作，建立制度化的磋商机制，共享监管信息。合理界定交叉业务的监管责任，解决分业监管中的协调问题，防止监管真空。切实加强监管人员队伍建设，全面提高监管人员的职业道德水准和专业水平，把监管责任落到实处。进一步发挥国有重点金融企业监事会的作用。各级党委、政府要支持金融监管工作。

四、推进国有独资商业银行综合改革。

国有独资商业银行是经营货币的企业。贯彻党的十五届四中全会通过的《中共中央关于国有企业改革和发展若干重大问题的决定》精神，对国有独资商业银行进行综合改革，是整个金融改革的重点。改革的目标是：按照建立现代企业制度"产权清晰、权责明确、政企分开、管理科学"的要求，把国有独资商业银行改造成治理结构完善，运行机制健全，经营目标明确，财务状况良好，具有较强国际竞争力的现代金融企业。

当前，国有独资商业银行要大力推进内部机制改革，强化内部管理。一是明确经营目标。国有商业银行要执行国家有关经济金融政策，依法合规经营，在保证资产安全的前提下，努力增加盈利，支持国民经济发展。二是加强信贷管理，降低不良资产比例。全面推行商业银行贷款质量"五级分类"制度，对贷款质量变化实行全过程监测和管理。"十五"期间，力争不良资产率平均每年下降二至三个百分点。对已经形成的不良贷款，要通过法律、经济、行政手段积极催收，采取多种形式处置；对新增贷款，要通过加强内控，完善授权授信、审贷分离制度，健全贷款评审决策机制，严格控制发生新的不良贷款。完善核销呆账制度，商业银行严格按照有关法规、国家政策和审慎的会计原则自主核销呆账，并依法保留对债务人的追索权。三是加强财务管理，提高盈利水平。建立以利润目标和资产质量为中心的综合考核体系，明确行长的责任，定期考核行长的经营业绩，保证国有资产保值增值。严格各项费用管理制度，大力降低经营费用，健全成本约束机制，逐步消化历史包袱和潜在亏损。参照国际通行做法，完善商业银行税收制度。国有独资商业银行要逐步补充资本金，使其达到资本充足率标准。同时强化资本充足率对国有独资商业银行经营活动的全面约束，防止不顾效益盲目扩张的行为。四是优化组织机构，健全各项规章制度和业务操作规程。要减少内部管理层次，精简机构，裁减冗员。尽快扭转目前一级法人管理薄弱、总行控制力度不强的局面。从严治行，制定科学、有效的内控制度，使各项决策过程、各个业务环节和各类经营行为都有章可循，并处于缜密的内部制约与监督之下。健全岗位责任制，实行严格的问责制和奖惩制度。五是加快信息化建设，为银行加强管理、改善服务提供充分的信息技术支持。各商业银行都要尽快建立和完善信息管理系统和数据处理中心，大力推进业务流程计算机控制，实现跨行、跨地区互联互通。

对国有独资商业银行进行股份制改造，是公有制多种实现形式的重要探索。具备条件的国有独资商业银行可改组为国家控股的股份制商业银行，完善法人治理结构，条件成熟的可以上市。

在加快国有独资商业银行改革的同时，稳步推进整个银行业的改革和发展。政策性银行要适应新形势的要求，进一步深化改革，不断提高经营管理水平。要在加强监管、合理布局、适度竞争的原则下，办好其他商业银行和非银行金融企业。允许社会资金参与中小金融企业的重组改造。

五、深化农村信用社改革。

农村信用社改革的重点是明确产权关系和管理责任，强化内部管理和自我约束机制，进一步增强为"三农"服务的功能，充分发挥农村信用社支持农业和农村经济发展的金融主力军和联系农民的金融纽带作用。

农村信用社改革要因地制宜，分类指导。广大农村地区发展不平衡，应根据不同情况采取不同办法，不搞"一刀切"。在人口稠密地区和部分粮棉主产区，具备条件的可在清产核资的基础上，建立县一级法人体制。在其他地区，可在现行基层社、县联社两级法人体制基础上进行调整完善，采取有效措施对高风险基层社进行兼并和重组。在沿海发达地区和大中城市郊区，少数符合条件的农村信用社可进行股份制改造。

强化农村信用社内部管理。要从根本上解决相当一部分农村信用社内部经营管理混乱、违规违纪严重和权力缺乏制约的问题，健全内部运行机制，加强领导班子建设，选好一把手。要完善贷款审批、风险防范和内部财务等内控制度，建立村民互保、联保等信用担保机制。

加强和改善对农村信用社的监管。要抓紧制定有关农村信用社的法律法规。全国农村信用社的监管由银行监管机构统一负责。农村信用社及其联社的党的关系实行属地化管理，农村信用社主要负责人经监管部门资格审查后，依法选举产生。各省级政府要按照国家有关法规指导本地区的农村信用社加强自律性管理，并统一组织有关部门防范和处置农村信用社的金融风险。农村信用社的行业管理应主要以县联社为单位进行。不在全国按行政区划层层建立农村信用社的行业管理组织。

在防范道德风险的前提下，国家对农村信用社的改革和兼并重组给予必要的政策支持。对农村信用社实行灵活的利率政策，采取适当方式减轻信用社的税收负担和历史包袱，促进农村信用社实现扭亏为盈，逐步走上自我积累、自我发展的良性循环轨道。

六、提高金融资产管理公司处置不良资产的效率。

加快金融资产管理公司处置不良资产的速度和提高回收率，对于化解金融风险、促进国有企业重组改制和优化经济结构具有重要意义。要在防止国有资产流失的前提下，加快对不良债权的处置，并创造条件通过多种方式逐步实现债转股股权的退出。

完善不良资产管理与处置的法规和政策。规范处置程序，引入竞争机制，强化依法催收，积极探索重组、清盘、拍卖等处置方法。适当放宽市场准入政策，允许外资和民间资本按有关规定购买金融资产管理公司持有的债权、股权和实物资产，同时制定配套的外汇管理办法。国有独资商业银行要积极配合金融资产管理公司做好不良资产的清收和处置工作。

加强内部管理，严格考核制度。完善金融资产管理公司的运行机制，增加不良资产处置过程的透明度和社会舆论监督。围绕提高回收比例、变现率和降低运营成本，对金融资产管理公司进行综合考核。

七、规范发展证券市场。

规范发展证券市场对于深化企业改革和促进经济发展具有重要作用。要继续贯彻"法治、监管、自律、规范"的方针，强化监管、综合治理、正确引导、循序渐进、稳步发展，逐步使证券市场规范化，不断提高直接融资比例。

加快培育合格的市场主体。一是提高上市公司质量。完善上市公司法人治理结构，建立健全独立董事制度、监事会制度，实现股权结构的多元化和合理化。制定上市公司管理办法，强化监督制约机制，规范上市公司资产重组、投资和利润分配行为，健全上市公司退出机制。二是完善证券公司、基金管理公司法人治理结构和内控制度。严格依法经营，规范收购兼并和资产管理业务。建立中方控股的中外合资证券公司和基金管理公司。三是培育和引进高质量的会计服务机构，强化诚信责任，提高服务水平。四是在防范风险的前提下，培养和发展机构投资者队伍。

加强和改进证券监管。改进证券发行制度，进一步完善核准制。推行国际通行的会计标准和信息披露准则，提高市场信息的真实性和透明度，健全各项交易制度和规程，依法严厉打击造假账、发布虚假信息、操纵市场和内幕交易等违法违规行为。加强证券、期货交易所监管责任。建立和健全中小投资者诉讼机制，保护投资者特别是中小投资者合法权益。强化执法手段，设立证券犯罪侦查机构，授予证券监管机构对涉案机构和个人进行调查的必要执法权限。加强证券业职业道德教育，充分发挥证券、期货业协会等自律组织的作用。进一步开展证券法律的普及教育，加强社会公众和新闻机构的监督。

稳步推进市场体系建设。适应证券市场发展要求，在完善办法、加强监管的基础上，积极探索增加证券投资品种。稳步发展企业债券市场，促进全国统一债券市场的形成。规范发展期货市场，逐步增加期货交易品种。健全集中统一的证券登记结算系统。

八、加快保险业的改革和发展。

深化保险体制改革。坚持国家控股的原则，加快国有独资保险公司股份制改革步伐。通过吸收外资和社会资金参股，实现股权结构多元化，完善法人治理结构，切实转换经营机制，引进国外先进技术和管理经验，增强经营活力和竞争能力。中资股份制保险公司要进一步优化股权结构，强化内部控制。符合条件的保险公司可以规范上市。

加快保险业健康发展。推进保险市场主体多元化，适当增设中资保险公司，积极培育再保险市场。规范发展保险中介市场，提高中资保险中介机构的技术水平和服务质量，引进外资保险经纪公司和精算师事务所。借鉴国际通行做法，将保险业务和资金运用严格分开，强化保险资金的集中统一管理，进一步拓宽资金运用渠道。完善有利于保险业发展的税收政策。

加强和改善保险监管。强化专业力量，改进监管手段，逐步向以偿付能力为核心的监管方式过渡。抓紧化解寿险利差损，并采取措施防范新的经营风险。针对不同类型、不同规模保险企业的特点，研究制定风险处置办法，建立市场退出机制。继续整顿和规范保险市场秩序，加大对欺诈误导、恶意竞争等违法违规行为的查处力度。

九、改进金融宏观调控，提高金融服务水平。

做好金融工作的根本目的是促进经济发展。在加强金融监管、防范和化解金融风险的同时，要进一步加大金融对经济结构调整和经济发展的支持力度。充分发挥货币政策在宏观调控中的作用，继续实行稳健的货币政策，运用多种货币政策工具，适当增加货币供应量，促进投资和消费增长。要稳步推进利率市场化改革进程，逐步建立以中央银行利率为基础、由市场供求决定利率水平的利率体系。进一步完善以市场供求为基础、有管理的浮动汇率制度，改进人民币汇率形成机制，保持人民币汇率的基本稳定，促进国际收支平衡。加强本外币政策的协调。

为市场提供全方位、多层次的金融服务。各类金融企业要在改革和发展中努力改善金融服务，转变服务作风，增强服务意识，提高服务质量。要调整和优化信贷结构，继续加大对国家重点建设项目配套贷款和重点行业、骨干企业技术改造的信贷投入，促进产业结构优化升级，支持西部开发。要改进农村金融服务，增加农业信贷投入，支持农业产业化经营和发展农产品加工业，在防范风险的基础上推广适合本地情况的小额信贷方式，支持农户发展种养业。要积极为中小企业和非公有制企业提供信贷服务，特别是支持科技型中小企业发展，推进中小企业信用担保体系建设，切实解决中小企业担保难的问题。要积极发展个人消费信贷，在继续扩大个人住房抵押贷款的同时，大力推动助学贷款业务的开展，解决学生贷款难的问题，稳步开发新的消费信贷品种。要努力支持对外贸易，信贷投入要有利于优化出口结构，提高出口商品的质量和档次，促进高附加值机电产品和成套设备的生产和出口。

鼓励金融产品和服务方式创新。实行有利于金融创新的市场准入制度，按风险程度将准入制度分为审批制和备案制，简化审批程序，增加透明度，提高办事效率。在建立相关制度的基础上，符合条件的银行可以开办各类代办业务，以综合利用商业银行的网点资源。发展网上金融业务，全面提高金融业信息化服务水平。改进对企业和居民的综合配套金融服务，不断完善银行、证券、保险业的服务方式，增加业务品种。稳步推进投融资体制改革，规范和完善间接融资体系，积极发展直接融资。

十、大力加强社会信用制度建设。

市场经济是信用经济、法制经济。良好的社会信用是建立规范的社会主义市场经济秩序的保证，是有效防范金融风险的重要条件，是现代经济金融正常运行的根基。当前，企业逃废银行债务和相互拖欠严重，社会信用混乱，严重扰乱金融秩序，加大金融风险，影响了经济的正常运行。全党全社会必须从改革发展稳定的大局出发，增强信用观念，建立和维护良好的社会信用。

建立和维护良好的社会信用必须综合治理。一是强化经济、金融法治。健全有关信用的法律法规和规章制度。依法加大对不讲信用、破坏信用行为的惩治力度。对逃废金融企业债务的单位和个人，要依法追究其刑事责任；对包庇、纵容逃废金融企业债务的国家工作人员，应给予纪律处分并依法追究其刑事责任。增强金融诉讼案件审判的公正性，维护金融债权人的合法权益。依法规范相关行政执法部门、抵押登记和社会中介机构的职责和行为。二是加快信用制度建设。要借鉴国外经验，把建立健全社会信用制度，作为关系经济发展全局的一件大事来抓，力争尽快取得成效。企业信用和个人信用是社会信用的基础。当前，要在试点的基础上，抓紧建立全国企业和个人征信体系，使具有良好信誉的企业和个人充分享有守信的益处和便利，使有不良记录的企业和个人付出代价、声誉扫地。三是加强宣传教育和舆论监督。广泛深入地开展关于信用的宣传教育，增强全社会的信用观念，树立诚信守约的道德规范。各级领导干部要旗帜鲜明地与逃废金融企业债务等违法行为作斗争。重视发挥社会舆论的监督作用，对逃废金融企业债务的企业和重点地区，要定期向社会公布。各级政府要高度重视社会信用制度建设，组织有关部门通力合作，营造社会信用的良好环境。

十一、实施人才战略，全面提高金融队伍整体素质。

现代金融企业的竞争归根结底是人才的竞争。在经济全球化进程加快、国际金融业竞争日趋激烈的形势下，人才资源的重要性日益突出。是否拥有优秀的人才，已成为现代金融企业兴衰的关键。要把全面实施人才战略作为应对加入世界贸易组织挑战的紧迫任务抓实抓好。

善于发现和培养人才。要拓宽视野，不拘一格发现人才，使优秀人才脱颖而出。要制定具有前瞻性的人才培养规划。既要培养经营管理人才和各类专业人才，又要注重加强全员培训；既要提高员工的业务水平，又要注重增强职业道德。要加大培养人才的投入。人才投资具有战略意义，是现代金融企业生存发展必须付出的成本。要广泛利用社会资源，运用现代科学技术，采取多种形式，加快人才培养。

积极吸引和留住人才。在广泛引进国际国内高级人才的同时，要积极创造条件留住人才。建立健全科学有效的激励和约束机制，对金融企业实行与绩效挂钩、与责任和风险相称的薪酬制度，打破企业内部平均主义"大锅饭"。进行高级管理人员年薪制和股权、期权试点。在健全科学的考核体系、完善企业费用约束机制的基础上，逐步取消对国有重点金融企业工资总额的限制。要尊重和爱护人才，为他们创造必要的工作环境和生活条件。

合理使用和管理人才。建立知人善任、人尽其才的用人制度。改革人事制度，逐步实行金融企业各级管理人员公开竞聘。破除"官本位"，按照干部队伍"四化"方针和德才兼备原则，大胆选拔和使用热爱祖国、坚持走建设有中国特色社会主义道路，并具有现代金融知识和良好职业道德的优秀人才。健全管理和技术职称系列，完善资格认证体系。强化监督考核，建立高级管理人才档案，实行不良行为记录制度。建立人员分流和淘汰机制，不断调整和优化人员结构。

十二、加强和改善党的领导，确保各项措施的落实。

做好"十五"期间的金融工作，必须加强和改善党的领导。中央金融工委和金融机构各级党委，要按照"三个代表"的要求，紧密结合金融改革和发展的实际，通过加强金融系统党的建设，充分发挥好党组织的战斗堡垒作用和党员的先锋模范作用，为金融改革和发展提供思想、组织和作风保证。要大力加强社会主义精神文明建设，不断提高干部职工的思想道德素质。要转变作风，在金融行业树立起严格、规范、谨慎、诚信、创新的行业风气。要坚决反对和纠正讲究排场、挥霍浪费的不良风气，大力倡导勤俭办事、厉行节约的优良作风。加强党风廉政建设，从源头上防范和治理腐败。

各地区、各部门要充分认识当前推进金融改革和发展的重要性和紧迫性，自觉地把思想和行动统一到中央的决策和部署上来。要密切关注和分析世界政治、经济和金融形势的变化，特别是加入世界贸易组织后对我国的影响，积极应对，趋利避害，全面提高我国金融业的整体水平和竞争能力。金融改革措施涉及面广，政策性强，敏感度高，各地区、各有关部门要按照本《意见》的精神，抓紧制定改革实施方案和相关配套措施，确保各项金融改革措施的落实。

中央要求，全党同志要在以江泽民同志为核心的党中央领导下，统一思想，

484

坚定信心，扎实工作，努力完成金融工作的各项任务，确保我国金融业的安全、高效、稳健运行，使金融在推动国民经济发展和社会全面进步中发挥更大的作用。

中共中央
国 务 院
二○○二年三月五日

中华人民共和国中小企业促进法

(二〇〇二年六月二十九日第九届全国人民代表大会
常务委员会第二十八次会议通过)

目　　录

第一章　总　　则

第一条　为了改善中小企业经营环境，促进中小企业健康发展，扩大城乡就业，发挥中小企业在国民经济和社会发展中的重要作用，制定本法。

第二条　本法所称中小企业，是指在中华人民共和国境内依法设立的有利于满足社会需要，增加就业，符合国家产业政策，生产经营规模属于中小型的各种所有制和各种形式的企业。

中小企业的划分标准由国务院负责企业工作的部门根据企业职工人数、销售额、资产总额等指标，结合行业特点制定，报国务院批准。

第三条　国家对中小企业实行积极扶持、加强引导、完善服务、依法规范、保障权益的方针，为中小企业创立和发展创造有利的环境。

第四条　国务院负责制定中小企业政策，对全国中小企业的发展进行统筹规划。

国务院负责企业工作的部门组织实施国家中小企业政策和规划，对全国中小企业工作进行综合协调、指导和服务。

国务院有关部门根据国家中小企业政策和统筹规划，在各自职责范围内对中小企业工作进行指导和服务。

县级以上地方各级人民政府及其所属的负责企业工作的部门和其他有关部门在各自职责范围内对本行政区域内的中小企业进行指导和服务。

第五条　国务院负责企业工作的部门根据国家产业政策，结合中小企业特点和发展状况，以制定中小企业发展产业指导目录等方式，确定扶持重点，引导鼓励中小企业发展。

第六条　国家保护中小企业及其出资人的合法投资，及因投资取得的合法收益。任何单位和个人不得侵犯中小企业财产及其合法收益。

任何单位不得违反法律、法规向中小企业收费和罚款，不得向中小企业摊派财物。中小企业对违反上述规定的行为有权拒绝和有权举报、控告。

第七条　行政管理部门应当维护中小企业的合法权益，保护其依法参与公平竞争与公平交易的权利，不得歧视，不得附加不平等的交易条件。

第八条　中小企业必须遵守国家劳动安全、职业卫生、社会保障、资源环保、质量、财政税收、金融等方面的法律、法规，依法经营管理，不得侵害职工合法权益，不得损害社会公共利益。

第九条　中小企业应当遵守职业道德，恪守诚实信用原则，努力提高业务水平，增强自我发展能力。

第二章　资金支持

第十条　中央财政预算应当设立中小企业科目，安排扶持中小企业发展专项资金。

地方人民政府应当根据实际情况为中小企业提供财政支持。

第十一条　国家扶持中小企业发展专项资金用于促进中小企业服务体系建设，开展支持中小企业的工作，补充中小企业发展基金和扶持中小企业发展的其他事项。

第十二条　国家设立中小企业发展基金。中小企业发展基金由下列资金组成：

（一）中央财政预算安排的扶持中小企业发展专项资金；

（二）基金收益；

（三）捐赠；

（四）其他资金。

国家通过税收政策，鼓励对中小企业发展基金的捐赠。

第十三条　国家中小企业发展基金用于下列扶持中小企业的事项：

（一）创业辅导和服务；

（二）支持建立中小企业信用担保体系；

（三）支持技术创新；

（四）鼓励专业化发展以及与大企业的协作配套；

（五）支持中小企业服务机构开展人员培训、信息咨询等项工作；

（六）支持中小企业开拓国际市场；

（七）支持中小企业实施清洁生产；

（八）其他事项。

中小企业发展基金的设立和使用管理办法由国务院另行规定。

第十四条　中国人民银行应当加强信贷政策指导，改善中小企业融资环境。

中国人民银行应当加强对中小金融机构的支持力度，鼓励商业银行调整信贷结构，加大对中小企业的信贷支持。

第十五条　各金融机构应当对中小企业提供金融支持，努力改进金融服务，转变服务作风，增强服务意识，提高服务质量。

各商业银行和信用社应当改善信贷管理，扩展服务领域，开发适应中小企业发展的金融产品，调整信贷结构，为中小企业提供信贷、结算、财务咨询、投资管理等方面的服务。

国家政策性金融机构应当在其业务经营范围内，采取多种形式，为中小企业提供金融服务。

第十六条　国家采取措施拓宽中小企业的直接融资渠道，积极引导中小企业创造条件，通过法律、行政法规允许的各种方式直接融资。

第十七条　国家通过税收政策鼓励各类依法设立的风险投资机构增加对中小企业的投资。

第十八条　国家推进中小企业信用制度建设，建立信用信息征集与评价体系，实现中小企业信用信息查询、交流和共享的社会化。

第十九条　县级以上人民政府和有关部门应当推进和组织建立中小企业信用担保体系，推动对中小企业的信用担保，为中小企业融资创造条件。

中小企业信用担保管理办法由国务院另行规定。

第二十条　国家鼓励各种担保机构为中小企业提供信用担保。

第二十一条　国家鼓励中小企业依法开展多种形式的互助性融资担保。

第三章　创业扶持

第二十二条　政府有关部门应当积极创造条件，提供必要的、相应的信息和咨询服务，在城乡建设规划中根据中小企业发展的需要，合理安排必要的场地和设施，支持创办中小企业。

失业人员、残疾人员创办中小企业的，所在地政府应当积极扶持，提供便利，加强指导。

政府有关部门应当采取措施，拓宽渠道，引导中小企业吸纳大中专学校毕业生就业。

第二十三条　国家在有关税收政策上支持和鼓励中小企业的创立和发展。

第二十四条　国家对失业人员创立的中小企业和当年吸纳失业人员达到国家规定比例的中小企业，符合国家支持和鼓励发展政策的高新技术中小企业，在少数民族地区、贫困地区创办的中小企业，安置残疾人员达到国家规定比例的中小企业，在一定期限内减征、免征所得税，实行税收优惠。

第二十五条　地方人民政府应当根据实际情况，为创业人员提供工商、财税、融资、劳动用工、社会保障等方面的政策咨询和信息服务。

第二十六条　企业登记机关应当依法定条件和法定程序办理中小企业设立登记手续，提高工作效率，方便登记者。不得在法律、行政法规规定之外设置企业登记的前置条件；不得在法律、行政法规规定的收费项目和收费标准之外，收取其他费用。

第二十七条　国家鼓励中小企业根据国家利用外资政策，引进国外资金、先进技术和管理经验，创办中外合资经营、中外合作经营企业。

第二十八条　国家鼓励个人或者法人依法以工业产权或者非专利技术等投资参与创办中小企业。

第四章　技术创新

第二十九条　国家制定政策，鼓励中小企业按照市场需要，开发新产品，采用先进的技术、生产工艺和设备，提高产品质量，实现技术进步。

中小企业技术创新项目以及为大企业产品配套的技术改造项目，可以享受贷款贴息政策。

第三十条　政府有关部门应当在规划、用地、财政等方面提供政策支持，推进建立各类技术服务机构，建立生产力促进中心和科技企业孵化基地，为中小企业提供技术信息、技术咨询和技术转让服务，为中小企业产品研制、技术开发提供服务，促进科技成果转化，实现企业技术、产品升级。

第三十一条　国家鼓励中小企业与研究机构、大专院校开展技术合作、开发与交流，促进科技成果产业化，积极发展科技型中小企业。

第五章　市场开拓

第三十二条　国家鼓励和支持大企业与中小企业建立以市场配置资源为基础的、稳定的原材料供应、生产、销售、技术开发和技术改造等方面的协作关系，带动和促进中小企业发展。

第三十三条　国家引导、推动并规范中小企业通过合并、收购等方式，进行资产重组，优化资源配置。

第三十四条　政府采购应当优先安排向中小企业购买商品或者服务。

第三十五条　政府有关部门和机构应当为中小企业提供指导和帮助，促进中小企业产品出口，推动对外经济技术合作与交流。

国家有关政策性金融机构应当通过开展进出口信贷、出口信用保险等业务，支持中小企业开拓国外市场。

第三十六条　国家制定政策，鼓励符合条件的中小企业到境外投资，参与国际贸易，开拓国际市场。

第三十七条　国家鼓励中小企业服务机构举办中小企业产品展览展销和信息咨询活动。

第六章　社会服务

第三十八条　国家鼓励社会各方面力量，建立健全中小企业服务体系，为中小企业提供服务。

第三十九条　政府根据实际需要扶持建立的中小企业服务机构，应当为中小企业提供优质服务。

中小企业服务机构应当充分利用计算机网络等先进技术手段，逐步建立健全向全社会开放的信息服务系统。

中小企业服务机构联系和引导各类社会中介机构为中小企业提供服务。

第四十条　国家鼓励各类社会中介机构为中小企业提供创业辅导、企业诊断、信息咨询、市场营销、投资融资、贷款担保、产权交易、技术支持、人才引进、人员培训、对外合作、展览展销和法律咨询等服务。

第四十一条　国家鼓励有关机构、大专院校培训中小企业经营管理及生产技术等方面的人员，提高中小企业营销、管理和技术水平。

第四十二条　行业的自律性组织应当积极为中小企业服务。

第四十三条　中小企业自我约束、自我服务的自律性组织，应当维护中小企业的合法权益，反映中小企业的建议和要求，为中小企业开拓市场、提高经营管理能力提供服务。

第七章　附　　则

第四十四条　省、自治区、直辖市可以根据本地区中小企业的情况，制定有关的实施办法。

第四十五条　本法自二○○三年一月一日起施行。

中华人民共和国保险法

(一九九五年六月三十日第八届全国人民代表大会常务委
员会第十四次会议通过，根据二○○二年十月二十八日第九届
全国人民代表大会常务委员会第三十次会议《关于修改〈中华
人民共和国保险法〉的决定》修正)

目　　录

第一章　总　　则

第一条　为了规范保险活动，保护保险活动当事人的合法权益，加强对保险
业的监督管理，促进保险事业的健康发展，制定本法。

第二条　本法所称保险，是指投保人根据合同约定，向保险人支付保险费，

保险人对于合同约定的可能发生的事故因其发生所造成的财产损失承担赔偿保险金责任，或者当被保险人死亡、伤残、疾病或者达到合同约定的年龄、期限时承担给付保险金责任的商业保险行为。

第三条　在中华人民共和国境内从事保险活动，适用本法。

第四条　从事保险活动必须遵守法律、行政法规，尊重社会公德，遵循自愿原则。

第五条　保险活动当事人行使权利、履行义务应当遵循诚实信用原则。

第六条　经营商业保险业务，必须是依照本法设立的保险公司。其他单位和个人不得经营商业保险业务。

第七条　在中华人民共和国境内的法人和其他组织需要办理境内保险的，应当向中华人民共和国境内的保险公司投保。

第八条　保险公司开展业务，应当遵循公平竞争的原则，不得从事不正当竞争。

第九条　国务院保险监督管理机构依照本法负责对保险业实施监督管理。

第二章　保险合同

第一节　一般规定

第十条　保险合同是投保人与保险人约定保险权利义务关系的协议。

投保人是指与保险人订立保险合同，并按照保险合同负有支付保险费义务的人。

保险人是指与投保人订立保险合同，并承担赔偿或者给付保险金责任的保险公司。

第十一条　投保人和保险人订立保险合同，应当遵循公平互利、协商一致、自愿订立的原则，不得损害社会公共利益。

除法律、行政法规规定必须保险的以外，保险公司和其他单位不得强制他人订立保险合同。

第十二条　投保人对保险标的应当具有保险利益。

投保人对保险标的不具有保险利益的，保险合同无效。

保险利益是指投保人对保险标的具有的法律上承认的利益。

保险标的是指作为保险对象的财产及其有关利益或者人的寿命和身体。

第十三条　投保人提出保险要求，经保险人同意承保，并就合同的条款达成协议，保险合同成立。保险人应当及时向投保人签发保险单或者其他保险凭证，并在保险单或者其他保险凭证中载明当事人双方约定的合同内容。

经投保人和保险人协商同意，也可以采取前款规定以外的其他书面协议形式订立保险合同。

第十四条　保险合同成立后，投保人按照约定交付保险费；保险人按照约定的时间开始承担保险责任。

第十五条　除本法另有规定或者保险合同另有约定外，保险合同成立后，投保人可以解除保险合同。

第十六条　除本法另有规定或者保险合同另有约定外，保险合同成立后，保险人不得解除保险合同。

第十七条　订立保险合同，保险人应当向投保人说明保险合同的条款内容，并可以就保险标的或者被保险人的有关情况提出询问，投保人应当如实告知。

投保人故意隐瞒事实，不履行如实告知义务的，或者因过失未履行如实告知义务，足以影响保险人决定是否同意承保或者提高保险费率的，保险人有权解除保险合同。

投保人故意不履行如实告知义务的，保险人对于保险合同解除前发生的保险事故，不承担赔偿或者给付保险金的责任，并不退还保险费。

投保人因过失未履行如实告知义务，对保险事故的发生有严重影响的，保险人对于保险合同解除前发生的保险事故，不承担赔偿或者给付保险金的责任，但可以退还保险费。

保险事故是指保险合同约定的保险责任范围内的事故。

第十八条　保险合同中规定有关于保险人责任免除条款的，保险人在订立保险合同时应当向投保人明确说明，未明确说明的，该条款不产生效力。

第十九条　保险合同应当包括下列事项：

（一）保险人名称和住所；

（二）投保人、被保险人名称和住所，以及人身保险的受益人的名称和住所；

（三）保险标的；

（四）保险责任和责任免除；

（五）保险期间和保险责任开始时间；

（六）保险价值；

（七）保险金额；

（八）保险费以及支付办法；

（九）保险金赔偿或者给付办法；

（十）违约责任和争议处理；

（十一）订立合同的年、月、日。

第二十条　投保人和保险人在前条规定的保险合同事项外，可以就与保险有关的其他事项作出约定。

第二十一条　在保险合同有效期内，投保人和保险人经协商同意，可以变更保险合同的有关内容。

变更保险合同的，应当由保险人在原保险单或者其他保险凭证上批注或者附贴批单，或者由投保人和保险人订立变更的书面协议。

第二十二条　投保人、被保险人或者受益人知道保险事故发生后，应当及时通知保险人。

被保险人是指其财产或者人身受保险合同保障，享有保险金请求权的人，投保人可以为被保险人。

受益人是指人身保险合同中由被保险人或者投保人指定的享有保险金请求权的人，投保人、被保险人可以为受益人。

第二十三条　保险事故发生后，依照保险合同请求保险人赔偿或者给付保险金时，投保人、被保险人或者受益人应当向保险人提供其所能提供的与确认保险事故的性质、原因、损失程度等有关的证明和资料。

保险人依照保险合同的约定，认为有关的证明和资料不完整的，应当通知投保人、被保险人或者受益人补充提供有关的证明和资料。

第二十四条　保险人收到被保险人或者受益人的赔偿或者给付保险金的请求后，应当及时作出核定，并将核定结果通知被保险人或者受益人；对属于保险责任的，在与被保险人或者受益人达成有关赔偿或者给付保险金额的协议后十日内，履行赔偿或者给付保险金义务。保险合同对保险金额及赔偿或者给付期限有约定的，保险人应当依照保险合同的约定，履行赔偿或者给付保险金义务。

保险人未及时履行前款规定义务的，除支付保险金外，应当赔偿被保险人或者受益人因此受到的损失。

任何单位或者个人都不得非法干预保险人履行赔偿或者给付保险金的义务，也不得限制被保险人或者受益人取得保险金的权利。

保险金额是指保险人承担赔偿或者给付保险金责任的最高限额。

第二十五条　保险人收到被保险人或者受益人的赔偿或者给付保险金的请求后，对不属于保险责任的，应当向被保险人或者受益人发出拒绝赔偿或者拒绝给付保险金通知书。

第二十六条　保险人自收到赔偿或者给付保险金的请求和有关证明、资料之日起六十日内，对其赔偿或者给付保险金的数额不能确定的，应当根据已有证明和资料可以确定的最低数额先予支付；保险人最终确定赔偿或者给付保险金的数额后，应当支付相应的差额。

第二十七条　人寿保险以外的其他保险的被保险人或者受益人，对保险人请求赔偿或者给付保险金的权利，自其知道保险事故发生之日起二年不行使而消灭。

人寿保险的被保险人或者受益人对保险人请求给付保险金的权利，自其知道保险事故发生之日起五年不行使而消灭。

第二十八条　被保险人或者受益人在未发生保险事故的情况下，谎称发生了保险事故，向保险人提出赔偿或者给付保险金的请求的，保险人有权解除保险合同，并不退还保险费。

投保人、被保险人或者受益人故意制造保险事故的，保险人有权解除保险合同，不承担赔偿或者给付保险金的责任，除本法第六十五条第一款另有规定外，也不退还保险费。

保险事故发生后，投保人、被保险人或者受益人以伪造、变造的有关证明、资料或者其他证据，编造虚假的事故原因或者夸大损失程度的，保险人对其虚报的部分不承担赔偿或者给付保险金的责任。

投保人、被保险人或者受益人有前三款所列行为之一，致使保险人支付保险金或者支出费用的，应当退回或者赔偿。

第二十九条　保险人将其承担的保险业务，以分保形式，部分转移给其他保险人的，为再保险。

应再保险接受人的要求，再保险分出人应当将其自负责任及原保险的有关情况告知再保险接受人。

第三十条　再保险接受人不得向原保险的投保人要求支付保险费。

原保险的被保险人或者受益人，不得向再保险接受人提出赔偿或者给付保险金的请求。

再保险分出人不得以再保险接受人未履行再保险责任为由，拒绝履行或者迟延履行其原保险责任。

第三十一条　对于保险合同的条款，保险人与投保人、被保险人或者受益人有争议时，人民法院或者仲裁机关应当作有利于被保险人和受益人的解释。

第三十二条　保险人或者再保险接受人对在办理保险业务中知道的投保人、被保险人、受益人或者再保险分出人的业务和财产情况及个人隐私，负有保密的义务。

第二节　财产保险合同

第三十三条　财产保险合同是以财产及其有关利益为保险标的的保险合同。

本节中的财产保险合同，除特别指明的外，简称合同。

第三十四条　保险标的的转让应当通知保险人，经保险人同意继续承保后，依法变更合同。但是，货物运输保险合同和另有约定的合同除外。

第三十五条　货物运输保险合同和运输工具航程保险合同，保险责任开始后，合同当事人不得解除合同。

第三十六条　被保险人应当遵守国家有关消防、安全、生产操作、劳动保护等方面的规定，维护保险标的的安全。

根据合同的约定，保险人可以对保险标的的安全状况进行检查，及时向投保人、被保险人提出消除不安全因素和隐患的书面建议。

投保人、被保险人未按照约定履行其对保险标的安全应尽的责任的，保险人有权要求增加保险费或者解除合同。

保险人为维护保险标的的安全，经被保险人同意，可以采取安全预防措施。

第三十七条　在合同有效期内，保险标的危险程度增加的，被保险人按照合同约定应当及时通知保险人，保险人有权要求增加保险费或者解除合同。

被保险人未履行前款规定的通知义务的，因保险标的危险程度增加而发生的保险事故，保险人不承担赔偿责任。

第三十八条　有下列情形之一的，除合同另有约定外，保险人应当降低保险费，并按日计算退还相应的保险费：

（一）据以确定保险费率的有关情况发生变化，保险标的危险程度明显减少；

（二）保险标的的保险价值明显减少。

第三十九条　保险责任开始前，投保人要求解除合同的，应当向保险人支付手续费，保险人应当退还保险费。保险责任开始后，投保人要求解除合同的，保险人可以收取自保险责任开始之日起至合同解除之日止期间的保险费，剩余部分退还投保人。

第四十条　保险标的的保险价值，可以由投保人和保险人约定并在合同中载明，也可以按照保险事故发生时保险标的的实际价值确定。

保险金额不得超过保险价值；超过保险价值的，超过的部分无效。

保险金额低于保险价值的，除合同另有约定外，保险人按照保险金额与保险价值的比例承担赔偿责任。

第四十一条　重复保险的投保人应当将重复保险的有关情况通知各保险人。

重复保险的保险金额总和超过保险价值的，各保险人的赔偿金额的总和不得超过保险价值。除合同另有约定外，各保险人按照其保险金额与保险金额总和的比例承担赔偿责任。

重复保险是指投保人对同一保险标的、同一保险利益、同一保险事故分别向二个以上保险人订立保险合同的保险。

第四十二条　保险事故发生时，被保险人有责任尽力采取必要的措施，防止或者减少损失。

保险事故发生后，被保险人为防止或者减少保险标的的损失所支付的必要的、合理的费用，由保险人承担；保险人所承担的数额在保险标的损失赔偿金额以外另行计算，最高不超过保险金额的数额。

第四十三条　保险标的发生部分损失的，在保险人赔偿后三十日内，投保人可以终止合同；除合同约定不得终止合同的以外，保险人也可以终止合同。保险人终止合同的，应当提前十五日通知投保人，并将保险标的未受损失部分的保险费，扣除自保险责任开始之日起至终止合同之日止期间的应收部分后，退还投保人。

第四十四条　保险事故发生后，保险人已支付了全部保险金额，并且保险金额相等于保险价值的，受损保险标的的全部权利归于保险人；保险金额低于保险价值的，保险人按照保险金额与保险价值的比例取得受损保险标的的部分权利。

第四十五条　因第三者对保险标的的损害而造成保险事故的，保险人自向被保险人赔偿保险金之日起，在赔偿金额范围内代位行使被保险人对第三者请求赔偿的权利。

前款规定的保险事故发生后，被保险人已经从第三者取得损害赔偿的，保险人赔偿保险金时，可以相应扣减被保险人从第三者已取得的赔偿金额。

保险人依照第一款行使代位请求赔偿的权利，不影响被保险人就未取得赔偿的部分向第三者请求赔偿的权利。

第四十六条　保险事故发生后，保险人未赔偿保险金之前，被保险人放弃对第三者的请求赔偿的权利的，保险人不承担赔偿保险金的责任。

保险人向被保险人赔偿保险金后，被保险人未经保险人同意放弃对第三者请求赔偿的权利的，该行为无效。

由于被保险人的过错致使保险人不能行使代位请求赔偿的权利的，保险人可以相应扣减保险赔偿金。

第四十七条　除被保险人的家庭成员或者其组成人员故意造成本法第四十五条第一款规定的保险事故以外，保险人不得对被保险人的家庭成员或者其组成人员行使代位请求赔偿的权利。

第四十八条　在保险人向第三者行使代位请求赔偿权利时，被保险人应当向保险人提供必要的文件和其所知道的有关情况。

第四十九条　保险人、被保险人为查明和确定保险事故的性质、原因和保险标的的损失程度所支付的必要的、合理的费用，由保险人承担。

第五十条　保险人对责任保险的被保险人给第三者造成的损害，可以依照法律的规定或者合同的约定，直接向该第三者赔偿保险金。

责任保险是指以被保险人对第三者依法应负的赔偿责任为保险标的的保险。

第五十一条　责任保险的被保险人因给第三者造成损害的保险事故而被提起仲裁或者诉讼的，除合同另有约定外，由被保险人支付的仲裁或者诉讼费用以及其他必要的、合理的费用，由保险人承担。

第三节　人身保险合同

第五十二条　人身保险合同是以人的寿命和身体为保险标的的保险合同。

本节中的人身保险合同，除特别指明的外，简称合同。

第五十三条　投保人对下列人员具有保险利益：

（一）本人；

（二）配偶、子女、父母；

（三）前项以外与投保人有抚养、赡养或者扶养关系的家庭其他成员、近亲属。

除前款规定外，被保险人同意投保人为其订立合同的，视为投保人对被保险人具有保险利益。

第五十四条　投保人申报的被保险人年龄不真实，并且其真实年龄不符合合同约定的年龄限制的，保险人可以解除合同，并在扣除手续费后，向投保人退还保险费，但是自合同成立之日起逾二年的除外。

投保人申报的被保险人年龄不真实，致使投保人支付的保险费少于应付保险费的，保险人有权更正并要求投保人补交保险费，或者在给付保险金时按照实付保险费与应付保险费的比例支付。

投保人申报的被保险人年龄不真实，致使投保人实付保险费多于应付保险费的，保险人应当将多收的保险费退还投保人。

第五十五条　投保人不得为无民事行为能力人投保以死亡为给付保险金条件的人身保险，保险人也不得承保。

父母为其未成年子女投保的人身保险，不受前款规定限制，但是死亡给付保险金额总和不得超过保险监督管理机构规定的限额。

第五十六条　以死亡为给付保险金条件的合同，未经被保险人书面同意并认可保险金额的，合同无效。

依照以死亡为给付保险金条件的合同所签发的保险单，未经被保险人书面同意，不得转让或者质押。

父母为其未成年子女投保的人身保险，不受第一款规定限制。

第五十七条　投保人于合同成立后，可以向保险人一次支付全部保险费，也可以按照合同约定分期支付保险费。

500

合同约定分期支付保险费的，投保人应当于合同成立时支付首期保险费，并应当按期支付其余各期的保险费。

第五十八条　合同约定分期支付保险费，投保人支付首期保险费后，除合同另有约定外，投保人超过规定的期限六十日未支付当期保险费的，合同效力中止，或者由保险人按照合同约定的条件减少保险金额。

第五十九条　依照前条规定合同效力中止的，经保险人与投保人协商并达成协议，在投保人补交保险费后，合同效力恢复。但是，自合同效力中止之日起二年内双方未达成协议的，保险人有权解除合同。

保险人依照前款规定解除合同，投保人已交足二年以上保险费的，保险人应当按照合同约定退还保险单的现金价值；投保人未交足二年保险费的，保险人应当在扣除手续费后，退还保险费。

第六十条　保险人对人身保险的保险费，不得用诉讼方式要求投保人支付。

第六十一条　人身保险的受益人由被保险人或者投保人指定。

投保人指定受益人时须经被保险人同意。

被保险人为无民事行为能力人或者限制民事行为能力人的，可以由其监护人指定受益人。

第六十二条　被保险人或者投保人可以指定一人或者数人为受益人。

受益人为数人的，被保险人或者投保人可以确定受益顺序和受益份额；未确定受益份额的，受益人按照相等份额享有受益权。

第六十三条　被保险人或者投保人可以变更受益人并书面通知保险人。保险人收到变更受益人的书面通知后，应当在保险单上批注。

投保人变更受益人时须经被保险人同意。

第六十四条　被保险人死亡后，遇有下列情形之一的，保险金作为被保险人的遗产，由保险人向被保险人的继承人履行给付保险金的义务：

（一）没有指定受益人的；

（二）受益人先于被保险人死亡，没有其他受益人的；

（三）受益人依法丧失受益权或者放弃受益权，没有其他受益人的。

第六十五条　投保人、受益人故意造成被保险人死亡、伤残或者疾病的，保险人不承担给付保险金的责任。投保人已交足二年以上保险费的，保险人应当按照合同约定向其他享有权利的受益人退还保险单的现金价值。

受益人故意造成被保险人死亡或者伤残的，或者故意杀害被保险人未遂的，丧失受益权。

第六十六条　以死亡为给付保险金条件的合同，被保险人自杀的，除本条第二款规定外，保险人不承担给付保险金的责任，但对投保人已支付的保险费，保险人应按照保险单退还其现金价值。

以死亡为给付保险金条件的合同，自成立之日起满二年后，如果被保险人自杀的，保险人可以按照合同给付保险金。

第六十七条　被保险人故意犯罪导致其自身伤残或者死亡的，保险人不承担给付保险金的责任。投保人已交足二年以上保险费的，保险人应当按照保险单退还其现金价值。

第六十八条　人身保险的被保险人因第三者的行为而发生死亡、伤残或者疾病等保险事故的，保险人向被保险人或者受益人给付保险金后，不得享有向第三者追偿的权利。但被保险人或者受益人仍有权向第三者请求赔偿。

第六十九条　投保人解除合同，已交足二年以上保险费的，保险人应当自接到解除合同通知之日起三十日内，退还保险单的现金价值；未交足二年保险费的，保险人按照合同约定在扣除手续费后，退还保险费。

第三章　保险公司

第七十条　保险公司应当采取下列组织形式：

（一）股份有限公司；

（二）国有独资公司。

第七十一条　设立保险公司，必须经保险监督管理机构批准。

第七十二条　设立保险公司，应当具备下列条件：

（一）有符合本法和公司法规定的章程；

（二）有符合本法规定的注册资本最低限额；

（三）有具备任职专业知识和业务工作经验的高级管理人员；

（四）有健全的组织机构和管理制度；

（五）有符合要求的营业场所和与业务有关的其他设施。

保险监督管理机构审查设立申请时，应当考虑保险业的发展和公平竞争的需要。

第七十三条　设立保险公司，其注册资本的最低限额为人民币二亿元。

保险公司注册资本最低限额必须为实缴货币资本。

保险监督管理机构根据保险公司业务范围、经营规模，可以调整其注册资本的最低限额。但是，不得低于第一款规定的限额。

第七十四条　申请设立保险公司，应当提交下列文件、资料：

（一）设立申请书，申请书应当载明拟设立的保险公司的名称、注册资本、业务范围等；

（二）可行性研究报告；

（三）保险监督管理机构规定的其他文件、资料。

第七十五条　设立保险公司的申请经初步审查合格后，申请人应当依照本法和公司法的规定进行保险公司的筹建。具备本法第七十二条规定的设立条件的，向保险监督管理机构提交正式申请表和下列有关文件、资料：

（一）保险公司的章程；

（二）股东名册及其股份或者出资人及其出资额；

（三）持有公司股份百分之十以上的股东资信证明和有关资料；

（四）法定验资机构出具的验资证明；

（五）拟任职的高级管理人员的简历和资格证明；

（六）经营方针和计划；

（七）营业场所和与业务有关的其他设施的资料；

（八）保险监督管理机构规定的其他文件、资料。

第七十六条　保险监督管理机构自收到设立保险公司的正式申请文件之日起六个月内，应当作出批准或者不批准的决定。

第七十七条　经批准设立的保险公司，由批准部门颁发经营保险业务许可证，并凭经营保险业务许可证向工商行政管理机关办理登记，领取营业执照。

第七十八条　保险公司自取得经营保险业务许可证之日起六个月内无正当理由未办理公司设立登记的，其经营保险业务许可证自动失效。

第七十九条　保险公司成立后应当按照其注册资本总额的百分之二十提取保证金，存入保险监督管理机构指定的银行，除保险公司清算时用于清偿债务外，不得动用。

第八十条　保险公司在中华人民共和国境内外设立分支机构，须经保险监督管理机构批准，取得分支机构经营保险业务许可证。

保险公司分支机构不具有法人资格，其民事责任由保险公司承担。

第八十一条　保险公司在中华人民共和国境内外设立代表机构，须经保险监督管理机构批准。

第八十二条　保险公司有下列变更事项之一的，须经保险监督管理机构批准：

（一）变更名称；

（二）变更注册资本；

（三）变更公司或者分支机构的营业场所；

（四）调整业务范围；

（五）公司分立或者合并；

（六）修改公司章程；

（七）变更出资人或者持有公司股份百分之十以上的股东；

（八）保险监督管理机构规定的其他变更事项。

保险公司更换董事长、总经理，应当报经保险监督管理机构审查其任职资格。

第八十三条　保险公司的组织机构，适用公司法的规定。

第八十四条　国有独资保险公司设立监事会。监事会由保险监督管理机构、有关专家和保险公司工作人员的代表组成，对国有独资保险公司提取各项准备金、最低偿付能力和国有资产保值增值等情况以及高级管理人员违反法律、行政法规或者章程的行为和损害公司利益的行为进行监督。

第八十五条　保险公司因分立、合并或者公司章程规定的解散事由出现，经保险监督管理机构批准后解散。保险公司应当依法成立清算组，进行清算。

经营有人寿保险业务的保险公司，除分立、合并外，不得解散。

第八十六条　保险公司违反法律、行政法规，被保险监督管理机构吊销经营保险业务许可证的，依法撤销。由保险监督管理机构依法及时组织清算组，进行清算。

第八十七条　保险公司不能支付到期债务，经保险监督管理机构同意，由人民法院依法宣告破产。保险公司被宣告破产的，由人民法院组织保险监督管理机构等有关部门和有关人员成立清算组，进行清算。

第八十八条　经营有人寿保险业务的保险公司被依法撤销的或者被依法宣告破产的，其持有的人寿保险合同及准备金，必须转移给其他经营有人寿保险业务的保险公司；不能同其他保险公司达成转让协议的，由保险监督管理机构指定经营有人寿保险业务的保险公司接受。

转让或者由保险监督管理机构指定接受前款规定的人寿保险合同及准备金的，应当维护被保险人、受益人的合法权益。

第八十九条　保险公司依法破产的，破产财产优先支付其破产费用后，按照下列顺序清偿：

（一）所欠职工工资和劳动保险费用；

（二）赔偿或者给付保险金；

（三）所欠税款；

（四）清偿公司债务。

破产财产不足清偿同一顺序清偿要求的，按照比例分配。

第九十条　保险公司依法终止其业务活动，应当注销其经营保险业务许可证。

第九十一条　保险公司的设立、变更、解散和清算事项，本法未作规定的，适用公司法和其他有关法律、行政法规的规定。

第四章　保险经营规则

第九十二条　保险公司的业务范围：

（一）财产保险业务，包括财产损失保险、责任保险、信用保险等保险业务；

（二）人身保险业务，包括人寿保险、健康保险、意外伤害保险等保险业务。

同一保险人不得同时兼营财产保险业务和人身保险业务；但是，经营财产保险业务的保险公司经保险监督管理机构核定，可以经营短期健康保险业务和意外伤害保险业务。

保险公司的业务范围由保险监督管理机构依法核定。保险公司只能在被核定的业务范围内从事保险经营活动。

保险公司不得兼营本法及其他法律、行政法规规定以外的业务。

第九十三条　经保险监督管理机构核定，保险公司可以经营前条规定的保险业务的下列再保险业务：

（一）分出保险；

（二）分入保险。

第九十四条　保险公司应当根据保障被保险人利益、保证偿付能力的原则，提取各项责任准备金。

保险公司提取和结转责任准备金的具体办法由保险监督管理机构制定。

第九十五条　保险公司应当按照已经提出的保险赔偿或者给付金额，以及已经发生保险事故但尚未提出的保险赔偿或者给付金额，提取未决赔款准备金。

第九十六条　除依照前二条规定提取准备金外，保险公司应当依照有关法律、行政法规及国家财务会计制度的规定提取公积金。

第九十七条　为了保障被保险人的利益，支持保险公司稳健经营，保险公司应当按照保险监督管理机构的规定提存保险保障基金。

保险保障基金应当集中管理，统筹使用。

保险保障基金管理使用的具体办法由保险监督管理机构制定。

第九十八条　保险公司应当具有与其业务规模相适应的最低偿付能力。保险公司的实际资产减去实际负债的差额不得低于保险监督管理机构规定的数额；低于规定数额的，应当增加资本金，补足差额。

第九十九条　经营财产保险业务的保险公司当年自留保险费，不得超过其实有资本金加公积金总和的四倍。

第一百条　保险公司对每一危险单位，即对一次保险事故可能造成的最大损失范围所承担的责任，不得超过其实有资本金加公积金总和的百分之十；超过的部分，应当办理再保险。

第一百零一条　保险公司对危险单位的计算办法和巨灾风险安排计划，应当报经保险监督管理机构核准。

第一百零二条　保险公司应当按照保险监督管理机构的有关规定办理再保险。

第一百零三条　保险公司需要办理再保险分出业务的，应当优先向中国境内的保险公司办理。

第一百零四条　保险监督管理机构有权限制或者禁止保险公司向中国境外的

保险公司办理再保险分出业务或者接受中国境外再保险分入业务。

第一百零五条　保险公司的资金运用必须稳健，遵循安全性原则，并保证资产的保值增值。

保险公司的资金运用，限于在银行存款、买卖政府债券、金融债券和国务院规定的其他资金运用形式。

保险公司的资金不得用于设立证券经营机构，不得用于设立保险业以外的企业。

保险公司运用的资金和具体项目的资金占其资金总额的具体比例，由保险监督管理机构规定。

第一百零六条　保险公司及其工作人员在保险业务活动中不得有下列行为：

（一）欺骗投保人、被保险人或者受益人；

（二）对投保人隐瞒与保险合同有关的重要情况；

（三）阻碍投保人履行本法规定的如实告知义务，或者诱导其不履行本法规定的如实告知义务；

（四）承诺向投保人、被保险人或者受益人给予保险合同规定以外的保险费回扣或者其他利益；

（五）故意编造未曾发生的保险事故进行虚假理赔，骗取保险金。

第五章　保险业的监督管理

第一百零七条　关系社会公众利益的保险险种、依法实行强制保险的险种和新开发的人寿保险险种等的保险条款和保险费率，应当报保险监督管理机构审批。保险监督管理机构审批时，遵循保护社会公众利益和防止不正当竞争的原则。审批的范围和具体办法，由保险监督管理机构制定。

其他保险险种的保险条款和保险费率，应当报保险监督管理机构备案。

第一百零八条　保险监督管理机构应当建立健全保险公司偿付能力监管指标体系，对保险公司的最低偿付能力实施监控。

第一百零九条　保险监督管理机构有权检查保险公司的业务状况、财务状况及资金运用状况，有权要求保险公司在规定的期限内提供有关的书面报告和资料。

保险公司依法接受监督检查。

保险监督管理机构有权查询保险公司在金融机构的存款。

第一百一十条 保险公司未按照本法规定提取或者结转各项准备金，或者未按照本法规定办理再保险，或者严重违反本法关于资金运用的规定的，由保险监督管理机构责令该保险公司采取下列措施限期改正：

（一）依法提取或者结转各项准备金；

（二）依法办理再保险；

（三）纠正违法运用资金的行为；

（四）调整负责人及有关管理人员。

第一百一十一条 依照前条规定，保险监督管理机构作出限期改正的决定后，保险公司在限期内未予改正的，由保险监督管理机构决定选派保险专业人员和指定该保险公司的有关人员，组成整顿组织，对该保险公司进行整顿。

整顿决定应当载明被整顿保险公司的名称、整顿理由、整顿组织和整顿期限，并予以公告。

第一百一十二条 整顿组织在整顿过程中，有权监督该保险公司的日常业务。该保险公司的负责人及有关管理人员，应当在整顿组织的监督下行使自己的职权。

第一百一十三条 在整顿过程中，保险公司的原有业务继续进行，但是保险监督管理机构有权停止开展新的业务或者停止部分业务，调整资金运用。

第一百一十四条 被整顿的保险公司经整顿已纠正其违反本法规定的行为，恢复正常经营状况的，由整顿组织提出报告，经保险监督管理机构批准，整顿结束。

第一百一十五条 保险公司违反本法规定，损害社会公共利益，可能严重危及或者已经危及保险公司的偿付能力的，保险监督管理机构可以对该保险公司实行接管。

接管的目的是对被接管的保险公司采取必要措施，以保护被保险人的利益，恢复保险公司的正常经营。被接管的保险公司的债权债务关系不因接管而变化。

第一百一十六条 接管组织的组成和接管的实施办法，由保险监督管理机构决定，并予公告。

第一百一十七条 接管期限届满，保险监督管理机构可以决定延期，但接管期限最长不得超过二年。

第一百一十八条　接管期限届满，被接管的保险公司已恢复正常经营能力的，保险监督管理机构可以决定接管终止。

接管组织认为被接管的保险公司的财产已不足以清偿所负债务的，经保险监督管理机构批准，依法向人民法院申请宣告该保险公司破产。

第一百一十九条　保险公司应当于每一会计年度终了后三个月内，将上一年度的营业报告、财务会计报告及有关报表报送保险监督管理机构，并依法公布。

第一百二十条　保险公司应当于每月月底前将上一月的营业统计报表报送保险监督管理机构。

第一百二十一条　保险公司必须聘用经保险监督管理机构认可的精算专业人员，建立精算报告制度。

第一百二十二条　保险公司的营业报告、财务会计报告、精算报告及其他有关报表、文件和资料必须如实记录保险业务事项，不得有虚假记载、误导性陈述和重大遗漏。

第一百二十三条　保险人和被保险人可以聘请依法设立的独立的评估机构或者具有法定资格的专家，对保险事故进行评估和鉴定。

依法受聘对保险事故进行评估和鉴定的评估机构和专家，应当依法公正地执行业务。因故意或者过失给保险人或者被保险人造成损害的，依法承担赔偿责任。

依法受聘对保险事故进行评估和鉴定的评估机构收取费用，应当依照法律、行政法规的规定办理。

第一百二十四条　保险公司应当妥善保管有关业务经营活动的完整账簿、原始凭证及有关资料。

前款规定的账簿、原始凭证及有关资料的保管期限，自保险合同终止之日起计算，不得少于十年。

第六章　保险代理人和保险经纪人

第一百二十五条　保险代理人是根据保险人的委托，向保险人收取代理手续费，并在保险人授权的范围内代为办理保险业务的单位或者个人。

第一百二十六条　保险经纪人是基于投保人的利益，为投保人与保险人订立保险合同提供中介服务，并依法收取佣金的单位。

第一百二十七条　保险人委托保险代理人代为办理保险业务的，应当与保险代理人签订委托代理协议，依法约定双方的权利和义务及其他代理事项。

第一百二十八条　保险代理人根据保险人的授权代为办理保险业务的行为，由保险人承担责任。

保险代理人为保险人代为办理保险业务，有超越代理权限行为，投保人有理由相信其有代理权，并已订立保险合同的，保险人应当承担保险责任；但是保险人可以依法追究越权的保险代理人的责任。

第一百二十九条　个人保险代理人在代为办理人寿保险业务时，不得同时接受两个以上保险人的委托。

第一百三十条　因保险经纪人在办理保险业务中的过错，给投保人、被保险人造成损失的，由保险经纪人承担赔偿责任。

第一百三十一条　保险代理人、保险经纪人在办理保险业务活动中不得有下列行为：

（一）欺骗保险人、投保人、被保险人或者受益人；

（二）隐瞒与保险合同有关的重要情况；

（三）阻碍投保人履行本法规定的如实告知义务，或者诱导其不履行本法规定的如实告知义务；

（四）承诺向投保人、被保险人或者受益人给予保险合同规定以外的其他利益；

（五）利用行政权力、职务或者职业便利以及其他不正当手段强迫、引诱或者限制投保人订立保险合同。

第一百三十二条　保险代理人、保险经纪人应当具备保险监督管理机构规定的资格条件，并取得保险监督管理机构颁发的经营保险代理业务许可证或者经纪业务许可证，向工商行政管理机关办理登记，领取营业执照，并缴存保证金或者投保职业责任保险。

第一百三十三条　保险代理人、保险经纪人应当有自己的经营场所，设立专门账簿记载保险代理业务或者经纪业务的收支情况，并接受保险监督管理机构的监督。

第一百三十四条　保险代理手续费和经纪人佣金，只限于向具有合法资格的保险代理人、保险经纪人支付，不得向其他人支付。

第一百三十五条　保险公司应当设立本公司保险代理人登记簿。

第一百三十六条　保险公司应当加强对保险代理人的培训和管理，提高保险代理人的职业道德和业务素质，不得唆使、误导保险代理人进行违背诚信义务的活动。

第一百三十七条　本法第一百零九条、第一百一十九条的规定，适用于保险代理人和保险经纪人。

第七章　法律责任

第一百三十八条　投保人、被保险人或者受益人有下列行为之一，进行保险欺诈活动，构成犯罪的，依法追究刑事责任：

（一）投保人故意虚构保险标的，骗取保险金的；

（二）未发生保险事故而谎称发生保险事故，骗取保险金的；

（三）故意造成财产损失的保险事故，骗取保险金的；

（四）故意造成被保险人死亡、伤残或者疾病等人身保险事故，骗取保险金的；

（五）伪造、变造与保险事故有关的证明、资料和其他证据，或者指使、唆使、收买他人提供虚假证明、资料或者其他证据，编造虚假的事故原因或者夸大损失程度，骗取保险金的。

有前款所列行为之一，情节轻微，尚不构成犯罪的，依照国家有关规定给予行政处罚。

第一百三十九条　保险公司及其工作人员在保险业务中隐瞒与保险合同有关的重要情况，欺骗投保人、被保险人或者受益人，或者拒不履行保险合同约定的赔偿或者给付保险金的义务，构成犯罪的，依法追究刑事责任；尚不构成犯罪的，由保险监督管理机构对保险公司处以五万元以上三十万元以下的罚款；对有违法行为的工作人员，处以二万元以上十万元以下的罚款；情节严重的，限制保险公司业务范围或者责令停止接受新业务。

保险公司及其工作人员阻碍投保人履行如实告知义务，或者诱导其不履行如实告知义务，或者承诺向投保人、被保险人或者受益人给予非法的保险费回扣或者其他利益，构成犯罪的，依法追究刑事责任；尚不构成犯罪的，由保险监督管理机构责令改正，对保险公司处以五万元以上三十万元以下的罚款；对有违法行为的工作人员，处以二万元以上十万元以下的罚款；情节严重的，限制保险公司业务范围或者责令停止接受新业务。

第一百四十条　保险代理人或者保险经纪人在其业务中欺骗保险人、投保人、被保险人或者受益人，构成犯罪的，依法追究刑事责任；尚不构成犯罪的，由保险监督管理机构责令改正，并处以五万元以上三十万元以下的罚款；情节严重的，吊销经营保险代理业务许可证或者经纪业务许可证。

第一百四十一条　保险公司及其工作人员故意编造未曾发生的保险事故进行虚假理赔，骗取保险金，构成犯罪的，依法追究刑事责任。

第一百四十二条　违反本法规定，擅自设立保险公司或者非法从事商业保险业务活动的，由保险监督管理机构予以取缔；构成犯罪的，依法追究刑事责任；尚不构成犯罪的，由保险监督管理机构没收违法所得，并处以违法所得一倍以上五倍以下的罚款，没有违法所得或者违法所得不足二十万元的，处以二十万元以上一百万元以下的罚款。

第一百四十三条　违反本法规定，超出核定的业务范围从事保险业务或者兼营本法及其他法律、行政法规规定以外的业务，构成犯罪的，依法追究刑事责任；尚不构成犯罪的，由保险监督管理机构责令改正，责令退还收取的保险费，没收违法所得，并处以违法所得一倍以上五倍以下的罚款；没有违法所得或者违法所得不足十万元的，处以十万元以上五十万元以下的罚款；逾期不改正或者造成严重后果的，责令停业整顿或者吊销经营保险业务许可证。

第一百四十四条　违反本法规定，未经批准，擅自变更保险公司的名称、章程、注册资本、公司或者分支机构的营业场所等事项的，由保险监督管理机构责令改正，并处以一万元以上十万元以下的罚款。

第一百四十五条　违反本法规定，有下列行为之一的，由保险监督管理机构责令改正，并处以五万元以上三十万元以下的罚款；情节严重的，可以限制业务范围、责令停止接受新业务或者吊销经营保险业务许可证：

（一）未按照规定提存保证金或者违反规定动用保证金的；

（二）未按照规定提取或者结转各项责任准备金或者未按照规定提取未决赔

款准备金的；

（三）未按照规定提取保险保障基金、公积金的；

（四）未按照规定办理再保险分出业务的；

（五）违反规定运用保险公司资金的；

（六）未经批准设立分支机构或者代表机构的；

（七）未经批准分立、合并的；

（八）未按照规定将应当报送审批的险种的保险条款和保险费率报送审批的。

第一百四十六条　违反本法规定，有下列行为之一的，由保险监督管理机构责令改正，逾期不改正的，处以一万元以上十万元以下的罚款：

（一）未按照规定报送有关报告、报表、文件和资料的；

（二）未按照规定将应当报送备案的险种的保险条款和保险费率报送备案的。

第一百四十七条　违反本法规定，有下列行为之一，构成犯罪的，依法追究刑事责任；尚不构成犯罪的，由保险监督管理机构责令改正，处以十万元以上五十万元以下的罚款；情节严重的，可以限制业务范围、责令停止接受新业务或者吊销经营保险业务许可证：

（一）提供虚假的报告、报表、文件和资料的；

（二）拒绝或者妨碍依法检查监督的。

第一百四十八条　违反本法规定，有下列行为之一的，由保险监督管理机构责令改正，处以五万元以上三十万元以下的罚款：

（一）超额承保，情节严重的；

（二）为无民事行为能力人承保以死亡为给付保险金条件的保险的。

第一百四十九条　违反本法规定，未取得经营保险代理业务许可证或者经纪业务许可证，非法从事保险代理业务或者经纪业务活动的，由保险监督管理机构予以取缔；构成犯罪的，依法追究刑事责任；尚不构成犯罪的，由保险监督管理机构没收违法所得，并处以违法所得一倍以上五倍以下的罚款，没有违法所得或者违法所得不足十万元的，处以十万元以上五十万元以下的罚款。

第一百五十条　对违反本法规定尚未构成犯罪的行为负有直接责任的保险公司高级管理人员和其他直接责任人员，保险监督管理机构可以区别不同情况予以警告，责令予以撤换，处以二万元以上十万元以下的罚款。

第一百五十一条　违反本法规定，给他人造成损害的，应当依法承担民事责任。

第一百五十二条　对不符合本法规定条件的设立保险公司的申请予以批准，或者对不符合保险代理人、保险经纪人条件的申请予以批准，或者有滥用职权、玩忽职守的其他行为，构成犯罪的，依法追究刑事责任；尚不构成犯罪的，依法给予行政处分。

第八章　附　　则

第一百五十三条　海上保险适用海商法的有关规定；海商法未作规定的，适用本法的有关规定。

第一百五十四条　中外合资保险公司、外资独资保险公司、外国保险公司分公司适用本法规定；法律、行政法规另有规定的，适用其规定。

第一百五十五条　国家支持发展为农业生产服务的保险事业，农业保险由法律、行政法规另行规定。

第一百五十六条　本法规定的保险公司以外的其他性质的保险组织，由法律、行政法规另行规定。

第一百五十七条　本法施行前按照国务院规定经批准设立的保险公司继续保留，其中不完全具备本法规定的条件的，应当在规定的期限内达到本法规定的条件。具体办法由国务院规定。

第一百五十八条　本法自一九九五年十月一日起施行。

健全现代市场体系，
加强和完善宏观调控[*]

（二〇〇二年十一月八日）

江 泽 民

健全现代市场体系，加强和完善宏观调控。在更大程度上发挥市场在资源配置中的基础性作用，健全统一、开放、竞争、有序的现代市场体系。推进资本市场的改革开放和稳定发展。发展产权、土地、劳动力和技术等市场。创造各类市场主体平等使用生产要素的环境。深化流通体制改革，发展现代流通方式。整顿和规范市场经济秩序，健全现代市场经济的社会信用体系，打破行业垄断和地区封锁，促进商品和生产要素在全国市场自由流动。

完善政府的经济调节、市场监管、社会管理和公共服务的职能，减少和规范行政审批。要把促进经济增长，增加就业，稳定物价，保持国际收支平衡作为宏观调控的主要目标。扩大内需是我国经济发展长期的、基本的立足点。坚持扩大国内需求的方针，根据形势需要实施相应的宏观经济政策。调整投资和消费关系，逐步提高消费在国内生产总值中的比重。完善国家计划和财政政策、货币政策等相互配合的宏观调控体系，发挥经济杠杆的调节作用。深化财政、税收、金融和投融资体制改革。完善预算决策和管理制度，加强对财政收支的监督，强化税收征管。稳步推进利率市场化改革，优化金融资源配置，加强金融监管，防范和化解金融风险，使金融更好地为经济社会发展服务。

＊ 这是江泽民同志在中国共产党第十六次全国代表大会上的报告《全面建设小康社会，开创中国特色社会主义事业新局面》的一部分。

认真贯彻党的十六大精神，努力开创金融工作新局面*

(二〇〇三年一月二十四日)

温 家 宝

这几天，银行、证券、保险系统分别召开工作会议，贯彻落实党的十六大精神和中央经济工作会议部署，总结去年的工作，安排今年任务。这次会议对于做好今年金融工作有着重要意义，一定要把会议开好。现在，我讲几点意见。

一、充分肯定成绩，坚定做好金融工作的信心。

一九九八年以来，在错综复杂的国际形势下，党中央、国务院审时度势，作出正确决策，我国改革开放和现代化建设取得了举世瞩目的成就。国民经济持续较快发展。国内生产总值由一九九七年的七点四万亿元增加到二〇〇二年的十点二万亿元，五年平均增长百分之七点七。经济增长质量和效益不断提高。经济结构战略性调整取得重大进展，农业基础地位进一步加强，传统产业得到提升，高新技术产业和现代服务业加速发展，西部大开发迈出重要步伐。改革开放取得丰硕成果。社会主义市场经济体制初步建立。所有制结构进一步调整和完善，市场在资源配置中的基础性作用日益加强，宏观调控体系不断健全。开放型经济迅速发展，商品和服务贸易、资本流动规模显著扩大。五年实际利用外商直接投资二千二百多亿美元。国家外汇储备大幅度增加，从一九九七年底的一千三百九十九亿美元增加到二〇〇二年底的二千八百六十四亿美元，增加一千四百六十五亿美元。二〇〇一年十二月我国正式加入世贸组织，去年实现了入世后第一年的良好开端。人民生活总体上达到小康水平。环境保护和生态建设成效明显，可持续发展能力不断增强。科技、教育和社会各项事业全面发展。我国经济繁荣，民族团

---

* 这是温家宝同志在银行、证券、保险工作会议上的讲话。

516

结，社会稳定，国际地位显著提高。这些巨大成就确实来之不易，是各地方、各部门和全国人民共同努力的结果。银行、证券、保险系统也作出了很大贡献，功不可没。

这几年，党中央、国务院高度重视金融工作。一九九七年十一月，在发生亚洲金融危机的严峻形势下，党中央、国务院及时召开全国金融工作会议，就深化金融改革、整顿金融秩序、防范金融风险作出了全面部署。去年二月，在我国开始实施现代化建设第三步战略部署和加入世贸组织的新形势下，党中央、国务院再次召开全国金融工作会议，提出了"十五"期间金融工作的指导方针、主要任务和政策措施。银行、证券、保险系统认真贯彻落实中央的决策和部署，团结进取，开拓创新，做了大量工作，取得了很大成绩。

一是金融改革迈出重要步伐。人民银行管理体制进行了重大改革。建立了全国集中统一的证券、保险监管体制。国有独资商业银行实行统一法人和加强垂直管理的改革步伐加快。政策性银行和证券、保险公司等金融企业改革也取得积极进展。金融资产管理公司处置不良资产取得成效。国务院向国有重点金融机构派出的监事会发挥了积极作用。

二是金融整顿和监管取得成效。五年来，银行系统依法处置了近三千家严重违法违规经营、资不抵债的高风险金融机构，稳妥地化解了少数金融机构的风险。严肃查处了银行账外经营等违法违规行为。彻底清理撤并了农村合作基金会。关闭了四十一个非法股票交易市场，撤并和重组了一批证券机构。清理和查处了一批违规的保险机构。依法查处社会乱办金融行为，严厉打击各种金融违法犯罪活动。金融监管工作逐步加强，监管水平有所提高。加强了对国有独资商业银行法人的集中统一监管。从去年起，全面推行银行贷款质量五级分类制度、谨慎会计制度和信息披露制度。加强了对证券、保险市场的监管。去年三家金融监管部门共依法处理了二千四百七十八家违规金融机构和一千三百四十一名有关责任人。金融系统纪检监察部门加大对金融违法违规行为的查处力度。近两年金融系统违法违纪案件高发的势头得到遏制，金融案件呈下降趋势。

三是金融对外开放不断扩大。几年来特别是去年以来，银行、证券、保险业对外开放步伐加快，来华外资金融机构明显增多。目前已有六十家外资银行可不受地域限制对各类客户办理外汇业务，已有五十三家外资银行获准在上海等九个城市经营人民币业务。设立了中外合资证券公司和合资基金管理公司。外资保险公司已在我国设立五十四个营业机构。改革外汇管理方式，加强和改善了外汇管理，国际收支和外汇收支保持良好态势。

四是积极支持经济发展和改革。这几年，与实行扩大内需的方针、实施积极财政政策相适应，坚持实施稳健的货币政策，充分发挥银行、证券、保险业的功能，有力地促进了经济改革和发展。主要做法：一是长期建设国债全部由以商业银行为主的金融机构购买。银行优先保证了国债项目的配套贷款，五年来共发放配套贷款超过一点二万亿元，增加了对基础设施建设、企业技术改造、环境保护、农业、科技、教育等方面的信贷支持。二是连续五次降低存贷款利率，适度增加货币供应量。一年期存款利率由一九九八年的百分之五点二二下降到百分之一点九八，贷款利率从百分之七点九二下降到百分之五点三一，分别下调三点二四个、二点六一个百分点。广义货币供应量 M_2 五年年均增长约百分之十五。三是运用信贷政策，优化信贷结构。二〇〇二年末全部金融机构个人消费贷款余额达一点零七万亿元，占全部贷款余额的比例由一九九九年末的百分之一点四上升到百分之八点二。四是支持企业政策性关闭破产和兼并。五年来银行核销呆账准备金及金融资产管理公司处理债权损失一千四百四十四亿元。五是在增加货币信贷总量的同时，注重防范金融风险，控制对重复建设项目和产品无市场企业的贷款。同时，证券、保险业在规范中发展。五年来，境内外证券市场共筹资六千零九十四亿元，占我国证券市场成立十多年来筹资总额的百分之七十；全国保费收入年均增长百分之二十二点五，去年保费收入达三千零五十三亿元。金融服务品种增加。银行卡联网通用和现代化支付系统建设取得较大进展，二〇〇二年银行卡交易额十一点五六万亿元，比二〇〇一年增长百分之三十七点一。

五是金融资产质量逐步改善。通过改革、整顿、监管和加强内部管理，金融机构资产状况不断改善。二〇〇一年金融机构不良贷款余额和比例开始下降。去年底，按"一逾两呆"口径，全部金融机构不良贷款额比上年减少九百五十一亿元，不良贷款比例为百分之十九点八，比年初下降四点五个百分点。其中，四家国有独资商业银行不良贷款额比上年减少六百四十亿元，不良贷款比例为百分之二十一点四，下降三点九五个百分点；按"五级分类"口径，不良贷款额比上年减少七百七十七亿元，不良贷款比例为百分之二十六点一，比年初下降四点九一个百分点。去年，人民银行监管的境内金融机构实现本外币账面利润六百一十六亿元，比上年增加三百六十六亿元。保险公司平均不良资产率由一九九七年底的百分之六下降到去年底的百分之一点九。

这些历史性进步和变化，集中表明我国现代金融体系和金融制度建设取得重大进展，化解历史遗留的金融风险成效显著，我国金融业的实力和竞争力不断增强。我们不仅成功地抵御了亚洲金融危机的冲击，克服了近两年世界经济低迷的不利影响，而且在推进金融改革、开放和整顿秩序中，确保了金融稳定，对加快改革开放和现代化建设，维护社会稳定，发挥了重要作用。这几年金融工作成绩显著，我们必须充分加以肯定。

这些成绩有力地说明，党中央、国务院近几年关于金融工作的一系列方针政策和部署是完全正确的，金融系统贯彻中央的决策和部署是认真的、得力的，广大金融工作者付出了辛勤努力。这里，我代表党中央、国务院，向大家并通过同志们向全国金融系统广大干部职工表示亲切的问候和衷心的感谢！

这些年来，在经济金融工作的丰富实践中，我们也积累了许多经验。主要是：（1）必须深化对"金融是现代经济核心"的认识。金融工作关系国民经济和社会发展全局，要高度重视做好金融工作，确保金融安全、高效、稳健运行。（2）必须坚定不移地推进金融改革开放。坚持按照现代金融制度的要求，把商业银行、证券公司、保险公司等金融机构真正办成现代金融企业。积极稳妥地推进金融对外开放。（3）必须自觉按照经济规律和金融法则办事。金融企业依法合规经营，监管部门依法监管，依法维护金融秩序，不得干预金融企业正常合法经营，把金融工作纳入法治化轨道。（4）必须正确处理防范金融风险和支持经济发展的关系。在防范风险的同时，积极支持经济发展和经济结构调整。（5）必须切实加强和改进金融系统党的建设，加强金融队伍建设和党风廉政建设，为金融改革和发展提供坚强保证。

这些重要经验是十分宝贵的财富，对于做好今后的金融工作，具有非常重要的作用。我们要坚定不移地贯彻执行中央的方针政策，充分运用积累的经验和各方面有利条件，坚持解放思想，实事求是，与时俱进，勇于实践，坚定克服各种困难的信心，努力把金融改革和发展不断推向前进。

二、明确形势任务，增强搞好金融改革和发展的紧迫感。

党的十六大在正确分析国际国内形势的基础上，确定了我国在新世纪、新阶段的奋斗目标和战略部署，去年底召开的中央经济工作会议提出了今年经济工作的总体要求和主要任务。进一步做好金融工作，对于全面贯彻党的十六大精神和中央经济工作会议的部署，具有重要意义。金融系统的同志一定要认清形势，把握全党全国工作的大局，增强进一步做好各项金融工作的责任感和紧迫感。必须清醒地看到，当前金融工作面临的形势仍然比较复杂，任务相当艰巨。

从世界经济金融环境看，经济全球化不断发展，既给各国发展带来机遇，也带来新的挑战。去年世界经济虽然出现一些复苏迹象，但还有很大的不确定性。美国经济"火车头"乏力，欧洲经济无明显起色，日本经济被称为是一艘"迷失方向的船"。美国接连出现大公司财务丑闻，企业信誉受到质疑，市场信心受到伤害。国际贸易保护主义日趋严重，贸易战此起彼伏。近两年，国际金融市场动荡加剧，主要货币汇率剧烈波动，全球股市连续下跌，金融资产大幅缩水，金融风险不断加大。国际资本流动规模急剧下降，跨国直接投资锐减。特别是美国军事打击伊拉克已箭在弦上，一旦动武，对世界经济金融的影响难以预料。国际经济金融的走势，对我国经济金融必然会产生影响，我们必须高度重视，未雨绸缪。

我国加入世贸组织后，银行、证券、保险业要按照入世承诺，进一步扩大对外开放，国内金融市场与国际金融市场的联系将愈来愈密切，我国金融业正面临着更加深刻的变革。对外开放的扩大，可以在更大的范围、更深的程度利用国际金融资源，引进先进的管理经验、技术和人才，提升国内金融业的发展和管理水平。同时，国际游资冲击和国际金融风险转移的可能性也会增加。外资进入我国金融业，势必加剧与国内金融企业在争夺客户、市场份额和专业人才方面的竞争。维护我国金融安全和稳定的任务十分艰巨。对此，我们也必须高度重视，预为之谋。否则，我们就会陷于被动，甚至可能会发生始料不及的后果。

从我国金融业的现状看，尽管改革、整顿和监管取得很大成绩，但仍然存在不少突出问题。主要是：金融监管比较薄弱，监管体制不健全，监管方法和手段落后，监管力量不足，有法不依、执法不严的现象仍比较严重；现代金融企业制度不完善，金融企业的法人治理结构和经营机制不健全，管理薄弱，效益低，不良资产比例仍然很高，竞争力和抗风险能力不强；金融基础设施建设滞后，专业人才不足，创新能力和服务水平较低，金融业务品种不多，统一、开放的金融市场尚未形成；社会信用观念淡薄，随意赖账，有些地方金融秩序仍然混乱。对这些问题决不可掉以轻心，必须采取有力措施抓紧解决。否则，就不可能适应我国经济改革开放和发展新形势的需要。

520

总之，无论是国际经济金融形势的发展变化，还是提高我国金融竞争力和抗风险能力，维护国家经济金融稳定和安全，都要求我们把金融工作做得更好。

新的形势和任务，对金融工作提出了新的更高要求。今年，我们要坚持扩大内需的方针，继续实行积极的财政政策和稳健的货币政策，保持宏观经济政策的连续性和稳定性，促进经济持续较快增长；我们要推进经济结构战略性调整，走新型工业化道路，推动产业结构调整和升级，推进西部大开发；我们要继续深化改革、扩大开放，加快国有企业改革和发展，扩展对外贸易和国际经济技术交流。所有这些，都需要金融支持，提供多层次、高质量的金融服务。为适应形势和任务对金融工作的新要求，银行、证券、保险系统必须按照建立现代金融体系和金融制度的目标，深化改革，加强金融监管，提高整体素质和水平。

当前，金融工作总体要求和主要任务是，坚持以邓小平理论和"三个代表"重要思想为指导，全面贯彻党的十六大精神，认真落实去年全国金融工作会议和中央经济工作会议的部署，深化金融企业改革，提高资产质量和经营效益，增强企业竞争力；有步骤地扩大金融对外开放，努力提高开放水平；改进和加强金融监管，继续整顿和规范金融秩序，有效防范和化解金融风险；优化金融资源配置，提高金融服务水平；加强金融队伍建设，提高队伍素质，确保金融安全、高效、稳健运行。为促进国民经济持续较快增长，维护社会稳定，全面建设小康社会，开创中国特色社会主义事业新局面作出新的贡献。

三、突出重点，努力做好今年各项金融工作。

当前金融工作各方面任务都很繁重，在工作部署上，要充分考虑需要和可能，统筹兼顾，突出重点，区别先后，妥善安排。去年全国金融工作会议以后，国务院组织有关部门成立了进一步加强金融监管、国有独资商业银行综合改革、深化农村金融和农村信用社改革、规范发展证券期货市场、保险业改革与发展、建立企业和个人征信体系六个专题工作小组，经过系统深入地调查研究，已初步形成了有关方案。这些方案，在进一步论证研究的基础上，报国务院批准后组织实施。根据中央关于金融工作的部署和目前的实际情况，今年要重点抓好以下几个方面。

（一）继续降低银行不良贷款比例。

近两年虽然银行不良贷款比例有所下降，但目前仍处在高位。继续降低不良贷款比例，仍然是当前的一项突出任务。去年全国金融工作会议要求，"十五"

期间，银行不良贷款比例力争每年下降二至三个百分点。这里需要强调，降低不良贷款比例，要实实在在，防止弄虚作假。为此，需要采取以下措施：一是加大贷款回收力度。对已经形成的不良贷款，要通过法律、经济、行政手段积极催收，采取多种形式处置，最大限度回收，减少损失。逃废银行债务许多涉及企业行为和地方保护主义，各地方和有关部门要通力合作，坚决打击各种逃废银行债务的行为。二是加强信贷管理和监督。通过加强内控，完善授权授信、审贷分离制度，健全贷款评审决策机制，严格控制发生新的不良贷款。三是优化贷款结构，提高贷款质量。严格控制对重复建设项目的贷款，控制对产品没有市场的企业的贷款。当前特别重要的是，要加强对房地产贷款的管理，注意防范长期贷款的风险。去年以来，一些地方出现了房地产过热的苗头，房地产投资主要是银行的房地产贷款增幅过快。商品房特别是高档商品房空置面积增加过快，商品房销售价格上涨过快。要坚决落实已有的规范房地产金融业务的措施，并抓紧研究对开发商贷款、建筑安装施工企业流动资金贷款、个人多套住房和高档住房贷款的条件，有效控制房地产信贷风险，避免出现新的不良贷款，造成新的损失。同时，要进一步扩大经济适用住房贷款，满足中低收入者的购房贷款需要。证券、保险企业也要采取得力措施，提高资产质量，降低不良资产比例。

（二）稳步推进金融改革。

深化金融改革是今年经济体制改革的重点之一，务必按照统一部署，做好各项工作，确保改革的顺利进行。

一是深化国有独资商业银行改革。首先要完善银行内控机制，加强管理，改进经营，提高服务质量和水平。在此基础上，实行股份制改造，建立现代金融企业的法人治理结构。有条件的可以上市。通过重组上市，不仅可以筹集资金，更重要的是按照国际先进银行的标准，对银行在股权、资产、组织结构和发展战略等方面进行彻底规范的重组和改造，建立良好的法人治理结构和运行机制。其他商业银行和金融企业也要按照现代企业制度的要求，深化内部改革，转换经营机制。

二是加快农村金融体制改革。充分发挥金融对农业和农村经济的支持作用。深化农村信用社改革的总体要求是，明晰产权关系，强化约束机制，增强服务功能，国家适当扶持，地方政府负责。农村信用社要坚持为农业、农村和农民服务的宗旨，加大农业信贷投放，增加农户贷款，及时、有效地为农民生产生活和农业、农村经济结构调整提供金融服务。国务院对这项改革已经有比较明确的意见，专题小组要抓紧修改完善改革方案，报国务院批准后，争取尽快出台实施。同时，要整顿农村信用秩序，引导和规范民间借贷。

三是继续推进证券、保险业改革和发展。资本市场在促进产业结构调整、推进国有企业改革、引导和鼓励社会投资、优化金融资源配置等方面，起着重要的作用。要继续贯彻"法制、监管、自律、规范"的方针，推进资本市场的改革开放和稳定发展，提高企业直接融资比重。保护投资者合法权益。加快培育合格的证券期货市场主体，完善上市公司、证券期货经营机构法人治理结构和内控制度。强化证券期货业的诚信责任，培育高质量的中介服务机构。深化保险企业改革，吸收外资和社会资金参股，完善法人治理结构，转换经营机制。认真组织实施国务院已批准的保险公司股份制改革方案。改革的基本原则是，整体改制，坚持国有控股，完善法人治理结构，保证国有资产保值增值。要加强领导，周密部署，精心安排，确保改革顺利推进。要将保险业务与保险资金运用分开，加强对保险资金运用的管理。在新修订的《保险法》的框架下，积极研究保险资金管理模式、运用渠道，并在保证保险资金安全的前提下提高保险资金运用效益。

（三）改进和加强金融监管。

这是实现金融安全、高效、稳健运行的关键环节。今年要把加强金融监管作为重中之重，全面提高金融监管水平。

一是改革和完善金融监管体制，充实监管力量，建立有效的监管机制，加大监管力度，提高监管机构的权威性。

二是完善监管法规，严格监管制度。要根据我国加入世贸组织的有关承诺和金融业加快对外开放的新形势，按照审慎监管、鼓励创新和提高竞争力的要求，加快健全银行、证券、保险监管法规体系。对现行监管法规和制度中不适应形势发展要求的，要及时进行修订。对金融改革发展中出现的新情况、新问题，要适时制订新的监管法规和制度加以规范。目前，要抓紧做好对金融业务创新、向中资金融机构投资入股等方面的监管立法和制度建设。

三是改进监管方式，加大监管力度。各金融监管部门要真正落实监管责任制，建立有效的监管机制。加强对金融企业法人和内控机制的监管。完善银行、证券、保险等金融企业信息披露制度。加强银行监管，推行审慎监管标准，完善和推广贷款五级分类制度，完善银行账户管理。加强对证券机构、上市企业和保险公司的监管。

四是继续整顿和规范金融秩序，加快社会信用体系建设。进一步做好对高风险金融企业的整顿和风险处置工作。对地方政府用于化解金融风险的专项借款，必须从严控制，专款专用，严禁挪用并按期偿还。依法坚决查处银行和证券、保险市场各种违法违规行为。对金融"三乱"、逃套骗汇、利用金融机构从事洗钱等违法行为，要依法严厉打击。

良好的社会信用是市场经济和现代金融的基石。金融系统要与有关部门紧密配合，加快建立统一的社会信用体系。健全有关信用的金融规章制度。抓紧建立全国企业和个人征信体系。征信体系建设一定要从我国实际情况出发，同时借鉴国外好的经验和做法。坚持积极推进与稳步发展并重，既要采取措施扶持征信业发展，又要加强监督规范征信业务活动。建设征信体系的基本原则是：一要以市场需求为导向，公平竞争、优胜劣汰；二要突出重点，分步实施；三要注重实用与信息共享；四要保护与发展并重，注重保护信息安全。既要依法保护企业商业秘密和个人隐私，更要保护国家经济金融信息安全。树立金融行业诚信守约的道德规范。依法加大对不讲信用、破坏信用行为的惩治力度。

（四）逐步扩大金融对外开放。

有步骤地对符合条件的外资金融机构开放金融市场，并切实做好监管工作。通过合资和吸收外资参股等方式，改善金融企业法人治理结构，积极引进国外先进的管理经验、技术和人才。同时，要鼓励和支持具备条件的中资金融企业到国际金融市场融资，或到境外投资、设立分支机构。继续改进外汇管理方式，加强国际收支监测和预警。继续完善人民币经常项目可兑换。加强对短期资本流动的管理，有效防范国际"热钱"对我国金融市场的冲击。

（五）切实提高金融服务水平。

要按照实施稳健货币政策的要求，在防范金融风险的同时，加大金融对经济发展的支持力度。银行要及时发放国债项目配套贷款。按照国家产业政策和经济结构调整的需要，增加对有市场、有效益、有信誉企业的贷款，加大对农业、中小企业的信贷支持力度，认真落实支持西部大开发的各项金融措施，推行下岗失业人员小额担保贷款，规范发展个人消费信贷。鼓励金融产品和服务创新。实行有利于金融创新的市场准入制度，在坚持法制建设先行、防范风险的基础上，发展新的金融业务。

加快金融信息化建设，积极运用现代科技手段提升金融业竞争力。大力实施"金卡工程"，推广使用银行卡，加快银行卡联网通用、联合发展的步伐，扩大联网通用的覆盖面。继续加快中国现代化支付系统的建设和推广应用。

四、加强队伍建设，努力提高金融工作水平。

金融业既是知识、技术密集型产业，又是高风险、社会敏感度大的特殊行业。只有切实加强金融队伍建设，才能增强金融队伍战斗力，不断提高金融工作水平。

第一，加强和改进金融系统党的建设。首先要继续深入学习贯彻党的十六大精神，坚持用"三个代表"重要思想武装党员干部。金融系统要充分认识所肩负的重大使命和崇高责任，识大体、顾大局，时刻想到国家和人民群众的利益，切实将"三个代表"重要思想落实到实际工作中。要认真贯彻《党政领导干部选拔任用工作条例》，按照中央统一部署，结合金融系统实际，选拔一批优秀年轻干部进入金融机构各级领导班子，进一步加强领导班子建设。加强基层党组织和党员队伍建设。继续做好监事会工作，确保国有资产保值增值。

第二，努力提高金融干部职工队伍素质。要按照"政治过硬、业务精良、作风清正、纪律严明"的标准，加强对干部职工的培养、教育和管理。加强政治思想建设，加大职业教育培训力度。全面实施人才战略。加快改革金融企业劳动、人事、分配制度，建立有效的内部激励和约束机制。继续做好金融机构高级管理人员的培训工作。全面培养人才，大胆使用人才。建立和完善公开、平等、竞争、择优的用人机制，促进优秀人才脱颖而出。积极吸引海外人才。继续深入开展党风廉政建设和反腐败斗争。各级领导干部一定要以身作则，廉洁自律，认真落实金融系统干部过好"五关"和"十个禁止"的规定。要以党风建设带动行风建设，努力形成金融行业"严谨、规范、谨慎、诚信、创新"的良好风气，努力造就一支适应现代金融发展要求的高素质金融队伍。

第三，增强全局观念，严守工作纪律。当前，金融改革发展稳定的任务十分繁重。特别是在推进改革过程中，对机构、职能、人事等的调整，不可避免地会涉及相关单位和人员的切身利益。这就需要增强大局意识和全局观念，自觉遵守组织纪律。各金融机构党委和主要负责同志，一定要以高度的政治责任感，切实加强领导，做深入细致的思想政治工作，及时发现并解决各种矛盾和倾向性问题，确保各项改革的顺利进行，全力维护金融稳定。

同志们，今年金融工作繁重，任务艰巨，但做好工作的有利条件也很多。我们一定要在以胡锦涛同志为总书记的党中央领导下，以十六大精神为指针，高举邓小平理论伟大旗帜，认真贯彻"三个代表"重要思想，坚定信心，振奋精神，锐意进取，努力开创我国金融工作新局面！

国务院办公厅转发国家经贸委、财政部、人民银行《关于进一步做好国有企业债权转股权工作的意见》的通知

（二〇〇三年二月二十三日）

各省、自治区、直辖市人民政府，国务院各部委、各直属机构：

国家经贸委、财政部、人民银行《关于进一步做好国有企业债权转股权工作的意见》已经国务院同意，现转发给你们，请认真贯彻执行。

国务院办公厅
二〇〇三年二月二十三日

国家经贸委、财政部、人民银行关于进一步做好国有企业债权转股权工作的意见

（二〇〇三年二月十七日）

　　为进一步做好国有企业债权转股权（以下简称"债转股"）工作，推进债转股企业加快建立现代企业制度，盘活不良金融资产，防范和化解金融风险，规范实施债转股企业、金融资产管理公司和有关单位的行为，依据《中华人民共和国公司法》（以下简称《公司法》）和《金融资产管理公司条例》等有关法律法规以及国务院的有关规定，现提出如下意见。

　　一、债转股新公司的设立。

　　（一）经国务院批准实施债转股的企业，应当按照《公司法》等有关法律法规的规定，建立现代企业制度。要通过制定公司章程等有关文件明确股东会、董事会、监事会和经理层的权利与义务，形成各负其责、协调运转、有效制衡的公司法人治理结构，并依法设立或变更登记为股份有限公司或有限责任公司（以下简称新公司）。

　　（二）新公司进行工商注册登记时不得有职工持股，原企业在此之前已存在的职工持股问题，由职工持股方案原批准单位商有关方面妥善解决。

　　（三）新公司设立时，要依法进行资产评估和产权登记。债转股企业的资产评估，须公开招标，通过竞争确定评估机构和收费标准。参与竞标的资产评估机构必须具备财政部规定的资质条件。债转股企业的资产评估报告，凡属中央企业的，报财政部备案；凡属地方企业的，报省级财政部门备案。净资产评估结果为负值，需要调整债转股方案的，由国家经贸委、财政部、人民银行提出解决办法，个案报国务院审定。

　　（四）凡已经国有企业监事会监督检查或上年度经国家审计部门全面审计，以及上年度经符合资质条件的中介机构审计且出具审计报告的债转股企业，可不再重复审计。

（五）新公司的股东依法具有平等地位，利益共享、风险共担。股东之间可按自愿原则转让股权。

（六）经国务院批准实施债转股的企业，属国务院确定的五百八十户债转股企业范围内的，从二〇〇〇年四月一日起停止支付转股债务的利息；其他企业从国务院批准实施债转股之日起停止支付转股债务利息。金融资产管理公司从停息之日起按照股权比例参与原企业的利润分配，新公司设立后享有相应的股东权益。国务院另有规定的除外。

（七）新公司设立后，金融资产管理公司作为股东，依据法律和公司章程，可派员参加新公司董事会、监事会。新公司要积极探索建立符合现代企业制度要求的选人用人新机制。把组织考核推荐同引进市场机制、向社会公开招聘结合起来，把党管干部原则同董事会依法选择经营管理者，以及经营管理者依法行使用人权结合起来。

（八）新公司要严格依据《中华人民共和国会计法》、《企业财务会计报告条例》等规定，规范和完善企业财务制度，重点加强成本核算与成本管理、资金管理与财务会计报表管理。

（九）新公司要采取措施，积极稳妥地推进人事、劳动、分配制度的改革。建立管理人员竞聘上岗、能上能下的人事制度；建立职工择优录用、能进能出的用工制度；建立收入能增能减、有效激励的分配制度。

二、减轻债转股企业的负担。

（十）新公司因停息而增加的利润，其所得税返还给原企业（原企业经变更登记已注销的，返还给原企业出资人，以下统称"原企业"），但只能用于购买金融资产管理公司的股权，同时相应增加原企业的国家资本金。

（十一）债转股企业将实物资产投入到新公司时，除债转股前未贴花的在新公司成立时应贴花外，免征增值税和其他相关税费。原企业持有的各种生产经营证书转入新公司时，免交各种费用。

（十二）原企业将生产经营使用的划拨土地投入到新公司，凡符合法定划拨用地范围的，可继续以划拨方式使用；不符合划拨用地范围的，可采取国家以土地使用权作价出资（入股）方式处置。由此增加的国有资本由原企业持有。原企业可免交除工本费以外的土地使用权变更登记费和手续费。

（十三）新公司在实施债转股时设立登记或变更登记中，免交企业注册登记费。

（十四）债转股企业要按照批准的债转股方案要求，剥离非经营性资产、分离办社会职能和分流富余人员，地方政府要履行相应的义务。

三、盘活不良金融资产。

（十五）在金融资产管理公司与原企业签订的债转股协议和方案中，以下条款予以废止：

1．任何形式的股权固定回报；

2．设立监管账户；

3．将原企业资产抵押、股权质押或要求第三方为金融资产管理公司股权退出提供担保作为债转股先决条件或附加条件的；

4．原企业享受兼并、减员增效政策，银行应核销的利息而计入转股额的；

5．要求原企业全部购买金融资产管理公司股权的有关条款；

6．将固定资产折旧费用用于购买金融资产管理公司股权；

7．金融资产管理公司在债转股时直接置换原企业出资人已上市公司的股权；

8．凡不符合《研究债转股工作有关问题的会议纪要》等有关规定的其他内容。

（十六）新公司符合上市条件的，证监会依法受理上市申请，加快核准。金融资产管理公司转让所持上市公司国有股权，要遵守国家有关规定。

（十七）金融资产管理公司向境内外投资者协议转让股权（不含上市公司国有股权）时，其股权定价须经符合资质条件的资产评估机构进行评估，按照公正、公平、公开的原则，采取招标、拍卖等方式确定受让人和受让价格，同等条件下原企业享有优先购买权。

（十八）金融资产管理公司所持股权不能向境内外投资者协议转让的，原企业可用股权分红所得购买，购买价格参照资产评估每股净资产，由买卖双方商定。

（十九）关于金融资产管理公司股权转让、出售的最终损失处置问题，由财政部提出解决方案另行报国务院审定。

（二十）关系国计民生、国家必须控制的企业，在转让或上市时，必须经国家有关部门批准，并保证国家控股。

（二十一）关于金融资产管理公司终止时，其所持新公司剩余股权处置问题，由财政部、国家经贸委、人民银行等有关部门提出解决办法另行报国务院审定。

四、支持实施债转股企业的发展。

（二十二）国务院有关部门要促进新公司的改革和发展，要依照国家产业政策，积极支持新公司搞好技术创新和促进产品升级，增强新公司的市场竞争能力。

（二十三）对于债转股企业生产经营的借款需求，凡符合条件的，有关商业银行应继续给予支持。

国务院办公厅关于印发
《中国银行业监督管理委员会
主要职责内设机构和人员
编制规定》的通知

（二〇〇三年四月二十五日）

各省、自治区、直辖市人民政府，国务院各部委、各直属机构：

《中国银行业监督管理委员会主要职责内设机构和人员编制规定》已经国务院批准，现予印发。

国务院办公厅
二〇〇三年四月二十五日

中国银行业监督管理委员会主要职责
内设机构和人员编制规定

  根据第十届全国人民代表大会第一次会议批准的国务院机构改革方案和《国务院关于机构设置的通知》，设立中国银行业监督管理委员会，为国务院直属正部级事业单位。中国银行业监督管理委员会根据授权，统一监督管理银行、金融资产管理公司、信托投资公司及其他存款类金融机构（以下简称银行业金融机构），维护银行业的合法、稳健运行。根据党中央决定，中国银行业监督管理委员会成立党委，履行党中央规定的职责。

  一、划入的职责。

  （一）中国人民银行对银行业金融机构的监管职责。

  （二）原中共中央金融工作委员会的相关职责。

  二、主要职责。

  （一）制定有关银行业金融机构监管的规章制度和办法；起草有关法律和行政法规，提出制定和修改的建议。

  （二）审批银行业金融机构及其分支机构的设立、变更、终止及其业务范围。

  （三）对银行业金融机构实行现场和非现场监管，依法对违法违规行为进行查处。

  （四）审查银行业金融机构高级管理人员任职资格。

  （五）负责统一编制全国银行业金融机构数据、报表，抄送中国人民银行，并按照国家有关规定予以公布。

  （六）会同财政部、中国人民银行等部门提出存款类金融机构紧急风险处置的意见和建议。

  （七）负责国有重点银行业金融机构监事会的日常管理工作。

  （八）承办国务院交办的其他事项。

  三、内设机构。

  根据上述主要职责，中国银行业监督管理委员会设十五个职能机构：

  （一）办公厅（党委办公室）。

组织协调会机关日常工作；承担有关文件的起草、重要会议的组织、机要、文秘、文档、信访、保密、信息综合、新闻发布、保卫等工作。

（二）政策法规部（研究局）。

拟订有关银行业金融机构监管的规章制度和办法；起草有关法律和行政法规草案，提出制定或修改的建议；承担行政复议和行政应诉工作；监督、协调有关法律法规的执行；开展银行业法律咨询服务，组织法制教育和宣传；调查研究银行业改革发展和监管中的重大问题，对银行业发展的政策提出建议；按照统一部署，组织实施银行业改革方案，提出深化改革的建议；负责重要会议文件和文稿的起草；编发有关信息和简报。

（三）银行监管一部。

承办对国有商业银行等的监管工作。依法审核有关机构的设立、变更、终止及业务范围；拟订监管规章制度；负责对有关机构的现场和非现场监管工作；监测资产负债比例、资产质量、业务活动、财务收支等经营管理、内部控制和风险情况；对违法违规行为进行查处；审查高级管理人员任职资格。

（四）银行监管二部。

承办对股份制商业银行和城市商业银行的监管工作。依法审核有关机构的设立、变更、终止及业务范围；拟订监管规章制度；负责对有关机构的现场和非现场监管工作；监测资产负债比例、资产质量、业务活动、财务收支等经营管理、内部控制和风险情况；对违法违规行为进行查处；审查高级管理人员任职资格。

（五）银行监管三部。

承办对政策性银行、外资银行等的监管工作。依法审核有关机构的设立、变更、终止及业务范围；拟订监管规章制度；负责对有关机构的现场和非现场监管工作；监测资产负债比例、资产质量、业务活动、财务收支等经营管理、内部控制和风险情况；对违法违规行为进行查处；审查高级管理人员任职资格。

（六）非银行金融机构监管部。

承办对全国非银行金融机构（证券、期货和保险类除外）的监管工作。依法审核有关机构的设立、变更、终止及业务范围；拟订监管规章制度；负责对有关机构的现场和非现场监管工作；监测资产负债比例、资产质量、业务活动、财务收支等经营管理、内部控制和风险情况；对违法违规行为进行查处；审查高级管理人员任职资格。

（七）合作金融机构监管部。

承办对农村和城市存款类合作金融机构的监管工作。规范合作金融机构管理，研究推动合作金融体制改革；拟订合作金融机构资产负债比例管理、资产质量管理、风险管理、利率监管等制度，对其风险情况进行监控，督促其完善内部监督和制约机制；拟订合作金融机构设置条件、业务经营范围、法人代表任职资格等管理办法并组织实施；对违法违规行为进行查处。

（八）统计部。

负责统一编制全国银行业金融机构数据、报表，抄送中国人民银行，并按照国家有关规定予以公布；汇总银行业金融机构有关财务、信贷信息，并报送财政部；拟订有关统计制度；负责银行业金融机构统计数据的分析；组织中国银行业监督管理委员会的数据库及信息系统的建设。

（九）财务会计部。

管理中国银行业监督管理委员会财务工作，负责编报中国银行业监督管理委员会的年度财务预算、决算。

（十）国际部。

承办中国银行业监督管理委员会与国际金融组织、有关国家和地区监管机构等金融组织的官方联系及业务往来的有关工作；负责中国银行业监督管理委员会的外事管理工作。

（十一）监察局（纪委）。

监督检查本系统贯彻执行国家法律、法规、政策的情况，依法依纪查处违反国家法律、法规和政纪的行为，受理监察对象的检举、控告和申诉；领导本系统的监察（纪检）工作。

（十二）人事部（党委组织部）。

拟订会机关和派出机构人力资源管理的规章、制度和办法；承办会机关和派出机构及有关单位的人事管理工作；根据规定，负责有关金融机构领导班子和领导干部的日常管理工作；负责指导本系统党的组织建设和党员教育管理工作；负责会机关及本系统干部培训教育工作。

（十三）宣传工作部（党委宣传部）。

负责本系统党的思想建设和宣传工作；负责思想政治工作和精神文明建设。

（十四）群众工作部（党委群工部）。

负责指导和协调本系统群众工作。

（十五）监事会工作部。

负责承办监事会的具体管理工作。拟订监事会工作的有关规章制度；负责监事会检查报告的复核和报送工作；负责监事会与有关部门的协调工作。

机关党委。负责会机关及在京直属单位的党群工作。

四、人员编制。

中国银行业监督管理委员会机关事业编制为四百五十名。其中，局级领导职数五十六名（含主席助理三名，纪委副书记一名，机关党委副书记一名，机关纪委书记一名）。

五、其他事项。

（一）中国银行业监督管理委员会与中国人民银行在金融监管方面的职责分工，要遵循宏观调控与金融监管互相补充、互相促进和信息实时共享的原则，通过制定分工合作的工作制度，建立互相配合的机制。

（二）中国银行业监督管理委员会在省一级设监管局，地（市）一级设监管分局，县（市）一级视监管对象和任务设置必要的办事机构。中国银行业监督管理委员会对设在地方的派出机构实行垂直管理，派出机构及其编制另行核定。

（三）信息中心、培训中心和机关服务中心等直属事业单位的机构及其编制另行核定。

国务院关于印发《深化农村信用社改革试点方案》的通知

(二〇〇三年六月二十七日)

各省、自治区、直辖市人民政府,国务院各部委、各直属机构:

现将《深化农村信用社改革试点方案》印发给你们,请认真组织实施。

深化农村信用社改革,改进农村金融服务,关系到农村信用社的稳定健康发展,事关农业发展、农民增收、农村稳定的大局。各级人民政府和国务院有关部门要从战略高度充分认识深化农村信用社改革试点工作的重要性和紧迫性,坚持以邓小平理论和"三个代表"重要思想为指导,按照"明晰产权关系、强化约束机制、增强服务功能、国家适当支持、地方政府负责"的总体要求,加快农村信用社管理体制和产权制度改革,把农村信用社逐步办成由农民、农村工商户和各类经济组织入股,为农民、农业和农村经济发展服务的社区性地方金融机构,充分发挥农村信用社农村金融主力军和联系农民的金融纽带作用,更好地支持农村经济结构调整,促进城乡经济协调发展。

国务院有关部门和试点地区的省级人民政府,要加强对深化农村信用社改革试点工作的组织领导,正确处理改革、发展、稳定的关系,确保改革试点工作积极稳妥地进行。其他未进行改革试点的地区要按照农村信用社现行管理体制,继续做好各项管理和服务工作,为下一步深化改革积极创造条件。

国务院

二〇〇三年六月二十七日

深化农村信用社改革试点方案

根据党的十六大提出的全面建设小康社会的奋斗目标和《中共中央、国务院关于进一步加强金融监管，深化金融企业改革，促进金融业健康发展的若干意见》的精神，为进一步深化农村信用社改革，改善农村金融服务，促进农业发展、农民增收、农村全面建设小康社会，制定本方案。

一、指导思想和总体原则。

一九九七年以来，按照党中央、国务院的统一部署，农村信用社（以下简称信用社）在改革中发展，各项工作取得明显成效。信用社为农业、农村和农民（以下简称"三农"）服务的方向进一步明确，服务水平不断提高，支农投入明显增加；内部管理逐步规范，资产质量和经营状况逐渐好转；金融监管得到加强，金融风险得到初步控制。但是，还必须看到，当前信用社无论是在自身建设，还是在适应为"三农"服务要求等方面，都还存在着不少问题，主要是：产权不明晰，法人治理结构不完善，经营机制和内控制度不健全；管理体制不顺，管理职权和责任需要进一步明确；历史包袱沉重，资产质量差，经营困难，潜在风险仍然很大。

深化信用社改革，改进农村金融服务，不仅关系到信用社的稳定健康发展，而且事关农业发展、农民增收、农村稳定的大局。根据当前农业和农村经济发展对农村金融服务提出的要求，深化信用社改革的指导思想是：以邓小平理论和"三个代表"重要思想为指导，以服务农业、农村和农民为宗旨，按照"明晰产权关系、强化约束机制、增强服务功能、国家适当支持、地方政府负责"的总体要求，加快信用社管理体制和产权制度改革，把信用社逐步办成由农民、农村工商户和各类经济组织入股，为农民、农业和农村经济发展服务的社区性地方金融机构，充分发挥信用社农村金融主力军和联系农民的金融纽带作用，更好地支持农村经济结构调整，帮助农民增加收入，促进城乡经济协调发展。

深化信用社改革应遵循以下原则：一是按照市场经济规则，明晰产权关系，促进信用社法人治理结构的完善和经营机制转换，使信用社真正成为自主经营、自我约束、自我发展、自担风险的市场主体；二是按照为"三农"服务的经营方向，改进服务方式，完善服务功能，提高服务水平；三是按照因地制宜、分类指导原则，积极探索和分类实施股份制、股份合作制、合作制等各种产权制度，建立与各地经济发展、管理水平相适应的组织形式和运行机制；四是按照权责利相结合原则，充分发挥各方面积极性，明确信用社监督管理体制，落实对信用社的风险防范和处置责任。

二、主要内容。

深化信用社改革，要重点解决好两个问题：一是以法人为单位，改革信用社产权制度，明晰产权关系，完善法人治理结构，区别各类情况，确定不同的产权形式；二是改革信用社管理体制，将信用社的管理交由地方政府负责。

（一）以法人为单位改革信用社产权制度。

明晰信用社现有产权，妥善处理历史积累和包袱。根据实际状况，对资产大于负债的信用社，其积累部分首先要按规定提足股金分红、应付未付利息、各类保险基金；其次按资产风险程度提取风险准备金（呆账百分之百、呆滞百分之五十、逾期百分之二十、正常百分之一），作为信用社的附属资本；仍有剩余的，可拿出一定比例对原有股金予以增值。对资不抵债但目前还难以撤销的信用社，先用现有积累冲抵历年挂账亏损，其余部分要落实经营责任，通过采取转换机制、加强管理、政策扶持等多种措施逐步消化。

构建新的产权关系，完善法人治理结构。按照股权结构多样化、投资主体多元化原则，根据不同地区情况，分别进行不同产权形式的试点。有条件的地区可以进行股份制改造；暂不具备条件的地区，可以比照股份制的原则和做法，实行股份合作制；股份制改造有困难而又适合搞合作制的，也可以进一步完善合作制。在产权制度改革的同时，因地制宜确定信用社的组织形式：一是在经济比较发达、城乡一体化程度较高、信用社资产规模较大且已商业化经营的少数地区，可以组建股份制银行机构。具体条件是：（1）有较强的管理能力；（2）全辖信用社资产总规模十亿元以上；（3）不良贷款比例百分之十五以下；（4）组建后资本金不低于五千万元，资本充足率达到百分之八。二是在人口相对稠密或粮棉商品基地县（市），可以县（市）为单位将信用社和县（市）联社各为法人改为统一法人。具体条件是：（1）全辖信用社统算账面资能抵债；（2）基层信用社自愿；（3）县（市）联社有较强的管理能力；（4）统一法人后股本金达到一千万元以上，资本充足率达到有关规定的要求。三是其他地区，可在完善合作制的基础上，继续实行乡镇信用社、县（市）联社各为法人的体制。四是采取有效措施，通过降格、合并等手段，加大对高风险信用社兼并和重组的步伐。对少数严重资不抵债、机构设置在城区或城郊、支农服务需求较少的信用社，可考虑按照《金融机构撤销条例》予以撤销。

不论采取何种产权制度和组织形式，都要在原有股权范围的基础上，做好清产核资工作，扩大入股范围，调整股权结构，提高入股额度，广泛吸收辖内农民、个体工商户和其他各类经济组织入股；都要按照现代企业制度的要求，完善法人治理结构，建立决策、执行、监督相制衡，激励和约束相结合的经营机制；都要坚持服务"三农"的经营方向，其信贷资金大部分要用于支持本地区农业和农民，即使是实行了股份制改造的机构，也要根据当地农村产业结构状况，确定一定比例的资金用于支农。

要切实强化约束机制，按照"自主经营、自我约束、自我发展、自担风险"的"四自"原则，建立健全信用社激励和约束机制，切实加强内部管理，进一步健全完善贷款审批、财务收支、风险控制等内控制度，降低不良贷款，压缩人员，减少成本，努力扭亏增盈，防范和控制新的经营风险。

要从农村经济发展和农民的实际需要出发，进一步增强和完善信用社服务功能。立足社区，面向"三农"，拓宽服务领域，创新服务品种，增加服务手段，充分发挥信用社在农村的机构网点优势，积极开办政策性银行和商业银行委托业务，适当增加为农民服务的金融业务品种。

（二）信用社的管理交由地方政府负责。

按照"国家宏观调控、加强监管，省级政府依法管理、落实责任，信用社自我约束、自担风险"的监督管理体制，分别确定有关方面的监督管理责任。

省级人民政府对信用社管理的主要职责：一是督促信用社贯彻执行国家金融方针政策，引导信用社坚持为"三农"服务的经营宗旨，地方党委要加强对信用社党的领导和思想政治工作；二是依照国家有关法律法规，指导本地区信用社加强自律性管理，督促信用社依法选举领导班子和聘用主要管理人员；三是统一组织有关部门防范和处置辖内信用社金融风险，今后对高风险机构的处置，在省级人民政府承诺由中央财政从转移支付中扣划的前提下，中央银行可以提供临时支持；四是帮助信用社清收旧贷，打击逃废债，查处信用社各类案件，建立良好的信用环境，维护农村金融秩序稳定。试点地区可本着精简、高效的原则，简化管理层次，结合当地实际情况，成立省级联社或其他形式的省级管理机构，在省级人民政府领导下，具体承担对辖内信用社的管理、指导、协调和服务职能。省级人民政府应坚持政企分开的原则，对信用社依法管理，不干预信用社的具体业务和经营活动，不把对信用社的管理权下放给地（市）和县、乡政府。地（市）级不再设立联社或其他形式的独立管理机构。

银监会作为国家银行监管机构承担对信用社的金融监管职能。主要职责：一是根据国家有关法律法规，制定监管的规章制度；二是审批机构的设立、变更、终止及其业务范围；三是依法组织现场检查和非现场监测，做好信息统计和风险评价，依法查处违法违规行为；四是审查高级管理人员的任职资格；五是向省级人民政府提供监管数据及有关信息，对风险类机构提出风险预警，并协助省级人民政府处置风险；六是对省级人民政府的专职管理人员进行培训；七是受国务院委托，对省级人民政府管理信用社的工作情况进行总结评价，报告国务院。

为了帮助消化信用社历史包袱，促进改革试点的顺利开展，在防范道德风险前提下，对试点地区的信用社，国家给予以下扶持政策：

1. 对亏损信用社因执行国家宏观政策开办保值储蓄而多支付保值贴补息给予补贴。具体办法是，由财政部核定一九九四——一九九七年期间亏损信用社实付保值贴补息数额，由国家财政分期予以拨补。

2. 从二〇〇三年一月一日起至二〇〇五年底，对西部地区试点的信用社一律暂免征收企业所得税；对其他地区试点的信用社，一律按其应纳税额减半征收企业所得税；从二〇〇三年一月一日起，对试点地区所有信用社的营业税按百分之三的税率征收。

3. 对试点地区的信用社，可采取两种方式给予适当的资金支持：一是由人民银行按照二〇〇二年底实际资不抵债数额的百分之五十，安排专项再贷款。专项再贷款利率按金融机构准备金存款利率减半确定，期限根据试点地区的情况，可分为三年、五年和八年。资不抵债数额按照信用社法人单位计算，以省（区、市）为单位汇总，专项再贷款由省级人民政府统借统还。实际资不抵债数额按照"历年挂账亏损＋实际资产损失－所有者权益－呆账准备金"的公式计算。其中，实际资产损失按照"呆账贷款＋呆滞贷款的百分之四十＋逾期贷款的百分之十＋投资资产的百分之十＋抵债资产的百分之五十"计算。二是人民银行按二〇〇二年底实际资不抵债数额的百分之五十，发行专项中央银行票据，用于置换信用社的不良贷款，票据期限两年，按不低于准备金存款利率按年付息。该票据不能流通、转让和抵押，可有条件提前兑付。中央银行票据支付必须与信用社改革效果挂钩，以县（市）为单位验收支付，标准为：产权明晰，资本金到位，治理结构完善，由人民银行分支行、银监会分支机构和地方政府监督执行。上述两种方式由试点地区自主选择，具体操作办法由人民银行另行规定。

4. 在民间借贷比较活跃的地方，实行灵活的利率政策。允许信用社贷款利率灵活浮动，贷款利率可在基准贷款利率的一点零至二点零倍范围内浮动。对农户小额信用贷款利率不上浮，个别风险较大的可小幅（不超过一点二倍）上浮，对受灾地区的农户贷款还可适当下浮。

信用社改革试点地区，要加强组织领导，严格清查资产，追讨债务，分清责任，严惩犯罪。

在信用社管理体制改革完成后，省级人民政府要切实履行对信用社的管理职能，在中央有关部门协助下，运用试点工作的经验，及时指导和组织信用社进行产权制度改革，并承担起对信用社的风险防范和处置责任。

三、组织实施。

（一）组织领导。

深化信用社改革试点工作由银监会负责组织实施。按照引导和自愿相结合的原则，试点单位的选择，由各省（区、市）人民政府自愿申报，银监会统筹安排后报国务院确定。二〇〇三年试点在东、中、西部共选择三至五个省（区、市）进行。确定试点的省（区、市），要根据本方案的精神，提出本省（区、市）试点的具体实施意见，由银监会审核，报国务院批准后组织实施。

（二）进度安排。

试点工作从二〇〇三年下半年开始，力争年底之前完成管理体制改革试点工作。在改革试点地区，将信用社管理责任交由地方政府负责，并落实有关扶持政策。信用社产权制度改革，在总结试点地区经验的基础上，逐步在全国推开。

（三）应注意的几个问题。

一是正确处理好改革、发展和稳定的关系。要保持信用社各项管理工作和支农服务工作的正常开展。要遵守纪律，顾全大局，不得自行其是，防止借改革之机突击进人，突击花钱，突击放贷，防范各类道德风险。二是试点地区的改革，要严格按照本方案进行。国务院有关部门和地方政府要加强信息沟通，试点过程中的重大问题要及时请示报告。在积极推动改革的同时，要做好各项管理和服务工作，有效地支持农业和农村经济发展。三是正确处理改革试点和面上工作的关系。试点地区，省级人民政府要切实负起责任。未进行改革试点的地区，按照现行管理体制，银监会及其分支机构要切实加强对信用社的监督和管理，督促信用社进一步改进支农服务，防范和查处大案要案。四是改革过渡时期要特别注意防范和处置信用社风险，对可能出现支付风险的信用社，监管部门要及时提出处置预案，需要资金救助的，按人民银行有关规定办理。地方人民政府、人民银行、银监会要研究建立突发性支付风险的应急处理机制。

国务院办公厅关于印发
《中国保险监督管理委员会
主要职责内设机构和人员
编制规定》的通知

(二○○三年七月七日)

各省、自治区、直辖市人民政府,国务院各部委、各直属机构:

  《中国保险监督管理委员会主要职责内设机构和人员编制规定》已经国务院批准,现予印发。

国务院办公厅
二○○三年七月七日

中国保险监督管理委员会主要职责
内设机构和人员编制规定

中国保险监督管理委员会是国务院直属正部级事业单位，根据国务院授权履行行政管理职能，依照法律、法规统一监督管理全国保险市场，维护保险业的合法、稳健运行。根据党中央决定，中国保险监督管理委员会成立党委，履行党中央规定的职责。

一、主要职责。

（一）拟订保险业发展的方针政策，制订行业发展战略和规划；起草保险业监管的法律、法规；制订业内规章。

（二）审批保险公司及其分支机构、保险集团公司、保险控股公司的设立；会同有关部门审批保险资产管理公司的设立；审批境外保险机构代表处的设立；审批保险代理公司、保险经纪公司、保险公估公司等保险中介机构及其分支机构的设立；审批境内保险机构和非保险机构在境外设立保险机构；审批保险机构的合并、分立、变更、解散，决定接管和指定接受；参与、组织保险公司的破产、清算。

（三）审查、认定各类保险机构高级管理人员的任职资格；制订保险从业人员的基本资格标准。

（四）审批关系社会公众利益的保险险种、依法实行强制保险的险种和新开发的人寿保险险种等的保险条款和保险费率，对其他保险险种的保险条款和保险费率实施备案管理。

（五）依法监管保险公司的偿付能力和市场行为；负责保险保障基金的管理，监管保险保证金；根据法律和国家对保险资金的运用政策，制订有关规章制度，依法对保险公司的资金运用进行监管。

（六）对政策性保险和强制保险进行业务监管；对专属自保、相互保险等组织形式和业务活动进行监管。归口管理保险行业协会、保险学会等行业社团组织。

（七）依法对保险机构和保险从业人员的不正当竞争等违法、违规行为以及对非保险机构经营或变相经营保险业务进行调查、处罚。

（八）依法对境内保险及非保险机构在境外设立的保险机构进行监管。

（九）制订保险行业信息化标准；建立保险风险评价、预警和监控体系，跟踪分析、监测、预测保险市场运行状况，负责统一编制全国保险业的数据、报表，抄送中国人民银行，并按照国家有关规定予以发布。

（十）按照中央有关规定和干部管理权限，负责本系统党的建设、纪检和干部管理工作；负责国有保险公司监事会的日常工作。

（十一）承办国务院交办的其他事项。

二、内设机构。

根据上述主要职责，中国保险监督管理委员会设十五个职能机构。

（一）办公厅（党委办公室、监事会工作部）。

拟订会机关办公规章制度；组织协调机关日常办公；承担有关文件的起草、重要会议的组织、机要、文秘、信访、保密、信息综合、新闻发布、保卫等工作。负责保险信访和投诉工作；承办会党委交办的有关工作；负责国有保险公司监事会的日常工作。

（二）发展改革部（政策研究室）。

拟订保险业的发展战略、行业规划和政策；拟订保险监管的方针政策及防范化解风险的措施；研究保险业改革发展有关重大问题，提出政策建议并组织实施；负责规范保险公司的股权结构和法人治理结构，对保险公司的设立、重组、上市等活动进行指导和监督；负责重要会议文件和文稿的起草。

（三）财务会计部。

拟订保险企业和保险监管财务会计管理实施办法；建立保险公司偿付能力监管指标体系；编制保监会系统的年度财务预决算；审核机关、派出机构的财务预决算及收支活动并实施监督检查；审核会机关各部门业务规章中的有关财务规定。负责机关财务管理。

（四）财产保险监管部。

承办对财产保险公司的监管工作。拟订监管规章制度和财产保险精算制度；监控保险公司的资产质量和偿付能力；检查规范市场行为，查处违法违规行为；审核和备案管理保险条款和保险费率；审核保险公司的设立、变更、终止及业务范围；审查高级管理人员任职资格。

（五）人身保险监管部。

承办对人身保险公司的监管工作。拟订监管规章制度和人身保险精算制度；监控保险公司的资产质量和偿付能力；检查规范市场行为，查处违法违规行为；审核和备案管理保险条款和保险费率；审核保险公司的设立、变更、终止及业务范围；审查高级管理人员任职资格。

（六）再保险监管部。

承办对再保险公司的监管工作。拟订监管规章制度；监控保险公司的资产质量和偿付能力；检查规范市场行为，查处违法违规行为；审核保险公司的设立、变更、终止及业务范围；审查高级管理人员任职资格。

（七）保险中介监管部。

承办对保险中介机构的监管工作。拟订监管规章制度；检查规范保险中介机构的市场行为，查处违法违规行为；审核保险中介机构的设立、变更、终止及业务范围；审查高级管理人员任职资格；制订保险中介从业人员基本资格标准。

（八）保险资金运用监管部。

承办对保险资金运用的监管工作。拟订监管规章制度；建立保险资金运用风险评价、预警和监控体系；查处违法违规行为；审核保险资金运用机构的设立、变更、终止及业务范围；审查高级管理人员任职资格。拟订保险保障基金管理使用办法，负责保险保障基金的征收与管理。

（九）国际部。

承办中国保险监督管理委员会与有关国际组织、有关国家和地区监管机构和保险机构的联系及合作。负责中国保险监督管理委员会的外事管理工作；承办境外保险机构在境内设立保险机构，以及境内保险机构和非保险机构在境外设立保险机构及有关变更事宜的审核工作；承办境外保险机构在境内设立代表处的审核和管理事宜；对境内保险及非保险机构在境外设立的保险机构进行监管。

（十）法规部。

拟订有关保险监管规章制度；起草有关法律和行政法规，提出制定或修改的建议；审核会机关各部门草拟的监管规章；监督、协调有关法律法规的执行；开展保险法律咨询服务，组织法制教育和宣传；承办行政复议和行政应诉工作。

（十一）统计信息部。

拟订保险行业统计制度，建立和维护保险行业数据库；负责统一编制全国保险业的数据、报表,抄送中国人民银行,并按照国家有关规定予以公布;负责保险机构统计数据的分析;拟订保险行业信息化标准,建立健全信息安全制度;负责保险行业信息化建设规划与实施;负责建立和维护偿付能力等业务监管信息系统;负责信息设备的建设和管理。

（十二）派出机构管理部。

拟订派出机构管理、协调工作的规章制度。检查派出机构工作落实情况,督办会领导批办的重大事项;会同有关部门提出对派出机构年度工作业绩的评估意见;研究分析派出机构管理和协调工作中的重大问题,提出建议和解决方案;定期收集、整理派出机构反映保险市场运行情况及监管工作的意见和建议。

（十三）人事教育部（党委组织部）。

拟订会机关和派出机构人力资源管理的规章制度;承办会机关和派出机构及有关单位的人事管理工作;根据规定,负责有关保险机构领导班子和领导干部的日常管理工作;负责指导本系统党的组织建设和党员教育管理工作;负责会机关及本系统干部培训教育工作。

（十四）监察局（纪委）。

监督检查本系统贯彻执行国家法律、法规、政策情况;依法依纪查处违反国家法律、法规和政纪的行为;受理对监察对象的检举、控告和申诉。领导本系统监察（纪检）工作。

（十五）党委宣传部（党委统战群工部）。

负责本系统党的思想建设和宣传工作;负责思想政治工作和精神文明建设;负责指导和协调本系统统战、群众和知识分子工作。

机关党委。负责会机关及在京直属单位的党群工作。

三、人员编制。

中国保险监督管理委员会机关事业编制为四百名。其中,局级领导职数五十六名（含主席助理两名,纪委副书记一名,机关党委副书记一名,机关纪委书记一名及首席精算师、首席律师和首席会计师各一名）。

四、其他事项。

（一）中国保险监督管理委员会与中国人民银行以及银行、证券监管机构建立分工合作的工作机制,交流相关信息,协调有关政策。

（二）中国保险监督管理委员会在各省、自治区、直辖市和计划单列市设立监管局。中国保险监督管理委员会对设在地方的派出机构实行垂直管理，派出机构及其编制另行核定。

（三）信息中心、培训中心和机关服务中心等直属事业单位的机构设置及其编制另行核定。

深化金融企业改革，
健全金融调控机制，
完善金融监管体制[*]

——节自《中共中央关于完善社会主义
市场经济体制若干问题的决定》

（二〇〇三年十月十四日中国共产党第十六届
中央委员会第三次全体会议通过）

（22）深化金融企业改革。商业银行和证券公司、保险公司、信托投资公司等要成为资本充足、内控严密、运营安全、服务和效益良好的现代金融企业。选择有条件的国有商业银行实行股份制改造，加快处置不良资产，充实资本金，创造条件上市。深化政策性银行改革。完善金融资产管理公司运行机制。鼓励社会资金参与中小金融机构的重组改造。在加强监管和保持资本金充足的前提下，稳步发展各种所有制金融企业。完善农村金融服务体系，国家给予适当政策支持。通过试点取得经验，逐步把农村信用社改造成为农村社区服务的地方性金融企业。

（23）健全金融调控机制。稳步推进利率市场化，建立健全由市场供求决定的利率形成机制，中央银行通过运用货币政策工具引导市场利率。完善人民币汇率形成机制，保持人民币汇率在合理、均衡水平上的基本稳定。在有效防范风险前提下，有选择、分步骤放宽对跨境资本交易活动的限制，逐步实现资本项目可兑换。建立和完善统一、高效、安全的支付清算系统。改进中央银行的金融调控，建立健全货币市场、资本市场、保险市场有机结合、协调发展的机制，维护金融运行和金融市场的整体稳定，防范系统性风险。

---

[*] 标题为本书编者所加。

（24）完善金融监管体制。依法维护金融市场公开、公平、有序竞争，有效防范和化解金融风险，保护存款人、投资者和被保险人的合法权益。健全金融风险监控、预警和处置机制，依法严格实行市场退出制度。强化金融监管手段，防范和打击金融犯罪。增强监管信息透明度并接受社会监督。处理好监管和支持金融创新的关系，鼓励金融企业探索金融经营的有效方式。建立健全银行、证券、保险监管机构之间以及同中央银行、财政部门的协调机制，提高金融监管水平。

保持人民币汇率在合理、均衡
水平上的基本稳定[*]

(二○○三年十月十九日)

胡 锦 涛

　　近来，国际社会关注人民币汇率问题。这里，我想谈谈我的观点。中国实行以市场供求为基础的、单一的、有管理的浮动汇率制度，这是同当前中国的经济发展阶段、金融监管水平和企业承受能力相适应的。在这一制度基础上，保持人民币汇率基本稳定，有利于中国经济的正常运行，也符合亚太地区和全球经济的发展要求。一九九七年亚洲金融危机爆发时，在周边许多国家货币大幅贬值的情况下，中国本着负责任的态度，坚持人民币不贬值，保持汇率稳定，为维护亚洲乃至全球金融和经济稳定作出了贡献。我们将继续本着这种负责任的态度来处理人民币汇率问题。我们将保持人民币汇率在合理、均衡水平上的基本稳定，同时在深化金融改革中进一步探索和完善人民币汇率形成机制。

保持宏观经济政策的连续性和稳定性[*]

（二〇〇三年十一月二十七日）

胡　锦　涛

实现明年经济社会发展的各项任务，关键是要保持宏观经济稳定。经济发展在一段时期内实现快速增长并不难，难的是在一个较长时期内始终保持良好发展态势。经济增长出现小幅波动是难免的，关键是要防止出现大起大落。经验证明，经济发展每次出现大的波动，都要花费较长时间才能调整过来，不仅错过了宝贵的机遇，也往往会造成巨大的损失。为了实现国民经济持续快速协调健康发展，既要保持宏观经济政策基本稳定，又要根据新的情况及时进行调控，这两个方面是缺一不可的。当前，我国经济发展正处于经济周期的上升阶段，我们一定要保持宏观经济政策的连续性和稳定性，增强信心，稳定大局；一定要更加重视总量调控和结构优化，正确把握调控的时机和力度，引导经济平稳运行。归根结底，就是要倍加珍惜当前经济发展的这个好势头，保护这个好势头，巩固和发展这个好势头。

明年要继续坚持扩大内需的方针，实施积极的财政政策和稳健的货币政策。同时，要密切关注宏观经济形势的变化，针对苗头性问题，适时适度地进行调控，增强调控的科学性、预见性和有效性。现在市场机制在资源配置中的基础性作用越来越明显，宏观调控也要遵循市场经济规律，一是要以经济手段和法律手段为主，辅之以必要的行政手段；二是要区别情况，不搞一刀切。实施积极财政政策，要不断丰富政策的内容和手段，在强化税收征管、增加收入的同时，按照建立公共财政的要求，加大调整财政支出结构的力度，保证各项重点支出。当前，国内需求明显回升，企业自主投资能力增强，适当减少长期建设国债的发行规模是有条件的。但是，考虑到经济发展基础还不很牢固，许多薄弱环节需要加

＊　这是胡锦涛同志在中央经济工作会议上讲话的一部分。

强，明年还有必要继续发行一定规模的长期建设国债，并合理调整国债使用的方向和结构。国债和新增财政资金的使用，要重点向"三农"倾斜，向社会发展倾斜，向西部大开发和振兴东北地区等老工业基地倾斜，向生态建设和环境保护倾斜，向扩大就业、完善社会保障体系和改善困难群众生活倾斜，同时还要保证国家重点建设项目的资金需要，支持重大改革举措的出台。

实施稳健的货币政策，首要的是把握好货币供应量的调节力度。这是保持宏观经济稳定的关键环节。要综合运用各种货币政策工具，发挥货币政策和财政政策、产业政策协调配合的综合效应，适当控制货币信贷的投放，调整货币信贷结构，保持货币供应量的适度增长。继续改善金融资产质量和贷款效益，减少不良贷款。加强金融监管，防范和化解金融风险。规范发展资本市场，稳步扩大直接融资，减轻银行贷款压力，降低企业过度依赖银行贷款所带来的金融风险。进一步完善人民币汇率形成机制，保持人民币汇率在合理、均衡水平上的基本稳定，促进国际收支平衡。

中华人民共和国
中国人民银行法

（一九九五年三月十八日第八届全国人民代表大会第三次
会议通过，根据二○○三年十二月二十七日第十届全国人民代
表大会常务委员会第六次会议《关于修改〈中华人民共和国中
国人民银行法〉的决定》修正）

目　　录

第一章　总　　则

　　第一条　为了确立中国人民银行的地位，明确其职责，保证国家货币政策的正确制定和执行，建立和完善中央银行宏观调控体系，维护金融稳定，制定本法。

　　第二条　中国人民银行是中华人民共和国的中央银行。

中国人民银行在国务院领导下，制定和执行货币政策，防范和化解金融风险，维护金融稳定。

第三条　货币政策目标是保持货币币值的稳定，并以此促进经济增长。

第四条　中国人民银行履行下列职责：

（一）发布与履行其职责有关的命令和规章；

（二）依法制定和执行货币政策；

（三）发行人民币，管理人民币流通；

（四）监督管理银行间同业拆借市场和银行间债券市场；

（五）实施外汇管理，监督管理银行间外汇市场；

（六）监督管理黄金市场；

（七）持有、管理、经营国家外汇储备、黄金储备；

（八）经理国库；

（九）维护支付、清算系统的正常运行；

（十）指导、部署金融业反洗钱工作，负责反洗钱的资金监测；

（十一）负责金融业的统计、调查、分析和预测；

（十二）作为国家的中央银行，从事有关的国际金融活动；

（十三）国务院规定的其他职责。

中国人民银行为执行货币政策，可以依照本法第四章的有关规定从事金融业务活动。

第五条　中国人民银行就年度货币供应量、利率、汇率和国务院规定的其他重要事项作出的决定，报国务院批准后执行。

中国人民银行就前款规定以外的其他有关货币政策事项作出决定后，即予执行，并报国务院备案。

第六条　中国人民银行应当向全国人民代表大会常务委员会提出有关货币政策情况和金融业运行情况的工作报告。

第七条　中国人民银行在国务院领导下依法独立执行货币政策，履行职责，开展业务，不受地方政府、各级政府部门、社会团体和个人的干涉。

第八条　中国人民银行的全部资本由国家出资，属于国家所有。

第九条　国务院建立金融监督管理协调机制，具体办法由国务院规定。

第二章 组织机构

第十条 中国人民银行设行长一人，副行长若干人。

中国人民银行行长的人选，根据国务院总理的提名，由全国人民代表大会决定；全国人民代表大会闭会期间，由全国人民代表大会常务委员会决定，由中华人民共和国主席任免。中国人民银行副行长由国务院总理任免。

第十一条 中国人民银行实行行长负责制。行长领导中国人民银行的工作，副行长协助行长工作。

第十二条 中国人民银行设立货币政策委员会。货币政策委员会的职责、组成和工作程序，由国务院规定，报全国人民代表大会常务委员会备案。

中国人民银行货币政策委员会应当在国家宏观调控、货币政策制定和调整中，发挥重要作用。

第十三条 中国人民银行根据履行职责的需要设立分支机构，作为中国人民银行的派出机构。中国人民银行对分支机构实行统一领导和管理。

中国人民银行的分支机构根据中国人民银行的授权，维护本辖区的金融稳定，承办有关业务。

第十四条 中国人民银行的行长、副行长及其他工作人员应当恪尽职守，不得滥用职权、徇私舞弊，不得在任何金融机构、企业、基金会兼职。

第十五条 中国人民银行的行长、副行长及其他工作人员，应当依法保守国家秘密，并有责任为与履行其职责有关的金融机构及当事人保守秘密。

第三章 人 民 币

第十六条 中华人民共和国的法定货币是人民币。以人民币支付中华人民共和国境内的一切公共的和私人的债务，任何单位和个人不得拒收。

第十七条 人民币的单位为元，人民币辅币单位为角、分。

第十八条 人民币由中国人民银行统一印制、发行。

中国人民银行发行新版人民币，应当将发行时间、面额、图案、式样、规格予以公告。

第十九条　禁止伪造、变造人民币。禁止出售、购买伪造、变造的人民币。禁止运输、持有、使用伪造、变造的人民币。禁止故意毁损人民币。禁止在宣传品、出版物或者其他商品上非法使用人民币图样。

第二十条　任何单位和个人不得印制、发售代币票券，以代替人民币在市场上流通。

第二十一条　残缺、污损的人民币，按照中国人民银行的规定兑换，并由中国人民银行负责收回、销毁。

第二十二条　中国人民银行设立人民币发行库，在其分支机构设立分支库。分支库调拨人民币发行基金，应当按照上级库的调拨命令办理。任何单位和个人不得违反规定，动用发行基金。

第四章　业　　务

第二十三条　中国人民银行为执行货币政策，可以运用下列货币政策工具：

（一）要求银行业金融机构按照规定的比例交存存款准备金；

（二）确定中央银行基准利率；

（三）为在中国人民银行开立账户的银行业金融机构办理再贴现；

（四）向商业银行提供贷款；

（五）在公开市场上买卖国债、其他政府债券和金融债券及外汇；

（六）国务院确定的其他货币政策工具。

中国人民银行为执行货币政策，运用前款所列货币政策工具时，可以规定具体的条件和程序。

第二十四条　中国人民银行依照法律、行政法规的规定经理国库。

第二十五条　中国人民银行可以代理国务院财政部门向各金融机构组织发行、兑付国债和其他政府债券。

第二十六条　中国人民银行可以根据需要，为银行业金融机构开立账户，但不得对银行业金融机构的账户透支。

第二十七条　中国人民银行应当组织或者协助组织银行业金融机构相互之间的清算系统，协调银行业金融机构相互之间的清算事项，提供清算服务。具体办法由中国人民银行制定。

中国人民银行会同国务院银行业监督管理机构制定支付结算规则。

第二十八条　中国人民银行根据执行货币政策的需要，可以决定对商业银行贷款的数额、期限、利率和方式，但贷款的期限不得超过一年。

第二十九条　中国人民银行不得对政府财政透支，不得直接认购、包销国债和其他政府债券。

第三十条　中国人民银行不得向地方政府、各级政府部门提供贷款，不得向非银行金融机构以及其他单位和个人提供贷款，但国务院决定中国人民银行可以向特定的非银行金融机构提供贷款的除外。

中国人民银行不得向任何单位和个人提供担保。

第五章　金融监督管理

第三十一条　中国人民银行依法监测金融市场的运行情况，对金融市场实施宏观调控，促进其协调发展。

第三十二条　中国人民银行有权对金融机构以及其他单位和个人的下列行为进行检查监督：

（一）执行有关存款准备金管理规定的行为；

（二）与中国人民银行特种贷款有关的行为；

（三）执行有关人民币管理规定的行为；

（四）执行有关银行间同业拆借市场、银行间债券市场管理规定的行为；

（五）执行有关外汇管理规定的行为；

（六）执行有关黄金管理规定的行为；

（七）代理中国人民银行经理国库的行为；

（八）执行有关清算管理规定的行为；

（九）执行有关反洗钱规定的行为。

前款所称中国人民银行特种贷款，是指国务院决定的由中国人民银行向金融机构发放的用于特定目的的贷款。

第三十三条　中国人民银行根据执行货币政策和维护金融稳定的需要，可以建议国务院银行业监督管理机构对银行业金融机构进行检查监督。国务院银行业监督管理机构应当自收到建议之日起三十日内予以回复。

第三十四条　当银行业金融机构出现支付困难，可能引发金融风险时，为了维护金融稳定，中国人民银行经国务院批准，有权对银行业金融机构进行检查监督。

第三十五条　中国人民银行根据履行职责的需要，有权要求银行业金融机构报送必要的资产负债表、利润表以及其他财务会计、统计报表和资料。

中国人民银行应当和国务院银行业监督管理机构、国务院其他金融监督管理机构建立监督管理信息共享机制。

第三十六条　中国人民银行负责统一编制全国金融统计数据、报表，并按照国家有关规定予以公布。

第三十七条　中国人民银行应当建立、健全本系统的稽核、检查制度，加强内部的监督管理。

第六章　财务会计

第三十八条　中国人民银行实行独立的财务预算管理制度。

中国人民银行的预算经国务院财政部门审核后，纳入中央预算，接受国务院财政部门的预算执行监督。

第三十九条　中国人民银行每一会计年度的收入减除该年度支出，并按照国务院财政部门核定的比例提取总准备金后的净利润，全部上缴中央财政。

中国人民银行的亏损由中央财政拨款弥补。

第四十条　中国人民银行的财务收支和会计事务，应当执行法律、行政法规和国家统一的财务、会计制度，接受国务院审计机关和财政部门依法分别进行的审计和监督。

第四十一条　中国人民银行应当于每一会计年度结束后的三个月内，编制资产负债表、损益表和相关的财务会计报表，并编制年度报告，按照国家有关规定予以公布。

中国人民银行的会计年度自公历一月一日起至十二月三十一日止。

第七章　法律责任

第四十二条　伪造、变造人民币，出售伪造、变造的人民币，或者明知是伪造、变造的人民币而运输，构成犯罪的，依法追究刑事责任；尚不构成犯罪的，由公安机关处十五日以下拘留、一万元以下罚款。

第四十三条　购买伪造、变造的人民币或者明知是伪造、变造的人民币而持有、使用，构成犯罪的，依法追究刑事责任；尚不构成犯罪的，由公安机关处十五日以下拘留、一万元以下罚款。

第四十四条　在宣传品、出版物或者其他商品上非法使用人民币图样的，中国人民银行应当责令改正，并销毁非法使用的人民币图样，没收违法所得，并处五万元以下罚款。

第四十五条　印制、发售代币票券，以代替人民币在市场上流通的，中国人民银行应当责令停止违法行为，并处二十万元以下罚款。

第四十六条　本法第三十二条所列行为违反有关规定，有关法律、行政法规有处罚规定的，依照其规定给予处罚；有关法律、行政法规未作处罚规定的，由中国人民银行区别不同情形给予警告，没收违法所得，违法所得五十万元以上的，并处违法所得一倍以上五倍以下罚款；没有违法所得或者违法所得不足五十万元的，处五十万元以上二百万元以下罚款；对负有直接责任的董事、高级管理人员和其他直接责任人员给予警告，处五万元以上五十万元以下罚款；构成犯罪的，依法追究刑事责任。

第四十七条　当事人对行政处罚不服的，可以依照《中华人民共和国行政诉讼法》的规定提起行政诉讼。

第四十八条　中国人民银行有下列行为之一的，对负有直接责任的主管人员和其他直接责任人员，依法给予行政处分；构成犯罪的，依法追究刑事责任：

（一）违反本法第三十条第一款的规定提供贷款的；

（二）对单位和个人提供担保的；

（三）擅自动用发行基金的。

有前款所列行为之一，造成损失的，负有直接责任的主管人员和其他直接责任人员应当承担部分或者全部赔偿责任。

第四十九条　地方政府、各级政府部门、社会团体和个人强令中国人民银行及其工作人员违反本法第三十条的规定提供贷款或者担保的，对负有直接责任的主管人员和其他直接责任人员，依法给予行政处分；构成犯罪的，依法追究刑事责任；造成损失的，应当承担部分或者全部赔偿责任。

第五十条　中国人民银行的工作人员泄露国家秘密或者所知悉的商业秘密，构成犯罪的，依法追究刑事责任；尚不构成犯罪的，依法给予行政处分。

第五十一条　中国人民银行的工作人员贪污受贿、徇私舞弊、滥用职权、玩忽职守，构成犯罪的，依法追究刑事责任；尚不构成犯罪的，依法给予行政处分。

第八章　附　　则

第五十二条　本法所称银行业金融机构，是指在中华人民共和国境内设立的商业银行、城市信用合作社、农村信用合作社等吸收公众存款的金融机构以及政策性银行。

在中华人民共和国境内设立的金融资产管理公司、信托投资公司、财务公司、金融租赁公司以及经国务院银行业监督管理机构批准设立的其他金融机构，适用本法对银行业金融机构的规定。

第五十三条　本法自公布之日起施行。

中华人民共和国
银行业监督管理法 ^{*}

（二〇〇三年十二月二十七日第十届全国人民代表大会
常务委员会第六次会议通过）

目　　录

第一章　总　　则

第一条　为了加强对银行业的监督管理，规范监督管理行为，防范和化解银行业风险，保护存款人和其他客户的合法权益，促进银行业健康发展，制定本法。

第二条　国务院银行业监督管理机构负责对全国银行业金融机构及其业务活动监督管理的工作。

---

* 本法已经根据二〇〇六年十月三十一日第十届全国人民代表大会常务委员会第二十四次会议《关于修改〈中华人民共和国银行业监督管理法〉的决定》修正，收入本书时将"修正件"附后。

本法所称银行业金融机构，是指在中华人民共和国境内设立的商业银行、城市信用合作社、农村信用合作社等吸收公众存款的金融机构以及政策性银行。

对在中华人民共和国境内设立的金融资产管理公司、信托投资公司、财务公司、金融租赁公司以及经国务院银行业监督管理机构批准设立的其他金融机构的监督管理，适用本法对银行业金融机构监督管理的规定。

国务院银行业监督管理机构依照本法有关规定，对经其批准在境外设立的金融机构以及前二款金融机构在境外的业务活动实施监督管理。

第三条　银行业监督管理的目标是促进银行业的合法、稳健运行，维护公众对银行业的信心。

银行业监督管理应当保护银行业公平竞争，提高银行业竞争能力。

第四条　银行业监督管理机构对银行业实施监督管理，应当遵循依法、公开、公正和效率的原则。

第五条　银行业监督管理机构及其从事监督管理工作的人员依法履行监督管理职责，受法律保护。地方政府、各级政府部门、社会团体和个人不得干涉。

第六条　国务院银行业监督管理机构应当和中国人民银行、国务院其他金融监督管理机构建立监督管理信息共享机制。

第七条　国务院银行业监督管理机构可以和其他国家或者地区的银行业监督管理机构建立监督管理合作机制，实施跨境监督管理。

第二章　监督管理机构

第八条　国务院银行业监督管理机构根据履行职责的需要设立派出机构。国务院银行业监督管理机构对派出机构实行统一领导和管理。

国务院银行业监督管理机构的派出机构在国务院银行业监督管理机构的授权范围内，履行监督管理职责。

第九条　银行业监督管理机构从事监督管理工作的人员，应当具备与其任职相适应的专业知识和业务工作经验。

第十条　银行业监督管理机构工作人员，应当忠于职守，依法办事，公正廉洁，不得利用职务便利牟取不正当的利益，不得在金融机构等企业中兼任职务。

第十一条　银行业监督管理机构工作人员，应当依法保守国家秘密，并有责任为其监督管理的银行业金融机构及当事人保守秘密。

国务院银行业监督管理机构同其他国家或者地区的银行业监督管理机构交流监督管理信息，应当就信息保密作出安排。

第十二条　国务院银行业监督管理机构应当公开监督管理程序，建立监督管理责任制度和内部监督制度。

第十三条　银行业监督管理机构在处置银行业金融机构风险、查处有关金融违法行为等监督管理活动中，地方政府、各级有关部门应当予以配合和协助。

第十四条　国务院审计、监察等机关，应当依照法律规定对国务院银行业监督管理机构的活动进行监督。

第三章　监督管理职责

第十五条　国务院银行业监督管理机构依照法律、行政法规制定并发布对银行业金融机构及其业务活动监督管理的规章、规则。

第十六条　国务院银行业监督管理机构依照法律、行政法规规定的条件和程序，审查批准银行业金融机构的设立、变更、终止以及业务范围。

第十七条　申请设立银行业金融机构，或者银行业金融机构变更持有资本总额或者股份总额达到规定比例以上的股东的，国务院银行业监督管理机构应当对股东的资金来源、财务状况、资本补充能力和诚信状况进行审查。

第十八条　银行业金融机构业务范围内的业务品种，应当按照规定经国务院银行业监督管理机构审查批准或者备案。需要审查批准或者备案的业务品种，由国务院银行业监督管理机构依照法律、行政法规作出规定并公布。

第十九条　未经国务院银行业监督管理机构批准，任何单位或者个人不得设立银行业金融机构或者从事银行业金融机构的业务活动。

第二十条　国务院银行业监督管理机构对银行业金融机构的董事和高级管理人员实行任职资格管理。具体办法由国务院银行业监督管理机构制定。

第二十一条　银行业金融机构的审慎经营规则，由法律、行政法规规定，也可以由国务院银行业监督管理机构依照法律、行政法规规定。

前款规定的审慎经营规则，包括风险管理、内部控制、资本充足率、资产质量、损失准备金、风险集中、关联交易、资产流动性等内容。

银行业金融机构应当严格遵守审慎经营规则。

第二十二条　国务院银行业监督管理机构应当在规定的期限，对下列申请事项作出批准或者不批准的书面决定；决定不批准的，应当说明理由：

（一）银行业金融机构的设立，自收到申请文件之日起六个月内；

（二）银行业金融机构的变更、终止，以及业务范围和增加业务范围内的业务品种，自收到申请文件之日起三个月内；

（三）审查董事和高级管理人员的任职资格，自收到申请文件之日起三十日内。

第二十三条　银行业监督管理机构应当对银行业金融机构的业务活动及其风险状况进行非现场监管，建立银行业金融机构监督管理信息系统，分析、评价银行业金融机构的风险状况。

第二十四条　银行业监督管理机构应当对银行业金融机构的业务活动及其风险状况进行现场检查。

国务院银行业监督管理机构应当制定现场检查程序，规范现场检查行为。

第二十五条　国务院银行业监督管理机构应当对银行业金融机构实行并表监督管理。

第二十六条　国务院银行业监督管理机构对中国人民银行提出的检查银行业金融机构的建议，应当自收到建议之日起三十日内予以回复。

第二十七条　国务院银行业监督管理机构应当建立银行业金融机构监督管理评级体系和风险预警机制，根据银行业金融机构的评级情况和风险状况，确定对其现场检查的频率、范围和需要采取的其他措施。

第二十八条　国务院银行业监督管理机构应当建立银行业突发事件的发现、报告岗位责任制度。

银行业监督管理机构发现可能引发系统性银行业风险、严重影响社会稳定的突发事件的，应当立即向国务院银行业监督管理机构负责人报告；国务院银行业监督管理机构负责人认为需要向国务院报告的，应当立即向国务院报告，并告知中国人民银行、国务院财政部门等有关部门。

第二十九条　国务院银行业监督管理机构应当会同中国人民银行、国务院财政部门等有关部门建立银行业突发事件处置制度，制定银行业突发事件处置预案，明确处置机构和人员及其职责、处置措施和处置程序，及时、有效地处置银行业突发事件。

第三十条　国务院银行业监督管理机构负责统一编制全国银行业金融机构的统计数据、报表，并按照国家有关规定予以公布。

第三十一条　国务院银行业监督管理机构对银行业自律组织的活动进行指导和监督。

银行业自律组织的章程应当报国务院银行业监督管理机构备案。

第三十二条　国务院银行业监督管理机构可以开展与银行业监督管理有关的国际交流、合作活动。

第四章　监督管理措施

第三十三条　银行业监督管理机构根据履行职责的需要，有权要求银行业金融机构按照规定报送资产负债表、利润表和其他财务会计、统计报表、经营管理资料以及注册会计师出具的审计报告。

第三十四条　银行业监督管理机构根据审慎监管的要求，可以采取下列措施进行现场检查：

（一）进入银行业金融机构进行检查；

（二）询问银行业金融机构的工作人员，要求其对有关检查事项作出说明；

（三）查阅、复制银行业金融机构与检查事项有关的文件、资料，对可能被转移、隐匿或者毁损的文件、资料予以封存；

（四）检查银行业金融机构运用电子计算机管理业务数据的系统。

进行现场检查，应当经银行业监督管理机构负责人批准。现场检查时，检查人员不得少于二人，并应当出示合法证件和检查通知书；检查人员少于二人或者未出示合法证件和检查通知书的，银行业金融机构有权拒绝检查。

第三十五条　银行业监督管理机构根据履行职责的需要，可以与银行业金融机构董事、高级管理人员进行监督管理谈话，要求银行业金融机构董事、高级管理人员就银行业金融机构的业务活动和风险管理的重大事项作出说明。

第三十六条　银行业监督管理机构应当责令银行业金融机构按照规定，如实向社会公众披露财务会计报告、风险管理状况、董事和高级管理人员变更以及其他重大事项等信息。

第三十七条　银行业金融机构违反审慎经营规则的，国务院银行业监督管理机构或者其省一级派出机构应当责令限期改正；逾期未改正的，或者其行为严重危及该银行业金融机构的稳健运行、损害存款人和其他客户合法权益的，经国务院银行业监督管理机构或者其省一级派出机构负责人批准，可以区别情形，采取下列措施：

（一）责令暂停部分业务、停止批准开办新业务；

（二）限制分配红利和其他收入；

（三）限制资产转让；

（四）责令控股股东转让股权或者限制有关股东的权利；

（五）责令调整董事、高级管理人员或者限制其权利；

（六）停止批准增设分支机构。

银行业金融机构整改后，应当向国务院银行业监督管理机构或者其省一级派出机构提交报告。国务院银行业监督管理机构或者其省一级派出机构经验收，符合有关审慎经营规则的，应当自验收完毕之日起三日内解除对其采取的前款规定的有关措施。

第三十八条　银行业金融机构已经或者可能发生信用危机，严重影响存款人和其他客户合法权益的，国务院银行业监督管理机构可以依法对该银行业金融机构实行接管或者促成机构重组，接管和机构重组依照有关法律和国务院的规定执行。

第三十九条　银行业金融机构有违法经营、经营管理不善等情形，不予撤销将严重危害金融秩序、损害公众利益的，国务院银行业监督管理机构有权予以撤销。

第四十条　银行业金融机构被接管、重组或者被撤销的，国务院银行业监督管理机构有权要求该银行业金融机构的董事、高级管理人员和其他工作人员，按照国务院银行业监督管理机构的要求履行职责。

在接管、机构重组或者撤销清算期间，经国务院银行业监督管理机构负责人批准，对直接负责的董事、高级管理人员和其他直接责任人员，可以采取下列措施：

（一）直接负责的董事、高级管理人员和其他直接责任人员出境将对国家利益造成重大损失的，通知出境管理机关依法阻止其出境；

568

（二）申请司法机关禁止其转移、转让财产或者对其财产设定其他权利。

第四十一条　经国务院银行业监督管理机构或者其省一级派出机构负责人批准，银行业监督管理机构有权查询涉嫌金融违法的银行业金融机构及其工作人员以及关联行为人的账户；对涉嫌转移或者隐匿违法资金的，经银行业监督管理机构负责人批准，可以申请司法机关予以冻结。

第五章　法律责任

第四十二条　银行业监督管理机构从事监督管理工作的人员有下列情形之一的，依法给予行政处分；构成犯罪的，依法追究刑事责任：

（一）违反规定审查批准银行业金融机构的设立、变更、终止，以及业务范围和业务范围内的业务品种的；

（二）违反规定对银行业金融机构进行现场检查的；

（三）未依照本法第二十八条规定报告突发事件的；

（四）违反规定查询账户或者申请冻结资金的；

（五）违反规定对银行业金融机构采取措施或者处罚的；

（六）滥用职权、玩忽职守的其他行为。

银行业监督管理机构从事监督管理工作的人员贪污受贿、泄露国家秘密或者所知悉的商业秘密，构成犯罪的，依法追究刑事责任；尚不构成犯罪的，依法给予行政处分。

第四十三条　擅自设立银行业金融机构或者非法从事银行业金融机构的业务活动的，由国务院银行业监督管理机构予以取缔；构成犯罪的，依法追究刑事责任；尚不构成犯罪的，由国务院银行业监督管理机构没收违法所得，违法所得五十万元以上的，并处违法所得一倍以上五倍以下罚款；没有违法所得或者违法所得不足五十万元的，处五十万元以上二百万元以下罚款。

第四十四条　银行业金融机构有下列情形之一，由国务院银行业监督管理机构责令改正，有违法所得的，没收违法所得，违法所得五十万元以上的，并处违法所得一倍以上五倍以下罚款；没有违法所得或者违法所得不足五十万元的，处五十万元以上二百万元以下罚款；情节特别严重或者逾期不改正的，可以责令停业整顿或者吊销其经营许可证；构成犯罪的，依法追究刑事责任：

（一）未经批准设立分支机构的；

（二）未经批准变更、终止的；

（三）违反规定从事未经批准或者未备案的业务活动的；

（四）违反规定提高或者降低存款利率、贷款利率的。

第四十五条 银行业金融机构有下列情形之一，由国务院银行业监督管理机构责令改正，并处二十万元以上五十万元以下罚款；情节特别严重或者逾期不改正的，可以责令停业整顿或者吊销其经营许可证；构成犯罪的，依法追究刑事责任：

（一）未经任职资格审查任命董事、高级管理人员的；

（二）拒绝或者阻碍非现场监管或者现场检查的；

（三）提供虚假的或者隐瞒重要事实的报表、报告等文件、资料的；

（四）未按照规定进行信息披露的；

（五）严重违反审慎经营规则的；

（六）拒绝执行本法第三十七条规定的措施的。

第四十六条 银行业金融机构不按照规定提供报表、报告等文件、资料的，由银行业监督管理机构责令改正，逾期不改正的，处十万元以上三十万元以下罚款。

第四十七条 银行业金融机构违反法律、行政法规以及国家有关银行业监督管理规定的，银行业监督管理机构除依照本法第四十三条至第四十六条规定处罚外，还可以区别不同情形，采取下列措施：

（一）责令银行业金融机构对直接负责的董事、高级管理人员和其他直接责任人员给予纪律处分；

（二）银行业金融机构的行为尚不构成犯罪的，对直接负责的董事、高级管理人员和其他直接责任人员给予警告，处五万元以上五十万元以下罚款；

（三）取消直接负责的董事、高级管理人员一定期限直至终身的任职资格，禁止直接负责的董事、高级管理人员和其他直接责任人员一定期限直至终身从事银行业工作。

第六章　附　　则

第四十八条　对在中华人民共和国境内设立的政策性银行、金融资产管理公司的监督管理，法律、行政法规另有规定的，依照其规定。

第四十九条　对在中华人民共和国境内设立的外资银行业金融机构、中外合资银行业金融机构、外国银行业金融机构的分支机构的监督管理，法律、行政法规另有规定的，依照其规定。

第五十条　本法自二〇〇四年二月一日起施行。

中华人民共和国银行业监督管理法

(二〇〇三年十二月二十七日第十届全国人民代表大会常
务委员会第六次会议通过,根据二〇〇六年十月三十一日第十
届全国人民代表大会常务委员会第二十四次会议《关于修改
〈中华人民共和国银行业监督管理法〉的决定》修正)

目　　录

第一章　总　　则

第一条　为了加强对银行业的监督管理,规范监督管理行为,防范和化解银行业风险,保护存款人和其他客户的合法权益,促进银行业健康发展,制定本法。

第二条　国务院银行业监督管理机构负责对全国银行业金融机构及其业务活动监督管理的工作。

本法所称银行业金融机构,是指在中华人民共和国境内设立的商业银行、城

市信用合作社、农村信用合作社等吸收公众存款的金融机构以及政策性银行。

对在中华人民共和国境内设立的金融资产管理公司、信托投资公司、财务公司、金融租赁公司以及经国务院银行业监督管理机构批准设立的其他金融机构的监督管理，适用本法对银行业金融机构监督管理的规定。

国务院银行业监督管理机构依照本法有关规定，对经其批准在境外设立的金融机构以及前二款金融机构在境外的业务活动实施监督管理。

第三条 银行业监督管理的目标是促进银行业的合法、稳健运行，维护公众对银行业的信心。

银行业监督管理应当保护银行业公平竞争，提高银行业竞争能力。

第四条 银行业监督管理机构对银行业实施监督管理，应当遵循依法、公开、公正和效率的原则。

第五条 银行业监督管理机构及其从事监督管理工作的人员依法履行监督管理职责，受法律保护。地方政府、各级政府部门、社会团体和个人不得干涉。

第六条 国务院银行业监督管理机构应当和中国人民银行、国务院其他金融监督管理机构建立监督管理信息共享机制。

第七条 国务院银行业监督管理机构可以和其他国家或者地区的银行业监督管理机构建立监督管理合作机制，实施跨境监督管理。

第二章 监督管理机构

第八条 国务院银行业监督管理机构根据履行职责的需要设立派出机构。国务院银行业监督管理机构对派出机构实行统一领导和管理。

国务院银行业监督管理机构的派出机构在国务院银行业监督管理机构的授权范围内，履行监督管理职责。

第九条 银行业监督管理机构从事监督管理工作的人员，应当具备与其任职相适应的专业知识和业务工作经验。

第十条 银行业监督管理机构工作人员，应当忠于职守，依法办事，公正廉洁，不得利用职务便利牟取不正当的利益，不得在金融机构等企业中兼任职务。

第十一条 银行业监督管理机构工作人员，应当依法保守国家秘密，并有责任为其监督管理的银行业金融机构及当事人保守秘密。

国务院银行业监督管理机构同其他国家或者地区的银行业监督管理机构交流监督管理信息，应当就信息保密作出安排。

第十二条　国务院银行业监督管理机构应当公开监督管理程序，建立监督管理责任制度和内部监督制度。

第十三条　银行业监督管理机构在处置银行业金融机构风险、查处有关金融违法行为等监督管理活动中，地方政府、各级有关部门应当予以配合和协助。

第十四条　国务院审计、监察等机关，应当依照法律规定对国务院银行业监督管理机构的活动进行监督。

第三章　监督管理职责

第十五条　国务院银行业监督管理机构依照法律、行政法规制定并发布对银行业金融机构及其业务活动监督管理的规章、规则。

第十六条　国务院银行业监督管理机构依照法律、行政法规规定的条件和程序，审查批准银行业金融机构的设立、变更、终止以及业务范围。

第十七条　申请设立银行业金融机构，或者银行业金融机构变更持有资本总额或者股份总额达到规定比例以上的股东的，国务院银行业监督管理机构应当对股东的资金来源、财务状况、资本补充能力和诚信状况进行审查。

第十八条　银行业金融机构业务范围内的业务品种，应当按照规定经国务院银行业监督管理机构审查批准或者备案。需要审查批准或者备案的业务品种，由国务院银行业监督管理机构依照法律、行政法规作出规定并公布。

第十九条　未经国务院银行业监督管理机构批准，任何单位或者个人不得设立银行业金融机构或者从事银行业金融机构的业务活动。

第二十条　国务院银行业监督管理机构对银行业金融机构的董事和高级管理人员实行任职资格管理。具体办法由国务院银行业监督管理机构制定。

第二十一条　银行业金融机构的审慎经营规则，由法律、行政法规规定，也可以由国务院银行业监督管理机构依照法律、行政法规制定。

前款规定的审慎经营规则，包括风险管理、内部控制、资本充足率、资产质量、损失准备金、风险集中、关联交易、资产流动性等内容。

银行业金融机构应当严格遵守审慎经营规则。

第二十二条　国务院银行业监督管理机构应当在规定的期限，对下列申请事项作出批准或者不批准的书面决定；决定不批准的，应当说明理由：

（一）银行业金融机构的设立，自收到申请文件之日起六个月内；

（二）银行业金融机构的变更、终止，以及业务范围和增加业务范围内的业务品种，自收到申请文件之日起三个月内；

（三）审查董事和高级管理人员的任职资格，自收到申请文件之日起三十日内。

第二十三条　银行业监督管理机构应当对银行业金融机构的业务活动及其风险状况进行非现场监管，建立银行业金融机构监督管理信息系统，分析、评价银行业金融机构的风险状况。

第二十四条　银行业监督管理机构应当对银行业金融机构的业务活动及其风险状况进行现场检查。

国务院银行业监督管理机构应当制定现场检查程序，规范现场检查行为。

第二十五条　国务院银行业监督管理机构应当对银行业金融机构实行并表监督管理。

第二十六条　国务院银行业监督管理机构对中国人民银行提出的检查银行业金融机构的建议，应当自收到建议之日起三十日内予以回复。

第二十七条　国务院银行业监督管理机构应当建立银行业金融机构监督管理评级体系和风险预警机制，根据银行业金融机构的评级情况和风险状况，确定对其现场检查的频率、范围和需要采取的其他措施。

第二十八条　国务院银行业监督管理机构应当建立银行业突发事件的发现、报告岗位责任制度。

银行业监督管理机构发现可能引发系统性银行业风险、严重影响社会稳定的突发事件的，应当立即向国务院银行业监督管理机构负责人报告；国务院银行业监督管理机构负责人认为需要向国务院报告的，应当立即向国务院报告，并告知中国人民银行、国务院财政部门等有关部门。

第二十九条　国务院银行业监督管理机构应当会同中国人民银行、国务院财政部门等有关部门建立银行业突发事件处置制度，制定银行业突发事件处置预案，明确处置机构和人员及其职责、处置措施和处置程序，及时、有效地处置银行业突发事件。

第三十条　国务院银行业监督管理机构负责统一编制全国银行业金融机构的统计数据、报表，并按照国家有关规定予以公布。

第三十一条　国务院银行业监督管理机构对银行业自律组织的活动进行指导和监督。

银行业自律组织的章程应当报国务院银行业监督管理机构备案。

第三十二条　国务院银行业监督管理机构可以开展与银行业监督管理有关的国际交流、合作活动。

第四章　监督管理措施

第三十三条　银行业监督管理机构根据履行职责的需要，有权要求银行业金融机构按照规定报送资产负债表、利润表和其他财务会计、统计报表、经营管理资料以及注册会计师出具的审计报告。

第三十四条　银行业监督管理机构根据审慎监管的要求，可以采取下列措施进行现场检查：

（一）进入银行业金融机构进行检查；

（二）询问银行业金融机构的工作人员，要求其对有关检查事项作出说明；

（三）查阅、复制银行业金融机构与检查事项有关的文件、资料，对可能被转移、隐匿或者毁损的文件、资料予以封存；

（四）检查银行业金融机构运用电子计算机管理业务数据的系统。

进行现场检查，应当经银行业监督管理机构负责人批准。现场检查时，检查人员不得少于二人，并应当出示合法证件和检查通知书；检查人员少于二人或者未出示合法证件和检查通知书的，银行业金融机构有权拒绝检查。

第三十五条　银行业监督管理机构根据履行职责的需要，可以与银行业金融机构董事、高级管理人员进行监督管理谈话，要求银行业金融机构董事、高级管理人员就银行业金融机构的业务活动和风险管理的重大事项作出说明。

第三十六条　银行业监督管理机构应当责令银行业金融机构按照规定，如实向社会公众披露财务会计报告、风险管理状况、董事和高级管理人员变更以及其他重大事项等信息。

第三十七条　银行业金融机构违反审慎经营规则的，国务院银行业监督管理机构或者其省一级派出机构应当责令限期改正；逾期未改正的，或者其行为严重危及该银行业金融机构的稳健运行、损害存款人和其他客户合法权益的，经国务院银行业监督管理机构或者其省一级派出机构负责人批准，可以区别情形，采取下列措施：

（一）责令暂停部分业务、停止批准开办新业务；

（二）限制分配红利和其他收入；

（三）限制资产转让；

（四）责令控股股东转让股权或者限制有关股东的权利；

（五）责令调整董事、高级管理人员或者限制其权利；

（六）停止批准增设分支机构。

银行业金融机构整改后，应当向国务院银行业监督管理机构或者其省一级派出机构提交报告。国务院银行业监督管理机构或者其省一级派出机构经验收，符合有关审慎经营规则的，应当自验收完毕之日起三日内解除对其采取的前款规定的有关措施。

第三十八条　银行业金融机构已经或者可能发生信用危机，严重影响存款人和其他客户合法权益的，国务院银行业监督管理机构可以依法对该银行业金融机构实行接管或者促成机构重组，接管和机构重组依照有关法律和国务院的规定执行。

第三十九条　银行业金融机构有违法经营、经营管理不善等情形，不予撤销将严重危害金融秩序、损害公众利益的，国务院银行业监督管理机构有权予以撤销。

第四十条　银行业金融机构被接管、重组或者被撤销的，国务院银行业监督管理机构有权要求该银行业金融机构的董事、高级管理人员和其他工作人员，按照国务院银行业监督管理机构的要求履行职责。

在接管、机构重组或者撤销清算期间，经国务院银行业监督管理机构负责人批准，对直接负责的董事、高级管理人员和其他直接责任人员，可以采取下列措施：

（一）直接负责的董事、高级管理人员和其他直接责任人员出境将对国家利益造成重大损失的，通知出境管理机关依法阻止其出境；

（二）申请司法机关禁止其转移、转让财产或者对其财产设定其他权利。

第四十一条　经国务院银行业监督管理机构或者其省一级派出机构负责人批准，银行业监督管理机构有权查询涉嫌金融违法的银行业金融机构及其工作人员以及关联行为人的账户；对涉嫌转移或者隐匿违法资金的，经银行业监督管理机构负责人批准，可以申请司法机关予以冻结。

第四十二条　银行业监督管理机构依法对银行业金融机构进行检查时，经设区的市一级以上银行业监督管理机构负责人批准，可以对与涉嫌违法事项有关的单位和个人采取下列措施：

（一）询问有关单位或者个人，要求其对有关情况作出说明；

（二）查阅、复制有关财务会计、财产权登记等文件、资料；

（三）对可能被转移、隐匿、毁损或者伪造的文件、资料，予以先行登记保存。

银行业监督管理机构采取前款规定措施，调查人员不得少于二人，并应当出示合法证件和调查通知书；调查人员少于二人或者未出示合法证件和调查通知书的，有关单位或者个人有权拒绝。对依法采取的措施，有关单位和个人应当配合，如实说明有关情况并提供有关文件、资料，不得拒绝、阻碍和隐瞒。

第五章　法律责任

第四十三条　银行业监督管理机构从事监督管理工作的人员有下列情形之一的，依法给予行政处分；构成犯罪的，依法追究刑事责任：

（一）违反规定审查批准银行业金融机构的设立、变更、终止，以及业务范围和业务范围内的业务品种的；

（二）违反规定对银行业金融机构进行现场检查的；

（三）未依照本法第二十八条规定报告突发事件的；

（四）违反规定查询账户或者申请冻结资金的；

（五）违反规定对银行业金融机构采取措施或者处罚的；

（六）违反本法第四十二条规定对有关单位或者个人进行调查的；

（七）滥用职权、玩忽职守的其他行为。

银行业监督管理机构从事监督管理工作的人员贪污受贿、泄露国家秘密、商业秘密和个人隐私，构成犯罪的，依法追究刑事责任；尚不构成犯罪的，依法给予行政处分。

第四十四条　擅自设立银行业金融机构或者非法从事银行业金融机构的业务活动的，由国务院银行业监督管理机构予以取缔；构成犯罪的，依法追究刑事责任；尚不构成犯罪的，由国务院银行业监督管理机构没收违法所得，违法所得五十万元以上的，并处违法所得一倍以上五倍以下罚款；没有违法所得或者违法所得不足五十万元的，处五十万元以上二百万元以下罚款。

第四十五条　银行业金融机构有下列情形之一，由国务院银行业监督管理机构责令改正，有违法所得的，没收违法所得，违法所得五十万元以上的，并处违法所得一倍以上五倍以下罚款；没有违法所得或者违法所得不足五十万元的，处五十万元以上二百万元以下罚款；情节特别严重或者逾期不改正的，可以责令停业整顿或者吊销其经营许可证；构成犯罪的，依法追究刑事责任：

（一）未经批准设立分支机构的；

（二）未经批准变更、终止的；

（三）违反规定从事未经批准或者未备案的业务活动的；

（四）违反规定提高或者降低存款利率、贷款利率的。

第四十六条　银行业金融机构有下列情形之一，由国务院银行业监督管理机构责令改正，并处二十万元以上五十万元以下罚款；情节特别严重或者逾期不改正的，可以责令停业整顿或者吊销其经营许可证；构成犯罪的，依法追究刑事责任：

（一）未经任职资格审查任命董事、高级管理人员的；

（二）拒绝或者阻碍非现场监管或者现场检查的；

（三）提供虚假的或者隐瞒重要事实的报表、报告等文件、资料的；

（四）未按照规定进行信息披露的；

（五）严重违反审慎经营规则的；

（六）拒绝执行本法第三十七条规定的措施的。

第四十七条　银行业金融机构不按照规定提供报表、报告等文件、资料的，由银行业监督管理机构责令改正，逾期不改正的，处十万元以上三十万元以下罚款。

第四十八条　银行业金融机构违反法律、行政法规以及国家有关银行业监督管理规定的，银行业监督管理机构除依照本法第四十四条至第四十七条规定处罚

579

外，还可以区别不同情形，采取下列措施：

（一）责令银行业金融机构对直接负责的董事、高级管理人员和其他直接责任人员给予纪律处分；

（二）银行业金融机构的行为尚不构成犯罪的，对直接负责的董事、高级管理人员和其他直接责任人员给予警告，处五万元以上五十万元以下罚款；

（三）取消直接负责的董事、高级管理人员一定期限直至终身的任职资格，禁止直接负责的董事、高级管理人员和其他直接责任人员一定期限直至终身从事银行业工作。

第四十九条　阻碍银行业监督管理机构工作人员依法执行检查、调查职务的，由公安机关依法给予治安管理处罚；构成犯罪的，依法追究刑事责任。

第六章　附　　则

第五十条　对在中华人民共和国境内设立的政策性银行、金融资产管理公司的监督管理，法律、行政法规另有规定的，依照其规定。

第五十一条　对在中华人民共和国境内设立的外资银行业金融机构、中外合资银行业金融机构、外国银行业金融机构的分支机构的监督管理，法律、行政法规另有规定的，依照其规定。

第五十二条　本法自二○○四年二月一日起施行。

中华人民共和国商业银行法

（一九九五年五月十日第八届全国人民代表大会常务委员
会第十三次会议通过，根据二〇〇三年十二月二十七日第十届
全国人民代表大会常务委员会第六次会议《关于修改〈中华人
民共和国商业银行法〉的决定》修正）

目　　录

第一章　总　　则

第一条　为了保护商业银行、存款人和其他客户的合法权益，规范商业银行的行为，提高信贷资产质量，加强监督管理，保障商业银行的稳健运行，维护金融秩序，促进社会主义市场经济的发展，制定本法。

第二条　本法所称的商业银行是指依照本法和《中华人民共和国公司法》设立的吸收公众存款、发放贷款、办理结算等业务的企业法人。

第三条　商业银行可以经营下列部分或者全部业务：

（一）吸收公众存款；

（二）发放短期、中期和长期贷款；

（三）办理国内外结算；

（四）办理票据承兑与贴现；

（五）发行金融债券；

（六）代理发行、代理兑付、承销政府债券；

（七）买卖政府债券、金融债券；

（八）从事同业拆借；

（九）买卖、代理买卖外汇；

（十）从事银行卡业务；

（十一）提供信用证服务及担保；

（十二）代理收付款项及代理保险业务；

（十三）提供保管箱服务；

（十四）经国务院银行业监督管理机构批准的其他业务。

经营范围由商业银行章程规定，报国务院银行业监督管理机构批准。

商业银行经中国人民银行批准，可以经营结汇、售汇业务。

第四条　商业银行以安全性、流动性、效益性为经营原则，实行自主经营，自担风险，自负盈亏，自我约束。

商业银行依法开展业务，不受任何单位和个人的干涉。

商业银行以其全部法人财产独立承担民事责任。

第五条　商业银行与客户的业务往来，应当遵循平等、自愿、公平和诚实信用的原则。

第六条　商业银行应当保障存款人的合法权益不受任何单位和个人的侵犯。

第七条　商业银行开展信贷业务，应当严格审查借款人的资信，实行担保，保障按期收回贷款。

商业银行依法向借款人收回到期贷款的本金和利息，受法律保护。

第八条　商业银行开展业务，应当遵守法律、行政法规的有关规定，不得损害国家利益、社会公共利益。

第九条　商业银行开展业务，应当遵守公平竞争的原则，不得从事不正当竞争。

第十条　商业银行依法接受国务院银行业监督管理机构的监督管理，但法律规定其有关业务接受其他监督管理部门或者机构监督管理的，依照其规定。

第二章　商业银行的设立和组织机构

第十一条　设立商业银行，应当经国务院银行业监督管理机构审查批准。

未经国务院银行业监督管理机构批准，任何单位和个人不得从事吸收公众存款等商业银行业务，任何单位不得在名称中使用"银行"字样。

第十二条　设立商业银行，应当具备下列条件：

（一）有符合本法和《中华人民共和国公司法》规定的章程；

（二）有符合本法规定的注册资本最低限额；

（三）有具备任职专业知识和业务工作经验的董事、高级管理人员；

（四）有健全的组织机构和管理制度；

（五）有符合要求的营业场所、安全防范措施和与业务有关的其他设施。

设立商业银行，还应当符合其他审慎性条件。

第十三条　设立全国性商业银行的注册资本最低限额为十亿元人民币。设立城市商业银行的注册资本最低限额为一亿元人民币，设立农村商业银行的注册资本最低限额为五千万元人民币。注册资本应当是实缴资本。

国务院银行业监督管理机构根据审慎监管的要求可以调整注册资本最低限额，但不得少于前款规定的限额。

第十四条　设立商业银行，申请人应当向国务院银行业监督管理机构提交下列文件、资料：

（一）申请书，申请书应当载明拟设立的商业银行的名称、所在地、注册资本、业务范围等；

（二）可行性研究报告；

（三）国务院银行业监督管理机构规定提交的其他文件、资料。

第十五条　设立商业银行的申请经审查符合本法第十四条规定的，申请人应当填写正式申请表，并提交下列文件、资料：

（一）章程草案；

（二）拟任职的董事、高级管理人员的资格证明；

（三）法定验资机构出具的验资证明；

（四）股东名册及其出资额、股份；

（五）持有注册资本百分之五以上的股东的资信证明和有关资料；

（六）经营方针和计划；

（七）营业场所、安全防范措施和与业务有关的其他设施的资料；

（八）国务院银行业监督管理机构规定的其他文件、资料。

第十六条 经批准设立的商业银行，由国务院银行业监督管理机构颁发经营许可证，并凭该许可证向工商行政管理部门办理登记，领取营业执照。

第十七条 商业银行的组织形式、组织机构适用《中华人民共和国公司法》的规定。

本法施行前设立的商业银行，其组织形式、组织机构不完全符合《中华人民共和国公司法》规定的，可以继续沿用原有的规定，适用前款规定的日期由国务院规定。

第十八条 国有独资商业银行设立监事会。监事会的产生办法由国务院规定。

监事会对国有独资商业银行的信贷资产质量、资产负债比例、国有资产保值增值等情况以及高级管理人员违反法律、行政法规或者章程的行为和损害银行利益的行为进行监督。

第十九条 商业银行根据业务需要可以在中华人民共和国境内外设立分支机构。设立分支机构必须经国务院银行业监督管理机构审查批准。在中华人民共和国境内的分支机构，不按行政区划设立。

商业银行在中华人民共和国境内设立分支机构，应当按照规定拨付与其经营规模相适应的营运资金额。拨付各分支机构营运资金额的总和，不得超过总行资本金总额的百分之六十。

第二十条 设立商业银行分支机构，申请人应当向国务院银行业监督管理机构提交下列文件、资料：

（一）申请书，申请书应当载明拟设立的分支机构的名称、营运资金额、业务范围、总行及分支机构所在地等；

（二）申请人最近二年的财务会计报告；

（三）拟任职的高级管理人员的资格证明；

（四）经营方针和计划；

（五）营业场所、安全防范措施和与业务有关的其他设施的资料；

（六）国务院银行业监督管理机构规定的其他文件、资料。

第二十一条　经批准设立的商业银行分支机构，由国务院银行业监督管理机构颁发经营许可证，并凭该许可证向工商行政管理部门办理登记，领取营业执照。

第二十二条　商业银行对其分支机构实行全行统一核算，统一调度资金，分级管理的财务制度。

商业银行分支机构不具有法人资格，在总行授权范围内依法开展业务，其民事责任由总行承担。

第二十三条　经批准设立的商业银行及其分支机构，由国务院银行业监督管理机构予以公告。

商业银行及其分支机构自取得营业执照之日起无正当理由超过六个月未开业的，或者开业后自行停业连续六个月以上的，由国务院银行业监督管理机构吊销其经营许可证，并予以公告。

第二十四条　商业银行有下列变更事项之一的，应当经国务院银行业监督管理机构批准：

（一）变更名称；

（二）变更注册资本；

（三）变更总行或者分支行所在地；

（四）调整业务范围；

（五）变更持有资本总额或者股份总额百分之五以上的股东；

（六）修改章程；

（七）国务院银行业监督管理机构规定的其他变更事项。

更换董事、高级管理人员时，应当报经国务院银行业监督管理机构审查其任职资格。

第二十五条　商业银行的分立、合并，适用《中华人民共和国公司法》的规定。

商业银行的分立、合并，应当经国务院银行业监督管理机构审查批准。

第二十六条　商业银行应当依照法律、行政法规的规定使用经营许可证。禁止伪造、变造、转让、出租、出借经营许可证。

第二十七条　有下列情形之一的，不得担任商业银行的董事、高级管理人员：

（一）因犯有贪污、贿赂、侵占财产、挪用财产罪或者破坏社会经济秩序罪，被判处刑罚，或者因犯罪被剥夺政治权利的；

（二）担任因经营不善破产清算的公司、企业的董事或者厂长、经理，并对该公司、企业的破产负有个人责任的；

（三）担任因违法被吊销营业执照的公司、企业的法定代表人，并负有个人责任的；

（四）个人所负数额较大的债务到期未清偿的。

第二十八条　任何单位和个人购买商业银行股份总额百分之五以上的，应当事先经国务院银行业监督管理机构批准。

第三章　对存款人的保护

第二十九条　商业银行办理个人储蓄存款业务，应当遵循存款自愿、取款自由、存款有息、为存款人保密的原则。

对个人储蓄存款，商业银行有权拒绝任何单位或者个人查询、冻结、扣划，但法律另有规定的除外。

第三十条　对单位存款，商业银行有权拒绝任何单位或者个人查询，但法律、行政法规另有规定的除外；有权拒绝任何单位或者个人冻结、扣划，但法律另有规定的除外。

第三十一条　商业银行应当按照中国人民银行规定的存款利率的上下限，确定存款利率，并予以公告。

第三十二条　商业银行应当按照中国人民银行的规定，向中国人民银行交存存款准备金，留足备付金。

第三十三条　商业银行应当保证存款本金和利息的支付，不得拖延、拒绝支付存款本金和利息。

第四章 贷款和其他业务的基本规则

第三十四条 商业银行根据国民经济和社会发展的需要，在国家产业政策指导下开展贷款业务。

第三十五条 商业银行贷款，应当对借款人的借款用途、偿还能力、还款方式等情况进行严格审查。

商业银行贷款，应当实行审贷分离、分级审批的制度。

第三十六条 商业银行贷款，借款人应当提供担保。商业银行应当对保证人的偿还能力，抵押物、质物的权属和价值以及实现抵押权、质权的可行性进行严格审查。

经商业银行审查、评估，确认借款人资信良好，确能偿还贷款的，可以不提供担保。

第三十七条 商业银行贷款，应当与借款人订立书面合同。合同应当约定贷款种类、借款用途、金额、利率、还款期限、还款方式、违约责任和双方认为需要约定的其他事项。

第三十八条 商业银行应当按照中国人民银行规定的贷款利率的上下限，确定贷款利率。

第三十九条 商业银行贷款，应当遵守下列资产负债比例管理的规定：

（一）资本充足率不得低于百分之八；

（二）贷款余额与存款余额的比例不得超过百分之七十五；

（三）流动性资产余额与流动性负债余额的比例不得低于百分之二十五；

（四）对同一借款人的贷款余额与商业银行资本余额的比例不得超过百分之十；

（五）国务院银行业监督管理机构对资产负债比例管理的其他规定。

本法施行前设立的商业银行，在本法施行后，其资产负债比例不符合前款规定的，应当在一定的期限内符合前款规定。具体办法由国务院规定。

第四十条 商业银行不得向关系人发放信用贷款；向关系人发放担保贷款的条件不得优于其他借款人同类贷款的条件。

前款所称关系人是指：

（一）商业银行的董事、监事、管理人员、信贷业务人员及其近亲属；

（二）前项所列人员投资或者担任高级管理职务的公司、企业和其他经济组织。

第四十一条　任何单位和个人不得强令商业银行发放贷款或者提供担保。商业银行有权拒绝任何单位和个人强令要求其发放贷款或者提供担保。

第四十二条　借款人应当按期归还贷款的本金和利息。

借款人到期不归还担保贷款的，商业银行依法享有要求保证人归还贷款本金和利息或者就该担保物优先受偿的权利。商业银行因行使抵押权、质权而取得的不动产或者股权，应当自取得之日起二年内予以处分。

借款人到期不归还信用贷款的，应当按照合同约定承担责任。

第四十三条　商业银行在中华人民共和国境内不得从事信托投资和证券经营业务，不得向非自用不动产投资或者向非银行金融机构和企业投资，但国家另有规定的除外。

第四十四条　商业银行办理票据承兑、汇兑、委托收款等结算业务，应当按照规定的期限兑现，收付入账，不得压单、压票或者违反规定退票。有关兑现、收付入账期限的规定应当公布。

第四十五条　商业银行发行金融债券或者到境外借款，应当依照法律、行政法规的规定报经批准。

第四十六条　同业拆借，应当遵守中国人民银行的规定。禁止利用拆入资金发放固定资产贷款或者用于投资。

拆出资金限于交足存款准备金、留足备付金和归还中国人民银行到期贷款之后的闲置资金。拆入资金用于弥补票据结算、联行汇差头寸的不足和解决临时性周转资金的需要。

第四十七条　商业银行不得违反规定提高或者降低利率以及采用其他不正当手段，吸收存款，发放贷款。

第四十八条　企业事业单位可以自主选择一家商业银行的营业场所开立一个办理日常转账结算和现金收付的基本账户，不得开立两个以上基本账户。

任何单位和个人不得将单位的资金以个人名义开立账户存储。

第四十九条　商业银行的营业时间应当方便客户，并予以公告。商业银行应当在公告的营业时间内营业，不得擅自停止营业或者缩短营业时间。

第五十条　商业银行办理业务，提供服务，按照规定收取手续费。收费项目和标准由国务院银行业监督管理机构、中国人民银行根据职责分工，分别会同国务院价格主管部门制定。

第五十一条　商业银行应当按照国家有关规定保存财务会计报表、业务合同以及其他资料。

第五十二条　商业银行的工作人员应当遵守法律、行政法规和其他各项业务管理的规定，不得有下列行为：

（一）利用职务上的便利，索取、收受贿赂或者违反国家规定收受各种名义的回扣、手续费；

（二）利用职务上的便利，贪污、挪用、侵占本行或者客户的资金；

（三）违反规定徇私向亲属、朋友发放贷款或者提供担保；

（四）在其他经济组织兼职；

（五）违反法律、行政法规和业务管理规定的其他行为。

第五十三条　商业银行的工作人员不得泄露其在任职期间知悉的国家秘密、商业秘密。

第五章　财务会计

第五十四条　商业银行应当依照法律和国家统一的会计制度以及国务院银行业监督管理机构的有关规定，建立、健全本行的财务、会计制度。

第五十五条　商业银行应当按照国家有关规定，真实记录并全面反映其业务活动和财务状况，编制年度财务会计报告，及时向国务院银行业监督管理机构、中国人民银行和国务院财政部门报送。商业银行不得在法定的会计账册外另立会计账册。

第五十六条　商业银行应当于每一会计年度终了三个月内，按照国务院银行业监督管理机构的规定，公布其上一年度的经营业绩和审计报告。

第五十七条　商业银行应当按照国家有关规定，提取呆账准备金，冲销呆账。

第五十八条　商业银行的会计年度自公历一月一日起至十二月三十一日止。

第六章 监督管理

第五十九条 商业银行应当按照有关规定，制定本行的业务规则，建立、健全本行的风险管理和内部控制制度。

第六十条 商业银行应当建立、健全本行对存款、贷款、结算、呆账等各项情况的稽核、检查制度。

商业银行对分支机构应当进行经常性的稽核和检查监督。

第六十一条 商业银行应当按照规定向国务院银行业监督管理机构、中国人民银行报送资产负债表、利润表以及其他财务会计、统计报表和资料。

第六十二条 国务院银行业监督管理机构有权依照本法第三章、第四章、第五章的规定，随时对商业银行的存款、贷款、结算、呆账等情况进行检查监督。检查监督时，检查监督人员应当出示合法的证件。商业银行应当按照国务院银行业监督管理机构的要求，提供财务会计资料、业务合同和有关经营管理方面的其他信息。

中国人民银行有权依照《中华人民共和国中国人民银行法》第三十二条、第三十四条的规定对商业银行进行检查监督。

第六十三条 商业银行应当依法接受审计机关的审计监督。

第七章 接管和终止

第六十四条 商业银行已经或者可能发生信用危机，严重影响存款人的利益时，国务院银行业监督管理机构可以对该银行实行接管。

接管的目的是对被接管的商业银行采取必要措施，以保护存款人的利益，恢复商业银行的正常经营能力。被接管的商业银行的债权债务关系不因接管而变化。

第六十五条 接管由国务院银行业监督管理机构决定，并组织实施。国务院银行业监督管理机构的接管决定应当载明下列内容：

（一）被接管的商业银行名称；

（二）接管理由；

（三）接管组织；

（四）接管期限。

接管决定由国务院银行业监督管理机构予以公告。

第六十六条　接管自接管决定实施之日起开始。

自接管开始之日起，由接管组织行使商业银行的经营管理权力。

第六十七条　接管期限届满，国务院银行业监督管理机构可以决定延期，但接管期限最长不得超过二年。

第六十八条　有下列情形之一的，接管终止：

（一）接管决定规定的期限届满或者国务院银行业监督管理机构决定的接管延期届满；

（二）接管期限届满前，该商业银行已恢复正常经营能力；

（三）接管期限届满前，该商业银行被合并或者被依法宣告破产。

第六十九条　商业银行因分立、合并或者出现公司章程规定的解散事由需要解散的，应当向国务院银行业监督管理机构提出申请，并附解散的理由和支付存款的本金和利息等债务清偿计划。经国务院银行业监督管理机构批准后解散。

商业银行解散的，应当依法成立清算组，进行清算，按照清偿计划及时偿还存款本金和利息等债务。国务院银行业监督管理机构监督清算过程。

第七十条　商业银行因吊销经营许可证被撤销的，国务院银行业监督管理机构应当依法及时组织成立清算组，进行清算，按照清偿计划及时偿还存款本金和利息等债务。

第七十一条　商业银行不能支付到期债务，经国务院银行业监督管理机构同意，由人民法院依法宣告其破产。商业银行被宣告破产的，由人民法院组织国务院银行业监督管理机构等有关部门和有关人员成立清算组，进行清算。

商业银行破产清算时，在支付清算费用、所欠职工工资和劳动保险费用后，应当优先支付个人储蓄存款的本金和利息。

第七十二条　商业银行因解散、被撤销和被宣告破产而终止。

第八章　法律责任

第七十三条　商业银行有下列情形之一，对存款人或者其他客户造成财产损害的，应当承担支付迟延履行的利息以及其他民事责任：

（一）无故拖延、拒绝支付存款本金和利息的；

（二）违反票据承兑等结算业务规定，不予兑现，不予收付入账，压单、压票或者违反规定退票的；

（三）非法查询、冻结、扣划个人储蓄存款或者单位存款的；

（四）违反本法规定对存款人或者其他客户造成损害的其他行为。

有前款规定情形的，由国务院银行业监督管理机构责令改正，有违法所得的，没收违法所得，违法所得五万元以上的，并处违法所得一倍以上五倍以下罚款；没有违法所得或者违法所得不足五万元的，处五万元以上五十万元以下罚款。

第七十四条　商业银行有下列情形之一，由国务院银行业监督管理机构责令改正，有违法所得的，没收违法所得，违法所得五十万元以上的，并处违法所得一倍以上五倍以下罚款；没有违法所得或者违法所得不足五十万元的，处五十万元以上二百万元以下罚款；情节特别严重或者逾期不改正的，可以责令停业整顿或者吊销其经营许可证；构成犯罪的，依法追究刑事责任：

（一）未经批准设立分支机构的；

（二）未经批准分立、合并或者违反规定对变更事项不报批的；

（三）违反规定提高或者降低利率以及采用其他不正当手段，吸收存款，发放贷款的；

（四）出租、出借经营许可证的；

（五）未经批准买卖、代理买卖外汇的；

（六）未经批准买卖政府债券或者发行、买卖金融债券的；

（七）违反国家规定从事信托投资和证券经营业务、向非自用不动产投资或者向非银行金融机构和企业投资的；

（八）向关系人发放信用贷款或者发放担保贷款的条件优于其他借款人同类贷款的条件的。

第七十五条　商业银行有下列情形之一，由国务院银行业监督管理机构责令改正，并处二十万元以上五十万元以下罚款；情节特别严重或者逾期不改正的，可以责令停业整顿或者吊销其经营许可证；构成犯罪的，依法追究刑事责任：

（一）拒绝或者阻碍国务院银行业监督管理机构检查监督的；

（二）提供虚假的或者隐瞒重要事实的财务会计报告、报表和统计报表的；

（三）未遵守资本充足率、存贷比例、资产流动性比例、同一借款人贷款比例和国务院银行业监督管理机构有关资产负债比例管理的其他规定的。

第七十六条　商业银行有下列情形之一，由中国人民银行责令改正，有违法所得的，没收违法所得，违法所得五十万元以上的，并处违法所得一倍以上五倍以下罚款；没有违法所得或者违法所得不足五十万元的，处五十万元以上二百万元以下罚款；情节特别严重或者逾期不改正的，中国人民银行可以建议国务院银行业监督管理机构责令停业整顿或者吊销其经营许可证；构成犯罪的，依法追究刑事责任：

（一）未经批准办理结汇、售汇的；

（二）未经批准在银行间债券市场发行、买卖金融债券或者到境外借款的；

（三）违反规定同业拆借的。

第七十七条　商业银行有下列情形之一，由中国人民银行责令改正，并处二十万元以上五十万元以下罚款；情节特别严重或者逾期不改正的，中国人民银行可以建议国务院银行业监督管理机构责令停业整顿或者吊销其经营许可证；构成犯罪的，依法追究刑事责任：

（一）拒绝或者阻碍中国人民银行检查监督的；

（二）提供虚假的或者隐瞒重要事实的财务会计报告、报表和统计报表的；

（三）未按照中国人民银行规定的比例交存存款准备金的。

第七十八条　商业银行有本法第七十三条至第七十七条规定情形的，对直接负责的董事、高级管理人员和其他直接责任人员，应当给予纪律处分；构成犯罪的，依法追究刑事责任。

第七十九条　有下列情形之一，由国务院银行业监督管理机构责令改正，有违法所得的，没收违法所得，违法所得五万元以上的，并处违法所得一倍以上五倍以下罚款；没有违法所得或者违法所得不足五万元的，处五万元以上五十万元以下罚款：

（一）未经批准在名称中使用"银行"字样的；

（二）未经批准购买商业银行股份总额百分之五以上的；

（三）将单位的资金以个人名义开立账户存储的。

第八十条　商业银行不按照规定向国务院银行业监督管理机构报送有关文

件、资料的，由国务院银行业监督管理机构责令改正，逾期不改正的，处十万元以上三十万元以下罚款。

商业银行不按照规定向中国人民银行报送有关文件、资料的，由中国人民银行责令改正，逾期不改正的，处十万元以上三十万元以下罚款。

第八十一条　未经国务院银行业监督管理机构批准，擅自设立商业银行，或者非法吸收公众存款、变相吸收公众存款，构成犯罪的，依法追究刑事责任；并由国务院银行业监督管理机构予以取缔。

伪造、变造、转让商业银行经营许可证，构成犯罪的，依法追究刑事责任。

第八十二条　借款人采取欺诈手段骗取贷款，构成犯罪的，依法追究刑事责任。

第八十三条　有本法第八十一条、第八十二条规定的行为，尚不构成犯罪的，由国务院银行业监督管理机构没收违法所得，违法所得五十万元以上的，并处违法所得一倍以上五倍以下罚款；没有违法所得或者违法所得不足五十万元的，处五十万元以上二百万元以下罚款。

第八十四条　商业银行工作人员利用职务上的便利，索取、收受贿赂或者违反国家规定收受各种名义的回扣、手续费，构成犯罪的，依法追究刑事责任；尚不构成犯罪的，应当给予纪律处分。

有前款行为，发放贷款或者提供担保造成损失的，应当承担全部或者部分赔偿责任。

第八十五条　商业银行工作人员利用职务上的便利，贪污、挪用、侵占本行或者客户资金，构成犯罪的，依法追究刑事责任；尚不构成犯罪的，应当给予纪律处分。

第八十六条　商业银行工作人员违反本法规定玩忽职守造成损失的，应当给予纪律处分；构成犯罪的，依法追究刑事责任。

违反规定徇私向亲属、朋友发放贷款或者提供担保造成损失的，应当承担全部或者部分赔偿责任。

第八十七条　商业银行工作人员泄露在任职期间知悉的国家秘密、商业秘密的，应当给予纪律处分；构成犯罪的，依法追究刑事责任。

第八十八条　单位或者个人强令商业银行发放贷款或者提供担保的，应当对直接负责的主管人员和其他直接责任人员或者个人给予纪律处分；造成损失的，应当承担全部或者部分赔偿责任。

商业银行的工作人员对单位或者个人强令其发放贷款或者提供担保未予拒绝的，应当给予纪律处分；造成损失的，应当承担相应的赔偿责任。

第八十九条　商业银行违反本法规定的，国务院银行业监督管理机构可以区别不同情形，取消其直接负责的董事、高级管理人员一定期限直至终身的任职资格，禁止直接负责的董事、高级管理人员和其他直接责任人员一定期限直至终身从事银行业工作。

商业银行的行为尚不构成犯罪的，对直接负责的董事、高级管理人员和其他直接责任人员，给予警告，处五万元以上五十万元以下罚款。

第九十条　商业银行及其工作人员对国务院银行业监督管理机构、中国人民银行的处罚决定不服的，可以依照《中华人民共和国行政诉讼法》的规定向人民法院提起诉讼。

第九章　附　　则

第九十一条　本法施行前，按照国务院的规定经批准设立的商业银行不再办理审批手续。

第九十二条　外资商业银行、中外合资商业银行、外国商业银行分行适用本法规定，法律、行政法规另有规定的，依照其规定。

第九十三条　城市信用合作社、农村信用合作社办理存款、贷款和结算等业务，适用本法有关规定。

第九十四条　邮政企业办理商业银行的有关业务，适用本法有关规定。

第九十五条　本法自一九九五年七月一日起施行。

国务院关于推进资本市场改革开放和稳定发展的若干意见

（二〇〇四年一月三十一日）

各省、自治区、直辖市人民政府，国务院各部委、各直属机构：

《国务院关于进一步加强证券市场宏观管理的通知》下发以来，我国资本市场发展迅速，取得了举世瞩目的成就。资本市场初具规模，市场基础设施不断改善，法律法规体系逐步健全，市场规范化程度进一步提高，已经成为社会主义市场经济体系的重要组成部分，为国有企业、金融市场改革和发展，优化资源配置，促进经济结构调整和经济发展，作出了重要贡献。为贯彻落实党的十六大和十六届三中全会精神，围绕全面建设小康社会的战略目标，积极推进资本市场改革开放和稳定发展，现提出如下意见。

一、充分认识大力发展资本市场的重要意义。

大力发展资本市场是一项重要的战略任务，对我国实现本世纪头二十年国民经济翻两番的战略目标具有重要意义。一是有利于完善社会主义市场经济体制，更大程度地发挥资本市场优化资源配置的功能，将社会资金有效转化为长期投资。二是有利于国有经济的结构调整和战略性改组，加快非国有经济发展。三是有利于提高直接融资比例，完善金融市场结构，提高金融市场效率，维护金融安全。

我国资本市场是伴随着经济体制改革的进程逐步发展起来的。由于建立初期改革不配套和制度设计上的局限，资本市场还存在一些深层次问题和结构性矛盾，制约了市场功能的有效发挥。这些问题是资本市场发展中遇到的问题，也只有在发展中逐步加以解决。党的十六大提出了全面建设小康社会的战略目标，十六届三中全会通过了《中共中央关于完善社会主义市场经济体制若干问题的决定》，对资本市场发展作出了部署，为我国资本市场改革开放和稳定发展指明了方向。要认清形势，抓住机遇，转变观念，大力发展资本市场，提高直接融资比例，创造和培育良好的投资环境，充分发挥资本市场在促进资本形成、优化资源配置、推动经济结构调整、完善公司治理结构等方面的作用，为国民经济持续快速协调健康发展和全面建设小康社会作出新的贡献。

二、推进资本市场改革开放和稳定发展的指导思想和任务。

推进资本市场改革开放和稳定发展的指导思想是：以邓小平理论和"三个代表"重要思想为指导，全面落实党的十六大和十六届三中全会精神，遵循"公开、公平、公正"原则和"法制、监管、自律、规范"的方针，坚持服务于国民经济全局，实现与国民经济协调发展；坚持依法治市，保护投资者特别是社会公众投资者的合法权益；坚持资本市场改革的市场化取向，充分发挥市场机制的作用；坚持改革的力度、发展的速度与市场可承受程度的统一，处理好改革、发展、稳定的关系；坚持用发展的办法解决前进中的问题，处理好加快资本市场发展与防范市场风险的关系；坚持循序渐进，不断提高对外开放水平。

推进资本市场改革开放和稳定发展的任务是：以扩大直接融资、完善现代市场体系、更大程度地发挥市场在资源配置中的基础性作用为目标，建设透明高效、结构合理、机制健全、功能完善、运行安全的资本市场。要围绕这一目标，建立有利于各类企业筹集资金、满足多种投资需求和富有效率的资本市场体系；完善以市场为主导的产品创新机制，形成价格发现和风险管理并举、股票融资与债券融资相协调的资本市场产品结构；培育诚实守信、运作规范、治理机制健全的上市公司和市场中介群体，强化市场主体约束和优胜劣汰机制；健全职责定位明确、风险控制有效、协调配合到位的市场监管体制，切实保护投资者合法权益。

三、进一步完善相关政策，促进资本市场稳定发展。

资本市场的稳定发展需要相应的政策引导和支持。各部门要进一步完善相关政策，为资本市场稳定发展营造良好环境。

完善证券发行上市核准制度。健全有利于各类优质企业平等利用资本市场的机制，提高资源配置效率。

重视资本市场的投资回报。要采取切实措施，改变部分上市公司重上市、轻转制、重筹资、轻回报的状况，提高上市公司的整体质量，为投资者提供分享经济增长成果、增加财富的机会。

鼓励合规资金入市。继续大力发展证券投资基金。支持保险资金以多种方式直接投资资本市场，逐步提高社会保障基金、企业补充养老基金、商业保险资金等投入资本市场的资金比例。要培养一批诚信、守法、专业的机构投资者，使基金管理公司和保险公司为主的机构投资者成为资本市场的主导力量。

拓宽证券公司融资渠道。继续支持符合条件的证券公司公开发行股票或发行债券筹集长期资金。完善证券公司质押贷款及进入银行间同业市场管理办法，制定证券公司收购兼并和证券承销业务贷款的审核标准，在健全风险控制机制的前提下，为证券公司使用贷款融通资金创造有利条件。稳步开展基金管理公司融资试点。

积极稳妥解决股权分置问题。规范上市公司非流通股份的转让行为，防止国有资产流失。稳步解决目前上市公司股份中尚不能上市流通股份的流通问题。在解决这一问题时要尊重市场规律，有利于市场的稳定和发展，切实保护投资者特别是公众投资者的合法权益。

完善资本市场税收政策。研究制定鼓励社会公众投资的税收政策，完善证券、期货公司的流转税和所得税征收管理办法，对具备条件的证券、期货公司实行所得税集中征管。

四、健全资本市场体系，丰富证券投资品种。

建立多层次股票市场体系。在统筹考虑资本市场合理布局和功能定位的基础上，逐步建立满足不同类型企业融资需求的多层次资本市场体系，研究提出相应的证券发行上市条件并建立配套的公司选择机制。继续规范和发展主板市场，逐步改善主板市场上市公司结构。分步推进创业板市场建设，完善风险投资机制，拓展中小企业融资渠道。积极探索和完善统一监管下的股份转让制度。

积极稳妥发展债券市场。在严格控制风险的基础上，鼓励符合条件的企业通过发行公司债券筹集资金，改变债券融资发展相对滞后的状况，丰富债券市场品种，促进资本市场协调发展。制定和完善公司债券发行、交易、信息披露、信用评级等规章制度，建立健全资产抵押、信用担保等偿债保障机制。逐步建立集中监管、统一互联的债券市场。

稳步发展期货市场。在严格控制风险的前提下，逐步推出为大宗商品生产者和消费者提供发现价格和套期保值功能的商品期货品种。

建立以市场为主导的品种创新机制。研究开发与股票和债券相关的新品种及其衍生产品。加大风险较低的固定收益类证券产品的开发力度，为投资者提供储蓄替代型证券投资品种。积极探索并开发资产证券化品种。

五、进一步提高上市公司质量，推进上市公司规范运作。

提高上市公司质量。上市公司的质量是证券市场投资价值的源泉。上市公司董事和高级管理人员要把股东利益最大化和不断提高盈利水平作为工作的出发点和落脚点。要进一步完善股票发行管理体制，推行证券发行上市保荐制度，支持竞争力强、运作规范、效益良好的公司发行上市，从源头上提高上市公司质量。鼓励已上市公司进行以市场为主导的、有利于公司持续发展的并购重组。进一步完善再融资政策，支持优质上市公司利用资本市场加快发展，做优做强。

规范上市公司运作。完善上市公司法人治理结构，按照现代企业制度要求，真正形成权力机构、决策机构、监督机构和经营管理者之间的制衡机制。强化董事和高管人员的诚信责任，进一步完善独立董事制度。规范控股股东行为，对损害上市公司和中小股东利益的控股股东进行责任追究。强化上市公司及其他信息披露义务人的责任，切实保证信息披露的真实性、准确性、完整性和及时性。建立健全上市公司高管人员的激励约束机制。

完善市场退出机制。要采取有效措施，结合多层次市场体系建设，进一步完善市场退出机制。在实现上市公司优胜劣汰的同时，建立对退市公司高管人员失职的责任追究机制，切实保护投资者的合法权益。

六、促进资本市场中介服务机构规范发展，提高执业水平。

把证券、期货公司建设成为具有竞争力的现代金融企业。根据审慎监管原则，健全证券、期货公司的市场准入制度。督促证券、期货公司完善治理结构，规范其股东行为，强化董事会和经理人员的诚信责任。改革证券、期货客户交易结算资金管理制度，研究健全客户交易结算资金存管机制。严禁挪用客户资产，切实维护投资者合法权益。证券、期货公司要完善内控机制，加强对分支机构的集中统一管理。完善以净资本为核心的风险监控指标体系，督促证券、期货公司实施稳健的财务政策。鼓励证券、期货公司通过兼并重组、优化整合做优做强。建立健全证券、期货公司市场退出机制。

加强对其他中介服务机构的管理。规范发展证券期货投资咨询机构、证券资信评级机构，加强对会计师事务所、律师事务所和资产评估机构的管理，提高中介机构的专业化服务水平。

七、加强法制和诚信建设，提高资本市场监管水平。

健全资本市场法规体系，加强诚信建设。按照大力发展资本市场的总体部署，健全有利于资本市场稳定发展和投资者权益保护的法规体系。要清理阻碍市场发展的行政法规、地方性法规、部门规章以及政策性文件，为大力发展资本市场创建良好的法制环境。要按照健全现代市场经济社会信用体系的要求，制定资本市场诚信准则，维护诚信秩序，对严重违法违规、严重失信的机构和个人坚决实施市场禁入措施。

推进依法行政，加强资本市场监管。按照深化行政审批制度改革和贯彻实施《行政许可法》的要求，提高执法人员的自身素质和执法水平。树立与时俱进的监管理念，建立健全与资本市场发展阶段相适应的监管方式，完善监管手段，提高监管效率。进一步充实监管力量，整合监管资源，培养一支政治素质和专业素质过硬的监管队伍。通过实施有效的市场监管，努力提高市场的公正性、透明度和效率，降低市场系统风险，保障市场参与者的合法权益。

发挥行业自律和舆论监督作用。要发挥证券期货交易所、登记结算公司、证券期货业协会、律师、会计师、资产评估等行业协会的自律管理作用。要引导和加强新闻媒体对证券期货市场的宣传和监督。

八、加强协调配合，防范和化解市场风险。

营造良好的资本市场发展环境。资本市场的风险防范关系到国家的金融安全和国民经济的健康发展。各地区、各部门都要关心和支持资本市场的规范发展，在出台涉及资本市场的政策措施时，要充分考虑资本市场的敏感性、复杂性和特殊性，并建立信息共享、沟通便捷、职责明确的协调配合机制，为市场稳定发展创造良好的环境和条件。

共同防范和化解市场风险。各地区、各部门要切实履行《公司法》等有关法律法规规定的职责，采取有效措施防止和及时纠正发起人虚假出资、大股东或实际控制人侵占上市公司资产的行为；各地区和有关主管部门要依法加强对退市公司的管理，确保退市工作平稳顺利。对有重大经营风险必须退出资本市场或采取其他行政处置措施的证券、期货公司，地方人民政府、金融监管部门以及公安、司法等部门，要加强协调配合，按照法律法规和有关政策规定，采取积极有效措施做好风险处置工作。各地区、各部门必须建立应对资本市场突发事件的快速反应机制和防范化解风险的长效机制。

严厉打击证券期货市场违法活动。各地区要贯彻落实国务院关于整顿和规范市场经济秩序的有关精神，严格禁止本地区非法发行证券、非法设立证券期货经营机构、非法代理证券期货买卖、非法或变相设立证券期货交易场所及其他证券期货违法活动。财政、公安、审计、工商等政府部门和国有资产监督管理机构要加强协调配合，加大打击力度，维护资本市场秩序。

九、认真总结经验，积极稳妥地推进对外开放。

严格履行我国加入世贸组织关于证券服务业对外开放的承诺。鼓励具备条件的境外证券机构参股证券公司和基金管理公司，继续试行合格的境外机构投资者制度。

积极利用境外资本市场。遵循市场规律和国际惯例，支持符合条件的内地企业到境外发行证券并上市。支持符合条件的内地机构和人员到境外从事与资本市场投资相关的服务业务和期货套期保值业务。认真研究合格的境内机构投资者制度。

加强交流与合作。落实与香港、澳门更紧密经贸合作安排。进一步加强与相关国际组织及境外证券监管机构的联系与合作。

大力发展资本市场是党中央、国务院从全局和战略出发作出的重要决策，各地区、各部门务必高度重视，树立全局观念，充分认识发展资本市场的重要性，坚定信心、抓住机遇、开拓创新，共同为资本市场发展创造条件，积极推动我国资本市场的改革开放和稳定发展，为实现全面建设小康社会的宏伟目标作出贡献。

国务院
二〇〇四年一月三十一日

努力开创金融改革与发展新局面[*]

（二〇〇四年二月十日）

温　家　宝

这次全国银行、证券、保险工作会议的主要任务，是以"三个代表"重要思想为指导，贯彻党的十六大、十六届三中全会和中央经济工作会议精神，总结去年金融工作，分析当前金融形势，部署今年金融工作任务。金融系统各级领导干部要认清形势，统一思想，明确任务，勇于创新，努力开创金融改革与发展的新局面。下面，我讲几点意见。

一、正确认识当前经济金融形势，增强做好金融工作紧迫感和使命感。

去年以来，我国经济和社会发展保持良好态势。面对复杂的国际形势和繁重艰巨的国内建设任务，党中央、国务院审时度势，果断决策，紧紧依靠全国人民，克服艰难险阻，夺取了抗击非典的重大胜利，改革开放和现代化建设取得显著成就。二〇〇三年，国内生产总值比上年增长百分之九点一，按现行汇率计算，人均国内生产总值突破一千美元，这标志着我国经济登上了新的重要台阶；经济效益明显提高，全国财政收入比上年增加二千七百八十七亿元；城镇新增就业八百五十万人，下岗职工再就业四百四十万人，比预定目标分别增加五十万和四十万人。城镇居民人均可支配收入实际增长百分之九，农民人均纯收入实际增长百分之四点三。首次载人航天飞行获得圆满成功，显示我国综合国力和科技水平达到新的高度。科技、教育、卫生等社会事业全面进步。其他方面也都取得了新成绩。

在过去一年里，银行、证券、保险系统做了大量富有成效的工作，取得了明显成绩。

（一）金融改革和开放迈出重要步伐。

＊　这是温家宝同志在全国银行、证券、保险工作会议上的讲话。

金融监管体系进一步完善。成立了中国银行业监督管理委员会（以下简称"银监会"）。银监会在较短时间内基本完成了机构组建，加强监管制度建设，银行监管工作得到加强。证券、保险监管部门组织机构进一步健全。从整体上构筑了适合我国现实情况的金融监管体系。

金融企业改革迈出重要一步。显著的特点是，着力于解决金融企业产权制度、公司治理结构和管理体制等深层次问题。制定并开始实施中国银行、中国建设银行股份制改造试点方案。这是中央的一项重要决策。各国有商业银行和政策性银行、股份制银行也深化了内部改革。酝酿多年的农村信用社改革取得突破。制定了农村信用社改革方案，开始在八个省（市）试点，改革试点工作稳步推进。证监会改革了证券发行审核制度，建立了证券发行上市保荐制度。国有保险企业改革取得重大进展。中国人民保险公司、中国人寿保险公司和中国再保险公司顺利完成重组改制，中国人保、中国人寿在境外成功上市，改善了资本结构和公司治理结构，向建立现代保险企业迈出了重要一步。

金融业对外开放进一步扩大。履行加入世贸组织的承诺，继续清理并废止了一批金融规章制度；外资银行人民币业务已扩大到十三个城市，业务对象扩大到中国的企业；批准设立三家外资汽车金融公司；十一家外资机构获得合格境外机构投资者（QFII）资格；外资保险公司业务扩大到十五个城市。截至去年底，外资银行在华设立营业性机构一百九十一家，中外合资证券公司两家，合资基金管理公司十一家，外资保险公司营业性机构六十七家。为促进香港与内地更紧密经贸关系，支持香港本地银行开办了个人人民币业务。金融业不断扩大开放，推动了金融的改革和发展。

（二）金融调控和服务成效明显。

金融系统认真执行稳健的货币政策，加强金融调控，改进服务。去年二季度，银行系统积极做好货币信贷工作，对克服非典疫情不利影响、促进经济增长起到了重要作用。针对房地产等行业盲目投资、货币信贷过快增长的情况，人民银行六月份调整了房地产信贷政策；九月份又将存款准备金率由百分之六调至百分之七，银行上交存款准备金由此增加约一千五百亿元，适时控制了银行的信贷扩张能力；同时，加大公开市场操作和"窗口指导"力度，扩大了贷款利率浮动区间。从九月起，贷款增速回落，货币信贷过快增长的趋势开始得到抑制。面对外汇收入增加较多、人民币升值压力加大的情况，及时出台了一些方便经常项目汇兑和适当放宽资本项目管制的措施，增加外汇资金运用，人民币汇率保持基本稳定。

各商业银行、政策性银行和其他金融企业贯彻国家宏观调控政策，发挥各自优势，改进服务，加大了对经济社会发展重点领域、中西部地区和中小企业的信贷支持。证券、保险市场功能进一步发挥，业务品种更加多样化。

在抗击非典斗争中，金融系统从大局出发，及时采取有效的应急政策措施，重点保证防治非典的资金需要，迅速开发非典保险产品并及时理赔，确保银行正常经营和证券市场平稳运行，为夺取这场斗争的胜利作出了贡献。

（三）金融法治和监管继续加强。

金融法律法规体系进一步完善。制定和公布了《银行业监督管理法》，修订了《中国人民银行法》和《商业银行法》，从法律上明确了人民银行和银监会的职责，规范了商业银行经营行为。《证券投资基金法》的实施为基金业规范发展提供了法律保障。人民银行和各金融监管部门及时出台了一批重要的规章制度。

金融监管工作力度加大。银监会重点对国有商业银行资产风险、股份制商业银行治理结构及内部控制进行了现场检查，对有些银行及时给予风险提示和预警。加快推进贷款五级分类制度，初步建立了银行风险评价体系。证监会加强了对上市公司、证券公司规范化运作的监管，治理上市公司造假、大股东违规占用上市公司资产等问题取得成效。完善了上市公司退市制度，及时稳妥地撤销、关闭和处置了一些有严重问题的证券公司。加强了对期货市场、基金关联交易的监管。保监会加大对保险公司偿付能力的监管力度，加强了防范保险新产品和资金运用风险的制度建设。国有重点金融企业监事会加强了对金融企业财务状况和高级管理人员的监督检查。人民银行初步建立了反洗钱工作机制；运用中央银行最终支付手段，稳妥化解了一些金融风险。

（四）金融资产质量和经营效益进一步改善。

银行不良贷款余额和比例实现了"双下降"。按照五级分类口径，去年底境内银行系统主要金融企业不良贷款余额比上年减少一千九百零六亿元，不良贷款比例百分之十七点八零，比上年下降五点三二个百分点；其中，四家国有商业银行不良贷款余额减少一千七百一十三亿元，不良贷款比例百分之二十点三六，比上年下降五点八五个百分点。四家国有商业银行实现经营利润一千八百零九亿元，股份制商业银行账面利润一百四十六亿元。全国农村信用社比上年减少亏损五十三亿元。截止去年底，扣除政策性债转股，四家金融资产管理公司累计阶段性处置不良资产五千零九十四亿元。

在看到好的形势和充分肯定成绩的同时，必须清醒地看到，经济社会发展中还有不少矛盾和问题。有些问题是长期积累的和深层次的，如农民增收缓慢，就业和社会保障任务重，区域发展不平衡，部分社会成员收入差距过大，资源环境压力增加，等等。同时，在经济加快发展中，又出现一些新的矛盾和问题，特别是投资规模偏大，部分行业和地区盲目投资、低水平重复建设比较严重，一些城市建设规模过大、标准过高，能源、交通和部分重要原材料供求关系紧张。

部分行业过度投资问题已成为当前经济发展中的突出矛盾。一是部分行业投资增长过快，生产能力大大超过市场预期需求。二是长线产品比重大，企业结构不合理。三是粗放经营严重，资源矛盾突出。四是占用大量耕地，严重破坏生态环境。这些问题如果任其发展下去，就会从局部性问题演变为全局性问题，妨碍国民经济持续快速健康发展，影响社会稳定。

产生这些问题的原因是多方面的，既有认识上的原因，也有体制上、政策上的原因，还与金融运行中的问题有很大关系。主要是货币信贷增长过快，贷款结构不合理。去年新增贷款达二点九九万亿元，增长百分之二十一点四，广义货币 M_2、狭义货币 M_1 余额分别增长百分之十九点六和百分之十八点七，都明显高于正常年份增长水平。货币信贷高增长的滞后影响在今年还会显现。更重要的是，贷款结构不合理，大量的银行信贷资金流入盲目投资和低水平重复建设领域，助长了投资增长过快和投资结构不合理。为什么银行会对过度投资、低水平重复建设盲目贷款？主要由于：一是有些地方政府仍然以不同方式行政干预银行经营活动。二是一些银行急于扩张业务和抢占市场份额，不计风险和成本发放贷款，搞恶性竞争。三是有些银行审贷制度不严，信贷管理松懈，贷款责任制不落实。四是一些地方无资金搞建设，房地产开发商做无本生意，采取土地抵押等手段套取银行贷款。对经济建设中出现的问题，如果不切实加以解决，势必造成银行大量的新增不良贷款，加大金融风险。

当前金融系统本身还存在不少问题和风险隐患。

一是银行不良资产比例仍然很高，风险隐患较大。虽然去年底银行业主要金融企业不良贷款比例下降到百分之十七点八零，但这在世界上还是非常高的。要看到，近年不良贷款比例下降，既是努力工作的结果，也有贷款总量快速扩大、贷款期限长等因素。更大的问题是，一些银行新增贷款风险很大，贷款审查、管理和监督漏洞很多，有些地方因资金链断裂而形成房地产贷款巨大风险；一些开发商利用虚假按揭、重复抵押骗取银行巨额贷款；极少数银行人员玩忽职守，甚至贪污腐败。房地产贷款周期长、规模大、增长快，如不加强管理，未来几年将出现风险高峰。

二是金融监管仍比较薄弱。监管方式和手段不适应形势发展的需要。许多问题暴露后发现，其中的一个重要原因是监管责任不落实，金融企业内部控制责任没有落实到高级管理人员和岗位责任人，金融监管部门监管责任也没有落实到主管领导和监管人员，对一些失职人员查处不及时、不认真。有的金融系统领导干部和重要岗位人员没有严格执行回避制度，影响监管效力。

三是金融企业服务创新和盈利能力低。近些年来我国金融企业的效益有所提高，但目前国有银行资产利润率、资本利润率和人均利润仍大大低于国际平均水平，有近一半的证券公司处在亏损状态，保险企业资金运用收益率下降趋势尚未扭转。

四是金融违法违规行为屡禁不止。一些地区金融秩序混乱，非法金融活动时有发生，金融诈骗、盗抢等犯罪猖獗。金融犯罪活动的特点和手法不断变换，而金融企业的防范机制和内部管理水平却跟不上。一些金融犯罪案件暴露出金融业务和技术管理上的许多问题。有些发展快的或新的金融业务往往是犯罪分子窥视的焦点。比如，近年银行票据融资业务发展很快，一些企业通过伪造假购销合同和增值税发票，利用银行承兑汇票套取银行资金，有些银行贪图眼前利益或急于业务扩张，不按程序办事，审查把关不严，有的还与企业串通以逃避监管，有些银行人员甚至内外勾结骗取贷款，导致巨额损失。

从根本上说，金融领域存在问题的实质，是金融体制和机制不健全，没有建立现代金融制度。国有金融企业还没有真正摆脱行政机构色彩。很多金融企业的公司治理结构存在严重缺陷，经营机制还没有根本转变，内部控制薄弱，缺乏有效的自我约束机制。对金融领域存在的问题，我们必须高度重视，既要看到现象，更要看到实质；既要治标，更要治本。要着眼于通过深化改革、健全法制、强化监管和促进发展，积极加以解决。

今年是我国改革和发展十分关键的一年。纵观当前国际国内形势，我国的改革和发展，既有许多有利条件和新的机遇，也面临一些不利因素和新的挑战。我们要充分认识金融的重要地位，更好地发挥金融在经济和社会发展中的重要作用。金融是现代经济的核心，是宏观经济调控的重要杠杆，在资源配置中起着主导性作用，资金资源大部分是通过金融系统实现配置的。金融系统的健康程度和运行效率，直接影响整个经济发展的速度和质量。金融安全也是国家经济安全的重要方面。历史和现实证明，任何国家的发展，都离不开本国金融业的有力支撑；经济发展中最大的风险也往往是金融危机。在我国进入全面建设小康社会和对外开放的新阶段，金融的重要地位和作用更加突出。做好金融工作，确保金融安全运行和健康发展，事关经济社会发展全局和国家长治久安。必须清醒地认识到，我国金融业既是国民经济体系中最重要和最活跃的组成部分，也是最薄弱的环节之一。我们常说要有忧患意识，居安思危，很重要一个方面就是金融安全问题。金融系统的同志要增强紧迫感和使命感，努力做好金融改革和发展的各项工作。

今年金融工作的总体要求是，以邓小平理论和"三个代表"重要思想为指导，全面贯彻党的十六大、十六届三中全会和中央经济工作会议精神，加强和改善金融调控，规范发展金融市场，努力改进金融服务，促进国民经济平稳较快发展；积极推进以金融企业改革为重点的各项改革，继续扩大金融对外开放，提高金融资产质量和经营效益，增强金融业整体素质和竞争力；切实加强金融监管，继续整顿金融秩序，加快信用体系建设，有效防范和化解金融风险，确保我国金融安全高效稳健运行。

二、充分发挥金融在宏观调控中的重要作用，促进经济平稳较快发展。

当前，我国经济发展正处在一个重要关口，改革发展稳定的任务十分繁重，关系人民群众切身利益的不少问题亟待解决。今年经济工作的基本着眼点，是把各方面加快发展的积极性保护好、引导好、发挥好，实现经济平稳较快发展，防止大起大落。因此，搞好宏观调控至关重要。宏观调控搞得好，就能够把当前好的经济形势巩固和发展下去；如果搞得不好，经济就有可能出现波折。这对我们是一个严峻考验。今年宏观调控的重点：一是坚持科学发展观，按照"五个统筹"的要求，促进经济和社会全面、协调、可持续发展。二是调整和优化经济结构，坚决遏制部分行业和地区盲目投资、低水平重复建设；同时支持有市场有效益的产业和企业发展。三是采取有效措施防止一些城市建设规模过大、标准过高的倾向，认真解决城市建设中存在的贪大求快、大量圈地、违规拆迁等问题。四是加强经济运行调节，努力缓解煤、电、油、运输行业和重要原材料的供求矛盾。五是高度重视防止通货膨胀。做好以上宏观调控工作，对于保持经济社会稳定发展，具有十分重要的意义。

搞好宏观调控需要各方面的紧密配合和共同努力。货币政策是重要的宏观经济政策，金融系统在宏观调控中的地位日益突出。充分发挥金融手段的重要作用，是搞好宏观调控的一个关键环节。金融系统的同志对搞好宏观调控的重要性和艰巨性要有足够的认识。要紧紧围绕国家宏观调控目标和任务，有效运用货币信贷政策，搞好金融调控。一是加强货币信贷总量调控。针对经济生活中出现的突出问题，做好对经济金融运行特别是物价走势、社会资金流动和重点行业贷款的监测，综合运用多种货币政策工具，适度控制货币信贷规模，在促进经济发展的同时，防止通货膨胀和金融风险。二是加强信贷政策与产业政策、财税政策的协调，着力优化信贷结构。解决当前部分行业过度投资的问题，关键在于严格市场准入、严格用地管理、严格控制贷款。金融系统要认真执行《国务院办公厅转发发展改革委等部门关于制止钢铁电解铝水泥行业盲目投资若干意见的通知》（国办发〔2003〕103号）。人民银行要按照国家行业规划和产业政策，加强"窗口指导"。银监会要加强监管，督促金融企业控制信贷风险。对钢铁、电解铝和水泥等行业建设项目，各银行要加强信贷审核，对不符合国家产业政策和市场准入条件，以及未按规定程序审批的项目，不提供贷款，已发生贷款的要采取适当方式予以纠正；证监会不得核准含有此类项目公司的首次公开发行和再融资申请。加强对城市建设贷款的审核管理。同时，要保证煤、电、油、运输行业和重要原材料企业的合理资金需要，增加对"三农"、西部开发、东北地区等老工业基地和社会事业的信贷投入，加大对中小企业、扩大消费、增加就业等方面的信贷支持。三是有效发挥利率杠杆的调控作用。稳步推进利率市场化改革，完善利率结构，保持市场利率基本稳定。四是逐步完善以市场供求为基础的人民币汇率形成机制，保持人民币汇率在合理、均衡水平上的基本稳定，加强本外币政策的协调配合，保持国际收支基本平衡。

三、抓住当前有利时机，加快推进金融改革。

从根本上解决金融领域存在的问题，全面提高我国金融业的素质和竞争力，必须深化金融改革，建立现代金融企业制度，这是我国金融业的真正希望和根本出路之所在。

（一）深化国有银行改革，加快建立现代银行制度。

金融企业是金融运行的微观基础。按照加入世贸组织承诺，到二〇〇六年我国金融业将全面对外开放。国内的金融企业如果不加快改革步伐，切实转换经营机制，提高质量和效益，尽快按国际金融通行规则和制度办事，怎么能够应对日趋激烈的竞争？怎么能够在竞争中求得生存和发展？我们必须紧紧抓住今后两三年的过渡期，通过深化金融企业改革，使商业银行、证券公司、保险公司、信托投资公司等尽快成为资本充足、内控严密、运营安全、服务和效益良好的现代金融企业。

国有银行是我国金融业的主体。国有银行的改革与发展直接关系整个经济和金融发展全局。今年，重点要做好中国银行和中国建设银行的股份制改造试点工作。总的看，目前国内外对推进这两家银行股份制改造试点的反映是好的。但外界舆论在肯定这项改革的同时，也有人担心改革的难度很大，认为能否成功还有待观察，认为这是一次输不起的改革实践。确实，这次改革已是背水一战，只能成功，不能失败。国家注资只是为改革创造条件，改革能否成功根本在于机制的转变。要把注资和全面深化改革结合起来，加快解决银行的公司治理结构和经营机制问题。这次的注资是用于充实银行资本金，不能用于冲销呆坏账。对国家注入的资金要有保全措施，实现保值增值。两家银行改革的核心和关键是，坚决走市场化的路子，坚持建立现代金融企业制度。必须看到，规范的股份制改造是一个艰苦甚至是痛苦的过程，要下硬功夫、苦功夫。不能简单地认为，搞了股份制就可以一下子解决所有问题，近年国内外就有不少上市公司出了问题。改制、上市只是手段，改革的目的是从根本上转换经营机制，把银行办成真正的现代银行，提高银行的发展能力、竞争能力和抗风险能力。如果这两家银行不能做出个样子来，到二〇〇六年我国银行业全面对外开放时，我们的压力将更大，甚至会陷入被动局面。这两家银行正面临着非常艰巨的任务。中国银行和中国建设银行各级领导干部和广大职工，要切实转变思想观念，坚持高标准、严要求，以对金融改革成败、对国家宝贵资产高度负责的精神，按照试点方案的要求，认真做好各项工作。一是抓紧现代管理制度建设。首先是加强各级领导班子建设，全面提高队伍素质。建立健全科学的决策体系、有效的自我约束和激励机制。提高经营管理水平，降低不良贷款，努力增加盈利。这是推进股份制改造的基础。二是加大改革力度。特别要建立银行规范的股东大会、董事会、监事会制度。三是在定岗定员过程中，妥善处理好职工的就业和社会保障问题，避免出现大的震动，保证改革顺利进行。四是实行严格的外部监管和考核。在处置不良资产时，依法严肃追究银行内部有关人员的责任。

其他国有银行的改革也要加快进行。工商银行和农业银行要积极推进内部改革，强化管理，同时做好改革方案准备，从多方面为股份制改造创造条件。开发银行要充分发挥开发性金融的作用，利用自身优势，支持经济结构战略性调整，防止一些行业盲目投资和低水平重复建设；继续加强内部管理，强化风险控制，注重防范长期性信贷风险。农业发展银行、进出口银行要分别结合粮棉购销体制改革、加入世贸组织后对外贸易新情况，合理调整职能和业务范围，在加快农业和农村经济发展、促进对外经贸往来等方面更好地发挥作用。股份制商业银行要继续以完善公司治理结构为重点，强化内部监管，健全经营机制，不断提高资产质量和经营效益。

（二）推进农村信用社改革，建立健全农村金融体系。

农村信用社是农村金融的主力军。今年，要继续搞好农村信用社改革试点。着力解决好产权制度和管理体制问题，是这次改革的重点，也是难点。各试点省（市）要精心组织、周密部署，认真落实试点方案，加大对农村信用社的扶持力度，积极探索改革的具体形式，及时总结试点经验。试点省（市）政府和人民银行、银监会要注意做好改革中的风险防范和处置工作，对试点中暴露出的问题，要及时反映，迅速协调，果断处理。国务院有关部门要继续配合和支持农村信用社改革工作，认真落实已确定的改革扶持政策。银监会要加强对改革工作的指导和对农村信用社的监管。农村信用社要增强改革紧迫感，着重转换经营机制，完善法人治理结构，改进支农服务功能，深入乡村农户，认真办好农户小额信用贷款和农户联户担保贷款。在全面总结试点经验的基础上，根据各地实际情况，下半年可逐步扩大农村信用社改革试点范围。有关部门要抓紧研究提出相应的政策措施。

随着我国农业和农村经济的发展，迫切需要加快建立健全多层次、多类型的农村金融体系。在深化农村信用社改革的同时，要充分发挥其他金融企业在促进农业和农村经济发展中的作用。农业银行、农业发展银行要利用机构网点和业务优势，增强支农功能，增加对"三农"的贷款。加快推进邮政储蓄改革，理顺邮政与邮政储蓄的关系。其他金融企业都要扩大支农业务，增强农村金融服务功能。

（三）办好金融资产管理公司，加快有效处置不良资产。

四家金融资产管理公司成立以来，在管理和处置不良资产方面做了大量工作。同时要看到，资产管理公司经营管理体制还不完善，有些资产管理公司在处置不良资产中存在违反程序、越权处置、拍卖行为不规范等问题，不良资产处置的外部环境也有待改善。要认真总结经验，进一步发挥好金融资产管理公司的作用。今年要做好以下工作：一是加快有效处置不良资产，尽量降低因时间推移而形成的资产损失，提高处置回收率。加强对债转股工作的管理，严防假评估、假拍卖、暗箱操作等方面的道德风险。二是建立和实行经营目标责任制，落实目标考核。三是抓紧研究金融资产管理公司改革和发展的有关政策措施。四是加强对资产管理公司的监督检查和外部审计。各地区、各部门要支持金融资产管理公司的工作，为处置不良资产创造良好环境。

（四）推进资本市场改革开放和稳定发展。

经过十多年的探索和发展，我国资本市场取得了很大成就，在国民经济发展中发挥着日益重要的作用。总体上看，资本市场发展是健康的，运行是安全的，具备了进一步发展的基础。发展资本市场，对于将大量社会资金转化为长期投资，优化资源配置，推进企业和经济改革发展，防范银行风险，有着十分重要的意义。国务院最近发布了《关于推进资本市场改革开放和稳定发展的若干意见》（国发〔2004〕3 号，以下简称《意见》），比较全面、系统地阐述了发展资本市场的指导思想、主要任务和政策措施。这是中央从全局和战略的高度作出的一项重要部署。各地区、各部门要深入领会精神，认真贯彻执行，共同促进资本市场的改革开放和稳定发展。有关部门要按照《意见》的要求，抓紧制定相关的具体政策措施，同时要跟踪观察，加强配合，及时研究解决可能出现的新情况、新问题。

资本市场的改革发展必须既积极又稳妥，把握好力度和时机。要遵循"公开、公平、公正"原则和"法制、监管、自律、规范"方针，依法治市，保护投资者特别是社会公众投资者合法权益，充分发挥市场机制作用，用发展的办法解决前进中的问题，提高对外开放水平，建设透明高效、结构合理、机制健全、功能完善、运行安全的资本市场，更好地发挥资本市场在经济社会发展中的重要作用。

（五）深化保险体制改革，大力发展保险市场。

近年来，我国保险业蓬勃发展，在促进改革、保障经济、稳定社会、造福人民等方面发挥着日益重要的作用。同时要看到，我国保险业仍处在发展的初级阶段，规模比较小，保险覆盖面和保障水平较低，保险产品和服务不能满足社会需要。目前我国保险业总资产仅相当于发达国家一家较大保险公司的规模。当前，企业和居民对保险业的需求迅速增加，保险业发展面临广阔空间和难得机遇。我们要在促进保险业快速发展的同时，更加注重深化体制改革，加强市场监管，推进法制建设，防范和化解风险，不断优化结构，提高质量，实现做大与做强的有机统一，为经济社会发展和人民群众提供更多更好的保险服务。

今年要着力做好以下几项工作：一是继续推进保险业改革。中国人保、中国人寿和中国再保险公司改制后要再接再厉，真正按照股份制公司的要求，加快完善公司治理结构，转换经营机制，强化内部管理。其他股份制保险公司要在深化内部改革上下功夫。二是加快培育多层次保险市场。鼓励发展大型保险企业集团。三是推进产品和服务创新，改进保险服务，增强保险的社会管理功能。四是继续拓宽保险资金运用渠道，研究探索保险资金投资的多种可行方式。

这里，要强调一下金融对外开放问题。不论是金融改革，还是金融发展，都是在对外开放不断扩大的环境下进行的。我们必须根据我国加入世贸组织后新形势，从战略高度更加重视搞好金融对外开放。今年，一要继续履行加入世贸组织的承诺，扩大银行、证券、保险业对外开放地域和业务范围；二要继续清理、修订规章制度，尽快完善政策规定；三要认真研究金融开放中出现的新情况和新问题，密切跟踪国际金融的发展变化，预之为谋，及时采取措施改进工作。

四、加强金融监管，整顿金融秩序，加快信用体系建设。

金融安全是国家经济安全的十分重要方面。金融业既是经济运行命脉，又是高风险行业，如果出现大的问题，就会直接危及经济发展全局和社会稳定。维护金融安全对我们这样一个发展中大国来说，尤为重要。我们不论是深化金融改革，还是实施金融调控，都要保障金融安全。因此，必须把加强金融监管、整顿金融秩序、加快信用体系建设，放在十分重要的位置，切实抓紧抓好。

在加强金融监管方面，总的要求是，进一步完善金融监管体制，改进监管手段，提高监管水平，有效防范系统性风险，切实保护存款人、投资者和被保险人的合法权益。银行、证券、保险监管部门要严格市场准入，重点加强对金融企业法人、公司治理结构、内部控制、透明度和高级管理人员的监管。要坚持原则，敢于碰硬，做到依法监管，执法必严，违法必究。各金融企业都要建立全面有效的内控机制和风险管理体系，强化内部监管。

进一步加强银行业监管。要认真贯彻执行《银行业监督管理法》和《商业银行法》，完善配套的监管法规和规章制度。加强对资本充足率的监管，全面推行贷款质量五级分类制度，实施贷款损失准备金拨备制度。重点检查银行资产质量和盈亏真实性，对风险较大的业务实施有效监控。继续采取有效措施，化解地方性中小金融企业风险。

继续降低银行不良贷款。这是银行重要而紧迫的任务，也是加强金融监管的重要的工作。在经济发展较快、银行贷款大幅增加的情况下，尤其要加强银行风险监控。降低不良贷款，必须实事求是，绝不允许弄虚作假。既要降低不良贷款比例，又要降低不良贷款余额，关键是要建立和落实信贷责任制，有效控制新增不良贷款。

以保护投资者尤其是公众投资者合法权益为重点，加强证券、期货监管。强化上市公司信息披露的真实性、准确性、完整性和及时性。加强上市公司退市工作的协调配合，防范因退市引发风险和群体性事件。

以偿付能力监管为核心，加强保险监管。落实保险公司内控制度，加强对偿付能力不足、潜在风险较大的保险公司的监管。注重防范保险新产品和保险资金运用可能存在的风险，继续化解寿险利差损风险。加强保险市场监管，重点查处欺诈、误导客户的行为。

人民银行要加强对系统性金融风险的监测和防范。做好金融稳定评估工作。加强支付清算系统建设，确保系统安全运行。探索建立存款保险和投资者风险补偿机制。继续加强反洗钱工作，尽快在金融业建立打击洗钱活动的有效机制。

继续加强和改进外汇管理。要针对近期银行收汇和结汇业务中的问题，尽快完善相关政策措施，规范管理，严肃查处违规行为，保证合法外汇资金正常流动。资本市场的开放要十分慎重，每一步都要充分论证，制定周密的措施。

在整顿金融秩序方面，深入整顿金融秩序，对于防范金融风险、促进经济发展和维护社会稳定，十分重要。当前，要依法严厉打击非法集资、"地下钱庄"、非法发行证券、"地下保单"等非法金融活动和逃汇骗汇、金融诈骗等，及时制止和纠正逃废银行债务的行为，规范各类金融企业的经营行为。各地区、各有关部门要与金融部门紧密协调配合，加大对金融犯罪的打击力度，共同维护金融秩序。

在信用体系建设方面，信用是现代市场经济的基石。建立健全社会信用体系，是建设现代化市场体系的必要条件，也是规范市场经济秩序的治本之策。加快社会信用体系建设，对于完善社会主义市场经济体制，促进国民经济健康发展，具有重要的现实作用和长远意义。各地区、各部门要高度重视，按照明确各自职责、加强法制建设、政府协调引导、信息资源共享的原则，密切配合，共同加快社会信用体系建设。

今年，金融系统在信用服务体系建设方面要着力做好以下几项工作：一是加快建设全国统一的企业和个人信用信息基础数据库，形成覆盖全国的基础信用信息服务网络。二是抓紧修改《征信管理条例》和制定《信息披露条例》，规范社会征信机构业务经营和征信市场管理。三是积极发展专业化的社会征信机构，有步骤、有重点开放征信服务市场。四是加强征信市场监督管理，逐步建立失信惩戒制度。抓紧信用服务行业标准化制定工作。

五、对进一步做好金融工作的几点要求。

第一，统一思想认识。金融工作事关国计民生和发展全局。金融系统的同志特别是各级领导干部，要自觉地把思想统一到党的十六大和十六届三中全会精神上来，统一到中央对当前国内外形势的判断和工作部署上来，统一到今年宏观调控预期目标和宏观调控方向、力度和重点上来。

第二，切实履行职责。金融系统各部门都要认真履行职责，恪尽职守。人民银行要加强和改进金融调控，维护金融稳定，改进中央银行服务。银行、证券、保险监管部门要认真履行监管职能，落实监管责任制。

第三，加强协调配合。一要牢固树立密切合作观念。金融业是一个整体，各类金融市场日益融合，各种金融业务相互交叉，银行、证券、保险业风险相互关联，特别是在中央银行职能调整、分业监管体制建立的情况下，加强金融工作的协调配合，比以往任何时候都更加重要。二要完善制度。完善三家监管部门协调制度，既要减少重复监管，又要避免监管真空。人民银行、三家监管部门要加强沟通，密切配合。三要信息共享。金融系统各有关部门和单位要加强多层次、经常性、制度化的沟通和信息交流。金融系统要主动加强与地方政府和各有关部门的合作。各地区、各部门都要支持和配合金融系统的工作，共同维护金融安全。

614

第四，大力实施金融人才战略。要认真落实全国人才工作会议精神，加快建设一支高素质的金融队伍。一要完善人才工作机制。要根据金融业特点，深化改革，建立健全多途径的人才培养机制、科学的人才评价机制、有利于优秀人才脱颖而出的选拔任用机制、与工作业绩紧密联系的激励约束机制。二要抓好人才工作重点。通过培养和引进，造就一批优秀管理型人才，特别要加强各级领导班子建设。加快培养一大批学有所长、业有所精、勤奋守责的业务骨干。加强培训，提高全员素质。三要加强作风建设。金融系统仍是经济犯罪的高发区。中纪委、审计署都将金融检查审计作为重点。金融系统的思想政治工作和廉洁自律任何时候都不能放松。金融系统的同志特别是各级领导干部必须警钟长鸣，树立正确的世界观、人生观和权力观，经得起各种诱惑和考验，珍惜和用好人民赋予的权力，珍惜和站好自己所在的岗位。要加强职业道德教育，严格纪律制度约束，弘扬爱岗敬业的优良传统，树立严谨、规范、守法、诚信、创新的行业风气。

　　让我们在以胡锦涛同志为总书记的党中央领导下，深入贯彻"三个代表"重要思想和党的十六大精神，密切联系实际，创造性地开展工作，把金融改革与发展更好地推向前进！

全面准确地把握科学发展观的
深刻内涵和基本要求[*]

（二〇〇四年三月十日）

胡　锦　涛

　　经验表明，一个国家坚持什么样的发展观，对这个国家的发展会产生重大影响，不同的发展观往往会导致不同的发展结果。坚持以人为本，全面、协调、可持续的发展观，是我们以邓小平理论和"三个代表"重要思想为指导，从新世纪新阶段党和国家事业发展全局出发提出的重大战略思想。科学发展观总结了二十多年来我国改革开放和现代化建设的成功经验，吸取了世界上其他国家在发展进程中的经验教训，概括了战胜非典疫情给我们的重要启示，揭示了经济社会发展的客观规律，反映了我们党对发展问题的新认识。全党同志都要从贯彻"三个代表"重要思想和十六大精神的战略高度，从确保实现全面建设小康社会宏伟目标的战略高度，深刻认识树立和落实科学发展观的重大意义，坚定不移地树立和落实科学发展观，更好地完成新世纪新阶段我们肩负的历史任务。

　　要树立和落实科学发展观，首先必须全面准确地把握科学发展观的深刻内涵和基本要求。坚持以人为本，就是要以实现人的全面发展为目标，从人民群众的根本利益出发谋发展、促发展，不断满足人民群众日益增长的物质文化需要，切实保障人民群众的经济、政治和文化权益，让发展的成果惠及全体人民。全面发展，就是要以经济建设为中心，全面推进经济、政治、文化建设，实现经济发展和社会全面进步。协调发展，就是要统筹城乡发展、统筹区域发展、统筹经济社会发展、统筹人与自然和谐发展、统筹国内发展和对外开放，推进生产力和生产关系、经济基础和上层建筑相协调，推进经济、政治、文化建设的各个环节、各

---

* 这是胡锦涛同志在中央人口资源环境工作座谈会上讲话的一部分。

个方面相协调。可持续发展，就是要促进人与自然的和谐，实现经济发展和人口、资源、环境相协调，坚持走生产发展、生活富裕、生态良好的文明发展道路，保证一代接一代地永续发展。树立和落实科学发展观，要注意把握好以下几个问题。

第一，树立和落实科学发展观，必须始终坚持以经济建设为中心，聚精会神搞建设，一心一意谋发展。科学发展观，是用来指导发展的，不能离开发展这个主题，离开了发展这个主题就没有意义了。发展首先要抓好经济发展。我国正处于并将长期处于社会主义初级阶段，在国际综合国力竞争日益激烈的形势下，坚持以经济建设为中心，紧紧抓住和切实用好重要战略机遇期，大力解放和发展社会生产力，对我们这样一个发展中大国加快实现现代化具有重大战略意义。只有坚持以经济建设为中心，不断增强综合国力，才能为抓好发展这个党执政兴国的第一要务、为全面协调发展打下坚实的物质基础。只有坚持以经济建设为中心，不断增强综合国力，才能更好地解决前进道路上的矛盾和问题，胜利实现全面建设小康社会和社会主义现代化的宏伟目标。因此，全党全国都要增强促进发展的紧迫感，在任何时候任何情况下都紧紧扭住经济建设这个中心不放松，充分调动和切实保护广大干部群众加快发展的积极性，坚定不移地推动经济持续快速协调健康发展。

第二，树立和落实科学发展观，必须在经济发展的基础上，推动社会全面进步和人的全面发展，促进社会主义物质文明、政治文明、精神文明协调发展。经济发展、政治发展、文化发展和人的全面发展是相互联系、相互影响的，没有政治发展、文化发展和人的全面发展的不断推进，单纯追求经济发展，不仅经济发展难以持续，而且最终经济发展也难以搞上去。要坚持抓好经济建设这个中心，同时又要切实防止片面性和单打一，全面推进社会主义物质文明、政治文明、精神文明建设，防止出现因发展不平衡而制约发展的局面。

第三，树立和落实科学发展观，必须着力提高经济增长的质量和效益，努力实现速度和结构、质量、效益相统一，经济发展和人口、资源、环境相协调，不断保护和增强发展的可持续性。经济发展需要数量的增长，但不能把经济发展简单地等同于数量的增长。要充分运用我国的体制资源、人力资源、自然资源、资本资源、技术资源以及国外资源等方面的有利条件和有利因素，推动经济发展不断迈上新台阶。同时，发展又必须是可持续的，这样我们才能保证实现我国发展的长期奋斗目标。这就要求我们在推进发展中充分考虑资源和环境的承受力，统筹考虑当前发展和未来发展的需要，既积极实现当前发展的目标，又为未来的发展创造有利条件，积极发展循环经济，实现自然生态系统和社会经济系统的良性循环，为子孙后代留下充足的发展条件和发展空间。

第四，树立和落实科学发展观，必须坚持理论和实际相结合，因地制宜、因时制宜地把科学发展观的要求贯穿于各方面的工作。科学发展观揭示的是发展的普遍规律，对全国都有重要的指导意义，各地区各部门都要认真贯彻落实。同时，又要充分考虑地区之间、部门之间的发展差异和不同情况，坚持一切从实际出发，根据实际条件和发展需要有重点、有步骤地采取措施，不能强求一律，搞齐步走、一刀切。关键是要结合自己的实际情况来落实科学发展观，注重解决自身发展中存在的突出矛盾和问题，更快更好地推动各项事业发展。

各级党委、政府和领导干部都要自觉地树立和落实科学发展观和正确的政绩观，坚持按照科学规律来谋划发展大计。凡是符合科学发展观的事情就全力以赴地去做，不符合的就毫不迟疑地去改，真正使促进发展的各项工作都经得起历史和人民的检验。

拓宽资金渠道，为西部
大开发提供资金保障 *

——《国务院关于进一步推进西部
大开发的若干意见》第八部分

（二〇〇四年三月十一日）

建立长期稳定的西部开发资金渠道，是持续推进西部大开发的重要保障。要继续保持用长期建设国债等中央建设性资金支持西部开发的投资力度，采取多种方式筹集西部开发专项资金。中央财政性建设资金、其他专项建设资金继续向西部地区基础设施建设倾斜。创新重大基础设施建设投入机制，采取多种方式鼓励和引导社会资金和境外资金参与基础设施建设。进一步加大中央财政对西部地区的转移支付力度。拓宽西部开发间接和直接融资渠道。鼓励各金融机构采取银团贷款、混合贷款、委托理财、融资租赁、股权信托等多种方式，加大对西部地区的金融支持。加快商业银行对西部地区国债配套贷款项目的评估审贷速度，提高贷款审核效率。支持国家政策性银行扩大贷款规模，延长贷款期限，支持西部地区基础设施建设、进出口贸易。进一步推进西部地区农村金融体系建设，加大农村信用社改革力度，继续扩大农户小额贷款和农户联保贷款，支持有生产能力、守信用的贫困农户尽快脱贫致富。加强扶贫贴息贷款管理，增加对西部地区信贷投入。积极支持西部地区符合条件的企业优先发行企业债券，支持西部地区符合条件的企业发行股票。修改、完善并适时出台产业投资基金管理暂行办法，优先在西部地区组织试点，支持西部地区以股权投资方式吸引内外资。提高西部地区利用国际组织和外国政府赠款及国外优惠贷款的比例。

---

* 标题为本书编者所加。

国务院办公厅转发银监会、人民银行《关于明确对农村信用社监督管理职责分工的指导意见》的通知

(二〇〇四年六月五日)

各省、自治区、直辖市人民政府,国务院各部委、各直属机构:

银监会、人民银行《关于明确对农村信用社监督管理职责分工的指导意见》已经国务院同意,现转发给你们,请认真贯彻执行。

国务院办公厅
二〇〇四年六月五日

银监会、人民银行
关于明确对农村信用社监督
管理职责分工的指导意见

（二〇〇四年五月）

一、指导原则。

（一）为落实国务院关于深化农村信用社（以下简称"信用社"，包括农村信用社改制的银行类金融机构）管理体制改革的精神，明确和规范有关方面对信用社监督管理和防范化解风险的职责，切实加强对信用社的监督管理，促进信用社稳定健康发展，根据《中华人民共和国银行业监督管理法》、《中华人民共和国中国人民银行法》、《中华人民共和国商业银行法》等有关法律、行政法规和《国务院关于印发深化农村信用社改革试点方案的通知》精神，制定本指导意见。

（二）本指导意见所称"有关方面"，是指对信用社实施监督管理的省级人民政府、银监会及其派出机构、人民银行及其分支机构、信用社省级管理机构。

（三）按照"国家宏观调控、加强监管，省级政府依法管理、落实责任，信用社自我约束、自担风险"的总体要求，对信用社实施监督管理总的原则是：职责清晰，分工明确；加强协调，密切配合；审慎监管，稳健运行。

二、省级人民政府的职责。

（四）按照国务院关于"信用社的管理交由地方政府负责"的要求，由省级人民政府全面承担对当地信用社的管理和风险处置责任。

（五）省级人民政府对信用社的管理职责主要包括：

1.按照国家有关要求，结合本地实际，对当地信用社改革发展的方针政策、目标规划等重大事项进行研究决策，并通过省级联社或其他形式的信用社省级管理机构实现对当地信用社的管理、指导、协调和服务。

2.督促信用社贯彻执行国家金融法律、行政法规和金融方针政策，引导信用社坚持为"三农"服务的经营宗旨，提供地方经济发展政策信息，指导信用社搞好金融服务；组织有关部门对信用社业务经营及管理行为是否合法合规进行检查。

3. 坚持政企分开的原则，对信用社依法实施管理，不干预信用社的具体业务和经营活动。

4. 按照有关法律、法规和行政规章，指导信用社省级管理机构制定当地信用社行业自律性管理的各项规章制度，并督促信用社省级管理机构组织落实。

5. 按照有关规定，组织有关部门推荐，并经银监会核准任职资格后，按规定程序产生信用社省级管理机构高级管理人员；负责对信用社省级管理机构领导班子的日常管理和考核。

6. 组织信用社省级管理机构和有关部门依法对信用社各类案件进行查处；负责对信用社省级管理机构主要负责人的违法违纪行为作出处理，并督促信用社省级管理机构和有关部门对信用社违法违纪人员作出处理。

7. 帮助信用社清收旧贷，打击逃废债，维护农村金融秩序稳定，为信用社发展营造良好信用环境。

8. 信用社党的关系可实行省委领导下的系统管理，也可实行属地管理，地方党委要加强对信用社党的领导，做好信用社干部职工的思想政治工作。

（六）省级人民政府对信用社风险处置的责任主要包括：

1. 组织协调银监会、人民银行、信用社省级管理机构等有关部门，制定当地信用社风险防范和处置的具体办法并组织实施。

2. 组织协调有关部门处置信用社发生的突发性支付风险。

3. 指导信用社省级管理机构做好信用社重组和市场退出的有关组织工作。

（七）在信用社风险防范和清收旧贷、打击逃废债、维护农村信用环境等工作中，应充分发挥信用社所在地方各级人民政府的作用，共同营造信用社发展的良好环境。

（八）省级人民政府可根据有关要求，制定对信用社管理的具体办法，并明确地级、县级人民政府协助省级人民政府管理信用社的具体职责，抄送银监会当地派出机构备案。

省级人民政府不得把对信用社的管理权下放到地级、县级人民政府。地级、县级人民政府不得干预信用社业务经营自主权和信用社人、财、物等具体管理工作。

三、信用社省级管理机构的职责。

（九）信用社省级管理机构是指对省（自治区、直辖市）内信用社实施管理的机构，包括省级联社或其他形式的省级机构（考虑到现行信用社省级管理机构均为省级联社，以下简称"省级联社"）。省级联社对指导、督促信用社完善内控制度和经营机制负主要责任。

（十）省级联社的具体职责包括：

1．建章立制，加强监督管理。结合当地信用社实际，制定信用社业务经营、财务核算、劳动用工、分配制度、风险控制等管理制度并督促执行。

2．指导信用社健全法人治理结构，完善内控制度，逐步形成决策、执行、监督相制衡，激励和约束相结合的经营机制。督促信用社依法选举理事和监事，选举、聘用高级管理人员。

3．对信用社业务经营、财务活动、劳动用工和社会保障及内部管理等工作进行培训、辅导和稽核检查。逐步扩大对外部股东、社员代表、理事、监事的培训，提高其参与信用社决策的能力。

4．改进和完善当地信用社的资金清算和结算的技术支持系统，提高资金清算和管理效率。办理或代理信用社的资金清算和结算业务。

5．为当地信用社提供业务指导和信息咨询服务。及时提供资金需求信息，鼓励法人之间开展同业拆借等同业融资活动。在平等自愿、明确债权债务关系和法律责任的前提下，为基层信用社融通资金。

6．代表信用社协调有关方面关系，维护信用社的合法权益。

7．省级人民政府授权行使的其他管理职责。

（十一）省级联社应严格按照有关法律、法规和行政规章实施对信用社的管理工作，尊重信用社的法人地位和经营管理自主权。

省级联社调剂当地信用社资金余缺，应当按有关规定办理，不得无偿调动信用社的资金。

（十二）省级联社应督促高风险信用社制定并落实整改措施，指导县联社做好当地信用社的风险防范和处置工作。省级联社应指导县联社防范和处置金融风险。县联社负责组织实施当地信用社风险防范和处置工作。

（十三）发生信用社突发性支付风险后，省级联社应迅速启动既定的风险处置预案，及时报告省级人民政府和银监会、人民银行，在省级人民政府的领导下，配合银监会、人民银行等有关部门，组织资金进行处置。

突发性支付风险较小时，可由县联社直接向人民银行分支机构申请动用存款准备金；如果风险比较严重，仅靠县级联社动用存款准备金无法有效遏制风险时，应由省级联社在省级人民政府承诺还款的前提下，按有关规定向人民银行分行申请紧急再贷款。

四、银监会的职责。

（十四）银监会及其派出机构依法行使对信用社的金融监管职能，承担监管责任。

（十五）银监会及其派出机构对信用社监管的职责包括：

1. 根据有关法律、行政法规，制定监管制度和办法。

2. 审批机构的设立、变更、终止及其业务范围。

3. 依法组织现场检查和非现场监测，做好信息统计和风险评价，依法查处违法违规行为。建立信用社监管评级体系和风险预警机制，根据信用社评级状况和风险状况，确定对其现场检查的频率、范围和需要采取的其他措施。

4. 审查高级管理人员任职资格，并对其履行职责情况进行监管评价。

5. 向省级人民政府提供有关监管信息和数据，对风险类机构提出风险预警，并协助省级人民政府处置风险。

6. 对省级人民政府的专职管理人员和省级联社的高级管理人员进行培训。

7. 受国务院委托，对省级人民政府管理信用社的工作情况进行总结评价，报告国务院。

（十六）银监会在信用社风险处置中的职责：

1. 按照《中华人民共和国银行业监督管理法》有关规定的要求，定期对信用社的风险状况进行考核和评价，按照评价结果实施分类监管，并将考核评价结果通报省级人民政府和人民银行。对风险较高的信用社，要提出明确的监管措施和整改要求，并监督省级联社制定改进措施和风险处置措施。

2. 对违反审慎经营规则、资本充足率低于百分之二、存在风险隐患的信用社，应当责令其限期改正，逾期未改正的，可以区别情形，采取以下措施：（1）责令暂停部分业务、停止批准开办新业务；（2）限制分配红利和其他收入；（3）限制资产转让；（4）责令控股股东转让股权或者限制有关股东的权利；（5）责令调整理事或董事、高级管理人员或者限制其权利；（6）停止批准增设分支机构。

3.按上述措施整改后仍难以化解风险的信用社，应进一步采取停业整顿、依法接管、重组等措施。具体办法由银监会会同有关部门制定。

4.对违法违规经营造成严重后果、已经发生支付风险或预警将发生支付风险，通过外部救助无法恢复其正常经营的信用社，可及时予以撤销。银监会作出撤销决定后，省级人民政府和银监会应联合公告，并由省级人民政府按照《金融机构撤销条例》的规定组织实施。

5.信用社发生突发性金融事件，银监会及其派出机构应及时通报省级人民政府和人民银行，并协助省级人民政府按照既定的应急处置方案进行处置。

（十七）银监会及其派出机构应当明确其对信用社的监管事权划分，并公开监管程序。

五、人民银行的职责。

（十八）按照《中华人民共和国中国人民银行法》第三十二条的有关规定，人民银行应对信用社执行有关存款准备金管理规定、人民银行特种贷款管理规定、人民币管理规定、银行间同业拆借市场和银行间债券市场管理规定、外汇管理规定、清算管理规定以及反洗钱规定的情况等进行监督检查，督促其依法经营。

（十九）在改革试点期间，对认购专项中央银行票据和使用专项借款的信用社，人民银行应按规定对其相关工作进行监督检查。

（二十）根据银监会及其派出机构的通报，人民银行应跟踪信用社的风险变化情况，及时了解省级人民政府、省级联社和银监会对高风险信用社的处置措施及其落实情况。

（二十一）在信用社发生局部支付风险时，人民银行应当按照有关规定及时给予资金支持。信用社发生支付风险时，实施资金救助的顺序是：县联社按规定程序申请动用存款准备金，省级联社向人民银行申请紧急再贷款。其中，省级联社向人民银行申请紧急再贷款，需由省级人民政府承诺还款。

（二十二）信用社发生突发性支付风险时，人民银行应积极配合省级人民政府制定应急方案，并对发生支付困难县联社提出的动用存款准备金申请和省级联社提出的紧急再贷款申请按照有关规定及时审批。

（二十三）信用社撤销时偿还个人合法债务的资金，首先由省级人民政府组织清收变现拟被撤销信用社的资产；资产变现不足以清偿个人债务部分，由省级人民政府按有关规定向人民银行申请临时借款。

六、附则。

（二十四）本指导意见适用于深化信用社改革试点的省（自治区、直辖市）。

（二十五）本指导意见经国务院批准后，由银监会会同人民银行负责指导实施。

国务院关于投资体制改革的决定

（二○○四年七月十六日）

各省、自治区、直辖市人民政府，国务院各部委、各直属机构：

改革开放以来，国家对原有的投资体制进行了一系列改革，打破了传统计划经济体制下高度集中的投资管理模式，初步形成了投资主体多元化、资金来源多渠道、投资方式多样化、项目建设市场化的新格局。但是，现行的投资体制还存在不少问题，特别是企业的投资决策权没有完全落实，市场配置资源的基础性作用尚未得到充分发挥，政府投资决策的科学化、民主化水平需要进一步提高，投资宏观调控和监管的有效性需要增强。为此，国务院决定进一步深化投资体制改革。

一、深化投资体制改革的指导思想和目标。

（一）深化投资体制改革的指导思想是：按照完善社会主义市场经济体制的要求，在国家宏观调控下充分发挥市场配置资源的基础性作用，确立企业在投资活动中的主体地位，规范政府投资行为，保护投资者的合法权益，营造有利于各类投资主体公平、有序竞争的市场环境，促进生产要素的合理流动和有效配置，优化投资结构，提高投资效益，推动经济协调发展和社会全面进步。

（二）深化投资体制改革的目标是：改革政府对企业投资的管理制度，按照"谁投资、谁决策、谁收益、谁承担风险"的原则，落实企业投资自主权；合理界定政府投资职能，提高投资决策的科学化、民主化水平，建立投资决策责任追究制度；进一步拓宽项目融资渠道，发展多种融资方式；培育规范的投资中介服务组织，加强行业自律，促进公平竞争；健全投资宏观调控体系，改进调控方式，完善调控手段；加快投资领域的立法进程；加强投资监管，维护规范的投资和建设市场秩序。通过深化改革和扩大开放，最终建立起市场引导投资、企业自主决策、银行独立审贷、融资方式多样、中介服务规范、宏观调控有效的新型投资体制。

二、转变政府管理职能，确立企业的投资主体地位。

（一）改革项目审批制度，落实企业投资自主权。彻底改革现行不分投资主体、不分资金来源、不分项目性质，一律按投资规模大小分别由各级政府及有关部门审批的企业投资管理办法。对于企业不使用政府投资建设的项目，一律不再实行审批制，区别不同情况实行核准制和备案制。其中，政府仅对重大项目和限制类项目从维护社会公共利益角度进行核准，其他项目无论规模大小，均改为备案制，项目的市场前景、经济效益、资金来源和产品技术方案等均由企业自主决策、自担风险，并依法办理环境保护、土地使用、资源利用、安全生产、城市规划等许可手续和减免税确认手续。对于企业使用政府补助、转贷、贴息投资建设的项目，政府只审批资金申请报告。各地区、各部门要相应改进管理办法，规范管理行为，不得以任何名义截留下放给企业的投资决策权利。

（二）规范政府核准制。要严格限定实行政府核准制的范围，并根据变化的情况适时调整。《政府核准的投资项目目录》（以下简称《目录》）由国务院投资主管部门会同有关部门研究提出，报国务院批准后实施。未经国务院批准，各地区、各部门不得擅自增减《目录》规定的范围。

企业投资建设实行核准制的项目，仅需向政府提交项目申请报告，不再经过批准项目建议书、可行性研究报告和开工报告的程序。政府对企业提交的项目申请报告，主要从维护经济安全、合理开发利用资源、保护生态环境、优化重大布局、保障公共利益、防止出现垄断等方面进行核准。对于外商投资项目，政府还要从市场准入、资本项目管理等方面进行核准。政府有关部门要制定严格规范的核准制度，明确核准的范围、内容、申报程序和办理时限，并向社会公布，提高办事效率，增强透明度。

（三）健全备案制。对于《目录》以外的企业投资项目，实行备案制，除国家另有规定外，由企业按照属地原则向地方政府投资主管部门备案。备案制的具体实施办法由省级人民政府自行制定。国务院投资主管部门要对备案工作加强指导和监督，防止以备案的名义变相审批。

（四）扩大大型企业集团的投资决策权。基本建立现代企业制度的特大型企业集团，投资建设《目录》内的项目，可以按项目单独申报核准，也可编制中长期发展建设规划，规划经国务院或国务院投资主管部门批准后，规划中属于《目录》内的项目不再另行申报核准，只须办理备案手续。企业集团要及时向国务院有关部门报告规划执行和项目建设情况。

（五）鼓励社会投资。放宽社会资本的投资领域，允许社会资本进入法律法规未禁入的基础设施、公用事业及其他行业和领域。逐步理顺公共产品价格，通过注入资本金、贷款贴息、税收优惠等措施，鼓励和引导社会资本以独资、合资、合作、联营、项目融资等方式，参与经营性的公益事业、基础设施项目建设。对于涉及国家垄断资源开发利用、需要统一规划布局的项目，政府在确定建设规划后，可向社会公开招标选定项目业主。鼓励和支持有条件的各种所有制企业进行境外投资。

（六）进一步拓宽企业投资项目的融资渠道。允许各类企业以股权融资方式筹集投资资金，逐步建立起多种募集方式相互补充的多层次资本市场。经国务院投资主管部门和证券监管机构批准，选择一些收益稳定的基础设施项目进行试点，通过公开发行股票、可转换债券等方式筹集建设资金。在严格防范风险的前提下，改革企业债券发行管理制度，扩大企业债券发行规模，增加企业债券品种。按照市场化原则改进和完善银行的固定资产贷款审批和相应的风险管理制度，运用银团贷款、融资租赁、项目融资、财务顾问等多种业务方式，支持项目建设。允许各种所有制企业按照有关规定申请使用国外贷款。制定相关法规，组织建立中小企业融资和信用担保体系，鼓励银行和各类合格担保机构对项目融资的担保方式进行研究创新，采取多种形式增强担保机构资本实力，推动设立中小企业投资公司，建立和完善创业投资机制。规范发展各类投资基金。鼓励和促进保险资金间接投资基础设施和重点建设工程项目。

（七）规范企业投资行为。各类企业都应严格遵守国土资源、环境保护、安全生产、城市规划等法律法规，严格执行产业政策和行业准入标准，不得投资建设国家禁止发展的项目；应诚信守法，维护公共利益，确保工程质量，提高投资效益。国有和国有控股企业应按照国有资产管理体制改革和现代企业制度的要求，建立和完善国有资产出资人制度、投资风险约束机制、科学民主的投资决策制度和重大投资责任追究制度。严格执行投资项目的法人责任制、资本金制、招标投标制、工程监理制和合同管理制。

三、完善政府投资体制，规范政府投资行为。

（一）合理界定政府投资范围。政府投资主要用于关系国家安全和市场不能有效配置资源的经济和社会领域，包括加强公益性和公共基础设施建设，保护和改善生态环境，促进欠发达地区的经济和社会发展，推进科技进步和高新技术产业化。能够由社会投资建设的项目，尽可能利用社会资金建设。合理划分中央政府与地方政府的投资事权。中央政府投资除本级政权等建设外，主要安排跨地区、跨流域以及对经济和社会发展全局有重大影响的项目。

（二）健全政府投资项目决策机制。进一步完善和坚持科学的决策规则和程序，提高政府投资项目决策的科学化、民主化水平；政府投资项目一般都要经过符合资质要求的咨询中介机构的评估论证，咨询评估要引入竞争机制，并制定合理的竞争规则；特别重大的项目还应实行专家评议制度；逐步实行政府投资项目公示制度，广泛听取各方面的意见和建议。

（三）规范政府投资资金管理。编制政府投资的中长期规划和年度计划，统筹安排、合理使用各类政府投资资金，包括预算内投资、各类专项建设基金、统借国外贷款等。政府投资资金按项目安排，根据资金来源、项目性质和调控需要，可分别采取直接投资、资本金注入、投资补助、转贷和贷款贴息等方式。以资本金注入方式投入的，要确定出资人代表。要针对不同的资金类型和资金运用方式，确定相应的管理办法，逐步实现政府投资的决策程序和资金管理的科学化、制度化和规范化。

（四）简化和规范政府投资项目审批程序，合理划分审批权限。按照项目性质、资金来源和事权划分，合理确定中央政府与地方政府之间、国务院投资主管部门与有关部门之间的项目审批权限。对于政府投资项目，采用直接投资和资本金注入方式的，从投资决策角度只审批项目建议书和可行性研究报告，除特殊情况外不再审批开工报告，同时应严格政府投资项目的初步设计、概算审批工作；采用投资补助、转贷和贷款贴息方式的，只审批资金申请报告。具体的权限划分和审批程序由国务院投资主管部门会同有关方面研究制定，报国务院批准后颁布实施。

（五）加强政府投资项目管理，改进建设实施方式。规范政府投资项目的建设标准，并根据情况变化及时修订完善。按项目建设进度下达投资资金计划。加强政府投资项目的中介服务管理，对咨询评估、招标代理等中介机构实行资质管理，提高中介服务质量。对非经营性政府投资项目加快推行"代建制"，即通过招标等方式，选择专业化的项目管理单位负责建设实施，严格控制项目投资、质量和工期，竣工验收后移交给使用单位。增强投资风险意识，建立和完善政府投资项目的风险管理机制。

（六）引入市场机制，充分发挥政府投资的效益。各级政府要创造条件，利用特许经营、投资补助等多种方式，吸收社会资本参与有合理回报和一定投资回收能力的公益事业和公共基础设施项目建设。对于具有垄断性的项目，试行特许经营，通过业主招标制度，开展公平竞争，保护公众利益。已经建成的政府投资项目，具备条件的经过批准可以依法转让产权或经营权，以回收的资金滚动投资于社会公益等各类基础设施建设。

四、加强和改善投资的宏观调控。

（一）完善投资宏观调控体系。国家发展和改革委员会要在国务院领导下会同有关部门，按照职责分工，密切配合、相互协作、有效运转、依法监督，调控全社会的投资活动，保持合理投资规模，优化投资结构，提高投资效益，促进国民经济持续快速协调健康发展和社会全面进步。

（二）改进投资宏观调控方式。综合运用经济的、法律的和必要的行政手段，对全社会投资进行以间接调控方式为主的有效调控。国务院有关部门要依据国民经济和社会发展中长期规划，编制教育、科技、卫生、交通、能源、农业、林业、水利、生态建设、环境保护、战略资源开发等重要领域的发展建设规划，包括必要的专项发展建设规划，明确发展的指导思想、战略目标、总体布局和主要建设项目等。按照规定程序批准的发展建设规划是投资决策的重要依据。各级政府及其有关部门要努力提高政府投资效益，引导社会投资。制定并适时调整国家固定资产投资指导目录、外商投资产业指导目录，明确国家鼓励、限制和禁止投资的项目。建立投资信息发布制度，及时发布政府对投资的调控目标、主要调控政策、重点行业投资状况和发展趋势等信息，引导全社会投资活动。建立科学的行业准入制度，规范重点行业的环保标准、安全标准、能耗水耗标准和产品技术、质量标准，防止低水平重复建设。

（三）协调投资宏观调控手段。根据国民经济和社会发展要求以及宏观调控需要，合理确定政府投资规模，保持国家对全社会投资的积极引导和有效调控。灵活运用投资补助、贴息、价格、利率、税收等多种手段，引导社会投资，优化投资的产业结构和地区结构。适时制定和调整信贷政策，引导中长期贷款的总量和投向。严格和规范土地使用制度，充分发挥土地供应对社会投资的调控和引导作用。

（四）加强和改进投资信息、统计工作。加强投资统计工作，改革和完善投资统计制度，进一步及时、准确、全面地反映全社会固定资产存量和投资的运行态势，并建立各类信息共享机制，为投资宏观调控提供科学依据。建立投资风险预警和防范体系，加强对宏观经济和投资运行的监测分析。

五、加强和改进投资的监督管理。

（一）建立和完善政府投资监管体系。建立政府投资责任追究制度，工程咨询、投资项目决策、设计、施工、监理等部门和单位，都应有相应的责任约束，对不遵守法律法规给国家造成重大损失的，要依法追究有关责任人的行政和法律责任。完善政府投资制衡机制，投资主管部门、财政主管部门以及有关部门，要依据职能分工，对政府投资的管理进行相互监督。审计机关要依法全面履行职责，进一步加强对政府投资项目的审计监督，提高政府投资管理水平和投资效益。完善重大项目稽查制度，建立政府投资项目后评价制度，对政府投资项目进行全过程监管。建立政府投资项目的社会监督机制，鼓励公众和新闻媒体对政府投资项目进行监督。

（二）建立健全协同配合的企业投资监管体系。国土资源、环境保护、城市规划、质量监督、银行监管、证券监管、外汇管理、工商管理、安全生产监管等部门，要依法加强对企业投资活动的监管，凡不符合法律法规和国家政策规定的，不得办理相关许可手续。在建设过程中不遵守有关法律法规的，有关部门要责令其及时改正，并依法严肃处理。各级政府投资主管部门要加强对企业投资项目的事中和事后监督检查，对于不符合产业政策和行业准入标准的项目，以及不按规定履行相应核准或许可手续而擅自开工建设的项目，要责令其停止建设，并依法追究有关企业和人员的责任。审计机关依法对国有企业的投资进行审计监督，促进国有资产保值增值。建立企业投资诚信制度，对于在项目申报和建设过程中提供虚假信息、违反法律法规的，要予以惩处，并公开披露，在一定时间内限制其投资建设活动。

（三）加强对投资中介服务机构的监管。各类投资中介服务机构均须与政府部门脱钩，坚持诚信原则，加强自我约束，为投资者提供高质量、多样化的中介服务。鼓励各种投资中介服务机构采取合伙制、股份制等多种形式改组改造。健全和完善投资中介服务机构的行业协会，确立法律规范、政府监督、行业自律的行业管理体制。打破地区封锁和行业垄断，建立公开、公平、公正的投资中介服务市场，强化投资中介服务机构的法律责任。

（四）完善法律法规，依法监督管理。建立健全与投资有关的法律法规，依法保护投资者的合法权益，维护投资主体公平、有序竞争，投资要素合理流动、市场发挥配置资源的基础性作用的市场环境，规范各类投资主体的投资行为和政府的投资管理活动。认真贯彻实施有关法律法规，严格财经纪律，堵塞管理漏洞，降低建设成本，提高投资效益。加强执法检查，培育和维护规范的建设市场秩序。

附件：政府核准的投资项目目录（2004 年本）[1]

国务院
二〇〇四年七月十六日

注　释

[1] 此附件在收入本书时从略。

做好当前金融工作[*]

（二〇〇四年八月十八日）

温 家 宝

刚才，中国人民银行作了关于防范和打击金融犯罪活动的工作汇报，国务院领导同志和有关部门负责同志发了言。防范和打击金融犯罪活动不是一件孤立的工作，它涉及金融改革、金融监管、金融企业内控制度和金融队伍建设等方面，也需要多个部门的协调配合。人民银行要会同有关部门按照这次会议精神认真做好这项工作。借这个机会，我就进一步做好当前金融工作，讲几点意见。

一、充分发挥金融在加强宏观调控中的重要作用。一年多来，银行、证券、保险系统坚决贯彻中央关于加强宏观调控的决策和部署，做了大量很有成效的工作。运用多种货币政策手段控制货币信贷过快增长，按照有控有保的原则调整信贷结构，努力防范和化解金融风险，积极推进银行、证券、保险企业改革，在遏制固定资产投资过快增长、加强经济社会发展薄弱环节、促进经济平稳较快发展中发挥了重要作用。从五月份开始，货币信贷增幅逐步下降，目前已回落到比较合理的水平。七月末广义货币 M_2 和人民币贷款同比增长百分之十五点三和百分之十五点五，比上年同期分别低五点四和七点九个百分点。银行不良贷款余额和比例继续下降，人民币汇率保持稳定，整个金融平稳运行。实践证明，在社会主义市场经济条件下，做好金融工作对于加强和改善宏观调控起着重要的和关键的作用。经过各方面共同努力，加强宏观调控已见成效，国民经济总体上保持良好态势。但是，我们要充分认识搞好宏观调控的复杂性和艰巨性。宏观调控的基础还不牢固，经济生活中原有的突出矛盾和问题还没有根本解决，又出现了一些新情况和新问题，加强宏观调控仍处于关键阶段。继续贯彻落实中央的方针政策，就能巩固宏观调控的成果；稍有放松就可能出现反弹，甚至前功尽弃。金融系统

一定要把思想进一步统一到中央对经济形势的判断上来，统一到中央关于宏观调控的决策和部署上来，全面、正确、积极地理解和贯彻中央确定的宏观调控政策措施，坚持不懈地做好各项金融工作，更好地发挥金融在加强宏观调控中的重要作用。

二、进一步做好货币信贷工作。要按照加强和改善宏观调控的要求，继续合理控制货币信贷规模，着力优化信贷结构，把好信贷"闸门"。要强化金融企业内控机制，有针对性地加强对商业银行的"窗口指导"，准确把握调控的力度和节奏。要加强信贷政策与产业规划和政策以及其他经济政策的协调，坚持有保有压、区别对待，防止"一刀切"。一是继续控制中长期贷款过快增长，防止信贷资金流向部分盲目投资和重复建设行业，防止固定资产投资过快增长势头的反弹。二是继续加大对符合国家产业政策和市场准入条件、有利于调整结构的项目信贷支持，加强经济社会发展薄弱环节。三是针对部分企业流动资金紧张的状况，适当增加对有市场、有效益、有利于增加就业的企业流动资金贷款。四是有关银行要加强与粮食等部门的联系与协作，确保粮食等农产品收购资金及时发放。五是改进对中小企业和非公有制企业的信贷服务。继续规范发展消费信贷，支持扩大消费需求。各金融机构都要围绕实现宏观调控预期目标和促进经济平稳较快发展，积极探索新形势下改进金融服务的机制和方式方法，加快金融业务和产品创新，提高金融服务水平和办事效率。

三、高度重视防范和化解金融风险。在目前经济金融形势比较好的情况下，我们对金融领域存在的风险决不可低估，防范和化解金融风险的工作决不可放松。当前要重点做好以下工作：一是加快处理历史遗留的金融风险问题。商业银行要进一步减少不良资产。降低不良资产决不能弄虚作假，必须是真实的，是经得住时间检验的，是做了大量艰苦细致工作的结果。金融资产管理公司要在规范的基础上加快处置不良资产，证券、保险系统也要积极化解风险隐患。二是积极防范和化解新的风险。在这次加强宏观调控中，各地对固定资产投资项目进行了清理，一些盲目投资、不符合国家产业政策和市场准入条件的项目要停建、缓建，许多项目涉及银行贷款，要认真做好这些项目贷款的善后处理工作，并从中汲取教训。三是妥善处理高风险金融企业和有严重问题的贷款企业、上市公司的问题。要以加强宏观调控为契机，加快建立金融企业风险管理机制，强化资本约束机制，完善授权授信管理特别是大额贷款审批制度。要继续加强对不良贷款余额和比例的考核，强化不良资产核销的责任追究，健全贷款责任制度。

四、不失时机地推进金融改革。从根本上解决金融领域存在的问题，提高我国金融业竞争力和抗风险能力，必须坚定不移地深化金融改革。要紧紧抓住当前经济形势比较好的有利时机，把金融改革继续推向前进。一是加快国有商业银行改革步伐。推动中国银行、建设银行在年内完成股份制改造工作，成立股份制商业银行。同时，支持交通银行深化股份制改革。继续研究工商银行、农业银行股份制改革方案。其他商业银行和政策性银行也要加快改革步伐。商业银行股份制改造是金融改革的重要手段，其根本目的在于转变经营机制，建立自主经营、自负盈亏的现代银行制度。这就需要推进公司治理结构的改革，完善会计制度和财务管理，建立内控机制，提高队伍素质，改善经营管理。二是积极推进农村信用社改革。认真总结一年来八省市农村信用社改革试点经验，做好扩大农村信用社改革试点的工作。三是进一步落实国务院关于推进资本市场改革开放和稳定发展的意见。重点解决影响当前市场稳定运行的突出问题，加强市场法制建设，稳定市场信心，促进市场健康发展。国务院最近成立了有关部门参加的专题工作小组，要抓紧研究提出具体政策措施，择机出台。继续推进保险业改革。近年来保险业改革的步子较大，要注意总结经验，加强制度建设，有效防范风险。四是深化投资体制改革，提高银行自主审贷能力。投资体制改革对商业银行来讲，核心是自主审贷、自担风险。商业银行要按照市场化原则改革贷款审批制度，完善内部各级机构的风险管理制度，运用多种方式支持项目建设。

五、进一步做好金融对外开放工作。我们要继续认真履行加入世贸组织的承诺，扩大金融对外开放的地域和业务范围，积极引进人才、技术和先进的金融管理方式。抓紧修改和完善有关政策规定，加强对外资金融机构的引导、服务和管理，逐步形成内外资金融企业公平竞争的市场环境。支持国内企业在境外上市和国内金融企业"走出去"。

六、继续加强和改进金融监管。越是处在经济发展的重要关口时期，越是要加强和改进金融监管，注重监管实效，提高监管水平。一是金融监管部门要切实履行监管责任，加大监管力度。要突出监管重点，着重加强对市场准入、公司治理结构、内部控制、重要金融业务和高级管理人员的监管。要加强国际收支管理，防止短期套利资本冲击。各监管部门要建立和完善监管失职责任追究制度，积极运用现代监管方式和技术手段，对各种重大金融活动和交易行为实行严密监控。二是加强金融企业内部监管。商业银行要建立全面、科学、有效的内控机制和风险管理体系。三是抓紧修订、完善金融监管法规制度。对不适应形势发展要求的监管法规和制度，要及时修订；要针对新出现的问题，尽快制定新的监管法规和制度。四是加强金融监管协调。完善各金融监管部门之间、金融监管部门和中央银行之间的协调机制，防止出现监管真空，形成监管合力。五是加快社会信用体系建设，完善社会信用监督机制，为金融安全高效稳定运行创造良好的社会信用环境。加大对逃废银行债务、恶意套取银行贷款行为的制裁力度。

七、切实做好防范和打击金融犯罪活动工作。严厉打击金融犯罪活动，是整顿和规范市场经济秩序，维护国家金融安全的一项重大而紧迫的任务。要按照综合治理、整体部署、分工合作、多管齐下、以防为主、防打结合的原则，认真做好防范和打击各类金融犯罪活动的工作。要依法严厉打击金融系统职务犯罪、内外勾结犯罪，打击金融诈骗、制售假币、洗钱等犯罪，打击欺诈性关联交易金融犯罪。要依法取缔"地下钱庄"、"地下证券"、"地下保险"等活动。要积极采用先进手段和装备，提高防范金融犯罪的技术水平。针对金融犯罪的新情况，进一步加强防范和打击金融犯罪的法律制度建设。加强人民银行、金融监管部门及公安部门之间的信息协调与工作合作，建立健全防范和打击金融犯罪的跨部门协作机制。加强国际合作与交流，防范和打击跨国金融犯罪。

八、努力提高金融调控与管理工作的预见性、科学性和有效性。新形势和新任务对金融工作提出新的更高要求。人民银行和金融监管部门要密切跟踪国内经济金融形势的发展变化，全面了解加强宏观调控政策措施的落实情况和效果，深入分析经济金融运行中的新情况、新问题，及时研究提出有针对性的对策建议。在我国经济金融与国际经济金融联系日益紧密的情况下，还要密切跟踪世界经济走势和国际金融市场变化，为正确制定我国经济金融政策提供依据。

今天讲以上这些问题，主要目的是引起大家高度重视进一步做好金融工作。金融运行关系经济社会发展全局，要增强预见性，敏锐观察、深入思考金融问题，及早研究采取对策措施，确保金融安全运行和经济平稳较快发展。

中华人民共和国票据法

（一九九五年五月十日第八届全国人民代表大会常务委员会第十三次会议通过，根据二〇〇四年八月二十八日第十届全国人民代表大会常务委员会第十一次会议《关于修改〈中华人民共和国票据法〉的决定》修正）

目　　录

第一章　总　　则

　第一条　为了规范票据行为，保障票据活动中当事人的合法权益，维护社会经济秩序，促进社会主义市场经济的发展，制定本法。

第二条　在中华人民共和国境内的票据活动，适用本法。

本法所称票据，是指汇票、本票和支票。

第三条　票据活动应当遵守法律、行政法规，不得损害社会公共利益。

第四条　票据出票人制作票据，应当按照法定条件在票据上签章，并按照所记载的事项承担票据责任。

持票人行使票据权利，应当按照法定程序在票据上签章，并出示票据。

其他票据债务人在票据上签章的，按照票据所记载的事项承担票据责任。

本法所称票据权利，是指持票人向票据债务人请求支付票据金额的权利，包括付款请求权和追索权。

本法所称票据责任，是指票据债务人向持票人支付票据金额的义务。

第五条　票据当事人可以委托其代理人在票据上签章，并应当在票据上表明其代理关系。

没有代理权而以代理人名义在票据上签章的，应当由签章人承担票据责任；代理人超越代理权限的，应当就其超越权限的部分承担票据责任。

第六条　无民事行为能力人或者限制民事行为能力人在票据上签章的，其签章无效，但是不影响其他签章的效力。

第七条　票据上的签章，为签名、盖章或者签名加盖章。

法人和其他使用票据的单位在票据上的签章，为该法人或者该单位的盖章加其法定代表人或者其授权的代理人的签章。

在票据上的签名，应当为该当事人的本名。

第八条　票据金额以中文大写和数码同时记载，二者必须一致，二者不一致的，票据无效。

第九条　票据上的记载事项必须符合本法的规定。

票据金额、日期、收款人名称不得更改，更改的票据无效。

对票据上的其他记载事项，原记载人可以更改，更改时应当由原记载人签章证明。

第十条　票据的签发、取得和转让，应当遵循诚实信用的原则，具有真实的交易关系和债权债务关系。

票据的取得，必须给付对价，即应当给付票据双方当事人认可的相对应的代价。

第十一条　因税收、继承、赠与可以依法无偿取得票据的，不受给付对价的限制。但是，所享有的票据权利不得优于其前手的权利。

前手是指在票据签章人或者持票人之前签章的其他票据债务人。

第十二条　以欺诈、偷盗或者胁迫等手段取得票据的，或者明知有前列情形，出于恶意取得票据的，不得享有票据权利。

持票人因重大过失取得不符合本法规定的票据的，也不得享有票据权利。

第十三条　票据债务人不得以自己与出票人或者与持票人的前手之间的抗辩事由，对抗持票人。但是，持票人明知存在抗辩事由而取得票据的除外。

票据债务人可以对不履行约定义务的与自己有直接债权债务关系的持票人，进行抗辩。

本法所称抗辩，是指票据债务人根据本法规定对票据债权人拒绝履行义务的行为。

第十四条　票据上的记载事项应当真实，不得伪造、变造。伪造、变造票据上的签章和其他记载事项的，应当承担法律责任。

票据上有伪造、变造的签章的，不影响票据上其他真实签章的效力。

票据上其他记载事项被变造的，在变造之前签章的人，对原记载事项负责；在变造之后签章的人，对变造之后的记载事项负责；不能辨别是在票据被变造之前或者之后签章的，视同在变造之前签章。

第十五条　票据丧失，失票人可以及时通知票据的付款人挂失止付，但是，未记载付款人或者无法确定付款人及其代理付款人的票据除外。

收到挂失止付通知的付款人，应当暂停支付。

失票人应当在通知挂失止付后三日内，也可以在票据丧失后，依法向人民法院申请公示催告，或者向人民法院提起诉讼。

第十六条　持票人对票据债务人行使票据权利，或者保全票据权利，应当在票据当事人的营业场所和营业时间内进行，票据当事人无营业场所的，应当在其住所进行。

第十七条　票据权利在下列期限内不行使而消灭：

（一）持票人对票据的出票人和承兑人的权利，自票据到期日起二年。见票即付的汇票、本票，自出票日起二年；

（二）持票人对支票出票人的权利，自出票日起六个月；

（三）持票人对前手的追索权，自被拒绝承兑或者被拒绝付款之日起六个月；

（四）持票人对前手的再追索权，自清偿日或者被提起诉讼之日起三个月。

票据的出票日、到期日由票据当事人依法确定。

第十八条　持票人因超过票据权利时效或者因票据记载事项欠缺而丧失票据权利的，仍享有民事权利，可以请求出票人或者承兑人返还其与未支付的票据金额相当的利益。

第二章　汇　　票

第一节　出　　票

第十九条　汇票是出票人签发的，委托付款人在见票时或者在指定日期无条件支付确定的金额给收款人或者持票人的票据。

汇票分为银行汇票和商业汇票。

第二十条　出票是指出票人签发票据并将其交付给收款人的票据行为。

第二十一条　汇票的出票人必须与付款人具有真实的委托付款关系，并且具有支付汇票金额的可靠资金来源。

不得签发无对价的汇票用以骗取银行或者其他票据当事人的资金。

第二十二条　汇票必须记载下列事项：

（一）表明“汇票”的字样；

（二）无条件支付的委托；

（三）确定的金额；

（四）付款人名称；

（五）收款人名称；

（六）出票日期；

（七）出票人签章。

汇票上未记载前款规定事项之一的，汇票无效。

第二十三条　汇票上记载付款日期、付款地、出票地等事项的，应当清楚、明确。

汇票上未记载付款日期的，为见票即付。

汇票上未记载付款地的，付款人的营业场所、住所或者经常居住地为付款地。

汇票上未记载出票地的，出票人的营业场所、住所或者经常居住地为出票地。

第二十四条　汇票上可以记载本法规定事项以外的其他出票事项，但是该记载事项不具有汇票上的效力。

第二十五条　付款日期可以按照下列形式之一记载：

（一）见票即付；

（二）定日付款；

（三）出票后定期付款；

（四）见票后定期付款。

前款规定的付款日期为汇票到期日。

第二十六条　出票人签发汇票后，即承担保证该汇票承兑和付款的责任。出票人在汇票得不到承兑或者付款时，应当向持票人清偿本法第七十条、第七十一条规定的金额和费用。

第二节　背　书

第二十七条　持票人可以将汇票权利转让给他人或者将一定的汇票权利授予他人行使。

出票人在汇票上记载"不得转让"字样的，汇票不得转让。

持票人行使第一款规定的权利时，应当背书并交付汇票。

背书是指在票据背面或者粘单上记载有关事项并签章的票据行为。

第二十八条　票据凭证不能满足背书人记载事项的需要，可以加附粘单，粘附于票据凭证上。

粘单上的第一记载人，应当在汇票和粘单的粘接处签章。

第二十九条　背书由背书人签章并记载背书日期。

背书未记载日期的，视为在汇票到期日前背书。

第三十条　汇票以背书转让或者以背书将一定的汇票权利授予他人行使时，必须记载被背书人名称。

第三十一条　以背书转让的汇票，背书应当连续。持票人以背书的连续，证明其汇票权利；非经背书转让，而以其他合法方式取得汇票的，依法举证，证明其汇票权利。

前款所称背书连续，是指在票据转让中，转让汇票的背书人与受让汇票的被背书人在汇票上的签章依次前后衔接。

第三十二条　以背书转让的汇票，后手应当对其直接前手背书的真实性负责。

后手是指在票据签章人之后签章的其他票据债务人。

第三十三条　背书不得附有条件。背书时附有条件的，所附条件不具有汇票上的效力。

将汇票金额的一部分转让的背书或者将汇票金额分别转让给二人以上的背书无效。

第三十四条　背书人在汇票上记载"不得转让"字样，其后手再背书转让的，原背书人对后手的被背书人不承担保证责任。

第三十五条　背书记载"委托收款"字样的，被背书人有权代背书人行使被委托的汇票权利。但是，被背书人不得再以背书转让汇票权利。

汇票可以设定质押；质押时应当以背书记载"质押"字样。被背书人依法实现其质权时，可以行使汇票权利。

第三十六条　汇票被拒绝承兑、被拒绝付款或者超过付款提示期限的，不得背书转让；背书转让的，背书人应当承担汇票责任。

第三十七条　背书人以背书转让汇票后，即承担保证其后手所持汇票承兑和付款的责任。背书人在汇票得不到承兑或者付款时，应当向持票人清偿本法第七十条、第七十一条规定的金额和费用。

第三节　承　兑

第三十八条　承兑是指汇票付款人承诺在汇票到期日支付汇票金额的票据行为。

第三十九条　定日付款或者出票后定期付款的汇票，持票人应当在汇票到期日前向付款人提示承兑。

提示承兑是指持票人向付款人出示汇票，并要求付款人承诺付款的行为。

第四十条　见票后定期付款的汇票，持票人应当自出票日起一个月内向付款人提示承兑。

汇票未按照规定期限提示承兑的，持票人丧失对其前手的追索权。

见票即付的汇票无需提示承兑。

第四十一条　付款人对向其提示承兑的汇票，应当自收到提示承兑的汇票之日起三日内承兑或者拒绝承兑。

付款人收到持票人提示承兑的汇票时，应当向持票人签发收到汇票的回单。回单上应当记明汇票提示承兑日期并签章。

第四十二条　付款人承兑汇票的，应当在汇票正面记载"承兑"字样和承兑日期并签章；见票后定期付款的汇票，应当在承兑时记载付款日期。

汇票上未记载承兑日期的，以前条第一款规定期限的最后一日为承兑日期。

第四十三条　付款人承兑汇票，不得附有条件；承兑附有条件的，视为拒绝承兑。

第四十四条　付款人承兑汇票后，应当承担到期付款的责任。

第四节　保　　证

第四十五条　汇票的债务可以由保证人承担保证责任。

保证人由汇票债务人以外的他人担当。

第四十六条　保证人必须在汇票或者粘单上记载下列事项：

（一）表明"保证"的字样；

（二）保证人名称和住所；

（三）被保证人的名称；

（四）保证日期；

（五）保证人签章。

第四十七条　保证人在汇票或者粘单上未记载前条第（三）项的，已承兑的汇票，承兑人为被保证人；未承兑的汇票，出票人为被保证人。

保证人在汇票或者粘单上未记载前条第（四）项的，出票日期为保证日期。

第四十八条　保证不得附有条件；附有条件的，不影响对汇票的保证责任。

第四十九条　保证人对合法取得汇票的持票人所享有的汇票权利，承担保证责任。但是，被保证人的债务因汇票记载事项欠缺而无效的除外。

第五十条 被保证的汇票，保证人应当与被保证人对持票人承担连带责任。汇票到期后得不到付款的，持票人有权向保证人请求付款，保证人应当足额付款。

第五十一条 保证人为二人以上的，保证人之间承担连带责任。

第五十二条 保证人清偿汇票债务后，可以行使持票人对被保证人及其前手的追索权。

第五节 付 款

第五十三条 持票人应当按照下列期限提示付款：

（一）见票即付的汇票，自出票日起一个月内向付款人提示付款；

（二）定日付款、出票后定期付款或者见票后定期付款的汇票，自到期日起十日内向承兑人提示付款。

持票人未按照前款规定期限提示付款的，在作出说明后，承兑人或者付款人仍应当继续对持票人承担付款责任。

通过委托收款银行或者通过票据交换系统向付款人提示付款的，视同持票人提示付款。

第五十四条 持票人依照前条规定提示付款的，付款人必须在当日足额付款。

第五十五条 持票人获得付款的，应当在汇票上签收，并将汇票交给付款人。持票人委托银行收款的，受委托的银行将代收的汇票金额转账收入持票人账户，视同签收。

第五十六条 持票人委托的收款银行的责任，限于按照汇票上记载事项将汇票金额转入持票人账户。

付款人委托的付款银行的责任，限于按照汇票上记载事项从付款人账户支付汇票金额。

第五十七条 付款人及其代理付款人付款时，应当审查汇票背书的连续，并审查提示付款人的合法身份证明或者有效证件。

付款人及其代理付款人以恶意或者有重大过失付款的，应当自行承担责任。

第五十八条 对定日付款、出票后定期付款或者见票后定期付款的汇票，付款人在到期日前付款的，由付款人自行承担所产生的责任。

第五十九条　汇票金额为外币的，按照付款日的市场汇价，以人民币支付。汇票当事人对汇票支付的货币种类另有约定的，从其约定。

第六十条　付款人依法足额付款后，全体汇票债务人的责任解除。

第六节　追　索　权

第六十一条　汇票到期被拒绝付款的，持票人可以对背书人、出票人以及汇票的其他债务人行使追索权。

汇票到期日前，有下列情形之一的，持票人也可以行使追索权：

（一）汇票被拒绝承兑的；

（二）承兑人或者付款人死亡、逃匿的；

（三）承兑人或者付款人被依法宣告破产的或者因违法被责令终止业务活动的。

第六十二条　持票人行使追索权时，应当提供被拒绝承兑或者被拒绝付款的有关证明。

持票人提示承兑或者提示付款被拒绝的，承兑人或者付款人必须出具拒绝证明，或者出具退票理由书。未出具拒绝证明或者退票理由书的，应当承担由此产生的民事责任。

第六十三条　持票人因承兑人或者付款人死亡、逃匿或者其他原因，不能取得拒绝证明的，可以依法取得其他有关证明。

第六十四条　承兑人或者付款人被人民法院依法宣告破产的，人民法院的有关司法文书具有拒绝证明的效力。

承兑人或者付款人因违法被责令终止业务活动的，有关行政主管部门的处罚决定具有拒绝证明的效力。

第六十五条　持票人不能出示拒绝证明、退票理由书或者未按照规定期限提供其他合法证明的，丧失对其前手的追索权。但是，承兑人或者付款人仍应当对持票人承担责任。

第六十六条　持票人应当自收到被拒绝承兑或者被拒绝付款的有关证明之日起三日内，将被拒绝事由书面通知其前手；其前手应当自收到通知之日起三日内书面通知其再前手。持票人也可以同时向各汇票债务人发出书面通知。

未按照前款规定期限通知的，持票人仍可以行使追索权。因延期通知给其前手或者出票人造成损失的，由没有按照规定期限通知的汇票当事人，承担对该损失的赔偿责任，但是所赔偿的金额以汇票金额为限。

在规定期限内将通知按照法定地址或者约定的地址邮寄的，视为已经发出通知。

第六十七条　依照前条第一款所作的书面通知，应当记明汇票的主要记载事项，并说明该汇票已被退票。

第六十八条　汇票的出票人、背书人、承兑人和保证人对持票人承担连带责任。

持票人可以不按照汇票债务人的先后顺序，对其中任何一人、数人或者全体行使追索权。

持票人对汇票债务人中的一人或者数人已经进行追索的，对其他汇票债务人仍可以行使追索权。被追索人清偿债务后，与持票人享有同一权利。

第六十九条　持票人为出票人的，对其前手无追索权。持票人为背书人的，对其后手无追索权。

第七十条　持票人行使追索权，可以请求被追索人支付下列金额和费用：

（一）被拒绝付款的汇票金额；

（二）汇票金额自到期日或者提示付款日起至清偿日止，按照中国人民银行规定的利率计算的利息；

（三）取得有关拒绝证明和发出通知书的费用。

被追索人清偿债务时，持票人应当交出汇票和有关拒绝证明，并出具所收到利息和费用的收据。

第七十一条　被追索人依照前条规定清偿后，可以向其他汇票债务人行使再追索权，请求其他汇票债务人支付下列金额和费用：

（一）已清偿的全部金额；

（二）前项金额自清偿日起至再追索清偿日止，按照中国人民银行规定的利率计算的利息；

（三）发出通知书的费用。

行使再追索权的被追索人获得清偿时，应当交出汇票和有关拒绝证明，并出具所收到利息和费用的收据。

第七十二条　被追索人依照前二条规定清偿债务后，其责任解除。

第三章 本 票

第七十三条 本票是出票人签发的，承诺自己在见票时无条件支付确定的金额给收款人或者持票人的票据。

本法所称本票，是指银行本票。

第七十四条 本票的出票人必须具有支付本票金额的可靠资金来源，并保证支付。

第七十五条 本票必须记载下列事项：

（一）表明"本票"的字样；

（二）无条件支付的承诺；

（三）确定的金额；

（四）收款人名称；

（五）出票日期；

（六）出票人签章。

本票上未记载前款规定事项之一的，本票无效。

第七十六条 本票上记载付款地、出票地等事项的，应当清楚、明确。

本票上未记载付款地的，出票人的营业场所为付款地。

本票上未记载出票地的，出票人的营业场所为出票地。

第七十七条 本票的出票人在持票人提示见票时，必须承担付款的责任。

第七十八条 本票自出票日起，付款期限最长不得超过二个月。

第七十九条 本票的持票人未按照规定期限提示见票的，丧失对出票人以外的前手的追索权。

第八十条 本票的背书、保证、付款行为和追索权的行使，除本章规定外，适用本法第二章有关汇票的规定。

本票的出票行为，除本章规定外，适用本法第二十四条关于汇票的规定。

第四章 支 票

第八十一条 支票是出票人签发的，委托办理支票存款业务的银行或者其他金融机构在见票时无条件支付确定的金额给收款人或者持票人的票据。

第八十二条　开立支票存款账户，申请人必须使用其本名，并提交证明其身份的合法证件。

开立支票存款账户和领用支票，应当有可靠的资信，并存入一定的资金。

开立支票存款账户，申请人应当预留其本名的签名式样和印鉴。

第八十三条　支票可以支取现金，也可以转账，用于转账时，应当在支票正面注明。

支票中专门用于支取现金的，可以另行制作现金支票，现金支票只能用于支取现金。

支票中专门用于转账的，可以另行制作转账支票，转账支票只能用于转账，不得支取现金。

第八十四条　支票必须记载下列事项：

（一）表明"支票"的字样；

（二）无条件支付的委托；

（三）确定的金额；

（四）付款人名称；

（五）出票日期；

（六）出票人签章。

支票上未记载前款规定事项之一的，支票无效。

第八十五条　支票上的金额可以由出票人授权补记，未补记前的支票，不得使用。

第八十六条　支票上未记载收款人名称的，经出票人授权，可以补记。

支票上未记载付款地的，付款人的营业场所为付款地。

支票上未记载出票地的，出票人的营业场所、住所或者经常居住地为出票地。

出票人可以在支票上记载自己为收款人。

第八十七条　支票的出票人所签发的支票金额不得超过其付款时在付款人处实有的存款金额。

出票人签发的支票金额超过其付款时在付款人处实有的存款金额的，为空头支票。禁止签发空头支票。

第八十八条　支票的出票人不得签发与其预留本名的签名式样或者印鉴不符的支票。

第八十九条　出票人必须按照签发的支票金额承担保证向该持票人付款的责任。

出票人在付款人处的存款足以支付支票金额时，付款人应当在当日足额付款。

第九十条　支票限于见票即付，不得另行记载付款日期。另行记载付款日期的，该记载无效。

第九十一条　支票的持票人应当自出票日起十日内提示付款；异地使用的支票，其提示付款的期限由中国人民银行另行规定。

超过提示付款期限的，付款人可以不予付款；付款人不予付款的，出票人仍应当对持票人承担票据责任。

第九十二条　付款人依法支付支票金额的，对出票人不再承担受委托付款的责任，对持票人不再承担付款的责任。但是，付款人以恶意或者有重大过失付款的除外。

第九十三条　支票的背书、付款行为和追索权的行使，除本章规定外，适用本法第二章有关汇票的规定。

支票的出票行为，除本章规定外，适用本法第二十四条、第二十六条关于汇票的规定。

第五章　涉外票据的法律适用

第九十四条　涉外票据的法律适用，依照本章的规定确定。

前款所称涉外票据，是指出票、背书、承兑、保证、付款等行为中，既有发生在中华人民共和国境内又有发生在中华人民共和国境外的票据。

第九十五条　中华人民共和国缔结或者参加的国际条约同本法有不同规定的，适用国际条约的规定。但是，中华人民共和国声明保留的条款除外。

本法和中华人民共和国缔结或者参加的国际条约没有规定的，可以适用国际惯例。

第九十六条　票据债务人的民事行为能力，适用其本国法律。

票据债务人的民事行为能力，依照其本国法律为无民事行为能力或者为限制民事行为能力而依照行为地法律为完全民事行为能力的，适用行为地法律。

第九十七条　汇票、本票出票时的记载事项，适用出票地法律。

支票出票时的记载事项，适用出票地法律，经当事人协议，也可以适用付款地法律。

第九十八条　票据的背书、承兑、付款和保证行为，适用行为地法律。

第九十九条　票据追索权的行使期限，适用出票地法律。

第一百条　票据的提示期限、有关拒绝证明的方式、出具拒绝证明的期限，适用付款地法律。

第一百零一条　票据丧失时，失票人请求保全票据权利的程序，适用付款地法律。

第六章　法律责任

第一百零二条　有下列票据欺诈行为之一的，依法追究刑事责任：

（一）伪造、变造票据的；

（二）故意使用伪造、变造的票据的；

（三）签发空头支票或者故意签发与其预留的本名签名式样或者印鉴不符的支票，骗取财物的；

（四）签发无可靠资金来源的汇票、本票，骗取资金的；

（五）汇票、本票的出票人在出票时作虚假记载，骗取财物的；

（六）冒用他人的票据，或者故意使用过期或者作废的票据，骗取财物的；

（七）付款人同出票人、持票人恶意串通，实施前六项所列行为之一的。

第一百零三条　有前条所列行为之一，情节轻微，不构成犯罪的，依照国家有关规定给予行政处罚。

第一百零四条　金融机构工作人员在票据业务中玩忽职守，对违反本法规定的票据予以承兑、付款或者保证的，给予处分；造成重大损失，构成犯罪的，依法追究刑事责任。

由于金融机构工作人员因前款行为给当事人造成损失的，由该金融机构和直接责任人员依法承担赔偿责任。

第一百零五条　票据的付款人对见票即付或者到期的票据，故意压票，拖延支付的，由金融行政管理部门处以罚款，对直接责任人员给予处分。

票据的付款人故意压票，拖延支付，给持票人造成损失的，依法承担赔偿责任。

第一百零六条　依照本法规定承担赔偿责任以外的其他违反本法规定的行为，给他人造成损失的，应当依法承担民事责任。

第七章　附　　则

第一百零七条　本法规定的各项期限的计算，适用民法通则关于计算期间的规定。

按月计算期限的，按到期月的对日计算；无对日的，月末日为到期日。

第一百零八条　汇票、本票、支票的格式应当统一。

票据凭证的格式和印制管理办法，由中国人民银行规定。

第一百零九条　票据管理的具体实施办法，由中国人民银行依照本法制定，报国务院批准后施行。

第一百一十条　本法自一九九六年一月一日起施行。

在国务院深化农村信用社改革试点
工作会议上的讲话

(二○○四年八月三十日)

黄　菊

经国务院批准，今天在这里召开国务院深化农村信用社改革试点工作会议。温家宝同志对这次会议非常重视，强调要认真总结经验，加快改革步伐，进一步扩大试点范围，增强支农效果。这次会议的主要任务是：认真总结八省（市）深化农村信用社改革试点经验，部署进一步扩大农村信用社改革试点工作，加快推进农村信用社改革。

下面，我讲三个问题。

一、八省（市）改革试点取得阶段性成果，为进一步深化农村信用社改革创造了条件。

二○○三年，国务院确定吉林、山东、江西、浙江、江苏、陕西、重庆、贵州八个省（市）作为第一批试点单位，开展深化农村信用社改革试点工作。二○○三年八月十八日，国务院召开了深化农村信用社改革八个试点省（市）负责人座谈会。二○○三年十二月份和二○○四年六月份，我先后两次听取了银监会、中国人民银行等部门的汇报。二○○四年六月，八省（市）政府和银监会等部门向国务院上报了深化农村信用社改革试点阶段性总结报告。经过一年的努力，八省（市）改革试点进展顺利，开局良好，取得了阶段性成效。

一是新的监督管理体制基本形成，有关方面的责任得到落实。农村信用社交由省级人民政府管理后，"国家宏观调控、加强监管，省级政府依法管理、落实责任，信用社自我约束、自担风险"的新的监督管理体制框架基本形成，《国务院办公厅转发银监会、人民银行关于明确对农村信用社监督管理职责分工指导意见的通知》（以下简称《指导意见》），明确了银监会、中国人民银行、省级人民

653

政府和省级联社等在农村信用社监督管理和风险处置工作中的责任。

二是农村信用社支农资金实力明显增强，支农服务工作进一步加强。据初步统计，从改革试点开始到二〇〇四年六月底，八省（市）农村信用社增扩股金三百三十二亿元。截至二〇〇四年六月末，全国农村信用社各项存款余额二万六千七百二十四亿元，比年初增加二千七百一十五亿元，比去年同期多增加二百六十八亿元；各项贷款余额一万九千五百八十五亿元，比年初增加二千五百九十二亿元，比去年同期多增加三百五十亿元。农业贷款余额八千六百一十五亿元，比年初增加一千六百四十七亿元，比去年同期多增加二百六十亿元；其中农户贷款余额七千零一十一亿元，比年初增加一千四百三十四亿元，比去年同期多增加一百二十亿元。在今年春耕资金供应工作中，改革试点省份农村信用社资金供应能力较以前年度有了明显提高，支农服务工作得到加强。例如吉林省，改革前农村信用社普遍存在支农资金供应不足的情况，相当多的农村信用社主要依靠人民银行再贷款发放贷款。开展改革试点后，情况有了明显转变。据统计，从改革开始到二〇〇四年六月末，吉林省农村信用社增资扩股近六十三亿元，加上采取农村信用社组织存款、调剂资金等措施新增信贷资金八十亿元左右，支农资金供应能力增加一百五十亿元左右，春耕资金供应明显好于往年。

三是农村信用社历史包袱得到初步化解，经营状况开始好转。目前，改革的各项扶持政策基本到位。到二〇〇四年六月末，八省（市）农村信用社不良贷款下降二百九十三亿元，不良贷款率平均为百分之十三点五，比二〇〇二年底下降十二个百分点；实现经营利润十四点四亿元，与二〇〇三年同期相比增盈减亏十八点五亿元。全国农村信用社二〇〇三年不良贷款余额下降八十七亿元，不良贷款比例下降七点五个百分点，二〇〇四年上半年又分别下降三百二十八亿元和五点三个百分点。从经营效果看，在二〇〇三年增盈减亏四十九点七亿元的基础上，二〇〇四年上半年又实现盈余十二点四亿元，同比增盈减亏三十四点三亿元。初步预计，二〇〇四年底全国农村信用社有望实现近十年来首次年度盈余。

四是农村信用社产权制度改革开始起步。目前，江苏、浙江、山东、贵州等省共有十家农村商业银行和农村合作银行获准筹备，其中四家已经正式挂牌开业，有相当部分县（市）已经获准筹备以县（市）为单位的统一法人，其中近四十家已经完成。预计到二〇〇四年底，还将组建三十家左右农村商业银行和农村合作银行，有一定数量的县（市）实行统一法人。伴随产权制度改革的进行，农村信用社股权结构开始多样化，法人治理结构的建设工作开始步入正轨。

五是农村信用社经营机制开始转换，内部管理逐步得到加强。适应新的产权制度和管理框架的要求，农村信用社重新修订完善了员工录用、工资薪酬、干部竞聘、贷款风险责任制等各项内部控制制度，并开始付诸实施。江苏、重庆农村信用社产权制度改革进度较快，经营机制转换的效果已经开始显现，农村信用社内部管理得到加强，各项业务迅速发展。

深化农村信用社改革试点是一项开创性的工作。在一年来的试点过程中，各有关方面积极努力，大胆探索，逐步形成了一些行之有效的做法和经验，为进一步深化改革创造了条件。

一是提高认识，统一思想。通过深入学习领会党的十六大精神和国务院有关文件，试点省（市）地方各级政府和社会各有关方面对农村信用社的改革发展，特别是对农村信用社在支持"三农"发展、促进农村小康社会建设作用的认识有了新的提高。对深化农村信用社改革的重要性、紧迫性和可行性，形成了共识。这种认识上的提高、思想上的统一，有效地保证了八个省（市）深化改革试点工作的顺利进行，同时也为进一步扩大试点奠定了良好的思想基础。

二是地方党委政府高度重视，加强领导。八个试点省（市）都成立了改革领导小组和办公室，重大问题经过省（市）委常委会和政府常务会议研究决定。有的省（市）主要领导还亲自带队进行调研，指导试点工作开展。在中央扶持政策的基础上，各地都结合实际出台了相应的支持农村信用社改革发展的政策。实践证明，地方党委政府对改革试点工作的高度重视，特别是省（市）委、政府主要负责同志的关注与支持，保证了八个省（市）试点工作顺利开展，在进一步深化农村信用社改革试点过程中要继续坚持。

三是国务院有关部门加强指导，协调配合。按照《国务院关于印发深化农村信用社改革试点方案的通知》（以下简称《试点方案》）的要求，为加强规章制度建设，规范监督管理以及农村信用社经营行为，确保各项政策措施能够落到实处，银监会、人民银行、财政部和税务总局制定公布了一系列制度办法，并通过集中培训使有关方面人员及时领会掌握政策精神。在试点方案实施过程中，有关部门负责人多次带队到试点地区调研指导，并派出专门工作组督促指导工作开展。针对试点不同阶段遇到的问题，有关部门及时召开座谈会协调处理。各地普遍反映，这次深化改革试点工作，国务院有关部门配合密切，积极组织协调，加强指导，对试点工作顺利开展起到了重要作用。

四是注意做好宣传发动，调动各方面积极性。深化农村信用社改革涉及面广，需要各有关方面的理解、支持和积极参与。试点过程中，各地普遍注意做好宣传动员工作，特别是对广大农户作了深入细致的工作，充分调动其投资入股的积极性。据了解，吉林、江西、浙江等地农户及各方面入股的积极性都很高。特别是吉林省，从改革开始到今年上半年，共计增资扩股近六十三亿元，是改革前的二十多倍。

五是妥善处理改革发展稳定的关系，保证改革试点工作平稳进行。改革试点过程中，各地普遍注意改革试点工作与监督管理相结合，农村信用社风险防范和支农服务相结合，做到改革试点、监督管理和支农服务"三不误"，确保改革在平稳中进行，没有出现大的问题。

农村信用社改革试点工作取得的成效还是阶段性的，改革过程中出现的一些新情况、新问题，需要继续研究探索。比如，农村信用社交由省级人民政府管理后，有关各方监督管理的责任，在初步明确的基础上，怎样进一步落实；地方政府在加强管理的同时，如何防止对具体信贷业务的行政干预；不同产权制度下，如何建立完善的法人治理结构，进一步做好为"三农"服务的工作；如何加快转换农村信用社经营机制和有效地加强信贷风险管理等问题，都还有待于在实践中深入探索和逐步解决。同时，也要看到这些问题都是发展中的问题，需要在进一步深化改革中逐步加以解决。

二、进一步深化改革的指导原则和工作重点。

农村信用社是农村金融的主力军和联系千家万户农民的金融纽带，在农村金融中具有举足轻重的地位，在支持"三农"中具有不可替代的作用。进一步深化体制改革，增强服务功能，对加大支农力度、改善支农服务、促进我国农业和农村经济更快更好发展以及农民增收，推进全面建设小康社会进程，具有十分重要的意义。这是金融领域的一项重要而紧迫的任务。

根据当前农业和农村经济发展需要，认真总结农村信用社改革试点工作，国务院确定了进一步深化农村信用社改革试点的指导原则：以邓小平理论和"三个代表"重要思想为指导，认真贯彻党的十六大和十六届三中全会精神，坚持市场化改革取向，以服务农业、农村和农民为宗旨，按照"明晰产权关系、强化约束机制、增强服务功能、国家适当支持、地方政府负责"的总体要求，围绕不断改善农村金融服务，加大金融支农力度这一首要目标，逐步改革完善管理体制和产权制度，促进农村信用社加强内部控制，转换经营机制，使农村信用社真正成为自主经营、自我约束、自我发展和自担风险的市场主体，真正成为服务农民、农业和农村经济的社区性地方金融企业。

按照这一指导原则，进一步深化农村信用社改革试点需要把握好以下工作重点：

（一）八个先行试点省（市）要在总结经验的基础上，进一步把农村信用社改革推向深入。

前一阶段的试点工作，根据阶段性目标要求，重点主要放在了体制改革、产权制度设计、扶持政策落实等方面。这些改革任务基本完成后，下一阶段工作重点要切实转移到落实责任、转换机制和改善服务上，突出做好以下工作：

一是按照新的监督管理体制的要求，进一步明确职责分工，落实管理责任。《指导意见》初步明确了银监会、人民银行、省级人民政府和省级联社在农村信用社监督管理和风险防范中的职责。各省级人民政府和有关部门要认真贯彻，切实将有关责任落到实处。各省（市）人民政府要按照《指导意见》的要求，制订具体办法，将有关管理和风险处置责任加以分解细化，并切实落实责任主体，确定工作程序。需要强调指出的是，省级人民政府要坚持政企分开原则，对农村信用社依法实施管理，不得干预农村信用社的具体业务和经营活动。要充分发挥地（市）、县（市）人民政府在农村金融稳定和发展中的积极作用，但不能层层下放管理权。省级联社要按照《指导意见》和有关规定的要求，切实履行好对农村信用社管理、指导、协调、服务的职责，并逐步培育农村信用社自律管理的能力。要尊重农村信用社的法人地位和自主权，不干预其具体经营决策，不能把县（市）联社当成省级联社的分支机构。银监会、人民银行要严格依法加强对农村信用社的监督管理，督促省级人民政府、省级联社依法实施对农村信用社的管理。

二是深化产权制度改革，完善法人治理结构，转换经营机制。农村信用社新的产权制度框架初步形成后，要按照新的产权制度要求，把下一步工作重点放在健全完善农村信用社法人治理结构以及转换经营机制上。要结合我国国情、农情和农村信用社的社情实际，合理设置各类股权结构，努力探索行之有效的法人治理结构形式，切实提高治理效率。与此同时，对采取不同产权模式、选择不同组

657

织形式的农村信用社以及农村信用社改制后的银行类金融机构，要切实抓住制度变革的有利时机，制订出激励有效、约束严格、鼓励创新、奖惩严明的一系列内部控制制度，促进农村信用社逐步转换经营机制，走上良性循环的发展轨道。

三是加强监管，严肃法纪，切实控制和防范经营管理风险。农村信用社管理体制的框架基本形成，各有关方面对农村信用社的监督管理和风险处置责任基本明确以后，就要按照新的体制依法规范运作。农村信用社要牢固树立依法经营的理念，通过制订完善各项内部控制制度，特别是健全完善贷款管理问责制度、内部审计稽核制度，规范自身的经营行为。监管机构要依法加强对农村信用社的监管，严肃法纪，对违法违规经营行为及时采取监管措施，防范农村信用社金融风险。对农村信用社发生的各类经济案件，有关部门要加大查处力度，特别是对大案要案坚决依法严肃查处，切实控制和防范农村信用社经营和管理风险。

四是切实加大支农投入，改善农村金融服务。农村信用社改革的根本目的在于通过改革，进一步改善农村金融服务，增强支农效果。无论采取何种产权模式，选择何种组织形式，都要立足社区，面向"三农"，因地制宜确定信贷投向重点。要根据当地农民和农村经济发展的实际需要，进一步拓宽服务领域，提高服务水平。实践证明，农户小额信用贷款和联保贷款是广大农民和各级政府普遍欢迎的支农服务方式，也是农村信用社改善经营、防范控制风险的有效办法，取得了多赢的效果，今后要继续加大推广力度，进一步完善办法，为"三农"发展提供更多更好的信贷服务。在搞好信贷服务的同时，要研究解决当前普遍存在的农村资金结算难的问题。有关部门要积极创造条件，进一步健全完善农村信用社资金结算体系，积极支持农村信用社开办新的业务品种，为"三农"发展提供更加便捷的支付结算服务。在此基础上，不断探索新的支农服务方式，为"三农"发展提供更加丰富的金融服务。

（二）进一步扩大农村信用社改革试点范围。

为改善农村金融服务，增强支农效果，国务院决定扩大农村信用社改革试点范围，加快农村信用社改革步伐。

1. 扩大试点的范围。按照自愿参加、严格审核的原则，国务院同意已经正式提出申请的北京、天津等二十一个省（区、市），作为进一步深化农村信用社改革的试点单位。

2. 扩大试点的重点。要按照《试点方案》的要求，重点解决好这样几个问题：一是以法人为单位，改革农村信用社产权制度，明晰产权关系，完善法人治理结构，区别各类情况，确定不同的产权形式；二是改革农村信用社管理体制，将农村信用社的管理交由省级人民政府负责；三是转换农村信用社经营机制，改善支农服务。与此同时，要妥善处理好改革试点工作中的几个重要关系，把管理体制改革与农村信用社"自主经营、自我约束、自我发展、自担风险"机制建设结合起来，把产权制度改革与法人治理结构完善结合起来，把政策扶持与经营机制转换结合起来，把为"三农"服务与提高自身经济效益结合起来，把业务创新发展与风险防范控制结合起来。

3. 扩大试点的政策。总体上仍按《试点方案》确定的扶持政策执行，主要是：（1）对一九九四年至一九九七年期间亏损农村信用社因执行国家宏观调控政策开办保值储蓄而多支付的保值贴补息给予补贴；（2）从二○○四年一月一日起至二○○六年底，对中西部地区试点的农村信用社一律暂免征收企业所得税；其他地区试点的农村信用社，一律按其应纳税额减半征收企业所得税。从二○○四年一月一日起，对试点地区所有农村信用社的营业税按百分之三税率征收；（3）对试点地区农村信用社，继续按二○○二年底实际资不抵债数额的百分之五十，由人民银行发行专项中央银行票据或安排中央银行专项借款，其中专项中央银行票据用于置换农村信用社不良资产和历年挂账亏损。

三、认真做好改革试点的组织实施工作。

深化农村信用社改革试点政策性强，涉及面广，情况复杂。各地对试点工作务必要有充分的准备、周密的计划，组织实施务必要精心、细致。这里再强调几点：

（一）加强学习，提高认识。

当前，农村信用社是为"三农"提供金融服务的主要力量，也是支持县域经济发展的主要金融力量。农村信用社改革发展关系到农业发展、农民增收和农村稳定的大局，关系到农村小康社会建设目标的实现。我们要进一步加强学习，坚定信心，从全局和战略的高度充分认识进一步深化农村信用社改革试点的重要意义，坚定不移地贯彻中央的决策部署。同时，对农村信用社改革的艰巨性、复杂性和长期性要有清醒的认识，要有作长期艰苦努力的思想准备。要坚持实事求是的原则，制定政策和工作方案要从实际出发，遵循客观规律，开展工作要区别情况，分类指导，逐步推进。

（二）加强领导，精心组织。

国务院决定，进一步扩大农村信用社改革试点工作，在国务院统一领导下，由银监会会同有关部门组织实施。银监会要按照国务院的要求，在认真总结八省（市）试点组织工作经验的基础上，集中精力，指导其他省（区、市）搞好试点工作。要组织工作组深入试点地区，加强督促检查，及时帮助解决试点中出现的新情况、新问题。

各省（区、市）党委、政府对深化农村信用社改革高度重视，是此项改革顺利进行和成功的关键。大家回去以后要认真向党委、政府主要负责同志汇报，加强领导，统一部署，落实责任。参加扩大试点的二十一个省（区、市）要按照国务院的要求，成立由主管副省长（副主席、副市长）牵头的工作领导小组。在认真调查研究的基础上，结合本地实际，抓紧制订具体实施方案，经银监会会同人民银行、财政部、税务总局审核，报国务院批准后组织实施。改革试点过程中，要加强与国务院有关部门的沟通。二〇〇四年底前，管理体制改革要基本到位，产权制度改革、内部经营机制转换等工作，要因地制宜，积极稳妥推进。

人民银行、财政部、税务总局等有关部门要各负其责，密切配合。试点地区农村信用社的广大干部职工，要以高度的责任感，积极投身到改革工作中去。

（三）加强宣传，广泛参与。

农村信用社改革涉及方方面面，要特别注意做好宣传发动和舆论引导工作。要利用各种行之有效的方式，将党中央、国务院关于农村信用社改革发展的方针政策传达给广大农民，传达给社会各界，使大家正确理解和把握深化农村信用社改革试点的重要意义以及各项政策措施，对农村信用社改革发展的前景充满信心。要鼓励和引导农村有投资入股能力、关心支持农村信用社发展的广大农户、个体工商户以及各类企业等踊跃投资入股。

（四）加强探索，开拓创新。

深化农村信用社改革是一项艰巨复杂的系统工程，需要不断探索，不断实践。特别是我国经济发展不平衡，农村经济差异很大，农村信用社情况也各不相同，如何因地制宜地进行产权制度改革和组织形式改革，需要各地认真研究和探索。各试点省（区、市）人民政府和有关部门要深入调查研究，提出符合当地实际的改革方案。在试点过程中，要解放思想，大胆实践，对改革农村信用社产权制度、完善法人治理结构、转换经营机制等问题进行深入探索，努力走出一条符合中国农村发展实际、能够促进农村信用社健康发展的成功之路。

（五）加强统筹，保持稳定。

改革试点期间，要妥善处理好改革、发展、稳定的关系，处理好推进改革试点和加强监督管理工作的关系，保持农村信用社各项业务和管理工作的正常开展，做到队伍不散、工作不断、秩序不乱。要遵守纪律，顾全大局，防止借改革之机突击进人、突击提干、突击花钱，切实防范各类道德风险。监管部门要密切关注可能出现的支付风险，配合地方人民政府制订风险预警和处置预案，一旦发生问题，及时采取措施加以处置。要严格清查资产，追讨债务，分清责任，严惩违法违规经营行为。要加大正面宣传和引导，防止改革试点中可能出现的因误解信息而导致存款挤提等各种问题，确保改革在平稳中进行。特别需要强调的是，要注意做好改革期间的支农服务工作，不误农时，确保改革期间支农工作不断档，支持农业和农村经济健康发展。

进一步深化农村信用社改革试点意义重大。我们要在以胡锦涛同志为总书记的党中央领导下，按照"三个代表"重要思想和科学发展观的要求，加强领导，精心组织，明确责任，扎实推进，确保改革取得成效，努力促进农业农村经济发展和农民增收，加快全面建设小康社会进程！

加强和改善宏观调控*

（二〇〇四年十二月三日）

胡　锦　涛

　　今年，针对经济生活中出现的新情况新问题，中央决定采取进一步加强和改善宏观调控的政策措施，抓住主要矛盾，抓准关键环节，抑制经济运行中的不健康不稳定因素，避免出现大的起落，全年国内生产总值预计增长百分之九或略高一些，保持了经济发展的良好势头。主要表现在：一是粮食生产出现重要转机，农民收入实现较快增长。农业在宏观调控中得到加强，农业投入大幅增加。扭转了粮食播种面积连续下滑的趋势，粮食总产量可超过九千一百亿斤的预期目标。农民人均纯收入实际增长百分之六以上，是近几年增长最快的。农业和农村发展的好形势，对稳定全局起到至关重要的作用。二是部分行业投资过快增长的势头得到有效遏制，薄弱环节得到加强。全社会固定资产投资增幅预计可回落到百分之二十五左右，钢铁、水泥、电解铝等行业投资增速明显减缓。能源和各项社会事业投入力度加大。西部开发重大项目建设加快推进，东北地区等老工业基地振兴工作取得良好开端。三是经济效益继续提高，财政收入、企业利润大幅增加。国家财政收入可比上年增加五千亿元左右，规模以上工业企业实现利润超过一万亿元，这些都是前所未有的。四是各项改革继续推进，对外开放不断扩大。国有企业、农村税费、粮食流通体制和行政审批制度等项改革继续深化，投资体制改革和国有独资商业银行股份制改造、农村信用社改革等迈出新步伐。全年进出口总额可超过一万一千亿美元，外商直接投资突破六百亿美元，都上了一个新台阶。五是就业再就业工作取得新进展，人民生活进一步改善。城镇新增就业再就业人数超过预期目标，社会保障体系建设继续加强。城镇居民人均可支配收入实际增长百分之七以上。城乡市场销售稳中趋旺。居民消费价格总水平上升百分之

---

　　*　这是胡锦涛同志在中央经济工作会议上讲话的一部分。

四左右，控制在社会可承受的范围之内。这些成绩标志着我们在全面建设小康社会的征程上又迈出了坚实的一步。

这些成绩的取得，是中央正确决策的结果，是全党全国各族人民共同努力的结果，是各地区各部门认真落实加强和改善宏观调控各项政策措施的结果。实践证明，一年多来中央所采取的宏观调控政策措施是及时的、正确的、有效的。在这次宏观调控中，我们以科学发展观为指导，充分运用以往积累的成功经验，适应实际情况的变化，不断提高调控水平。一是这次宏观调控是具有预见性的主动调控。党中央、国务院见事早、措施果断。二〇〇二年中央经济工作会议就对出现低水平重复建设问题提出预警。去年我们针对经济发展中出现的苗头性问题，适时加以调控。今年"两会"以后，根据经济运行中出现的投资膨胀加剧、物价回升加快等新情况，紧紧把住信贷和土地两个闸门，及时加大了调控力度。下半年以来，随着加强和改善宏观调控取得积极成效，又明确提出宏观调控仍处于关键阶段，多次强调要注意防止出现反弹。由于调控及时，避免了局部性问题演变成全局性问题，避免了发生大的波动和损失。二是这次宏观调控是把握全局、有抑有扬的调控。既坚决抑制部分行业的盲目投资和低水平扩张，又采取得力措施加强农业特别是粮食生产，加强经济社会发展的薄弱环节。既控制投资过快增长、信贷过度投放和土地过多占用，又强调从实际出发，区别对待、有保有压，不搞一刀切。既加强供求总量调控，又注重调整结构。在解决一方面问题的同时，注意防止出现另外一种倾向，从而增强了调控的针对性和有效性。三是这次宏观调控是主要运用经济和法律手段的调控。考虑我国经济市场化程度明显提高和市场主体多元化、利益关系复杂化的新情况，注重实际效果，综合运用经济手段和法律手段和必要的行政手段，重视发挥市场机制作用，正确引导市场主体的行为，从而达到调控的目的。四是这次宏观调控是治标与治本相结合的调控。在调控中，我们不失时机地推进改革，使经济运行的体制环境得到改善。归结起来，这次加强和改善宏观调控是贯彻落实以人为本、全面协调可持续的科学发展观的重大实践，根本目的是要求各地区各部门把加快发展的重点转向优化经济结构，加快转变经济增长方式，逐步消除可能导致经济大起大落的体制性、机制性障碍，以充分利用好重要战略机遇期，实现经济又快又好发展。

这次加强和改善宏观调控不仅保持了经济平稳较快发展，更重要的是使全党同志深化了对科学发展观的认识，增长了驾驭社会主义市场经济的本领。各地区各部门在贯彻落实中央关于加强和改善宏观调控的政策措施时，自觉地按照科学发展观的要求，结合本地区本部门的实际情况，转变发展思路，调整工作部署，有很多新的起色。从长远来看，我们在思想认识上取得的收获更为珍贵，影响也更深远。

第一，加深了对科学发展观是我国经济社会全面发展重要指导思想的认识。科学发展观是我们以邓小平理论和"三个代表"重要思想为指导，进一步总结我国现代化建设的历史经验，从新世纪新阶段党和国家事业发展全局出发提出的重大战略思想和指导方针。我国经济社会发展中出现的种种矛盾和问题，反映出经济工作的不少方面还不符合科学发展观的要求。无论是消除当前经济运行中的不健康不稳定因素，还是解决经济社会发展中的深层次矛盾，都要求我们全面准确地把握科学发展观的深刻内涵，并切实加以贯彻落实。实践充分证明，科学发展观是符合我国实际的，是全面建设小康社会和推进现代化建设始终要坚持的重要指导思想。在深化改革、促进发展、保持稳定的各项工作中，凡是符合科学发展观的事情我们就应当全力以赴地去做，凡是不符合的就应当毫不迟疑地去改。

第二，加深了在社会主义市场经济条件下防止经济增长出现大幅波动的认识。由于社会供求受市场机制以及其他因素的影响，社会主义市场经济条件下经济运行出现周期性波动是客观存在。实践表明，在经济周期的上升阶段，容易出现投资膨胀乃至整个社会需求过度扩张，甚至引发严重通货膨胀。而在经济周期的下行阶段，则容易出现有效需求不足，引起价格水平回落，甚至形成通货紧缩。这两种情况都要尽力避免，关键是善于认识和把握市场经济运行的规律和特点，提高应对经济波动的预见性和针对性，不断增强驾驭社会主义市场经济的能力。

第三，加深了对发挥市场机制作用和加强宏观调控关系的认识。在发展社会主义市场经济、推进现代化建设的过程中，市场机制和宏观调控是相辅相成的。我们自始至终要充分发挥市场在资源配置中的基础性作用，同时要根据不断变化的经济运行情况加强和改善宏观调控，两者都是不可或缺的。发挥市场机制的作用，要注意克服市场本身的缺陷。加强和改善宏观调控，要自觉遵循市场经济规律。只有正确处理发挥市场机制作用和加强宏观调控的关系，才能既保持经济发展的活力，又保持经济运行的平稳，促进国民经济持续快速协调健康发展。

第四，加深了对我国国情和走新型工业化道路的认识。我国人口众多，人均资源占有量少，正处在工业化、城镇化、市场化、国际化程度不断提高的发展阶段，我们既面对加快发展的机遇，也面临很大的资源环境压力。这些年来，我们实现了较快增长，但也不可避免地付出了消耗资源和增加污染的较大代价，在某些方面已经超出我们的承受能力。不加快转变经济增长方式，今后面临的压力会更大、困难会更多。我国的基本国情不允许我们继续走粗放型增长的路子，必须努力避免和克服传统重化工业发展所带来的问题，以技术创新和制度创新突破资源环境的瓶颈约束，走出一条科技含量高、经济效益好、资源消耗低、环境污染少、人力资源优势得到充分发挥的发展新路子。

今年我们在改革发展实践中深化了对科学发展观的认识，在国家宏观调控中保持了经济平稳较快增长，这些都为明年经济发展打下了良好基础。当前，各方面加快改革发展的积极性很高，经济自主增长活力增强，结构调整步伐加快，明年国民经济继续保持平稳较快发展的有利条件较多。但是，我们也要清醒地看到，当前加强和改善宏观调控取得的成效还是阶段性的，经济运行中的矛盾和问题仍然比较突出。主要表现在：投资需求膨胀的压力依然较大，在建和新上项目过多，投资扩张的冲动仍很强烈。农业基础还不稳固，保持粮食增产和农民增收好势头的难度加大。物价上涨的压力比较明显，主要是生产资料价格上涨较多，国际市场石油等初级产品价位较高。煤电油运十分紧张，资源约束矛盾仍很突出。与此同时，经济运行中又出现一些需要认真对待和解决的新情况新问题，如企业库存增长较快，应收账款继续上升，非法集资融资现象有所抬头，在解决瓶颈制约过程中又出现电站项目无序建设的状况，等等。这些都会影响经济健康运行，加大金融风险，必须引起高度重视。

我们更要看到，在我国经济发展的关键阶段，还存在不少长期积累、制约全局的深层次矛盾和问题。主要是：转变经济增长方式刻不容缓。经济增长的粗放方式带来十分尖锐的资源环境矛盾，随着我国经济规模不断扩大和资源消耗不断增加，这种矛盾还会进一步发展，如不尽快扭转，不仅现在难以承受，而且工业化、现代化的目标最终也无法实现。加快经济结构调整刻不容缓。我国农业基础脆弱、产业技术水平不高、服务业发展相对滞后，投资消费比例失衡，如不尽快解决这些结构性矛盾，经济发展就难以进入良性循环的轨道，国民经济的整体素质和竞争力也难以提高。推进协调发展刻不容缓。目前，城乡、地区差距扩大和经济社会发展不协调已日益成为制约经济发展和社会和谐的重要因素，如不妥善

665

处理和逐步解决，势必影响改革发展稳定的大局。加快完善体制机制刻不容缓。体制机制不完善、改革不到位是经济社会发展中诸多矛盾和问题产生的重要根源，如不加快体制改革和制度创新，国民经济持续快速协调健康发展就没有坚实的体制基础。这些问题既是经济运行中重复出现盲目投资和较大波动的根本性原因，也是实现经济社会全面协调可持续发展的重大障碍，解决这些矛盾和问题已经刻不容缓。当然，也要看到解决这些问题的长期性和复杂性，要有一个过程，不是一朝一夕能够解决的，需要坚持不懈地努力。

以科学发展观统领经济社会发展全局[*]

（二〇〇四年十二月三日）

胡　锦　涛

二〇〇五年是贯彻落实科学发展观、巩固宏观调控成果、保持经济社会良好发展态势的关键一年，也是全面实现"十五"计划目标、衔接"十一五"发展的重要一年。从当前经济社会发展的实际和全面建设小康社会的要求出发，明年经济工作的总体要求是：以邓小平理论和"三个代表"重要思想为指导，认真贯彻党的十六大和十六届三中、四中全会精神，全面落实科学发展观，坚持发展这个党执政兴国的第一要务，进一步提高驾驭社会主义市场经济的能力，加强和改善宏观调控，着力推进改革开放，加快调整经济结构、转变经济增长方式，更好地利用重要战略机遇期，实现经济社会全面协调可持续发展。

按照这个总体要求，最根本的是要以科学发展观统领经济社会发展全局，并切实贯穿于经济社会发展的各个方面。在工作中，我们要着重把握好以下原则。

——坚持经济发展以提高质量效益为中心。我国经济总量已经较大，增长速度持续较高，关键是要把经济工作的重点转到提高经济增长的质量和效益上来，坚决克服片面追求数量和速度的倾向，保护好、引导好、发挥好各方面的积极性，实现又好又快发展。

——按照"五个统筹"的要求，切实加强薄弱环节。要更加注重加强"三农"工作、社会事业和生态环境建设，支持欠发达地区加快发展，促进经济社会全面协调可持续发展。

——加快建设节约型社会，努力缓解资源约束矛盾。要加强资源开发，更要大力节约资源，发展循环经济，坚持走新型工业化道路。

——抓住有利时机，着力推进改革。充分利用当前经济发展的良好态势，围

---

[*] 这是胡锦涛同志在中央经济工作会议上讲话的一部分。

绕解决经济生活中的突出矛盾和问题，加大改革力度，力争在一些重点领域和关键环节实现新的突破。

——坚持以人为本，维护和实现广大人民群众的利益。认真解决影响社会稳定、损害群众利益的突出问题，始终把维护好、实现好、发展好人民群众的根本利益作为经济工作的出发点和落脚点。

进一步做好人民银行的金融工作 [*]

（二〇〇五年一月四日）

黄　菊

刚刚过去的二〇〇四年，是我国经济发展、改革开放和社会进步取得重大成绩的一年。国民经济继续保持快速增长，预计 GDP 比上年增长百分之九以上；农业和农村发展出现了多年没有的好形势，粮食产量达到九千三百九十八亿斤；工业生产快速增长，运行质量和效益继续改善；财政收入大幅增加，国有企业改革成效显著，人民生活进一步改善；各项改革继续推进，对外开放不断扩大。货币政策经受了考验，货币信贷增长稳步回落到合理区间。

经过包括人民银行系统全体同志在内的全国上下共同努力，我们的工作取得了明显成效，整个国民经济正在朝着宏观调控的预期目标发展，我国经济在世界经济中的地位以及对世界经济发展的影响进一步提高。

二〇〇四年工作成绩的取得来之不易。这是以胡锦涛同志为总书记的党中央驾驭全局、正确领导的结果；是全国上下坚持以邓小平理论和"三个代表"重要思想为指导，认真贯彻党的十六大和十六届三中、四中全会精神，全面落实科学发展观，开拓进取、顽强拼搏的结果。金融部门特别是金融调控部门，做了大量艰苦细致的工作，在宏观调控中发挥了非常重要的作用。

借今天与大家见面的机会，我就做好人民银行工作提三点意见：

一、求真务实、开拓创新，金融工作要上新水平。

二〇〇四年以来，人民银行认真贯彻中央精神，按照科学发展观的要求，依法履行各项职责，创造性地开展工作，进一步提高了金融调控的前瞻性、科学性和有效性。主要体现在：

金融宏观调控取得明显成效。广义货币供应量 M_2 增幅，从二〇〇四年二月

---

[*]　这是黄菊同志在中国人民银行工作会议上的讲话。

最高百分之十九点四逐步回落到十一月末的百分之十四，M_2全年增长百分之十四点六；狭义货币供应量 M_1 增幅从百分之二十点三回落到百分之十三点八，M_1全年增长百分之十三点六。人民币各项贷款全年新增二点二六万亿元，同比少增四千八百多亿元，既抑制了货币信贷的过快增长，又基本满足了经济发展的需求。

稳步推进各项金融改革，在处置金融风险的同时，努力建立金融稳定的长效机制，不断加强和改进外汇管理，扩大了金融对外交流与合作，初步建立了征信管理、反洗钱工作机制。金融服务水平进一步提高，内部管理不断加强，各项工作都取得了新的成绩。

人民银行分支行的同志们处于执行货币政策、维护金融稳定和提供金融服务的前沿，把中央精神和总行要求与地方实际相结合，为促进经济和社会发展作出了重要贡献。在此，我代表党中央、国务院向人民银行系统广大干部职工表示亲切问候和衷心感谢！

二〇〇五年，我国改革、开放和发展面临的形势十分复杂，任务也更加艰巨。人民银行要着力抓好以下几个方面的工作。

（一）加强和改善金融调控。继续加强和改善宏观调控，正确把握调控的力度和重点，是二〇〇五年经济工作的重要任务。人民银行要按照中央经济工作会议确定的经济工作总体要求和预期目标，继续执行稳健的货币政策，合理调控货币信贷总量，既要支持经济平稳较快增长，又要防止通货膨胀和防范系统性金融风险。要适应市场经济发展的新形势，改善金融宏观调控方式，完善货币政策传导机制，灵活运用多种货币政策工具。要坚持区别对待、有保有压的原则，加强对金融机构的"窗口"指导，引导金融机构着力优化信贷结构，严格控制中长期贷款，继续支持有市场、有效益、有利于增加就业的企业对流动资金的需求，进一步加强对"三农"等薄弱环节的信贷支持力度，促进经济结构调整和经济增长方式转变。继续完善利率和汇率形成机制，把握好时机和力度，积极发挥经济杠杆的调节作用。

（二）进一步维护金融体系稳定。防范和化解金融风险，维护金融稳定是一项艰巨而长期的任务。虽然我国金融的总体风险在逐步降低，但金融业的风险仍然不能低估。人民银行要充分认识肩负的重任，切实履行维护金融体系稳定的职责，正确处理好金融稳定、调控、改革和发展的关系，积极探索维护金融体系稳定的新路子、新手段和新方法。要抓紧建立金融稳定协调机制，明确各方职责、任务，把维护金融稳定工作长期化、规范化、制度化。要坚持风险处置和风险防范并举的原则，推动金融市场退出机制的市场化和法制化，既要高度重视处置当前少数金融机构的金融风险，探索资产处置和重组的创新手段，也要加强对系统性金融风险的监测、评估、预警，建立规范、灵活、有效的金融风险应急机制。

（三）加强和改进外汇管理。适应我国改革、开放和发展的需要，进一步加强和改进外汇管理工作。要研究建立调节国际收支的市场机制和管理体制，坚决遏制投机性资金流入，建立有序可控的资本流出机制，努力促进国际收支基本平衡。加快制定实施"走出去"战略，扩大境外能源、资源的合作开发。要进一步扩大金融对外交流与合作，为我国经济金融发展创造宽松和谐的国际环境。同时，加快发展外汇市场，积极稳妥地推进人民币汇率形成机制的改革，保持人民币汇率在合理、均衡水平上的基本稳定。

（四）深入开展反洗钱和征信管理工作。协调组织国家反洗钱工作和管理信贷征信业，是党中央、国务院赋予人民银行的两项新职责，人民银行要探索履行好新职责的工作机制和手段。要从完善社会主义市场经济体系、建立高效廉洁的政府和执政为民的高度，不断完善反洗钱工作机制，提高反洗钱工作水平，搞好面向全社会的反洗钱宣传活动，进一步做好反洗钱工作。

建设社会信用体系是建立社会主义市场经济的重要内容。人民银行要在前阶段工作的基础上，继续努力，争取二○○五年个人信用信息基础数据库全国联网运行，初步形成覆盖全国的基础信用信息服务网络。要制定《征信管理条例》和征信业发展规划，加强信贷征信业监管，做好征信知识宣传工作，推动建立社会信用体系。

（五）继续改善金融服务。中央银行的金融服务工作具有服务与管理的双重特点，金融市场、支付结算、货币发行、国库经理、调查统计等涉及面广，要求高。经济社会发展对金融服务工作不断提出了新的更高的要求。做好中央银行的金融服务工作，对促进我国社会经济发展和金融业稳健运行、提高我国金融业整体服务水平具有基础性作用。人民银行要把发展金融市场作为优化资源配置、完善间接调控机制的基础性工作来抓，大力推动金融产品创新和金融市场发展。加快推进金融基础设施建设，尽快建成现代化支付清算系统。改善银行卡受理环境，巩固和提高银行卡联网通用效果，促进银行卡产业快速健康发展。加强金融法制建设，为依法履行中央银行职责提供保障。进一步提高经理国库的工作水平。对货币发行和反假币等关系经济金融正常运行和群众切身利益的工作，必须常抓不懈。

二、坚定信心、扎实工作，金融改革要取得新成果。

二〇〇四年是我国金融改革全面推进，在关键领域取得突破性进展的一年。就人民银行来说是机构分设后全面履行新职能的第一年，金融改革主要体现在以下几个方面：

一是国有独资商业银行改革稳步推进。按照党中央、国务院的部署，中国银行和建设银行进行了股份制改革试点。中国银行、建设银行改革试点在二〇〇三年底利用国家外汇储备成功注资以后，二〇〇四年以来，每一季度都有一些重大进展：一季度，完成了两行的可疑类贷款处置和损失类资产核销的准备工作；二季度，中国银行、建设银行通过市场化公开招标方式，共向信达资产管理公司出售了二千七百八十七亿元的可疑贷款；三季度，正式设立了中国银行股份有限公司和中国建设银行股份有限公司；四季度，两行公司治理结构和治理机制开始发挥作用。现在，两行的财务可持续性得到增强，主要财务指标已经达到预期要求。截至二〇〇四年底，中国银行和建设银行的资本充足率分别上升到百分之十点零四和百分之十一点二九；资产质量明显改善，不良资产比例分别降低到百分之五点一二和百分之三点九二；盈利能力明显增强，中国银行、建设银行二〇〇四年拨备前利润预计分别达到五百八十三点七三亿元和五百九十点四六亿元，分别比上年增加三十三点六八亿元和一百三十四点零四亿元，国家投入的资本金将获得合理的回报。股东大会、董事会、监事会和新的管理层已开始运作；内部控制与风险管理机制逐步完善，组织结构和业务流程正在优化；战略投资者的引进工作正在抓紧实施；两家试点银行已按国际惯例进行信息披露，透明度不断提高。中国银行、建设银行改革的阶段性成果坚定了我们进行国有银行改革的信心。

二是农村信用社改革全面推开。经过一年多的努力，农村信用社改革试点工作开局良好、进展顺利，在八省（市）改革试点的基础上，其范围已经扩大到二十九个省（区、市），除了海南、西藏外试点已全面铺开。先期试点的八省（市）农村信用社改革已经取得一定成效：历史包袱得到初步化解，产权制度改革取得重要进展，经营机制逐步转换，经营状况开始好转，支农资金实力明显增强，支农服务工作不断改善。人民银行在配合有关部门推动农村信用社改革试点方面做了大量工作，成立了资金支持工作领导小组，建立了资金支持工作审核与考核机制，配合有关部门审查、考核农村信用社的改革情况，严格对农村信用社改革的资金支持条件，督促农村信用社切实转换经营机制。截至二〇〇四年末，人民银行共向改革试点的八省（市）农村信用社发行专项中央银行票据三百五十五点五亿元。

二〇〇四年，交通银行股份制改革进一步深化，引进了战略投资者，治理结构和机制进一步优化；邮政储蓄改革后，第一年的运行总体平稳；金融市场在创新和规范中得到发展，外汇管理得到加强和改善。

二〇〇五年是完成"十五"计划、向全面建设小康社会宏伟目标继续迈进的重要一年。中央经济工作会议对做好今年的经济工作提出了明确要求。按照这些要求，必须加快金融改革的步伐：

一要继续抓好国有商业银行股份制改革。已经开始进行股份制改革的中国银行和建设银行，要按照建立现代金融企业制度的要求，继续完善公司治理结构。股东大会、董事会、监事会及高级管理层要真正实现权责明晰、有效制衡，管理层要切实转变经营理念，以股东价值最大化为目标；要加强风险管理和内控机制建设，提高经营管理水平，防止不良资产出现反弹。要抓紧研究明确中央汇金公司的职能，使其在中国银行、建设银行的公司治理结构中发挥实质性作用。在充分借鉴股份制商业银行监管经验的基础上，紧紧围绕公司治理机制，加大对两家试点银行的考核和持续监管力度，特别要细化对两家试点银行不良贷款的考核；同时，认真做好两家银行上市有关准备工作。

二要抓紧做好工商银行的股份制改革准备工作。要在国务院确定的原则基础上，继续推进这项改革。人民银行和工商银行要做好改革的一切准备工作，争取尽快进入实质性操作阶段。

三要为农村信用社改革的全面推开做好资金支持工作。二〇〇五年农村信用社改革试点工作的重点是落实责任、转换机制和改善服务。农村信用社改革发展关系到农民增收、农业发展和农村稳定大局，改革试点工作政策性强、涉及面广、情况复杂，人民银行要继续做好资金支持工作，配合有关部门加强对农村信用社的监督管理，督促农村信用社深化内部改革，真正达到"花钱买机制"的政策效果。

四要积极推进其他金融机构的改革。对农业银行的改革,要与整个农村金融体制改革结合起来进行研究。要继续深化股份制商业银行的改革,推进政策性银行的改革,稳步推进和规范中小金融机构的发展。

五要进一步完善利率、汇率形成机制。稳步推进利率市场化进程,积极稳妥地推进人民币汇率形成机制的改革,保持人民币汇率在合理、均衡水平上的基本稳定。研究建立调节国际收支的市场机制和管理体制。

深化金融体制改革是经济体制改革的重点之一,我们要在二〇〇四年取得成绩的基础上,继续坚定不移地把改革向前推进。与其他改革一样,金融改革也是一个渐进的过程,国有商业银行股份制改革也不可能一蹴而就,还有大量工作要做。我们要走小步、不停步,走一步就站稳一步,但坚决不走回头路。只要我们坚定不移,坚韧不拔,坚持不懈,扎实工作,金融改革就一定会取得预期的成果。

三、爱岗敬业、勤政高效,为金融改革和发展作出新贡献。

人民银行的工作事关经济发展和金融稳定全局,做好人民银行各项工作意义重大。二〇〇五年,宏观调控仍处于关键阶段,深化金融改革、维护金融稳定的任务也十分繁重。人民银行广大干部职工要进一步统一思想,再接再厉,开拓创新,为金融工作作出新贡献。在这里,我提几点要求。

第一,统一思想,提高认识。人民银行系统广大干部职工,特别是各级领导干部,要自觉把思想统一到党的十六届三中、四中全会和中央经济工作会议精神上来,统一到中央对当前形势的判断和工作部署上来。要深入学习、全面理解科学发展观的基本内涵和精神实质,使人民银行的工作能够真正符合加强和改善宏观调控的要求,符合优化结构和转变增长方式的要求,符合维护和实现广大人民群众根本利益的要求。

第二,完善制度,依法行政。要进一步把人民银行工作纳入法制化、制度化轨道。加强金融法律体系建设,健全各项规章制度,为金融业稳步发展和防范金融风险提供法律保障。要进一步贯彻落实《行政许可法》和《全面推进依法行政实施纲要》,全面推进人民银行依法行政工作。

第三,培养人才,提高素质。当前,金融调控、金融改革、金融稳定以及金融服务工作十分繁重,面临许多新挑战。人民银行要认真贯彻落实党的十六大和十六届四中全会提出的加强党的执政能力建设的要求,加快培养一支政治过硬、业务精良、作风正派的干部队伍，不断提高履行中央银行职责的能力。要努力学习新知识，刻苦钻研新业务，深入研究新问题，潜心探索新手段，不断提高队伍素质。要加强调查研究，深入第一线，及时发现和预见经济和金融运行中的新情况、新问题，为提高金融调控工作的前瞻性、科学性和有效性提供可靠依据。

第四，爱岗敬业，廉洁自律。人民银行是中央银行，对全社会特别是金融系统有着重要的影响。人民银行广大干部职工任何时候都要把党和人民的利益放在第一位，爱岗敬业、脚踏实地、勤政高效、廉洁自律，大家共同努力打造成为金融系统的一支优秀干部队伍。

加强金融监管，维护金融稳定，
努力提高银行业监管工作水平[*]

（二○○五年一月十九日）

黄　菊

　　刚刚过去的二○○四年，是我国经济发展、改革开放和社会进步取得显著成绩的一年。国民经济继续保持快速增长，预计全年国内生产总值增长百分之九以上；农业发展、粮食增产、农民增收，工业生产稳步快速增长，运行质量和效益继续改善，国有企业改革成效显著，财政收入大幅增长，物价保持基本稳定，人民生活进一步改善，各项改革继续推进，对外开放不断扩大。

　　金融调控也取得了明显成效，广义货币供应量 M_2 增幅，从二月最高百分之十九点四逐步回落到十一月末的百分之十四，M_2 全年增长百分之十四点六；狭义货币供应量 M_1 增幅从百分之二十点三回落到百分之十三点八，M_1 全年增长百分之十三点六。境内金融机构本外币各项贷款全年新增二点四一万亿元，同比少增五千七百多亿元，增幅为百分之十四点四，同比下降七点零四个百分点。市场利率水平平稳，人民币汇率保持稳定，外汇储备超过六千亿美元，整个金融平稳运行。

　　加强和改善宏观调控取得了明显成效，国民经济正在朝着宏观调控的预期目标发展，这些成绩的取得，是以胡锦涛同志为总书记的党中央统揽全局、正确领导的结果，也是包括银监会系统广大干部职工在内的全国人民共同努力、扎实工作的结果。下面，我就银监会的工作讲几点意见。

　　一、二○○四年银行业监管工作取得重要进展。

　　二○○四年，银监会系统广大干部职工坚持以邓小平理论和"三个代表"重

要思想为指导，认真贯彻党的十六大和十六届三中、四中全会精神，把思想统一到中央对经济形势的判断和部署上来，全面落实科学发展观，以"新思路、新机制、新举措"开创银行业监管工作新局面，积极贯彻落实中央关于宏观调控的方针政策，大力加强银行业监管和推进改革开放，全年工作取得了新成绩。

（一）坚决贯彻中央关于加强宏观调控的决策和部署，把住信贷"闸门"。

针对去年一季度宏观经济形势出现的新情况，抓住货币信贷增长过快，信贷结构不合理等苗头性、倾向性问题，银监会及时出台了贯彻落实宏观调控政策，进一步加强贷款风险管理的七条措施。完善信贷管理机制，积极发挥信贷政策结构调整的作用，有针对性地加强对商业银行的"窗口指导"，加强对部分过度投资行业、清理整顿项目、大额授信和关联交易的风险提示，引导银行业金融机构全面、准确地贯彻落实中央宏观调控要求，控制了中长期贷款过快增长，有效压缩了对钢铁、水泥、电解铝等过热行业的授信总量。同时，针对部分企业流动性资金紧张的状况，适当增加对有市场、有效益、有利于增加就业的企业流动资金贷款，加大对"三农"、扩大消费、中小企业等方面的贷款支持。既抑制了货币信贷过快增长，把住了信贷投放闸门，又基本满足了经济发展对信贷资金的合理需求，防止了信贷投放的大起大落，有效避免了不良贷款的大幅反弹。

（二）着力推进金融改革并取得重大进展。

一是国有独资商业银行改革取得阶段性成效。按照国有独资商业银行股份制改革试点工作领导小组的统一部署，银监会出台了《中国银行、中国建设银行公司治理改革与监管指引》，在指导试点银行完善公司治理结构和转换经营机制方面做了大量工作。新成立的中国银行股份有限公司、中国建设银行股份有限公司，按现代企业制度要求建立了公司治理结构，改革经营模式，整合业务流程，机制转换迈出了重要步伐。股份制改革后，中国银行和建设银行资本充足率上升，资产质量明显改善，不良资产比例降低，盈利能力明显增强，取得了阶段性成果。

二是农村信用社改革试点工作全面推进。在八省（市）试点的基础上，经过一年多的艰苦努力，按照"自愿参加、严格审核"的原则，农村信用社改革试点工作已经扩大到全国除海南、西藏外的二十九个省（区、市）。先行试点的八省（市）农村信用社改革已取得一定成效：新的监管框架基本形成，历史包袱得到初步消化，产权制度改革取得重要进展，经营机制逐步转换，经营状况开始好转，支农资金实力明显增强，支农服务不断改善。二〇〇四年，全国农村信用社实现了十年来首次年度盈利，全行业统算盈余一百零四点六二亿元。

（三）抓好制度制定和检查落实，加强银行业监管工作。

颁布实施了一系列监管规章、制度和规范性文件，初步形成了以《银行业监督管理法》为核心的银行业审慎监管制度框架。加强了对各类银行业金融机构的持续审慎监管。对主要银行业金融机构全面推行了贷款五级分类制度，要求商业银行充足拨备和做实利润，坚持审慎经营。加强了对不良贷款率、拨备覆盖率和资本充足率的监测考核，并开展了专项检查工作。督促商业银行严格执行信息披露制度，增强了市场约束。商业银行核心资本由年初七千三百零六亿元增加到七千八百七十三亿元，资本充足率比年初提高了二点二三个百分点。资本充足水平有了明显改善。截至二〇〇四年十二月末，主要商业银行按五级分类，实现了不良贷款余额和比例的"双降"。

在做好日常监管工作的同时，按照市场化、法制化、专业化的处置思路，与有关部门密切配合，积极排查风险，及时采取措施，组织成立"德隆债权人委员会"，对金新信托实施停业整顿，加强对有关地方政府处置风险的指导和协调，为积极稳妥地处置德隆系风险，维护银行债权，防范和化解由德隆危机可能引发的系统性金融风险，探索建立健全各监管部门间的工作协调机制，摸索了一些好的做法和经验。

二、进一步加强和改善金融监管，努力维护金融安全。

二〇〇五年是完成"十五"计划、向全面建设小康社会宏伟目标继续迈进的重要一年。银监会担负的防范化解金融风险的工作更加繁重，任务十分艰巨。二〇〇四年，主要商业银行的不良贷款虽然实现总体"双降"，但不良贷款基数仍然很大；贷款损失准备金计提虽然增加，但缺口依然较大；资本充足率虽然明显改善，但大部分银行实现资本金达标任务仍很艰巨；大额授信和集中授信问题仍然比较突出，潜在风险不容忽视。此外，主要商业银行还不同程度地存在管理粗放、内部控制和风险管理薄弱、盈利能力差等问题，少数银行还潜伏着较大风险隐患。银监会要正确把握形势，明确目标和任务，着力抓好以下几个方面的工作。

（一）按照"有保有压"的方针，满足经济增长对信贷的需求。

要按照中央经济工作会议确定的二〇〇五年经济工作总体要求，继续合理控制信贷规模，优化信贷结构，把好信贷"闸门"。要加强信贷政策与产业政策以及其他政策的协调，坚持区别对待、有保有压，防止"一刀切"，促进经济结构调整和经济增长方式转变。要继续加强和改进风险监管，进一步研究采取审慎监管措施，加强窗口指导和风险提示，引导银行业金融机构适应新形势新任务的要求，更好地贯彻区别对待、有保有压的方针，更加注重搞好金融服务和创新，继续支持有市场、有效益、有利于增加就业的企业合理贷款需求。要与有关部门密切配合，进一步加强对"三农"等薄弱环节的信贷支持力度。研究支持中小企业和县域经济发展的金融服务新举措，按照审慎经营规则的要求，对于正常经营、不盲目扩张、符合国家产业政策和市场准入标准、满足贷款条件的企业，不论规模大小和所有制形式，都要尽量满足其信贷需求。

（二）坚持改革开放，进一步提高我国银行业整体竞争力和抗风险能力。

要从根本上解决银行业存在的问题，提高我国银行业竞争力和抗风险能力，必须坚定不移地深化改革，扩大对外开放。要继续做好国有独资商业银行股份制改革工作。国有独资商业银行股份制改革的重要目标是完善公司治理结构，这是国有独资商业银行股份制改革的核心。银监会要继续加强对中国银行、建设银行股份制改革的指导、督促和考核。督促两家试点银行搞好股东大会、董事会和监事会的建设，实现权责明晰、有效制衡；强化风险管理和内部控制机制，建立以利润最大化和资产安全为核心的业绩考评体系；督促董事、监事和经营管理层勤勉尽责。要尽快建立董事会下属的专门委员会，并规范运作。同时，要在总结中国银行和建设银行股份制改革经验的基础上，坚定不移地对其他国有独资商业银行进行改革。

要继续深化农村信用社改革。虽然农村信用社改革已经取得了重大进展，但是农村信用社改革试点工作政策性强、涉及面广、情况复杂，切不可掉以轻心。二〇〇五年，绝大部分地区的农村信用社管理职责将交给省级人民政府，银监会要按照确定的职责分工，继续做好金融监管、协调和督促检查工作，督促农村信用社深化内部改革，转换经营机制，切实改善支农服务，达到"花钱买机制"的政策效果。要根据经济形势和经济体制改革出现的新变化，认真研究政策性银行、邮政储蓄、信托投资公司等其他银行业金融机构的改革工作。

（三）进一步加强和改进金融监管工作。

金融是现代经济的核心，银行业是我国金融业的主体，维护银行体系稳定、确保国家金融安全是银监会义不容辞的职责。当前经济运行的矛盾和问题仍然比较突出，特别是出现了一些需要高度重视和认真研究的新情况和新问题，在解决煤电油运瓶颈制约过程中，又出现了个别行业无序建设的情况等等。这不仅影响经济健康运行，也加大了金融风险。对经济金融运行存在的问题和风险决不可低估，防范和化解金融风险的工作决不可放松，同时要建立维护金融稳定长期化、制度化的措施。

一是督促银行业金融机构加强资本约束，完善内控制度建设，强化风险监管。银行业金融机构要进一步规范风险管理组织架构，完善风险管理的决策体系和程序，健全授权授信制度。继续推进大额授信风险预警和零售贷款违约信息披露系统建设，加强风险提示，促进商业银行加强对风险集中度的管理，建立防范风险的长效机制。督促商业银行建立独立有效的内审制度，充实内部审计力量，提高内部审计的效率。

二是防范和化解金融风险，努力维护银行体系稳定。要抓紧建立健全金融机构市场退出机制，明确各方职责和任务，加快处置高风险金融机构，在金融机构重组方面推进创新。在处置个别高风险机构的同时要特别关注和防范系统性风险。要认真做好日常监管工作，坚持风险处置和风险防范并举，大力开展现场检查，强化非现场监管，及时发现、评估和预警风险，严肃查处违法违规行为，切实提高监管的权威性和有效性。对非法集资等潜在风险要及早发现，切实加强监管。

三是加强对不良贷款的监测。要加强不良贷款真实性检查，并在此基础上完善不良贷款考核机制，督促商业银行建立科学合理的不良贷款考核办法，促进不良贷款继续"双降"。同时督促商业银行改善内控机制，落实责任，加强人员培训，提高风险识别、度量和分析水平，真实反映资产质量状况。加强对不良贷款形态变化的动态跟踪分析，以及不良贷款预期损失的分析，考核贷款损失率。定期向社会披露主要商业银行的不良贷款变化情况，加强社会监督。降低不良贷款必须实事求是，决不允许弄虚作假，玩数字游戏。

三、做好银监会工作的几点要求。

银行业是我国金融业的主体，金融监管工作是金融工作的重中之重，银监会系统的工作人员一定要增强光荣感、使命感和责任感，要从确保国家金融安全的高度来认识、把握和做好银行业监管工作。这里，我提三点要求。

第一，要用科学发展观指导银行业监管工作。银监会系统广大干部职工，特别是各级领导干部，要深入学习、全面理解科学发展观的基本内涵和精神实质，坚持以科学发展观为指导，更新监管理念，创新监管制度，转变监管方式，把工作着力点放到促进银行业金融机构提高治理和内控水平上来，强化资本约束，优化资产结构，转变增长方式，努力建设风险管理长效机制。

第二，革新监管理念，提高监管效率。要充分借鉴国际上先进的监管理念，贯彻"管法人、管风险、管内控，提高透明度"的监管要求。要在监管资源安排、工作程序再造、工作方式转变等方面不断探索，逐步形成符合国际标准，适应中国国情的监管机制。要坚持以改革促发展，引进国际上先进的商业银行管理经验和技术，改善商业银行的公司治理和内部控制，为金融监管奠定良好的基础。商业银行风险管理水平和内控能力的不断改善和提高，有利于金融监管更加有效地发挥作用，同时也会促进金融监管水平的不断提高。

第三，努力提高干部队伍素质。银监会要加强监管能力建设，提高监管水平。实现这个目标，最根本的就是必须拥有一支高素质的银行业监管干部队伍。银监会广大干部职工要努力学习新知识，钻研新业务，深入研究新问题，及时总结新经验。要大力实施人才战略，积极推进人事制度改革，努力建设一支能够担当银行业监管重任的学习型、专家型、务实型、开拓型的监管队伍，为提高银行业监管水平提供有力的人才保障。要深入基层，深入实际，加强调查研究，及时发现和预见风险，积极采取风险处置措施，在监管实践中不断提高银监会工作的预见性、科学性和有效性。

第四，廉洁自律、敢于碰硬。银监会广大干部职工要时刻把党和人民的利益放在第一位，爱岗敬业，脚踏实地，勤政高效，廉洁自律，做到无私无畏，树立监管权威。同时，在工作中要更加注重协调，主动与地方和部门沟通，取得各方面对金融监管工作的理解和支持，形成合力，共同开创银行业监管工作的新局面。

深化金融体制改革

——《国务院关于二○○五年深化经济体制改革的意见》第四部分

（二○○五年四月四日）

加快推进金融企业改革。按照建立现代金融企业制度的要求，进一步深化中国银行、建设银行股份制改革，着力完善公司法人治理结构，健全内控制度，转换经营机制，并建立相关监测与考评机制。加快制订和实施其他国有商业银行股份制改革方案。研究促进金融资产管理公司改革发展、提高不良资产回收率的政策措施。抓紧实施邮政储蓄体制改革。研究政策性银行的职能和定位。择机出台政策性银行条例。继续深化非银行金融机构改革。整合并规范发展地方中小金融机构，鼓励社会资金参与城市信用社和城市商业银行等金融机构的重组改造。深化保险业改革，继续推进国有保险公司股份制改造。健全管理制度，规范保险市场秩序。

健全金融调控体系。稳步推进利率市场化和人民币汇率形成机制改革，保持人民币汇率在合理、均衡水平上基本稳定。继续加强对资本流入的引导和管理，建立有序可控的资本流出机制。研究建立调节国际收支的市场机制和管理体制。建立健全货币市场、资本市场、保险市场有机结合和协调发展的机制，防范跨市场、跨系统风险。建立健全金融机构市场退出机制。加大对商业银行资产负债匹配的监管力度，推进信贷资产证券化试点。加快建立金融风险预警体系和化解系统性风险的长效机制。进一步完善反洗钱工作机制。

完善金融监管体制和协调机制。改善监管方式和手段，加强市场准入、治理结构、内部控制、资本充足率、重点业务和高级管理人员监管。全面推行贷款质量五级分类制度，落实贷款损失准备金拨备制度。进一步增强监管信息透明度，形成对监管机构和工作人员的监督制约和问责机制。加强金融监管的合作与协调，逐步形成专业金融监管机构和宏观调控部门共同组成的金融稳定协调机制。

加强亚欧财金合作　促进各国共同发展[*]

（二〇〇五年六月二十六日）

温　家　宝

尊敬的各位来宾，

女士们，先生们：

第六届亚欧财长会议在天津隆重召开。我谨代表中国政府表示热烈祝贺！向各位来宾表示诚挚欢迎！这次会议是亚欧会议成员扩大后，各成员国财长首次聚会，共商新形势下亚欧财金合作大计，探讨当前世界经济发展面临的重大问题。会议将发表《第六届亚欧财长会议主席声明》和《促进亚欧更紧密财金合作的天津倡议》两个成果性文件。这次会议将对推进亚欧更紧密经济伙伴关系产生重要影响。

亚欧会议是在新的国际形势下亚欧加强交流与合作的战略选择。自一九九六年第一次亚欧会议以来，亚欧之间积极开展政治对话、经济合作和科技文化交流，促进了亚欧新型全面伙伴关系的发展，对维护世界和平与促进共同发展发挥了重要作用。亚洲是当今世界最具经济活力的地区，欧盟是世界上最大的发达经济体，双方开展互利合作的前景十分广阔。亚欧会议扩大后，成员国人口占世界人口五分之二，国内生产总值超过全球一半，在国际事务中将发挥更大的作用。在新的形势下，亚欧各国发展面临重要机遇，也面临新的挑战。我们要加强全面合作，发挥各自优势，共同战胜困难和风险，把亚欧合作提高到一个新的水平。

女士们，先生们！

经济合作是亚欧新型全面伙伴关系的基础，财政、金融领域合作作为亚欧经济合作的重要内容，起着关键性作用。亚欧建立更紧密经济伙伴关系，实现互利共赢，促进共同发展，必须深化亚欧财金合作。为此，我提出以下五点建议：

＊　这是温家宝同志在第六届亚欧财长会议开幕式上的讲话。

第一，加强宏观经济政策对话与协调。亚欧各国定期相互交流经济情况和经济政策，加强对话沟通和平等协商，共同应对国际经济面临的风险和挑战，具有重要意义。当前，亚欧国家需要共同努力，采取负责任的宏观经济政策，保持主要储备货币间的币值稳定，抑制石油价格大幅波动，防止各种形式的贸易保护主义，促进世界经济持续稳定发展。中国政府倡议在亚欧财长会议框架下建立应对经济和金融突发事件的紧急对话机制，以维护经济金融安全。

第二，扩大发展经验的交流。深入开展发展道路和发展战略的研讨，加强在区域经济一体化方面的经验交流，互相借鉴在开放条件下实施国家宏观调控和结构调整的成功做法。今年下半年，中国将与英国在亚欧财长会议框架下联合举办"财政政策与公共债务论坛"，欢迎亚欧各国财政和金融界人士踊跃参加。

第三，深化财政和金融实质性合作。积极探索和推动亚欧财政金融合作，发展亚洲区域债券市场，支持欧元在国际金融稳定与发展中发挥应有的作用，提高亚欧地区的国际货币金融地位，发挥亚欧信托基金在帮助亚欧不发达成员财政金融改革方面所起的积极作用。

第四，加强技术援助和财金能力建设。亚欧各国发展水平不平衡，要积极开展技术援助，加大对本地区贫困国家的支持，推动实现联合国"千年发展目标"。中国将与欧盟、奥地利联合发起亚欧财金能力建设项目，委托上海国家会计学院作为项目实施基地。

第五，营造互利共赢的国际经济合作环境。亚欧要通过协调与配合，促使国际社会更多地关注广大发展中国家的利益，切实减免债务，增加发展援助，推动技术转移；促进国际金融和贸易体制改革，敦促世贸组织多哈回合谈判早日结束，倡导国际发展理念创新，努力建立良好的国际经济新秩序。

女士们，先生们！

中国实行改革开放政策以来，经济持续快速增长，综合国力显著增强，人民生活不断改善。近两年针对经济运行中突出问题而实施的宏观调控，取得了明显成效，经济总体形势良好。我们将继续采取措施，进一步解决面临的矛盾和问题，使中国经济长期保持平稳较快发展。中国的发展主要靠自己的努力，靠广阔的国内市场、丰富的劳动力资源，靠实行改革开放的政策。我们完全有信心、有能力、有办法战胜前进道路上的各种困难和风险，成功实现既定的经济、社会发展宏伟目标。中国的发展有利于本地区稳定与繁荣，有利于世界和平与发展，不会对任何国家造成威胁和影响。

　　这里，我着重讲一下目前国内外颇为关注的人民币汇率问题。我讲三个观点：第一，每个国家都有权选择适合本国国情的汇率制度和汇率政策，这是国际上的共识。上世纪九十年代初，我国就确定了人民币汇率制度改革的目标和任务，这就是，逐步形成以市场供求为基础、有管理的浮动汇率制度，保持人民币汇率在合理、均衡水平上的基本稳定。十多年来，我们在人民币汇率改革上做了大量工作，迈出了重要的步伐。第二，保持人民币汇率在合理、均衡水平上的基本稳定，有利于中国经济的发展，有利于周边国家和地区经济的发展，有利于国际金融稳定和贸易发展。在一九九七年的亚洲金融危机中，人民币汇率保持稳定使周边国家和地区减少了损失，也对亚洲和世界经济金融的稳定和发展起到了积极作用，这就是一个很好的证明。第三，人民币汇率改革必须坚持主动性、可控性和渐进性的原则。主动性，就是根据我国自身改革和发展的需要，决定汇率改革的方式、内容和时机。汇率改革要充分考虑对宏观经济稳定、经济增长和就业的影响，考虑金融体系状况和金融监管水平，考虑企业承受能力和对外贸易等因素，还要考虑对周边国家、地区以及世界经济金融的影响。可控性，就是人民币汇率的变化要在宏观管理上能够控制得住，既要推进改革，又不能失去控制，避免出现金融市场动荡和经济大的波动。渐进性，就是有步骤地推进改革，不仅要考虑当前的需要，而且要考虑长远的发展，不能急于求成。总的说，我们要继续完善人民币汇率形成机制，进一步健全面向市场、更加具有弹性的汇率制度。但是，这项改革涉及面广，影响深远，仍需要做大量的准备工作，创造有利条件和环境，使各方面能够承受可能带来的影响。中国这种负责任的态度和做法，不仅有利于中国宏观经济的稳定和发展，也有利于周边国家以及世界经济的稳定和发展。

　　女士们，先生们！

　　中国有句古话："相知无远近，万里尚为邻"。中国与亚洲各国山水相连，共同铸就了灿烂的亚洲文明；古老而美丽的"丝绸之路"，谱写了中欧千年往来的美好篇章。中国与亚欧各国的互利合作正在步入一个全新的阶段。中国已成为亚欧和世界经济发展中的积极力量，我们将坚持走和平发展的道路，致力于同亚欧各国发展富有活力和长期稳定的全面合作关系，与亚欧各国相互支持，携手前进。

　　最后，预祝本届财长会议取得圆满成功！

　　谢谢大家。

国务院办公厅转发证监会关于
《证券公司综合治理工作方案》的通知

(二〇〇五年七月二十九日)

各省、自治区、直辖市人民政府，国务院各部委、各直属机构：

证监会商有关部门拟订的《证券公司综合治理工作方案》（以下简称《方案》）已经国务院同意，现转发给你们，请认真贯彻执行。

证券公司是证券市场重要的中介机构，在证券市场的培育和发展中发挥了重要作用。但由于体制、机制上存在缺陷，证券公司在快速发展的同时，也积累了许多矛盾和问题。随着证券市场的结构性调整和改革力度加大，近年来，证券公司存在的问题逐渐暴露，风险集中爆发，经营和发展遇到了很大困难，迫切需要采取措施进行综合治理。

证券公司综合治理工作敏感度高、涉及面广，事关证券市场的健康发展和社会稳定。各地区、各部门要统一认识，坚定信心，高度重视，密切配合，按照《方案》的要求，切实负起责任，共同做好这项工作。要加快落实《国务院关于推进资本市场改革开放和稳定发展的若干意见》，进一步加强对证券公司的监管，积极推进各项基础制度改革，稳妥处置证券公司风险，推进证券公司重组，并采取切实有效的措施解决证券公司流动性问题，支持、引导证券公司创新发展、做优做强。要严肃法纪，加大对证券犯罪行为的打击和涉案资产的追缴力度。要加强舆论宣传和引导，做好解疑释惑工作，为证券公司综合治理工作创造有利的舆论环境。

地方各级人民政府要切实承担起维护社会稳定的职责，对行政区域内证券公司的风险状况要做到心中有数，制订好应急预案。要按照国家有关规定认真做好破产关闭证券公司的个人债权甄别和收购资金筹措等工作，及时妥善地解决好行政区域内机构名义个人债等敏感问题。对可能引发群体性事件或恶性个案的不稳定因素，要及时采取措施，果断予以化解。

国务院办公厅

二〇〇五年七月二十九日

证监会关于证券公司综合治理工作方案

　　证券公司作为证券市场重要的中介机构，十几年来，在探索和改革中成长，对证券市场的培育和发展发挥了十分重要的作用，但也积累了许多矛盾和问题。近年来，随着市场的结构性调整和改革力度加大，证券公司的问题充分暴露，风险集中爆发，证券行业的发展面临困难。证券公司的问题成因十分复杂，既有市场环境因素，又有制度不完善、机制不健全等内在因素。随着基础制度的建立完善和各项监管措施的进一步强化，以及股票市场的理性回归，证券公司逐步分化，行业风险明显释放，从根本上解决证券公司问题的时机和条件已经成熟。为统一认识，明确目标和要求，切实做好证券公司综合治理工作，制定如下工作方案：

　　一、基本思路、原则和目标。

　　（一）综合治理工作的基本思路是：紧紧抓住宏观经济良性运行和证券市场深化改革的重要机遇，以加强防范、完善制度、形成机制、打击违法违规活动为目标，将风险处置、日常监管和推进行业发展三管齐下，做到防治结合，以防为主，力争在两年内，基本化解现有风险，初步建立新的机制，有效防范新的风险，为证券公司规范、持续、稳定发展奠定基础。

　　（二）综合治理工作的基本原则：一是多管齐下，分类处置。化解风险和制度建设同步推进，加强行业监管与鼓励创新发展有机结合，近期工作和长远目标紧密衔接；对高风险公司要及时处置、彻底消除风险隐患，对优质公司要支持其规范发展，对整改有望的公司要采取措施帮助其渡过难关。二是标本兼治，重在治本。在做好风险处置工作的同时，加快建立和推进客户交易结算资金第三方存管制度，改革国债回购交易结算和证券自营、资产管理业务制度，建立和完善证券公司信息披露制度；严格市场准入，加强对证券公司及其股东和高管人员的持续监管，对违法违规人员坚决予以惩处；切实改进风险预警机制，对各种风险做到早发现、早披露、早处置。三是统筹兼顾，确保稳定。制定和实施证券公司综合治理措施时，既要审慎决策、周密部署，又要注意时机和把握节奏，确保行业、市场和社会稳定。四是依法行政，完善机制。要制订修订有关法律法规，完善证券公司运行与监管的基础制度；要探索证券公司市场化重组机制，提高行业自身化解风险的能力；要通过优胜劣汰、责任追究等手段强化外部约束，并推动证券公司切实建立内部约束机制。

（三）综合治理工作的近期目标：在二〇〇五年底前，摸清证券公司风险底数，基本完成账外账清理工作，优质公司和规范类公司公开披露财务信息；杜绝客户交易结算资金的新增挪用，实现客户交易结算资金的独立存管，具备条件公司均实现第三方存管；全面实施改革后的国债回购交易结算制度、资产管理和证券自营业务管理制度；在维护市场和社会稳定的前提下，及时关闭一批风险显露、自救无望或严重违规的高风险公司，探索多样化的重组模式；采取措施缓解证券公司阶段性流动性困难，帮助底数清楚、整改有望的公司渡过难关；建立证券监管机构与公安、司法机关的有效协作机制，严肃市场纪律，严厉查处违法违规行为，坚决遏制违法违规活动。

（四）综合治理工作的远期目标：在二〇〇七年底前，证券公司全面实施公开披露制度，报送的信息要真实、准确、完整；客户资产安全、完整，公司经营风险与社会风险有效隔离，实行客户交易结算资金第三方存管制度；依法合规经营意识全面树立，经营行为基本规范；内部控制与风险管理能力普遍增强，历史遗留问题基本化解，市场化创新有序进行，盈利模式明显改善，财务状况总体健康，没有行业性重大风险隐患；公司数量与结构基本合理，市场定位清晰、明确，优胜劣汰机制基本形成，行业对外开放稳步推进，国际化竞争格局初现；证券公司的市场创新和中介功能得到增强，能有效发挥支持、促进证券市场持续健康发展的积极作用。相关法律制度比较完备。证券监管机构与公安、司法机关的协作机制进一步完善，监管资源和手段充足，监管工作水平明显提高，违法违规行为能得到迅速发现和及时处理。证券公司运行和监管体系中各环节责任明确，责任追究制度有效执行。

二、主要工作安排。

（一）加快完成摸清底数工作，明确整改措施并落实责任。

1. 向证券公司明确"讲实话、真整改、定责任、给时间"的政策，充分利用各种监管手段，通过公司自查、证监会核实，在二〇〇五年十月底前，逐家摸清证券公司的经营、财务状况和风险底数；证券公司要制订整改计划，提出整改措施，明确期限、进度和责任人，化解已经存在的问题和风险。对交清底数并制定了切实可行整改计划的公司，视具体情况，给予半年到一年半的时间进行整改，并适当限制开办有关业务；对按期完成整改计划、有效化解风险的公司，支持其规范发展；对在自查中弄虚作假、整改不力或继续违规的公司及其有关责任人，及时予以查处。

2. 进一步严肃市场纪律。将不符合最低监管要求且在限期内整改无效的公司，要按照监管规定及时安排退市；对在摸底整改工作中不交清底数、不进行整改和发生新问题的公司和责任人，坚决做到发现一起、查处一起；对清理遗留问题中弄虚作假、转嫁风险等侵害国家和公众利益的行为，进行严厉制裁；对在专项整治中查明股东不实、虚假出资、非法占用公司资产等问题，并不能在限期内纠正违法违规行为、补足出资的，依法予以查处，涉嫌犯罪的，及时移送公安机关。在风险处置中，要进一步加大对违法犯罪行为的查处和打击力度，增强对违法犯罪行为的威慑力。今后，对任何违规行为一经发现立即查处，并公开披露。

3. 及时稳妥处置高风险公司。对当前风险突出、违规严重、事态紧迫的高风险公司，要迅速采取控制和处置措施，化解风险。在风险处置中，全力防范重大群体事件和恶性案件，切实维护稳定；进一步坚持风险处置、行政稽查与犯罪调查相结合，业务核查、资产清收和责任认定同步进行的原则，提高查处违规、打击犯罪的能力和水平，降低风险处置的成本；加快建立风险处置的长效机制，提高风险处置的主动性和有效性。

（二）加大基础性制度改革力度。

1. 完善客户交易结算资金存管制度，分步实施客户交易结算资金第三方存管。对发生新增挪用的公司或使用公共资金的公司立即强制实行第三方存管。其他公司要按照证监会《关于进一步加强客户交易结算资金监管的通知》精神，实行严格的独立存管。二○○五年十二月底前全面实现客户交易结算资金的独立存管，其中部分公司完成第三方存管。

2. 改革国债回购交易结算制度。择机公布《债券登记托管和结算业务实施细则》，进一步明确债券回购中客户、证券公司和登记结算公司的关系和各自责任，对国债现券质押手续和证券公司与其客户之间的委托合同进行完善并作出明确规定；明确原有质押式回购交收违约的处理规则，对已经出现国债欠库的证券公司，要求其提供担保物，或由登记结算公司强制转移其自营证券。实施细则的规定从未占用客户国债的公司开始，分批实施，二○○五年底前适用于所有公司。

　　3．改革资产管理业务管理制度。客户资产必须全额交由第三方存管；提高定向资产管理业务单笔委托资金的起点；要求证券公司将资产管理业务的证券账户报上海、深圳证券交易所和登记结算公司备案；要求证券公司加强开户审查，确保委托人名实相符；严禁证券公司接受个人以机构名义和机构以个人名义的委托，或违规面向个人开展定向资产管理业务。

　　4．抓紧起草、修订有关法律法规。制订《证券公司监管条例》和《证券公司风险处置条例》，为监管提供法规保障，增强工作的主动性和有效性。《证券公司监管条例》争取二〇〇五年底前公布，二〇〇六年五月起实施；《证券公司风险处置条例》年内公布实施。推进修订《证券法》、《公司法》、《破产法》和《刑法》，完善证券公司监管的法律制度，实现证券公司运行和监管的法制化、规范化。

　　（三）进一步加大监管工作力度。

　　1．全面实行分类监管，形成有效的日常监管体制。抓紧完善以净资本为核心的风险监控指标体系和分类标准。根据风险程度、内控水准、财务实力等指标，对证券公司实行分类监管。对经纪、承销、自营、资产管理和财务顾问等业务实行牌照管理和规模控制。二〇〇五年内重点做好一、二类公司的评审工作，二〇〇六年六月前公布证券公司净资本规则和风险监控指标体系。狠抓监管制度的落实，持续加强对证券公司的监管，维护正常的市场秩序，使证券公司走上规范、健康发展的轨道。

　　2．完善自营业务的内外部监控机制。进一步落实自营业务专用席位制度和账户报备要求，提高证券交易所一线实时监控能力，及时发现和遏制证券公司"坐庄控盘"行为。二〇〇五年八月底前公布证券公司证券自营业务管理的有关规定，全面完善自营业务的内部控制和外部监管制度。

　　3．加强对高管人员和股东的监管，规范高管和股东行为，落实《证券公司高级管理人员管理办法》，全面实施以责任追究为主线的事先审核、专业测试、任职承诺、持续记录、违规处罚、年度考核、离任审计制度。二〇〇六年底前对所有在职和拟任高管人员进行一次强制轮训和专业测试，要求限期达标，不能达标的限期离任。按照《证券公司治理准则（试行）》，进一步规范股东行为，在准入环节采取中介机构出具专项意见书、监管机关聆讯、查询相关征信系统等措施，加强资质审查和诚信调查。

4. 积极推动证券公司建立现代企业制度。综合运用审核和日常监管等手段，督促证券公司认真落实《公司法》、《证券公司治理准则（试行）》、《证券公司内部控制指引》等法律和规章，进一步完善治理结构、加强内部控制，规范股东与公司以及公司与董事、监事、高管人员的关系，确保股东、董事和监事正确有效地行使对公司事务的知情权、决策权和监督权，切实落实股东、董事、监事和高管人员对公司及其客户的诚信责任，建立健全内部激励约束机制，真正做到资本充足、内控严密、运营安全、服务和效率良好。

（四）推进行业资源整合，支持优质公司规范发展。

鼓励、扶持资质良好、具备持续发展能力的证券公司规范发展，在业内进行收购兼并，发挥行业骨干的示范作用，引领全行业转换机制，改善经营模式；将高风险公司剥离出来的经纪业务、专业队伍、客户资源等，采取行政引导、市场化配置的方式并入优质公司，支持、引导一批抗风险能力差、经营发展前景不佳的公司，进行合并重组。二〇〇六年底前，除确有利于化解风险和行业整合的个案之外，停止批设新的证券公司和营业性分支机构。

三、配套措施。

（一）成立证券公司综合治理专题工作小组。工作小组由证监会、人民银行牵头，公安部、财政部、银监会、高法院、法制办参加；必要时，可邀请其他有关部门参与研究有关问题。工作小组的主要职责是：研究证券公司综合治理中的重大问题，就重要事项提出解决方案，协调落实跨部门工作。工作小组办公室设在证监会。

（二）设立证券投资者保护基金。为保护证券投资者的合法权益，按照取之于市场、用之于市场的原则，筹集设立证券投资者保护基金。设立国有独资的证券投资者保护基金公司，负责筹集、管理和使用基金。证监会负责监管基金公司业务运作，监督基金的筹集、管理和使用；财政部负责基金公司国有资产的管理和财务监督；人民银行负责对基金公司使用再贷款情况进行审核和监督检查。

（三）鼓励地方人民政府和有关方面对风险证券公司实施重组。公司重组要遵循现行法律、法规和有关监管规定。具体方式可采取由重组方收购证券公司资产、向证券公司注资以及其他有效方式。经过重组的证券公司应达到持续合规经营的基本标准。对地方人民政府和有关方面牵头重组并基本落实重组所必需财务资源的证券公司，给予一定支持，具体措施由人民银行会同财政部、证监会研究提出。

（四）进一步拓宽证券公司融资渠道，解决证券公司的流动性问题，支持优质证券公司创新发展。给予优质证券公司一般借款人地位，允许其以合规方式融资。允许证券公司向股东借款，或经与机构债权人协商一致，将机构债务转为次级债。对期限较长、能够切实解决流动性的次级债，经证监会核准，可按一定比例计入公司的净资本。

（五）全力维护证券公司正常经营秩序和社会稳定。一是地方人民政府要采取有力措施，按照国家规定做好债务甄别、资金筹措等工作，及时妥善地解决好机构名义个人债问题，切实维护证券公司的正常经营秩序和社会稳定。二是由证监会会同人民银行、财政部、相关地方政府等有关方面及时落实风险处置资金，解决风险处置中的具体问题，防止因拖延不决而激化矛盾，波及社会稳定。三是由证监会、银监会负责督促证券公司和商业银行严格执行证券公司客户交易结算资金独立存管的有关规定，立即纠正违规质押或划扣客户交易结算资金的行为，防止引发证券公司交易结算和支付危机，影响社会稳定。

抓紧解决关系发展全局的重大问题，努力推动经济社会又快又好发展[*]

（二〇〇五年十月十一日）

胡 锦 涛

关于当前和今后一个时期我国经济社会发展方面的主要任务和必须坚持的原则，这次全会通过的文件已经作了明确规定，全党全国都要认真贯彻落实。这里，我想突出强调几个重大问题。

（一）坚持做好"三农"工作，建设社会主义新农村。

建设社会主义新农村，是统筹城乡发展的重大战略决策。农业、农村、农民问题，是决定全面建设小康社会进程的关键问题，也是关系党和国家工作全局的根本性问题。农业丰则基础强，农民富则国家盛，农村稳则社会安。历史经验表明，"三农"问题解决好了，经济社会发展就能赢得主动，反之就会出现波折。目前，制约农业和农村发展的深层次矛盾尚未消除，促进农民持续稳定增收的长效机制尚未形成，农村经济社会发展滞后的局面也还没有根本改变，解决好"三农"问题依然是一项长期的历史任务，必须始终作为全党工作的重中之重。我们要统一思想，提高认识，搞好规划，扎实推进，把建设社会主义新农村的任务落到实处。

我国总体上已到了以工促农、以城带乡的发展阶段。我们要自觉顺应这一趋势，实行工业反哺农业、城市支持农村的方针，进一步调整国民收入分配格局，加大各级财政对农业和农村的支持力度，充分发挥工业对农业的支持和反哺作用、城市对农村的辐射和带动作用，建立以工补农、城乡互动、协调发展的新型城乡关系。要坚持"多予少取放活"，扩大公共财政覆盖农村的范围，强化政府

---

[*] 这是胡锦涛同志在中共十六届五中全会第二次全体会议上讲话的一部分。

对农村的公共服务，集中力量搞好农村基础设施建设，改善广大农民的生产生活条件，力求使农村面貌有明显的变化。要着力提高粮食综合生产能力，稳定发展粮食生产，优化粮食生产结构，做到立足国内实现粮食基本自给。要推进现代农业建设，加快农业科技进步，加强农业设施建设，优化农业生产结构和区域布局，转变农业增长方式，发展农业产业化经营，促进农产品加工转化增值，健全农业社会化服务体系，加快农业标准化，发展高产、优质、高效、生态、安全农业。要坚持把促进农民增收作为农业和农村工作的中心任务，挖掘农业内部增收潜力，发展农村二、三产业，发展和壮大县域经济，引导农村富余劳动力向非农产业和城镇有序转移，稳定和完善农业补贴政策，保持农产品价格的合理水平，逐步建立健全农业支持保护制度，形成农民增收的长效机制，促进农民收入持续较快增长。要加快发展农村文化教育事业，重点发展农村义务教育和技能培训，完善农村广播电视"村村通"工程，推广新型农村合作医疗制度。要加强农村党组织和基层政权建设，完善村民自治，增强村级集体经济组织的服务功能，凝聚亿万农民共同投身建设社会主义新农村的伟大事业。

（二）坚持转变增长方式，提高经济增长的质量。

转变经济增长方式，是经济工作的一项重点任务，也是调整经济结构、促进经济持续快速协调健康发展的关键。粗放型经济增长方式不转变，能源资源瓶颈制约就难以打破，经济运行就不可能进入良性循环，经济社会发展的良好势头也难以长期保持。对这个问题，我们必须有危机感、紧迫感。要把转变增长方式作为"十一五"时期的战略重点，使经济增长建立在提高人口素质、高效利用资源、减少环境污染、注重质量效益的基础上，努力取得突破性进展。

要坚持以信息化带动工业化，以工业化促进信息化，走科技含量高、经济效益好、资源消耗低、环境污染少、人力资源优势得到充分发挥的新型工业化道路。要加快产业结构优化升级，大力发展先进制造业、高技术产业特别是信息产业、生物产业以及国防科技工业，大力提高服务业的比重和水平，加强基础产业基础设施建设，充分发挥结构调整对增长方式转变的促进作用。要以科技进步推动增长方式转变，广泛应用高技术和先进适用技术改造传统产业，全面提高产业技术水平。要通过完善市场竞争环境，推动生产要素向优势企业、优势行业集中，形成一批有国际竞争力的企业。要在投资、土地、财税、环境、技术等方面采取有力措施，推广先进工艺技术，淘汰落后工艺技术，支持和鼓励发展低消耗、低污染、高效益的产业，抑制和依法关闭高消耗、高污染、低效益的企业。管理和技术是推动经济发展的两个车轮。同发达国家相比，我们在管理水平上的差距比技术上的差距更大。要广泛应用现代信息技术和科学管理方式，努力提高企业管理水平。要推进人力资源能力建设，提高劳动者整体素质，使我国从人口大国转变为人力资源强国。要深化财税、金融、投资、企业等体制改革，完善促进增长方式转变的体制机制和政策法规，建立配套的干部政绩考核体系，使转变增长方式成为全社会的自觉行动。

（三）坚持自主创新，建设创新型国家。

当今世界，科学技术已成为经济社会发展的决定性力量，而自主创新能力又是国家竞争力的核心。加快科技进步，关键在于自主创新。提高自主创新能力，是保持经济长期平稳较快发展的重要支撑，是调整经济结构、转变经济增长方式的重要支撑，也是提高我国国际竞争力和抗风险能力的重要支撑。要继续实施科教兴国战略、人才强国战略，努力建设创新型国家，把增强自主创新能力作为科学技术发展的战略基点和调整经济结构、转变经济增长方式的中心环节，大力提高原始创新能力、集成创新能力和引进消化吸收再创新能力，努力走出一条具有中国特色的科技创新之路。

提高自主创新能力，要紧紧扭住为经济社会发展服务这一中心任务，瞄准世界科技发展前沿，坚持有所为有所不为，明确自主创新的战略目标，着力解决制约经济社会发展的重大科技问题，积极发展战略高技术，特别是对经济增长有重大带动作用、具有自主知识产权的核心技术和关键技术以及能够提高产业整体技术水平的共性技术和配套技术，形成一批市场占有率高的产品和国际知名品牌，带动国家整体科技水平和创新能力的提高。要把能源、资源、环境、农业、信息、生物等领域的重大技术开发放在优先位置，推进重大技术装备国产化，推动高技术产业加快从加工装配为主向自主研发制造为主转变。要加强基础研究和前沿技术研究，增强科技和经济发展的后劲。特别是要继续深化科技体制改革，建立以企业为主体、市场为导向、产学研相结合的技术创新体系，确立企业技术创新和科技投入的主体地位，形成科技创新与经济社会发展紧密结合的机制，加速科技成果向现实生产力转化。要实施激励自主创新的各项政策，加大对产权特别是知识产权的保护力度，改善对高新技术企业的信贷服务和融资环境，加快发展创业风险投资，营造有利于自主创新和科技成果产业化的环境。要加强科技队伍建设，健全人才激励机制，努力形成一支德才兼备、结构合理、素质优良的科技人才队伍，使优秀人才能够脱颖而出、施展才干，充分发挥人才在自主创新中的关键作用。

（四）坚持扩大国内需求，扩大消费的拉动作用。

扩大内需，是我国经济社会发展的基本立足点和长期战略方针。在国际市场不断波动的情况下，我们更要深刻认识扩大内需的战略意义，处理好外需和内需的关系，坚定不移地扩大国内需求，牢牢把握发展的主动权。

要把扩大居民消费需求作为扩大内需的重点，把提高农民和城市中低收入群众的消费能力作为扩大内需的重中之重，合理调整投资和消费的关系，逐步提高消费率，形成消费和生产的良性循环。要完善鼓励消费的政策措施，增加消费信贷，创新信贷品种，扩大消费领域，提高服务质量，促进消费结构升级，改善人民生活。要促进各级各类教育协调发展，推进医疗卫生事业改革和发展，规范教育、医疗等方面的收费标准，满足人民群众在教育、健康方面的需要。要积极开拓农村市场，改善农村消费环境，发掘农村消费潜力。要继续整顿和规范市场秩序，严厉打击假冒伪劣等各种违法犯罪行为，保护消费者的合法权益。要合理引导消费，稳定消费预期，倡导健康文明的消费方式，促进消费持续较快增长。

（五）坚持深化改革，增强发展活力。

改革是促进经济社会发展的强大动力。没有改革，就没有今天发展的大好局面。不失时机地推进改革，既是形成更具活力更加开放的体制机制、从根本上解决制约我国生产力发展诸多矛盾和问题的必由之路，也是适应日趋激烈的国际经济技术竞争的迫切需要。要坚持解放思想、实事求是，敢于攻坚、锐意进取，坚持社会主义市场经济的改革方向，加大改革力度，着重推进体制创新，争取在一些关键领域和重要环节上取得突破，为经济社会发展提供强大动力和体制保证。

要坚持和完善公有制为主体、多种所有制经济共同发展的基本经济制度，进一步完善社会主义市场经济体制。继续深化国有企业改革，推进国有经济布局和结构调整，增强国有经济控制力，发挥主导作用。加快建立国有资本经营预算制度，完善国有资产监督管理体制，实现国有资产在流动中增值，防止国有资产流失。鼓励、支持、引导非公有制经济发展，加强和改进对非公有制企业的服务和监管，把中央的有关政策措施落到实处。要深化行政管理体制改革，推进政企分开、政资分开、政事分开、政府与市场中介组织分开，减少和规范行政审批，继续转变政府职能，推动各级政府坚持科学决策、依法行政，履行好经济调节、市场监管、社会管理、公共服务的职能，提高行政效率，降低行政成本，建设法治政府和服务型政府。要深化财税体制改革，合理界定各级政府的事权，加快公共财政体系建设，实行有利于促进增长方式转变、科技进步、能源资源节约的财税制度。要加快金融体制改革，建立现代金融企业制度，提高金融业的核心竞争力，发展多层次的资本市场，完善金融监管体制，有效防范和化解金融风险，确保金融安全。要深化投资体制改革，规范政府投资行为，提高投资效益。要推进现代市场体系建设，进一步打破行政性垄断和地区封锁，加快建设社会信用体系，健全全国统一开放、竞争有序的市场体系。改革要充分考虑各方面群众的切身利益和社会承受能力，重要领域的改革要坚持先试点后推广，改革方案要尽可能考虑周全，各项措施要协调配套。要引导群众正确认识改革发展中利益格局的变化，把竞争压力转化为奋发有为的动力，自觉维护安定团结的大局。

（六）坚持对外开放，实现互利共赢。

对外开放是我国的一项基本国策，必须长期坚持，毫不动摇。在国内市场和国际市场联系日益紧密的情况下，我们必须树立全球战略意识，实施互利共赢的开放战略，着力转变对外贸易增长方式，全面提高对外开放水平，扬长避短，趋利避害，在更大范围、更广领域、更高层次上参与国际经济技术合作和竞争，使对外开放更好地促进国内改革发展。

要优化出口商品结构，发挥比较优势，支持具有自主知识产权、自主品牌的商品和服务出口，控制资源性、高耗能、高污染产品出口，提高出口商品的质量、档次和收益。要加快加工贸易转型升级，提高加工贸易的产业层次和加工深度，增强国内配套能力。要抓住国际产业转移的机遇，把引进外资同提升国内产业结构、技术水平结合起来，同促进区域协调发展、企业改革改组改造结合起来，优化利用外资结构，提高利用外资质量，组织好国内急需的能源、重要原材料、关键技术和重大设备的进口，着重引进先进技术、管理经验和高素质人才。要改善贸易投资环境，加快完善涉外经济法律法规和制度，形成稳定、透明的管理体制和公平、可预见的政策环境。要积极实施"走出去"战略，鼓励和支持有条件的企业对外投资和跨国经营，搞好境外投资的规划和产业政策指导，完善财税、金融、保险等方面的支持政策，加强对境外投资的协调和监管。要重点支持能源资源企业走出去搞合作开发，努力建立多元、稳定、可靠的能源资源供给保障。要积极参与区域经济合作、多边贸易谈判和国际规则的制定，推动建立国际经济新秩序。要完善贸易争端解决机制，增强处置贸易争端的能力，维护国家的经济利益和经济安全。

（七）坚持统筹区域发展，推动东中西部良性互动。

实现区域协调发展，是贯彻全国一盘棋思想的必然要求，是发挥各个区域的优势、增强全国发展合力的现实需要，也是维护民族团结、边疆稳定和实现国家长治久安的需要。推进西部大开发，振兴东北地区等老工业基地，促进中部地区崛起，鼓励东部地区率先发展，是从全局和战略高度确立的统筹区域发展和现代化建设的总体布局，要按照中央提出的方针政策和工作部署继续积极推进。总的目标是，通过健全市场机制、合作机制、互助机制、扶持机制，逐步扭转区域发展差距拉大的趋势，形成东中西相互促进、优势互补、共同发展的新格局。

促进区域协调发展，要创新体制机制，加快技术进步，调整产业结构，转变经济增长方式，培育区域优势产业，避免低水平重复建设和地区产业结构趋同，形成分工明确、重点突出、比较优势得以发挥的区域产业结构。要积极探索建立区域良性互动的有效机制和互惠互利的协作形式，发挥市场机制在区域协调互动中的作用，促进生产要素在区域间自由流动，提高区域合作成效。要坚持大中小城市和小城镇协调发展，按照循序渐进、节约土地、集约发展、合理布局的原则，促进城镇化健康发展。在一些城市、港口、工业比较密集和科研教育资源比较集中的地区，要提高专业化协作水平，引导产业集聚，实现资源共享，培育和发展资金技术密集、内外结合、带动力强的区域经济中心和经济增长带。要积极扶持欠发达地区特别是革命老区、民族地区、边疆地区、贫困地区改善基础设施条件，加强生态环境治理和建设，发展优势特色产业，增强自我发展能力，走上共同富裕的道路。

（八）坚持节约优先，建设资源节约型社会。

解决好能源资源不足的矛盾，是关系我国发展全局的一个重大问题。必须充分认识节约能源资源的极端重要性，把节约能源资源作为一项基本国策，坚持开发节约并重、节约优先，加快建立资源节约型社会。

要以节约使用能源资源和提高能源资源利用效率为核心，以节能、节水、节材、节地、资源综合利用为重点，大力发展循环经济，以尽可能小的能源资源消耗，获得尽可能大的经济效益和社会效益。要努力促进资源循环式利用，鼓励企业循环式生产，推动产业循环式组合，形成能源资源节约型的经济增长方式。要把节约能源和保障能源供应作为一项重大战略任务抓紧抓好，坚持立足国内的基本方针，坚持以市场需求为导向、以安全供应为基础、以提高效益为中心、以调整和优化能源结构为主线，加大国内能源勘探力度，加强煤炭、石油、天然气的开发利用，积极开发水能资源，加快发展核电，促进新能源和可再生能源的开发利用，推广清洁能源。要依靠科技进步，发挥市场机制和经济杠杆的作用，增强节约能源资源的能力，全面促进能源资源的节约和高效利用。要逐步形成与国情相适应的资源节约型消费模式。要在全社会加强宣传、教育、培训，营造建设资源节约型社会的良好氛围，提高人民群众特别是青少年的节约意识，使节约能源资源成为全社会的自觉行动。

（九）坚持保护环境，促进发展与生态环境相协调。

保护生态环境，关系最广大人民的根本利益，关系中华民族发展的长远利益。必须充分认识保护生态环境的重要性、艰巨性、长期性，坚持保护环境的基本国策，加大保护生态环境的力度，逐步改善生态环境，为经济社会可持续发展创造良好条件。

要科学认识和自觉遵循自然规律，坚持保护优先、开发有序，根据资源环境承载能力，进行合理的功能区划分。对国土开发密度已经较高、资源环境承载能力开始减弱的区域要实行优化开发，以缓解资源环境压力；对资源环境承载能力较强、集聚经济和人口条件较好的区域要实行重点开发，以发挥区域发展潜力；对生态脆弱、大规模集聚经济和人口条件不够好的区域要实行限制开发，注重生态保护；对依法设立的各类自然保护区和生态保护区要禁止开发，搞好生态涵养。要坚持预防为主、综合治理，采取更加有效的措施，加强生态环境建设，降低污染物排放总量，改变先污染后治理、边治理边污染的状况，努力解决影响经济社会发展特别是严重危害人民健康的突出问题，重点是要抓好水污染防治，保障城乡饮用水源安全；加快城市大气污染治理，提高城市空气质量；加快土壤污染治理，保障食品安全。要加强建设项目和有关规划的环境影响评价，坚决防止产生新的污染。要加快制定和完善环境法律法规和标准，提高环境监管执法能力，建立健全生态补偿机制，增强公众保护生态环境的自觉意识，在全社会形成爱护生态环境、保护生态环境的良好风尚。

（十）坚持从解决群众最关心的现实问题入手，推进和谐社会建设。

保持社会和谐，是推进经济社会发展的重要目标，也是经济社会发展顺利进行的重要保证。更好地协调各方面的利益关系，促进社会和谐，对于我们抓住和用好重要战略机遇期，更广泛地调动广大人民群众的积极性，推进党和人民的事业不断发展，保证党和国家长治久安，都具有十分重要的作用。要按照民主法治、公平正义、诚信友爱、充满活力、安定有序、人与自然和谐相处的要求，从解决关系人民群众切身利益的现实问题入手，扎扎实实推进社会主义和谐社会建设。

要把扩大就业摆在经济社会发展更加突出的位置，坚持劳动者自主择业、市场调节就业、政府促进就业的方针，鼓励自谋职业和自主创业，充分发挥市场在劳动力资源配置中的基础性作用，形成有利于扩大就业的经济结构，落实积极促进就业再就业的各项优惠政策，改善就业和创业环境，不断扩大社会就业。要加快完善社会保障体系，完善城镇养老保险制度，建立健全城镇职工基本医疗、失业、工伤、生育保险制度，完善城市居民最低生活保障制度，认真解决进城务工人员的社会保障问题，重视解决农村贫困人口的生活困难，有条件的地方要逐步建立农村最低生活保障制度，逐步扩大社会保障的覆盖面。要坚持按劳分配为主体、多种分配方式并存的分配制度，更加注重社会公平，加大收入分配调节力度，着力提高低收入者收入水平，逐步扩大中等收入者比重，严格执行最低工资制度，规范收入分配秩序，努力缓解地区之间和部分社会成员收入差距扩大的趋势。要加强基层建设，推进社会管理体制创新，建立政府调控机制同社会协调机制互联、政府行政功能同社会自治功能互补、政府管理力量同社会调节力量互动的社会管理网络，形成对全社会有效覆盖和全面管理的体系。要深刻认识和把握新的历史条件下人民内部矛盾的特点和规律，完善处理人民内部矛盾的方式方法，注重从源头上减少人民内部矛盾的发生，建立健全社会矛盾纠纷调处机制，加强矛盾纠纷排查工作，依法及时合理地处理群众反映的问题。要牢固树立安全第一的思想，完善安全生产监管体制机制，有效遏制重特大事故频发的势头。要加强社会治安防控体系建设，完善社会治安综合治理工作机制，建立健全社会预警机制、突发事件应急机制和社会动员机制，提高保障公共安全和处置突发事件的能力。要增强执政意识和政权意识，严密防范和坚决打击各种敌对势力的渗透破坏活动，维护社会稳定和国家安全。

中国特色社会主义事业，是经济建设、政治建设、文化建设、社会建设有机统一、互为条件、不可分割的整体。我们在坚持以经济建设为中心的同时，要继续推进社会主义政治建设、文化建设、社会建设，为经济建设提供有力的体制保障、智力支持和良好的社会氛围。要坚持党的领导、人民当家作主和依法治国的有机统一，坚持和完善人民代表大会制度、中国共产党领导的多党合作和政治协商制度、民族区域自治制度，积极稳妥地推进政治体制改革，扩大社会主义民主，健全社会主义法制，推进社会主义民主政治的制度化、规范化、程序化，保证人民依法实行民主选举、民主决策、民主管理、民主监督。要坚持马克思主义在意识形态领域的指导地位，牢牢把握先进文化的前进方向，坚持为人民服务、为社会主义服务的方向和百花齐放、百家争鸣的方针，贴近实际、贴近生活、贴近群众，弘扬以爱国主义为核心的民族精神和以改革创新为核心的时代精神，加强社会主义思想道德建设，发展教育和科学事业，深化文化体制改革，发展文化事业和文化产业，提高全体人民的思想道德素质、科学文化素质和健康素质，丰富人们的精神世界，鼓舞人民投身社会主义现代化事业的信心和斗志。

建立巩固的国防和现代化的军队，是社会主义现代化建设的战略任务，也是保障国家发展利益和捍卫国家主权、安全、领土完整的必然要求。要坚持国防建设与经济建设协调发展的方针，从经济社会发展全局把握好国防和军队现代化建设进程，在经济发展的基础上逐步增加国防投入，稳步推进国防和军队现代化，不断提高我国的国防实力，走出一条投入较少、效益较高的国防和军队现代化建设的路子。要坚持党对军队的绝对领导，贯彻积极防御的军事战略方针，积极推进中国特色军事变革，全面加强军队的革命化、现代化、正规化建设，增强应对危机、维护和平、遏制战争、打赢战争的能力，切实履行好新世纪新阶段我军历史使命，为维护重要战略机遇期、全面建设小康社会提供可靠的安全保障。

加强全球合作，促进共同发展[*]

（二〇〇五年十月十五日）

胡 锦 涛

尊敬的各位来宾，

女士们，先生们：

　　在这个美好的季节里，第七届二十国集团财长和央行行长会议在中国举行。我谨代表中国政府和人民，对会议的召开表示热烈的祝贺！向与会的各国财长、央行行长和国际金融机构的代表，表示热烈的欢迎！

　　这次会议确定以"加强全球合作：实现世界经济平衡有序发展"为主题，具有重要意义。我相信，会议围绕这一主题进行深入讨论并形成共识，将对促进世界经济增长和各国共同发展产生积极影响。

　　当前，各国政府和人民对世界经济发展的状况高度关注。这是因为当今世界正在发生深刻而复杂的变化，我们正面临着一个机遇和挑战并存的局面。一方面，和平与发展仍然是当今时代的主题，经济全球化趋势深入发展，以信息科技、生物科技为主要标志的现代科技进步日新月异，国际产业转移和生产要素流动加快，各国正面临着难得的发展机遇。另一方面，世界发展不平衡问题日益突出，南北差距进一步拉大，金融风波时有发生，贸易壁垒和保护主义有新的表现。面对这一情况，我们必须加强国际合作，共同把握机遇，携手应对挑战，推动世界经济平衡有序发展。这是世界各国人民的共同意愿，也是时代的必然要求。为此，我愿提出以下四点主张。

　　第一，要尊重发展模式的多样性。世界经济的发展，说到底，源于各国经济的发展。各国要实现经济持续发展，关键是要形成符合自己国情、适应时代要求的发展模式以及与之相适应的经济体制和机制。保持各国发展模式的多样性，推

＊ 这是胡锦涛同志在二十国集团财长和央行行长会议开幕式上的讲话。

702

动各种发展模式之间的优势互补，对世界经济充满活力地向前发展十分重要。我们要支持各国根据本国国情选择适合自身条件的发展道路，从自身实际出发完善发展模式，同时充分利用经济全球化带来的有利条件和机遇，促进世界不同发展模式在竞争比较中取长补短、在求同存异中共同发展，不断为世界经济发展注入新的活力。

第二，要加强各国宏观经济政策的对话和协调。现在，各国经济的相互联系、相互依存日益紧密，各国特别是主要经济体的经济状况对世界经济发展会产生深刻影响，世界经济状况也会对各国经济发展产生重要作用。世界各国特别是主要经济体，不仅要采取负责任的经济政策，进行必要的经济结构调整，维护主要储备货币汇率的相对稳定，防止贸易保护主义，而且要加强宏观经济政策的对话，特别是要加强在一些涉及世界经济发展全局和各国共同利益的重大问题上的协调，以共同促进世界经济平衡有序发展。

第三，要完善国际经济贸易体制和规则。建立公正合理的国际经济新秩序，形成良好的国际经济贸易体制和规则，是促进世界经济平衡有序发展的重要保障。我们要积极支持完善国际金融体系，增加发展中国家在国际金融机构中的发言权，提高国际社会预防和应对危机、维护金融稳定和促进发展的能力，为世界经济增长营造公平、稳定、高效的金融环境。我们要共同稳定国际能源市场，为世界经济增长营造充足、安全、经济、清洁的能源环境。我们要积极支持建设公开、公正、合理、非歧视的多边贸易体制，为世界经济增长构建良好的贸易环境，使世界各国特别是发展中国家能从中受益。目前，多边贸易体制的发展正处于关键时期。多哈回合谈判成功与否，直接关系到能否实现世界经济平衡有序发展。有关各方应该拿出更大的政治诚意，显示必要的灵活性，积极推动多哈发展回合谈判进程，力争在今年底即将举行的世界贸易组织部长级会议上取得实质性成果。中国愿继续同各方加强磋商和合作，为二〇〇六年结束多哈回合谈判并取得全面、平衡的成果而积极努力。

第四，要帮助发展中国家加快发展。发展经济、提高人民生活水平是广大发展中国家最紧迫的任务。支持发展中国家加快发展，也是保持世界经济平衡有序发展的重要条件。我们要加强南北对话，着眼于逐步建立长期、全面的新型南北合作伙伴关系，在互利互惠、取长补短中实现共赢。我们要完善发展援助机制，鼓励更多发展资源向发展中国家转移。发达国家应该切实履行在消除贫困、资金援助、减免债务等方面的承诺，并积极探讨和实施新的发展融资机制，帮助发展中国家特别是最不发达国家加快发展。发展中国家应该积极改善国内经济环境，提高发展援助的有效性，通过自身努力和相互合作增强竞争力。国际社会应该建立有效的监督机制，落实联合国成立六十周年首脑会议在发展问题上取得的共识和成果，确保实现联合国千年发展目标。中国最近宣布将在关税、减免债务、优惠贷款、公共卫生、人力资源开发等五个方面采取新的援助举措，为发展中国家加快发展提供支持。中国将积极落实这些措施。

女士们、先生们！

二十国集团会议机制，涵盖了世界最主要的发达国家、发展中国家和转轨国家，成员国人口占世界总人口的三分之二，国内生产总值占世界国内生产总值的百分之九十以上，对外贸易额占世界贸易额的百分之八十，是一个具有广泛代表性的重要国际经济论坛。

在当前国际形势下，二十国集团各成员应该在平等互利、求同存异、灵活务实的基础上开展对话，加强同其他国际和区域经济机构的交流合作，以增进互信、扩大共识、协调行动，在健全国际经济贸易体制和规则、完善国际经济金融体系，加强南北对话和合作、促进全球减贫和发展等方面，发挥更大、更积极的实质性作用。

女士们、先生们！

改革开放二十七年来，中国社会主义市场经济体制已经初步建立，全方位对外开放格局已经基本形成，经济持续快速发展，人民生活总体上实现了由温饱到小康的历史性跨越。同时，我们也清醒地认识到，中国仍然是世界上最大的发展中国家，人口多、底子薄，发展不平衡，资源环境压力突出，人民生活水平还不高。中国的现代化建设还有很长的路要走，还需要进行长期的艰苦奋斗。

中国已经确定了全面建设小康社会的发展目标。我们准备再用十五年时间，把国内生产总值提高到四万亿美元左右，人均提高到三千美元左右，使经济更加发展、民主更加健全、科教更加进步、文化更加繁荣、社会更加和谐、人民生活更加殷实。为了实现这个目标，必须保持中国经济平稳较快增长。中国有丰富的劳动力资源，国内市场需求巨大，居民储蓄率高，社会政治稳定。这些都是中国经济保持持续较快发展的有利条件。中国经济保持良好的发展势头，不仅将造福十三亿中国人民，也将为世界各国带来巨大的商机和市场。

中国正在制定二〇〇六年至二〇一〇年国民经济和社会发展规划。我们将坚持以科学发展观统领经济社会发展全局，坚持扩大内需的方针，坚持走科技含量高、经济效益好、资源消耗低、环境污染少、人力资源优势得到充分发挥的新型工业化道路，加快调整经济结构，转变经济增长方式，提高自主创新能力，不断深化改革开放，促进城乡区域协调发展，加强和谐社会建设，切实把经济社会发展转入以人为本、全面协调可持续发展的轨道。

中华民族历来重视亲仁善邻、讲信修睦，历来热爱和平。中国人民深刻认识到，只有通过和平方式实现的发展才是持久的牢靠的发展，也才是既有利于中国人民也有利于世界各国人民的发展。中国将坚定不移地走和平发展道路，努力实现和平的发展、开放的发展、合作的发展。和平的发展，就是通过争取和平的国际环境来发展自己，又通过自己的发展来促进世界和平。开放的发展，就是中国将主要依靠自身力量实现发展，同时坚持对外开放战略，积极参与国际经济技术合作和竞争，不断优化投资环境、开放市场，全面提高对外开放水平。合作的发展，就是中国将同世界各国广泛开展交流合作，积极参与制定和实施国际经贸规则，共同解决合作中出现的分歧和问题，努力实现互利共赢。

女士们、先生们！

让我们顺应人民的愿望和时代的潮流，共同推动建立国际经济新秩序，共同促进世界经济平衡有序发展，共同努力建设一个持久和平、共同繁荣的和谐世界。

最后，我衷心祝愿本次会议取得成功。

谢谢各位！

国务院批转证监会《关于
提高上市公司质量的意见》的通知

(二〇〇五年十月十九日)

各省、自治区、直辖市人民政府，国务院各部委、各直属机构：

国务院同意证监会《关于提高上市公司质量的意见》，现转发给你们，请认真贯彻执行。

上市公司是资本市场发展的基石。提高上市公司质量是提高资本市场投资价值的源泉，对于增强资本市场的吸引力和活力，充分发挥资本市场优化资源配置功能，保护投资者特别是中小投资者的合法权益，促进我国资本市场健康稳定发展，具有十分重要的意义。十多年来，我国上市公司不断发展壮大，已成为推动企业改革和带动行业成长的中坚力量。但由于受体制、机制、环境等因素影响，相当一批上市公司法人治理结构不完善、运作不规范、质量不高，严重影响了投资者的信心，制约了资本市场健康稳定发展。贯彻落实《国务院关于推进资本市场改革开放和稳定发展的若干意见》，提高上市公司质量，是摆在我们面前的一项十分重要而紧迫的任务。

地方各级人民政府要承担起处置本地区上市公司风险的责任，有效防范和化解上市公司风险，必要时可对陷入危机、可能对社会稳定造成重大影响的上市公司组织实施托管。证券监管部门要强化对上市公司的监管，及时查处违法违规行为，对负有责任的人员，视情节轻重，责成上市公司予以撤换或实行市场禁入，涉嫌犯罪的，及时移交公安、司法机关。各有关部门要统一思想，提高认识，密切配合，建立高效、灵活的协作机制和信息共享机制，加大工作力度，综合运用经济、法律和必要的行政手段，营造有利于上市公司规范发展的环境，支持和督促上市公司全面提高质量，为资本市场的健康稳定发展奠定良好的基础。

国务院
二〇〇五年十月十九日

证监会关于提高上市公司质量的意见

为全面深入贯彻落实《国务院关于推进资本市场改革开放和稳定发展的若干意见》，切实保护投资者的合法权益，促进资本市场持续健康发展，现就提高上市公司质量有关问题提出以下意见：

一、提高认识，高度重视提高上市公司质量工作。

（一）充分认识提高上市公司质量的重要意义。上市公司是我国经济运行中最具发展优势的群体，是资本市场投资价值的源泉。提高上市公司质量，是强化上市公司竞争优势，实现可持续发展的内在要求；是夯实资本市场基础，促进资本市场健康稳定发展的根本；是增强资本市场吸引力和活力，充分发挥资本市场优化资源配置功能的关键。提高上市公司质量，就是要立足于全体股东利益的最大化，不断提高公司治理和经营管理水平，不断提高诚信度和透明度，不断提高公司盈利能力和持续发展能力。

（二）提高上市公司质量是推进资本市场改革发展的一项重要任务。经过十多年的培育，上市公司不断发展壮大、运作日趋规范、质量逐步提高，已经成为推动企业改革和带动行业成长的中坚力量。但是，由于受体制、机制、环境等多种因素的影响，相当一批上市公司在法人治理结构、规范运作等方面还存在一些问题，盈利能力不强，对投资者回报不高，严重影响了投资者的信心，制约了资本市场的健康稳定发展。随着社会主义市场经济体制的不断完善和资本市场改革的不断深入，提高上市公司质量已经成为当前和今后一个时期推进资本市场健康发展的一项重要任务。提高上市公司质量，关键在于公司董事会、监事会和经理层要诚实守信、勤勉尽责，努力提高公司竞争能力、盈利能力和规范运作水平；同时，各有关方面要营造有利于上市公司规范发展的环境，支持和督促上市公司全面提高质量。通过切实的努力，使上市公司法人治理结构更加完善，内部控制制度合理健全，激励约束机制规范有效，公司透明度、竞争力和盈利能力显著提高。

二、完善公司治理，提高上市公司经营管理和规范运作水平。

（三）完善法人治理结构。上市公司要严格按照《公司法》、外商投资相关法律法规和现代企业制度的要求，完善股东大会、董事会、监事会制度，形成权力机构、决策机构、监督机构与经理层之间权责分明、各司其职、有效制衡、科学决策、协调运作的法人治理结构。股东大会要认真行使法定职权，严格遵守表决事项和表决程序的有关规定，科学民主决策，维护上市公司和股东的合法权益。董事会要对全体股东负责，严格按照法律和公司章程的规定履行职责，把好决策关，加强对公司经理层的激励、监督和约束。要设立以独立董事为主的审计委员会、薪酬与考核委员会并充分发挥其作用。公司全体董事必须勤勉尽责，依法行使职权。监事会要认真发挥好对董事会和经理层的监督作用。经理层要严格执行股东大会和董事会的决定，不断提高公司管理水平和经营业绩。

（四）建立健全公司内部控制制度。上市公司要加强内部控制制度建设，强化内部管理，对内部控制制度的完整性、合理性及其实施的有效性进行定期检查和评估，同时要通过外部审计对公司的内部控制制度以及公司的自我评估报告进行核实评价，并披露相关信息。通过自查和外部审计，及时发现内部控制制度的薄弱环节，认真整改，堵塞漏洞，有效提高风险防范能力。

（五）提高公司运营的透明度。上市公司要切实履行作为公众公司的信息披露义务，严格遵守信息披露规则，保证信息披露内容的真实性、准确性、完整性和及时性，增强信息披露的有效性。要制定并严格执行信息披露管理制度和重要信息的内部报告制度，明确公司及相关人员的信息披露职责和保密责任，保障投资者平等获取信息的权利。公司股东及其他信息披露义务人，要积极配合和协助上市公司履行相应的信息披露义务。上市公司要积极做好投资者关系管理工作，拓宽与投资者的沟通渠道，培育有利于上市公司健康发展的股权文化。

（六）加强对高级管理人员及员工的激励和约束。上市公司要探索并规范激励机制，通过股权激励等多种方式，充分调动上市公司高级管理人员及员工的积极性。要强化上市公司高级管理人员、公司股东之间的共同利益基础，提高上市公司经营业绩。要健全上市公司高级管理人员的工作绩效考核和优胜劣汰机制，强化责任目标约束，不断提高上市公司高级管理人员的进取精神和责任意识。

（七）增强上市公司核心竞争力和盈利能力。上市公司要优化产品结构，努力提高创新能力，提升技术优势和人才优势，不断提高企业竞争力。要大力提高管理效率和管理水平，努力开拓市场，不断增强盈利能力。上市公司要高度重视对股东的现金分红，努力为股东提供良好的投资回报。

三、注重标本兼治，着力解决影响上市公司质量的突出问题。

（八）切实维护上市公司的独立性。上市公司必须做到机构独立、业务独立，与股东特别是控股股东在人员、资产、财务方面全面分开。控股股东要依法行使出资人权利，不得侵犯上市公司享有的由全体股东出资形成的法人财产权。控股股东或实际控制人不得利用控制权，违反上市公司规范运作程序，插手上市公司内部管理，干预上市公司经营决策，损害上市公司和其他股东的合法权益。

（九）规范募集资金的运用。上市公司要加强对募集资金的管理。对募集资金投资项目必须进行认真的可行性分析，有效防范投资风险，提高募集资金使用效益。经由股东大会决定的投资项目，公司董事会或经理层不得随意变更。确需变更募集资金用途的，投资项目应符合国家产业政策和固定资产投资管理的有关规定，并经股东大会审议批准后公开披露。

（十）严禁侵占上市公司资金。控股股东或实际控制人不得以向上市公司借款、由上市公司提供担保、代偿债务、代垫款项等各种名目侵占上市公司资金。对已经侵占的资金，控股股东尤其是国有控股股东或实际控制人要针对不同情况，采取现金清偿、红利抵债、以股抵债、以资抵债等方式，加快偿还速度，务必在二〇〇六年底前偿还完毕。

（十一）坚决遏制违规对外担保。上市公司要根据有关法规明确对外担保的审批权限，严格执行对外担保审议程序。上市公司任何人员不得违背公司章程规定，未经董事会或股东大会批准或授权，以上市公司名义对外提供担保。上市公司要认真履行对外担保情况的信息披露义务，严格控制对外担保风险，采取有效措施化解已形成的违规担保、连环担保风险。

（十二）规范关联交易行为。上市公司在履行关联交易的决策程序时要严格执行关联方回避制度，并履行相应的信息披露义务，保证关联交易的公允性和交易行为的透明度。要充分发挥独立董事在关联交易决策和信息披露程序中的职责和作用。公司董事、监事和高级管理人员不得通过隐瞒甚至虚假披露关联方信息等手段，规避关联交易决策程序和信息披露要求。对因非公允关联交易造成上市公司利益损失的，上市公司有关人员应承担责任。

（十三）禁止编报虚假财务会计信息。上市公司应严格执行有关会计法规、会计准则和会计制度，加强会计核算和会计监督，真实、公允地反映公司的财务状况、经营成果及现金流量。不得伪造会计凭证等会计资料、提供虚假财务报表；不得利用会计政策、会计估计变更和会计差错更正等手段粉饰资产、收入、成本、利润等财务指标；不得阻碍审计机构正常开展工作，限制其审计范围；不得要求审计机构出具失真或不当的审计报告。上市公司董事会及其董事、总经理、财务负责人对公司财务报告的真实性、完整性承担主要责任。

四、采取有效措施，支持上市公司做优做强。

（十四）支持优质企业利用资本市场做优做强。地方政府要积极支持优质企业改制上市，推动国有企业依托资本市场进行改组改制，使优质资源向上市公司集中，支持具备条件的优质大型企业实现整体上市。有关部门要优化公司股票发行上市制度，规范企业改制行为，支持优质大型企业和高成长的中小企业在证券市场融资，逐步改善上市公司整体结构。积极推出市场化创新工具，支持上市公司通过多样化的支付手段进行收购兼并，提升公司的核心竞争力，实现可持续发展。

（十五）提高上市公司再融资效率。要进一步调整和完善上市公司再融资的相关制度，增加融资品种，简化核准程序，充分发挥市场发现价格和合理配置资源的功能，提高上市公司再融资效率。积极培育公司债券市场，制订和完善公司债券发行、交易、信息披露和信用评级等规章制度。鼓励符合条件的上市公司发行公司债券。

（十六）建立多层次市场体系。在加强主板市场建设的同时，积极推动中小企业板块制度创新，为适时推出创业板创造条件。要进一步完善股份代办转让系统，健全多层次资本市场体系和不同层次市场间的准入、退出机制，发挥资本市场优胜劣汰功能，满足不同企业的融资需求。

（十七）积极稳妥地推进股权分置改革。通过股权分置改革消除非流通股和流通股的流通制度差异，有利于形成流通股股东和非流通股股东的共同利益基础，对提高上市公司质量具有重要作用。有关方面要按照总体安排、分类指导、完善制度的要求，加强对改革的组织领导，积极稳妥地推进股权分置改革。

五、完善上市公司监督管理机制，强化监管协作。

（十八）强化上市公司监管。有关部门要完善相关法律法规体系，抓紧制订上市公司监管条例，积极推进相关法律的修改，为广大投资者维护自身权益和上市公司规范运作提供法律保障。要进一步加强上市公司监管制度建设，建立累积投票制度和征集投票权制度，完善股东大会网络投票制度、独立董事制度及信息披露相关规则，规范上市公司运作。要落实和完善监管责任制，不断改进监管方式和监管手段，完善上市公司风险监控体系。进一步健全证券监督管理机构与公安、司法部门的协作机制，及时将涉嫌犯罪人员移送公安、司法机关，严肃查处违法犯罪行为，增强上市公司监管的威慑力，提高监管的有效性和权威性，切实维护市场和社会稳定。

（十九）加强上市公司诚信建设。有关部门要建立上市公司及其控股股东或实际控制人的信贷、担保、信用证、商业票据等信用信息及监管信息的共享机制；完善上市公司控股股东、实际控制人、上市公司及其高级管理人员的监管信息系统，对严重失信和违规者予以公开曝光；督促商业银行严格审查上市公司董事会或股东大会批准对外担保的文件和信息披露资料，严格审查上市公司对外担保的合规性和担保能力，切实防范上市公司违规对外担保的风险。

（二十）规范上市公司控股股东或实际控制人的行为。有关方面要督促控股股东或实际控制人加快偿还侵占上市公司的资金，国有控股股东限期内未偿清或出现新增侵占上市公司资金问题的，对相关负责人和直接责任人要给予纪律处分，直至撤销职务；非国有控股股东或实际控制人限期内未偿清或出现新增侵占上市公司资金问题的，有关部门对其融资活动应依法进行必要的限制。要依法查处上市公司股东、实际控制人利用非公允的关联交易侵占上市公司利益、掏空上市公司的行为。加大对侵犯上市公司利益的控股股东或实际控制人的责任追究力度，对构成犯罪的，依法追究刑事责任。

（二十一）加强对上市公司高级管理人员的监管。要制定上市公司高级管理人员行为准则，对违背行为准则并被证券监督管理机构认定为不适当人选的上市公司高级管理人员，要责成上市公司及时按照法定程序予以撤换。对严重违规的上市公司高级管理人员，要实行严格的市场禁入；对构成犯罪的，依法追究刑事责任。

（二十二）加强对证券经营中介机构的监管。要严格保荐机构、保荐代表人的资质管理，督促其忠实履行尽职推荐、持续督导的职责。有关部门要加强对会计师事务所、资产评估机构、律师事务所等中介机构执业行为的监管，完善执业标准体系，督促其勤勉尽责，规范执业行为，提高执业质量。要建立和完善市场禁入制度，加大对中介机构及其责任人违法违规行为的责任追究力度，及时公布其失信和违规记录，强化社会监督。

（二十三）充分发挥自律监管的作用。充分发挥自律组织在促进上市公司提高公司治理、规范运作水平等方面的积极作用。加强对上市公司高级管理人员的培训和持续教育，培养诚信文化，提高高级管理人员的法制意识、责任意识和诚信意识，增强上市公司高级管理人员规范经营的自觉性。

六、加强组织领导，营造促进上市公司健康发展的良好环境。

（二十四）加强对提高上市公司质量工作的组织领导。各省（区、市）人民政府要加强组织领导，建立有效的协调机制，统筹研究解决工作中遇到的重大问题，切实采取有效措施，促进上市公司质量全面提高。当前，要着重督促和帮助上市公司切实解决控股股东或实际控制人侵占资金、违规担保等突出问题，研究建立上市公司突发重大风险的处置机制，积极稳妥地推进上市公司股权分置改革。

（二十五）防范和化解上市公司风险。地方各级人民政府要切实承担起处置本地区上市公司风险的责任，建立健全上市公司风险处置应急机制，及时采取有效措施，维护上市公司的经营秩序、财产安全和社会稳定，必要时可对陷入危机、可能对社会稳定造成重大影响的上市公司组织实施托管。支持绩差上市公司特别是国有控股上市公司按照市场化原则进行资产重组和债务重组，改善经营状况。要做好退市公司的风险防范工作，依法追究因严重违法违规行为导致上市公司退市的相关责任人的责任。

（二十六）营造有利于上市公司规范发展的舆论氛围。有关方面要加强对涉及上市公司新闻报道的管理，引导媒体客观、真实、全面地报道上市公司情况，切实防范并及时纠正对上市公司的失实报道，严肃惩处违背事实、蓄意美化或诋毁上市公司的行为，避免误导投资者。切实发挥好媒体的舆论引导和监督作用。

中华人民共和国证券法

(一九九八年十二月二十九日第九届全国人民代表大会常务委员会第六次会议通过，根据二〇〇四年八月二十八日第十届全国人民代表大会常务委员会第十一次会议《关于修改〈中华人民共和国证券法〉的决定》修正，二〇〇五年十月二十七日第十届全国人民代表大会常务委员会第十八次会议修订)

目　　录

第一章 总 则

第一条 为了规范证券发行和交易行为，保护投资者的合法权益，维护社会经济秩序和社会公共利益，促进社会主义市场经济的发展，制定本法。

第二条 在中华人民共和国境内，股票、公司债券和国务院依法认定的其他证券的发行和交易，适用本法；本法未规定的，适用《中华人民共和国公司法》和其他法律、行政法规的规定。

政府债券、证券投资基金份额的上市交易，适用本法；其他法律、行政法规有特别规定的，适用其规定。

证券衍生品种发行、交易的管理办法，由国务院依照本法的原则规定。

第三条 证券的发行、交易活动，必须实行公开、公平、公正的原则。

第四条 证券发行、交易活动的当事人具有平等的法律地位，应当遵守自愿、有偿、诚实信用的原则。

第五条 证券的发行、交易活动，必须遵守法律、行政法规；禁止欺诈、内幕交易和操纵证券市场的行为。

第六条 证券业和银行业、信托业、保险业实行分业经营、分业管理，证券公司与银行、信托、保险业务机构分别设立。国家另有规定的除外。

第七条 国务院证券监督管理机构依法对全国证券市场实行集中统一监督管理。

国务院证券监督管理机构根据需要可以设立派出机构，按照授权履行监督管理职责。

第八条 在国家对证券发行、交易活动实行集中统一监督管理的前提下，依法设立证券业协会，实行自律性管理。

第九条 国家审计机关依法对证券交易所、证券公司、证券登记结算机构、证券监督管理机构进行审计监督。

第二章 证券发行

第十条 公开发行证券，必须符合法律、行政法规规定的条件，并依法报经国务院证券监督管理机构或者国务院授权的部门核准；未经依法核准，任何单位和个人不得公开发行证券。

有下列情形之一的，为公开发行：

（一）向不特定对象发行证券的；

（二）向特定对象发行证券累计超过二百人的；

（三）法律、行政法规规定的其他发行行为。

非公开发行证券，不得采用广告、公开劝诱和变相公开方式。

第十一条　发行人申请公开发行股票、可转换为股票的公司债券，依法采取承销方式的，或者公开发行法律、行政法规规定实行保荐制度的其他证券的，应当聘请具有保荐资格的机构担任保荐人。

保荐人应当遵守业务规则和行业规范，诚实守信，勤勉尽责，对发行人的申请文件和信息披露资料进行审慎核查，督导发行人规范运作。

保荐人的资格及其管理办法由国务院证券监督管理机构规定。

第十二条　设立股份有限公司公开发行股票，应当符合《中华人民共和国公司法》规定的条件和经国务院批准的国务院证券监督管理机构规定的其他条件，向国务院证券监督管理机构报送募股申请和下列文件：

（一）公司章程；

（二）发起人协议；

（三）发起人姓名或者名称，发起人认购的股份数、出资种类及验资证明；

（四）招股说明书；

（五）代收股款银行的名称及地址；

（六）承销机构名称及有关的协议。

依照本法规定聘请保荐人的，还应当报送保荐人出具的发行保荐书。

法律、行政法规规定设立公司必须报经批准的，还应当提交相应的批准文件。

第十三条　公司公开发行新股，应当符合下列条件：

（一）具备健全且运行良好的组织机构；

（二）具有持续盈利能力，财务状况良好；

（三）最近三年财务会计文件无虚假记载，无其他重大违法行为；

（四）经国务院批准的国务院证券监督管理机构规定的其他条件。

上市公司非公开发行新股，应当符合经国务院批准的国务院证券监督管理机构规定的条件，并报国务院证券监督管理机构核准。

第十四条　公司公开发行新股，应当向国务院证券监督管理机构报送募股申请和下列文件：

（一）公司营业执照；

（二）公司章程；

（三）股东大会决议；

（四）招股说明书；

（五）财务会计报告；

（六）代收股款银行的名称及地址；

（七）承销机构名称及有关的协议。

依照本法规定聘请保荐人的，还应当报送保荐人出具的发行保荐书。

第十五条　公司对公开发行股票所募集资金，必须按照招股说明书所列资金用途使用。改变招股说明书所列资金用途，必须经股东大会作出决议。擅自改变用途而未作纠正的，或者未经股东大会认可的，不得公开发行新股。

第十六条　公开发行公司债券，应当符合下列条件：

（一）股份有限公司的净资产不低于人民币三千万元，有限责任公司的净资产不低于人民币六千万元；

（二）累计债券余额不超过公司净资产的百分之四十；

（三）最近三年平均可分配利润足以支付公司债券一年的利息；

（四）筹集的资金投向符合国家产业政策；

（五）债券的利率不超过国务院限定的利率水平；

（六）国务院规定的其他条件。

公开发行公司债券筹集的资金，必须用于核准的用途，不得用于弥补亏损和非生产性支出。

上市公司发行可转换为股票的公司债券，除应当符合第一款规定的条件外，还应当符合本法关于公开发行股票的条件，并报国务院证券监督管理机构核准。

第十七条　申请公开发行公司债券，应当向国务院授权的部门或者国务院证券监督管理机构报送下列文件：

（一）公司营业执照；

（二）公司章程；

（三）公司债券募集办法；

（四）资产评估报告和验资报告；

（五）国务院授权的部门或者国务院证券监督管理机构规定的其他文件。

依照本法规定聘请保荐人的，还应当报送保荐人出具的发行保荐书。

第十八条　有下列情形之一的，不得再次公开发行公司债券：

（一）前一次公开发行的公司债券尚未募足；

（二）对已公开发行的公司债券或者其他债务有违约或者延迟支付本息的事实，仍处于继续状态；

（三）违反本法规定，改变公开发行公司债券所募资金的用途。

第十九条　发行人依法申请核准发行证券所报送的申请文件的格式、报送方式，由依法负责核准的机构或者部门规定。

第二十条　发行人向国务院证券监督管理机构或者国务院授权的部门报送的证券发行申请文件，必须真实、准确、完整。

为证券发行出具有关文件的证券服务机构和人员，必须严格履行法定职责，保证其所出具文件的真实性、准确性和完整性。

第二十一条　发行人申请首次公开发行股票的，在提交申请文件后，应当按照国务院证券监督管理机构的规定预先披露有关申请文件。

第二十二条　国务院证券监督管理机构设发行审核委员会，依法审核股票发行申请。

发行审核委员会由国务院证券监督管理机构的专业人员和所聘请的该机构外的有关专家组成，以投票方式对股票发行申请进行表决，提出审核意见。

发行审核委员会的具体组成办法、组成人员任期、工作程序，由国务院证券监督管理机构规定。

第二十三条　国务院证券监督管理机构依照法定条件负责核准股票发行申请。核准程序应当公开，依法接受监督。

参与审核和核准股票发行申请的人员，不得与发行申请人有利害关系，不得直接或者间接接受发行申请人的馈赠，不得持有所核准的发行申请的股票，不得私下与发行申请人进行接触。

国务院授权的部门对公司债券发行申请的核准，参照前两款的规定执行。

第二十四条　国务院证券监督管理机构或者国务院授权的部门应当自受理证券发行申请文件之日起三个月内，依照法定条件和法定程序作出予以核准或者不予核准的决定，发行人根据要求补充、修改发行申请文件的时间不计算在内；不予核准的，应当说明理由。

第二十五条　证券发行申请经核准，发行人应当依照法律、行政法规的规定，在证券公开发行前，公告公开发行募集文件，并将该文件置备于指定场所供公众查阅。

发行证券的信息依法公开前，任何知情人不得公开或者泄露该信息。

发行人不得在公告公开发行募集文件前发行证券。

第二十六条　国务院证券监督管理机构或者国务院授权的部门对已作出的核准证券发行的决定，发现不符合法定条件或者法定程序，尚未发行证券的，应当予以撤销，停止发行。已经发行尚未上市的，撤销发行核准决定，发行人应当按照发行价并加算银行同期存款利息返还证券持有人；保荐人应当与发行人承担连带责任，但是能够证明自己没有过错的除外；发行人的控股股东、实际控制人有过错的，应当与发行人承担连带责任。

第二十七条　股票依法发行后，发行人经营与收益的变化，由发行人自行负责；由此变化引致的投资风险，由投资者自行负责。

第二十八条　发行人向不特定对象发行的证券，法律、行政法规规定应当由证券公司承销的，发行人应当同证券公司签订承销协议。证券承销业务采取代销或者包销方式。

证券代销是指证券公司代发行人发售证券，在承销期结束时，将未售出的证券全部退还给发行人的承销方式。

证券包销是指证券公司将发行人的证券按照协议全部购入或者在承销期结束时将售后剩余证券全部自行购入的承销方式。

第二十九条　公开发行证券的发行人有权依法自主选择承销的证券公司。证券公司不得以不正当竞争手段招揽证券承销业务。

第三十条　证券公司承销证券，应当同发行人签订代销或者包销协议，载明下列事项：

（一）当事人的名称、住所及法定代表人姓名；

（二）代销、包销证券的种类、数量、金额及发行价格；

（三）代销、包销的期限及起止日期；

（四）代销、包销的付款方式及日期；

（五）代销、包销的费用和结算办法；

（六）违约责任；

（七）国务院证券监督管理机构规定的其他事项。

第三十一条　证券公司承销证券，应当对公开发行募集文件的真实性、准确性、完整性进行核查；发现有虚假记载、误导性陈述或者重大遗漏的，不得进行销售活动；已经销售的，必须立即停止销售活动，并采取纠正措施。

第三十二条　向不特定对象发行的证券票面总值超过人民币五千万元的，应当由承销团承销。承销团应当由主承销和参与承销的证券公司组成。

第三十三条　证券的代销、包销期限最长不得超过九十日。

证券公司在代销、包销期内，对所代销、包销的证券应当保证先行出售给认购人，证券公司不得为本公司预留所代销的证券和预先购入并留存所包销的证券。

第三十四条　股票发行采取溢价发行的，其发行价格由发行人与承销的证券公司协商确定。

第三十五条　股票发行采用代销方式，代销期限届满，向投资者出售的股票数量未达到拟公开发行股票数量百分之七十的，为发行失败。发行人应当按照发行价并加算银行同期存款利息返还股票认购人。

第三十六条　公开发行股票，代销、包销期限届满，发行人应当在规定的期限内将股票发行情况报国务院证券监督管理机构备案。

第三章　证券交易

第一节　一般规定

第三十七条　证券交易当事人依法买卖的证券，必须是依法发行并交付的证券。

非依法发行的证券，不得买卖。

第三十八条　依法发行的股票、公司债券及其他证券，法律对其转让期限有限制性规定的，在限定的期限内不得买卖。

第三十九条　依法公开发行的股票、公司债券及其他证券，应当在依法设立的证券交易所上市交易或者在国务院批准的其他证券交易场所转让。

第四十条　证券在证券交易所上市交易，应当采用公开的集中交易方式或者国务院证券监督管理机构批准的其他方式。

第四十一条　证券交易当事人买卖的证券可以采用纸面形式或者国务院证券监督管理机构规定的其他形式。

第四十二条　证券交易以现货和国务院规定的其他方式进行交易。

第四十三条　证券交易所、证券公司和证券登记结算机构的从业人员、证券监督管理机构的工作人员以及法律、行政法规禁止参与股票交易的其他人员，在任期或者法定限期内，不得直接或者以化名、借他人名义持有、买卖股票，也不得收受他人赠送的股票。

任何人在成为前款所列人员时，其原已持有的股票，必须依法转让。

第四十四条　证券交易所、证券公司、证券登记结算机构必须依法为客户开立的账户保密。

第四十五条　为股票发行出具审计报告、资产评估报告或者法律意见书等文件的证券服务机构和人员，在该股票承销期内和期满后六个月内，不得买卖该种股票。

除前款规定外，为上市公司出具审计报告、资产评估报告或者法律意见书等文件的证券服务机构和人员，自接受上市公司委托之日起至上述文件公开后五日内，不得买卖该种股票。

第四十六条　证券交易的收费必须合理，并公开收费项目、收费标准和收费办法。

证券交易的收费项目、收费标准和管理办法由国务院有关主管部门统一规定。

第四十七条　上市公司董事、监事、高级管理人员、持有上市公司股份百分之五以上的股东，将其持有的该公司的股票在买入后六个月内卖出，或者在卖出后六个月内又买入，由此所得收益归该公司所有，公司董事会应当收回其所得收益。但是，证券公司因包销购入售后剩余股票而持有百分之五以上股份的，卖出该股票不受六个月时间限制。

公司董事会不按照前款规定执行的，股东有权要求董事会在三十日内执行。公司董事会未在上述期限内执行的，股东有权为了公司的利益以自己的名义直接向人民法院提起诉讼。

公司董事会不按照第一款的规定执行的，负有责任的董事依法承担连带责任。

第二节　证券上市

第四十八条　申请证券上市交易，应当向证券交易所提出申请，由证券交易所依法审核同意，并由双方签订上市协议。

证券交易所根据国务院授权的部门的决定安排政府债券上市交易。

第四十九条　申请股票、可转换为股票的公司债券或者法律、行政法规规定实行保荐制度的其他证券上市交易，应当聘请具有保荐资格的机构担任保荐人。

本法第十一条第二款、第三款的规定适用于上市保荐人。

第五十条　股份有限公司申请股票上市，应当符合下列条件：

（一）股票经国务院证券监督管理机构核准已公开发行；

（二）公司股本总额不少于人民币三千万元；

（三）公开发行的股份达到公司股份总数的百分之二十五以上；公司股本总额超过人民币四亿元的，公开发行股份的比例为百分之十以上；

（四）公司最近三年无重大违法行为，财务会计报告无虚假记载。

证券交易所可以规定高于前款规定的上市条件，并报国务院证券监督管理机构批准。

第五十一条　国家鼓励符合产业政策并符合上市条件的公司股票上市交易。

第五十二条　申请股票上市交易，应当向证券交易所报送下列文件：

（一）上市报告书；

（二）申请股票上市的股东大会决议；

（三）公司章程；

（四）公司营业执照；

（五）依法经会计师事务所审计的公司最近三年的财务会计报告；

（六）法律意见书和上市保荐书；

（七）最近一次的招股说明书；

（八）证券交易所上市规则规定的其他文件。

第五十三条　股票上市交易申请经证券交易所审核同意后，签订上市协议的公司应当在规定的期限内公告股票上市的有关文件，并将该文件置备于指定场所供公众查阅。

第五十四条　签订上市协议的公司除公告前条规定的文件外，还应当公告下列事项：

（一）股票获准在证券交易所交易的日期；

（二）持有公司股份最多的前十名股东的名单和持股数额；

（三）公司的实际控制人；

（四）董事、监事、高级管理人员的姓名及其持有本公司股票和债券的情况。

第五十五条　上市公司有下列情形之一的，由证券交易所决定暂停其股票上市交易：

（一）公司股本总额、股权分布等发生变化不再具备上市条件；

（二）公司不按照规定公开其财务状况，或者对财务会计报告作虚假记载，可能误导投资者；

（三）公司有重大违法行为；

（四）公司最近三年连续亏损；

（五）证券交易所上市规则规定的其他情形。

第五十六条　上市公司有下列情形之一的，由证券交易所决定终止其股票上市交易：

（一）公司股本总额、股权分布等发生变化不再具备上市条件，在证券交易所规定的期限内仍不能达到上市条件；

（二）公司不按照规定公开其财务状况，或者对财务会计报告作虚假记载，且拒绝纠正；

（三）公司最近三年连续亏损，在其后一个年度内未能恢复盈利；

（四）公司解散或者被宣告破产；

（五）证券交易所上市规则规定的其他情形。

第五十七条　公司申请公司债券上市交易，应当符合下列条件：

（一）公司债券的期限为一年以上；

（二）公司债券实际发行额不少于人民币五千万元；

（三）公司申请债券上市时仍符合法定的公司债券发行条件。

第五十八条　申请公司债券上市交易，应当向证券交易所报送下列文件：

（一）上市报告书；

（二）申请公司债券上市的董事会决议；

（三）公司章程；

（四）公司营业执照；

（五）公司债券募集办法；

（六）公司债券的实际发行数额；

（七）证券交易所上市规则规定的其他文件。

申请可转换为股票的公司债券上市交易，还应当报送保荐人出具的上市保荐书。

第五十九条　公司债券上市交易申请经证券交易所审核同意后，签订上市协议的公司应当在规定的期限内公告公司债券上市文件及有关文件，并将其申请文件置备于指定场所供公众查阅。

第六十条　公司债券上市交易后，公司有下列情形之一的，由证券交易所决定暂停其公司债券上市交易：

（一）公司有重大违法行为；

（二）公司情况发生重大变化不符合公司债券上市条件；

（三）发行公司债券所募集的资金不按照核准的用途使用；

（四）未按照公司债券募集办法履行义务；

（五）公司最近二年连续亏损。

第六十一条　公司有前条第（一）项、第（四）项所列情形之一经查实后果严重的，或者有前条第（二）项、第（三）项、第（五）项所列情形之一，在限期内未能消除的，由证券交易所决定终止其公司债券上市交易。

公司解散或者被宣告破产的，由证券交易所终止其公司债券上市交易。

第六十二条　对证券交易所作出的不予上市、暂停上市、终止上市决定不服的，可以向证券交易所设立的复核机构申请复核。

第三节　持续信息公开

第六十三条　发行人、上市公司依法披露的信息，必须真实、准确、完整，不得有虚假记载、误导性陈述或者重大遗漏。

第六十四条 经国务院证券监督管理机构核准依法公开发行股票，或者经国务院授权的部门核准依法公开发行公司债券，应当公告招股说明书、公司债券募集办法。依法公开发行新股或者公司债券的，还应当公告财务会计报告。

第六十五条 上市公司和公司债券上市交易的公司，应当在每一会计年度的上半年结束之日起二个月内，向国务院证券监督管理机构和证券交易所报送记载以下内容的中期报告，并予公告：

（一）公司财务会计报告和经营情况；

（二）涉及公司的重大诉讼事项；

（三）已发行的股票、公司债券变动情况；

（四）提交股东大会审议的重要事项；

（五）国务院证券监督管理机构规定的其他事项。

第六十六条 上市公司和公司债券上市交易的公司，应当在每一会计年度结束之日起四个月内，向国务院证券监督管理机构和证券交易所报送记载以下内容的年度报告，并予公告：

（一）公司概况；

（二）公司财务会计报告和经营情况；

（三）董事、监事、高级管理人员简介及其持股情况；

（四）已发行的股票、公司债券情况，包括持有公司股份最多的前十名股东的名单和持股数额；

（五）公司的实际控制人；

（六）国务院证券监督管理机构规定的其他事项。

第六十七条 发生可能对上市公司股票交易价格产生较大影响的重大事件，投资者尚未得知时，上市公司应当立即将有关该重大事件的情况向国务院证券监督管理机构和证券交易所报送临时报告，并予公告，说明事件的起因、目前的状态和可能产生的法律后果。

下列情况为前款所称重大事件：

（一）公司的经营方针和经营范围的重大变化；

（二）公司的重大投资行为和重大的购置财产的决定；

（三）公司订立重要合同，可能对公司的资产、负债、权益和经营成果产生重要影响；

（四）公司发生重大债务和未能清偿到期重大债务的违约情况；

（五）公司发生重大亏损或者重大损失；

（六）公司生产经营的外部条件发生的重大变化；

（七）公司的董事、三分之一以上监事或者经理发生变动；

（八）持有公司百分之五以上股份的股东或者实际控制人，其持有股份或者控制公司的情况发生较大变化；

（九）公司减资、合并、分立、解散及申请破产的决定；

（十）涉及公司的重大诉讼，股东大会、董事会决议被依法撤销或者宣告无效；

（十一）公司涉嫌犯罪被司法机关立案调查，公司董事、监事、高级管理人员涉嫌犯罪被司法机关采取强制措施；

（十二）国务院证券监督管理机构规定的其他事项。

第六十八条　上市公司董事、高级管理人员应当对公司定期报告签署书面确认意见。

上市公司监事会应当对董事会编制的公司定期报告进行审核并提出书面审核意见。

上市公司董事、监事、高级管理人员应当保证上市公司所披露的信息真实、准确、完整。

第六十九条　发行人、上市公司公告的招股说明书、公司债券募集办法、财务会计报告、上市报告文件、年度报告、中期报告、临时报告以及其他信息披露资料，有虚假记载、误导性陈述或者重大遗漏，致使投资者在证券交易中遭受损失的，发行人、上市公司应当承担赔偿责任；发行人、上市公司的董事、监事、高级管理人员和其他直接责任人员以及保荐人、承销的证券公司，应当与发行人、上市公司承担连带赔偿责任，但是能够证明自己没有过错的除外；发行人、上市公司的控股股东、实际控制人有过错的，应当与发行人、上市公司承担连带赔偿责任。

第七十条　依法必须披露的信息，应当在国务院证券监督管理机构指定的媒体发布，同时将其置备于公司住所、证券交易所，供社会公众查阅。

第七十一条　国务院证券监督管理机构对上市公司年度报告、中期报告、临时报告以及公告的情况进行监督，对上市公司分派或者配售新股的情况进行监督，对上市公司控股股东和信息披露义务人的行为进行监督。

证券监督管理机构、证券交易所、保荐人、承销的证券公司及有关人员，对公司依照法律、行政法规规定必须作出的公告，在公告前不得泄露其内容。

第七十二条　证券交易所决定暂停或者终止证券上市交易的，应当及时公告，并报国务院证券监督管理机构备案。

第四节　禁止的交易行为

第七十三条　禁止证券交易内幕信息的知情人和非法获取内幕信息的人利用内幕信息从事证券交易活动。

第七十四条　证券交易内幕信息的知情人包括：

（一）发行人的董事、监事、高级管理人员；

（二）持有公司百分之五以上股份的股东及其董事、监事、高级管理人员，公司的实际控制人及其董事、监事、高级管理人员；

（三）发行人控股的公司及其董事、监事、高级管理人员；

（四）由于所任公司职务可以获取公司有关内幕信息的人员；

（五）证券监督管理机构工作人员以及由于法定职责对证券的发行、交易进行管理的其他人员；

（六）保荐人、承销的证券公司、证券交易所、证券登记结算机构、证券服务机构的有关人员；

（七）国务院证券监督管理机构规定的其他人。

第七十五条　证券交易活动中，涉及公司的经营、财务或者对该公司证券的市场价格有重大影响的尚未公开的信息，为内幕信息。

下列信息皆属内幕信息：

（一）本法第六十七条第二款所列重大事件；

（二）公司分配股利或者增资的计划；

（三）公司股权结构的重大变化；

（四）公司债务担保的重大变更；

（五）公司营业用主要资产的抵押、出售或者报废一次超过该资产的百分之三十；

（六）公司的董事、监事、高级管理人员的行为可能依法承担重大损害赔偿责任；

（七）上市公司收购的有关方案；

（八）国务院证券监督管理机构认定的对证券交易价格有显著影响的其他重要信息。

第七十六条　证券交易内幕信息的知情人和非法获取内幕信息的人，在内幕信息公开前，不得买卖该公司的证券，或者泄露该信息，或者建议他人买卖该证券。

持有或者通过协议、其他安排与他人共同持有公司百分之五以上股份的自然人、法人、其他组织收购上市公司的股份，本法另有规定的，适用其规定。

内幕交易行为给投资者造成损失的，行为人应当依法承担赔偿责任。

第七十七条　禁止任何人以下列手段操纵证券市场：

（一）单独或者通过合谋，集中资金优势、持股优势或者利用信息优势联合或者连续买卖，操纵证券交易价格或者证券交易量；

（二）与他人串通，以事先约定的时间、价格和方式相互进行证券交易，影响证券交易价格或者证券交易量；

（三）在自己实际控制的账户之间进行证券交易，影响证券交易价格或者证券交易量；

（四）以其他手段操纵证券市场。

操纵证券市场行为给投资者造成损失的，行为人应当依法承担赔偿责任。

第七十八条　禁止国家工作人员、传播媒介从业人员和有关人员编造、传播虚假信息，扰乱证券市场。

禁止证券交易所、证券公司、证券登记结算机构、证券服务机构及其从业人员，证券业协会、证券监督管理机构及其工作人员，在证券交易活动中作出虚假陈述或者信息误导。

各种传播媒介传播证券市场信息必须真实、客观，禁止误导。

第七十九条　禁止证券公司及其从业人员从事下列损害客户利益的欺诈行为：

（一）违背客户的委托为其买卖证券；

（二）不在规定时间内向客户提供交易的书面确认文件；

（三）挪用客户所委托买卖的证券或者客户账户上的资金；

（四）未经客户的委托，擅自为客户买卖证券，或者假借客户的名义买卖证券；

（五）为牟取佣金收入，诱使客户进行不必要的证券买卖；

（六）利用传播媒介或者通过其他方式提供、传播虚假或者误导投资者的信息；

（七）其他违背客户真实意思表示，损害客户利益的行为。

欺诈客户行为给客户造成损失的，行为人应当依法承担赔偿责任。

第八十条　禁止法人非法利用他人账户从事证券交易；禁止法人出借自己或者他人的证券账户。

第八十一条　依法拓宽资金入市渠道，禁止资金违规流入股市。

第八十二条　禁止任何人挪用公款买卖证券。

第八十三条　国有企业和国有资产控股的企业买卖上市交易的股票，必须遵守国家有关规定。

第八十四条　证券交易所、证券公司、证券登记结算机构、证券服务机构及其从业人员对证券交易中发现的禁止的交易行为，应当及时向证券监督管理机构报告。

第四章　上市公司的收购

第八十五条　投资者可以采取要约收购、协议收购及其他合法方式收购上市公司。

第八十六条　通过证券交易所的证券交易，投资者持有或者通过协议、其他安排与他人共同持有一个上市公司已发行的股份达到百分之五时，应当在该事实发生之日起三日内，向国务院证券监督管理机构、证券交易所作出书面报告，通知该上市公司，并予公告；在上述期限内，不得再行买卖该上市公司的股票。

投资者持有或者通过协议、其他安排与他人共同持有一个上市公司已发行的股份达到百分之五后，其所持该上市公司已发行的股份比例每增加或者减少百分之五，应当依照前款规定进行报告和公告。在报告期限内和作出报告、公告后二日内，不得再行买卖该上市公司的股票。

第八十七条　依照前条规定所作的书面报告和公告，应当包括下列内容：

（一）持股人的名称、住所；

（二）持有的股票的名称、数额；

（三）持股达到法定比例或者持股增减变化达到法定比例的日期。

第八十八条　通过证券交易所的证券交易，投资者持有或者通过协议、其他安排与他人共同持有一个上市公司已发行的股份达到百分之三十时，继续进行收购的，应当依法向该上市公司所有股东发出收购上市公司全部或者部分股份的要约。

收购上市公司部分股份的收购要约应当约定，被收购公司股东承诺出售的股份数额超过预定收购的股份数额的，收购人按比例进行收购。

第八十九条　依照前条规定发出收购要约，收购人必须事先向国务院证券监督管理机构报送上市公司收购报告书，并载明下列事项：

（一）收购人的名称、住所；

（二）收购人关于收购的决定；

（三）被收购的上市公司名称；

（四）收购目的；

（五）收购股份的详细名称和预定收购的股份数额；

（六）收购期限、收购价格；

（七）收购所需资金额及资金保证；

（八）报送上市公司收购报告书时持有被收购公司股份数占该公司已发行的股份总数的比例。

收购人还应当将上市公司收购报告书同时提交证券交易所。

第九十条　收购人在依照前条规定报送上市公司收购报告书之日起十五日后，公告其收购要约。在上述期限内，国务院证券监督管理机构发现上市公司收购报告书不符合法律、行政法规规定的，应当及时告知收购人，收购人不得公告其收购要约。

收购要约约定的收购期限不得少于三十日，并不得超过六十日。

第九十一条　在收购要约确定的承诺期限内，收购人不得撤销其收购要约。收购人需要变更收购要约的，必须事先向国务院证券监督管理机构及证券交易所提出报告，经批准后，予以公告。

第九十二条　收购要约提出的各项收购条件，适用于被收购公司的所有股东。

第九十三条　采取要约收购方式的，收购人在收购期限内，不得卖出被收购公司的股票，也不得采取要约规定以外的形式和超出要约的条件买入被收购公司的股票。

第九十四条　采取协议收购方式的，收购人可以依照法律、行政法规的规定同被收购公司的股东以协议方式进行股份转让。

以协议方式收购上市公司时，达成协议后，收购人必须在三日内将该收购协议向国务院证券监督管理机构及证券交易所作出书面报告，并予公告。

在公告前不得履行收购协议。

第九十五条　采取协议收购方式的，协议双方可以临时委托证券登记结算机构保管协议转让的股票，并将资金存放于指定的银行。

第九十六条　采取协议收购方式的，收购人收购或者通过协议、其他安排与他人共同收购一个上市公司已发行的股份达到百分之三十时，继续进行收购的，应当向该上市公司所有股东发出收购上市公司全部或者部分股份的要约。但是，经国务院证券监督管理机构免除发出要约的除外。

收购人依照前款规定以要约方式收购上市公司股份，应当遵守本法第八十九条至第九十三条的规定。

第九十七条　收购期限届满，被收购公司股权分布不符合上市条件的，该上市公司的股票应当由证券交易所依法终止上市交易；其余仍持有被收购公司股票的股东，有权向收购人以收购要约的同等条件出售其股票，收购人应当收购。

收购行为完成后，被收购公司不再具备股份有限公司条件的，应当依法变更企业形式。

第九十八条　在上市公司收购中，收购人持有的被收购的上市公司的股票，在收购行为完成后的十二个月内不得转让。

第九十九条　收购行为完成后，收购人与被收购公司合并，并将该公司解散的，被解散公司的原有股票由收购人依法更换。

第一百条　收购行为完成后，收购人应当在十五日内将收购情况报告国务院证券监督管理机构和证券交易所，并予公告。

第一百零一条　收购上市公司中由国家授权投资的机构持有的股份，应当按照国务院的规定，经有关主管部门批准。

国务院证券监督管理机构应当依照本法的原则制定上市公司收购的具体办法。

第五章　证券交易所

第一百零二条　证券交易所是为证券集中交易提供场所和设施，组织和监督证券交易，实行自律管理的法人。

证券交易所的设立和解散，由国务院决定。

第一百零三条　设立证券交易所必须制定章程。

证券交易所章程的制定和修改，必须经国务院证券监督管理机构批准。

第一百零四条　证券交易所必须在其名称中标明证券交易所字样。其他任何单位或者个人不得使用证券交易所或者近似的名称。

第一百零五条　证券交易所可以自行支配的各项费用收入，应当首先用于保证其证券交易场所和设施的正常运行并逐步改善。

实行会员制的证券交易所的财产积累归会员所有，其权益由会员共同享有，在其存续期间，不得将其财产积累分配给会员。

第一百零六条　证券交易所设理事会。

第一百零七条　证券交易所设总经理一人，由国务院证券监督管理机构任免。

第一百零八条　有《中华人民共和国公司法》第一百四十七条规定的情形或者下列情形之一的，不得担任证券交易所的负责人：

（一）因违法行为或者违纪行为被解除职务的证券交易所、证券登记结算机构的负责人或者证券公司的董事、监事、高级管理人员，自被解除职务之日起未逾五年；

（二）因违法行为或者违纪行为被撤销资格的律师、注册会计师或者投资咨询机构、财务顾问机构、资信评级机构、资产评估机构、验证机构的专业人员，自被撤销资格之日起未逾五年。

第一百零九条　因违法行为或者违纪行为被开除的证券交易所、证券登记结算机构、证券服务机构、证券公司的从业人员和被开除的国家机关工作人员，不得招聘为证券交易所的从业人员。

第一百一十条　进入证券交易所参与集中交易的，必须是证券交易所的会员。

第一百一十一条　投资者应当与证券公司签订证券交易委托协议，并在证券公司开立证券交易账户，以书面、电话以及其他方式，委托该证券公司代其买卖证券。

第一百一十二条　证券公司根据投资者的委托，按照证券交易规则提出交易申报，参与证券交易所场内的集中交易，并根据成交结果承担相应的清算交收责任；证券登记结算机构根据成交结果，按照清算交收规则，与证券公司进行证券和资金的清算交收，并为证券公司客户办理证券的登记过户手续。

第一百一十三条　证券交易所应当为组织公平的集中交易提供保障，公布证券交易即时行情，并按交易日制作证券市场行情表，予以公布。

未经证券交易所许可，任何单位和个人不得发布证券交易即时行情。

第一百一十四条　因突发性事件而影响证券交易的正常进行时，证券交易所可以采取技术性停牌的措施；因不可抗力的突发性事件或者为维护证券交易的正常秩序，证券交易所可以决定临时停市。

证券交易所采取技术性停牌或者决定临时停市，必须及时报告国务院证券监督管理机构。

第一百一十五条　证券交易所对证券交易实行实时监控，并按照国务院证券监督管理机构的要求，对异常的交易情况提出报告。

证券交易所应当对上市公司及相关信息披露义务人披露信息进行监督，督促其依法及时、准确地披露信息。

证券交易所根据需要，可以对出现重大异常交易情况的证券账户限制交易，并报国务院证券监督管理机构备案。

第一百一十六条　证券交易所应当从其收取的交易费用和会员费、席位费中提取一定比例的金额设立风险基金。风险基金由证券交易所理事会管理。

风险基金提取的具体比例和使用办法，由国务院证券监督管理机构会同国务院财政部门规定。

第一百一十七条　证券交易所应当将收存的风险基金存入开户银行专门账户，不得擅自使用。

第一百一十八条　证券交易所依照证券法律、行政法规制定上市规则、交易规则、会员管理规则和其他有关规则，并报国务院证券监督管理机构批准。

第一百一十九条　证券交易所的负责人和其他从业人员在执行与证券交易有关的职务时，与其本人或者其亲属有利害关系的，应当回避。

第一百二十条　按照依法制定的交易规则进行的交易，不得改变其交易结果。对交易中违规交易者应负的民事责任不得免除；在违规交易中所获利益，依照有关规定处理。

第一百二十一条　在证券交易所内从事证券交易的人员，违反证券交易所有关交易规则的，由证券交易所给予纪律处分；对情节严重的，撤销其资格，禁止其入场进行证券交易。

第六章　证券公司

第一百二十二条　设立证券公司，必须经国务院证券监督管理机构审查批准。未经国务院证券监督管理机构批准，任何单位和个人不得经营证券业务。

第一百二十三条　本法所称证券公司是指依照《中华人民共和国公司法》和本法规定设立的经营证券业务的有限责任公司或者股份有限公司。

第一百二十四条　设立证券公司，应当具备下列条件：

（一）有符合法律、行政法规规定的公司章程；

（二）主要股东具有持续盈利能力，信誉良好，最近三年无重大违法违规记录，净资产不低于人民币二亿元；

（三）有符合本法规定的注册资本；

（四）董事、监事、高级管理人员具备任职资格，从业人员具有证券从业资格；

（五）有完善的风险管理与内部控制制度；

（六）有合格的经营场所和业务设施；

（七）法律、行政法规规定的和经国务院批准的国务院证券监督管理机构规定的其他条件。

第一百二十五条　经国务院证券监督管理机构批准，证券公司可以经营下列部分或者全部业务：

（一）证券经纪；

（二）证券投资咨询；

（三）与证券交易、证券投资活动有关的财务顾问；

（四）证券承销与保荐；

（五）证券自营；

（六）证券资产管理；

（七）其他证券业务。

第一百二十六条　证券公司必须在其名称中标明证券有限责任公司或者证券股份有限公司字样。

第一百二十七条　证券公司经营本法第一百二十五条第（一）项至第（三）项业务的，注册资本最低限额为人民币五千万元；经营第（四）项至第（七）项业务之一的，注册资本最低限额为人民币一亿元；经营第（四）项至第（七）项业务中两项以上的，注册资本最低限额为人民币五亿元。证券公司的注册资本应当是实缴资本。

国务院证券监督管理机构根据审慎监管原则和各项业务的风险程度，可以调整注册资本最低限额，但不得少于前款规定的限额。

第一百二十八条　国务院证券监督管理机构应当自受理证券公司设立申请之日起六个月内，依照法定条件和法定程序并根据审慎监管原则进行审查，作出批准或者不予批准的决定，并通知申请人；不予批准的，应当说明理由。

证券公司设立申请获得批准的，申请人应当在规定的期限内向公司登记机关申请设立登记，领取营业执照。

证券公司应当自领取营业执照之日起十五日内，向国务院证券监督管理机构申请经营证券业务许可证。未取得经营证券业务许可证，证券公司不得经营证券业务。

第一百二十九条　证券公司设立、收购或者撤销分支机构，变更业务范围或者注册资本，变更持有百分之五以上股权的股东、实际控制人，变更公司章程中的重要条款，合并、分立、变更公司形式、停业、解散、破产，必须经国务院证券监督管理机构批准。

证券公司在境外设立、收购或者参股证券经营机构，必须经国务院证券监督管理机构批准。

第一百三十条 国务院证券监督管理机构应当对证券公司的净资本，净资本与负债的比例，净资本与净资产的比例，净资本与自营、承销、资产管理等业务规模的比例，负债与净资产的比例，以及流动资产与流动负债的比例等风险控制指标作出规定。

证券公司不得为其股东或者股东的关联人提供融资或者担保。

第一百三十一条 证券公司的董事、监事、高级管理人员，应当正直诚实，品行良好，熟悉证券法律、行政法规，具有履行职责所需的经营管理能力，并在任职前取得国务院证券监督管理机构核准的任职资格。

有《中华人民共和国公司法》第一百四十七条规定的情形或者下列情形之一的，不得担任证券公司的董事、监事、高级管理人员：

（一）因违法行为或者违纪行为被解除职务的证券交易所、证券登记结算机构的负责人或者证券公司的董事、监事、高级管理人员，自被解除职务之日起未逾五年；

（二）因违法行为或者违纪行为被撤销资格的律师、注册会计师或者投资咨询机构、财务顾问机构、资信评级机构、资产评估机构、验证机构的专业人员，自被撤销资格之日起未逾五年。

第一百三十二条 因违法行为或者违纪行为被开除的证券交易所、证券登记结算机构、证券服务机构、证券公司的从业人员和被开除的国家机关工作人员，不得招聘为证券公司的从业人员。

第一百三十三条 国家机关工作人员和法律、行政法规规定的禁止在公司中兼职的其他人员，不得在证券公司中兼任职务。

第一百三十四条 国家设立证券投资者保护基金。证券投资者保护基金由证券公司缴纳的资金及其他依法筹集的资金组成，其筹集、管理和使用的具体办法由国务院规定。

第一百三十五条 证券公司从每年的税后利润中提取交易风险准备金，用于弥补证券交易的损失，其提取的具体比例由国务院证券监督管理机构规定。

第一百三十六条 证券公司应当建立健全内部控制制度，采取有效隔离措施，防范公司与客户之间、不同客户之间的利益冲突。

证券公司必须将其证券经纪业务、证券承销业务、证券自营业务和证券资产管理业务分开办理，不得混合操作。

第一百三十七条　证券公司的自营业务必须以自己的名义进行，不得假借他人名义或者以个人名义进行。

证券公司的自营业务必须使用自有资金和依法筹集的资金。

证券公司不得将其自营账户借给他人使用。

第一百三十八条　证券公司依法享有自主经营的权利，其合法经营不受干涉。

第一百三十九条　证券公司客户的交易结算资金应当存放在商业银行，以每个客户的名义单独立户管理。具体办法和实施步骤由国务院规定。

证券公司不得将客户的交易结算资金和证券归入其自有财产。禁止任何单位或者个人以任何形式挪用客户的交易结算资金和证券。证券公司破产或者清算时，客户的交易结算资金和证券不属于其破产财产或者清算财产。非因客户本身的债务或者法律规定的其他情形，不得查封、冻结、扣划或者强制执行客户的交易结算资金和证券。

第一百四十条　证券公司办理经纪业务，应当置备统一制定的证券买卖委托书，供委托人使用。采取其他委托方式的，必须作出委托记录。

客户的证券买卖委托，不论是否成交，其委托记录应当按照规定的期限，保存于证券公司。

第一百四十一条　证券公司接受证券买卖的委托，应当根据委托书载明的证券名称、买卖数量、出价方式、价格幅度等，按照交易规则代理买卖证券，如实进行交易记录；买卖成交后，应当按照规定制作买卖成交报告单交付客户。

证券交易中确认交易行为及其交易结果的对账单必须真实，并由交易经办人员以外的审核人员逐笔审核，保证账面证券余额与实际持有的证券相一致。

第一百四十二条　证券公司为客户买卖证券提供融资融券服务，应当按照国务院的规定并经国务院证券监督管理机构批准。

第一百四十三条　证券公司办理经纪业务，不得接受客户的全权委托而决定证券买卖、选择证券种类、决定买卖数量或者买卖价格。

第一百四十四条　证券公司不得以任何方式对客户证券买卖的收益或者赔偿证券买卖的损失作出承诺。

第一百四十五条　证券公司及其从业人员不得未经过其依法设立的营业场所私下接受客户委托买卖证券。

第一百四十六条　证券公司的从业人员在证券交易活动中，执行所属的证券公司的指令或者利用职务违反交易规则的，由所属的证券公司承担全部责任。

第一百四十七条　证券公司应当妥善保存客户开户资料、委托记录、交易记录和与内部管理、业务经营有关的各项资料，任何人不得隐匿、伪造、篡改或者毁损。上述资料的保存期限不得少于二十年。

第一百四十八条　证券公司应当按照规定向国务院证券监督管理机构报送业务、财务等经营管理信息和资料。国务院证券监督管理机构有权要求证券公司及其股东、实际控制人在指定的期限内提供有关信息、资料。

证券公司及其股东、实际控制人向国务院证券监督管理机构报送或者提供的信息、资料，必须真实、准确、完整。

第一百四十九条　国务院证券监督管理机构认为有必要时，可以委托会计师事务所、资产评估机构对证券公司的财务状况、内部控制状况、资产价值进行审计或者评估。具体办法由国务院证券监督管理机构会同有关主管部门制定。

第一百五十条　证券公司的净资本或者其他风险控制指标不符合规定的，国务院证券监督管理机构应当责令其限期改正；逾期未改正，或者其行为严重危及该证券公司的稳健运行、损害客户合法权益的，国务院证券监督管理机构可以区别情形，对其采取下列措施：

（一）限制业务活动，责令暂停部分业务，停止批准新业务；

（二）停止批准增设、收购营业性分支机构；

（三）限制分配红利，限制向董事、监事、高级管理人员支付报酬、提供福利；

（四）限制转让财产或者在财产上设定其他权利；

（五）责令更换董事、监事、高级管理人员或者限制其权利；

（六）责令控股股东转让股权或者限制有关股东行使股东权利；

（七）撤销有关业务许可。

证券公司整改后，应当向国务院证券监督管理机构提交报告。国务院证券监督管理机构经验收，符合有关风险控制指标的，应当自验收完毕之日起三日内解除对其采取的前款规定的有关措施。

第一百五十一条　证券公司的股东有虚假出资、抽逃出资行为的，国务院证券监督管理机构应当责令其限期改正，并可责令其转让所持证券公司的股权。

在前款规定的股东按照要求改正违法行为、转让所持证券公司的股权前，国务院证券监督管理机构可以限制其股东权利。

第一百五十二条　证券公司的董事、监事、高级管理人员未能勤勉尽责，致使证券公司存在重大违法违规行为或者重大风险的，国务院证券监督管理机构可以撤销其任职资格，并责令公司予以更换。

第一百五十三条　证券公司违法经营或者出现重大风险，严重危害证券市场秩序、损害投资者利益的，国务院证券监督管理机构可以对该证券公司采取责令停业整顿、指定其他机构托管、接管或者撤销等监管措施。

第一百五十四条　在证券公司被责令停业整顿、被依法指定托管、接管或者清算期间，或者出现重大风险时，经国务院证券监督管理机构批准，可以对该证券公司直接负责的董事、监事、高级管理人员和其他直接责任人员采取以下措施：

（一）通知出境管理机关依法阻止其出境；

（二）申请司法机关禁止其转移、转让或者以其他方式处分财产，或者在财产上设定其他权利。

第七章　证券登记结算机构

第一百五十五条　证券登记结算机构是为证券交易提供集中登记、存管与结算服务，不以营利为目的的法人。

设立证券登记结算机构必须经国务院证券监督管理机构批准。

第一百五十六条　设立证券登记结算机构，应当具备下列条件：

（一）自有资金不少于人民币二亿元；

（二）具有证券登记、存管和结算服务所必须的场所和设施；

（三）主要管理人员和从业人员必须具有证券从业资格；

（四）国务院证券监督管理机构规定的其他条件。

证券登记结算机构的名称中应当标明证券登记结算字样。

第一百五十七条　证券登记结算机构履行下列职能：

（一）证券账户、结算账户的设立；

（二）证券的存管和过户；

（三）证券持有人名册登记；

（四）证券交易所上市证券交易的清算和交收；

（五）受发行人的委托派发证券权益；

（六）办理与上述业务有关的查询；

（七）国务院证券监督管理机构批准的其他业务。

第一百五十八条　证券登记结算采取全国集中统一的运营方式。

证券登记结算机构章程、业务规则应当依法制定，并经国务院证券监督管理机构批准。

第一百五十九条　证券持有人持有的证券，在上市交易时，应当全部存管在证券登记结算机构。

证券登记结算机构不得挪用客户的证券。

第一百六十条　证券登记结算机构应当向证券发行人提供证券持有人名册及其有关资料。

证券登记结算机构应当根据证券登记结算的结果，确认证券持有人持有证券的事实，提供证券持有人登记资料。

证券登记结算机构应当保证证券持有人名册和登记过户记录真实、准确、完整，不得隐匿、伪造、篡改或者毁损。

第一百六十一条　证券登记结算机构应当采取下列措施保证业务的正常进行：

（一）具有必备的服务设备和完善的数据安全保护措施；

（二）建立完善的业务、财务和安全防范等管理制度；

（三）建立完善的风险管理系统。

第一百六十二条　证券登记结算机构应当妥善保存登记、存管和结算的原始凭证及有关文件和资料。其保存期限不得少于二十年。

第一百六十三条　证券登记结算机构应当设立证券结算风险基金，用于垫付或者弥补因违约交收、技术故障、操作失误、不可抗力造成的证券登记结算机构的损失。

证券结算风险基金从证券登记结算机构的业务收入和收益中提取，并可以由结算参与人按照证券交易业务量的一定比例缴纳。

证券结算风险基金的筹集、管理办法，由国务院证券监督管理机构会同国务院财政部门规定。

第一百六十四条　证券结算风险基金应当存入指定银行的专门账户，实行专项管理。

证券登记结算机构以证券结算风险基金赔偿后，应当向有关责任人追偿。

第一百六十五条　证券登记结算机构申请解散，应当经国务院证券监督管理机构批准。

第一百六十六条　投资者委托证券公司进行证券交易，应当申请开立证券账户。证券登记结算机构应当按照规定以投资者本人的名义为投资者开立证券账户。

投资者申请开立账户，必须持有证明中国公民身份或者中国法人资格的合法证件。国家另有规定的除外。

第一百六十七条　证券登记结算机构为证券交易提供净额结算服务时，应当要求结算参与人按照货银对付的原则，足额交付证券和资金，并提供交收担保。

在交收完成之前，任何人不得动用用于交收的证券、资金和担保物。

结算参与人未按时履行交收义务的，证券登记结算机构有权按照业务规则处理前款所述财产。

第一百六十八条　证券登记结算机构按照业务规则收取的各类结算资金和证券，必须存放于专门的清算交收账户，只能按业务规则用于已成交的证券交易的清算交收，不得被强制执行。

第八章　证券服务机构

第一百六十九条　投资咨询机构、财务顾问机构、资信评级机构、资产评估机构、会计师事务所从事证券服务业务，必须经国务院证券监督管理机构和有关主管部门批准。

投资咨询机构、财务顾问机构、资信评级机构、资产评估机构、会计师事务所从事证券服务业务的审批管理办法，由国务院证券监督管理机构和有关主管部门制定。

第一百七十条　投资咨询机构、财务顾问机构、资信评级机构从事证券服务业务的人员，必须具备证券专业知识和从事证券业务或者证券服务业务二年以上经验。认定其证券从业资格的标准和管理办法，由国务院证券监督管理机构制定。

第一百七十一条　投资咨询机构及其从业人员从事证券服务业务不得有下列行为：

（一）代理委托人从事证券投资；

（二）与委托人约定分享证券投资收益或者分担证券投资损失；

（三）买卖本咨询机构提供服务的上市公司股票；

（四）利用传播媒介或者通过其他方式提供、传播虚假或者误导投资者的信息；

（五）法律、行政法规禁止的其他行为。

有前款所列行为之一，给投资者造成损失的，依法承担赔偿责任。

第一百七十二条　从事证券服务业务的投资咨询机构和资信评级机构，应当按照国务院有关主管部门规定的标准或者收费办法收取服务费用。

第一百七十三条　证券服务机构为证券的发行、上市、交易等证券业务活动制作、出具审计报告、资产评估报告、财务顾问报告、资信评级报告或者法律意见书等文件，应当勤勉尽责，对所依据的文件资料内容的真实性、准确性、完整性进行核查和验证。其制作、出具的文件有虚假记载、误导性陈述或者重大遗漏，给他人造成损失的，应当与发行人、上市公司承担连带赔偿责任，但是能够证明自己没有过错的除外。

第九章　证券业协会

第一百七十四条　证券业协会是证券业的自律性组织，是社会团体法人。

证券公司应当加入证券业协会。

证券业协会的权力机构为全体会员组成的会员大会。

第一百七十五条　证券业协会章程由会员大会制定，并报国务院证券监督管理机构备案。

第一百七十六条　证券业协会履行下列职责：

（一）教育和组织会员遵守证券法律、行政法规；

（二）依法维护会员的合法权益，向证券监督管理机构反映会员的建议和

要求;

（三）收集整理证券信息，为会员提供服务；

（四）制定会员应遵守的规则，组织会员单位的从业人员的业务培训，开展会员间的业务交流；

（五）对会员之间、会员与客户之间发生的证券业务纠纷进行调解；

（六）组织会员就证券业的发展、运作及有关内容进行研究；

（七）监督、检查会员行为，对违反法律、行政法规或者协会章程的，按照规定给予纪律处分；

（八）证券业协会章程规定的其他职责。

第一百七十七条　证券业协会设理事会。理事会成员依章程的规定由选举产生。

第十章　证券监督管理机构

第一百七十八条　国务院证券监督管理机构依法对证券市场实行监督管理，维护证券市场秩序，保障其合法运行。

第一百七十九条　国务院证券监督管理机构在对证券市场实施监督管理中履行下列职责：

（一）依法制定有关证券市场监督管理的规章、规则，并依法行使审批或者核准权；

（二）依法对证券的发行、上市、交易、登记、存管、结算，进行监督管理；

（三）依法对证券发行人、上市公司、证券公司、证券投资基金管理公司、证券服务机构、证券交易所、证券登记结算机构的证券业务活动，进行监督管理；

（四）依法制定从事证券业务人员的资格标准和行为准则，并监督实施；

（五）依法监督检查证券发行、上市和交易的信息公开情况；

（六）依法对证券业协会的活动进行指导和监督；

（七）依法对违反证券市场监督管理法律、行政法规的行为进行查处；

（八）法律、行政法规规定的其他职责。

国务院证券监督管理机构可以和其他国家或者地区的证券监督管理机构建立

监督管理合作机制，实施跨境监督管理。

第一百八十条　国务院证券监督管理机构依法履行职责，有权采取下列措施：

（一）对证券发行人、上市公司、证券公司、证券投资基金管理公司、证券服务机构、证券交易所、证券登记结算机构进行现场检查；

（二）进入涉嫌违法行为发生场所调查取证；

（三）询问当事人和与被调查事件有关的单位和个人，要求其对与被调查事件有关的事项作出说明；

（四）查阅、复制与被调查事件有关的财产权登记、通讯记录等资料；

（五）查阅、复制当事人和与被调查事件有关的单位和个人的证券交易记录、登记过户记录、财务会计资料及其他相关文件和资料；对可能被转移、隐匿或者毁损的文件和资料，可以予以封存；

（六）查询当事人和与被调查事件有关的单位和个人的资金账户、证券账户和银行账户；对有证据证明已经或者可能转移或者隐匿违法资金、证券等涉案财产或者隐匿、伪造、毁损重要证据的，经国务院证券监督管理机构主要负责人批准，可以冻结或者查封；

（七）在调查操纵证券市场、内幕交易等重大证券违法行为时，经国务院证券监督管理机构主要负责人批准，可以限制被调查事件当事人的证券买卖，但限制的期限不得超过十五个交易日；案情复杂的，可以延长十五个交易日。

第一百八十一条　国务院证券监督管理机构依法履行职责，进行监督检查或者调查，其监督检查、调查的人员不得少于二人，并应当出示合法证件和监督检查、调查通知书。监督检查、调查的人员少于二人或者未出示合法证件和监督检查、调查通知书的，被检查、调查的单位有权拒绝。

第一百八十二条　国务院证券监督管理机构工作人员必须忠于职守，依法办事，公正廉洁，不得利用职务便利牟取不正当利益，不得泄露所知悉的有关单位和个人的商业秘密。

第一百八十三条　国务院证券监督管理机构依法履行职责，被检查、调查的单位和个人应当配合，如实提供有关文件和资料，不得拒绝、阻碍和隐瞒。

第一百八十四条　国务院证券监督管理机构依法制定的规章、规则和监督管理工作制度应当公开。

国务院证券监督管理机构依据调查结果，对证券违法行为作出的处罚决定，应当公开。

第一百八十五条　国务院证券监督管理机构应当与国务院其他金融监督管理机构建立监督管理信息共享机制。

国务院证券监督管理机构依法履行职责，进行监督检查或者调查时，有关部门应当予以配合。

第一百八十六条　国务院证券监督管理机构依法履行职责，发现证券违法行为涉嫌犯罪的，应当将案件移送司法机关处理。

第一百八十七条　国务院证券监督管理机构的人员不得在被监管的机构中任职。

第十一章　法律责任

第一百八十八条　未经法定机关核准，擅自公开或者变相公开发行证券的，责令停止发行，退还所募资金并加算银行同期存款利息，处以非法所募资金金额百分之一以上百分之五以下的罚款；对擅自公开或者变相公开发行证券设立的公司，由依法履行监督管理职责的机构或者部门会同县级以上地方人民政府予以取缔。对直接负责的主管人员和其他直接责任人员给予警告，并处以三万元以上三十万元以下的罚款。

第一百八十九条　发行人不符合发行条件，以欺骗手段骗取发行核准，尚未发行证券的，处以三十万元以上六十万元以下的罚款；已经发行证券的，处以非法所募资金金额百分之一以上百分之五以下的罚款。对直接负责的主管人员和其他直接责任人员处以三万元以上三十万元以下的罚款。

发行人的控股股东、实际控制人指使从事前款违法行为的，依照前款的规定处罚。

第一百九十条　证券公司承销或者代理买卖未经核准擅自公开发行的证券的，责令停止承销或者代理买卖，没收违法所得，并处以违法所得一倍以上五倍以下的罚款；没有违法所得或者违法所得不足三十万元的，处以三十万元以上六十万元以下的罚款。给投资者造成损失的，应当与发行人承担连带赔偿责任。对直接负责的主管人员和其他直接责任人员给予警告，撤销任职资格或者证券从业资格，并处以三万元以上三十万元以下的罚款。

第一百九十一条　证券公司承销证券，有下列行为之一的，责令改正，给予警告，没收违法所得，可以并处三十万元以上六十万元以下的罚款；情节严重的，暂停或者撤销相关业务许可。给其他证券承销机构或者投资者造成损失的，依法承担赔偿责任。对直接负责的主管人员和其他直接责任人员给予警告，可以并处三万元以上三十万元以下的罚款；情节严重的，撤销任职资格或者证券从业资格：

（一）进行虚假的或者误导投资者的广告或者其他宣传推介活动；

（二）以不正当竞争手段招揽承销业务；

（三）其他违反证券承销业务规定的行为。

第一百九十二条　保荐人出具有虚假记载、误导性陈述或者重大遗漏的保荐书，或者不履行其他法定职责的，责令改正，给予警告，没收业务收入，并处以业务收入一倍以上五倍以下的罚款；情节严重的，暂停或者撤销相关业务许可。对直接负责的主管人员和其他直接责任人员给予警告，并处以三万元以上三十万元以下的罚款；情节严重的，撤销任职资格或者证券从业资格。

第一百九十三条　发行人、上市公司或者其他信息披露义务人未按照规定披露信息，或者所披露的信息有虚假记载、误导性陈述或者重大遗漏的，责令改正，给予警告，并处以三十万元以上六十万元以下的罚款。对直接负责的主管人员和其他直接责任人员给予警告，并处以三万元以上三十万元以下的罚款。

发行人、上市公司或者其他信息披露义务人未按照规定报送有关报告，或者报送的报告有虚假记载、误导性陈述或者重大遗漏的，责令改正，给予警告，并处以三十万元以上六十万元以下的罚款。对直接负责的主管人员和其他直接责任人员给予警告，并处以三万元以上三十万元以下的罚款。

发行人、上市公司或者其他信息披露义务人的控股股东、实际控制人指使从事前两款违法行为的，依照前两款的规定处罚。

第一百九十四条　发行人、上市公司擅自改变公开发行证券所募集资金的用途的，责令改正，对直接负责的主管人员和其他直接责任人员给予警告，并处以三万元以上三十万元以下的罚款。

发行人、上市公司的控股股东、实际控制人指使从事前款违法行为的，给予警告，并处以三十万元以上六十万元以下的罚款。对直接负责的主管人员和其他直接责任人员依照前款的规定处罚。

第一百九十五条　上市公司的董事、监事、高级管理人员、持有上市公司股份百分之五以上的股东，违反本法第四十七条的规定买卖本公司股票的，给予警告，可以并处三万元以上十万元以下的罚款。

第一百九十六条　非法开设证券交易场所的，由县级以上人民政府予以取缔，没收违法所得，并处以违法所得一倍以上五倍以下的罚款；没有违法所得或者违法所得不足十万元的，处以十万元以上五十万元以下的罚款。对直接负责的主管人员和其他直接责任人员给予警告，并处以三万元以上三十万元以下的罚款。

第一百九十七条　未经批准，擅自设立证券公司或者非法经营证券业务的，由证券监督管理机构予以取缔，没收违法所得，并处以违法所得一倍以上五倍以下的罚款；没有违法所得或者违法所得不足三十万元的，处以三十万元以上六十万元以下的罚款。对直接负责的主管人员和其他直接责任人员给予警告，并处三万元以上三十万元以下的罚款。

第一百九十八条　违反本法规定，聘任不具有任职资格、证券从业资格的人员的，由证券监督管理机构责令改正，给予警告，可以并处十万元以上三十万元以下的罚款；对直接负责的主管人员给予警告，可以并处三万元以上十万元以下的罚款。

第一百九十九条　法律、行政法规规定禁止参与股票交易的人员，直接或者以化名、借他人名义持有、买卖股票的，责令依法处理非法持有的股票，没收违法所得，并处以买卖股票等值以下的罚款；属于国家工作人员的，还应当依法给予行政处分。

第二百条　证券交易所、证券公司、证券登记结算机构、证券服务机构的从业人员或者证券业协会的工作人员，故意提供虚假资料，隐匿、伪造、篡改或者毁损交易记录，诱骗投资者买卖证券的，撤销证券从业资格，并处以三万元以上十万元以下的罚款；属于国家工作人员的，还应当依法给予行政处分。

第二百零一条　为股票的发行、上市、交易出具审计报告、资产评估报告或者法律意见书等文件的证券服务机构和人员，违反本法第四十五条的规定买卖股票的，责令依法处理非法持有的股票，没收违法所得，并处以买卖股票等值以下的罚款。

第二百零二条　证券交易内幕信息的知情人或者非法获取内幕信息的人，在涉及证券的发行、交易或者其他对证券的价格有重大影响的信息公开前，买卖该证券，或者泄露该信息，或者建议他人买卖该证券的，责令依法处理非法持有的证券，没收违法所得，并处以违法所得一倍以上五倍以下的罚款；没有违法所得或者违法所得不足三万元的，处以三万元以上六十万元以下的罚款。单位从事内幕交易的，还应当对直接负责的主管人员和其他直接责任人员给予警告，并处以三万元以上三十万元以下的罚款。证券监督管理机构工作人员进行内幕交易的，从重处罚。

第二百零三条　违反本法规定，操纵证券市场的，责令依法处理其非法持有的证券，没收违法所得，并处以违法所得一倍以上五倍以下的罚款；没有违法所得或者违法所得不足三十万元的，处以三十万元以上三百万元以下的罚款。单位操纵证券市场的，还应当对直接负责的主管人员和其他直接责任人员给予警告，并处以十万元以上六十万元以下的罚款。

第二百零四条　违反法律规定，在限制转让期限内买卖证券的，责令改正，给予警告，并处以买卖证券等值以下的罚款。对直接负责的主管人员和其他直接责任人员给予警告，并处以三万元以上三十万元以下的罚款。

第二百零五条　证券公司违反本法规定，为客户买卖证券提供融资融券的，没收违法所得，暂停或者撤销相关业务许可，并处以非法融资融券等值以下的罚款。对直接负责的主管人员和其他直接责任人员给予警告，撤销任职资格或者证券从业资格，并处以三万元以上三十万元以下的罚款。

第二百零六条　违反本法第七十八条第一款、第三款的规定，扰乱证券市场的，由证券监督管理机构责令改正，没收违法所得，并处以违法所得一倍以上五倍以下的罚款；没有违法所得或者违法所得不足三万元的，处以三万元以上二十万元以下的罚款。

第二百零七条　违反本法第七十八条第二款的规定，在证券交易活动中作出虚假陈述或者信息误导的，责令改正，处以三万元以上二十万元以下的罚款；属于国家工作人员的，还应当依法给予行政处分。

第二百零八条　违反本法规定，法人以他人名义设立账户或者利用他人账户买卖证券的，责令改正，没收违法所得，并处以违法所得一倍以上五倍以下的罚款；没有违法所得或者违法所得不足三万元的，处以三万元以上三十万元以下的罚款。对直接负责的主管人员和其他直接责任人员给予警告，并处以三万元以上十万元以下的罚款。

证券公司为前款规定的违法行为提供自己或者他人的证券交易账户的，除依照前款的规定处罚外，还应当撤销直接负责的主管人员和其他直接责任人员的任职资格或者证券从业资格。

第二百零九条　证券公司违反本法规定，假借他人名义或者以个人名义从事证券自营业务的，责令改正，没收违法所得，并处以违法所得一倍以上五倍以下的罚款；没有违法所得或者违法所得不足三十万元的，处以三十万元以上六十万元以下的罚款；情节严重的，暂停或者撤销证券自营业务许可。对直接负责的主管人员和其他直接责任人员给予警告，撤销任职资格或者证券从业资格，并处以三万元以上十万元以下的罚款。

第二百一十条　证券公司违背客户的委托买卖证券、办理交易事项，或者违背客户真实意思表示，办理交易以外的其他事项的，责令改正，处以一万元以上十万元以下的罚款。给客户造成损失的，依法承担赔偿责任。

第二百一十一条　证券公司、证券登记结算机构挪用客户的资金或者证券，或者未经客户的委托，擅自为客户买卖证券的，责令改正，没收违法所得，并处以违法所得一倍以上五倍以下的罚款；没有违法所得或者违法所得不足十万元的，处以十万元以上六十万元以下的罚款；情节严重的，责令关闭或者撤销相关业务许可。对直接负责的主管人员和其他直接责任人员给予警告，撤销任职资格或者证券从业资格，并处以三万元以上三十万元以下的罚款。

第二百一十二条　证券公司办理经纪业务，接受客户的全权委托买卖证券的，或者证券公司对客户买卖证券的收益或者赔偿证券买卖的损失作出承诺的，责令改正，没收违法所得，并处以五万元以上二十万元以下的罚款，可以暂停或者撤销相关业务许可。对直接负责的主管人员和其他直接责任人员给予警告，并处以三万元以上十万元以下的罚款，可以撤销任职资格或者证券从业资格。

第二百一十三条　收购人未按照本法规定履行上市公司收购的公告、发出收购要约、报送上市公司收购报告书等义务或者擅自变更收购要约的，责令改正，给予警告，并处以十万元以上三十万元以下的罚款；在改正前，收购人对其收购或者通过协议、其他安排与他人共同收购的股份不得行使表决权。对直接负责的主管人员和其他直接责任人员给予警告，并处以三万元以上三十万元以下的罚款。

第二百一十四条　收购人或者收购人的控股股东，利用上市公司收购，损害被收购公司及其股东的合法权益的，责令改正，给予警告；情节严重的，并处以十万元以上六十万元以下的罚款。给被收购公司及其股东造成损失的，依法承担赔偿责任。对直接负责的主管人员和其他直接责任人员给予警告，并处以三万元以上三十万元以下的罚款。

第二百一十五条　证券公司及其从业人员违反本法规定，私下接受客户委托买卖证券的，责令改正，给予警告，没收违法所得，并处以违法所得一倍以上五倍以下的罚款；没有违法所得或者违法所得不足十万元的，处以十万元以上三十万元以下的罚款。

第二百一十六条　证券公司违反规定，未经批准经营非上市证券的交易的，责令改正，没收违法所得，并处以违法所得一倍以上五倍以下的罚款。

第二百一十七条　证券公司成立后，无正当理由超过三个月未开始营业的，或者开业后自行停业连续三个月以上的，由公司登记机关吊销其公司营业执照。

第二百一十八条　证券公司违反本法第一百二十九条的规定，擅自设立、收购、撤销分支机构，或者合并、分立、停业、解散、破产，或者在境外设立、收购、参股证券经营机构的，责令改正，没收违法所得，并处以违法所得一倍以上五倍以下的罚款；没有违法所得或者违法所得不足十万元的，处以十万元以上六十万元以下的罚款。对直接负责的主管人员给予警告，并处以三万元以上十万元以下的罚款。

证券公司违反本法第一百二十九条的规定，擅自变更有关事项的，责令改正，并处以十万元以上三十万元以下的罚款。对直接负责的主管人员给予警告，并处以五万元以下的罚款。

第二百一十九条　证券公司违反本法规定，超出业务许可范围经营证券业务的，责令改正，没收违法所得，并处以违法所得一倍以上五倍以下的罚款；没有违法所得或者违法所得不足三十万元的，处以三十万元以上六十万元以下罚款；情节严重的，责令关闭。对直接负责的主管人员和其他直接责任人员给予警告，撤销任职资格或者证券从业资格，并处以三万元以上十万元以下的罚款。

第二百二十条　证券公司对其证券经纪业务、证券承销业务、证券自营业务、证券资产管理业务，不依法分开办理，混合操作的，责令改正，没收违法所得，并处以三十万元以上六十万元以下的罚款；情节严重的，撤销相关业务许可。对直接负责的主管人员和其他直接责任人员给予警告，并处以三万元以上十万元以下的罚款；情节严重的，撤销任职资格或者证券从业资格。

第二百二十一条 提交虚假证明文件或者采取其他欺诈手段隐瞒重要事实骗取证券业务许可的，或者证券公司在证券交易中有严重违法行为，不再具备经营资格的，由证券监督管理机构撤销证券业务许可。

第二百二十二条 证券公司或者其股东、实际控制人违反规定，拒不向证券监督管理机构报送或者提供经营管理信息和资料，或者报送、提供的经营管理信息和资料有虚假记载、误导性陈述或者重大遗漏的，责令改正，给予警告，并处以三万元以上三十万元以下的罚款，可以暂停或者撤销证券公司相关业务许可。对直接负责的主管人员和其他直接责任人员，给予警告，并处以三万元以下的罚款，可以撤销任职资格或者证券从业资格。

证券公司为其股东或者股东的关联人提供融资或者担保的，责令改正，给予警告，并处以十万元以上三十万元以下的罚款。对直接负责的主管人员和其他直接责任人员，处以三万元以上十万元以下的罚款。股东有过错的，在按照要求改正前，国务院证券监督管理机构可以限制其股东权利；拒不改正的，可以责令其转让所持证券公司股权。

第二百二十三条 证券服务机构未勤勉尽责，所制作、出具的文件有虚假记载、误导性陈述或者重大遗漏的，责令改正，没收业务收入，暂停或者撤销证券服务业务许可，并处以业务收入一倍以上五倍以下的罚款。对直接负责的主管人员和其他直接责任人员给予警告，撤销证券从业资格，并处以三万元以上十万元以下的罚款。

第二百二十四条 违反本法规定，发行、承销公司债券的，由国务院授权的部门依照本法有关规定予以处罚。

第二百二十五条 上市公司、证券公司、证券交易所、证券登记结算机构、证券服务机构，未按照有关规定保存有关文件和资料的，责令改正，给予警告，并处以三万元以上三十万元以下的罚款；隐匿、伪造、篡改或者毁损有关文件和资料的，给予警告，并处以三十万元以上六十万元以下的罚款。

第二百二十六条 未经国务院证券监督管理机构批准，擅自设立证券登记结算机构的，由证券监督管理机构予以取缔，没收违法所得，并处以违法所得一倍以上五倍以下的罚款。

投资咨询机构、财务顾问机构、资信评级机构、资产评估机构、会计师事务所未经批准，擅自从事证券服务业务的，责令改正，没收违法所得，并处以违法所得一倍以上五倍以下的罚款。

证券登记结算机构、证券服务机构违反本法规定或者依法制定的业务规则的，由证券监督管理机构责令改正，没收违法所得，并处以违法所得一倍以上五倍以下的罚款；没有违法所得或者违法所得不足十万元的，处以十万元以上三十万元以下的罚款；情节严重的，责令关闭或者撤销证券服务业务许可。

第二百二十七条　国务院证券监督管理机构或者国务院授权的部门有下列情形之一的，对直接负责的主管人员和其他直接责任人员，依法给予行政处分：

（一）对不符合本法规定的发行证券、设立证券公司等申请予以核准、批准的；

（二）违反规定采取本法第一百八十条规定的现场检查、调查取证、查询、冻结或者查封等措施的；

（三）违反规定对有关机构和人员实施行政处罚的；

（四）其他不依法履行职责的行为。

第二百二十八条　证券监督管理机构的工作人员和发行审核委员会的组成人员，不履行本法规定的职责，滥用职权、玩忽职守，利用职务便利牟取不正当利益，或者泄露所知悉的有关单位和个人的商业秘密的，依法追究法律责任。

第二百二十九条　证券交易所对不符合本法规定条件的证券上市申请予以审核同意的，给予警告，没收业务收入，并处以业务收入一倍以上五倍以下的罚款。对直接负责的主管人员和其他直接责任人员给予警告，并处以三万元以上三十万元以下的罚款。

第二百三十条　拒绝、阻碍证券监督管理机构及其工作人员依法行使监督检查、调查职权未使用暴力、威胁方法的，依法给予治安管理处罚。

第二百三十一条　违反本法规定，构成犯罪的，依法追究刑事责任。

第二百三十二条　违反本法规定，应当承担民事赔偿责任和缴纳罚款、罚金，其财产不足以同时支付时，先承担民事赔偿责任。

第二百三十三条　违反法律、行政法规或者国务院证券监督管理机构的有关规定，情节严重的，国务院证券监督管理机构可以对有关责任人员采取证券市场禁入的措施。

前款所称证券市场禁入，是指在一定期限内直至终身不得从事证券业务或者不得担任上市公司董事、监事、高级管理人员的制度。

第二百三十四条　依照本法收缴的罚款和没收的违法所得，全部上缴国库。

第二百三十五条　当事人对证券监督管理机构或者国务院授权的部门的处罚决定不服的，可以依法申请行政复议，或者依法直接向人民法院提起诉讼。

第十二章　附　　则

第二百三十六条　本法施行前依照行政法规已批准在证券交易所上市交易的证券继续依法进行交易。

本法施行前依照行政法规和国务院金融行政管理部门的规定经批准设立的证券经营机构，不完全符合本法规定的，应当在规定的限期内达到本法规定的要求。具体实施办法，由国务院另行规定。

第二百三十七条　发行人申请核准公开发行股票、公司债券，应当按照规定缴纳审核费用。

第二百三十八条　境内企业直接或者间接到境外发行证券或者将其证券在境外上市交易，必须经国务院证券监督管理机构依照国务院的规定批准。

第二百三十九条　境内公司股票以外币认购和交易的，具体办法由国务院另行规定。

第二百四十条　本法自二〇〇六年一月一日起施行。

在股权分置改革工作座谈会上的讲话

（二○○五年十一月十日）

黄　菊

今天召开的股权分置改革工作座谈会，是股权分置改革以来，承上启下进行推进和动员的会议，也是统一思想，坚定信心，总结经验，明确目标、任务和相关政策，动员各方面力量，进一步有序、加快推进股权分置改革工作的重要会议。国务院对这次会议非常重视，温家宝同志作了重要批示，要求认真总结经验教训，完善政策措施，加强部门协调配合，确保股权分置改革有序推进，取得成效，为股市的健康发展打下基础。

我讲三点意见：

一、统一思想，坚定信心，坚持改革方向不动摇。

股权分置改革是解决资本市场历史遗留问题的一项重大制度改革，涉及资本市场诸多方面的基础性制度问题，也涉及到多方面的利益。解决股权分置问题必然打破现有的利益和制度格局，并且没有国内先例和可供借鉴的国际经验，改革不仅要承担一定风险，而且要付出一些成本和代价。但是，从推进资本市场改革开放和稳定发展的战略目标考虑，股权分置这个问题是必须解决的，即使付出一些成本和代价也是值得的，因为不解决这个问题，我们就很难迎来一个健康发展和功能完善的资本市场，我们进行股权分置改革，就是为了完成这一历史使命。

党中央、国务院高度重视资本市场发展和股权分置改革，在反复听取各方面意见的基础上，进行了慎重研究，审时度势，下了很大的决心来推动这项改革。四月二十九日国务院批准启动股权分置改革试点以来，改革进展总体顺利，取得了积极成效：

一是实现了改革难题的破解。股权分置改革是多年来一直想解决而没有下决心解决的制度性遗留问题，这次我们碰了，而且取得了突破性进展。我们以《国务院关于推进资本市场改革开放和稳定发展的若干意见》（以下简称《若干意见》）为指导，坚持以切实保护投资者特别是公众投资者的合法权益为前提，坚持股权分置改革与市场稳定发展相结合的总体原则，按照"试点先行、协调推进、分步实施"的要求推进改革。实施中注重引导价格预期、时间预期和总量预期，调动多方面的积极性；各部门积极协作，加强对试点工作的指导，解决存在的问题，改革的基本原则和做法得到了市场基本认同，维护了市场和社会的稳定。

二是在认真总结改革试点经验教训的基础上，逐步构建了推进改革的制度框架。国务院有关部门适时出台股权分置改革全面推进所必需的政策措施，为改革的顺利进行创造了良好的政策和制度环境。五部委联合发布了《关于上市公司股权分置改革的指导意见》，证监会发布了《上市公司股权分置改革管理办法》，国资委发布了《关于上市公司股权分置改革中国有股股权管理有关问题的通知》，商务部、证监会联合发布了《关于上市公司股权分置改革涉及外资管理有关问题的通知》，财政部、税务总局发布了《关于股权分置试点改革有关税收政策问题的通知》，等等。这些规范性文件及时将改革成果固定下来，明确了股权分置改革的基本思路、基本原则、相关制度和政策措施，使股权分置改革的顺利推进有了基本的制度保障。

三是改革进展总体顺利。改革推开后，地方各级人民政府积极推进，国务院有关部门密切配合，国有企业积极实施，上市公司的改革有序进行，总体情况良好。从五部委联合工作小组了解的情况看，各省、自治区、直辖市和计划单列市人民政府基本组建了改革领导机构，并以多种方式进行了组织动员。有些地区对当地上市公司进行了分类排队，认真分析企业存在的各种具体问题，制订了详细的改革规划。在此基础上，已有二百四十多家上市公司完成股权分置改革或者进入了改革程序，按改革公司市值计算已超过了上海、深圳证券交易所总市值的五分之一，改革进展总体是顺利的。

四是在改革实践中逐步解决没有预料到的一些问题。随着改革由点到面逐渐推开，覆盖了多种类型的上市公司。含有 B 股或 H 股、业绩较差等各类复杂情况的上市公司找到了或正在寻找改革的路径，大股东占用上市公司资金等各种历史遗留问题逐步在改革中得到解决，将改革与提升公司价值相结合进行了有益尝试，对已改革公司的制度创新也已陆续推出，市场机制在改革中逐步建立和完善。

754

以上情况表明，改革的政策预期和市场预期总体稳定，改革推进中政策和制度障碍正在逐步消除，进一步加快股权分置改革进程已经具备了基础性条件。

同时，我们也要清醒地看到，当前股权分置改革的工作仍有待进一步加强，市场稳定运行的基础还比较薄弱。随着改革的深入，工作难度也将加大，股权分置改革进入了关键时期。当前股权分置改革遇到的问题主要体现在：还没有进行股权分置改革的上市公司的情况比较复杂，改革难度比前一阶段加大了；市场一度对股改前景存在疑虑，担心改革出现停滞，对价水平不稳；完成股改的上市公司（G股）中有的股价下跌，预期不稳定。一些同志还存在着股权分置改革会不会造成国有资产流失等顾虑。改革预期不能稳定，导致市场不稳定，进而影响到股权分置改革的进程甚至成败问题。对此必须引起高度重视。

因此，这次会议就是为了进一步统一思想，明确重点，落实责任，完善政策措施，使股权分置改革推进的速度、把握的力度、掌握的节奏与市场的稳定结合起来，达到稳定市场预期，确保股权分置改革继续有序向前推进，广大公众投资者权益得到保障的目的。

我们要在三个方面进一步统一思想认识：

一是要统一改革不能动摇的思想。股权分置改革是一项重大改革，有不同认识是可以理解的，需要在实践中逐步统一。但是，改革的决心已经下定，改革也已经推进，就坚决不能动摇，方向不能变，信心不能变，基本政策不能变。党中央、国务院对股权分置改革的思想认识统一，方向明确，信心坚定，我们要把思想认识统一到中央的精神上来，一心一意地为搞好股权分置改革而努力。

二是要统一发展中国特色资本市场需要组织协调、加强指导的思想。发展资本市场，进行股权分置改革，都要符合市场原则。可以由市场调节的，应该由市场实现，政府不宜过多干预。但是，千万不要一提市场原则，政府就不管了，就放任自流。我国的资本市场发展还处于起步阶段，建立股票市场也只有短短十几年的时间，股权分置等历史遗留问题也不都是纯粹由市场因素形成的，因此，解决资本市场发展中的问题，特别是推进股权分置改革不能没有政府的组织协调和指导。这么重大的一项改革，涉及多方面利益关系的调整，需要衔接多项经济政策，也关系到社会的稳定，如果没有政府强有力指导，改革就难以取得成功。地方各级人民政府、各有关部门，中央和地方的股权分置改革领导小组，都要充分认识这场改革的重要性、艰巨性和复杂性，切实负起责任，加强组织领导和协调工作，把股权分置改革坚定地进行下去。

三是要统一保持市场稳定前提下有序推进改革的思想。要妥善处理好股权分置改革有序推进、股市保持稳定、投资者特别是公众投资者权益得到保护三者之间的关系。切实保护投资者特别是公众投资者的合法权益是目的，保持股市的稳定发展是基础，推进股权分置改革是动力。推进股权分置改革，一定要在市场稳定的基础上进行，只有这样，改革才能稳步推进；市场要稳定发展，一定要解决制度性问题，股权分置改革正是市场长期稳定的保证；以股权分置改革为制度保障形成的稳定市场环境，可以从根本上保障投资者特别是公众投资者的权益。总之，我们不能离开稳定的市场环境来推进股权分置改革，要在股权分置改革进程中促进市场稳定。

二、突出重点、政策引导、统一组织，积极有序推进股权分置改革。

今年以来，我国国民经济持续平稳较快发展，为推进资本市场的改革创造了一个良好的环境。做好下一步股权分置改革工作，必须按照《若干意见》的总体要求，继续落实好《关于上市公司股权分置改革的指导意见》，加强组织领导和协调配合，确保股权分置改革有序推进和资本市场的稳定发展。针对当前的改革形势，要注重把握好以下三点：

（一）通过稳定市场和价格预期来切实保护投资者特别是公众投资者的合法权益。投资者的直接利益要通过改革方案平衡，投资者的根本利益要通过市场稳定发展来实现。要把保护投资者特别是公众投资者的合法权益落到实处，投资者特别是公众投资者股东权利的充分行使是基础，相关股东的沟通是关键，有效的分类指导是保障。地方政府和相关部门进行分类指导，既要从整体着眼，注重资本市场功能的改善和机制的优化、国有资本运营效率的提高、本地区上市公司结构的调整和资源的整合；又要从个案入手，引导各类股东把即期利益和长远利益统一起来，把静态收益和动态收益统一起来，使改革的方案有利于形成流通股股东和非流通股股东的共同利益基础，并形成改革后公司稳定的价格预期。

（二）加强组织领导，分类分步实施股权分置改革。"统一组织、分散决策"是解决股权分置问题的有效办法。上市公司的情况千差万别，无法用一种方案、在一个时点上解决所有公司改革问题。公司改革方案应当由 A 股市场相关股东根据公司具体情况自主协商确定，因此必须实行分散决策，坚持分散决策就是坚持改革的市场化导向。同时，作为一项事关全局的基础性制度改革，股权分置改革又必须加强统一组织。我国资本市场是新兴加转轨的市场，股权分置改革涉及保持社会稳定、统筹区域经济发展、完善国有资产管理等多方面政府职能，这就决定了统一组织不仅要统一规则、统一程序、统一政策，而且要统一领导、统一步骤、统一行动。分散决策以统一组织为前提，统一组织以分散决策为依托。在当前分散决策已为市场广泛接受的情况下，尤其要加强组织工作，加强分类指导工作。

（三）积极稳妥推进，保障改革有序进行。积极稳妥推进是股权分置改革的一项基本原则，实质上是要将改革的力度、发展的速度和市场的可承受程度统一起来。"积极"就是要从大力发展资本市场的迫切要求出发，加快改革步伐，在条件成熟情况下能快则快。"稳妥"就是要精心设计、协调平衡，解决好改革中的各类问题。我们要统筹兼顾，做到既积极又稳妥，关键在于保持市场预期的稳定。在试点期间和改革的初期，改革的制度框架尚待检验和完善，要对含 B 股、H 股等特殊类型公司改革的困难和可能产生的风险充分进行估计，在设计具体方案时逐项排除。当前，一些困扰股权分置改革的难题正在破解之中，并已得到投资者的普遍认同。如果不能把握推进的时机，不仅影响市场功能的全面恢复，而且可能带来新的不稳定因素。因此，必须调动多种积极因素，以更大的决心推进这项改革。要形成政府积极组织、股东积极参与、中介机构积极协助的良好局面；形成市场稳定发展、公司质量提高、股东利益增长的良好机制；形成部门相互支持、政策协调配套、舆论积极宣传的良好环境。同时，加强对改革的规划和政策的协调，实现有序推进，做到改革节奏不放缓、重点企业不断档，有利于投资者对改革形成稳定的价格预期、时间预期和总量预期。

在着重把握上述三个要点的基础上，对于下一步的股权分置改革工作，我提四点要求：

（一）抓住改革重点，以点带面推进改革。股权分置改革是一项制度性改革，涉及到所有上市公司。但改革不可能一蹴而就，必须分步实施。要突出重点，分类指导，以点带面，不间断地推进改革。我们已经明确了责任：中央国有企业控股上市公司的股权分置改革，由国务院国资委督促组织；地方国有企业控股上市公司的股权分置改革，由各省（区、市）和计划单列市人民政府督促组织。当前的重点，是要组织市值较大、市场关注、改革中具有示范带头作用的大型上市公司进行股权分置改革，这将有利于保持市场预期和政策预期的稳定，也有利于尽

757

快恢复市场功能。股权分置改革领导小组提出了三十九家中央国有企业控股上市公司和一百三十五家地方国有企业控股上市公司的名单，国务院国资委、证监会和相关地方政府要摸清情况、分类排队、确定进度、制订规划、逐家落实。对于一些存在特殊情况、股权分置改革存在一定困难的上市公司，各地区、各部门以及相关国有控股股东要积极研究探索其股权分置改革的途径，帮助他们解决实际问题，努力创造改革条件，把推进改革的工作做扎实。上述名单没有涉及的地区，也要在推进改革的基础上实施重点推进。各地区都要充分发挥本地区综合资源优势，把股权分置改革与优化上市公司结构、促进区域经济发展和维护社会稳定结合起来，根据当地实际情况，做出时间进度安排，统筹规划实施本地区上市公司的股权分置改革工作。各省（区、市）和计划单列市人民政府的规划安排要按照要求报送股权分置改革领导小组，抄报国务院办公厅。

（二）尽快落实改革配套政策。股权分置改革涉及财政税收、外商投资政策、国有资产管理、证券市场监管等一系列政策问题，各方面要从改革的全局出发，认真研究企业在改革中反映的问题，帮助企业解决实际困难，打消国有企业上市公司负责人的各种顾虑，扎扎实实地推进股权分置改革。

当前，股权分置改革领导小组要积极协调有关方面，尽快出台有利于上市公司加快股权分置改革的配套政策，扶持改革后上市公司做优做强，真正做到早改革早受益。要研究恢复改革后上市公司再融资问题，并对股权分置改革进展较快的地区实行政策倾斜。抓紧研究新体制环境下的交易制度、并购重组、衍生产品等各项制度创新。研究落实股权分置改革后境外战略投资者的管理制度安排，稳步推进资本市场对外开放。

特别要提出的是，要尽快制订以股票市值为重要指标的国有企业经营绩效考核制度，制定改革后上市公司管理层股权激励实施办法，在国有控股上市公司股改后，把市值纳入企业考核体系。

（三）依法规范运作，维护改革秩序。股权分置改革是一件涉及人民群众切身利益的大事，以分散决策的方式推进改革，具体改革方案势必千差万别，因此，必须特别注意依法运作，防范改革过程中的法律风险和道德风险。证券中介机构要加强对上市公司的服务工作，采取措施减轻上市公司股改经济负担。各类机构投资者要从推进改革的大局出发，切实规范投资行为，作市场的稳定力量。证监会和证券交易所要切实负起责任，严格改革方案的审核把关，加强对市场主体的监督管理和股权分置改革的专项监控，杜绝寻租行为，严厉打击市场操纵行为，切实维护改革秩序，保障投资者合法权益。

（四）加强对新闻宣传工作的领导。中宣部积极主动地宣传资本市场的改革特别是股权分置改革，新闻舆论总体是积极向上的。市场对股权分置改革非常敏感，因此一定要进一步加强对新闻宣传工作的领导，严格宣传纪律，防止因对外口径不一，引起市场的猜测和不良预期，进而引起股市的波动，影响改革的进程。

三、以股权分置改革为契机，夯实基础，积极推进资本市场改革和发展。

近年来，资本市场改革的重点是做好资本市场的基础性制度建设，解决一些多年来想解决而又没能解决的问题。我们已在这方面作了探索，也取得了积极的成效。

——积极推动多层次市场体系建设，完善股票发行制度，上市公司规范发展也取得了明显进步，支持优质上市公司利用资本市场做大做强的政策措施正在不断完善。

——证券公司综合治理成效逐步显现，行业风险明显释放，积极稳妥地处置了一批高风险证券公司，证券公司的违规现象总体上得到了遏制。

——机构投资者队伍逐步发展壮大，投资者权益保护得到进一步加强。

——资本市场税收政策作出了重要调整，市场交易成本进一步降低。

这些举措都是涉及资本市场发展的基础性建设工作，对今后资本市场的稳定健康发展必将产生长远的影响。

解决资本市场中存在的问题是一项系统工程，股权分置问题的解决，既为市场的其他改革创造条件，也将使资本市场健康发展的基础更为扎实。但是解决股权分置问题并不意味着解决了资本市场的全部问题。因此必须全面落实国务院《若干意见》要求，采取综合措施，从根本上解决制约资本市场发展的关键性问题。今年是资本市场的治本之年，《证券法》、《公司法》的修订已经完成；国务院批转了证监会《关于提高上市公司质量的意见》；国务院办公厅转发了证监会《证券公司综合治理工作方案》。围绕落实上述法律文件的各项工作正在有序展开。我们要利用股权分置改革的契机，进一步夯实市场基础，逐步解决历史遗留问题和深层次结构性矛盾，全面推进资本市场改革开放和稳定发展。

当前，要着重做好以下五项工作：

（一）做好《公司法》和《证券法》的实施准备工作。抓紧做好"两法"配套文件的起草、修改工作，全面清理现行证券法规、规章和自律规则，安排好配套文件的立、改、废，完善证券法律、规章、规则体系。强化依法行政理念和执法责任意识，严格执法程序，落实执法责任，提高执法水平。继续加强市场基础建设，逐步解决体制性、结构性等深层次问题，推进市场制度创新和产品创新，为"两法"实施创造条件。

（二）继续加强证券公司综合治理工作。要督促证券公司认真整改，全力推进客户保证金第三方存管等基础性制度改革，进一步推动优质、合规证券公司通过创新做大做强，以市场化并购重组方式促进行业资源向优质公司集中，加快处置现有高风险证券公司，全面实现证券公司规范发展。

（三）进一步提高上市公司质量。要进一步完善股票发行制度，提高融资效率，改善上市公司整体结构，提高直接融资比重。完善公司治理结构，规范上市公司行为，支持上市公司做优做强。

（四）进一步完善市场体系。要加快建立多层次市场体系，适应多种投融资需求，实现市场风险的分层管理，完善创业投资退出机制，逐步建立货币市场、股票市场、债券市场、保险市场以及金融衍生品市场协调发展的良性互动机制。

（五）继续稳步发展机构投资者队伍。要进一步优化机构投资者结构，规范机构投资行为，营造与机构投资相适应的市场环境，为长期资金入市创造良好条件，强化市场稳定运行基础。

资本市场改革和发展正处在关键时期，实现"十一五"时期国民经济的持续快速协调健康发展，必须积极发挥资本市场功能；落实科学发展观，必须在资本市场制度完善方面取得进展；构建社会主义和谐社会，也必须维护资本市场稳定。股权分置改革事关资本市场改革、发展和稳定的全局，搞好这项改革，推进资本市场改革开放和稳定发展就有了较好的基础，就能够实现资本市场发展的重要转折。我相信，通过大家的共同努力，这个目标一定能够实现！